LES

MILLE ET UNE NUITS

CONTES ARABES.

TRADUITS

PAR GALLAND.

Orné de Gravures.

PARIS.

B. RENAULT, ÉDITEUR,

Rue des Maçons-Sorbonne, 17.

1846.

LES

MILLE ET UNE NUITS

CONTES ARABES,

TRADUITS PAR GALLAND,

ORNÉS DE GRAVURES.

PARIS.

B. RENAULT, ÉDITEUR.

Rue des Maçons-Sorbonne, 17.

—

1846.

Paris. — Imprimerie de Lacour et Comp., rue St-Hyacinthe-St-Michel, 33.

LES

MILLE ET UNE NUITS.

CONTES ARABES.

Les chroniques des Sassaniens, anciens rois Perse, qui avaient étendu leur empire dans Indes, dans les grandes et petites îles qui dépendent, et bien loin au-delà du Gange, squ'à la Chine, rapportent qu'il y avait au- fois un roi de cette puissante maison qui ait le plus excellent prince de son temps. Il faisait autant aimer de ses sujets par sa sa- sse et sa prudence, qu'il s'était rendu re- utable à ses voisins par le bruit de sa valeur par la réputation de ses troupes belliqueuses bien disciplinées. Il avait deux fils : l'aîné, pelé Schahriar, digne héritier de son père, possédait toutes les vertus; et le cadet, mmé Schahzenan, n'avait pas moins de mé- e que son frère.

Après un règne aussi long que glorieux, ce i mourut, et Schahriar monta sur le trône. chahzenan, exclu de tout partage par les lois l'empire, et obligé de vivre comme un par- culier, au lieu de souffrir impatiemment le onheur de son aîné, mit toute son attention lui plaire. Il eut peu de peine à y réussir. chahriar, qui avait naturellement de l'incli- ation pour ce prince, fut charmé de sa com- laisance; et, par un excès d'amitié, voulant artager avec lui ses États, il lui donna le oyaume de la Grande-Tartarie. Schahzenan n alla bientôt prendre possession, et il y éta- lit son séjour à Samarcande, qui en était la apitale.

Il y avait déjà dix ans que ces deux rois taient séparés, lorsque Schahriar, souhaitant assionnément de revoir son frère, résolut de ui envoyer un ambassadeur pour l'inviter à le venir voir. Il choisit pour cette ambassade son premier visir (premier ministre), qui partit vec une suite conforme à sa dignité et fit toute a diligence possible. Quand il fut près de Samarcande, Schahzenan, averti de son arrivée, alla au-devant de lui avec les principaux seigneurs de sa cour, qui, pour faire plus d'honneur au ministre du sultan, s'étaient tous habillés magnifiquement. Le roi de Tartarie le reçut avec de grandes démonstrations de joie, et lui demanda d'abord des nouvelles du sultan son frère. Le visir satisfit sa curiosité; après quoi il exposa le sujet de son ambassade. Schahzenan en fut touché. « Sage visir, dit-il, le sultan mon frère me fait trop d'honneur, et il ne pouvait rien me proposer qui me fût plus agréable. S'il souhaite de me voir, je suis pressé de la même envie. Le temps, qui n'a point diminué son amitié, n'a point affaiblie la mienne. Mon royaume est tranquille et je ne veux que dix jours pour me mettre en état de partir avec vous. Ainsi, il n'est pas nécessaire que vous entriez dans la ville pour si peu de temps. Je vous prie de vous arrêter en cet endroit et d'y faire dresser vos tentes. Je vais ordonner qu'on vous apporte des rafraîchissements en abondance pour vous et pour toutes les personnes de votre suite. » Cela fut exécuté sur-le-champ; le roi fut à peine rentré dans Samarcande, que le visir vit arriver une prodigieuse quantité de toutes sortes de provisions, accompagnées de régals et de présents d'un très-grand prix.

Cependant Schahzenan, se disposant à partir, régla les affaires les plus pressantes, établit un conseil pour gouverner son royaume pendant son absence, et mit à la tête de ce conseil un ministre dont la sagesse lui était connue et en qui il avait une entière confiance. Au bout de dix jours, ses équipages étant prêts, il dit adieu à la reine sa femme, sortit sur le soir de Samarcande, et, suivi des officiers qui devaient être du voyage, il se rendit au pavillon royal qu'il avait fait dresser auprès des tentes du visir. Il s'entretint avec cet ambassadeur jusqu'à minuit. Alors, voulant encore une fois embrasser la reine, qu'il aimait beaucoup, il retourna seul à son palais. Il alla droit à l'appartement de cette princesse, qui, ne s'attendant pas à le revoir, avait reçu chez elle un des derniers officiers de sa maison. Il y avait déjà longtemps qu'ils étaient couchés, et ils dormaient tous deux d'un profond sommeil.

Le roi entra sans bruit, se faisant un plaisir de surprendre par son retour une épouse dont il se croyait tendrement aimé. Mais quelle fut sa surprise, lorsqu'à la clarté des flambeaux, qui ne s'éteignent jamais la nuit dans les appartements des princes et princesses, il aperçut un homme dans ses bras! Il demeura immobile durant quelques moments, ne sachant s'il devait croire ce qu'il voyait. Mais, n'en pouvant douter : « Quoi, dit-il en lui-même, je suis à peine hors de mon palais, je suis encore sous les murs de Samarcande, et l'on ose m'outrager! Ah! perfide, votre crime ne sera pas impuni! Comme roi, je dois punir les forfaits qui se commettent dans mes Etats; comme époux offensé, il faut que je vous immole à mon juste ressentiment. » Enfin, ce malheureux prince, cédant à son premier transport, tira son sabre, s'approcha du lit, et, d'un seul coup, fit passer les coupables du sommeil à la mort; ensuite, les prenant l'un après l'autre, il les jeta par une fenêtre dans le fossé dont le palais était environné.

S'étant vengé de cette sorte, il sortit de la ville comme il y était venu, et se retira sous son pavillon. Il n'y fut pas plus tôt arrivé, que, sans parler à personne de ce qu'il venait de faire, il ordonna de plier les tentes et de partir.

Lorsqu'il fut près de la capitale des Indes, il vit venir au-devant de lui le sultan (1) Schahriar avec toute sa cour. Quelle joie pour ces princes de se revoir! Ils mirent tous deux pied à terre pour s'embrasser; et, après s'être donné mille marques de tendresse, ils remontèrent à cheval et entrèrent dans la ville aux acclamations d'une foule innombrable de peuple. Le sultan conduisit le roi son frère jusqu'au palais qu'il lui avait fait préparer. Ce palais communiquait au sien par un même jardin; il était d'autant plus magnifique, qu'il était consacré aux fêtes et aux divertissements de la cour, et on en avait encore augmenté la magnificence par de nouveaux ameublements.

Schahriar quitta d'abord le roi de Tartarie pour lui donner le temps d'entrer au bain et de changer d'habits.

L'heure du souper étant venue, ils mangèrent ensemble, et, après le repas, ils reprirent leur entretien, qui dura jusqu'à ce que Schahriar, s'apercevant que la nuit était fort avancée, se retira pour laisser reposer son frère.

L'infortuné Schahzenan se coucha; mais, si la présence du sultan son frère avait été capable de suspendre pour quelque temps ses chagrins, ils se réveillèrent bientôt avec violence.

Dès le lendemain, le sultan lui envoya des présents, qui étaient composés de tout ce que les Indes produisent de plus rare, de plus riche et de plus singulier. Il ne laissait pas néanmoins d'essayer de le divertir tous les jours par de nouveaux plaisirs; mais les fêtes les plus agréables, au lieu de le réjouir, ne faisaient qu'irriter ses chagrins.

Un jour Schahriar ayant ordonné une grande chasse à deux journées de sa capitale, dans un pays où il avait particulièrement beaucoup de cerfs; Schahzenan le pria de le dispenser de l'accompagner, en lui disant que l'état de sa santé ne lui permettait pas d'être de la partie. Le sultan ne voulut pas le contraindre, le laissa en liberté et partit avec toute sa cour pour aller prendre ce divertissement. Après son départ, le roi de la Grande-Tartarie, se voyant seul, s'enferma dans son appartement. Il s'assit à une fenêtre qui avait vue sur le jardin. Ce beau lieu et le ramage d'une infinité d'oiseaux qui y faisaient leur retraite lui auraient donné du plaisir s'il eût été capable d'en ressentir; mais, toujours déchiré par le souvenir funeste de l'action infâme de la reine, il arrêtait moins souvent ses yeux sur le jardin, qu'il ne les levait au ciel

(1) Ce mot en arabe signifie empereur; on donne ce nom à presque tous les souverains de l'Orient.

pour se plaindre de son malheureux sort.

Tout occupé qu'il était de ses ennuis, il ne laissa pas néanmoins d'apercevoir un objet qui attira toute son attention. Une porte secrète du palais du sultan s'ouvrit tout-à-coup, et il en sortit vingt femmes au milieu desquelles marchait la sultane (1) d'un air qui la faisait aisément distinguer. Cette princesse, croyant que le roi de la Grande-Tartarie était aussi à la chasse, s'avança avec fermeté jusque sous les fenêtres de l'appartement de ce prince, qui, voulant par curiosité l'observer, se plaça de manière qu'il pouvait tout voir sans être vu. Il remarqua que les personnes qui accompagnaient la sultane, pour bannir toute contrainte, se découvrirent le visage, qu'elles avaient eu couvert jusqu'alors, et quittèrent de longs habits qu'elles portaient par-dessus d'autres plus courts. Mais il fut dans un extrême étonnement de voir que, dans cette compagnie, qui lui avait semblé toute composée de femmes, il y avait dix noirs qui prirent chacun leur maîtresse. La sultane, de son côté, ne demeura pas longtemps sans amant; elle frappa des mains en criant: Masoud! Masoud! et aussitôt un autre noir descendit du haut d'un arbre et courut à elle avec beaucoup d'empressement.

La pudeur ne me permet pas de raconter tout ce qui se passa entre ces femmes et ces noirs, et c'est un détail qu'il n'est pas besoin de faire. Il suffit de dire que Schahzenan en vit assez pour juger que son frère n'était pas moins à plaindre que lui. Les plaisirs de cette troupe amoureuse durèrent jusqu'à minuit. Ils se baignèrent tous ensemble dans un grande pièce d'eau, qui faisait un des plus beaux ornements du jardin; après quoi, ayant repris leurs habits, ils rentrèrent par la porte secrète dans le palais du sultan, et Masoud, qui était venu de dehors par-dessus la muraille du jardin, s'en retourna par le même endroit.

Comme toutes ces choses s'étaient passées sous les yeux du roi de la Grande-Tartarie, elles lui donnèrent lieu de faire une infinité de réflexions. « Que j'avais peu de raisons, disait-il, de croire que mon malheur était si singulier! C'est sans doute l'inévitable destinée de tous les maris, puisque le sultan mon frère, le souverain de tant d'Etats, le plus grand prince du monde, n'a pu l'éviter. Cela étant, quelle faiblesse de me laisser consumer de chagrins! C'en est fait : le souvenir d'un malheur si commun ne troublera plus désormais le repos de ma vie. »

En effet, dès ce moment, il cessa de s'affliger, et, comme il n'avait pas voulu souper qu'il n'eût vu toute la scène qui venait d'être jouée sous ses fenêtres, il fit servir alors et mangea de meilleur appétit qu'il n'avait fait depuis son départ de Samarcande.

A son retour, le sultan, qui s'était attendu à retrouver Schahzenan dans le même état qu'il l'avait laissé, fut ravi de le voir si gai. « Mon frère, lui dit-il, je rends grâces au ciel de l'heureux changement qu'il a produit en vous pendant mon absence; j'en ai une véritable joie; mais j'ai une prière à vous faire, et je vous conjure de m'accorder ce que je vais vous demander. » « Que pourrais-je vous refuser? répondit le roi de Tartarie; vous pouvez tout sur Schahzenan. Parlez, je suis dans l'impatience de savoir ce que vous souhaitez de moi. » « Depuis que vous êtes dans ma cour, reprit Schahriar, je vous ai vu plongé dans une noire mélancolie que j'ai vainement tenté de dissiper. Je me suis imaginé que votre chagrin venait de ce que vous étiez éloigné de vos Etats; j'ai cru même que l'amour y avait beaucoup de part, et que la reine de Samarcande, que vous avez dû choisir d'une beauté achevée, en était peut-être la cause. Je ne sais si je me suis trompé dans ma conjecture, mais je vous avoue que c'est particulièrement pour cette raison que je n'ai pas voulu vous importuner là-dessus, de peur de vous déplaire. Cependant, sans que j'y aie contribué en aucune manière, je vous trouve à mon retour de la meilleure humeur du monde, et l'esprit entièrement dégagé de cette noire vapeur qui en troublait tout l'enjouement. Dites-moi, de grâce, pourquoi vous étiez si triste et pourquoi vous ne l'êtes plus. »

A ce discours, le roi de la Grande-Tartarie repartit : « Vous êtes mon sultan et mon maître; mais dispensez-moi, je vous supplie, de vous donner la satisfaction que vous me de-

(1) Le titre de sultane se donne aux femmes des princes d'Orient.

mandez. » « Non, mon frère, répliqua le sultan, il faut que vous me l'accordiez; je la souhaite, ne me refusez pas. » Schahzenan ne put résister aux instances de Schahriar. « Eh bien! mon frère, lui dit-il, je vais vous satisfaire, puisque vous me le commandez. » Alors il lui raconta l'infidélité de la reine de Samarcande; et, lorsqu'il eut achevé le récit: « Voilà, poursuivit-il, le sujet de ma tristesse; jugez si j'avais tort de m'y abandonner. » « O mon frère! s'écria le sultan d'un ton qui marquait combien il entrait dans le ressentiment du roi de Tartarie, quelle horrible histoire venez-vous de me raconter! avec quelle impatience je l'ai écoutée jusqu'au bout! Je vous loue d'avoir puni les traîtres qui vous ont fait un outrage aussi sensible. O ciel! quelle aventure! Non, je crois qu'il n'en est jamais arrivé de semblable qu'à vous. Mais enfin il faut louer Dieu de ce qu'il vous a donné de la consolation; et, comme je ne doute pas qu'elle ne soit bien fondée, ayez encore la complaisance de m'en instruire, et faites-moi la confidence entière. »

Schahzenan fit plus de difficulté sur ce point que sur le précédent, à cause de l'intérêt que son frère y avait; mais, forcé de céder aux instances du sultan, il finit par lui raconter tout ce qu'il avait vu, du déguisement des noirs, de l'emportement de la sultane et de ses femmes, et il n'oublia pas Masoud. « Après avoir été témoin de ces infamies, continua-t-il, je pensai que toutes les femmes y étaient naturellement portées, et qu'elles ne pouvaient résister à leur penchant. Prévenu de cette opinion, il me parut que c'était une grande faiblesse à un homme d'attacher son repos à leur fidélité. Cette réflexion m'en a fait faire beaucoup d'autres, et enfin je jugeai que je ne pouvais prendre un meilleur parti que de me consoler. Il m'en a coûté quelques efforts; mais j'en suis venu à bout, et, si vous m'en croyez, vous suivrez mon exemple. »

Quoique ce conseil fût judicieux, le sultan ne put le goûter. Il entra même en fureur. « Quoi! dit-il, la sultane des Indes est capable de se prostituer d'une manière aussi indigne! Non, mon frère, ajouta-t-il, je ne puis croire ce que vous me dites, si je ne le vois de mes propres yeux. Il faut que les vôtres vous aient trompé; la chose est assez importante pour mériter que j'en sois assuré par moi-même. » « Mon frère, répondit Schahzenan, si vous voulez en être témoin, ce n'est pas difficile : vous n'avez qu'à faire une nouvelle partie de chasse; quand nous serons hors de la ville avec votre cour et la mienne, nous nous arrêterons sous nos pavillons, et la nuit nous reviendrons tous deux seuls dans mon appartement; je suis assuré que le lendemain vous verrez ce que j'ai vu. » Le sultan approuva le stratagème, ordonna aussitôt une nouvelle chasse, de sorte que, dès le même jour, les pavillons furent dressés au lieu désigné.

Le jour suivant, les deux princes partirent avec toute leur suite. Ils arrivèrent où ils devaient camper, et ils y demeurèrent jusqu'à la nuit. Alors Schahriar appela son grand visir et sans lui découvrir son dessein, lui commanda de tenir sa place pendant son absence, et de ne pas permettre que personne sortît du camp, pour quelque sujet que ce pût être. D'abord qu'il eut donné cet ordre, le roi de la Grande-Tartarie et lui montèrent à cheval, passèrent incognito à travers du camp, rentrèrent dans la ville, et se rendirent au palais qu'occupait Schahzenan. Ils se couchèrent; et, le lendemain matin, ils s'allèrent placer à la même fenêtre où le roi de Tartarie avait vu la scène des noirs. Ils jouirent quelque temps de la fraîcheur, car le soleil n'était point encore levé; et en s'entretenant, ils jetaient souvent les yeux du côté de la porte secrète. Elle s'ouvrit enfin; et pour dire le reste en peu de mots, la sultane parut avec ses femmes et les dix noirs déguisés; elle appela Masoud, et le sultan en vit plus qu'il n'en fallait pour être pleinement convaincu de sa honte et de son malheur. « O Dieu, s'écria-t-il, quelle indignité! quelle horreur! L'épouse d'un souverain tel que moi peut-elle être capable de cette infamie? Après cela quel prince osera se vanter d'être parfaitement heureux? Ah! mon frère, poursuivit-il en embrassant le roi de Tartarie, renonçons tous deux au monde, la bonne foi en est bannie; s'il flatte d'un côté, il trahit de l'autre. Abandonnons nos Etats et tout l'éclat qui nous environne. Allons dans des royaumes étrangers traîner une vie obscure et cacher notre infortune. » Schahzenan n'approuvait pas cette résolution; mais il n'osa la combattre, dans l'emportement où il voyait Schahriar. « Mon frère, lui dit-il, je n'ai pas d'autre volonté que la vôtre, je suis prêt à vous suivre partout où il vous plaira; mais promettez-moi que nous reviendrons si nous pouvons rencontrer quelqu'un qui soit plus malheureux que nous. —Je vous le promets, répondit le sultan; mais je doute fort que nous trouvions personne qui le puisse être autant. — Je ne suis pas de votre sentiment là-dessus, répliqua le roi de Tartarie; peut-être même ne voyagerons-nous pas longtemps. » En disant cela, ils sortirent secrètement du palais, et prirent un autre chemin que celui par où ils étaient venus. Ils marchèrent tant qu'ils eurent du jour pour se conduire, et passèrent la première nuit sous les arbres. S'étant levés dès le point du jour, ils continuèrent leur marche jusqu'à ce qu'ils arrivèrent à une belle prairie sur le bord de la mer, où il y avait, d'espace en espace, de grands arbres fort touffus. Ils s'assirent sous un de ces arbres pour se délasser et y prendre le frais. L'infidélité des princesses leurs femmes fut le sujet de leur conversation.

Il n'y avait pas longtemps qu'ils s'entretenaient, lorsqu'ils entendirent assez près d'eux un bruit horrible du côté de la mer et un cri effroyable qui les remplit de crainte. Alors la mer s'ouvrit, et il s'en éleva comme une grosse colonne noire qui semblait s'aller perdre dans les nues. Cet objet redoubla leur frayeur; ils se levèrent promptement, et montèrent au haut de l'arbre qui leur parut le plus propre à les cacher. Ils y furent à peine montés que, regardant vers l'endroit d'où le le bruit partait et où la mer s'était entr'ouverte, ils remarquèrent que la colonne noire s'avançait vers le rivage en fendant l'eau; ils ne purent dans le moment démêler ce que ce pouvait être, mais ils en furent bientôt éclaircis.

C'était un de ces génies qui sont malins, malfaisants, et ennemis mortels des hommes. Il était noir et hideux, avait la forme d'un géant d'une hauteur prodigieuse, et portait sur sa tête une grande caisse de verre, fermée à quatre serrures d'acier fin. Il entra dans la prairie avec cette charge, qu'il vint poser justement au pied de l'arbre où étaient les deux princes, qui, connaissant l'extrême péril où ils se trouvaient, se crurent perdus.

Cependant le génie s'assit auprès de la caisse; et, l'ayant ouverte avec quatre clefs qui étaient attachées à sa ceinture, il en sortit aussitôt une dame très-richement habillée, d'une taille majestueuse et d'une beauté parfaite. Le monstre la fit asseoir à ses côtés; et, la regardant amoureusement : « Dame, dit-il, la plus accomplie de toutes les dames qui sont admirées pour leur beauté; charmante personne, vous que j'ai enlevée le jour de vos noces, et que j'ai toujours aimée depuis si constamment, vous voudrez bien que je dorme quelques moments auprès de vous? Le sommeil dont je me sens accablé m'a fait venir en cet endroit pour prendre un peu de repos. » En disant cela, il laissa tomber sa grosse tête sur les genoux de la dame, ensuite, ayant allongé ses pieds, qui s'étendaient jusqu'à la mer, il ne tarda pas à s'endormir, et il ronfla bientôt d'une manière qui fit retentir tout le rivage.

La dame alors leva la vue par hasard, et, apercevant les princes au haut de l'arbre, elle leur fit signe de la main de descendre sans faire de bruit. Leur frayeur fut extrême quand ils se virent découverts. Ils supplièrent la dame, par d'autres signes, de les dispenser de lui obéir; mais elle, après avoir ôté doucement de dessus ses genoux la tête du génie, et l'avoir posée légèrement à terre, se leva, et leur dit d'un ton de voix bas, mais animé : « Descendez, il faut absolument que vous veniez à moi. » Ils voulurent vainement lui faire comprendre encore par leurs gestes qu'ils craignaient le génie. « Descendez donc, leur répliqua-t-elle sur le même ton; si vous ne vous hâtez de m'obéir, je vais l'éveiller, et je lui demanderai moi-même votre mort. »

Ces paroles intimidèrent tellement les princes, qu'ils commencèrent à descendre avec toutes les précautions possibles pour ne pas éveiller le génie. Lorsqu'ils furent en bas, la dame les prit par la main, et, s'étant un peu éloignée avec eux sous les arbres, elle leur fit librement une proposition très-vive : ils la rejetèrent d'abord, mais elle les obligea, par de nouvelles menaces, à l'accepter. Après qu'elle eut obtenu d'eux ce qu'elle souhaitait, ayant remarqué qu'ils avaient chacun une bague au doigt, elle les leur demanda. Sitôt qu'elle les eut entre les mains, elle alla prendre une boîte du paquet où était sa toilette; elle en tira un fil garni d'autres bagues de toutes sortes de façons, et le leur montrant : « Savez-vous bien, leur dit-elle, ce que signifient ces joyaux? » « Non, répondirent-ils, mais il ne tiendra qu'à vous de nous l'apprendre. » « Ce sont, répondit-elle, les bagues de tous les hommes à qui j'ai fait part de mes faveurs. Il y en a quatre-vingt-dix-huit bien comptées que je garde pour me souvenir d'eux. Je vous ai demandé les vôtres pour la même raison, et afin d'avoir la centaine accomplie. Voilà donc, continua-t-elle, cent amants que j'ai eus jusqu'à ce jour, malgré la vigilance et les précautions de ce vilain génie qui ne me quitte pas. Il a beau m'enfermer dans cette caisse de verre, et me tenir cachée au fond de la mer, je ne laisse pas de tromper ses soins. Vous voyez par là que, quand une femme a formé un projet, il n'y a point de mari ni d'amant qui puisse en empêcher l'exécution. Les hommes feraient mieux de ne pas contraindre les femmes; ce serait le moyen de les rendre sages. » La dame, leur ayant parlé de la sorte, passa leurs bagues dans le même fil où étaient enfilées les autres. Elle s'assit ensuite comme auparavant, souleva la tête du génie, la remit sur ses genoux, et fit signe aux princes de se retirer.

Ils reprirent le chemin par où ils étaient venus; et, lorsqu'ils eurent perdu de vue la dame et le génie, Schahriar dit à Schahzenan : « Eh bien! mon frère, que pensez-vous de l'aventure qui vient de nous arriver? Le génie n'a-t-il pas une maîtresse bien fidèle? et ne convenez-vous pas que rien n'est égal à la malice des femmes? » « Oui, mon frère, répondit le roi de la grande-Tartarie. Et vous devez aussi demeurer d'accord que le génie est plus à plaindre et plus malheureux que nous. C'est pourquoi, puisque nous avons trouvé ce que nous cherchions, retournons dans nos Etats, et que cela ne nous empêche pas de nous marier. Pour moi, je sais par quel moyen je prétends que la foi qui m'est due me soit inviolablement conservée. Je ne veux pas m'expliquer présentement là-dessus; mais vous en apprendrez un jour des nouvelles; et je suis sûr que vous suivrez mon exemple. » Le sultan fut de l'avis de son frère; et, continuant tous deux de marcher, ils arrivèrent au camp sur la fin de la nuit du troisième jour qu'ils en étaient partis.

La nouvelle du retour du sultan s'y étant répandue, les courtisans se rendirent de grand matin devant son pavillon. Il les fit entrer, les reçut d'un air plus riant qu'à l'ordinaire, et leur fit à tous des gratifications. Après quoi, leur ayant déclaré qu'il ne voulait pas aller plus loin, il leur commanda de monter à cheval, et il retourna bientôt à son palais.

A peine fut-il arrivé, qu'il courut à l'appartement de la sultane. Il la fit lier devant lui, et la livra à son grand-visir, avec ordre de la faire étrangler; ce que ce ministre exécuta sans s'informer quel crime elle avait commis. Le prince irrité n'en demeura pas là; il coupa la tête de sa propre main à toutes les femmes de la sultane. Après ce rigoureux châtiment, persuadé qu'il n'y avait pas une femme sage, pour prévenir les infidélités de celles qu'il prendrait à l'avenir, il résolut d'en épouser une chaque nuit, et de la faire étrangler le lendemain. Après s'être imposé cette loi cruelle, il jura qu'il l'observerait immédiatement après le départ du roi de Tartarie, qui prit bientôt congé de lui, et se mit en chemin chargé de présents magnifiques.

Schahzenan étant parti, Schahriar ne manqua pas d'ordonner à son grand-visir de lui amener la fille d'un de ses généraux d'armée. Le visir obéit. Le sultan coucha avec elle, et le lendemain, en la lui remettant entre les mains pour la faire mourir, il lui commanda de lui en chercher une autre pour la nuit suivante. Quelque répugnance qu'eût le visir à exécuter de semblables ordres, comme il devait au sultan son maître une obéissance aveugle, il était obligé de s'y soumettre. Il lui mena donc la fille d'un officier subalterne, qu'on fit aussi mourir le lendemain. Après celle-là, ce fut la fille d'un bourgeois de la capitale; et enfin chaque jour c'était une fille mariée, et une femme morte.

Le bruit de cette inhumanité sans exemple causa une consternation générale dans la ville. On n'y entendait que des cris et des lamentations. Ici c'était un père en pleurs qui se désespérait de la perte de sa fille : et là c'étaient de tendres mères, qui, craignant pour les leurs la même destinée, faisaient par avance retentir l'air de leurs gémissements. Ainsi, au lieu des louanges et des bénédictions que le sultan s'était attirées jusqu'alors, tous ses sujets ne faisaient plus que des imprécations contre lui.

Le grand-visir, qui, comme on l'a déjà dit, était malgré lui le ministre d'une si horrible injustice, avait deux filles, dont l'aînée s'appelait Scheherazade, et la cadette Dinarzade. Cette dernière ne manquait pas de mérite; mais l'autre avait un courage au-dessus de son sexe, de l'esprit infiniment, avec une pénétration admirable. Elle avait beaucoup de lecture et une mémoire si prodigieuse, que rien ne lui était échappé de tout ce qu'elle avait lu. Elle s'était heureusement appliquée à la philosophie, à la médecine, à l'histoire et aux arts, et elle faisait des vers mieux que les poètes les plus célèbres de son temps. Outre cela, elle était pourvue d'une beauté extraordinaire, et une vertu très-solide couronnait toutes ses belles qualités.

Le visir aimait passionnément une fille si digne de sa tendresse. Un jour qu'ils s'entretenaient tous deux ensemble, elle lui dit : « Mon père, j'ai une grâce à vous demander; je vous supplie très-humblement de me l'accorder. » « Je ne vous la refuserai pas, répondit-il, pourvu qu'elle soit juste et raisonnable. » « Pour juste, répliqua Scheherazade, elle ne peut l'être davantage, et vous en pouvez juger par le motif qui m'oblige à vous la demander. J'ai dessein d'arrêter le cours de cette barbarie que le sultan exerce sur les familles de cette ville. Je veux dissiper la juste crainte que tant de mères ont de perdre leurs filles d'une manière si funeste. » « Votre intention est fort louable, ma fille, dit le visir; mais le mal auquel vous voulez remédier me paraît sans remède. Comment prétendez-vous en venir à bout? » « Mon père, repartit Schehezarade, puisque par votre entremise le sultan célèbre chaque jour un nouveau mariage, je vous conjure, par la tendre affection que vous avez pour moi, de me procurer l'honneur de sa couche. » Le visir ne put entendre ce discours sans horreur. « O Dieu, interrompit-il avec transport, avez-vous perdu l'esprit, ma fille? Pouvez-vous me faire une prière aussi dangereuse? Vous savez que le sultan a fait serment sur son âme de ne coucher qu'une seule nuit avec la même femme, et de lui faire ôter la vie le lendemain; et vous voulez que je lui propose de vous épouser! Songez-vous bien à quoi vous exposez votre zèle indiscret? » « Oui, mon père, répondit cette vertueuse fille, je connais tout le danger que je cours, et il ne saurait m'épouvanter. Si je péris, ma mort sera glorieuse; et si je réussis dans mon entreprise, je rendrai à ma patrie un service important. » « Non, non, dit le visir; quoi que vous puissiez me représenter pour m'intéresser à vous permettre de vous jeter dans cet affreux péril, ne vous imaginez pas que j'y consente. Quand le sultan m'ordonnera de vous enfoncer le poignard dans le sein, hélas! il faudra bien que je lui obéisse. Quel triste emploi pour un père! Ah! si vous ne craignez point la mort, craignez du moins de me causer la douleur mortelle de voir ma main teinte de votre sang. — Encore une fois, mon père, dit Scheherazade, accordez-moi la grâce que je vous demande. — Votre opiniâtreté, reprit le visir, excite ma colère. Pourquoi vouloir vous-même courir à votre perte? Qui ne prévoit pas la fin d'une entreprise dangereuse, n'en saurait sortir heureusement. Je crains qu'il ne vous arrive ce qu'il arriva à l'âne, qui était bien et qui ne put s'y tenir. — Quel malheur arriva-t-il à cet âne? reprit Scheherazade. — Je vais vous le dire, répondit le visir; écoutez-moi. »

L'Ane, le Bœuf et le Laboureur. — Fable.

« Un marchand très-riche avait plusieurs maisons à la campagne, où il faisait nourrir une grande quantité de toute sorte de bétail. Il se retira avec sa femme et ses enfants à une de ses terres pour la faire valoir par lui-même.

Il avait le don d'entendre le langage des bêtes, mais avec cette condition, qu'il ne pouvait l'interpréter à personne sans s'exposer à perdre la vie; ce qui l'empêchait de communiquer les choses qu'il avait apprises par le moyen de ce don.

« Il y avait à une même auge un bœuf et un âne. Un jour qu'il était assis près d'eux, et qu'il se divertissait à voir jouer devant lui ses enfants, il entendit que le bœuf disait à l'âne : « L'Eveillé, que je te trouve heureux quand je considère le repos dont tu jouis, et le peu de travail qu'on exige de toi! Un homme te panse avec soin, te lave, te donne de l'orge bien criblée, et de l'eau fraîche et nette. Ta plus grande peine est de porter le marchand notre maître lorsqu'il a quelque petit voyage à faire : sans cela, toute ta vie se passerait dans l'oisiveté. La manière dont on me traite est bien différente, et ma condition est aussi malheureuse que la tienne est agréable. Il est à peine minuit qu'on m'attache à une charrue que l'on me fait traîner tout le long du jour en fendant la terre, ce qui me fatigue à un point, que les forces me manquent quelquefois. D'ailleurs, le laboureur, qui est toujours derrière moi, ne cesse de me frapper. A force de tirer la charrue, j'ai le cou tout écorché. Enfin, après avoir travaillé depuis le matin jusqu'au soir, quand je suis de retour, on me donne à manger de méchantes fèves sèches, dont on ne s'est pas mis en peine d'ôter la terre, ou d'autres choses qui ne valent pas mieux. Pour comble de misère, lorsque je suis repu d'un mets si peu appétissant, je suis obligé de passer la nuit couché dans mon ordure. Tu vois donc que j'ai raison d'envier ton sort.

« L'âne n'interrompit pas le bœuf; il lui laissa dire tout ce qu'il voulut : mais quand il eut achevé de parler : « Vous ne démentez pas, lui dit-il, le nom d'idiot qu'on vous a donné; vous êtes trop simple, vous vous laissez mener comme l'on veut, et vous ne pouvez prendre aucune bonne résolution. Cependant quel avantage vous revient-il de toutes les indignités que vous souffrez? Vous vous tuez vous-même pour le repos, le plaisir et le profit de ceux qui ne vous en savent point de gré. On ne vous traiterait pas de la sorte si vous aviez autant de courage que de force. Lorsqu'on vient vous attacher à l'auge, que ne faites-vous résistance? Que ne donnez-vous de bons coups de cornes? Que ne marquez-vous votre colère en frappant du pied contre terre? Pourquoi, enfin, n'inspirez-vous pas la frayeur par des beuglements effroyables? La nature vous a donné les moyens de vous faire respecter, et vous ne vous en servez pas. On vous apporte de mauvaises fèves et de mauvaise paille : n'en mangez point, flairez-les seulement et les laissez. Si vous suivez les conseils que je vous donne, vous verrez bientôt un changement dont vous me remercierez. »

« Le bœuf prit en fort bonne part les avis de l'âne; il lui témoigna combien il lui était obligé. « Cher l'Éveillé, ajouta-t-il, je ne manquerai pas de faire tout ce que tu m'as dit, et tu verras de quelle manière je m'en acquitterai. » Ils se turent après cet entretien, dont le marchand ne perdit pas une parole.

« Le lendemain de bon matin le laboureur vint prendre le bœuf; il l'attacha à la charrue, et le mena au travail ordinaire. Le bœuf, qui n'avait pas oublié le conseil de l'âne, fit fort le méchant ce jour-là; et le soir, lorsque le laboureur l'ayant ramené à l'auge, voulut l'attacher comme de coutume, le malicieux animal, au lieu de présenter ses cornes de lui-même, se mit à faire le rétif, et à reculer en beuglant; il baissa même ses cornes comme pour en frapper le laboureur; il fit enfin tout le manége que l'âne lui avait enseigné. Le jour suivant, le laboureur vint le reprendre pour le ramener au labourage; mais, trouvant l'auge encore remplie des fèves et de la paille qu'il y avait mises le soir, et le bœuf couché par terre, les pieds étendus, et haletant d'une étrange façon, il le crut malade; il en eut pitié, et, jugeant qu'il serait inutile de le mener au travail, il alla aussitôt en avertir le marchand.

« Le marchand vit bien que les mauvais conseils de l'Éveillé avaient été suivis, et, pour le punir comme il le méritait : « Va, dit-il au laboureur, prends l'âne à la place du bœuf, et ne manque pas de lui donner bien de l'exercice. » Le laboureur obéit. L'âne fut obligé de tirer la charrue tout ce jour-là; ce qui le fatigua d'autant plus, qu'il était moins accoutumé à ce travail : outre cela, il reçut tant de coups de bâton, qu'il ne pouvait plus se soutenir quand il fut de retour.

« Cependant le bœuf était très-content : il avait mangé tout ce qu'il y avait dans son auge, et s'était reposé toute la journée; il se réjouissait en lui-même d'avoir suivi les conseils de l'Éveillé; il lui donnait mille bénédictions pour le bien qu'il lui avait procuré, et il ne manqua pas de lui en faire un nouveau compliment lorsqu'il le vit arriver. L'âne ne répondit rien au bœuf, tant il avait de dépit d'avoir été si maltraité. « C'est par mon imprudence, se disait-il à lui-même, que je me suis attiré ce malheur; je vivais heureux; tout me riait; j'avais tout ce que je pouvais souhaiter; c'est ma faute si je suis dans ce déplorable état; et si je ne trouve quelque ruse en mon esprit pour m'en tirer, ma perte est certaine. » En disant cela, ses forces se trouvèrent tellement épuisées, qu'il se laissa tomber à demi mort au pied de son auge. »

En cet endroit, le grand visir s'adressant à Scheherazade, lui dit : « Ma fille, vous faites comme cet âne, vous vous exposez à vous perdre par votre imprudence. Croyez-moi, demeurez en repos, et ne cherchez point à prévenir votre mort. — Mon père, répondit Scheherazade, l'exemple que vous venez de rapporter n'est pas capable de me faire changer de résolution, et je ne cesserai point de vous importuner, que je n'aie obtenu de vous que vous me présentiez au sultan pour être son épouse.

Enfin, le père, poussé à bout par la fermeté de sa fille, se rendit à ses importunités, et, quoique fort affligé de n'avoir pu la détourner d'une si funeste résolution, il alla dès ce moment trouver Schahriar pour lui annoncer que la nuit prochaine il lui amenerait Scheherazade.

Le sultan fut fort étonné du sacrifice que son grand visir lui faisait. « Comment avez-vous pu, lui dit-il, vous résoudre à me livrer votre propre fille? » « Sire, lui répondit le visir, elle s'est offerte d'elle-même. La triste destinée qui l'attend n'a pu l'épouvanter, et elle préfère à sa vie l'honneur d'être une seule nuit l'épouse de votre majesté. »

« Mais ne vous trompez pas, visir, reprit le sultan : demain, en vous remettant Scheherazade entre les mains, je prétends que vous lui ôtiez la vie. Si vous y manquez, je vous jure que je vous ferai mourir vous-même. » « Sire, repartit le visir, mon cœur gémira sans doute en vous obéissant; mais la nature aura beau murmurer, quoique père, je vous réponds d'un bras fidèle. » Schahriar accepta l'offre de son ministre et lui dit qu'il n'avait qu'à lui amener sa fille quand il lui plairait.

Le grand visir alla porter cette nouvelle à Scheherazade, qui la reçut avec autant de joie que si elle eût été la plus agréable du monde. Elle remercia son père de l'avoir si sensiblement obligée, et voyant qu'il était accablé de douleur, elle lui dit, pour le consoler, qu'elle espérait qu'il ne se repentirait pas de l'avoir mariée avec le sultan, et qu'au contraire il aurait sujet de s'en réjouir le reste de sa vie.

Elle ne songea plus qu'à se mettre en état de paraître devant le sultan; mais, avant que de partir, elle prit sa sœur Dinarzade en particulier, et lui dit : « Ma chère sœur, j'ai besoin de votre secours dans une affaire très-importante, je vous prie de ne me le pas refuser. Mon père va me conduire chez le sultan pour être son épouse. Que cette nouvelle ne vous épouvante pas; écoutez-moi seulement avec patience. Dès que je serai devant le sultan, je le supplierai de permettre que vous couchiez dans la chambre nuptiale, afin que je jouisse cette nuit encore de votre compagnie. Si j'obtiens cette grâce, comme je l'espère, souvenez-vous de m'éveiller demain matin une heure avant le jour, et de m'adresser ces paroles : « Ma sœur, si vous ne dormez pas, « je vous supplie, en attendant le jour qui « paraîtra bientôt, de me raconter un de ces « contes que vous savez. » Aussitôt je vous en conterai un, et je me flatte de délivrer par ce moyen tout le peuple de la consternation où il est. Dinarzade répondit à sa sœur qu'elle ferait avec plaisir ce qu'elle exigeait d'elle.

L'heure de se coucher étant enfin venue, le grand visir conduisit Scheherazade au palais, et se retira après l'avoir introduite dans l'appartement du sultan. Ce prince ne se vit pas plus tôt avec elle, qu'il lui ordonna de se découvrir le visage. Il la trouva si belle qu'il en fut charmé ; mais, s'apercevant qu'elle était en pleurs, il lui en demanda le sujet. « Sire, répondit Scheherazade j'ai une sœur que j'aime aussi tendrement que j'en suis aimée ; je souhaiterais qu'elle passât la nuit dans cette chambre pour la voir et lui dire adieu encore une fois. Voulez-vous bien que j'aie la consolation de lui donner ce dernier témoignage de mon amitié? Schahriar y ayant consenti, on alla chercher Dinarzade, qui vint en diligence. Le sultan se coucha avec Scheherazade sur une estrade fort élevée, à la manière des monarques de l'Orient, et Dinarzade dans un lit qu'on lui avait préparé au bas de l'estrade.

Une heure avant le jour, Dinarzade, s'étant réveillée, ne manqua pas de faire ce que sa sœur lui avait recommandé. « Ma chère sœur, secria-t-elle, si vous ne dormez pas, je vous supplie, en attendant le jour qui paraîtra bientôt, de me raconter un de ces contes agréables que vous savez. Hélas! ce sera peut-être la dernière fois que j'aurai ce plaisir. »

Scheherazade, au lieu de répondre à sa sœur, s'adressa au sultan : « Sire, dit-elle, votre majesté veut-elle bien me permettre de donner cette satisfaction à ma sœur? — Très-volontiers, » répondit le sultan. Alors Scheherazade dit à sa sœur de l'écouter ; et puis, adressant la parole à Schahriar, elle commença de la sorte :

PREMIÈRE NUIT.

Le Marchand et le Génie.

Sire, il y avait autrefois un marchand qui possédait de grands biens, tant en fonds de terre qu'en marchandises et en argent comptant. Il avait beaucoup de commis, de facteurs et d'esclaves. Comme il était obligé de temps en temps de faire des voyages pour s'aboucher avec ses correspondants, un jour qu'une affaire d'importance l'appelait assez loin du lieu qu'il habitait, il monta à cheval et partit avec une valise derrière lui, dans laquelle il avait mis une petite provision de biscuit et de dattes, parce qu'il avait un pays désert à passer, où il n'aurait pas trouvé de quoi vivre. Il arriva sans accident à l'endroit où il avait affaire ; et quand il eut terminé la chose qui l'y avait appelé, il remonta à cheval pour s'en retourner chez lui.

Le quatrième jour de sa marche, il se sentit tellement incommodé de l'ardeur du soleil et de la terre échauffée par ses rayons, qu'il se détourna de son chemin pour aller se rafraîchir sous des arbres qu'il aperçut dans la campagne. Il y trouva, au pied d'un grand noyer, une fontaine d'eau très-claire et coulante. Il mit pied à terre, attacha son cheval à une branche d'arbre, et s'assit près de la fontaine, après avoir tiré de sa valise quelques dattes et du biscuit. En mangeant les dattes il en jeta les noyaux à droite et à gauche. Lorsqu'il eut achevé ce repas frugal, comme il était bon musulman, il se lava les mains, le visage et les pieds, et fit sa prière.

Il ne l'avait pas finie, et il était encore à genoux, quand il vit paraître un génie tout blanc de vieillesse et d'une grandeur énorme, qui, s'avançant jusqu'à lui le sabre à la main, lui dit d'un ton de voix terrible : « Lève-toi, que je te tue avec ce sabre comme tu as tué mon fils. » Il accompagna ces mots d'un cri effroyable. « Eh ! bon Dieu, repartit le marchand, comment pourrais-je avoir tué votre fils ; je ne le connais point et je ne l'ai jamais vu? » « Ne t'es-tu pas assis en arrivant ici? répliqua le génie ; n'as-tu pas tiré des dattes de ta valise, et en les mangeant n'en as-tu pas jeté les noyaux à droite et à gauche? » « J'ai fait ce que vous dites, répondit le marchand ; je ne puis le nier. » « Cela étant, reprit le génie, je te dis que tu as tué mon fils, et voici comment : dans le temps que tu jetais tes noyaux, mon fils passait : il en a reçu un dans l'œil, et il en est mort ; c'est pourquoi il faut que je te tue. » « Ah ! monseigneur, pardon, » s'écria le marchand. « Point de pardon! répondit le génie, point de miséricorde ! N'est-il pas juste de tuer celui qui a tué? » « J'en demeure d'accord, dit le marchand ; mais je n'ai assurément pas tué votre fils ; et, quand cela serait, je ne l'aurais fait que fort innocemment ; par conséquent, je vous supplie de me pardonner et de me laisser la vie. » « Non, non, dit le génie en persistant dans sa résolution, il faut que je te tue de même que tu as tué mon fils. » A ces mots, il prit le marchand par le bras, le jeta la face contre terre, et leva le sabre pour lui couper la tête.

« Quoi! répliqua le marchand, rien ne peut vous toucher! Vous voulez absolument ôter la vie à un pauvre innocent! » « Oui, repartit le génie, j'y suis résolu. » En achevant ces paroles....

Scheherazade, en cet endroit, s'apercevant qu'il était jour, et sachant que le sultan se levait de grand matin pour faire sa prière et tenir son conseil, cessa de parler. « Bon Dieu! ma sœur, dit alors Dinarzade, que votre conte est merveilleux! » « La suite est encore plus surprenante, répondit Scheherazade, et vous en tomberiez d'accord si le sultan voulait me laisser vivre encore aujourd'hui et me donner la permission de vous la raconter la nuit prochaine. » Schahriar, qui avait écouté Scheherazade avec plaisir, dit en lui-même : « J'attendrai jusqu'à demain, je la ferai toujours bien mourir quand j'aurai entendu la fin de son conte. » Ayant donc pris la résolution de ne pas faire ôter la vie à Scheherazade ce jour-là, il se leva pour faire sa prière et aller au conseil.

Pendant ce temps-là le grand visir était dans une inquiétude cruelle. Au lieu de goûter la douceur du sommeil, il avait passé la nuit à soupirer et à plaindre le sort de sa fille, dont il devait être le bourreau. Mais si dans cette triste attente il craignait la vue du sultan, il fut agréablement surpris lorsqu'il vit que ce prince entrait en conseil sans lui donner l'ordre funeste qu'il en attendait.

Le sultan, selon sa coutume, passa la journée à régler les affaires de son empire; et, quand la nuit fut venue, il coucha encore avec Scherazade. Le lendemain, avant que le jour parût, Dinarzade ne manqua pas de s'adresser à sa sœur, et de lui dire : « Ma chère sœur, si vous ne dormez pas, je vous supplie, en attendant le jour qui paraîtra bientôt, de continuer le conte d'hier. » Le sultan n'attendit pas que Scheherazade lui en demandât la permission. « Achevez, lui dit-il, le conte du marchand; je suis curieux d'en entendre la fin. » Scheherazade prit alors la parole, et continua son conte en ces termes :

IIe NUIT.

Sire, quand le marchand vit que le génie lui allait trancher la tête, il fit un grand cri, et lui dit : « Arrêtez; encore un mot, de grâce! ayez la bonté de m'accorder un délai; donnez-moi le temps d'aller dire adieu à ma femme et à mes enfants, et de leur partager mes biens par un testament que je n'ai pas encore fait, afin qu'ils n'aient point de procès après ma mort! Cela étant fini, je reviendrai aussitôt dans ce même lieu me soumettre à tout ce qu'il vous plaira d'ordonner de moi. —Mais, dit le génie, si je t'accorde le délai que tu me demandes, j'ai peur que tu ne reviennes pas. —Si vous voulez croire à mon serment, répondit le marchand, je jure par le Dieu du ciel et de la terre, que je viendrai vous retrouver ici sans y manquer. —De combien de temps souhaites-tu que soit ce délai? répliqua le génie. —Je vous demande une année, repartit le marchand; il ne faut pas moins de temps pour mettre ordre à mes affaires. Ainsi, je vous promets que demain en un an, sans faute, je me rendrai sous ces arbres, pour me remettre entre vos mains. —Prends-tu Dieu à témoin de la promesse que tu me fais? reprit le génie. —Oui, répondit le marchand, je le prends encore une fois à témoin, et vous pouvez vous reposer sur mon serment. » A ces paroles, le génie le laissa près de la fontaine, et disparut.

Le marchand, s'étant remis de sa frayeur, remonta à cheval et reprit son chemin. Mais, si d'un côté il avait de la joie de s'être tiré d'un si grand péril, de l'autre il était dans une tristesse mortelle, lorsqu'il songeait au serment fatal qu'il avait fait. Quand il arriva chez lui, sa femme et ses enfants le reçurent avec toutes les démonstrations d'une joie parfaite; mais en entendant le récit de ce qui était arrivé, ils commencèrent tous à se désoler. La femme poussait des cris pitoyables en se frappant le visage et s'arrachant les cheveux; les enfants, fondant en pleurs, faisaient retentir la maison de leurs gémissements, et le père, cédant à la force du sang, mêlait ses larmes à leurs plaintes : en un mot, c'était le spectacle du monde le plus touchant.

Dès le lendemain, le marchand songea à mettre ordre à ses affaires, et s'appliqua sur toutes choses à payer ses dettes. Il fit des présents à ses amis et de grandes aumônes aux pauvres, donna la liberté à ses esclaves de l'un et de l'autre sexe, partagea ses biens entre ses enfants, nomma des tuteurs pour ceux qui n'étaient pas encore en âge; et en rendant à sa femme tout ce qui lui appartenait, selon son contrat de mariage, il l'avantagea de tout ce qu'il put lui donner suivant les lois.

Enfin l'année s'écoula, et il fallut partir. Il fit sa valise, où il mit le drap dans lequel il devait être enseveli : mais, lorsqu'il voulut dire adieu à sa femme et à ses enfants, on n'a jamais vu une douleur plus vive. Ils ne pouvaient se résoudre à le perdre, ils voulaient tous l'accompagner et aller mourir avec lui. Néanmoins, comme il fallait se faire violence et quitter des objets si chers, il partit, et arriva au même endroit où il avait vu le génie, le propre jour qu'il avait promis de s'y rendre. Il mit aussitôt pied à terre, et s'assit au bord de la fontaine, où il attendait le genie avec toute la tristesse qu'on peut imaginer.

Pendant qu'il languissait dans une si cruelle attente, un bon vieillard, qui menait une biche à l'attache parut et s'approcha de lui. Ils se saluèrent l'un et l'autre; après quoi le vieillard lui dit : « Mon frère, peut-on savoir de vous pourquoi vous êtes venu dans ce lieu désert, où il n'y a que des esprits malins, et où l'on n'est pas en sûreté? A voir ces beaux arbres, on le croirait habité; mais c'est une véritable solitude, où il est dangereux de s'arrêter trop longtemps. »

Le marchand satisfit la curiosité du vieillard, et lui conta l'aventure qui l'obligeait à se trouver là. Le vieillard l'écouta avec étonnement; et, prenant la parole : « Voilà, s'écria-t-il, la chose du monde la plus surprenante! Et vous êtes lié par le serment le plus inviolable. Je veux, ajouta-t-il, être témoin de votre entrevue avec le génie... » En disant cela, il s'assit près du marchand, et tandis qu'ils s'entretenaient tous deux....

« Mais je vois le jour, dit Scheherazade en se reprenant; ce qui reste est le plus beau du conte. » Le sultan, résolu d'en entendre la fin, laissa vivre Scheherazade encore ce jour-là.

IIIe NUIT.

La nuit suivante, Dinarzade fit à sa sœur la même prière que les deux précédentes. « Ma chère sœur, lui dit-elle, si vous ne dormez pas, je vous supplie de me raconter un de ces contes agréables que vous savez. » Mais le sultan dit qu'il voulait entendre la suite de celui du marchand et du génie; c'est pourquoi Scheherazade reprit ainsi :

« Sire, dans le temps que le marchand et le vieillard qui conduisait la biche s'entretenaient, il arriva un autre vieillard, suivi de deux chiens noirs. Il s'avança jusqu'à eux, et les salua, en leur demandant ce qu'ils faisaient en cet endroit. Le vieillard qui conduisait la biche lui apprit l'aventure du marchand et du génie, ce qui s'était passé entre eux, et le serment du marchand. Il ajouta que ce jour était celui de la parole donnée, et qu'il était résolu de demeurer là pour voir ce qui en arriverait.

« Le second vieillard, trouvant aussi la chose digne de curiosité, prit la même résolution. Il s'assit auprès des autres, et, à peine se fut-il mêlé à leur conversation, qu'il survint un troisième vieillard, qui, s'adressant aux deux premiers, leur demanda pourquoi le marchand qui était avec eux paraissait si triste. On lui en dit le sujet, qui lui parut si extraordinaire, qu'il souhaita aussi d'être témoin de ce qui se passerait entre le génie et le marchand. Pour cet effet il se plaça parmi les autres.

Ils aperçurent bientôt dans la campagne une vapeur épaisse comme un tourbillon de poussière élevé par le vent. Cette vapeur s'avança jusqu'à eux; et, se dissipant tout à coup, leur laissa voir le génie, qui, sans les saluer, s'approcha du marchand le sabre à la main, et, le prenant par le bras : « Lève-toi, lui dit-il, que je te tue comme tu as tué mon fils. » Le marchand, et les trois vieillards effrayés, se mirent à pleurer et à remplir l'air de leurs cris.

Scheherazade, en cet endroit, apercevant le jour, cessa de poursuivre son conte, qui avait si bien piqué la curiosité du sultan, que ce prince, voulant en savoir la fin, remit encore au lendemain la mort de la sultane.

IVe NUIT.

Vers la fin de la nuit suivante, Scheherazade, avec la permission du sultan, parla dans ces termes :

Sire, quand le vieillard qui conduisait la biche vit que le génie s'était saisi du marchand, et l'allait tuer impitoyablement, il se jeta aux pieds de ce monstre, et les lui baisant : « Prince des génies, lui dit-il, je vous supplie très-humblement de suspendre votre colère et de me faire la grâce de m'écouter. Je vais vous raconter mon histoire et celle de cette biche que vous voyez; mais, si vous la trouvez plus merveilleuse et plus surprenante que celle de ce marchand à qui vous voulez ôter la vie, puis-je espérer que vous voudrez bien remettre à ce pauvre malheureux le tiers de son crime? » Le génie fut quelque temps à se consulter là-dessus; mais enfin il répondit : « Eh bien ! voyons, j'y consens. »

Histoire du premier Vieillard et de la Biche.

« Je vais donc, reprit le vieillard, commencer le récit; écoutez-moi, je vous prie, avec attention. Cette biche que vous voyez est ma cousine, et, de plus, ma femme. Elle n'avait que douze ans quand je l'épousai; ainsi, je puis dire qu'elle ne devait pas moins me regarder comme son père, que comme son parent et son mari.

« Nous avons vécu ensemble trente années sans avoir eu d'enfants; mais sa stérilité ne m'a point empêché d'avoir pour elle beaucoup de complaisance et d'amitié. Le seul désir d'avoir des enfants me fit acheter une esclave, dont j'eus un fils qui promettait infiniment. Ma femme en conçut de la jalousie, prit en aversion la mère et l'enfant, et cacha si bien ses sentiments que je ne les connus que trop tard.

« Cependant, mon fils croissait, et il avait déjà dix ans, lorsque je fus obligé de faire un voyage. Avant mon départ, je recommandai à ma femme, dont je ne me défiais point, l'esclave et mon fils, et je la priai d'en avoir soin pendant mon absence, qui dura une année entière. Elle profita de ce temps-là pour contenter sa haine. Elle s'attacha à la magie; et, quand elle sut assez cet art diabolique pour exécuter l'horrible dessein qu'elle méditait, la scélérate mena mon fils dans un lieu écarté. Là, par ses enchantements, elle le changea en veau et le donna à mon fermier, avec ordre de le nourrir comme un veau, disait-elle, qu'elle avait acheté. Elle ne borna point sa fureur à cette action abominable; elle changea l'esclave en vache et la donna aussi à mon fermier.

« A mon retour, je demandai des nouvelles de la mère et de l'enfant. « Votre esclave est morte, me dit-elle; et, pour votre fils, il y a deux mois que je ne l'ai vu, et que je ne sais ce qu'il est devenu. » Je fus touché de la mort de l'esclave; mais, comme mon fils n'avait fait que disparaître, je me flattais que je pourrais le revoir bientôt. Néanmoins huit mois se passèrent sans qu'il revînt, et je n'en avais aucune nouvelle lorsque la fête du grand Baïram arriva. Pour la célébrer, je demandai à mon fermier de m'amener une vache des plus grasses pour en faire un sacrifice. Il n'y manqua pas. La vache qu'il m'amena était l'esclave elle-même, la malheureuse mère de mon fils. Je la liai, mais, dans le moment que je me préparais à la sacrifier, elle se mit à faire des beuglements pitoyables, et je m'aperçus qu'il coulait de ses yeux des ruisseaux de larmes. Cela me parut assez extraordinaire; et, me sentant malgré moi saisi d'un mouvement de pitié, je ne pus me résoudre à la frapper. J'ordonnai à mon fermier de m'en aller prendre une autre.

« Ma femme, qui était présente, frémit de ma compassion, et, s'opposant à un ordre qui rendait sa malice inutile : « Que faites-vous, mon ami? s'écria-t-elle; immolez cette vache : votre fermier n'en a pas de plus belle, ni qui soit plus propre à l'usage que nous voulons en faire. » Alors je mis le maillet entre les mains du fermier, en lui disant : « Prenez, et sacrifiez-la vous-même, ses beuglements et ses larmes me fendent le cœur. »

« Le fermier, moins pitoyable que moi, la sacrifia. Mais, en l'écorchant, il se trouva qu'elle n'avait que les os, quoiqu'elle nous eût paru très-grasse. J'en eus un véritable chagrin. « Prenez-la pour vous, dis-je au fermier : je vous l'abandonne; faites-en des régals et des aumônes à qui vous voudrez, et, si vous avez un veau bien gras, amenez-le-moi à sa place. » Je ne m'informai pas de ce qu'il fit de la vache; mais, peu de temps après qu'il l'eut fait enlever de devant mes yeux, je le vis arriver avec un veau fort gras. Quoique j'ignorasse que ce veau fût mon fils, je ne laissai pas de sentir émouvoir mes entrailles à sa vue. De son côté, dès qu'il m'aperçut, il fit un si grand effort pour venir à moi qu'il en rompit la corde. Il se jeta à mes pieds, la tête contre terre, comme s'il eût voulu exciter ma compassion et me conjurer de n'avoir pas la cruauté de lui ôter la vie, en m'avertissant autant qu'il était possible qu'il était mon fils.

« Je fus encore plus surpris et plus touché de cette action, que je ne l'avais été des pleurs de la vache. Je sentis une tendre pitié qui m'intéressa pour lui, ou, pour mieux dire, le sang fit en moi son devoir. « Allez, dis-je au fermier, ramenez ce veau chez vous; ayez-en un grand soin, et à sa place amenez-en un autre incessamment. »

« Dès que ma femme m'entendit parler ainsi, elle ne manqua pas de s'écrier encore : « Que faites-vous mon mari? Croyez-moi, ne sacrifiez pas un autre veau que celui-là. » Enfin elle m'en demanda le sacrifice avec tant d'opiniâtreté, que je fus obligé de le lui accorder. Je liai le veau et prenant le couteau funeste.... »

Scheherazade s'arrêta dans cet endroit, parce qu'elle aperçut le jour, et Schahriar, curieux de savoir ce que deviendrait le fils du vieillard qui conduisait la biche, dit à la sultane qu'il serait bien aise d'entendre la nuit prochaine la fin de ce conte.

Ve NUIT.

Sire, poursuivit Scheherazade, le premier vieillard qui conduisait la biche continuant de raconter son histoire : « Je pris donc, dit-il, le couteau, et j'allais l'enfoncer dans la gorge de mon fils, lorsque, tournant vers moi languissamment ses yeux baignés de pleurs, il m'attendrit à un point que je n'eus pas la force de l'immoler. Je laissai tomber le couteau, et je dis à ma femme que je voulais absolument tuer un autre veau que celui-là. Elle n'épargna rien pour me faire changer de résolution; mais, quoi qu'elle pût me représenter, je demeurai ferme, et je lui promis, seulement pour l'apaiser, que je le sacrifierais au Baïram de l'année prochaine.

« Le lendemain matin, mon fermier demanda à me parler en particulier. Je viens, me dit-il, vous apprendre une nouvelle dont j'espère que vous me saurez bon gré. J'ai une fille qui a quelque connaissance de la magie. Hier, comme je ramenais au logis le veau dont vous n'avez pas voulu faire le sacrifice, je remarquai qu'elle rit en le voyant, et qu'un moment après elle se mit à pleurer. Je lui demandai pourquoi elle faisait en même temps deux choses si contraires. « Mon père, me répondit-elle, ce veau que vous ramenez est « le fils de votre maître. Je ris de joie de le « voir encore vivant; et j'ai pleuré en me souvenant du sacrifice qu'on fit hier de sa « mère, qui était changée en vache. Ces deux « métamorphoses ont été faites par les enchantements de la femme de notre maître, « laquelle haïssait la mère et l'enfant. » Voilà ce que m'a dit ma fille, poursuivit le fermier, et je viens vous apporter cette nouvelle.

« A ces paroles, ô génie, continua le vieillard, je vous laisse à juger quelle fut ma surprise! Je partis sur-le-champ avec mon fermier pour parler moi-même à sa fille.

« Ma bonne fille, lui dis-je, pouvez-vous rendre à mon fils sa première forme? — Oui, je le puis, me répondit-elle. — Ah! si vous en venez à bout, repris-je, je vous fais maîtresse de tous mes biens. Alors elle me repartit en souriant : — Vous êtes notre maître, et je sais trop bien ce que je vous dois; mais je vous avertis que je ne puis remettre votre fils dans son premier état qu'à deux conditions : la première, que vous me le donnerez pour époux; et la seconde, qu'il me sera permis de punir la personne qui l'a changé en veau. — Pour la première condition, lui dis-je, je l'accepte de bon cœur. Pour la condition qui regarde ma femme, je veux bien l'accepter encore. Une personne qui a été capable de faire une action si criminelle mérite bien d'en être punie; je vous l'abandonne, faites-en ce qu'il vous plaira; je vous prie seulement de ne pas lui ôter la vie. »

« Alors cette fille prit un vase plein d'eau, prononça dessus des paroles que je n'entendis pas, et elle jeta sur l'eau le veau qui, à l'instant, reprit sa première forme.

« Mon fils, mon cher fils! m'écriai-je aussitôt en l'embrassant avec un transport dont je ne fus pas le maître; c'est Dieu qui nous a envoyé cette jeune fille pour détruire l'horrible charme dont vous étiez environné, et vous venger du mal qui vous a été fait, à vous et à votre mère. Je ne doute point que par reconnaissance vous ne vouliez bien la prendre pour votre femme, comme je m'y suis engagé. Il y consentit avec joie; mais avant qu'ils se mariassent, la jeune fille changea ma femme en biche, et c'est elle que vous voyez ici. Depuis ce temps-là, mon fils est devenu veuf, et est allé voyager. Comme il y a plusieurs années que je n'ai eu de ses nouvelles, je me suis mis en chemin pour tâcher d'en apprendre; et, n'ayant point voulu confier à personne le soin de ma femme pendant que je ferais enquête de lui, j'ai jugé à propos de la mener partout avec moi. Voilà donc mon histoire et celle de cette biche. N'est-elle pas des plus surprenantes et des plus merveilleuses?

« J'en demeure d'accord, dit le génie, et en sa faveur, je t'accorde le tiers de la grâce de ce marchand. »

Quand le premier vieillard, sire, continua la sultane, eut achevé son histoire, le second, qui conduisait les deux chiens noirs, s'adressa au génie, et lui dit : « Je vais vous raconter ce qui m'est arrivé, à moi et à ces deux chiens noirs que voici, et je suis sûr que vous trouverez mon histoire encore plus étonnante que celle que vous venez d'entendre. Mais quand je vous l'aurai contée, m'accorderez-vous le second tiers de la grâce de ce marchand? — Oui, répondit le génie, pourvu que ton histoire surpasse celle de la biche. » Après ce consentement, le second vieillard commença de cette manière...

Mais Scheherazade, en prononçant ces dernières paroles, ayant vu le jour, cessa de parler. Schahriar se leva, fit sa prière, et alla au conseil sans donner aucun ordre contre la vie de la charmante Scheherazade.

VIe NUIT.

La sixième nuit étant venue, le sultan et son épouse se couchèrent. Dinarzade se réveilla à l'heure ordinaire, et appela la sultane. Schahriar, prenant la parole : « Je souhaiterais d'entendre l'histoire du second vieillard et des deux chiens noirs. — Je vais contenter votre curiosité, sire, répondit Scheherazade. Le second vieillard, poursuivit-elle, s'adressant au génie, commença ainsi son histoire :

Histoire du second Vieillard et des deux Chiens noirs.

« Grand prince des génies, vous saurez que nous sommes trois frères, ces deux chiens noirs que vous voyez, et moi qui suis le troisième. Notre père nous avait laissé en mourant à chacun mille sequins. Avec cette somme, nous embrassâmes tous trois la même profession; nous nous fîmes marchands. Peu de temps après que nous eûmes ouvert boutique, mon frère aîné, l'un de ces deux chiens, résolut de voyager et d'aller négocier dans les pays étrangers. Dans ce dessein, il vendit tout son fonds, et en acheta des marchandises propres au négoce qu'il voulait faire.

« Il partit, et fut absent une année entière. Au bout de ce temps-là, un pauvre, qui me parut demander l'aumône, se présenta à ma boutique. Je lui dis : « Dieu vous assiste. — Dieu vous assiste aussi, me répondit-il; est-il possible que vous ne me reconnaissiez pas? Alors, l'envisageant avec attention, je le reconnus. — Ah! mon frère, m'écriai-je en l'embrassant, comment vous aurais-je pu reconnaître en cet état? » Je le fis entrer dans ma maison, je lui demandai des nouvelles de sa santé et du succès de son voyage. « Ne me faites pas cette question, me dit-il; en me voyant vous voyez tout. Ce serait renouveler mon affliction que de vous faire le détail de tous les malheurs qui me sont arrivés depuis un an, et qui m'ont réduit à l'état où je suis.»

« Je fis aussitôt fermer ma boutique; et abandonnant tout autre soin, je le menai au bain, et lui donnai les plus beaux habits de ma garderobe. J'examinai mes registres de vente et d'achat; et, trouvant que j'avais doublé mon fonds, c'est-à-dire que j'étais riche de deux mille sequins, je lui en donnai la moitié. « Avec cela, mon frère, lui dis-je, vous pourrez oublier la perte que vous avez faite. » Il accepta les mille secquins avec joie, rétablit ses affaires, et nous vécûmes ensemble comme nous avions vécu auparavant.

« Quelque temps après, mon second frère, qui est l'autre de ces deux chiens, voulut aussi vendre son fonds. Nous fîmes, son aîné et moi, tout ce que nous pûmes pour l'en détourner;

mais il n'y eut pas moyen. Il le vendit, et de l'argent qu'il en fit, il acheta des marchandises propres au négoce étranger qu'il voulait entreprendre. Il se joignit à une caravane, et partit. Il revint au bout de l'an dans le même état que son frère aîné. Je le fis habiller; et comme j'avais encore mille sequins par-dessus mon fonds, je les lui donnai. Il releva boutique, et continua d'exercer sa profession.

« Un jour, mes deux frères vinrent me trouver pour me proposer de faire un voyage, et d'aller trafiquer avec eux. Je rejetai d'abord leur proposition : je refusai d'entrer dans leur dessein. Mais ils revinrent tant de fois à la charge, qu'après avoir, pendant cinq ans, résisté constamment à leur sollicitation, je m'y rendis enfin. Mais quand il fallut faire les préparatifs du voyage, et qu'il fut question d'acheter les marchandises dont nous avions besoin, il se trouva qu'ils avaient tout mangé, et qu'il ne leur restait rien des mille sequins que je leur avais donnés à chacun. Je ne leur en fis pas le moindre reproche; au contraire, comme mon fonds était de six mille sequins, j'en partageai la moitié avec eux, en leur disant : « Mes frères, il faut risquer ces trois mille sequins, et cacher les autres en quelque endroit sûr, afin que si notre voyage n'est pas plus heureux que ceux que vous avez déjà faits, nous ayons de quoi nous en consoler, et reprendre notre ancienne profession. » Je donnai donc mille sequins à chacun; j'en gardai autant pour moi, et j'enterrai les trois mille autres dans un coin de ma maison. Nous achetâmes des marchandises; et, après les avoir embarquées sur un vaisseau que nous frétâmes entre nous trois, nous fîmes mettre à la voile avec un vent favorable. Après un mois de navigation...

« Mais je vois le jour, poursuivit Scheherazade, il faut que j'en demeure là. » « Ma sœur, dit Dinarzade, voilà un conte qui promet beaucoup, je m'imagine que la suite en est fort extraordinaire. — Vous ne vous trompez pas, répondit la sultane : et si le sultan me permet de vous la conter, je suis persuadée qu'elle vous divertira fort. » Schahriar se leva comme le jour précédent, sans s'expliquer là-dessus, et ne donna point ordre au grand-visi de faire mourir sa fille.

VIIe NUIT.

Sur la fin de la septième nuit, Dinarzade supplia la sultane de conter la suite de ce beau conte qu'elle n'avait pu achever la veille. Je le veux bien, répondit Scheherazade; et, pour en reprendre le fil, je vous dirai que le vieillard qui menait les deux chiens noirs, continuant de raconter son histoire au génie, aux deux autres vieillards et au marchand : « Enfin, leur dit-il, après deux mois de navigation, nous arrivâmes heureusement à un port de mer, où nous débarquâmes et fîmes un très-grand débit de nos marchandises. Moi, surtout, je vendis si bien les miennes, que je gagnai dix pour un. Nous achetâmes des marchandises du pays pour les transporter et les négocier au nôtre.

« Dans le temps que nous étions prêts à nous rembarquer pour notre retour, je rencontrai sur le bord de la mer une dame assez bien faite, mais fort pauvrement habillée. Elle m'aborda, me baisa la main, et me pria, avec les dernières instances, de la prendre pour femme, et de l'embarquer avec moi. Je fis difficulté de lui accorder ce qu'elle demandait; mais elle me dit tant de choses pour me persuader que je ne devais pas prendre garde à sa pauvreté, et que j'aurais lieu d'être content de sa conduite, que je me laissai vaincre. Je lui fis faire des habits propres; et, après l'avoir épousée par un contrat de mariage en bonne forme, je l'embarquai avec moi, et nous mîmes à la voile.

« Pendant notre navigation, je trouvai de si belles qualités dans la femme que je venais de prendre, que je l'aimais tous les jours de plus en plus. Cependant mes deux frères, qui n'avaient pas si bien fait leurs affaires que moi, et qui étaient jaloux de ma prospérité, me portaient envie. Leur fureur alla même jusqu'à conspirer contre ma vie. Une nuit, dans le temps que ma femme et moi nous dormions, ils nous jetèrent à la mer.

« Ma femme était fée, et par conséquent génie; vous jugez bien qu'elle ne se noya pas. Pour moi, il est certain que je serais mort sans son secours : mais je fus à peine tombé dans l'eau, qu'elle m'enleva et me transporta dans une île. Quand il fut jour, la fée me dit :

Vous voyez, mon mari, qu'en vous sauant la vie, je ne vous ai pas mal récompensé u bien que vous m'avez fait. Vous saurez ue je suis fée, et que me trouvant sur le ord de la mer, lorsque vous alliez vous emarquer, je me sentis une forte inclination our vous. Je voulus éprouver la bonté de otre cœur, je me présentai devant vous déuisée comme vous m'avez vue. Vous en avez sé avec moi généreusement. Je suis ravie l'avoir trouvé l'occasion de vous en marquer na reconnaissance. Mais je suis irritée contre os frères, et je ne serai satisfaite que je ne eur aie ôté la vie.»

« J'écoutai avec admiration le discours de a fée; je la remerciai le mieux qu'il me fut possible de la grande obligation que je lui avais.—Mais, madame, lui dis-je, pour ce qui est de mes frères, je vous supplie de leur pardonner.

« J'apaisai la fée par ces paroles; et lorsque je les eus prononcées, elle me transporta en un instant de l'île où nous étions sur le toit de mon logis, qui était en terrasse, et elle disparut un moment après. Je descendis, j'ouvris les portes, et je déterrai les trois mille sequins que j'avais cachés. J'allai ensuite à la place où était ma boutique; je l'ouvris, et je reçus des marchands, mes voisins, des compliments sur mon retour. Quand je rentrai chez moi, j'aperçus ces deux chiens noirs qui vinrent m'aborder d'un air soumis. Je ne savais ce que cela signifiait, et j'en étais fort étonné; mais la fée, qui parut bientôt, m'en éclaircit. « Mon mari, me dit-elle, ne soyez pas surpris de voir ces deux chiens chez vous : ce sont vos deux frères. Je les ai condamnés à demeurer dix ans sous cette forme; leur perfidie ne les rend que trop dignes de cette pénitence. » Enfin, après m'avoir enseigné où je pourrais avoir de ses nouvelles, elle disparut.

« Présentement que les dix années sont accomplies, je suis en chemin pour l'aller chercher, et comme en passant par ici, j'ai rencontré ce marchand et le bon vieillard qui mène sa biche, je me suis arrêté avec eux. Voilà quelle est mon histoire, ô prince des génies; ne vous paraît-elle pas des plus extraordinaires? J'en conviens, répondit le génie, et je remets aussi en sa faveur le second tiers du crime dont ce marchand est coupable envers moi. »

Aussitôt que le second vieillard eut achevé son histoire, le troisième prit la parole, et fit au génie la même demande que les deux premiers; c'est-à-dire de remettre au marchand le troisième tiers de son crime, supposé que l'histoire qu'il avait à lui raconter surpassât en événements singuliers les deux qu'il venait d'entendre. Le génie lui fit la même promesse qu'aux autres. « Écoutez donc, lui dit alors le vieillard..... »

Mais le jour paraît, dit Scheherazade en se reprenant; il faut que je m'arrête en cet endroit. « Je ne puis assez admirer, ma sœur, dit alors Dinarzade, les aventures que vous venez de raconter. — J'en sais une infinité d'autres, répondit la sultane, qui sont encore plus belles. » Schahriar, voulant savoir si le conte du troisième vieillard serait aussi agréable que celui du second, différa jusqu'au lendemain la mort de Scheherazade.

VIIIe NUIT.

Dès que Dinarzade s'aperçut qu'il était temps d'appeler la sultane, elle supplia sa sœur, en attendant le jour, de lui faire le récit de quelque beau conte. « Racontez-nous celui du troisième vieillard, dit le sultan à Scheherazade; j'ai bien de la peine à croire qu'il soit plus merveilleux que celui du vieillard et des deux chiens noirs. »

« Sire, répondit la sultane, le troisième vieillard raconta son histoire au génie; je ne vous la dirai point, car elle n'est point venue à ma connaissance; mais je sais qu'elle se trouva si fort au-dessus des deux précédentes, par la diversité des aventures merveilleuses qu'elle contenait, que le génie en fut étonné. Il n'en eut pas plutôt ouï la fin, qu'il dit au troisième vieillard : « Je t'accorde le dernier tiers de la grâce du marchand; il doit bien vous remercier tous trois de l'avoir tiré d'intrigue par vos histoires : sans vous il ne serait plus au monde. » En achevant ces mots, il disparut au grand contentement de la compagnie. Le marchand ne manqua pas de rendre à ses trois libérateurs toutes les grâces qu'il leur devait; ils se réjouirent avec lui de le voir hors de péril, après quoi ils se dirent adieu, et chacun reprit son chemin. Le marchand s'en retourna auprès de sa femme et de ses enfants, et passa tranquillement avec eux le reste de ses jours. « Mais, sire, ajouta Scheherazade, quelque beaux que soient les contes que j'ai racontés jusqu'ici à votre majesté, ils n'approchent pas de celui du pêcheur. » Dinarzade, voyant que la sultane s'arrêtait, lui dit : « Ma sœur, puisqu'il nous reste encore du temps, de grâce, racontez-nous l'histoire de ce pêcheur; le sultan le voudra bien. Schahriar y consentit, et Scheherazade, reprenant son discours, poursuivit de cette manière :

Histoire du Pêcheur.

Sire, il y avait une fois un pêcheur fort âgé, et si pauvre, qu'à peine pouvait-il gagner de quoi faire subsister sa femme et trois enfants, dont sa famille était composée. Il allait tous les jours à la pêche de grand matin, et chaque jour il s'était fait une loi de ne jeter ses filets que quatre fois seulement.

Il partit un matin au clair de la lune, et se rendit au bord de la mer. Il se déshabilla et jeta ses filets. Comme il les tirait vers le rivage, il sentit d'abord de la résistance; il crut avoir fait une bonne pêche, et s'en réjouissait déjà en lui-même; mais un moment après, s'apercevant qu'au lieu de poissons, il n'y avait dans ses filets que la carcasse d'un âne, il en eut beaucoup de chagrin...

Scheherazade, en cet endroit, cessa de parler, parce qu'elle vit paraître le jour. Schahriar, curieux d'apprendre le succès de la pêche du pêcheur, ne voulut pas faire mourir ce jour-là Scheherazade; c'est pourquoi il se leva et ne donna point encore cet cruel ordre.

IXe NUIT.

« Ma chère sœur, s'écria Dinarzade, le lendemain à l'heure ordinaire, je vous supplie de nous finir le conte du pêcheur; je meurs d'envie de l'entendre. — Je vais vous donner cette satisfaction, répondit la sultane. » En même temps, elle demanda la permission au sultan; et lorsqu'elle l'eut obtenue, elle reprit en ces termes le conte du pêcheur :

Sire, quand le pêcheur, affligé d'avoir ait une si mauvaise pêche, eut raccommodé ses filets, que la carcasse de l'âne avait rompus en plusieurs endroits, il les jeta une seconde fois. En les tirant, il sentit encore beaucoup de résistance, ce qui lui fit croire qu'ils étaient remplis de poissons; mais il n'y trouva qu'un grand panier plein de gravier et de fange. Il en fut dans une extrême affliction. Il jeta brusquement le panier; et, après avoir bien lavé ses filets que la fange avait gâtés, il les jeta pour la troisième fois. Mais il n'amena que des pierres, des coquilles et de l'ordure. On ne saurait expliquer quel fut son désespoir : peu s'en fallut qu'il ne perdît l'esprit. Cependant, comme le jour commençait à paraître, il n'oublia pas de faire sa prière; puis, il jeta ses filets pour la quatrième fois. Quand il jugea qu'il devait y avoir du poisson, il les tira comme auparavant avec assez de peine. Il n'y en avait pas pourtant; mais il y trouva un vase de cuivre jaune, qui, à sa pesanteur, lui parut plein de quelque chose; et il remarqua qu'il était fermé et scellé de plomb avec l'empreinte d'un sceau. Cela le réjouit. « Je le vendrai au fondeur, disait-il, et de l'argent que j'en ferai, j'en achèterai une mesure de blé. »

Il examina le vase de tous cotés; il le secoua, pour voir si ce qui était dedans ne ferait pas de bruit. Il n'entendit rien, et cette circonstance, avec l'empreinte du sceau sur le couvercle de plomb, lui firent penser qu'il devait être rempli de quelque chose de précieux. Pour s'en éclaircir, il prit son couteau, et, avec un peu de peine, il l'ouvrit. Il en pencha aussitôt l'ouverture contre terre; mais il n'en sortit rien, ce qui le surprit extrêmement. Il le posa devant lui; et, pendant qu'il le considérait attentivement, il en sortit une fumée fort épaisse qui l'obligea de reculer de deux ou trois pas en arrière. Cette fumée s'éleva jusqu'aux nues, et, s'étendant sur la mer et sur le rivage, forma un gros brouillard, spectacle qui causa, comme on peut se l'imaginer, un étonnement extraordinaire au pêcheur. Lorsque la fumée fut toute hors du vase, elle se réunit et devint un corps solide, dont il se forma un génie deux fois aussi grand que le plus haut de tous les géants. A l'aspect d'un monstre d'une grandeur si démesurée, le pêcheur voulut prendre la fuite;

mais il se trouva si troublé et si effrayé qu'il ne put marcher.

« Salomon! s'écria d'abord le génie, Salomon! grand prophète de Dieu, pardon, pardon! Jamais je ne m'opposerai à vos volontés; j'obéirai à tous vos commandements... »

Scheherazade, apercevant le jour, interrompit là son conte; mais Schariar avait trop d'envie d'entendre le reste de l'histoire du pêcheur pour vouloir se priver de ce plaisir; il remit donc encore au lendemain la mort de la sultane.

Xe NUIT.

Dinarzade, la nuit suivante, appelant sa sœur quand il en fut temps, la pria de continuer le conte du pêcheur. Le sultan, de son côté, témoigna de l'impatience d'apprendre quel démêlé le génie avait eu avec Salomon. C'est pourquoi Scheherazade poursuivit ainsi le conte du pêcheur :

Sire, le pêcheur n'eut pas sitôt entendu les paroles que le génie avait prononcées qu'il se rassura et lui dit : « Esprit superbe, que dites-vous? Il y a plus de dix-huit cents ans que Salomon, le prophète de Dieu, est mort, et nous sommes présentement à la fin des siècles. Apprenez-moi votre histoire et pour quel sujet vous étiez renfermé dans ce vase. »

A ce discours, le génie regardant le pêcheur d'un air fier, lui répondit : « Parle-moi plus civilement; tu es bien hardi de m'appeler esprit superbe! Je t'ordonne de me parler plus civilement avant que je te tue.—Et pourquoi me tueriez-vous? répliqua le pêcheur; je viens de vous mettre en liberté, l'avez-vous déjà oublié? — Non, je m'en souviens repartit le génie, mais cela ne m'empêchera pas de te faire mourir, et je n'ai qu'une seule grâce à t'accorder, c'est de te laisser choisir de quelle manière tu veux que je te tue. — Mais en quoi vous ai-je offensé? reprit le pêcheur? est-ce ainsi que vous voulez me récompenser du bien que je vous ai fait? — Je ne puis te traiter autrement, dit le génie, et, afin que tu en sois persuadé, écoute mon histoire :

« Je suis un de ces esprits rebelles qui se sont opposés à la volonté de Dieu. Tous les autres génies reconnurent le grand Salomon, prophète de Dieu, et se soumirent à lui. Nous fûmes les seuls, Sacar et moi, qui ne voulûmes pas faire cette bassesse. Pour s'en venger, ce puissant monarque chargea Assaf, fils de Barakhia, son premier ministre, de venir me prendre. Cela fut exécuté; Assaf vint se saisir de ma personne et me mena malgré moi devant le trône du roi son maître. Salomon, fils de David, me commanda de quitter mon genre de vie, de reconnaître son pouvoir et de me soumettre à ses commandements. Je refusai hautement de lui obéir et j'aimai mieux m'exposer à tout son ressentiment que de lui prêter le serment de fidélité et de soumission qu'il exigeait de moi. Pour me punir, il m'enferma dans ce vase de cuivre, et, afin de s'assurer de moi, et que je ne puisse pas forcer ma prison, il imprima lui-même sur le couvercle de plomb son sceau, où le grand nom de Dieu était gravé. Cela fait, il mit le vase entre les mains d'un des génies qui lui obéissaient, avec ordre de me jeter à la mer, ce qui fut exécuté à mon grand regret. Durant le premier siècle de ma prison, je me jurai que si quelqu'un m'en délivrait avant les cent ans achevés, je le rendrais riche, même après sa mort; mais le siècle s'écoula et personne ne me rendit ce bon office. Pendant le second siècle, je fis serment d'ouvrir tous les trésors de la terre à quiconque me mettrait en liberté; mais je ne fus pas plus heureux. Dans le troisième, je promis de faire puissant monarque mon libérateur, d'être toujours près de lui en esprit et de lui accorder chaque jour trois demandes, de quelque nature qu'elles puissent être; mais ce siècle se passa comme les deux autres et je demeurai toujours dans le même état. Enfin, chagrin, ou plutôt enragé de me voir prisonnier si longtemps, je jurai que si quelqu'un me délivrait dans la suite, je le tuerais impitoyablement et ne lui accorderais point d'autre grâce que de lui laisser le choix du genre de mort dont il voudrait que je le fisse mourir. C'est pourquoi, puisque tu es venu ici aujourd'hui, et que tu m'as délivré, choisis comment tu veux que je te tue. »

La nécessité donne de l'esprit. Le pêcheur s'avisa d'un stratagème. « Puisque je ne saurais éviter la mort, dit-il au génie, je me soumets donc à la volonté de Dieu. Mais avant que je choisisse un genre de mort, je vous conjure, par le grand nom de Dieu qui était gravé sur le sceau du prophète Salomon, fils de David, de me dire la vérité sur une question que j'ai à vous faire. »

Quand le génie vit qu'on lui faisait une adjuration qui le contraignait de répondre positivement, il trembla en lui-même et dit au pêcheur : « Demande-moi ce que tu voudras, et hâte-toi. »

Le jour venant à paraître, Scheherazade se tut en cet endroit de son discours. « Ma sœur, lui dit Dinarzade, il faut convenir que plus vous parlez et plus vous faites de plaisir. » Le sultan, qui n'avait pas moins d'envie que Dinarzade d'entendre la fin de ce conte, différa encore la mort de la sultane.

XIe NUIT.

Schahriar et la princesse son épouse passèrent cette nuit de la même manière que les précédentes, et, avant que le jour parût, Dinarzade les réveilla par ces paroles qu'elle adressa à la sultane : « Ma sœur, je vous prie de reprendre le conte du pêcheur. — Très-volontiers, répondit Scheherazade, je vais vous satisfaire, avec la permission du sultan. »

Le génie, poursuivit-elle, ayant promis de dire la vérité, le pêcheur lui dit : « Je voudrais savoir si effectivement vous étiez dans ce vase; oseriez-vous en jurer par le grand nom de Dieu? — Oui, répondit le génie, je jure par ce grand nom que j'y étais, et cela est très-véritable. — En bonne foi, répliqua le pêcheur, je ne puis vous croire. Ce vase ne pourrait pas seulement contenir un de vos pieds, comment se peut-il que votre corps y ait été renfermé tout entier?—Je te jure pourtant, repartit le génie, que j'y étais tel que tu me vois. Est-ce que tu ne me crois pas, après le grand serment que je t'ai fait? — Non vraiment, dit le pêcheur, et je ne vous croirai point, à moins que vous ne me fassiez voir la chose. »

Alors il se fit une dissolution du corps du génie, qui, se changeant en fumée, s'étendit comme auparavant sur la mer et sur le rivage, et qui, se rassemblant ensuite, commença de rentrer dans le vase et continua de même par une succession lente et égale, jusqu'à ce qu'il n'en restât plus rien au dehors. Aussitôt il en sortit une voix qui dit au pêcheur : « Hé bien! incrédule pêcheur, me voici dans le vase; me crois-tu présentement?»

Le pêcheur, au lieu de répondre au génie, prit le couvercle de plomb, et, ayant fermé promptement le vase : « Génie, lui cria-t-il, demande-moi grâce à ton tour, et choisis de quelle mort tu veux que je te fasse mourir. Mais non, il vaut mieux que je te rejette à la mer, dans le même endroit d'où je t'ai tiré, puis je ferai bâtir une maison sur ce rivage, où je demeurerai, pour avertir tous les pêcheurs qui viendront y jeter leurs filets de bien prendre garde de repêcher un méchant génie comme toi, qui as fait un serment de tuer celui qui te mettrait en liberté. — Pêcheur, répondit le génie d'un ton radouci, garde-toi bien de faire ce que tu dis. Ce que j'en ai fait n'a été que par plaisanterie, et tu ne dois pas prendre la chose sérieusement. Ouvre le vase, donne-moi la liberté, je t'en supplie; je te promets que tu seras content de moi.— Tu n'es qu'un traître, repartit le pêcheur, je mériterais de perdre la vie, si j'avais l'imprudence de me fier à toi. Tu ne manquerais pas de me traiter de la même façon qu'un certain roi grec traita le médecin Douban. C'est une histoire que je veux te raconter; écoute :

Histoire du Roi grec et du médecin Douban

« Il y avait au pays de Zouman, dans la Perse, un roi dont les sujets étaient Grecs originairement. Ce roi était couvert de lèpre, et ses médecins, après avoir inutilement employé tous leurs remèdes pour le guérir, ne savaient plus que lui ordonner, lorsqu'un très-habil[e] médecin, nommé Douban, arriva dans s[a] cour.

« Ce médecin avait puisé sa science dan[s] les livres grecs, persans, turcs, arabes, la[-]tins, syriaques et hébreux; et, outre qu['il] était consommé dans la philosophie, il con[-]naissait parfaitement les bonnes et mauvais[es] qualités de toutes sortes de plantes et de dro[-]gues. Dès qu'il fut informé de la maladie d[u] roi et qu'il eut appris que ses médecins l'a[-]vaient abandonné, il s'habilla le plus propre[-]ment possible et trouva moyen de se faire pr[é-]

senter au roi. « Sire, lui dit-il, je sais que « tous les médecins dont votre majesté s'est « servie n'ont pu la guérir de sa lèpre, mais « si vous voulez bien me faire l'honneur d'a- « gréer mes services, je m'engage à vous « guérir sans breuvage et sans topiques. » Le roi écouta cette proposition. « Si vous êtes as- « sez habile homme, répondit-il, pour faire ce « que vous dites, je promets de vous enrichir, « vous et votre postérité, et sans compter les « présents que je vous ferai; vous serez mon « plus cher favori. »

« Le médecin Douban se retira chez lui et fit un mail qu'il creusa en-dedans par le manche, où il mit la drogue dont il prétendait se servir. Cela étant fait, il prépara une boule de la manière qu'il la voulait, avec quoi il alla le lendemain se présenter devant le roi, et, se prosternant à ses pieds, il baisa la terre... »

En cet endroit, Scheherazade, remarquant qu'il était jour, en avertit Schahriar et se tut. Le sultan, qui désirait ardemment entendre la suite de l'histoire du médecin Douban, n'eut garde de faire mourir la sultane ce jour-là.

XIIe NUIT.

La douzième nuit était déjà fort avancée, lorsque Scheherazade reprit ainsi le fil de l'histoi du roi grec et du médecin Douban.

Sire, le pêcheur parlant toujours au génie qu'il tenait enfermé dans le vase, poursuivit ainsi : « Le médecin Douban se leva, et, après avoir fait une profonde révérence, dit au roi qu'il jugeait à propos que sa majesté montât à cheval et se rendît à la place pour jouer au mail. Le roi fit ce qu'on lui disait, et lorsqu'il fut dans le lieu destiné à jouer au mail à cheval, le médecin s'approcha de lui avec le mail qu'il avait préparé, et, le lui présentant : « Tenez, sire, lui dit-il, exercez-vous avec « ce mail; en poussant cette boule avec, par « la place, jusqu'à ce que vous sentiez votre « main et votre corps en sueur. Quand le re- « mède que j'ai enfermé dans le manche de ce « mail sera échauffé par votre main, il vous « pénétrera par tout le corps, et, sitôt que « vous suerez, vous n'aurez qu'à quitter cet « exercice, car le remède aura fait son effet. « Dès que vous serez de retour en votre palais, « vous entrerez au bain et vous vous ferez bien « laver et frotter; vous vous coucherez en- « suite, et, en vous levant demain matin, « vous serez guéri. »

« Le roi prit le mail et poussa son cheval après la boule qu'il avait jetée. Il la frappa; elle lui fut renvoyée par les officiers qui jouaient avec lui; il la refrappa, et enfin le jeu dura si longtemps que sa main en sua, aussi bien que tout son corps. Ainsi, le remède enfermé dans le manche du mail opéra comme le médecin l'avait dit. Alors le roi cessa de jouer, s'en retourna dans son palais, entra au bain et observa très-exactement ce qui lui avait été prescrit. Il s'en trouva fort bien, car, le lendemain en se levant, il s'aperçut, avec autant d'étonnement que de joie, que sa lèpre était guérie, et qu'il avait le corps aussi net que s'il n'eût jamais été attaqué de cette maladie. D'abord qu'il fut habillé, il entra dans la salle d'audience publique, où il monta sur son trône et se fit voir à tous ses courtisans, que l'empressement d'apprendre le succès du nouveau remède y avait fait aller de bonne heure. Quand ils virent le roi parfaitement guéri, ils en firent tous paraître une extrême joie.

« Le médecin Douban entra dans la salle, et s'alla prosterner au pied du trône, la face contre terre. Le roi l'ayant aperçu, l'appela, le fit asseoir à son côté, et le montra à l'assemblée, en lui donnant publiquement toutes les louanges qu'il méritait. Ce prince n'en demeura pas là; comme il régalait ce jour-là toute sa cour, il le fit manger à table avec lui... »

A ces mots, Scheherazade, remarquant qu'il était jour, cessa de poursuivre son conte. « Ma sœur, dit Dinarzade, je ne sais quelle sera la fin de cette histoire, mais j'en trouve le commencement admirable. — Ce qui reste à raconter en est le meilleur, répondit la sultane; et je suis assurée que vous n'en disconviendrez pas, si le sultan veut bien me permettre de l'achever la nuit prochaine. » Schahriar y consentit, et se leva fort satisfait de ce qu'il avait entendu.

XIIIe NUIT.

Vers la fin de la nuit suivante, Scheherazade, pour contenter la curiosité de sa sœur

Dinarzade, continua, avec la permission du sultan, son seigneur, l'histoire du roi grec et du médecin Douban.

« Le roi grec, poursuivit le pêcheur, ne se contenta pas de recevoir à sa table le médecin Douban : vers la fin du jour, lorsqu'il voulut congédier l'assemblée, il le fit revêtir d'une longue robe fort riche, et semblable à celle que portaient ordinairement ses courtisans en sa présence; outre cela, il lui fit donner deux mille sequins. Le lendemain et les jours suivants, il ne cessa de le caresser. Enfin, ce prince, croyant ne pouvoir jamais assez reconnaître les obligations qu'il avait à un médecin si habile, répandait sur lui tous les jours de nouveaux bienfaits.

« Or, ce roi avait un grand-visir qui était avare, envieux, et naturellement capable de toutes sortes de crimes. Il n'avait pu voir sans peine les présents qui avaient été faits au médecin, dont le mérite d'ailleurs commençait à lui faire ombrage : il résolut de le perdre dans l'esprit du roi. Pour y réussir, il alla trouver ce prince, et lui dit, en particulier, qu'il avait un avis de la dernière importance à lui donner. Le roi lui ayant demandé ce que c'était : « Sire, lui dit-il, il est bien dangereux à un monarque d'avoir de la confiance en un homme dont il n'a point éprouvé la fidélité. En comblant de bienfaits le médecin Douban, en lui faisant toutes les caresses que votre majesté lui fait, vous ne savez pas que c'est un traître, qui ne s'est introduit dans cette cour que pour vous assassiner. — De qui tenez-vous ce que vous m'osez dire? répondit le roi. S'il en veut à ma vie, pourquoi me l'a-t-il sauvée? Il n'avait qu'à abandonner mon mal; je n'en pouvais échapper; ma vie était déjà à moitié consumée. Cessez donc de m'inspirer d'injustes soupçons; au lieu de les écouter, je vous avertis que je fais, dès ce jour, à ce grand homme, pour toute sa vie, une pension de mille sequins par mois. Quand je partagerais avec lui toutes mes richesses, et mes états même, je ne le paierais pas assez de ce qu'il a fait pour moi. Je vois ce que c'est : sa vertu excite votre envie; mais ne croyez pas que je me laisse injustement prévenir contre lui, je me souviens trop bien de ce qu'un visir dit au roi Sindbad, son maître, pour l'empêcher de faire mourir le prince son fils..... »

Mais, sire, ajouta Scheherazade, le jour qui paraît me défend de poursuivre, et le sultan, curieux d'entendre le reste de ce conte intéressant, différa encore la mort de la sultane.

XIVe NUIT.

« Ma sœur, s'écria Dinarzade sur la fin de la quatorzième nuit, reprenez, je vous prie l'histoire du pêcheur : vous en êtes demeurée à l'endroit où le roi grec soutient l'innocence du médecin Douban, et prend si fortement son parti. — Je m'en souviens, répondit Scheherazade; vous en allez entendre la suite. »

Sire, continua-t-elle, en adressant toujours la parole à Shahriar, ce que le roi grec venait de dire touchant le roi Sindbad piqua la curiosité du visir, qui lui dit : « Sire, je supplie votre majesté de me pardonner si j'ai la hardiesse de lui demander ce que le visir du roi Sindbad dit à son maître pour le détourner de faire mourir le prince son fils. » Le roi grec eut la complaisance de le satisfaire. « Ce visir, répondit-il, après avoir représenté au roi Sindbad que, sur l'accusation d'une belle-mère, il devait craindre de faire une action dont il pût se repentir, lui conta cette histoire :

Histoire du Mari et du Perroquet.

« Un bon homme avait une belle femme; il l'aimait avec tant de passion qu'il ne la perdait de vue que le moins qu'il pouvait. Un jour que des affaires pressantes l'obligeaient à s'éloigner d'elle, il alla dans un endroit où l'on vendait toutes sortes d'oiseaux; il y acheta un perroquet qui, non seulement parlait fort bien, mais qui avait même le don de rendre compte de tout ce qui avait été fait devant lui. Il l'apporta dans une cage au logis, pria sa femme de le mettre dans sa chambre et d'en prendre soin pendant le voyage qu'il allait faire; après quoi il partit.

« A son retour, il ne manqua pas d'interroger le perroquet sur ce qui s'était passé durant son absence; et là-dessus l'oiseau lui apprit des choses qui lui donnèrent lieu de faire de grands reproches à sa femme. Elle crut que quelqu'une de ses esclaves l'avait trahie ; elles jurèrent toutes qu'elles lui avaient été fidèles, et elles convinrent qu'il fallait que ce fût le perroquet qui eût fait ces mauvais rapports.

« Prévenue de cette opinion, la femme chercha dans son esprit un moyen de détruire les soupçons de son mari, et de se venger en même temps du perroquet. Elle le trouva. Son mari étant parti pour faire un voyage d'une journée, elle commanda à une esclave de tourner pendant la nuit, sous la cage de l'oiseau, un moulin à bras; à une autre, de jeter de l'eau en forme de pluie par le haut de la cage; et à une troisième, de prendre un miroir et de le tourner devant les yeux du perroquet, à droite et à gauche à la clarté d'une chandelle. Les esclaves employèrent une grande partie de la nuit à faire ce que leur avait ordonné leur maîtresse, et elles s'en acquittèrent fort adroitement.

« Le lendemain, le mari étant de retour, fit encore des questions au perroquet sur ce qui s'était passé chez lui; l'oiseau lui répondit : « Mon bon maître, les éclairs, le tonnerre et la pluie m'ont tellement incommodé toute la nuit, que je ne puis vous dire ce que j'en ai souffert. » Le mari, qui savait bien qu'il n'avait ni plu ni tonné cette-là, demeura persuadé que le perroquet, ne disant pas la vérité en cela, ne la lui avait pas dite aussi au sujet de sa femme. C'est pourquoi, de dépit, l'ayant tiré de sa cage, il le jeta si rudement contre terre qu'il le tua. Néanmoins, dans la suite, il apprit de ses voisins que le pauvre perroquet ne lui avait pas menti en lui parlant de la conduite de sa femme; ce qui fut cause qu'il se repentit de l'avoir tué..... »

Là s'arrêta Scheherazade, parce qu'elle s'aperçut qu'il était jour.

Schahriar, qui ne prenait pas moins de plaisir que Dinarzade à entendre la sultane, se leva et passa la journée sans ordonner au visir de la faire mourir.

XVe NUIT.

Dinarzade ne fut pas moins exacte cette nuit que les précédentes à réveiller Scheherazade et à l'engager à lui conter un de ces beaux contes qu'elle savait. « Ma sœur, répondit la sultane, je vais vous donner cette satisfaction. — Attendez, interrompit le sultan; achevez l'entretien du roi grec avec son visir au sujet du médecin Douban; et puis vous continuerez l'histoire du pêcheur et du génie. — Sire, repartit Scheherazade, vous allez être obéi. » En même temps elle poursuivit de cette manière :

« Quand le roi grec, dit le pêcheur au génie, eut achevé l'histoire du perroquet : « Et vous visir, ajouta-t-il, par l'envie que vous avez conçue contre le médecin Douban, qui ne vous a fait aucun mal, vous voulez que je le fasse mourir! mais je m'en garderai bien, de peur de m'en repentir, comme ce mari d'avoir tué son perroquet. » Le pernicieux visir était trop intéressé à la perte du médecin Douban pour en demeurer là. « Sire, répliqua-t-il, la mort du perroquet était peu importante, et je ne crois pas que son maître l'ait regretté longtemps. Mais, sire, ce n'est point ici une chose incertaine; le médecin Douban veut vous assassiner. Ce n'est point l'envie qui m'arme contre lui, c'est l'intérêt seul que je prends à la conversation de votre majesté; c'est mon zèle qui me porte à vous donner un avis d'une si grande importance; s'il est faux, je mérite qu'on me punisse de la même manière qu'on punit autrefois un visir. — Qu'avait fait ce visir, dit le roi grec, pour être digne de ce châtiment? — Je vais, répondit le visir, l'apprendre à votre majesté; qu'elle ait, s'il lui plaît, la bonté de m'écouter.

Histoire du Visir puni.

« Il était autrefois un roi, poursuivit-il, qui avait un fils qui aimait passionnément la chasse. Il lui permettait de prendre souvent ce divertissement; mais il avait donné ordre à son grand-visir de l'accompagner toujours, et de ne le perdre jamais de vue. Un jour de chasse, les piqueurs ayant lancé un cerf, le prince, qui crut que le visir le suivait, se mit après la bête. Il courut si longtemps, et son ardeur l'emporta si loin, qu'il se trouva seul. Il s'arrêta, et remarquant qu'il avait perdu la voie, il voulut retourner sur ses pas pour aller rejoindre le visir, mais il s'égara. Pendant qu'il courait de tous côtés sans tenir de route assurée, il rencontra au bord d'un chemin une dame assez bien faite qui pleurait amèrement. Il retint la bride de son cheval, demanda à cette femme qui elle était, ce qu'elle faisait seule en cet endroit, et si elle avait besoin de secours. — Je suis, lui répondit-elle, la fille d'un roi des Indes. En me promenant à cheval dans la campagne, je me suis endormie, et je suis tombée. Mon cheval s'est échappé, et je ne sais ce qu'il est devenu. » Le jeune prince eut pitié d'elle, et lui proposa de la prendre en croupe, ce qu'elle accepta.

« Comme il passait près d'une masure, la dame ayant témoigné qu'elle serait bien aise de mettre pied à terre pour quelque nécessité, le prince s'arrêta et la laissa descendre. Il descendit aussi, s'approcha de la masure en tenant son cheval par la bride. Jugez quelle fut sa surprise lorsqu'il entendit la dame en dedans prononcer ces paroles : « Réjouissez-vous, mes enfants, je vous amène un garçon bien fait et fort gras. » Et d'autres voix lui répondirent aussitôt : « Maman, où est-il? que nous le mangions tout à l'heure, car nous avons bon appétit. »

« Le prince n'eut pas besoin d'en entendre davantage pour concevoir le danger où il se trouvait. Il vit bien que la dame qui se disait fille d'un roi des Indes était une ogresse, femme de ces démons sauvages appelés *ogres*, qui se retirent dans des lieux abandonnés et se servent de mille ruses pour surprendre et dévorer les passants. Il fut saisi de frayeur et se jeta au plus vite sur son cheval. La prétendue princesse parut dans le moment, et voyant qu'elle avait manqué son coup : « Ne craignez rien, cria-t-elle au prince. Qui êtes-vous? que cherchez-vous? — Je suis égaré, répondit-il, et je cherche mon chemin. — Si vous êtes égaré, dit-elle, recommandez-vous à Dieu, il vous délivrera de l'embarras où vous vous trouvez. » Alors le prince leva les yeux au ciel..... « Mais, sire, dit Scheherazade en cet endroit, je suis obligée d'interrompre mon discours; le jour qui paraît m'impose silence. — Je suis fort en peine, ma sœur, dit Dinarzade, de savoir ce que deviendra ce jeune prince; je tremble pour lui. »

« Je vous tirerai demain d'inquiétude, répondit la sultane, si le sultan veut bien que je vive jusqu'à ce temps-là. » Schahriar, curieux d'apprendre le dénoûment de cette histoire, prolongea encore la vie de Scheherazade.

XVIe NUIT.

Dinarzade avait tant d'envie d'entendre la fin de l'histoire du jeune prince, qu'elle se réveilla cette nuit plus tôt qu'à l'ordinaire. « Ma sœur, dit-elle, achevez, je vous prie, l'histoire que vous commençâtes hier; je m'intéresse au sort du jeune prince, et je meurs de peur qu'il ne soit mangé par l'ogresse et ses enfants. » Schahriar ayant marqué qu'il était dans la même crainte : « Eh bien! sire, dit la sultane, je vais vous tirer de peine. »

« Après que la fausse princesse des Indes eut dit au jeune homme de se recommander à Dieu, comme il crut qu'elle ne lui parlait pas sincèrement, et qu'elle comptait sur lui comme s'il eût été sa proie, il leva les mains au ciel et dit : « Seigneur, qui êtes tout-puissant, jetez les yeux sur moi, et me délivrez de cette ennemie. » A cette prière, la femme de l'ogre rentra dans la masure, et le prince s'en éloigna avec précipitation. Heureusement, il retrouva son chemin et arriva sain et sauf auprès du roi son père, auquel il raconta de point en point le danger qu'il venait de courir par la faute du grand visir. Le roi, irrité contre ce ministre, le fit étrangler à l'heure même.

« Sire, poursuivit le visir du roi grec, pour revenir au médecin Douban, si vous n'y prenez garde, la confiance que vous avez en lui vous sera funeste. Je sais de bonne part que c'est un espion envoyé par vos ennemis pour attenter à la vie de votre majesté.

« Le roi grec, qui avait naturellement fort peu d'esprit, n'eut pas assez de pénétration pour s'apercevoir de la méchante intention de son visir, ni assez de fermeté pour persister dans son premier sentiment. Ce discours l'ébranla.

« Quand le visir vit le roi dans la disposition où il le voulait : « Sire, lui dit-il, le moyen le plus sûr et le plus prompt pour assurer votre repos et mettre votre vie en sûreté, c'est d'envoyer chercher tout à l'heure le médecin Douban, et de lui faire couper

la tête d'abord qu'il sera arrivé. —Véritablement, reprit le roi, je crois que c'est par là que je dois prévenir son dessein. » En achevant ces paroles, il appela un de ses officiers, et lui ordonna d'aller chercher le médecin, qui, sans savoir ce que le roi lui voulait, courut au palais en diligence. « Sais-tu bien, dit le roi en le voyant, pourquoi je te mande ici? C'est pour me délivrer de toi en te faisant ôter la vie! Frappe, ajouta-t-il au bourreau qui était présent, et me délivre d'un perfide qui ne s'est introduit ici que pour m'assassiner. »

« A cet ordre cruel, le médecin jugea bien que les honneurs et les bienfaits qu'il avait reçus lui avaient suscité des ennemis, et que le faible roi s'était laissé surprendre à leur imposture. « Hélas! sire, s'écria-t-il, prolongez-moi la vie, Dieu prolongera la vôtre; ne me faites pas mourir, de crainte que Dieu ne vous traite de la même manière. »

Le pêcheur interrompit son discours en cet endroit pour adresser la parole au génie : « Eh bien! génie, lui dit-il, tu vois que ce qui se passa alors entre le roi grec et le médecin Douban vient tout à l'heure de se passer entre nous deux. »

« Le roi grec, continua-t-il, au lieu d'avoir égard à la prière que le médecin venait de lui faire en le conjurant au nom de Dieu, lui repartit avec dureté : « Non, non, c'est une nécessité absolue que je te fasse périr. »

« Le médecin étant à genoux, les yeux bandés et prêt à recevoir le coup qui devait terminer son sort, s'adressa encore une fois au roi : « Sire, lui dit-il, puisque votre majesté ne veut point révoquer l'arrêt de ma mort, je la supplie du moins de m'accorder la liberté d'aller jusque chez moi donner ordre à ma sépulture, dire le dernier adieu à ma famille, faire des aumônes, et léguer mes livres à des personnes capables d'en faire un bon usage. J'en ai un, entre autres, dont je veux faire présent à votre majesté : c'est un livre fort précieux, et très-digne d'être soigneusement gardé dans votre trésor. —Et pourquoi ce livre est-il aussi précieux que tu le dis? répliqua le roi. — Sire, repartit le médecin, c'est qu'il contient une infinité de choses curieuses dont la principale est que, quand on m'aura coupé la tête, si votre majesté veut bien se donner la peine d'ouvrir le livre au sixième feuillet, et lire la troisième ligne de la page à main gauche, ma tête répondra à toutes les questions que vous voudrez lui faire. » Le roi, curieux de voir une chose si merveilleuse, remit sa mort au lendemain, et l'envoya chez lui sous bonne garde.

« Le médecin, pendant ce temps-là, mit ordre à ses affaires; et comme le bruit s'était répandu qu'il devait arriver un prodige inoui après son trépas, les visirs, les émirs, les officiers de la garde, enfin toute la Cour, se rendit e jour suivant dans la salle d'audience pour en être témoin.

« On vit bientôt paraître le médecin Douban, qui s'avança jusqu'au pied du trône royal avec un gros livre à la main. Là, il se fit apporter un bassin, sur lequel il étendit la couverture dont le livre était enveloppé, e présentant le livre au roi : « Sire, lui dit-il, prenez, s'il vous plaît, ce livre; et d'abord que ma tête sera coupée, commandez qu'on la pose dans le bassin sur la couverture de ce livre : dès qu'elle y sera, le sang cessera de couler, alors, vous ouvrirez le livre, et ma tête répondra à toutes vos demandes. Mais, sire, ajouta-t-il, permettez-moi d'implorer encore une fois la clémence de votre majesté : au nom de Dieu, laissez-vous fléchir, je vous proteste que je suis innocent. —Tes prières, répondit le roi, sont inutiles; et quand ce ne serait que pour entendre parler ta tête après ta mort, je veux que tu meures. » En disant cela, il prit le livre des mains du médecin, et ordonna au bourreau de faire son devoir.

« La tête fut coupée si adroitement, qu'elle tomba dans le bassin, et elle fut à peine posée sur la couverture que le sang s'arrêta. Alors, au grand étonnement du roi et de tous les spectateurs, elle ouvrit les yeux et prenant la parole : « Sire, dit-elle, que votre majesté ouvre le livre. » Le roi l'ouvrit, et, trouvant que le premier feuillet était comme collé contre le second, pour le tourner avec plus de facilité, il porta le doigt à sa bouche et le mouilla de sa salive. Il fit la même chose jusqu'au sixième feuillet; et ne voyant pas d'écriture à la page indiquée : « Médecin, dit-il à la tête, il n'y a rien d'écrit. —Tournez encore quelques feuillets, repartit la tête. » Le roi continua d'en tourner, en portant toujours le doigt à sa bouche, jusqu'à ce que le poison dont chaque feuillet était imbu venant à faire son effet, ce prince se sentit tout à coup agité d'un transport extraordinaire; sa vue se troubla, et il se laissa tomber au pied de son trône avec de grandes convulsions. »

A ces mots, Scheherazade apercevant le jour, en avertit le sultan et cessa de parler. Schahriar, loin d'ordonner son trépas ce jour-là, attendit la nuit prochaine avec impatience, tant il avait envie d'apprendre la fin de l'histoire du roi grec, et la suite de celle du pêcheur et du génie.

XVIIe NUIT.

Quelque curiosité qu'eût Dinarzade d'entendre le reste de l'histoire du roi grec, elle ne se réveilla pas cette nuit de si bonne heure qu'à l'ordinaire; il était même presque jour lorsqu'elle dit à la sultane : « Ma chère sœur, je vous prie de continuer la merveilleuse histoire du roi grec; mais hâtez-vous de grâce, car le jour paraîtra bientôt. »

Scheherazade reprit aussitôt cette histoire à l'endroit où elle avait cessé le jour précédent. Sire, dit-elle, le pêcheur continua ainsi : « Quand le médecin Douban, ou, pour mieux dire, sa tête, vit que le poison faisait son effet et que le roi n'avait plus que quelques moments à vivre : « Tyran, s'écria-t-elle, « voilà de quelle manière sont traités les « princes qui, abusant de leur autorité, font « périr les innocents. Dieu punit tôt ou tard « leurs injustices et leur cruauté. » La tête eut à peine achevé ces paroles, que le roi tomba mort, et qu'elle perdit elle-même aussi le peu de vie qui lui restait.

« Sire, poursuivit Scheherazade, telle fut la fin du roi grec et du médecin Douban. Il faut présentement venir à l'histoire du pêcheur et du génie; mais ce n'est pas la peine de commencer, car il est jour. » Le sultan, de qui toutes les heures étaient réglées, ne pouvant l'écouter plus longtemps, se leva, et, comme il voulait absolument entendre la suite de l'histoire du génie et du pêcheur, il avertit la sultane de se préparer à la lui raconter la nuit suivante.

XVIIIe NUIT.

Dinarzade se dédommagea cette nuit de la précédente; elle se réveilla longtemps avant le jour, et pria Scheherazade de raconter la suite de l'histoire du pêcheur et du génie, que le sultan souhaitait autant que Dinarzade, d'entendre. « Je vais, répondit la sultane, contenter sa curiosité et la vôtre. » Alors, s'adressant à Schahriar : « Sire, poursuivit-elle, sitôt que le pêcheur eut fini l'histoire du roi grec et du médecin Douban, il en fit l'application au génie, qu'il tenait toujours enfermé dans le vase. »

« Si le roi grec, lui dit-il, eût voulu laisser vivre le médecin, Dieu l'aurait aussi laissé vivre lui-même; mais il rejeta ses plus humbles prières, et Dieu l'en punit. Il en est de même de toi, ô génie; si j'avais pu te fléchir et obtenir de toi la grâce que je te demandais, j'aurais présentement pitié de l'état où tu es; mais, puisque, malgré l'extrême obligation que tu m'avais de t'avoir mis en liberté, tu as persisté dans la volonté de me tuer, je dois, à mon tour, être impitoyable. Je vais, en te laissant dans ce vase et en te rejetant à la mer, t'ôter l'usage de la vie jusqu'à la fin des temps : c'est la vengeance que je prétends tirer de toi. — Encore un mot, pêcheur! s'écria le génie, et je te promets de ne te faire aucun mal; bien éloigné de cela, je t'enseignerai un moyen de devenir puissamment riche. »

L'espérance de se tirer de la pauvreté désarma le pêcheur : « Je pourrais t'écouter, dit-il, s'il y avait quelque fond à faire sur ta parole : jure-moi par le grand nom de Dieu que tu feras de bonne foi ce que tu dis, et je vais t'ouvrir le vase; je ne crois pas que tu sois assez hardi pour violer un pareil serment. » Le génie le fit, et le pêcheur ôta aussitôt le couvercle du vase. Il en sortit à l'instant de la fumée, et le génie, ayant repris sa forme de la même manière qu'auparavant, la première chose qu'il fit fut de jeter d'un coup de pied le vase dans la mer. Cette action effraya le pêcheur. « Génie, dit-il, qu'est-ce que cela signifie? Ne voulez-vous pas garder le serment que vous venez de faire? Et dois-je vous dire ce que le médecin Douban disait au roi grec : Laissez-moi vivre, et Dieu prolongera vos jours? »

La crainte du pêcheur fit rire le génie, qui lui répondit : « Non, pêcheur, rassure-toi; je n'ai jeté le vase que pour me divertir et voir si tu en serais alarmé; et, pour te persuader que je veux tenir parole, prends tes filets et me suis. » En prononçant ces mots, il se mit à marcher devant le pêcheur, qui, chargé de ses filets, le suivit avec quelque sorte de défiance. Ils passèrent devant la ville, et montèrent au haut d'une montagne, d'où ils descendirent dans une vaste plaine, qui les conduisit à un étang situé entre quatre collines.

Lorsqu'ils furent arrivés au bord de l'étang, le génie dit au pêcheur : « Jette tes filets, et prends du poisson. » Le pêcheur ne douta point qu'il n'en prît, car il en vit une grande quantité dans l'étang, mais ce qui le surprit extrêmement, c'est qu'il remarqua qu'il y en avait de quatre couleurs différentes, c'est-à-dire de blancs, de rouges, de bleus et de jaunes. Il jeta ses filets et en amena quatre, dont chacun était d'une de ces couleurs. Comme il n'en avait jamais vu de pareils, il ne pouvait se lasser de les admirer; et, jugeant qu'il pouvait en tirer une somme assez considérable, il en avait beaucoup de joie. « Emporte ces poissons, lui dit le génie, et va les présenter à ton sultan; il t'en donnera plus d'argent que tu n'en as manié toute ta vie. Tu pourras venir pêcher tous les jours en cet étang; mais je t'avertis de ne jeter tes filets qu'une fois par jour : autrement il t'en arrivera mal. Prends-y garde; c'est l'avis que je te donne; si tu le suis exactement, tu t'en trouveras bien. » En disant cela, il frappa du pied la terre, qui s'ouvrit, et se referma après l'avoir englouti.

Le pêcheur, résolu à suivre de point en point les conseils du génie, se garda bien de jeter une seconde fois ses filets. Il reprit le chemin de la ville, et il alla droit au palais du sultan pour lui présenter ses poissons...

Mais, sire, dit Scheherazade, j'aperçois le jour; il faut que je m'arrête en cet endroit. Schahriar, curieux de voir comment l'histoire du pêcheur finirait, différa encore l'exécution de la loi cruelle qu'il s'était faite.

XIXe NUIT.

Vers la fin de la dix-neuvième nuit, Dinarzade appela la sultane, et lui dit : « Ma sœur, je suis dans une extrême impatience d'entendre la suite de l'histoire du pêcheur; racontez-nous-la, en attendant que le jour paraisse. » Scheherazade, avec la permission du sultan, la reprit aussitôt de cette sorte :

Sire, je laisse à penser à votre majesté quelle fut la surprise du sultan, lorsqu'il vit les quatre poissons que le pêcheur lui présenta. Il les prit l'un après l'autre pour les considérer avec attention; et, après les avoir admirés assez longtemps : « Prenez ces poissons, dit-il à son premier visir, et portez-les à l'habile cuisinière que l'empereur des Grecs m'a envoyée; je m'imagine qu'ils ne seront pas moins bons qu'ils sont beaux. » Le visir les porta lui-même à la cuisinière, et il retourna vers le sultan son maître, qui le chargea de donner au pêcheur quatre cents pièces d'or de sa monnaie, ce qu'il exécuta fidèlement. Le pêcheur, qui n'avait jamais possédé une si grande somme à la fois, concevait à peine son bonheur, et le regardait comme un songe. Mais il connut dans la suite qu'il était réel, par le bon usage qu'il en fit en l'employant aux besoins de sa famille.

Mais, sire, poursuivit Scheherazade, après vous avoir parlé du pêcheur, il faut aussi vous parler de la cuisinière du sultan, que nous allons trouver dans un grand embarras. D'abord qu'elle eut nettoyé les poissons que le visir lui avait donnés, elle les mit sur le feu dans une casserole, avec de l'huile pour les frire; lorsqu'elle les crut assez cuits d'un côté, elle les tourna de l'autre. Mais, ô prodige inouï! à peine furent-ils tournés, que le mur de la cuisine s'entr'ouvrit : il en sortit une jeune dame d'une beauté admirable et d'une taille avantageuse; elle était habillée d'une étoffe de satin à fleurs, façon d'Egypte, avec des pendants d'oreilles, un collier de grosses perles, des bracelets d'or garnis de rubis, et elle tenait une baguette de myrte à la main. Elle s'approcha de la casserole, au grand étonnement de la cuisinière, qui demeura immobile à cette vue, et, frappant un des poissons du bout de sa baguette : « Poisson, poisson, lui dit-elle, es-tu dans ton devoir? » Le poisson n'ayant rien répondu, elle répéta les mêmes paroles, et alors les quatre poissons levèrent la tête tous ensemble, et lui dirent très-distinctement : « Oui, oui, si vous comptez, « nous comptons; si vous payez vos dettes, « nous payons les nôtres; si vous fuyez, nous « vainquons et nous sommes contents. » Dès qu'ils eurent achevé ces mots, la jeune dame renversa la casserole, et rentra dans l'ouverture du mur, qui se referma aussitôt et se remit dans le même état où il était auparavant.

La cuisinière, que toutes ces merveilles avaient été épouvantée, étant revenue de sa frayeur, alla relever les poissons, qui étaient tombés sur la braise, mais elle les trouva plus noirs que du charbon et hors d'état d'être servis au sultan. Elle en eut une vive douleur; et, se mettant à pleurer de toute sa force : « Hélas! disait-elle, que vais-je devenir! Quand je conterai au sultan ce que j'ai vu, je suis assurée qu'il ne me croira point; dans quelle colère ne sera-t-il pas contre moi! »

Pendant qu'elle s'affligeait ainsi, le grand-visir entra, et lui demanda si les poissons étaient prêts. Elle lui raconta tout ce qui était arrivé, et ce récit, comme on peut le penser, l'étonna fort; mais, sans en parler au sultan, il inventa une excuse qui le contenta. Cependant il envoya chercher le pêcheur à l'heure même, et quand il fut arrivé : « Pêcheur, lui dit-il, apporte-moi quatre autres poissons qui soient semblables à ceux que tu as déjà apportés : car il est survenu certain malheur qui a empêché qu'on ne les ait servis au sultan. » Le pêcheur ne lui dit pas ce que le génie lui avait commandé; mais, pour se dispenser de fournir ce jour-là les poissons qu'on lui demandait, il s'excusa sur la longueur du chemin, et promit de les apporter le lendemain matin.

Effectivement, le pêcheur partit durant la nuit, et se rendit à l'étang. Il y jeta ses filets, et, les ayant retirés, il y trouva quatre poissons qui étaient comme les autres, chacun d'une couleur différente. Il s'en retourna aussitôt, et les porta au grand-visir dans le temps qu'il les lui avait promis. Ce ministre les prit et les porta lui-même encore dans la cuisine, où il s'enferma seul, avec la cuisinière, qui commença à les habiller devant lui, et qui les mit sur le feu, comme elle avait fait des quatre autres le jour précédent. Lorsqu'ils furent cuits d'un côté, et qu'elle les eut tournés de l'autre, le mur de la cuisine s'entr'ouvrit encore, et la même dame parut avec sa baguette à la main; elle s'approcha de la casserole, frappa un des poissons, lui adressa les mêmes paroles, et ils lui firent tous la même réponse, en levant la tête.

Mais, sire, ajouta Scheherazade en se reprenant, voilà le jour qui paraît et qui m'empêche de continuer cette histoire. Les choses que je viens de vous dire sont, à la vérité, très-singulières, mais, si je suis en vie demain, je vous en dirai d'autres qui sont encore plus dignes de votre attention. Schahriar, jugeant bien que la suite devait être fort curieuse, résolut de l'entendre la nuit suivante.

XXe NUIT.

Ma chère sœur, s'écria Dinarzade suivant sa coutume, si vous ne dormez pas, je vous prie de poursuivre et d'achever le beau conte du pêcheur. La sultane prit aussitôt la parole, et parla en ces termes :

Sire, après que les quatre poissons eurent répondu à la jeune dame, elle renversa encore la casserole d'un coup de baguette, et se retira dans le même endroit de la muraille d'où elle était sortie. Le grand-visir ayant été témoin de ce qui s'était passé : « Cela est trop surprenant, dit-il, et trop extraordinaire pour en faire un mystère au sultan; je vais de ce pas l'informer de ce prodige. » En effet, il l'alla trouver, et lui fit un rapport fidèle.

Le sultan, fort surpris, marqua beaucoup d'empressement de voir cette merveille. Pour cet effet, il envoya chercher le pêcheur. « Mon ami, lui dit-il, ne pourrais-tu m'apporter encore quatre poissons de diverses couleurs? » Le pêcheur répondit au sultan que, si sa majesté voulait lui accorder trois jours pour faire ce qu'elle désirait, il se promettait de la contenter. Les ayant obtenus, il alla à l'étang pour la troisième fois, et il ne fut pas moins heureux que les deux autres : car, du premier coup de filet, il prit quatre poissons de couleurs différentes. Il ne manqua pas de les porter à l'heure même au sultan, qui en eut d'autant plus de joie, qu'il ne s'attendait pas à les avoir si tôt, et il lui fit donner encore quatre cents pièces de sa monnaie.

D'abord que le sultan eut les poissons, il les fit porter dans son cabinet avec tout ce qui était nécessaire pour les faire cuire. Là, s'étant enfermé avec son grand-visir, ce ministre les habilla, les mit ensuite sur le feu dans une casserole, et, quand ils furent cuits d'un côté, il les retourna de l'autre. Alors le mur du cabinet s'entr'ouvrit; mais, au lieu de la jeune dame, ce fut un noir qui en sortit. Ce noir avait un habillement d'esclave; il était d'une grosseur et d'une grandeur gigantesques, et tenait un gros bâton vert à la main. Il s'avança jusqu'à la casserole, et, touchant de son bâton un des poissons, il lui dit d'une voix terrible : » Poisson, poisson, es-tu dans ton devoir? » A ces mots, les poissons levèrent la tête, et répondirent : « Oui, oui, nous y « sommes; si vous comptez nous comptons; « si vous payez vos dettes, nous payons les « nôtres; si vous fuyez, nous vainquons et « nous sommes contents. »

Les poissons eurent à peine achevé ces paroles que le noir renversa la casserole au milieu du cabinet et réduisit les poissons en charbon. Cela étant fait, il se retira fièrement et rentra dans l'ouverture du mur, qui se referma et qui parut dans le même état qu'auparavant. « Après ce que je viens de voir, dit le sultan à son grand-visir, il ne me sera pas possible d'avoir l'esprit en repos. Ces poissons, sans doute, signifient quelque chose d'extraordinaire dont je veux être éclairci. » Il envoya chercher le pêcheur, on le lui amena. « Pêcheur, lui dit-il, les poissons que tu nous as apportés me causent bien de l'inquiétude. En quel endroit les as-tu pêchés? — Sire, répondit-il, je les ai pêchés dans un étang qui est situé entre quatre collines, au-delà de la montagne que l'on voit d'ici. — Connaissez-vous cet étang? dit le sultan au visir. — Non, sire, répondit le visir, je n'en ai jamais ouï parler; il y a pourtant soixante ans que je chasse aux environs et au-delà de cette montagne. » Le sultan demanda au pêcheur à quelle distance de son palais était l'étang; le pêcheur assura qu'il n'y avait pas plus de trois heures de chemin. Sur cette assurance, et comme il restait encore assez de jour pour y arriver avant la nuit, le sultan commanda à toute sa cour de monter à cheval, et le pêcheur leur servit de guide.

Ils montèrent tous la montagne; à la descente, ils virent avec beaucoup de surprise une vaste plaine que personne n'avait remarquée jusqu'alors. Enfin ils arrivèrent à l'étang, qu'ils trouvèrent effectivement situé entre quatre collines, comme le pêcheur l'avait rapporté. L'eau en était si transparente, qu'ils remarquèrent que tous les poissons étaient semblables à ceux que le pêcheur avait apportés au palais.

Le sultan s'arrêta sur le bord de l'étang, et, après avoir quelque temps regardé les poissons avec admiration, il demanda à ses émirs et à tous ses courtisans s'il était possible qu'ils n'eussent pas vu cet étang qui était si peu éloigné de la ville. Ils lui répondirent qu'ils n'en avaient jamais entendu parler. « Puisque vous convenez tous, leur dit-il, que vous n'en avez jamais ouï parler, et que je ne suis pas moins étonné que vous de cette nouveauté, je suis résolu à ne point entrer dans mon palais que je n'aie su pour quelle raison cet étang se trouve ici et pourquoi il n'y a dedans que des poissons de quatre couleurs. » Après avoir dit ces paroles, il ordonna de camper, et aussitôt son pavillon et les tentes de sa maison furent dressés sur les bords de l'étang.

A l'entrée de la nuit, le sultan, retiré sous son pavillon, parla en particulier à son grand-visir et lui dit : « Visir, j'ai l'esprit dans une étrange inquiétude : cet étang transporté dans ces lieux, ce noir qui nous est apparu dans mon cabinet, ces poissons que nous avons entendus parler, tout cela irrite tellement ma curiosité, que je ne puis résister à l'impatience de la satisfaire. Pour cet effet, je médite un dessein que je veux absolument exécuter. Je vais seul m'éloigner de ce camp; je vous ordonne de tenir mon absence secrète : demeurez sous mon pavillon, et, demain matin, quand mes émirs et mes courtisans se présenteront à l'entrée, renvoyez-les en leur disant que j'ai une légère indisposition et que je veux être seul. Les jours suivants vous continuerez de leur dire la même chose jusqu'à ce que je sois de retour. »

Le grand-visir dit plusieurs choses au sultan pour tâcher de le détourner de son dessein ; il lui représenta le danger auquel il s'exposait et la peine qu'il allait prendre peut-être inutilement. Mais il eut beau épuiser son éloquence, le sultan ne renonça point à sa résolution et se prépara à l'exécuter. Il prit un habillement commode pour marcher à pied ; il se munit d'un sabre, et, dès qu'il vit que tout était tranquille dans son camp, il partit sans être accompagné de personne.

Il tourna ses pas vers une des collines, qu'il monta sans beaucoup de peine. Il en trouva encore la descente plus aisée, et, lorsqu'il fut dans la plaine, il marcha jusqu'au lever du soleil. Alors, apercevant de loin devant lui un grand édifice, il s'en réjouit, dans l'espérance d'y pouvoir apprendre ce qu'il voulait savoir. Quand il en fut près, il remarqua que c'était un palais magnifique, ou plutôt un château très-fort, d'un beau marbre noir, poli, et couvert d'un acier fin et uni comme une glace de miroir. Ravi de n'avoir pas été longtemps sans rencontrer quelque chose digne au moins de sa curiosité, il s'arrêta devant la façade du château et la considéra avec attention.

Il s'avança ensuite jusqu'à la porte, dont l'un des deux battants était ouvert; et, s'avançant sous le vestibule : « N'y a-t-il personne ici? s'écria-t-il, pour recevoir un étranger qui aurait besoin de se rafraîchir en passant. » Il répéta la même chose deux ou trois fois; mais, quoiqu'il parlât fort haut, personne ne lui répondit. Ce silence augmenta son étonnement. Il passa dans une cour très-spacieuse, et, regardant de tous côtés pour voir s'il ne découvrirait pas quelqu'un, il n'aperçut pas le moindre être vivant...

Mais, sire, dit Scheherazade en cet endroit, le jour qui paraît vient m'imposer silence. Schahriar laissa vivre encore la sultane pour contenter la curiosité qu'il avait d'apprendre ce qui se passait dans le château.

XXIe NUIT.

Dinarzade ne fut pas paresseuse à réveiller la sultane sur la fin de cette nuit. Scheherazade reprit aussitôt le conte du jour précédent, et, s'adressant toujours à Schariar : Sire, dit-elle, le sultan, ne voyant donc personne dans la cour où il était, entra dans de grandes salles, dont les tapis de pied étaient de soie, les estrades et les sofas couvers d'étoffes de la Mecque, et les portières, des plus riches étoffes des Indes, relevées d'or et d'argent. Il passa ensuite dans un salon merveilleux, au milieu duquel il y avait un grand bassin avec un lion d'or massif à chaque coin. Les quatre lions jetaient de l'eau par la gueule, et cette eau en retombant formait des diamants et des perles, ce qui n'accompagnait pas mal un jet d'eau qui, s'élançant du milieu du bassin, allait presque frapper le fond d'un dôme peint à l'arabesque.

Le château, de trois côtés, était environné d'un jardin que les parterres, les pièces d'eau, les bosquets et mille autres agréments, concouraient à embellir, et, ce qui achevait de rendre ce lieu admirable, c'était une infinité d'oiseaux qui y remplissaient l'air de leurs chants harmonieux et qui y faisaient toujours leur demeure, parce que des filets tendus au-dessus des arbres et du palais les empêchaient d'en sortir.

Le sultan se promena longtemps d'appartements en appartements, où tout lui parut grand et magnifique. Lorsqu'il fut las de marcher, il s'assit dans un cabinet ouvert, qui avait vue sur le jardin, et là, rempli de tout qu'il avait déjà vu et de tout ce qu'il voyait encore, il faisait des réflexions sur tous ces différents objets, quand tout à coup une voix plaintive, accompagnée de cris lamentables, vint frapper son oreille. Il écouta avec attention, et il entendit distinctement ces tristes paroles : « O fortune, qui n'as pu me
« laisser jouir longtemps d'un heureux sort,
« et qui m'as rendu le plus infortuné de tous
« les hommes, cesse de me persécuter, et
« viens, par une prompte mort, mettre fin à
« mes douleurs. Hélas! est-il possible que je
« sois encore en vie après tous les tourments
« que j'ai soufferts! »

Le sultan, touché de ces pitoyables plaintes, se leva pour aller du côté d'où elles étaient parties. Lorsqu'il fut à la porte d'une grande salle, il ouvrit la portière, et vit un jeune homme bien fait, et très-richement vêtu, qui était assis sur un trône un peu élevé de terre. La tristesse était peinte sur son visage. Le sultan s'approcha de lui, et le salua. Le jeune homme lui rendit son salut, en lui faisant une inclination de tête fort basse; et, comme il ne se levait pas : « Seigneur, dit-il au sultan, je juge bien que vous méritez que je me lève pour vous recevoir et vous rendre tous les honneurs possibles; mais une raison si forte s'y oppose, que vous ne devez pas m'en savoir mauvais gré. — Seigneur, lui répondit le sultan, je vous suis fort obligé de la bonne opinion que vous avez de moi. Quant au sujet que vous avez de ne pas vous lever, quelle que puisse être votre excuse, je la reçois de fort bon cœur. Attiré par vos plaintes, pénétré de vos peines, je viens vous offrir mon secours. Mais, de grâce, apprenez-moi ce que signifie cet étang qui est près d'ici, où l'on voit des poissons de quatre couleurs différentes; ce que c'est que ce château, pourquoi vous vous y trouvez, et d'où vient que vous y êtes seul. » Au lieu de répondre à ces questions, le jeune homme se mit à pleurer amèrement. « Que la fortune est inconstante! s'écria-t-il; elle se plaît à abaisser les hommes qu'elle a élevés. » A ces mots, ayant levé sa robe, il fit voir au sultan qu'il n'était homme que depuis la tête jusqu'à la ceinture, et que l'autre moitié de son corps était de marbre noir.

En cet endroit, Scheherazade interrompit son discours, pour faire remarquer au sultan des Indes que le jour paraissait. Schahriar fut tellement charmé de ce qu'il venait d'entendre, et il se sentait si fort attendrit en faveur de Scheherazade, qu'il résolut de la laisser vivre pendant un mois. Il se leva néanmoins à son ordinaire, sans lui parler de sa résolution.

XXIIe NUIT.

Dinarzade avait tant d'impatience d'entendre la suite du conte de la nuit précédente, qu'elle appela sa sœur de fort bonne heure.

Vous jugez bien, poursuivit Scheherazade, que le sultan fut étrangement étonné quand il vit l'état déplorable où était le jeune homme. « Ce que vous montrez là, lui dit-il, en me donnant de l'horreur, irrite ma curiosité : je brûle d'apprendre votre histoire. — Je ne veux pas vous refuser cette satisfaction, répondit le jeune homme. »

Histoire du jeune Roi des Iles-Noires.

« Vous saurez, seigneur, continua-t-il, que mon père, qui s'appelait Mahmoud, était roi de cet Etat. C'est le royaume des Iles-Noires, qui prend son nom des quatre petites montagnes voisines; car ces montagnes étaient ci-devant des îles; et la capitale, où le roi mon père faisait son séjour, était dans l'endroit où est présentement cet étang que vous avez vu. La suite de mon histoire vous instruira de tous ces changements.

« Le roi mon père mourut à l'âge de soixante-dix ans. Je n'eus pas plus tôt pris sa place, que je me mariai; et la personne que je choisis pour partager la dignité royale avec moi, était ma cousine. J'eus tout lieu d'abord d'être content des marques d'amour qu'elle me donna; mais, après cinq années, je m'aperçus que la reine ma cousine n'avait plus de goût pour moi.

« Un jour qu'elle était au bain l'après-dîner, je me sentis une envie de dormir, et je me jetai sur un sofa. Deux de ses femmes, qui se trouvèrent alors dans ma chambre, vinrent s'asseoir l'une à ma tête, et l'autre à mes pieds, avec un éventail à la main, tant pour modérer la chaleur que pour me garantir des mouches qui auraient pû troubler mon sommeil. Elles me croyaient endormi, et elles s'entretenaient tout bas; mais j'avais seulement les yeux fermés, et je ne perdis pas une parole de leur conversation.

« Une de ces femmes dit à l'autre : « N'est-il pas vrai que la reine a grand tort de ne pas aimer un prince aussi aimable que le nôtre? — Assurément, répondit la seconde : pour moi, je n'y comprends rien, et je ne sais pourquoi elle sort toutes les nuits, et le laisse seul. Est-ce qu'il ne s'en aperçoit pas? — Hé, comment voudrais-tu qu'il s'en aperçût? reprit la première; elle mêle tous les soirs dans sa boisson un certain suc d'herbes qui le fait dormir toute la nuit d'un sommeil si profond, qu'elle a le temps d'aller où il lui plaît; et, à la pointe du jour, elle vient se recoucher auprès de lui; alors elle le réveille en lui passant sous le nez une certaine odeur. »

« Jugez, seigneur, de ma surprise à ce discours, et des sentiments qu'il m'inspira. Néanmoins, quelque émotion qu'il me pût causer, j'eus assez d'empire sur moi pour dissimuler; je fis semblant de m'éveiller et de n'avoir rien entendu.

« La reine revint du bain; nous soupâmes ensemble; et, avant que de nous coucher, elle me présenta elle-même la tasse pleine d'eau que j'avais coutume de boire; mais au lieu de la porter à ma bouche, je m'approchai d'une fenêtre qui était ouverte, et je jetai l'eau si adroitement, qu'elle ne s'en aperçut pas. Je lui remis ensuite la tasse entre les mains, afin qu'elle ne doutât point que je n'eusse bu.

« Nous nous couchâmes ensuite; et bientôt après, croyant que j'étais endormi, quoique je ne le fusse pas, elle se leva avec si peu de précaution, qu'elle dit assez haut : « Dors, et puisses-tu ne te réveiller jamais ! » Elle s'habilla promptement, et sortit de la chambre...»

En achevant ces mots, Scheherazade, s'étant aperçue qu'il était jour, cessa de parler. Dinarzade avait écouté sa sœur avec beaucoup de plaisir. Schahriar trouvait l'histoire du roi des Iles-Noires si digne de sa curiosité, qu'il se leva fort impatient d'en apprendre la suite a nuit suivante.

XXIIIe NUIT.

Une heure avant le jour Dinarzade, s'étant réveillée, ne manqua pas de prier la sultane, sa chère sœur, de continuer l'histoire du jeune roi des quatre Iles-Noires. Scheherazade, rappelant aussitôt dans sa mémoire l'endroit où elle en était demeurée, la reprit en ces termes :

« D'abord que la reine ma femme fut sortie, poursuivit le roi des Iles-Noires, je me levai et m'habillai à la hâte; je pris mon sabre, et la suivis de si près, que je l'entendis bientôt marcher devant moi. Alors, réglant mes pas sur les siens, je marchai doucement de peur d'en être entendu. Elle passa par plusieurs portes qui s'ouvrirent par la vertu de certaines paroles magiques qu'elle prononça; et la dernière qui s'ouvrit fut celle du jardin, où elle entra. Je m'arrêtai à cette porte, afin qu'elle ne pût m'apercevoir pendant qu'elle traversait un parterre, et, la conduisant des yeux autant que l'obscurité me le permettait, je remarquai qu'elle entra dans un petit bois dont les allées étaient bordées de palissades fort épaisses. Je m'y rendis par un autre chemin; et, me glissant derrière la palissade d'une allée assez longue, je la vis qui se promenait avec un homme.

« Je ne manquai pas de prêter une oreille attentive à leur discours, et voici ce que j'entendis : « Je ne mérite pas, disait la reine à son amant, le reproche que vous me faites de n'être pas assez diligente : vous savez bien la raison qui m'en empêche. Mais si toutes les marques d'amour que je vous ai données jusqu'à présent ne suffisent pas pour vous persuader de ma sincérité, je suis prête à vous en donner de plus éclatantes : vous n'avez qu'à commander. Vous savez quel est mon pouvoir : je vais, si vous le souhaitez, avant que le soleil se lève, changer cette grande ville et ce beau palais en des ruines affreuses qui ne seront habitées que par des loups, des hiboux et des corbeaux. Voulez-vous que je transporte toutes les pierres de ces murailles si solidement bâties, au-delà du Mont-Caucase, et hors des bornes du monde habitable? Vous n'avez qu'à dire un mot, et tous ces lieux vont changer de face. »

« Comme la reine achevait ces paroles, son amant et elle, se trouvant au bout de l'allée, tournèrent pour entrer dans une autre, et passèrent devant moi. J'avais déjà tiré mon sabre; et comme l'amant était de mon côté, je le frappai sur le cou et le renversai par terre. Je crus l'avoir tué; et, dans cette opinion, je me retirai brusquement sans me faire connaître à la reine, que je voulus épargner à cause qu'elle était ma parente.

« Cependant le coup que j'avais porté à son amant était mortel, mais elle lui conserva la vie par la force de ses enchantements, de manière toutefois qu'on peut dire de lui qu'il n'est ni mort ni vivant. Comme je traversais le jardin pour regagner le palais, j'entendis la reine qui poussait de grands cris; et, jugeant par là de sa douleur, je me sus bon gré de lui avoir laissé la vie.

« Lorsque je fus rentré dans mon appartement, je me recouchai, satisfait d'avoir puni le téméraire qui m'avait offensé; je m'endormis. En me réveillant, le lendemain, je trouvai la reine couchée auprès de moi..... »

Scheherazade fut obligée de s'arrêter en cet endroit, parce qu'elle vit paraître le jour.

XXIVe NUIT.

Dinarzade appela de très-bonne heure la sultane, par l'extrême envie de lui entendre achever l'agréable histoire du roi des Iles-Noires, et de savoir comment il fut changé en marbre. « Vous l'allez apprendre, répondit Scheherazade, avec la permission du sultan. »

« Je trouvai donc la reine couchée auprès de moi, continua le roi des quatre Iles-Noires. Je ne vous dirai point si elle dormait ou non; mais je me levai sans faire de bruit, et je passai dans mon cabinet, où j'achevai de m'habiller. J'allai ensuite tenir mon conseil, et, à mon retour, la reine, habillée de deuil, les cheveux épars et en partie arrachés, vint se présenter devant moi. « Sire, me dit-elle, je viens supplier votre majesté de ne pas trouver étrange que je sois dans l'état où je suis. Trois nouvelles affligeantes que je viens de recevoir en même temps sont la juste cause de la vive douleur dont vous ne voyez que les faibles marques.—Eh! quelles sont ces nouvelles, madame? lui dis-je.—La mort de la reine, ma chère mère, me répondit-elle; celle du roi, mon père, tué dans une bataille, et celle d'un de mes frères, qui est tombé dans un précipice. »

« Je ne fus pas fâché qu'elle prît ce prétexte pour cacher le véritable sujet de son affliction, et je jugeai qu'elle ne me soupçonnait pas d'avoir tué son amant. « Madame, loin de blâmer votre douleur, je vous assure que j'y prends toute la part que je dois. Je serais extrêmement surpris que vous fussiez insensible à la perte que vous avez faite. »

« Elle se retira dans son appartement, où, se livrant sans réserve à ses chagrins, elle passa une année entière à pleurer et à s'affliger. Au bout de ce temps-là, elle me demanda la permission de faire bâtir le lieu de sa sépulture dans l'enceinte du palais, où elle voulait, disait-elle, demeurer jusqu'à la fin de ses jours. Je le lui permis, et elle fit bâtir un palais superbe avec un dôme qu'on peut voir d'ici : elle l'appela le palais des Larmes.

« Quand il fut achevé, elle y fit porter son amant, qu'elle avait fait transporter où elle avait jugé à propos la même nuit où je l'avais blessé. Elle l'avait empêché de mourir jusqu'alors par des breuvages qu'elle lui avait fait prendre; et elle continua de lui en donner et de les lui porter elle-même tous les jours, dès qu'il fut au palais des Larmes.

« Cependant, avec tous ses enchantements, elle ne pouvait guérir ce malheureux. Il était non seulement hors d'état de marcher et de se soutenir, mais il avait encore perdu l'usage de la parole, et il ne donnait aucun signe de vie que par ses regards. Quoique la reine n'eût que la consolation de le voir et de lui dire tout ce que son fol amour pouvait lui inspirer de plus tendre et de plus passionné, elle ne laissait pas de lui rendre chaque jour deux visites assez longues. J'étais bien informé de tout cela, mais je feignais de l'ignorer.

« Un jour j'allai, par curiosité, au palais des Larmes pour savoir quelle y était l'occupation de cette princesse; et, d'un endroit où je ne pouvais être vu, je l'entendis parler dans ces termes à son amant : « Il y a trois ans que vous ne m'avez dit une seule parole et que vous ne répondez point aux marques d'amour que je vous donne par mes discours et mes gémissements : est-ce par insensibilité ou par mépris? O tombeau, aurais-tu détruit cet excès de tendresse qu'il avait pour moi! Aurais-tu fermé ces yeux qui me montraient tant d'amour et qui faisaient toute ma joie! Non, non, je n'en crois rien. Dis-moi plutôt par quel miracle tu es devenu le dépositaire du plus rare trésor qui fut jamais. »

« Je fus tellement indigné de ce discours, que je me montrai brusquement; et, tirant mon sabre, je levai le bras pour la punir; mais, regardant tranquillement mon action : « Modère ton courroux, me dit-elle avec un sourire moqueur. » En même temps, elle prononça des paroles que je n'entendis point, et puis elle ajouta : « Par la vertu de mes enchantements, je te commande de devenir tout à l'heure moitié marbre et moitié homme. » Aussitôt, seigneur, je devins tel que vous me voyez, déjà mort parmi les vivants, et vivant parmi les morts... »

Scheherazade, en cet endroit, ayant remarqué qu'il était jour, cessa de poursuivre son conte, et quand Schahriar n'aurait pas résolu de différer d'un mois la mort de Scheherazade, il ne l'aurait pas fait mourir ce jour-là.

XXVe NUIT.

Sur la fin de la nuit, Scheherazade, s'étant réveillée à la voix de sa sœur, se prépara à lui donner la satisfaction qu'elle demandait, en achevant l'histoire du roi des Iles-Noires. Elle commença de cette sorte : Le Roi demi-marbre et demi-homme continua de conter son histoire au sultan :

« Après, dit-il, que la cruelle magicienne, indigne de porter le nom de reine, m'eut ainsi métamorphosé, et fait passer en cette salle par un autre enchantement, elle détruisit ma capitale, qui était très-florissante et fort peuplée ; elle anéantit les maisons, les places publiques et les marchés, et en fit l'étang et la campagne déserte que vous avez pu voir. Les poissons de quatre couleurs qui sont dans l'étang sont les quatre sortes d'habitants de différentes religions qui la composaient : les blancs étaient les musulmans ; les rouges, les Perses, adorateurs du feu ; les bleus, les chrétiens ; les jaunes, les juifs ; les quatre collines étaient les quatre îles qui donnaient le nom à ce royaume. J'appris tout cela de la magicienne, qui, pour comble d'affliction, m'annonça elle-même ces effets de sa rage. Ce n'est pas tout encore, elle n'a point borné sa fureur à la destruction de mon empire et à ma métamorphose : elle vient, chaque jour, me donner sur mes épaules nues cent coups de nerf de bœuf, qui me mettent tout en sang. Quand ce supplice est achevé, elle me couvre d'une grosse étoffe de poil de chèvre, et met par-dessus cette robe de brocart que vous voyez, non pour me faire honneur, mais pour se moquer de moi. »

Le sultan, attendri par le récit d'une histoire si étrange, et animé à la vengeance de ce malheureux prince, lui dit : « Apprenez-moi où se retire cette perfide magicienne, et où peut être cet indigne amant qui est enseveli avant sa mort.

— Seigneur, lui répondit le prince, l'amant, comme je vous l'ai déjà dit, est au palais des Larmes, dans un tombeau en forme de dôme, et ce palais communique à ce château du côté de la porte. Pour ce qui est de la magicienne, je ne puis vous dire précisément où elle se retire, mais, tous les jours, au lever du soleil, elle va visiter son amant, après avoir fait sur moi la sanglante exécution dont je vous ai parlé ; et vous jugez bien que je ne puis me défendre d'une si grande cruauté. Elle lui porte le breuvage qui est le seul aliment avec quoi, jusqu'à présent, elle l'a empêché de mourir, et elle ne cesse de lui faire des plaintes sur le silence qu'il a toujours gardé depuis qu'il est blessé. »

« Prince, repartit le sultan, je sens la vengeance qui vous est due, et je n'oublierai rien pour vous la procurer. »

Le lendemain, le sultan se leva dès qu'il fut jour ; et pour commencer à exécuter son dessein, il cacha dans un endroit son habillement de dessus, qui l'aurait embarrassé, et s'en alla au palais des Larmes. Il le trouva éclairé d'une infinité de flambeaux de cire blanche, et il sentit une odeur délicieuse qui sortait de plusieurs cassolettes de fin or, d'un ouvrage admirable, toutes rangées dans un fort bel ordre. D'abord qu'il aperçut le lit où le noir était couché, il tira son sabre, et ôta sans résistance la vie à ce misérable, dont il traîna le corps dans la cour du château, et le jeta dans un puits. Après cette expédition, il alla se coucher dans le lit du noir, mit son sabre près de lui sous la couverture, et y demeura pour achever ce qu'il avait projeté.

La magicienne arriva bientôt. Son premier soin fut d'aller dans la chambre où était le roi des Iles-Noires, son mari. Elle le dépouilla, et commença par lui donner sur les épaules les cent coups de nerf de bœuf, avec une barbarie qui n'a point d'exemple. Le pauvre prince avait beau remplir le palais de ses cris, et la conjurer, de la manière du monde la plus touchante, d'avoir pitié de lui, la cruelle ne cessa de le frapper qu'après lui avoir donné les cent coups. « Tu n'as pas eu compassion de mon amant, lui disait-elle, tu n'en dois point attendre de moi... »

Scheherazade aperçut le jour en cet endroit, ce qui l'empêcha de continuer son récit. Après ce que Schariar venait d'entendre, il était bien éloigné de vouloir faire mourir Scheherazade. « Au contraire, je ne veux pas lui ôter la vie, disait-il en lui-même, qu'elle n'ait achevé cette histoire étonnante, quand le récit en devrait durer deux mois. »

XXVIe NUIT.

Dinarzade n'eut pas plus tôt jugé qu'il était temps d'appeler la sultane, qu'elle la supplia de raconter ce qui se passa dans le palais des Larmes. Schahriar ayant témoigné qu'il avait la même curiosité que Dinarzade, la sultane prit la parole, et reprit ainsi l'histoire du jeune prince enchanté :

Sire, après que la magicienne eut donné cent coups de nerf de bœuf au roi son mari, elle le revêtit d'un gros habillement de poil de chèvre, et de la robe de brocart par-dessus. Elle alla ensuite au palais des Larmes, et, en y entrant, elle renouvela ses pleurs, ses cris et ses lamentations; puis, s'approchant du lit où elle croyait que son amant était toujours : « Quelle cruauté, s'écria-t-elle, d'avoir ainsi troublé le contentement d'une amante aussi tendre et aussi passionnée que je le suis! Hélas! ajouta-t-elle, en adressant la parole au sultan, croyant parler au noir, mon soleil, ma vie, garderez-vous toujours le silence? Etes-vous résolu à me laisser mourir, sans me donner la consolation de me dire encore que vous m'aimez? Mon âme, dites-moi au moins un mot, je vous en conjure. »

Alors, le sultan, feignant de sortir d'un profond sommeil, et contrefaisant le langage des noirs, répondit à la reine, d'un ton grave: « Malheureuse! es-tu digne que je réponde à tes discours? Les cris, les pleurs et les gémissements de ton mari, que tu traites tous les jours avec tant d'indignité et de barbarie, m'empêchent de dormir nuit et jour. Il y a longtemps que je serais guéri, et que j'aurais recouvré l'usage de la parole, si tu l'avais désenchanté : voilà la cause de ce silence que je garde, et dont tu te plains.—Hé bien! dit la magicienne, pour vous apaiser, je suis prête à faire ce que vous me commanderez. Voulez-vous que je lui rende sa première forme? — Oui, répondit le sultan, et hâte-toi de le mettre en liberté, afin que je ne sois plus incommodé de ses cris. »

La magicienne sortit aussitôt du palais des Larmes. Elle prit une tasse d'eau, et prononça dessus des paroles qui la firent bouillir comme si elle eût été sur le feu. Elle alla ensuite à la salle où était le jeune roi son mari, elle jeta de cette eau sur lui; aussitôt le prince, se retrouvant dans son premier état, se leva librement, avec toute la joie qu'on peut s'imaginer, et en rendit grâces à Dieu. La magicienne, reprenant la parole : « Va, lui dit-elle, éloigne-toi de ce château, et n'y reviens jamais, ou bien il t'en coûtera la vie. »

Le jeune roi, cédant à la nécessité, s'éloigna de la magicienne sans répliquer, et se retira dans un lieu écarté, où il attendit impatiemment le succès du dessein dont le sultan venait de commencer l'exécution avec tant de bonheur.

Cependant la magicienne retourna au palais des Larmes; et, en entrant, comme elle croyait toujours parler au noir : « Cher amant, lui dit-elle, j'ai fait ce que vous m'avez ordonné; rien ne vous empêche de vous lever, et de me donner par là une satisfaction dont je suis privée depuis si longtemps. »

Le sultan continua de contrefaire le langage des noirs : « Ce que tu viens de faire, répondit-il d'un ton brusque, ne suffit pas pour me guérir; tu n'as ôté qu'une partie du mal. Tous les jours, à minuit, les poissons ne manquent pas de lever la tête hors de l'étang, et de crier vengeance contre moi et contre toi. Voilà le véritable sujet du retardement de ma guérison. Va promptement rétablir les choses en leur premier état, et, à ton retour, je te donnerai la main, et tu m'aideras à me lever. »

La magicienne, remplie de l'espérance que ces paroles lui firent concevoir, partit dans le moment, et, lorsqu'elle fut arrivée sur le bord de l'étang, elle prit un peu d'eau dans sa main, et en fit une aspersion dessus...

Scheherazade, en cet endroit, voyant qu'il était jour, n'en voulut pas dire davantage, et Schahriar, qui, comme on l'a déjà dit, avait pris son parti là-dessus, se leva pour aller remplir ses devoirs.

XXVIIe NUIT.

Scheherazade, désirant tenir sa promesse,

se mit à raconter quel fut le sort de la reine magicienne en ces termes :

La magicienne, ayant fait l'aspersion, n'eut pas plutôt prononcé quelques paroles sur les poissons et sur l'étang que la ville reparut à l'heure même. Les poissons redevinrent hommes, femmes ou enfants : mahométans, chrétiens, persans ou juifs, gens libres ou esclaves, chacun prit sa forme naturelle. Les maisons et les boutiques furent bientôt remplies de leurs habitants, qui trouvèrent toutes choses dans la même situation et dans le même ordre où elles étaient avant l'enchantement. La suite nombreuse du sultan, qui se trouva campée dans la plus grande place ne fut pas peu étonnée de se voir en un instant au milieu d'une ville belle, vaste et bien peuplée.

Pour revenir à la magicienne, dès qu'elle eut fait ce changement merveilleux, elle se rendit en diligence au palais des Larmes pour en recueillir le fruit. « Mon cher seigneur, s'écria-t-elle en entrant, je viens me réjouir avec vous du retour de votre santé; j'ai fait tout ce que vous avez exigé de moi : levez-vous donc et me donnez la main. — Approchez, lui dit le sultan, en contrefaisant toujours le langage des noirs. » Elle s'approcha. « Ce n'est pas assez, reprit-il, approches-toi davantage. » Elle obéit. Alors il se leva; il la saisit par le bras si brusquement, qu'elle n'eut pas le temps de se reconnaître, et d'un coup de sabre il sépara son corps en deux parties, qui tombèrent, l'une d'un côté, et l'autre de l'autre. Cela étant fait, il laissa le cadavre sur la place, et, sortant du palais des Larmes, alla trouver le jeune prince des Iles-Noires, qui l'attendait avec impatience. « Prince, lui dit-il en l'embrassant, réjouissez-vous : vous n'avez plus rien à craindre, votre cruelle ennemie n'est plus. »

Le jeune prince remercia le sultan d'une manière qui marquait que son cœur était pénétré de reconnaissance; et, pour prix de lui avoir rendu un service si important, il lui souhaita une longue vie avec toutes sortes de prospérités. « Vous pouvez désormais, lui dit le sultan, demeurer paisible dans votre capitale, à moins que vous ne vouliez venir dans la mienne, qui en est si voisine; je vous y recevrai avec plaisir, et vous n'y serez pas moins honoré et respecté que chez vous. — Puissant monarque, à qui je suis si redevable, répondit le roi, vous croyez donc être fort près de votre capitale? — Oui, répliqua le sultan, je le crois: il n'y a pas plus de quatre ou cinq heures de chemin. — Il y a une année entière de voyage, reprit le jeune prince. Je veux bien croire que vous êtes venu ici de votre capitale dans le peu de temps que vous dites, parce que la mienne était enchantée; mais depuis qu'elle ne l'est plus, les choses ont bien changé. Cela ne m'empêchera pas de vous suivre, quand ce serait pour aller aux extrémités de la terre. Vous êtes mon libérateur; et, pour vous donner toute ma vie des marques de ma reconnaissance, je prétends vous accompagner, et j'abandonne sans regret mon royaume. »

Enfin, le sultan et le jeune prince se mirent en chemin avec cent chameaux chargés de richesses inestimables, tirées des trésors du jeune roi, qui se fit suivre par cinquante cavaliers bien faits, parfaitement montés et équipés. Leur voyage fut heureux; et lorsque le sultan, qui avait envoyé des courriers pour donner avis de son retardement et de l'aventure qui en était la cause, fut près de sa capitale, les officiers qu'il y avait laissés vinrent le recevoir, et l'assurèrent que sa longue absence n'avait apporté aucun changement dans son empire. Les habitants sortirent en foule, le reçurent avec de grandes acclamations, et firent des réjouissances qui durèrent plusieurs jours.

Le lendemain de son arrivée, le sultan fit à tous ses courtisans assemblés un détail fort ample des choses qui, contre son attente, avaient rendu son absence si longue. Il leur déclara ensuite l'adoption qu'il avait faite du roi des quatre Iles-Noires, qui avait bien voulu abandonner un grand royaume pour l'accompagner et vivre avec lui. Enfin, pour reconnaître la fidélité qu'ils lui avaient tous gardée, il leur fit des largesses proportionnées au rang que chacun tenait à sa cour.

Pour le pêcheur, comme il était la première cause de la délivrance du jeune prince, le sultan le combla de biens, et le rendit, lui et sa famille, très-heureux le reste de leurs jours.

Tome III, page 89.

Tome IV, page 40.

Tome IV, page 331.

Tome VI, page 54.

Scheherazade finit là le conte du pêcheur et du génie. Dinarzade lui marqua qu'elle y avait pris un plaisir infini; Schahriar lui ayant témoigné la même chose, elle leur dit qu'elle en savait un autre qui était encore plus beau que celui-là, et que, si le sultan le lui voulait permettre, elle le raconterait le lendemain : Schahriar, se souvenant du délai d'un mois qu'il avait accordé à la sultane, et curieux de savoir si ce nouveau conte serait aussi agréable qu'elle le promettait, se leva dans le dessein de l'entendre la nuit suivante.

XXVIIIe NUIT.

Dinarzade, suivant sa coutume, n'oublia pas d'appeler la sultane lorsqu'il en fut temps. Scheherazade commença un de ses beaux contes.

Histoire de trois Calanders, fils de rois, et de cinq dames de Bagdad.

Sire, dit-elle en adressant la parole au sultan, sous le règne du calife Haroun al Raschid, il y avait à Bagdad, où il faisait résidence, un porteur qui, malgré sa profession basse et pénible, ne laissait pas d'être homme d'esprit et de bonne humeur. Un matin qu'il était à son ordinaire, avec un grand panier à jour près de lui, dans une place où il attendait que quelqu'un eût besoin de son ministère, une jeune dame de belle taille, couverte d'un grand voile de mousseline, l'aborda, et lui dit d'un air gracieux : « Écoutez, porteur, prenez votre panier et suivez-moi. » Le porteur, enchanté de ce peu de paroles prononcées si agréablement, prit aussitôt son panier, le mit sur sa tête, et suivit la dame.

D'abord, la dame s'arrêta devant une porte fermée et frappa. Un chrétien vénérable ouvrit, et elle lui mit de l'argent dans la main, sans lui dire un seul mot. Mais le chrétien, qui savait ce qu'elle demandait, rentra, et peu de temps après, apporta une grosse cruche d'un vin excellent. « Prenez cette cruche, dit la dame au porteur, et la mettez dans votre panier. » Cela étant fait, elle lui commanda de la suivre.

La dame s'arrêta à la boutique d'un vendeur de fruits et de fleurs, où elle choisit de plusieurs sortes de pommes, des abricots, des pêches, des coings, des limons, des citrons, des oranges, du myrte, du basilic, des lis, du jasmin, et de quelques autres sortes de fleurs et de plantes de bonne odeur. Elle dit au porteur de mettre tout cela dans le panier et de la suivre. En passant devant l'étalage d'un boucher, elle se fit peser vingt-cinq livres de la plus belle viande qu'il eût : ce que le porteur mit encore dans son panier par son ordre. A une autre boutique, elle prit des câpres, de l'estragon, de petits concombres, de la perce-pierre et autres herbes, le tout confit dans le vinaigre : à une autre, des pistaches, des noix, des noisettes, des pignons, des amandes et d'autres fruits semblables; à une autre encore, elle acheta toutes sortes de pâtes d'amandes. Le porteur, en mettant toutes ces choses dans son panier, remarquant qu'il se remplissait, dit à la dame : « Ma bonne dame, il fallait m'avertir que vous feriez tant de provisions, j'aurais pris un cheval, ou plutôt un chameau pour les porter. J'en aurai beaucoup plus que ma charge, pour peu que vous en achetiez d'autres. » La dame rit de cette plaisanterie, et ordonna de nouveau au porteur de la suivre.

Elle entra chez un droguiste, où elle se fournit de toutes sortes d'eaux de senteur, de clous de girofle, de muscade, de poivre, de gingembre, d'un gros morceau d'ambre gris, et de plusieurs autres épiceries des Indes; ce qui acheva de remplir le panier du porteur, auquel elle dit encore de la suivre. Alors ils marchèrent tous deux, jusqu'à ce qu'ils fussent arrivés à un hôtel magnifique, dont la façade était ornée de belles colonnes, et qui avait une porte d'ivoire. Ils s'y arrêtèrent, et la dame frappa un petit coup....

En cet endroit, Scheherazade aperçut qu'il était jour, et cessa de parler.

XXIXe NUIT.

Scheherazade aussitôt qu'il fit nuit continua de cette manière :

Pendant que la jeune dame et le porteur attendaient que l'on ouvrit la porte de l'hôtel, le porteur faisait mille réflexions. Il était étonné qu'une dame, faite comme celle qu'il voyait, fit l'office de pourvoyeur : car enfin il jugeait bien que ce n'était pas une esclave : il lui trouvait l'air trop noble pour penser qu'elle ne fût pas libre, et même une personne de distinction. Il lui aurait volontiers fait des questions pour s'éclaircir de sa qualité; mais, dans le temps qu'il se préparait à lui parler, une autre dame qui vint ouvrir la porte lui parut si belle, qu'il en demeura tout surpris, ou plutôt il fut si vivement frappé de l'éclat de ses charmes, qu'il en pensa laisser tomber son panier avec tout ce qui était dedans, tant cet objet le mit hors de lui-même.

La dame qui avait amené le porteur s'aperçut du désordre qui se passait dans son âme, et du sujet qui le causait. Cette découverte la divertit, et elle prenait tant de plaisir à examiner la contenance du porteur, qu'elle ne songeait pas que la porte était ouverte. « Entrez donc, ma sœur, lui dit la belle portière; qu'attendez-vous? Ne voyez-vous pas que ce pauvre homme est si chargé, qu'il n'en peut plus? »

Lorsqu'elle fut entrée avec le porteur, la dame qui avait ouvert la porte, la ferma; et, tous trois, après avoir traversé un beau vestibule, passèrent dans une cour très-spacieuse, et environnée d'une galerie à jour, qui communiquait à plusieurs appartements de plain-pied, de la dernière magnificence. Il y avait dans le fond de cette cour un sofa richement garni, avec un trône d'ambre au milieu, soutenu de quatre colonnes d'ébène, enrichies de diamants et de perles d'une grosseur extraordinaire, et garni d'un satin rouge relevé d'une broderie d'or des Indes, d'un travail admirable. Au milieu de la cour, il y avait un grand bassin bordé de marbre blanc, et plein d'une eau très-claire, qui y tombait abondamment par un mufle de lion de bronze doré.

Le porteur, tout chargé qu'il était, ne laissait pas d'admirer la magnificence de cette maison, et la propreté qui y régnait partout; mais ce qui attira particulièrement son attention fut une troisième dame qui lui parut encore plus belle que la seconde, et qui était assise sur le trône dont j'ai parlé. Elle en descendit dès qu'elle aperçut les deux premières dames, et s'avança au-devant d'elles. Il jugea, par les égards que les autres avaient pour celle-là, que c'était la principale; en quoi il ne se trompait pas. Cette dame se nommait Zobéide; celle qui avait ouvert la porte s'appelait Safie, et Amine était le nom de celle qui avait été aux provisions.

Zobéide dit aux deux dames, en les abordant : « Mes sœurs, ne voyez-vous pas que ce bonhomme succombe sous le fardeau qu'il porte? Qu'attendez-vous pour le décharger? » Alors Amine et Safie prirent le panier, l'une par devant, l'autre par derrière, Zobéide y mit aussi la main, et toutes trois le posèrent à terre. Elles commencèrent à le vider; et, quand cela fut fait, l'agréable Amine tira de l'argent, paya libéralement le porteur....

Le jour, venant de paraître, imposa silence à Scheherazade, et laissa à Dinarzade et Schahriar un grand désir d'entendre la suite : ce que ce prince remit à la nuit suivante.

XXXe NUIT.

Le Lendemain, Dinarzade, réveillée par l'impatience d'entendre la suite de l'histoire, dit à la sultane : « Au nom de Dieu, ma sœur, je vous prie de nous compter ce que firent ces trois belles dames de toutes les provisions qu'Amine avait achetées.—Vous l'allez savoir, » répondit Scheherazade reprenant en ces termes :

Le porteur, très-satisfait de l'argent qu'on lui avait donné, devait prendre son panier et se retirer; mais il ne put s'y résoudre : il se sentait, malgré lui, arrêté par le plaisir de voir trois beautés si rares, et qui lui paraissaient également charmantes : car Amine avait aussi ôté son voile, et il ne la trouvait pas moins belle que les autres. Ce qu'il ne pouvait comprendre, c'est qu'il ne voyait aucun homme dans cette maison. Néanmoins la plupart des provisions qu'il avait apportées, comme les fruits secs, et les différentes sortes de gâteaux et de confitures, ne convenaient proprement qu'à des gens qui voulaient boire et se réjouir.

Zobéide crut d'abord que le porteur s'arrêtait pour prendre haleine; mais voyant qu'il restait trop longtemps : « Qu'attendez-vous? lui dit-elle, n'êtes-vous pas payé suffisamment? Ma sœur, ajouta-t-elle en s'adressant à Amine, donnez-lui encore quelque chose; qu'il s'en aille content. — Madame, répondit le porteur, ce n'est pas cela qui me retient; je ne suis que trop payé de ma peine. Je vois bien que j'ai commis une incivilité en demeurant ici plus que je ne devais; mais j'espère que vous aurez la bonté de pardonner à l'étonnement où je suis de ne voir aucun homme avec trois dames d'une beauté si peu commune. Une compagnie de femmes sans hommes est pourtant une chose aussi triste qu'une compagnie d'hommes sans femmes. »

Les dames se prirent à rire du raisonnement du porteur. Après cela, Zobéide lui dit d'un air sérieux : « Mon ami, vous poussez un peu trop loin votre indiscrétion; mais, quoique vous ne méritiez pas que j'entre dans aucun détail avec vous, je veux bien toutefois vous dire que nous sommes trois sœurs qui faisons si secrètement nos affaires, que personne n'en sait rien. Nous avons un trop grand sujet de craindre d'en faire part à des indiscrets, et un bon auteur que nous avons lu, dit : « Garde ton secret et ne le révèle à personne; qui le révèle, n'en est plus le maître. Si ton sein ne peut contenir ton secret, comment le sein de celui à qui tu l'auras confié pourra-t-il le contenir? »

« Mesdames, reprit le porteur, à votre air seulement, j'ai jugé d'abord que vous étiez des personnes d'un mérite très-rare, et je m'aperçois que je ne me suis pas trompé. Quoique la fortune ne m'ait pas donné assez de biens pour m'élever à une profession au-dessus de la mienne, je n'ai pas laissé de cultiver mon esprit, autant que je l'ai pu, par la lecture des livres de science et d'histoire, et vous me permettrez, s'il vous plaît, de vous dire que j'ai lu aussi dans un autre auteur une maxime que j'ai toujours heureusement pratiquée : « Nous ne cachons notre secret, dit-il, qu'à des gens reconnus de tout le monde pour des indiscrets qui abuseraient de notre confiance; mais nous ne faisons nulle difficulté de le découvrir aux sages, parce que nous sommes persuadés qu'ils sauront le garder. Le secret chez moi est dans une aussi grande sûreté que s'il était dans un cabinet dont la clef fût perdue et la porte bien scellée. »

Zobéide connut que le porteur ne manquait pas d'esprit; mais, jugeant qu'il avait envie d'être du régal qu'elles voulaient se donner, elle lui repartit en souriant : « Vous savez que nous nous préparons à nous régaler, mais vous savez en même temps que nous avons fait une dépense considérable, et il ne serait pas juste que, sans y contribuer, vous fussiez de la partie. » La belle Safie appuya le sentiment de sa sœur. « Mon ami, dit-elle au porteur, n'avez-vous jamais ouï dire ce que l'on dit assez communément : « Si vous apportez quelque chose, vous serez quelque chose avec nous; si vous n'apportez rien, retirez-vous avec rien. »

Le porteur, malgré sa rhétorique, aurait peut-être été obligé de se retirer avec confusion, si Amine, prenant fortement son parti, n'eût dit à Zobéide et à Safie : « Mes chères sœurs, je vous conjure de permettre qu'il demeure avec nous; il n'est pas besoin de vous dire qu'il nous divertira; vous voyez bien qu'il en est capable. Je vous assure que, sans sa bonne volonté, sa légèreté et son courage à me suivre, je n'aurais pu venir à bout de faire tant d'emplettes en si peu de temps. D'ailleurs, si je vous répétais toutes les douceurs qu'il m'a dites en chemin, vous seriez peu surprises de la protection que je lui donne. »

A ces paroles d'Amine, le porteur, transporté de joie, se laissa tomber sur les genoux, baisa la terre aux pieds de cette charmante personne, et, en se relevant : « Mon aimable dame, dit-il, vous avez commencé aujourd'hui mon bonheur; vous y mettez le comble par une action si généreuse; je ne puis assez vous témoigner ma reconnaissance. Au reste, mesdames, ajouta-t-il en s'adressant aux trois sœurs ensemble, puisque vous me faites un si grand honneur, ne croyez pas que j'en abuse, et que je me considère comme un homme qui le mérite; non, je me regarderai toujours comme le plus humble de vos esclaves. » En achevant ces mots, il voulut rendre l'argent qu'il avait reçu; mais la grave Zobéide lui ordonna de le garder. « Ce qui est une fois sorti de nos mains, dit-elle, pour récompenser ceux qui nous ont rendu service, n'y retourne plus... »

L'aurore qui parut vint en cet endroit imposer silence à Scheherazade. Dinarzade en fut fort fâchée; mais le sultan, curieux de savoir ce qui se passerait entre les trois belles dames et le porteur, remit la suite de cette histoire à la nuit suivante, et se leva pour aller s'acquitter de ses fonctions ordinaires.

XXXIe NUIT.

Dinarzade, le lendemain, ne manqua pas d'engager sa sœur à poursuivre le merveilleux conte qu'elle avait commencé. Scheherazade reprit ainsi l'histoire des trois calenders :

Zobéide ne voulut donc point reprendre l'argent du porteur. « Mais, mon ami, lui dit-elle, en consentant que vous demeuriez avec nous, je vous avertis que ce n'est pas seulement à condition que vous garderez le secret que nous avons exigé de vous; nous prétendons encore que vous observiez exactement les règles de la bienséance et de l'honnêteté. » Après cela, les dames se mirent à table et firent asseoir à leur côté le porteur, qui était satisfait au-delà de tout ce qu'on peut dire de se voir à table avec trois personnes d'une beauté si extraordinaire.

Après les premiers morceaux, Amine, qui s'était placée près du buffet, prit une bouteille et une tasse, se versa à boire et but la première, suivant la coutume des Arabes. Elle versa ensuite à ses sœurs, qui burent l'une après l'autre; puis, remplissant pour la quatrième fois la même tasse, elle la présenta au porteur, qui, en la recevant, baisa la main d'Amine et chanta. Le repas dura fort longtemps et fut accompagné de tout ce qui pouvait le rendre agréable.

Le jour allait bientôt finir, lorsque Safie, prenant la parole au nom des trois dames, dit au porteur : « Levez-vous, partez, il est temps de vous retirer. » Le porteur ne pouvant se résoudre à les quitter, répondit : « Eh ! mesdames, où me commandez-vous d'aller en l'état où je me trouve? Je suis hors de moi-même, à force de vous voir et de boire; je ne trouverai jamais le chemin de la maison. Donnez-moi la nuit pour me reconnaître; je la passerai où il vous plaira; mais il ne me faut pas moins de temps pour me remettre dans le même état où j'étais lorsque je suis entré chez vous; avec cela, je doute encore si je n'y laisserai pas la meilleure partie de moi-même. »

Amine prit une seconde fois le parti du porteur. « Mes sœurs, dit-elle, il a raison. Si vous voulez m'en croire, nous le retiendrons pour passer la soirée avec nous. — Ma sœur, dit Zobéide, nous ne pouvons rien refuser à votre prière. Porteur, continua-t-elle en s'adressant à lui, nous voulons bien encore vous faire cette grâce; mais nous y mettons une nouvelle condition. Quoi que nous puissions faire en votre présence, par rapport à nous ou à autre chose, gardez-vous bien d'ouvrir seulement la bouche pour nous en demander la raison; car, en nous faisant des questions sur des choses qui ne vous regardent nullement, vous pourriez entendre ce qui ne vous plairait pas. Prenez-y garde, et ne vous avisez pas d'être trop curieux en voulant approfondir les motifs de nos actions. Pour vous faire voir que ce que nous vous demandons n'est pas nouvellement établi parmi nous, levez-vous et allez lire ce qui est écrit au-dessus de notre porte, en dedans. »

Le porteur alla jusque-là et y lut ces mots, qui étaient écrits en gros caractères d'or : « Qui parle des choses qui ne le regardent point, entend ce qui ne lui plaît pas. » Il revint ensuite trouver les trois sœurs : « Mesdames, leur dit-il, je vous jure que vous ne m'entendrez parler d'aucune chose qui ne me regarde pas et où vous puissiez avoir intérêt. »

Cette convention faite, Amine apporta le souper. Les dames prenaient plaisir à enivrer le porteur, sous prétexte de le faire boire à leur santé. Les bons mots ne furent point épargnés. Enfin, ils étaient tous de la meilleure humeur du monde, lorsqu'ils ouïrent frapper à la porte...

Scheherazade fut obligée, en cet endroit, d'interrompre son récit, parce qu'elle vit paraître le jour. Le sultan, ne doutant point que la suite de cette histoire ne méritât d'être entendue, la remit au lendemain et se leva.

XXXIIe NUIT.

Sur la fin de la nuit suivante, la sultane continua ainsi :

Dès que les dames, poursuivit-elle, entendirent frapper à la porte, elles se levèrent. Safie alla ouvrir, puis elle revint. « Mes sœurs, dit-elle, il se présente une belle occasion de passer une bonne partie de la nuit fort agréablement; et, si vous êtes du même sentiment que moi, nous ne la laisserons pas échapper. Il y a à notre porte trois calenders, au moins ils me paraissent tels à leur habillement; mais, ce qui va sans doute vous surprendre, ils sont tous trois borgnes de l'œil droit et ont la tête, la barbe et les sourcils ras. Ils ne font, disent-ils, que d'arriver tout présentement à Bagdad, où ils ne sont jamais venus, et, comme il est nuit, et qu'ils ne savent où aller loger, ils ont frappé par hasard à notre porte, et ils nous prient, pour l'amour de Dieu, d'avoir la charité de les recevoir. — Allez, lui dit Zobéide, faites-les donc entrer, mais n'oubliez pas de les avertir de ne point parler de ce qui ne les regarde pas et de leur faire lire ce qui est écrit au-dessus de la porte. » A ces mots, Safie courut ouvrir avec joie, et, peu de temps après, elle revint accompagnée des trois calenders.

La magnificence du lieu et l'honnêteté des dames firent concevoir aux calenders une haute idée de ces belles hôtesses.

Quand ils se furent assis à table, les dames leur servirent à manger, et l'enjouée Safie particulièrement prit soin de leur verser à boire...

Scheherazade s'arrêta en cet endroit, parce qu'elle remarqua qu'il était jour. Le sultan se leva pour aller remplir ses devoirs, se promettant bien d'entendre la suite de ce conte le lendemain.

XXXIIIe NUIT.

Une heure avant le jour, Scheherazade continua de cette manière :

Après que les calenders eurent bu et mangé à discrétion, ils témoignèrent aux dames qu'ils se feraient un plaisir de leur donner un concert, si elles avaient des instruments et qu'elles voulussent bien en faire apporter. Elles acceptèrent l'offre avec joie. Au plus fort de ce divertissement, et lorsque la compagnie était le plus en joie, on frappa à la porte, Safie alla voir ce que c'était.

A cette époque, le calife Haroun al Raschid avait coutume de marcher très-souvent incognito, pour savoir par lui-même si tout était tranquille dans la ville et s'il ne s'y commettait pas de désordre.

« Cette nuit-là, le calife était sorti de bonne heure accompagné de Giafar, son grand-visir, et de Mesrour, chef des eunuques de son palais, tous trois déguisés en marchands. En passant par la rue des trois dames, ce prince, entendant le son des instruments et des voix, et le bruit des éclats de rire, dit au visir : « Allez, frappez à la porte de cette maison où l'on fait tant de bruit; je veux y entrer et en apprendre la cause. »

C'était donc le grand-visir Giafar qui avait frappé à la porte des dames par ordre du calife, qui ne voulait pas être connu. Safie ouvrit. « Madame, lui dit le visir, nous sommes trois marchands de Moussoul, arrivés depuis environ dix jours, avec de riches marchandises que nous avons en magasin dans un Khan où nous avons pris logement. Nous avons été aujourd'hui chez un marchand de cette ville qui nous avait invités à l'aller voir. Il nous a régalés d'une collation; et comme le vin nous avait mis de belle humeur, il a fait venir une troupe de danseuses. Il était déjà nuit, et, dans le temps que l'on jouait des instruments, que les danseuses dansaient, et que la compagnie faisait grand bruit, le guet a passé et s'est fait ouvrir. Quelques-uns de la compagnie ont été arrêtés. Pour nous, nous avons été assez heureux pour nous sauver par-dessus la muraille; mais, comme nous craignions de rencontrer une autre escouade de guet, ou la même, avant d'arriver à notre Khan, qui est éloigné d'ici, nous avons pris la liberté de frapper, pour vous supplier de nous donner retraite jusqu'au jour. »

Safie alla faire ce rapport à ses sœurs, qui balancèrent quelque temps sur le parti qu'elles devaient prendre. Mais elles étaient naturellement bienfaisantes, et elles avaient déjà fait la même grâce aux trois calenders. Ainsi, elles résolurent de les laisser entrer.

Scheherazade s'étant aperçue qu'il était jour, interrompit là son récit. Schahriar, attendit la nuit suivante avec impatience.

XXXIVe NUIT.

Dinarzade, aussi curieuse que le sultan

d'apprendre ce que produirait l'arrivée du calife chez les trois dames, n'oublia pas d'engager Scheherazade à reprendre, avec la permission du sultan, l'histoire des calenders.

Le calife, son grand-visir et le chef de ses eunuques, dit la sultane, ayant été introduits, Zobéide, leur dit d'un air grave et sérieux qui lui convenait : « Vous êtes les bien-venus; mais, avant toutes choses, ne trouvez pas mauvais que nous vous demandions la grâce de n'avoir que des yeux et point de langue, de ne nous pas faire de questions sur quoi que vous puissiez voir, pour en apprendre la cause, et de ne point parler de ce qui ne vous regarde pas, de crainte que vous n'entendiez ce qui ne vous serait point agréable. — Vous serez obéie, madame, » reprit le visir.

Au bout de quelques instants, Zobéide se leva, et prenant Amine par la main : « Ma sœur, lui dit-elle, levez-vous, la compagnie ne trouvera pas mauvais que nous ne nous contraignions point, et leur présence n'empêchera pas que nous ne fassions ce que nous avons coutume de faire. » Amine, qui comprit ce que sa sœur voulait dire, se leva et emporta les plats, la table, les flacons et les tasses.

Elle alla ensuite à la porte d'un cabinet, et l'ayant ouverte, elle fit signe au porteur de s'approcher. « Venez, lui dit-elle et m'aidez. » Il obéit; et, étant entré avec elle dans ce cabinet, il en sortit un moment après suivi de deux chiennes noires, dont chacune avait un collier attaché à une chaîne qu'il tenait, et qui paraissaient avoir été maltraitées à coups de fouet. Il s'avança avec elles au milieu de la salle.

Alors Zobéide, qui s'était assise entre les calenders et le calife, se leva et marcha gravement jusqu'où était le porteur. « Çà! dit-elle en poussant un grand soupir, faisons notre devoir. » Elle se troussa les bras jusqu'aux coudes, et, après avoir pris un fouet que Safie lui présenta : « Porteur, dit-elle, remettez une de ces deux chiennes à ma sœur Amine, et approchez-vous de moi avec l'autre. »

Le porteur fit ce qu'on lui commandait, et quand il se fut approché de Zobéide, la chienne qu'il tenait commença à faire des cris, et se tourna vers Zobéide d'une manière suppliante. Mais Zobéide, sans avoir égard à la triste contenance de la chienne, qui faisait pitié, ni à ses cris qui remplissaient toute la maison, lui donna des coups de fouet à perte d'haleine; et, lorsqu'elle n'eut plus la force de lui en donner davantage, elle jeta le fouet par terre, puis, prenant la chaîne de la main du porteur, elle leva la chienne par les deux pattes; et, se mettant toutes deux à se regarder d'un air triste et touchant, elles pleurèrent l'une et l'autre. Enfin Zobéide tira son mouchoir, essuya les larmes de la chienne, la baisa, et la remettant au porteur : « Allez, lui dit-elle, ramenez-la où vous l'avez prise, et amenez-moi l'autre. »

Le porteur ramena la chienne fouettée au cabinet, et, en revenant, il prit l'autre des mains d'Amine, et l'alla présenter à Zobéide qui l'attendait. « Tenez-la comme la première, lui dit-elle. » Puis, ayant repris le fouet, elle la maltraita de la même manière. Elle pleura ensuite avec elle, essuya ses pleurs, la baisa et la remit au porteur, à qui l'agréable Amine épargna la peine de la ramener au cabinet.

Cependant les trois calenders, le calife et sa compagnie furent extraordinairement étonnés de cette exécution. Ils ne pouvaient comprendre comment Zobéide, après avoir fouetté avec tant de force les deux chiennes, animaux immondes, selon la religion musulmane, pleurait ensuite avec elles, leur essuyait les larmes et les baisait.

Zobéide demeura quelque temps à la même place au milieu de la salle, comme pour se remettre de la fatigue qu'elle venait de se donner en fouettant les deux chiennes. « Ma chère sœur, lui dit la belle Safie, ne vous plaît-il pas de retourner à votre place, afin qu'à mon tour je fasse aussi mon personnage? — Oui, répondit Zobéide. » En disant cela, elle alla s'asseoir sur le sofa, ayant à sa droite le calife, Giafar et Mesrour, et à sa gauche les trois calenders et le porteur...

Sire, dit en cet endroit Scheherazade, ce que votre majesté vient d'entendre doit lui paraître merveilleux, mais ce qui reste à raconter l'est encore plus. Je suis persuadée que vous en conviendrez la nuit prochaine, si vous voulez me permettre de vous achever cette histoire. Le sultan y consentit et se leva, parce qu'il était jour.

XXXVe NUIT.

La sultane ne fut pas plus tôt éveillée qu'elle parla aussitôt de cette sorte :

Après que Zobéide eut repris sa place, toute la compagnie garda quelque temps le silence. Enfin Safie, qui s'était assise sur le siége au milieu de la salle, dit à sa sœur Amine : « Ma chère sœur, levez-vous, je vous en conjure; vous comprenez bien ce que je veux dire. » Amine se leva et alla dans un autre cabinet que celui d'où les deux chiennes avaient été amenées. Elle en revint tenant un étui garni de satin jaune, relevé d'une riche broderie d'or et de soie verte. Elle s'approcha, de Safie, et ouvrit l'étui, d'où elle tira un luth qu'elle lui présenta. Elle le prit, et après avoir mis quelque temps à l'accorder, elle commença à le toucher, et, l'accompagnant de sa voix, elle chanta une chanson sur les tourments de l'absence, avec tant d'agrément, que le calife et les autres en furent charmés. Lorsqu'elle eut achevé, comme elle avait chanté avec beaucoup de passion et d'action en même temps : « Tenez, ma sœur, dit-elle à l'agréable Amine, je n'en puis plus, et la voix me manque : obligez la compagnie en jouant et en chantant à ma place. — Très-volontiers, » répondit Amine, en s'approchant de Safie, qui lui remit le luth entre les mains, et lui céda sa place.

Amine, ayant un peu préludé, pour voir si l'instrument était d'accord, joua et chanta presque aussi longtemps sur le même sujet, mais avec tant de véhémence, et elle était si touchée, ou, pour mieux dire, si pénétrée du sens des paroles qu'elle chantait, que les forces lui manquèrent en achevant; elle se sentit le cœur si pressé en ce moment, qu'elle ne songea qu'à se donner de l'air, en laissant voir à toute la compagnie une gorge et un sein, non pas blanc, tel qu'une dame comme Amine devait l'avoir, mais tout meurtri de cicatrices, ce qui en fit une espèce d'horreur aux spectateurs. Néanmoins, cela ne lui donna pas de soulagement, et ne l'empêcha pas de s'évanouir...

Mais, sire, dit Scheherazade, je ne m'aperçois pas que voilà le jour. A ces mots, elle cessa de parler, et le sultan se leva.

XXXVIe NUIT.

Dinarzade, suivant sa coutume, supplia sa sœur de continuer l'histoire des dames et des calenders. Scheherazade la reprit ainsi :

Pendant que Zobéide et Safie coururent au secours de leur sœur, un des calenders ne put s'empêcher de dire : « Nous aurions mieux aimé coucher à l'air que d'entrer ici, si nous avions cru y voir de pareils spectacles. » Le calife, qui l'entendit, s'approcha de lui et des autres calenders, et, s'adressant à eux : « Que signifie tout ceci? dit-il. » Celui qui venait de parler lui répondit : « Seigneur, nous ne le savons pas plus que vous. » L'un des calenders fit signe au porteur de s'approcher, et lui demanda s'il ne savait pas pourquoi les chiennes noires avaient été fouettées, et pourquoi le sein d'Amine paraissait meurtri. « Seigneur, dit le porteur, je puis vous assurer que, si vous ne savez rien de tout cela, nous n'en savons pas plus les uns que les autres. Il est bien vrai que je suis de cette ville, mais je ne suis jamais entré qu'aujourd'hui dans cette maison. »

Le calife, résolu de satisfaire sa curiosité, à quelque prix que ce fût, dit aux autres : « Ecoutez : puisque nous voilà sept hommes, et que nous n'avons affaire qu'à trois dames, obligeons-les à nous donner les éclaircissements que nous souhaitons. Si elles refusent de nous les donner de bon gré, nous sommes en état de les y contraindre. »

Il ne s'agissait plus que de savoir qui porterait la parole. Le calife tâcha d'engager les calenders à parler les premiers; mais ils s'en excusèrent. A la fin, ils convinrent tous ensemble que ce serait le porteur. Il se préparait à faire la question fatale, lorsque Zobéide, après avoir secouru Amine, qui était revenue de son évanouissement, s'approcha d'eux. Comme elle les avait ouïs parler haut et avec chaleur, elle leur dit : « Seigneurs, de quoi parlez-vous? Quelle est votre contestation? »

Le porteur prit alors la parole : « Madame, lui dit-il, ces seigneurs vous supplient de vouloir bien leur expliquer pourquoi, après avoir maltraité vos deux chiennes, vous avez pleuré avec elles, et d'où vient que la dame qui s'est évanouie a le sein couvert de cicatrices; c'est, madame, ce que je suis chargé de vous demander de leur part. »

Zobéide, à ces mots, prit un air fier, et dit : « Avant de vous accorder la grâce que vous nous avez demandée de vous recevoir, afin de prévenir tout sujet d'être mécontentes de vous, parce que nous sommes seules, nous vous avons imposé la condition, que vous avez acceptée, de ne pas parler de ce qui ne vous regardait point, de peur d'entendre ce qui ne vous plairait pas. Après vous avoir reçus et régalés du mieux qu'il nous a été possible, vous ne laissez pas toutefois de manquer de parole; votre procédé n'est pas honnête. » En achevant ces paroles, elle frappa fortement des pieds et des mains par trois fois, et cria : « Venez vite ! » Aussitôt une porte s'ouvrit, et sept esclaves noirs, puissants et robustes, entrèrent le sabre à la main, se saisirent chacun des sept hommes de la compagnie, les jetèrent par terre, les traînèrent au milieu de la salle, et se préparèrent à leur couper la tête; mais, avant qu'ils reçussent le coup de la mort, un des esclaves dit à Zobéide et à ses sœurs : « Hautes, puissantes et respectables maîtresses, nous commandez-vous de leur couper le cou ?—Attendez, lui répondit Zobéide; il faut que je les interroge auparavant. Répondez-moi, ajouta-t-elle, et m'apprenez qui vous êtes, autrement vous n'avez plus qu'un moment à vivre. Puis, s'adressant aux calenders, qu'elle voyait tous trois borgnes, elle leur demanda s'ils étaient frères. Un des calenders lui répondit pour les autres : « Non, madame, nous ne sommes pas frères par le sang; nous ne le sommes qu'en qualité de calenders, c'est-à-dire en observant le même genre de vie; nous sommes tous trois fils de rois. Quoique nous ne nous soyons jamais vus que ce soir, nous avons eu toutefois le temps de nous faire connaître les uns aux autres pour ce que nous sommes; et j'ose vous assurer que les rois de qui nous tenons le jour ont fait quelque bruit dans le monde. »

A ce discours, Zobéide modéra son courroux, et dit aux esclaves : « Donnez-leur un peu de liberté, mais demeurez ici. Ceux qui nous raconteront leur histoire, et le sujet qui les a amenés dans cette maison, ne leur faites point de mal, laissez-les aller où il leur plaira; mais n'épargnez pas ceux qui refusent de nous donner cette satisfaction... »

A ces mots, Scheherazade se tut, et son silence, aussi bien que le jour qui paraissait, faisant connaître à Schahriar qu'il était temps qu'il se levât, ce prince le fit.

XXXVIIe NUIT.

La sultane, après en avoir demandé la permission au sultan, s'exprima en ces termes :

Le porteur, ayant compris qu'il ne s'agissait que de raconter son histoire pour se délivrer d'un si grand danger, prit la parole le premier, et dit : « Madame, vous savez déjà mon histoire et le sujet qui m'a amené chez vous. Ainsi, ce que j'ai à vous raconter sera bientôt achevé. Madame votre sœur, que voilà, m'a pris ce matin à la place, où, en qualité de porteur, j'attendais que quelqu'un m'employât, et me fît gagner ma vie. Je l'ai suivie chez un marchand de vin, chez un vendeur d'herbes, chez un vendeur d'oranges, de limons et de citrons; et puis chez un vendeur d'amandes, de noix, de noisettes et d'autres fruits; ensuite chez un confiseur et chez un droguiste; de chez le droguiste, mon panier sur la tête, et chargé autant que je le pouvais être, je suis venu chez vous, où vous avez eu la bonté de me souffrir jusqu'à présent. C'est une grâce dont je me souviendrai éternellement. Voilà mon histoire. »

Après lui un des trois calenders prenant la parole, et s'adressant à Zobéide, comme à la principale des trois dames, et comme à celle qui lui avait commandé de parler, commença ainsi son histoire :

Histoire du premier Calender, fils de roi.

« Madame, le roi mon père avait un frère qui régnait comme lui dans un Etat voisin. Ce frère eut deux enfants : un prince et une princesse; et le prince et moi nous étions à peu près du même âge.

« Lorsque j'eus fait tous mes exercices, et que le roi mon père m'eut donné une liberté honnête, j'allais régulièrement chaque année voir le roi mon oncle, et je demeurais à sa

Tome II, pages 34 et 49.

Tome II, page 110

Tome III, page 65.

cour un mois ou deux, après quoi je me rendais auprès du roi mon père. « Mon cousin, me dit un jour le prince, vous ne devinerez jamais à quoi je me suis occupé depuis votre dernier voyage? Il y a un an qu'après votre départ je mis un grand nombre d'ouvriers en besogne pour un dessein que je médite. J'ai fait faire un édifice qui est achevé, et on y peut loger présentement : vous ne serez pas fâché de le voir; mais il faut auparavant que vous me fassiez serment de me garder le secret et la fidélité : ce sont deux choses que j'exige de vous. »

« L'amitié et la familiarité qui étaient entre nous ne me permettant pas de lui rien refuser, je fis sans hésiter un serment tel qu'il le souhaitait; alors, il me dit : « Attendez-moi ici, je suis à vous dans un moment. » En effet, il ne tarda pas à revenir; je le vis entrer avec une dame d'une beauté singulière, et magnifiquement habillée. Le prince me dit : « Mon cousin, nous n'avons pas de temps à perdre; obligez-moi d'emmener avec vous cette dame, et de la conduire d'un tel côté, à un endroit où vous verrez un tombeau en dôme nouvellement bâti. Vous le connaîtrez aisément; la porte est ouverte; entrez-y ensemble, et m'attendez. Je m'y rendrai bientôt.

« Je présentai la main à la dame. A peine fûmes-nous arrivés au tombeau, que nous vîmes paraître le prince, qui nous suivait, chargé d'une petite cruche pleine d'eau, d'une houe et d'un petit sac, où il y avait du plâtre.

« La houe lui servit à démolir le sépulcre vide qui était au milieu du tombeau; il ôta les pierres l'une après l'autre, et les rangea dans un coin. Quand il les eut toutes ôtées, il creusa la terre, et je vis une trappe qui était sous le sépulcre. Il la leva, et au-dessous j'aperçus le haut d'un escalier en limaçon. Alors mon cousin, s'adressant à la dame, lui dit : « Madame, voilà par où l'on se rend au lieu dont je vous ai parlé. » La dame, à ces mots, s'approcha et descendit, et le prince se mit en devoir de la suivre; mais, se retournant auparavant de mon côté : « Mon cousin, me dit-il, vous pouvez reprendre le même chemin par où vous êtes venu. »

Scheherazade en était là lorsque le jour, venant à paraître, l'empêcha de passer outre.

XXXVIIIe NUIT.

Schahriar ayant témoigné à la sultane qu'elle lui ferait plaisir de continuer le conte du premier calender, elle en reprit le fil dans ces termes :

« Madame, dit le calender à Zobéide, je ne pus tirer autre chose du prince mon cousin. Je ne laissai pas néanmoins de gagner mon appartement, et de me coucher. Le lendemain, à mon réveil, faisant réflexion à tout ce qui m'était arrivé, il me sembla que c'était un songe. Prévenu de cette pensée, j'envoyai savoir si le prince mon cousin était en état d'être vu. Mais, lorsqu'on me rapporta qu'il n'avait pas couché chez lui, qu'on ne savait ce qu'il était devenu, et qu'on en était fort en peine, je jugeai bien que l'étrange événement du tombeau n'était que trop véritable. J'en fus vivement affligé : et, me dérobant à tout le monde, je me rendis secrètement au cimetière public, où il y avait une infinité de tombeaux semblables à celui que j'avais vu. Je passai la journée à les considérer l'un après l'autre; mais je ne pus démêler celui que je cherchais, et je fis, durant quatre jours, la même recherche inutilement, après quoi je me rendis à la capitale où le roi mon père faisait sa résidence, et, contre l'ordinaire, je trouvai à la porte de son palais une grosse garde dont je fus environné en entrant. J'en demandai la raison, et l'officier, prenant la parole, me répondit : « Prince, l'armée a reconnu le grand-visir à la place du roi votre père, qui n'est plus, et je vous arrête prisonnier de la part du nouveau roi. » A ces mots, les gardes se saisirent de moi, et me conduisirent devant le tyran. Jugez, madame, de ma surprise et de ma douleur.

« Ce rebelle visir avait conçu pour moi une forte haine, qu'il nourrissait depuis longtemps. En voici le sujet : Dès ma plus tendre jeunesse, j'aimais à tirer de l'arbalète; j'en tenais une un jour au haut du palais sur la terrasse, et je me divertisais à en tirer. Il se présenta un oiseau devant moi, je le mirai, mais je le manquai, et la flèche, par hasard, alla donner droit contre l'œil du visir, qui prenait l'air sur la terrasse de sa maison, et le creva. Lorsque j'appris ce malheur, j'en fis faire des excuses au visir, et je lui en fis moi-même, mais il ne laissa pas d'en conserver un vif ressentiment, dont il me donnait des marques quand l'occasion s'en présentait. Il le fit éclater d'une manière barbare quand il me vit en son pouvoir. Il vint à moi comme un furieux, d'abord qu'il m'aperçut; et, enfonçant ses doigts dans mon œil droit, il l'arracha lui-même. Voilà par quelle aventure je suis borgne.

« Mais l'usurpateur ne borna pas là sa cruauté : il me fit enfermer dans une caisse, et ordonna au bourreau de me porter en cet état fort loin du palais, et de m'abandonner aux oiseaux de proie, après m'avoir coupé la tête. Le bourreau, accompagné d'un autre homme, monta à cheval, chargé de la caisse, et s'arrêta dans la campagne pour exécuter son ordre, mais je fis si bien par mes prières et par mes larmes, que j'excitai sa compassion. « Allez, me dit-il, sortez promptement du royaume, et gardez-vous bien d'y revenir; car vous y rencontreriez votre perte, et vous seriez cause de la mienne. » Je le remerciai de la grâce qu'il me faisait, et je ne fus pas plus tôt seul que je me consolai d'avoir perdu mon œil, en songeant que j'avais évité un grand malheur...

« Dans l'état où j'étais, je ne faisais pas beaucoup de chemin. Je me retirais dans des lieux écartés pendant le jour, et je marchais la nuit, autant que mes forces pouvaient me le permettre. J'arrivai enfin dans les Etats du roi mon oncle, et je me rendis à sa capitale.

« Je lui fis un long détail de la cause tragique de mon retour et du triste état où il me voyait : « Hélas! s'écria-t-il, n'était-ce pas assez d'avoir perdu mon fils? Fallait-il que j'apprisse encore la mort d'un frère qui m'était si cher, et que je vous visse dans le déplorable état où vous êtes réduit! Il me marqua l'inquiétude où il était de n'avoir reçu aucune nouvelle du prince son fils, quelques perquisitions qu'il en eût fait faire, et quelque diligence qu'il eût apportée. Ce malheureux père pleurait à chaudes larmes en me parlant, et il me parut tellement affligé que je ne pus résister à sa douleur. Quelque serment que j'eusse fait au prince mon cousin, il me fut impossible de le garder. Je racontai au roi son père tout ce que je savais. Le roi m'écouta avec quelque sorte de consolation; et, quand j'eus achevé : « Mon neveu, me dit-il, le récit que vous venez de me faire me donne quelque espérance. J'ai su que mon fils faisait bâtir ce tombeau, et je sais à peu près en quel endroit; avec l'idée qui vous en est restée, je me flatte que nous le trouverons. Mais, puisqu'il l'a fait faire sécrètement, et qu'il a exigé de vous le secret, je suis d'avis que nous l'allions chercher tous deux seuls pour éviter l'éclat. » Il avait une autre raison, qu'il ne disait pas, d'en vouloir dérober la connaissance à tout le monde. C'était une raison très-importante, comme la suite de mon discours le fera connaître.

« Nous nous déguisâmes l'un et l'autre, et nous sortîmes par une porte du jardin qui ouvrait sur la campagne. Nous fûmes assez heureux pour trouver bientôt ce que nous cherchions. Je reconnus le tombeau, et j'en eus d'autant plus de joie, que je l'avais en vain cherché longtemps. Nous y entrâmes et trouvâmes la trappe de fer abattue sur l'entrée de l'escalier. Nous eûmes de la peine à la lever, parce que le prince l'avait scellée en dedans avec le plâtre et l'eau dont j'ai parlé; mais enfin nous la levâmes.

« Le roi mon oncle descendit le premier. Je le suivis, et nous descendîmes environ cinquante degrés. Quand nous fûmes au bas de l'escalier, nous nous trouvâmes dans une espèce d'antichambre remplie d'une fumée épaisse et de mauvaise odeur, et dont la lumière que rendait un très-beau lustre était obscurcie.

« De cette antichambre, nous passâmes dans une chambre fort grande. Il y avait un sofa assez élevé, où l'on montait par quelques degrés et au-dessus duquel paraissait un lit fort large dont les rideaux étaient fermés. Le roi monta, et, les ayant ouverts, il aperçut le prince son fils et la dame couchés ensemble, mais brûlés et changés en charbon, comme si on les eût jetés dans un grand feu, et qu'on les en eût retirés avant que d'être consumés.

« Ce qui me surprit plus que toute autre chose, c'est qu'à ce spectacle, qui faisait horreur, le roi mon oncle, au lieu de témoigner de l'affliction en voyant le prince son fils dans un état si affreux, lui cracha au visage en lui disant d'un air indigné : « Voilà quel est le châtiment de ce monde; mais celui de l'autre durera éternellement. » Il ne se contenta pas d'avoir prononcé ces paroles, il se déchaussa, et donna sur la joue de son fils un grand coup de sa pantoufle. »

Mais, sire, dit Scheherazade, il est jour. Le sultan se leva dans la résolution d'entendre le reste la nuit suivante.

XXXIXe NUIT.

La sultane, voyant que sa sœur se mourait d'impatience de savoir la fin de l'histoire du premier calender, lui dit : Eh bien! vous saurez donc que le premier calender, continuant de raconter son histoire à Zobéide :

« Je ne puis vous exprimer, madame, poursuivit-il, quel fut mon étonnement lorsque je vis le roi mon oncle maltraiter le prince son fils après sa mort. « Sire, lui dis-je, quelque douleur qu'un objet si funeste soit capable de me causer, je ne laisse pas de la suspendre pour demander à votre majesté quel crime peut avoir commis le prince mon cousin pour mériter que vous traitiez ainsi son cadavre. — Mon neveu, me répondit le roi, je vous dirai que mon fils, indigne de porter ce nom, aima sa sœur dès ses premières années, et que sa sœur l'aima de même. Je ne m'opposai point à leur amitié naissante, parce que je ne prévoyais pas le mal qu'il en pourrait arriver. Et qui aurait pu le prévoir? Cette tendresse augmenta avec l'âge, et parvint à un point, que j'en craignis enfin la suite. J'y apportai alors le remède qui était en mon pouvoir. Je ne me contentai pas de prendre mon fis en particulier, et de lui faire une forte réprimande en lui présentant l'horreur de la passion dans laquelle il s'engageait; mais ces remontrances furent inutiles, et mon fils, persuadé que sa sœur était toujours la même pour lui, sous prétexte de se faire bâtir un tombeau, fit préparer cette demeure souterraine dans l'espérance de trouver l'occasion d'enlever le coupable objet de sa flamme, et de l'amener ici. Il a choisi le temps de mon absence pour forcer la retraite où était sa sœur; et c'est une circonstance que mon honneur n'a pas permis de publier. Après une action si condamnable, il s'est venu renfermer avec elle dans ce lieu, qu'il a muni, comme vous le voyez, de toutes sortes de provisions, afin d'y pouvoir jouir longtemps de ses détestables amours, qui doivent faire horreur à tout le monde. Mais Dieu n'a pas voulu souffrir cette abomination, et les a justement châtiés l'un et l'autre. » Il fondit en pleurs en achevant ces paroles, et je mêlai mes larmes avec les siennes.

« Quelque temps après, il jeta les yeux sur moi. « Mais, mon cher neveu, reprit-il en m'embrassant, si je perds un indigne fils, je trouve heureusement en vous de quoi mieux remplir la place qu'il occupait.»

« Nous remontâmes par le même escalier, et sortîmes enfin de ce lieu funeste.

« Il n'y avait pas longtemps que nous étions de retour au palais, sans que personne se fût aperçu de notre absence, lorsque nous entendîmes un bruit confus de trompettes, de timbales, de tambours et d'autres instruments de guerre. Une poussière épaisse, dont l'air était obscurci, nous apprit bientôt ce que c'était, et nous annonça l'arrivée d'une armée formidable. C'était le même visir qui avait détrôné mon père et usurpé ses États, qui venait s'emparer aussi de ceux du roi mon oncle, avec des troupes innombrables.

« Ce prince, qui n'avait alors que sa garde ordinaire, ne put résister à tant d'ennemis : il fut tué, après avoir vendu chèrement sa vie. De mon côté, je combattis quelque temps; mais, voyant qu'il fallait céder à la force, je songeai à me retirer, et j'eus le bonheur de me sauver par des détours. J'évitai de passer dans les villes, jusqu'à ce qu'étant arrivé dans l'empire du puissant commandeur des croyants, le glorieux et renommé calife Haroun al Raschid, je cessai de craindre. Alors, me consultant sur ce que j'avais à faire, je pris la résolution de revenir à Bagdad me jeter aux pieds de ce grand monarque, dont on vante partout la générosité.

« Enfin, après un voyage de plusieurs mois, je suis arrivé aujourd'hui à la porte de cette ville; j'y suis entré sur la fin du jour; et, m'étant un peu arrêté pour reprendre mes esprits et délibérer de quel côté je tournerais mes pas, cet autre calender que voici près de moi, arriva aussi en voyageur. Il me salue, je le salue de même. « A vous voir, lui dis-je, vous êtes étranger comme moi. » Il me répond que je ne me trompe pas. Dans le moment qu'il me fait cette réponse, le troisième calender, que vous voyez, survient. Il nous salue, et fait connaître qu'il est aussi étranger et nouveau venu à Bagdad. Comme frères, nous nous joignons ensemble, et nous résolvons de ne nous pas séparer.

« Cependant il était tard, et nous ne savions où aller loger dans une ville où nous n'avions aucune habitude, et où nous n'étions jamais venus. Mais, notre bonne fortune nous ayant conduits devant votre porte, nous avons pris la liberté de frapper.

« C'est assez, dit Zobéide, nous sommes contentes. »

Sire, dit en cet endroit Scheherazade, le jour que je vois, m'empêche de passer à l'histoire du second calender. Le sultan se leva pour aller tenir son conseil.

XLe NUIT.

Scheherazade, à la demande de sa sœur, continua ainsi :

Sire, le second calender prit la parole, et s'adressant à Zobéide :

Histoire du second Calender, fils de roi.

« Madame, dit-il, j'étais à peine hors de l'enfance, que le roi mon père, remarquant en moi beaucoup d'esprit, n'épargna rien pour le cultiver. Il appela auprès de moi tout ce qu'il y avait dans ses États de gens qui excellaient dans les sciences et dans les beaux-arts. Je devins très-savant. Mais une chose que j'aimais beaucoup, et à quoi je réussissais principalement, c'était à former les caractères de notre langue arabe. J'y fis tant de progrès que je surpassai tous les maîtres écrivains de notre royaume qui s'étaient acquis le plus de réputation.

« La renommée me fit plus d'honneur que je ne le méritais. Elle ne se contenta pas de semer le bruit de mes talents dans les États du roi mon père, elle le porta jusqu'à la cour des Indes, dont le puissant monarque, curieux de me voir, envoya un ambassadeur avec de riches présents pour me demander à mon père, qui fut ravi de cette ambassade pour plusieurs raisons. Il était persuadé que rien ne convenait mieux à un prince de mon âge que de voyager dans les cours étrangères; et, d'ailleurs, il était bien aise de s'attirer l'amitié du sultan des Indes. Je partis donc avec l'ambassadeur. Il y avait un mois que nous étions en marche, lorsque nous découvrîmes de loin un gros nuage de poussière, sous lequel nous vîmes bientôt paraître cinquante cavaliers bien armés : c'étaient des voleurs qui venaient à nous au grand galop. »

Scheherazade, étant en cet endroit, aperçut le jour, et en avertit le sultan, qui se leva, et attendit la nuit suivante impatiemment.

XLIe NUIT.

Il était presque jour lorsque Scheherazade reprit de cette manière l'histoire du second calender :

« Madame, poursuivit le calender en parlant toujours à Zobéide, comme nous avions dix chevaux chargés de notre bagage et des présents que je devais faire au sultan des Indes de la part du roi mon père, et que nous étions peu de monde, vous jugez bien que ces voleurs ne manquèrent pas de venir à nous hardiment. N'étant pas en état de repousser la force par la force, nous leur dîmes que nous étions des ambassadeurs du sultan des Indes, et que nous espérions qu'ils ne feraient rien contre le respect qu'ils lui devaient. Nous crûmes sauver par là notre équipage et nos vies; mais les voleurs nous répondirent insolemment : « Pourquoi voulez-vous que nous respections le sultan votre maître? Nous ne sommes pas ses sujets, nous ne sommes pas même sur ses terres. » En achevant ces paroles, ils nous enveloppèrent et nous attaquèrent. Je me défendis le plus longtemps qu'il me fut possible; mais, me sentant blessé, et voyant que l'ambassadeur, ses gens et les miens avaient été jetés par terre, je profitai du reste des forces de mon cheval, qui avait été aussi fort blessé, et je m'éloignai d'eux. Je le poussai tant qu'il me put porter; mais, faiblissant tout à coup sous moi, il tomba raide mort de lassitude et du sang qu'il avait perdu. Je me débarrassai de lui assez vite; et, remarquant que personne ne me poursuivait, je jugeai que les voleurs n'avaient pas voulu s'écarter du butin qu'ils avaient fait. »

En cet endroit, Scheherazade, s'apercevant qu'il était jour, fut obligée de s'arrêter. Schahriar se leva sans rien dire et alla à ses occupations ordinaires:

XLIIe NUIT.

Dinarzade ne manqua pas d'appeler la sultane de meilleure heure que le jour précédent, et Scheherazade continua, dans ces termes, le conte du second calender.

« Me voilà donc, madame, dit le second calender, seul, blessé, destitué de tout secours, dans un pays qui m'était inconnu.

« Je continuai de marcher le lendemain et les jours suivants, sans trouver d'endroit où m'arrêter. Mais, au bout d'un mois, je découvris une grande ville très-peuplée. J'entrai dans la ville pour prendre langue et m'informer du lieu où j'étais : je m'adressai à un tailleur qui travaillait à sa boutique. A ma jeunesse et à mon air qui marquait autre chose que je ne paraissais, il me fit asseoir près de lui. Il me demanda qui j'étais, d'où je venais, et ce qui m'avait amené. Je ne lui déguisai rien de tout ce qui m'était arrivé, et ne fis pas même difficulté de lui découvrir ma condition. « Gardez-vous bien, me dit-il, de faire confidence à personne de ce que vous venez de m'apprendre; car le prince qui règne en ces lieux est le plus grand ennemi du roi votre père., et il vous ferait sans doute quelque outrage, s'il était informé de votre arrivée en cette ville. »

« Je remerciai le tailleur de l'avis qu'il me donnait, et lui témoignai que je m'en remettais entièrement à ses bons conseils, et que je n'oublierais jamais le plaisir qu'il me faisait. Comme il jugea que je ne devais pas manquer d'appétit, il me fit apporter à manger et m'offrit un logement, ce que j'acceptai.

« Quelques jours après mon arrivée, remarquant que j'étais assez remis du long et pénible voyage que je venais de faire, et n'ignorant pas que la plupart des princes de notre religion, par précaution contre le revers de la fortune, apprennent quelque art ou quelque métier, pour s'en servir en cas de besoin, il me demanda si j'en savais quelqu'un dont je pusse vivre sans être à charge à personne. Je lui répondis que je savais l'un et l'autre droit; que j'étais grammairien, poète, et surtout que j'écrivais parfaitement bien. « Avec tout ce que vous venez de dire, répliqua-t-il, vous ne gagnerez pas dans ce pays-ci de quoi vous avoir un morceau de pain : rien n'est ici plus inutile que ces sortes de connaissances. Si vous voulez suivre mon conseil, ajouta-t-il, vous prendrez un habit court; et, comme vous me paraissez robuste et d'une bonne constitution, vous irez dans la forêt prochaine faire du bois à brûler; vous viendrez l'exposer en vente à la place, et je vous assure que vous en ferez un petit revenu dont vous vivrez indépendamment de personne.

« La crainte d'être reconnu, et la nécessité de vivre, me déterminèrent à prendre ce parti. En peu de temps, je gagnai beaucoup, et je rendis au tailleur l'argent qu'il avait avancé pour moi.

« Il y avait déjà plus d'une année que je vivais de cette sorte, lorsqu'un jour, ayant pénétré plus avant que de coutume, j'arrivai dans un endroit fort agréable, où je me mis à couper du bois. En arrachant une racine d'arbre, j'aperçus un anneau de fer attaché à une trappe de même métal. J'ôtai aussitôt la terre qui la couvrait; je la levai, et je vis un escalier par où je descendis avec ma cognée. Quand je fus au bas de l'escalier, je me trouvai dans un vaste palais, qui me causa une grande admiration par la lumière qui l'éclairait, comme s'il eût été sur la terre dans l'endroit le mieux exposé. Je m'avançai par une galerie souterraine de colonnes de jaspe avec des bases et des chapiteaux d'or massif, mais, voyant venir au-devant de moi une dame, elle me parut avoir un air si noble, si aisé, et une beauté si extraordinaire, que, détournant mes yeux de tout autre objet, je m'attachai uniquement à la regarder. »

Là, Scheherazade cessa de parler, parce qu'elle vit qu'il était jour.

XLIIIe NUIT.

Dinarzade fut encore très-diligente cette nuit; et, la sultane, pour satisfaire à l'empressement de sa sœur, se mit à raconter ce qui se passa dans ce palais souterrain entre la dame et ce prince. Le second calender, continua-t-elle, poursuivant son histoire :

« Pour épargner à la belle dame, dit-il, la

peine de venir jusqu'à moi, je me hâtai de la joindre, et, dans le temps que je lui faisais une profonde révérence, elle me dit : « Qui êtes-vous? Etes-vous homme ou génie? — Je suis homme, madame, lui répondis-je en me relevant, et je n'ai point de commerce avec les génies. Par quelle aventure, reprit-elle avec un grand soupir, vous trouvez-vous ici? Il y a vingt-cinq ans que j'y demeure, et, pendant tout ce temps-là, je n'y ai pas vu d'autre homme que vous. »

« Je lui racontai fidèlement par quel étrange accident elle voyait en ma personne le fils d'un roi, et comment le hasard avait voulu que je découvrisse l'entrée de sa prison magnifique.

« Prince, dit-elle, il n'est pas possible que vous n'ayez jamais entendu parler du grand Epitimarus, roi de l'île d'Ebène; ainsi nommée à cause de ce bois précieux qu'elle produisait abondamment. Je suis la princesse sa fille. Le roi mon père m'avait choisi pour époux un prince qui était mon cousin; mais, la première nuit de mes noces, au milieu des réjouissances de la capitale du royaume de l'île d'Ebène, avant que je fusse livrée à mon mari, un génie m'enleva. Je m'évanouis en ce moment, et je perdis toute connaissance; et, lorsque j'eus repris mes esprits, je me trouvai dans ce palais. J'ai été longtemps inconsolable; mais le temps et la nécessité m'ont accoutumée à voir et à souffrir le génie. Il y a vingt-cinq ans, comme je vous l'ai déjà dit, que je suis dans ce lieu, où je puis dire que j'ai à souhait tout ce qui est nécessaire à la vie et tout ce qui peut contenter une princesse qui n'aimerait que les parures et les ajustements. De dix jours en dix jours, le génie vient coucher avec moi; il n'y couche pas plus souvent, et l'excuse qu'il en apporte est qu'il est marié à une autre femme, qui aurait de la jalousie si l'infidélité qu'il lui fait venait à sa connaissance. Cependant, si j'ai besoin de lui, soit de jour, soit de nuit, je n'ai pas plutôt touché un talisman qui est à l'entrée de ma chambre, que le génie paraît. Il y a aujourd'hui quatre jours qu'il est venu : ainsi je ne l'attends que dans six. C'est pourquoi vous en pourrez demeurer cinq avec moi, pour me tenir compagnie si vous le voulez bien, et je tâcherai de vous régaler selon votre qualité et votre mérite. »

« Nous mangeâmes ensemble; nous passâmes le reste de la journée très-agréablement, et la nuit elle me reçut dans son lit.

« Belle princesse, lui dis-je le lendemain, il y a longtemps que vous êtes enterrée toute vive; suivez-moi, venez jouir de la clarté du véritable jour, dont vous êtes privée depuis tant d'années. Abandonnez la fausse lumière dont vous jouissez ici.

« Prince, me répondit-elle en souriant, laissez là ce discours. Je compte pour rien le plus beau jour du monde, pourvu que de dix jours vous m'en donniez neuf, et que vous cédiez le dixième au génie. — Princesse, repris-je, je vois bien que la crainte du génie vous fait tenir ce langage. Pour moi, je le redoute si peu, que je vais mettre son talisman en pièces avec le grimoire qui est écrit dessus. Qu'il vienne alors, je l'attends. Quelque redoutable qu'il puisse être, je lui ferai sentir le poids de mon bras. Je fais serment d'exterminer tout ce qu'il y a de génies au monde, et lui le premier. A ces mots, je donnai du pied dans le talisman, et le mis en plusieurs morceaux. »

En achevant ces paroles, Scheherazade, remarquant qu'il était jour, se tut.

XLIVe NUIT.

Scheherazade, reprenant sa narration, continua de parler ainsi :

« Le talisman ne fut pas sitôt rompu, que le palais s'ébranla, prêt à s'écrouler, avec un bruit effroyable et pareil à celui du tonnerre, accompagné d'éclairs redoublés et d'une grande grande obscurité. Ce fracas épouvantable me fit connaître, mais trop tard, la faute que j'avais faite. « Princesse, m'écriai-je, que signifie ceci? Elle me répondit tout effrayée, et sans penser à son propre malheur : « Hélas! c'est fait de vous, si vous ne vous sauvez pas. »

« Je suivis son conseil; et mon épouvante fut si grande que j'oubliai ma cognée et mes babouches. J'avais à peine gagné l'escalier par où j'étais descendu, que le palais enchanté s'entr'ouvrit pour faire place au génie. Il demanda en colère à la princesse : « Que vous est-il arrivé? Et pourquoi m'appelez-vous? — Un mal de cœur, lui répondit la princesse, m'a obligée d'aller chercher la bouteille que vous voyez; j'en ai bu deux ou trois coups; par malheur j'ai fait un faux pas, et je suis tombée sur le talisman, qui s'est brisé. Il n'y a pas autre chose.

« A cette réponse, le génie, furieux, lui dit : « Vous êtes une imprudente, une menteuse. Le cognée et les babouches que voilà, pourquoi se trouvent-elles ici? — Je ne les ai jamais vues qu'en ce moment, reprit la princesse. De l'impétuosité dont vous êtes venu, vous les avez peut-être enlevées avec vous en passant en quelque endroit; et vous les avez apportées sans y prendre garde. »

« Le génie ne repartit que par des injures et par des coups dont j'entendis le bruit. J'avais déjà quitté l'habit qu'elle m'avait fait prendre et repris le mien. J'achevai de monter. J'abaissai la trappe, la recouvris de terre et retournai à la ville avec une charge de bois que j'accommodai sans savoir ce que je faisais, tant j'étais troublé et affligé.

« Je me retirai dans ma chambre, où je me reprochai mille fois l'excès de mon imprudence. Pendant que je m'abandonnais à ces pensées affligeantes, le tailleur entra et me dit : « Un vieillard que je ne connais pas vient d'arriver avec votre cognée et vos babouches, qu'il a trouvées en son chemin. Il a appris de vos camarades qui vont au bois avec vous que vous demeuriez ici. Venez lui parler, il veut vous les rendre en mains propres. Le vieillard, qui n'avait pas eu la patience d'attendre, parut et se présenta à nous avec la cognée et les babouches. C'était le génie ravisseur de la belle princesse de l'île d'Ébène, qui s'était ainsi déguisé après l'avoir traitée avec la dernière barbarie. « Je suis génie, nous dit-il, fils de la fille d'Eblis, prince des génies. N'est-ce pas là ta cognée? ajouta-t-il en s'adressant à moi; ne sont-ce pas là tes babouches? »

Scheherazade en cet endroit aperçut le jour et cessa de parler. Le sultan se leva dans l'intention d'en apprendre davantage le lendemain.

XLVe NUIT.

Le jour suivant, Scheherazade se mit à raconter de cette sorte l'histoire du second calender :

« Madame, dit-il à Zobéide, le génie, m'ayant fait cette question, ne me donna pas le temps de lui répondre, et je ne l'aurais pu faire, tant sa présence affreuse m'avait mis hors de moi-même. Il me prit par le milieu du corps, me traîna hors de la chambre; et, s'élançant dans l'air, m'enleva jusqu'au ciel avec tant de force et de vitesse, que je m'aperçus plutôt que j'étais monté si haut, que du chemin qu'il m'avait fait faire en peu de moments. Il fondit vers la terre; et, l'ayant fait entr'ouvrir en frappant du pied, il s'y enfonça, et je me trouvai dans le palais enchanté, devant la belle princesse de l'île d'Ébène. Mais, hélas! quel spectacle! Je vis une chose qui me perça le cœur. Cette princesse était nue et tout en sang, étendue sur la terre, plus morte que vive, et les joues baignées de larmes. « Perfide, lui dit le génie, en me montrant à elle, n'est-ce pas là ton amant? » Elle jeta sur moi ses yeux languissants, et répondit tristement : « Je ne le connais pas; jamais je ne l'ai vu qu'en ce moment. — Quoi! reprit le génie, il est cause que tu es dans l'état où te voilà si justement, et tu oses dire que tu ne le connais pas! — Si je ne le connais pas, repartit la princesse, voulez-vous que je fasse un mensonge qui soit la cause de sa perte? — Eh bien! dit le génie en tirant son sabre et le lui présentant, si tu ne l'as jamais vu, prends ce sabre et lui coupe la tête. — Hélas! dit la princesse, comment pourrais-je exécuter ce que vous exigez de moi? Mes forces sont tellement épuisées, que je ne saurais lever le bras; et, quand je le pourrais, aurais-je le courage de donner la mort à une personne que je ne connais point, à un innocent? — Ce refus, dit alors le génie à la princesse, me fait connaître tout ton crime. » Ensuite, se tournant de mon côté : « Et toi, me dit-il, ne la connais-tu pas?

« J'aurais été le plus ingrat et le plus perfide des hommes, si je n'eusse pas eu pour la princesse la même fidélité qu'elle avait pour moi, qui étais la cause de son malheur.

« C'est pourquoi je répondis au génie : « Comment la connaîtrais-je, moi qui ne l'ai jamais vue que cette seule fois? — Si cela est, reprit-il, prends donc ce sabre, et coupe-lui la tête. C'est à ce prix que je te mettrai en liberté, et que je serai convaincu que tu ne l'as jamais vue qu'à présent, comme tu le dis. — Très-volontiers, lui repartis-je. » Je pris le sabre de sa main...

Mais, sire, dit Scheherazade en s'interrompant en cet endroit, il est jour. Demain, dit le sultan en lui-même, nous verrons si le prince aura la cruauté d'obéir au génie.

XLVIe NUIT.

Sur la fin de la nuit, Scheherazade, pour satisfaire à l'empressement de sa sœur, lui dit : Vous saurez que le second calender poursuivit ainsi :

« Ne croyez pas, madame, que je m'approchai de la belle princesse de l'île d'Ebène pour être le ministre de la barbarie du génie. Je le fis seulement pour lui marquer par des gestes, autant qu'il me l'était permis, que, comme elle avait la fermeté de sacrifier sa vie pour l'amour de moi, je ne refuserais pas d'immoler aussi la mienne pour l'amour d'elle. La princesse comprit mon dessein. Malgré ses douleurs et son affliction, elle me témoigna, par un regard obligeant, qu'elle était contente de voir que je voulais aussi mourir pour elle. Je reculai alors, et jetant le sabre par terre : « Je serais, dis-je au génie, éternellement blâmable, si j'avais la lâcheté de massacrer une dame comme celle que je vois, dans l'état où elle est, près de rendre l'âme. Vous ferez de moi ce qu'il vous plaira, puisque je suis à votre discrétion; mais je ne puis obéir à votre commandement barbare. »

« Je vois bien, dit le génie, que vous me bravez l'un et l'autre, mais, par le traitement que je vous ferai, vous connaîtrez tous deux de quoi je suis capable. » A ces mots, le monstre reprit le sabre, et coupa une main de la princesse, qui n'eut que le temps de me faire un signe de l'autre pour me dire un éternel adieu; car le sang qu'elle avait déjà perdu, et celui qu'elle perdit alors, ne lui permirent pas de vivre plus d'un moment ou deux après cette dernière cruauté dont le spectacle me fit évanouir.

« Lorsque je fus revenu à moi, je me plaignis au génie de ce qu'il me faisait languir dans l'attente de la mort. « Frappez, lui dis-je, je suis prêt à recevoir le coup mortel; je l'attends de vous comme la plus grande grâce que vous me puissiez faire. » Mais, au lieu de me l'accorder : « Voilà, me dit-il, de quelle sorte les génies traitent les femmes qu'ils soupçonnent d'infidélité. Elle t'a reçu ici; si j'étais assuré qu'elle m'eût fait un plus grand outrage, je te ferais périr dans ce moment, mais je me contenterai de te changer en chien, en âne, en lion ou en oiseau. Choisis un de ces changements; je veux bien te laisser maître du choix. »

« Ces paroles me donnèrent quelque espérance de le fléchir. « O génie, lui dis-je, modérez votre colère; et puisque vous ne voulez pas m'ôter la vie, accordez-la-moi généreusement.

« Enfin j'employai toute mon éloquence à le prier de me pardonner, mais il ne fut pas possible de le fléchir. « Tout ce que je puis faire pour toi, c'est de ne te pas ôter la vie; ne te flatte pas que je te renvoie sain et sauf; il faut que je te fasse sentir ce que je puis par mes enchantements. » A ces mots, il se saisit de moi avec violence, et m'emportant au travers de la voûte du palais souterrain, qui s'entr'ouvrit pour lui faire un passage, il m'enleva si haut, que la terre ne me parut qu'un petit nuage blanc. De cette hauteur, il se lança vers la terre comme la foudre, et prit pied sur la cime d'une montagne.

« Là, il ramassa une poignée de terre, prononça, ou plutôt marmotta dessus certaines paroles auxquelles je ne compris rien, et, la jetant sur moi : « Quitte, me dit-il, la figure d'homme, et prends celle de singe. » Il disparut aussitôt, et je demeurai seul, changé en singe, accablé de douleur, dans un pays inconnu, ne sachant si j'étais près ou éloigné des Etats du roi mon père.

« Je descendis du haut de la montagne; j'entrai dans un plat pays, dont je ne trouvai l'extrémité qu'au bout d'un mois que j'arrivai au bord de la mer. Elle était alors dans un grand calme, et j'aperçus un vaisseau à une demi-lieu de terre. Pour ne pas perdre une si belle occasion, je rompis une grosse branche d'arbre; je la tirai après moi dans la mer, et me mis dessus, jambe de çà, jambe de là, avec un bâton à chaque main pour me servir de rames.

« Je voguai dans cet état, et m'avançai vers le vaisseau. Quand j'en fus assez près pour être reconnu, je donnai un spectacle fort extraordinaire aux matelots et aux passagers qui parurent sur le tillac. Ils me regardaient tous avec une grande admiration. Cependant, j'arrivai à bord, et, me prenant à un cordage, je grimpai jusque sur le tillac, puis, me rangeant du côté du capitaine, je me prosternai à ses pieds, en le prenant par son habit dans la posture de suppliant ; il fut tellement touché de cette action et des larmes qu'il vit couler de mes yeux, qu'il me prit sous sa protection en menaçant de faire repentir celui qui me ferait le moindre mal.

« Le vent, qui succéda au calme, nous fit heureusement aborder au port d'une ville très-peuplée.

« Notre vaisseau fut bientôt environné d'une infinité de petits bateaux, remplis de gens qui venaient pour féliciter leurs amis sur leur retour. Il arriva entre autres quelques officiers qui demandèrent à parler, de la part du sultan, aux marchands de notre bord. Les marchands se présentèrent à eux, et l'un des officiers leur dit : « Le sultan notre maître nous a chargés de vous prier de prendre la peine d'écrire sur le rouleau de papier que voici chacun quelques lignes de votre écriture. Vous saurez qu'il avait un premier visir, qui, avec une très-grande capacité dans le maniement des affaires, écrivait dans la dernière perfection. Ce ministre est mort depuis peu de jours. Le sultan en est fort affligé, et, comme il ne regardait jamais les écritures de sa main sans admiration, il a fait un serment solennel de ne donner sa place qu'à un homme qui écrira aussi bien qu'il écrivait. Beaucoup de gens ont présenté de leur écriture, mais, jusqu'à présent, il ne s'est trouvé personne qui ait été jugé digne d'occuper la place du visir. »

« Ceux des marchands qui crurent assez bien écrire pour prétendre à cette haute dignité, écrivirent l'un après l'autre ce qu'ils voulurent. Lorsqu'ils eurent achevé, je m'avançai, et enlevai le rouleau de la main de celui qui le tenait. Tout le monde, et particulièrement les marchands qui venaient d'écrire, s'imaginant que je voulais le déchirer ou le jeter à la mer, firent de grands cris ; mais ils se rassurèrent quand ils virent que je tenais le rouleau fort proprement, et que je faisais signe de vouloir écrire à mon tour. Cela fit changer leur crainte en admiration. Néanmoins, comme ils n'avaient jamais vu de singe qui sût écrire, et qu'ils ne pouvaient se persuader que je fusse plus habile que les autres, ils voulurent m'arracher le rouleau des mains ; mais le capitaine prit encore mon parti. « Laissez-le faire, dit-il ; qu'il écrive. S'il ne fait que barbouiller sur le papier, je vous promets que je le punirai sur-le-champ ; si, au contraire, il écrit bien, comme je l'espère, car je n'ai vu de ma vie un singe plus adroit et plus ingénieux, ni qui comprît mieux toutes choses, je déclare que je le reconnaîtrai pour mon fils. J'en avais un qui n'avait pas, à beaucoup près, autant d'esprit que lui. »

« Voyant que personne ne s'opposait plus à mon dessein, je pris la plume, et ne la quittai qu'après avoir écrit six sortes d'écritures usitées chez les Arabes, et chaque essai décriture contenait un distique ou un quatrain impromptu à la louange du sultan. Mon écriture n'effaçait pas seulement celle des marchands : j'ose dire qu'on n'en avait point vu de si belle jusqu'alors en ce pays-là. Quand j'eus achevé, les officiers prirent le rouleau, et le portèrent au sultan... »

Scheherazade en était là, lorsqu'elle aperçut e jour.

XLIXe NUIT.

Le lendemain, la sultane reprit : Le second calender continua ainsi son histoire :

« Le sultan ne fit aucune attention aux autres écritures ; il ne regarda que la mienne, qui lui plut tellement, qu'il dit aux officiers : « Prenez le cheval de mon écurie le plus beau et le plus richement harnaché, et une robe de brocart des plus magnifiques, pour revêtir la personne de qui sont ces six écritures, et amenez-la-moi. »

« A cet ordre du sultan, les officiers se mirent à rire. Ce prince, irrité de leur hardiesse, était prêt à les punir; mais ils lui dirent :« Sire, nous supplions votre majesté de nous pardonner : ces écritures ne sont pas d'un homme, elles sont d'un singe.—Que dites-vous? s'écria le sultan ; ces écritures merveilleuses ne sont pas de la main d'un homme? — Non, sire, répondit un des officiers, nous assurons votre majesté qu'elles sont d'un singe, qui les a faites devant nous. » Le sultan trouva la chose trop surprenante, pour n'être pas curieux de me voir. « Faites ce que je vous ai commandé, leur dit-il ; amenez-moi promptement un singe si rare. »

« Les officiers revinrent au vaisseau, et exposèrent leur ordre au capitaine, qui leur dit que le sultan était le maître. Aussitôt ils me revêtirent d'une robe de brocart très-riche, et me portèrent à terre, où ils me mirent sur le cheval du sultan, qui m'attendait dans son palais avec un grand nombre de personnes de sa cour.

« Je trouvai ce prince assis sur son trône, au milieu des grands de sa cour. Je lui fis trois révérences profondes, et, à la dernière, je me prosternai, et baisai la terre devant lui. Je me mis ensuite sur mon séant en posture de singe. Toute l'assemblée ne pouvait se lasser de m'admirer, et ne comprenait pas comment il était possible qu'un singe sût si bien rendre aux sultans le respect qui leur est dû, et le sultan en était plus étonné que personne.

« Le sultan congédia ses courtisans, et il ne resta auprès de lui que le chef de ses eunuques, un petit esclave fort jeune et moi. Il passa de la salle d'audience dans son appartement, où il se fit apporter à manger. Lorsqu'il fut à table, il me fit signe d'approcher et de manger avec lui. Pour lui marquer mon obéissance, je baisai la terre, je me levai, et me mis à la table. Je mangeai avec beaucoup de retenue et de modestie.

« Avant que l'on desservît, j'aperçus une écritoire ; je fis signe qu'on me l'approchât, et, quand je l'eus, j'écrivis sur une grosse pêche des vers de ma façon, qui marquaient ma reconnaissance au sultan ; et la lecture qu'il en fit, après que je lui eus présenté la pêche, augmenta son étonnement. La table levée, on lui apporta d'une boisson particulière, dont il me fit présenter un verre. Je bus, et j'écrivis dessus de nouveaux vers, qui expliquaient l'état où je me trouvais après de grandes souffrances. Le sultan les lut encore, et dit : « Un homme qui serait capable d'en faire autant serait au-dessus des plus grands hommes. »

« Ce prince, s'étant fait apporter un jeu d'échecs, me demanda, par signe, si je savais jouer, et si je voulais jouer avec lui. Je baisai la terre, et, en portant la main sur ma tête, je marquai que j'étais prêt à recevoir cet honneur. Il me gagna la première partie, mais je gagnai la seconde et la troisième ; et, m'apercevant que cela lui faisait quelque peine, pour le consoler, je fis un quatrain, que je lui présentai.

« Tant de choses paraissant au sultan fort au-delà de tout ce qu'on avait jamais vu ou entendu de l'adresse ou de l'esprit des singes, il ne voulut pas être le seul témoin de ces prodiges. Il avait une fille qu'on appelait Dame de beauté. « Allez, dit-il au chef des eunuques qui était présent et attaché à cette princesse ; allez, faites venir ici votre dame ; je suis bien aise qu'elle ait part au plaisir que je prends. »

« Le chef des eunuques partit, et amena bientôt la princesse. Elle avait le visage découvert ; mais elle ne fut pas plustôt dans la chambre qu'elle se le couvrit promptement de son voile, en disant au sultan : « Sire, il faut que votre majesté se soit oubliée. Je suis fort surprise qu'elle me fasse venir pour paraître devant les hommes. — Comment donc, ma fille, répondit le sultan, vous n'y pensez pas vous-même. Il n'y a ici que le petit esclave, l'eunuque, votre gouverneur, et moi, qui avons la liberté de vous voir le visage ; néanmoins, vous baissez votre voile, et vous me faites un crime de vous avoir fait venir ici!—Sire, répliqua la princesse, votre majesté va connaître que je n'ai pas tort. Le singe que vous voyez, quoiqu'il ait la forme d'un singe, est un jeune prince fils d'un grand roi. Il a été métamorphosé en singe par enchantement. Un génie, fils de la fille d'Eblis, lui a fait cette malice, après avoir cruellement ôté la vie à la princesse de l'île d'Ebène, fille du roi Epitimarus.

« Votre majesté peut se souvenir qu'au sortir de mon enfance, j'ai eu près de moi une vieille dame. C'était une magicienne très-habile : elle m'a enseigné sa science, par la vertu de laquelle je pourrais, en un clin d'œil, faire transporter votre capitale au milieu de l'Océan; ainsi ne soyez pas surpris si j'ai d'abord démêlé ce prince au travers du charme qui l'empêche de paraître à vos yeux tel qu'il est naturellement. — Puisque cela est ainsi, reprit le sultan, vous pourrez donc dissiper l'enchantement du prince? — Oui, sire, repartit la princesse, je puis lui rendre sa première forme. — Rendez-la-lui, interrompit le sultan, vous ne sauriez me faire un plus grand plaisir, car je veux qu'il soit mon grand-visir, et qu'il vous épouse. — Sire, dit la princesse, je suis prête à vous obéir en tout ce qu'il vous plaira de m'ordonner... »

Scheherazade, en achevant ces derniers mots, s'aperçut qu'il était jour, et cessa de poursuivre l'histoire du second calender.

L^e NUIT.

La sultane, voyant l'empressement de sa sœur pour savoir comment la Dame de beauté remit le second calender dans son premier état, lui dit :

« La princesse Dame de beauté alla dans son appartement, d'où elle apporta un couteau qui avait des mots hébreux gravés sur la lame. Elle nous fit descendre ensuite, le sultan, le chef des eunuques, le petit esclave et moi, dans une cour secrète du palais; et là, nous laissant sous une galerie qui régnait autour, elle s'avança au milieu de la cour, où elle décrivit un grand cercle, et y traça plusieurs mots en caractères arabes.

« Lorsqu'elle eut achevé et préparé le cercle de la manière qu'elle le souhaitait, elle se plaça et s'arrêta au milieu, où elle fit des adjurations et récita les versets de l'Alcoran. Insensiblement l'air s'obscurcit, de sorte qu'il semblait qu'il fût nuit et que la machine du monde allât se dissoudre. Nous nous sentîmes saisis d'une frayeur extrême; et cette frayeur augmenta encore quand tout à coup nous vîmes paraître le génie, fils de la fille d'Éblis, sous la forme d'un lion d'une grandeur épouvantable.

« Dès que la princesse aperçut ce monstre, elle lui dit : « Chien! au lieu de ramper devant moi, tu oses te présenter sous cette horrible forme, et tu crois m'épouvanter! — Et toi, reprit le lion, tu ne crains pas de contrevenir au traité que nous avons fait et confirmé par un serment solennel, de ne nous nuire, ni faire aucun tort l'un à l'autre! — Ah! maudit, répliqua la princesse, c'est à toi que j'ai ce reproche à faire. — Tu vas, interrompit brusquement le lion, être payée de la peine que tu m'as donnée de venir. » En disant cela, il ouvrit une gueule effroyable, et s'avança sur elle pour la dévorer. Mais elle, qui était sur ses gardes, fit un saut en arrière, eut le temps de s'arracher un cheveu; et, en prononçant deux ou trois paroles, elle le changea en un glaive tranchant, dont elle coupa le lion en deux par le milieu du corps. Les deux parties du lion disparurent, et il ne resta que la tête, qui se changea en un gros scorpion. Aussitôt la princesse se changea en serpent, et livra un rude combat au scorpion, qui, n'ayant pas l'avantage, prit la forme d'un aigle, et s'envola. Mais le serpent prit alors celle d'un aigle noir plus puissant, et le poursuivit. Nous les perdîmes de vue l'un et l'autre.

« Quelque temps après qu'ils eurent disparu, la terre s'entr'ouvrit devant nous, et il en sortit un chat noir et blanc, dont le poil était tout hérissé, et qui miaulait d'une manière effrayante. Un loup noir le suivit de près, et ne lui donna aucun relâche. Le chat, trop pressé, se changea en un ver, et se trouva près d'une grenade tombée par hasard d'un grenadier qui était planté sur le bord d'un canal d'eau assez profond, mais peu large. Ce ver perça la grenade en un instant et s'y cacha. La grenade alors s'enfla, et devint grosse comme une citrouille et s'éleva sur le toit de la galerie, d'où, après avoir fait quelques tours en roulant, elle tomba dans la cour, et se rompit en plusieurs morceaux.

« Le loup, qui pendant ce temps-là s'était transformé en coq, se jeta sur les grains de la grenade, et se mit à les avaler l'un après l'autre. Lorsqu'il n'en vit plus, il vint à nous les ailes étendues, en faisant un grand bruit, comme pour nous demander s'il n'y avait plus de grains. Il en restait un sur le bord du canal, dont il s'aperçut en se retournant. Il y courut vite, mais, dans le moment qu'il allait porter le bec dessus, le grain roula dans le canal, et se changea en petit poisson. »

Mais voilà le jour, sire, dit Scheherazade.

A ces mots, elle se tut, et le sultan se leva rempli de tous ces événements inouis, qui lui inspirèrent l'extrême impatience d'apprendre le reste de cette histoire.

LIe NUIT.

Scheherazade, adressant la parole au sultan : Sire, dit-elle, le second calender continua de cette sorte son histoire :

« Le coq se jeta dans le canal, et se changea en un brochet qui poursuivit le petit poisson. Ils furent l'un et l'autre deux heures entières sous l'eau; et nous ne savions ce qu'ils étaient devenus, lorsque nous entendîmes des cris horribles qui nous firent frémir. Peu de temps après, nous vîmes le génie et la princesse tout en feu. Ils se lancèrent l'un contre l'autre des flammes par la bouche, jusqu'à ce qu'ils vinrent à se prendre corps à corps. Alors les deux feux s'augmentèrent, et jetèrent une fumée épaisse et enflammée qui s'éleva fort haut. Nous craignîmes, avec raison, qu'elle n'embrasât tout le palais; mais nous eûmes bientôt un sujet de crainte beaucoup plus pressant; car le génie, s'étant débarrassé de la princesse, vint jusqu'à la galerie où nous étions, et nous souffla des tourbillons de feu. C'était fait de nous, si la princesse, accourant à notre secours, ne l'eût obligé par ses cris, à s'éloigner et à se garder d'elle. Néanmoins, quelque diligence qu'elle fît, elle ne put empêcher que le sultan n'eût la barbe brûlée et le visage gâté; que le chef des eunuques ne fût étouffé et consumé sur-le-champ, et qu'une étincelle n'entrât dans mon œil droit, et me rendît borgne. Le sultan et moi nous nous attendions à périr; mais bientôt nous ouïmes crier : Victoire! victoire! et nous vîmes tout à coup paraître la princesse sous sa forme naturelle, et le génie réduit en un monceau de cendres.

« La princesse s'approcha de nous, et demanda une tasse pleine d'eau, qui lui fut apportée par le jeune esclave, à qui le feu n'avait fait aucun mal. Elle la prit, et, après quelques paroles prononcées dessus, elle jeta l'eau sur moi, en disant : « Si tu es singe par enchantement, change de figure, et prends celle d'homme que tu avais auparavant. » A peine eut-elle achevé ces mots, que je redevins homme, tel que j'étais avant ma métamorphose, à un œil près.

« Je me préparais à remercier la princesse, mais elle ne m'en donna pas le temps. Elle s'adressa au sultan son père, et lui dit : « Sire, j'ai remporté la victoire sur le génie, comme votre majesté le peut voir; mais c'est une victoire qui me coûte cher. Il me reste peu de moments à vivre, et vous n'aurez pas la satisfaction de faire le mariage que vous méditiez. Le feu m'a pénétrée dans ce combat terrible, et je sens qu'il me consume peu à peu; je ne puis échapper à la mort qui s'approche... »

Scheherazade interrompit en cet endroit l'histoire du second calender, et dit au sultan : « Sire, le jour qui paraît m'avertit de n'en pas dire davantage; mais si votre majesté veut bien encore me laisser vivre jusqu'à demain, elle entendra la fin de cette histoire. » Schahriar y consentit et se leva, suivant sa coutume, pour aller vaquer aux affaires de son empire.

LIIe NUIT.

La sultane, éveillée, prit aussitôt la parole, et poursuivit ainsi : « Madame, dit le calender à Zobéide, pendant que nous nous affligions comme à l'envi l'un de l'autre, la princesse se mit à crier : « Je brûle! je brûle! » Elle sentit que le feu qui la consumait s'était enfin emparé de tout son corps : elle ne cessa de crier, je brûle, que la mort n'eût mis fin à ses douleurs insupportables. L'effet de ce feu fut si extraordinaire, qu'en peu de moments elle fut réduite en cendres comme le génie.

« Le chagrin que conçut le sultan de la perte de sa fille lui causa une maladie qui l'obligea de garder le lit un mois entier. Il n'avait pas encore entièrement recouvré sa santé, qu'il me fit appeler. « Prince, me dit-il, retirez-vous incessamment, je périrais moi-même si vous demeuriez ici davantage; car je suis persuadé que votre présence porte malheur; c'est tout ce que j'avais à vous dire. Partez, et prenez garde de paraître jamais dans mes Etats; aucune considération ne m'empêcherait de vous en faire repentir.

« Rebuté, chassé, abandonné de tout le monde, et ne sachant ce que je deviendrais, avant que de sortir de la ville, j'entrai dans un

escarpée; et au sommet, il y a un dôme de bronze fin, soutenu de colonnes et de même métal; au haut du dôme paraît un cheval aussi de bronze, lequel porte un cavalier qui a la poitrine couverte d'une plaque de plomb, sur laquelle sont gravés des caractères talismaniques. La tradition, sire, ajouta-t-il, est que cette statue est la cause principale de la perte de tant de vaisseaux et de tant d'hommes qui ont été submergés en cet endroit; et qu'elle ne cessera d'être funeste à tous ceux qui auront le malheur d'en approcher jusqu'à ce qu'elle soit renversée. »

« Le lendemain matin nous aperçûmes la Montagne-Noire; et l'idée que nous en avions conçue nous la fit paraître plus affreuse qu'elle n'était. Sur le midi, nous nous en trouvâmes si près, que nous éprouvâmes ce que le pilote nous avait prédit. Nous vîmes voler les clous et tous les autres ferrements de la flotte vers la montagne, où, par la violence de l'attraction, ils se collèrent avec un bruit horrible. Les vaisseaux s'entr'ouvrient, et s'abîmèrent dans la mer. Tous mes gens furent noyés; mais Dieu eut pitié de moi, et permit que je me sauvasse en me saisissant d'une planche, qui fut poussée par le vent droit au pied de la montagne. Je ne me fis pas le moindre mal, mon bonheur m'ayant fait aborder un endroit où il y avait des degrés pour monter au sommet... »

Scheherazade voulait poursuivre ce conte; mais le jour, qui vint à paraître, lui imposa silence.

LIVe NUIT.

Ma sœur, s'écria le lendemain Dinarzade, continuez votre histoire, je vous en conjure. — Ma chère sœur, répondit Scheherazade, voici comment ce prince la reprit :

« A la vue de ces degrés, dit-il, je remerciai Dieu et invoquai son saint nom en commençant à monter. L'escalier était si étroit, si raide et si difficile, que, pour peu que le vent eût eu de violence, il m'aurait précipité dans la mer. Mais enfin, j'arrivai jusqu'au bout sans accident; j'entrai sous le dôme, et, me prosternant, je remerciai Dieu de la grâce qu'il m'avait faite.

« Je passai la nuit sous le dôme. Pendant que je dormais, un vénérable vieillard m'apparut et me dit : « Ecoute, Agib, lorsque tu seras réveillé, creuse la terre sous tes pieds : tu trouveras un arc de bronze et trois flèches de plomb. Tire les trois flèches contre la statue : le cavalier tombera dans la mer et le cheval de ton côté; tu l'enterreras au même endroit d'où tu auras tiré l'arc et les flèches. Cela étant fait, la mer s'enflera et montera jusqu'au pied du dôme, à la hauteur de la montagne. Alors tu verras aborder une chaloupe où il n'y aura qu'un seul homme avec une rame à chaque main. Cet homme sera de bronze, mais différent de celui que tu auras renversé. Embarque-toi avec lui sans prononcer le nom de Dieu. Il te conduira en dix jours dans une autre mer, où tu trouveras le moyen de retourner chez toi sain et sauf, pourvu que tu ne prononces pas le nom de Dieu pendant tout le voyage. »

« Tel fut le discours du vieillard. D'abord que je fus éveillé, je me levai extrêmement consolé de cette vision, et je fis ce que le vieillard m'avait commandé. Je déterrai l'arc et les flèches et je les tirai contre le cavalier. A la troisième flèche, je le renversai dans la mer et le cheval tomba de mon côté. Je l'enterrai à la place de l'arc et des flèches, et, dans cet intervalle, la mer s'enfla et s'éleva peu à peu. Lorsqu'elle fut arrivée au pied du dôme, je vis de loin sur la mer une chaloupe qui venait à moi. Je bénis Dieu, voyant que les choses se succédaient conformément au songe que j'avais eu.

« Enfin, la chaloupe aborda et j'y vis l'homme de bronze tel qu'il avait été dépeint. Je m'embarquai et me gardai bien de prononcer le nom de Dieu. Je m'assis, et l'homme de bronze recommença à ramer. Il vogua sans discontinuer jusqu'au neuvième jour que je vis des îles, qui me firent espérer que je serais bientôt hors de danger. L'excès de ma joie me fit oublier la défense qui m'avait été faite : « Dieu soit béni! dis-je alors, Dieu soit loué ! »

« Je n'eus pas achevé ces paroles, que la chaloupe s'enfonça dans la mer avec l'homme de bronze. Je demeurai sur l'eau et je nageai le reste du jour à l'aventure. Mes forces s'épuisèrent à la fin, et je commençais à déses rer de me sauver, lorsque le vent venant à fortifier, une vague plus grosse qu'une ontagne me jeta sur une plage où elle me issa en se retirant. Je connus que j'étais dans ne petite île déserte, fort agréable, où il y vait plusieurs sortes d'arbres fruitiers et sauiges. Je me remettais à Dieu du soin de disoser de mon sort selon sa volonté, quand aperçus un petit bâtiment qui venait à pleines oiles et avait la proue sur l'île où j'étais.

« Le bâtiment vint se ranger dans une pete anse, où débarquèrent dix esclaves qui ortaient des instruments propres à remuer la erre. Ils marchèrent vers le milieu de l'île, ù je les vis s'arrêter quelque temps, et, à leur ction, il me parut qu'ils levaient une trappe. ls retournèrent ensuite au bâtiment, débaruèrent plusieurs sortes de provisions et de neubles qu'ils portèrent à l'endroit où ils vaient remué la terre; ils y descendirent, ce ui me fit comprendre qu'il y avait là un ieu souterrain. Je les vis retourner au vaiseau et en ressortir peu de temps après avec n vieillard qui menait avec lui un jeune omme de quatorze à quinze ans. Ils descenlirent tous où la trappe avait été levée, et, orsqu'ils furent remontés, qu'ils eurent baissé la trappe, qu'ils l'eurent recouverte le terre et qu'ils reprirent le chemin du navire, je remarquai que le jeune homme n'éait pas avec eux, circonstance qui me causa un extrême étonnement.

« Le vieillard et les esclaves se rembarquèrent et le bâtiment reprit la route de la terre ferme. Quand je le vis si éloigné que je ne pouvais être aperçu de l'équipage, je me rendis promptement à l'endroit où j'avais vu remuer la terre. Je la remuai à mon tour jusqu'à ce que, trouvant une pierre de deux ou trois pieds en carré, je la levai et je vis qu'elle couvrait l'entrée d'un escalier aussi de pierre. Je le descendis et me trouvai au bas dans une grande chambre où il y avait un tapis de pied et un sofa garni de coussins d'une riche étoffe, où le jeune homme était assis avec un éventail à la main. Je distinguai toutes ces choses à la clarté de deux bougies, aussi bien que des fruits et des pots de fleurs qu'il avait près de lui. Le jeune homme fut effrayé de me voir; mais, pour le rassurer, je lui dis en entrant : « Qui que vous soyez, seigneur, ne craignez rien : un roi et fils de roi, tel que je suis, n'est pas capable de vous faire la moindre injure. C'est, au contraire, votre bonne destinée qui a voulu apparemment que je me trouvasse ici pour vous tirer de ce tombeau, où il semble qu'on vous a enterré tout vivant pour des raisons que j'ignore... »

Scheherazade se tut en cet endroit, et le sultan se leva très-impatient d'apprendre pourquoi ce jeune homme avait été ainsi abandonné dans une île déserte.

LVe NUIT.

Dinarzade, lorsqu'il en fut temps, appela la sultane, et Scheherazade suivit son histoire.

« Le jeune homme, continua le troisième calender, se rassura à ces paroles, et me pria de m'asseoir près de lui. Dès que je fus assis : « Prince, me dit-il, mon père est un marchand joaillier, qui a acquis de grands biens par son travail et par son habileté. Il y avait longtemps qu'il était marié sans avoir eu d'enfants, lorsqu'il apprit qu'il aurait un fils, dont la vie néanmoins ne serait pas de longue durée, ce qui lui donna beaucoup de chagrin à son réveil. Quelques jours après, ma mère lui annonça qu'elle était grosse, et le temps qu'elle croyait avoir conçu s'accordait fort avec le jour du songe de mon père. Elle accoucha de moi, et ce fut une grande joie dans la famille. Mon père, qui avait exactement observé le moment de ma naissance, consulta les astrologues, qui lui dirent : « Votre fils vivra « sans nul accident jusqu'à l'âge de quinze « ans; mais alors il courra risque de perdre « la vie, et il sera difficile qu'il en échappe. « Si son bonheur veut qu'il ne périsse pas, sa « vie sera de longue durée. C'est qu'en ce « temps-là, la statue équestre de bronze qui « est au haut de la montagne d'aimant aura été « renversée dans la mer par le prince Agib, « fils du roi Cassib, et que les astres mar- « quent que, quarante jours après, votre fils « doit être tué par ce prince. » Comme cette prédiction s'accordait avec le songe de mon père, il en fut vivement frappé et affligé. Il ne laissa pas pourtant de prendre beaucoup de soin de mon éducation jusqu'à la présente année, qui est la quinzième de mon âge. Il apprit hier que, depuis dix jours, le cavalier de bronze avait été jeté dans la mer par le prince que je viens de vous nommer. Cette nouvelle lui a causé tant d'alarmes, qu'il n'est pas reconnaissable dans l'état où il est. Sur la prédiction des astrologues, il a cherché des moyens de tromper mon horoscope, et de me conserver la vie. Il y a longtemps qu'il a pris la précaution de faire bâtir cette demeure, pour m'y tenir caché durant cinquante jours, dès qu'il apprendrait que la statue avait été renversée. C'est pourquoi, comme il a su qu'elle l'était depuis dix jours, il est venu promptement me cacher ici, et il a promis que, dans quarante jours, il viendrait me reprendre. Pour moi, ajouta-t-il, j'ai bon espoir, et je ne crois pas que le prince Agib vienne me chercher sous terre, au milieu d'une île déserte. »

« Pendant que le fils du joaillier me racontait son histoire, je me moquais en moi-même des astrologues qui avaient prédit que je lui ôterais la vie, et je me sentais si éloigné de vérifier la prédiction, qu'à peine eut-il achevé de parler, je lui dis avec transport : « Mon cher Seigneur, je suis ravi, après avoir fait naufrage, de me trouver heureusement ici pour vous défendre contre ceux qui voudraient attenter à votre vie. Je ne vous abandonnerai pas durant ces quarante jours que les astrologues vous font appréhender, et je vous rendrai tous les services qui dépendront de moi. Après cela, je profiterai de l'occasion de gagner la terre ferme, en m'embarquant avec vous sur votre bâtiment. De retour en mon royaume, je n'oublierai point l'obligation que je vous aurai, et je tâcherai de vous en témoigner ma reconnaissance. »

« Le quarantième jour arriva. Le matin, e jeune homme, en s'éveillant, me dit avec un transport de joie dont il ne fut pas le maître : « Prince, me voilà aujourd'hui au quarantième jour, et je ne suis pas mort, grâce à votre bonne compagnie. Mon père vous en témoignera sa reconnaissance, et vous fournira tous les moyens nécessaires pour vous en retourner dans votre royaume. Mais, en attendant, ajouta-t-il, je vous supplie de vouloir bien m'apporter un melon et du sucre, que j'en mange pour me rafraîchir. »

« De plusieurs melons qui nous restaient, je choisis le meilleur; comme je ne trouvais pas de couteau pour le couper, je demandai au jeune homme s'il ne savait pas où il y en avait. « Il y en a un, me répondit-il, sur cette corniche au-dessus de ma tête. » Effectivement, j'y en aperçus un; mais je me pressai si fort pour le prendre, que, dans le temps que je l'avais à la main, mon pied s'embarrassa dans la couverture, de sorte que je glissai, et je tombai si malheureusement sur le jeune homme, que je lui enfonçai le couteau dans le cœur. Il expira dans le moment.

« A ce spectacle, je poussai des cris épouvantables. Je me frappai la tête et la poitrine. Je me jetai par terre avec une douleur et des regrets inexprimables... »

Scheherazade, voyant paraître le jour, fu obligée d'interrompre ce récit funeste. Le sultan en fut ému, et se garda bien de faire mourir ce jour-là Scheherazade.

LVIe NUIT.

La sultane, engagée par sa sœur à raconte ce qui se passa après la mort du jeune homme continua de cette sorte :

« Madame, poursuivit le troisième calen der, en s'adressant à Zobéide, après le mal heur qui venait de m'arriver, j'aurais reçu l mort sans frayeur, si elle s'était présentée moi. Néanmoins, faisant réflexion que ma dou leur ne ferait pas revivre le jeune homme, que les quarante jours finissant, je pouva être surpris par son père, je sortis de cet demeure souterraine, et montai au plus ha de l'escalier. J'abaissai la grosse pierre sur l'e trée, et la couvris de terre.

« J'eus à peine achevé, que j'aperçus le b timent qui venait reprendre le jeune homm Il y avait près du lieu souterrain un gros a bre, dont l'épais feuillage me parut propre me cacher. J'y montai, et je ne fus pas pl tôt placé de manière que je ne pouvais êt aperçu, que je vis aborder le bâtiment même endroit que la première fois.

« Le vieillard et les esclaves débarquère bientôt, et s'avancèrent vers la demeure so terraine, d'un air qui marquait qu'ils avaie quelque espérance; mais, lorsqu'ils virent terre nouvellement remuée, ils changèrent de visage, et particulièrement le vieillard. Ils levèrent la pierre et descendirent. Ils appellent le jeune homme par son nom; il ne répond point : leur crainte redouble; ils le cherchent, et le trouvent enfin étendu sur son lit, avec le couteau au milieu du cœur, car je n'avais pas eu le courage de l'ôter. A cette vue, ils poussèrent des cris de douleur, qui renouvelèrent la mienne. Le vieillard tomba évanoui.

« Il revint toutefois de ce long évanouissement. Alors les esclaves apportèrent le corps de son fils, et, dès que la fosse qu'on lui faisait fut achevée, on l'y descendit.

« Cela étant fait, le vieillard, accablé de douleur, ne pouvant se soutenir, fut transporté dans le vaisseau, qui s'éloigna de l'île en peu de temps, et je le perdis de vue... »

Le jour qui éclairait déjà l'appartement du sultan des Indes, obligea Scheherazade à s'arrêter en cet endroit. Schahriar se leva, et laissa la sultane avec Dinarzade.

LVIIe NUIT.

Le lendemain, Scheherazade, poursuivant les aventures du troisième calender, dit :

« Après le départ du navire, je restai seul dans l'île; je passais la nuit dans la demeure souterraine, qui n'avait pas été rebouchée, et, le jour, je me promenais autour de l'île. « Je menai cette vie ennuyeuse pendant un mois. Au bout de ce temps-là, je m'aperçus que la mer diminuait considérablement, et que l'île devenait plus grande. Effectivement, les eaux devinrent si basses, qu'il n'y avait qu'un petit trajet de mer entre moi et la terre ferme. Je le traversai, et n'eus de l'eau que jusqu'à mi-jambe. Je marchai longtemps sur la plage, et j'étais déja assez éloigné de la mer, lorsque je vis, fort loin de moi, comme un grand feu, ce qui me donna quelque joie. Je trouverai quelqu'un, disais-je, car il n'est pas possible que ce feu se soit allumé de lui-même. Mais, à mesure que je m'en approchais, mon erreur se dissipait, et je reconnus bientôt que ce que j'avais pris pour du feu était un château de cuivre rouge, que les rayons du soleil faisaient paraître, de loin, comme enflammé.

« Je m'arrêtai près de ce château, et m'assis pour en considérer la structure admirable. Je n'avais pas encore donné à cette maison magnifique toute l'attention qu'elle méritait, quand j'aperçus dix jeunes hommes, qui paraissaient venir de la promenade. Mais ce qui me parut assez surprenant, ils étaient tous borgnes de l'œil droit. Ils accompagnaient un vieillard d'un air vénérable.

« Ces jeunes seigneurs me prièrent d'entrer avec eux dans le château. J'acceptai leur offre; nous traversâmes une enfilade de chambres et de cabinets fort proprement meublés, et nous arrivâmes dans un grand salon où il y avait en rond dix petits sofas bleus et séparés, tant pour s'asseoir et se reposer le jour, que pour dormir la nuit. Au milieu de ce rond était un onzième sofa, moins élevé et de la même couleur, sur lequel se plaça le vieillard dont on a parlé, et les jeunes seigneurs s'assirent sur les dix autres.

« Comme chaque sofa ne pouvait tenir qu'une personne, un de ces jeunes gens me dit : « Camarade, asseyez-vous sur le tapis, au milieu de la place, et ne vous informez de quoi que ce soit qui nous regarde, non plus que du sujet pourquoi nous sommes tous borgnes de l'œil droit; contentez-vous de voir, et ne portez pas plus loin votre curiosité. »

« Le vieillard ne demeura pas longtemps assis; il se leva et sortit; mais il revint quelques moments après, apportant le souper des dix seigneurs, auxquels il distribua à chacun sa portion en particulier. Il me servit aussi la mienne, que je mangeai seul, à l'exemple des autres; et, sur la fin du repas, le vieillard nous présenta une tasse de vin à chacun.

« Un des seigneurs, faisant réflexion qu'il était tard, dit au vieillard : « Vous voyez qu'il est temps de dormir, et vous ne nous apportez pas de quoi nous acquitter de notre devoir. » A ces mots, le vieillard se leva, et entra dans un cabinet, d'où il apporta dix bassins, tous couverts d'une étoffe bleue. Il en posa un avec un flambeau devant chaque seigneur.

« Ils découvrirent leurs bassins, dans lesquels il y avait de la cendre, du charbon en poudre, et du noir à noircir. Ils mêlèrent toutes ces choses ensemble, et s'en barbouillèrent le visage. Après s'être noircis de la sorte, ils se mirent à pleurer et à se frapper la tête, en criant sans cesse : « Voilà le fruit de notre oisiveté et de nos débauches! »

« Ils passèrent presque toute la nuit dans cette étrange occupation. Ils la cessèrent enfin; après quoi, le vieillard leur apporta de l'eau, dont ils se lavèrent le visage et les mains; ils quittèrent aussi leurs habits, qui étaient gâtés, et en prirent d'autres, de sorte qu'il ne paraissait pas qu'ils eussent rien fait des choses étonnantes dont je venais d'être spectateur.

« Le jour suivant, d'abord que nous fûmes levés, je leur dis : « Seigneurs, je vous déclare que je renonce à la loi que vous me prescrivîtes hier; quelque malheur qui puisse m'arriver, je ne saurais m'empêcher de vous demander pourquoi vous vous êtes barbouillé le visage, et pourquoi vous n'avez tous qu'un œil. Il faut que quelque chose de singulier en soit la cause; c'est pourquoi je vous conjure de satisfaire ma curiosité. »

« Un des seigneurs me répondit : « Ne vous étonnez pas de notre conduite à votre égard. Si vous voulez éprouver notre malheureuse destinée, nous allons vous donner la satisfaction que vous nous demandez. » Je leur dis que j'étais résolu à tout événement. « Encore une fois, reprit le même seigneur, nous vous conseillons de modérer votre curiosité, il y va de la perte de votre œil droit. — Il n'importe, repartis-je; je vous déclare que si ce malheur m'arrive, je ne l'imputerai qu'à moi-même. »

« Les dix seigneurs, voyant que j'étais inébranlable dans ma résolution, prirent un mouton qu'ils égorgèrent; et, après lui avoir ôté la peau, ils me présentèrent le couteau dont ils s'étaient servis, et me dirent : « Prenez ce couteau, il vous servira dans l'occasion que nous vous dirons bientôt. Nous allons vous coudre dans cette peau, ensuite nous vous laisserons sur la place, et nous nous retirerons. Alors, un oiseau d'une grosseur énorme, qu'on appelle roc, paraîtra dans l'air, et, vous prenant pour un mouton, fondra sur vous, et vous enlèvera jusqu'aux nues; mais que cela ne vous épouvante pas. Il reprendra son vol vers la terre, et vous posera sur la cime d'une montagne. D'abord que vous vous sentirez à terre, fendez la peau avec le couteau, et développez-vous. Le roc ne vous aura pas plutôt vu qu'il s'envolera de peur, et vous laissera libre. Ne vous arrêtez point; marchez jusqu'à ce que vous arriviez à un château d'une grandeur prodigieuse, tout couvert d'une plaque d'or, de grosses émeraudes et d'autres pierreries fines. Présentez-vous à la porte, qui est toujours ouverte, et entrez. Nous avons été dans ce château tous tant que nous sommes ici; ce que nous pouvons vous dire, c'est qu'il nous en a coûté à chacun notre œil droit, et la pénitence dont vous avez été témoin en particulier est remplie d'aventures extraordinaires, et on en ferait un gros livre, mais nous ne pouvons vous en dire davantage... »

En achevant ces mots, Scheherazade interrompit son conte. La curiosité de Schahriar l'emporta encore sur le serment cruel qu'il avait fait.

LVIIIe NUIT.

Dinarzade ne laissa pas de prier sa sœur de continuer l'histoire du troisième calender. Scheherazade la poursuivit ainsi :

« Madame, un des dix seigneurs borgnes m'ayant tenu le discours que je viens de vous rapporter, je m'enveloppai dans la peau de mouton; muni du couteau qui m'avait été donné; et, après que les jeunes seigneurs eurent pris la peine de me coudre dedans, ils me laissèrent sur la place, et se retirèrent dans le salon. Le roc dont ils m'avaient parlé ne fut pas longtemps à se faire voir; il fondit sur moi, me prit entre ses griffes comme un mouton, et me transporta au haut d'une montagne.

« Lorsque je me sentis à terre, je fendis la peau, me développai, et parus devant le roc, qui s'envola dès qu'il m'aperçut.

« Dans l'impatience que j'avais d'arriver au château, je pressai si bien le pas, qu'en moins d'une demi-journée je m'y rendis; la porte était ouverte. J'entrai dans une cour carrée et je vis en face une porte ouverte, par où j'entrai dans un grand salon, où étaient assises quarante jeunes dames d'une beauté si parfaite que l'imagination même ne saurait aller au-delà. Elles étaient habillées très-magnifiquement. Elles se levèrent toutes ensemble, sitôt qu'elles m'aperçurent; et, sans attendre mon ompliment, elles me dirent, avec de grandes émonstrations de joie : « Brave seigneur, oyez le bien-venu ; » et une d'entre elles prenant la parole : « Il y a longtemps, dit-elle, que nous attendions un cavalier comme vous, et nous espérons que vous ne trouverez pas notre compagnie désagréable et indigne de vous. »

« Après beaucoup de résistance de ma part, elles me forcèrent de m'asseoir dans une place un peu élevée au-dessus des leurs. Comme je témoignais que cela me faisait de la peine : « C'est votre place, me dirent-elles : vous êtes de ce moment notre seigneur, notre maître et notre juge, et nous sommes vos esclaves, prêtes à recevoir vos commandements. »

« Je bus et mangeai. Après quoi toutes les dames, s'étant placées autour de moi, me demandèrent une relation de mon voyage. »

LIXe NUIT.

Dinarzade engagea la sultane à lui apprendre ce qui passa dans le beau château, et Scheherazade reprit sa narration en ces termes :

« Lorsque j'eus achevé de raconter mon histoire, une des dames me dit : « Vous êtes fatigué du chemin que vous avez fait aujourd'hui, il est temps que vous vous reposiez. Votre appartement est préparé ; mais, avant que de vous retirer, choisissez de nous toutes celle qui vous plaira davantage, et menez-la coucher avec vous.

« Nous vous avertissons que le bonheur de celle que vous choisirez ne fera point de jalouses ; car nous sommes convenues que tous les jours nous aurons, l'une après l'autre, le même bonheur. Choisissez donc, et ne perdez pas un temps que vous devez donner au repos. »

« Il fallut céder à leurs instances ; je présentai la main à la dame qui portait la parole pour les autres. Elle me donna la sienne, et on nous conduisit à un appartement magnifique. On nous y laissa seuls, et les autres dames se retirèrent dans les leurs... »

Mais, il est jour, sire, dit Scheherazade au sultan, et votre majesté voudra bien me permettre de laisser le prince calender avec sa dame.

LXe NUIT.

Le lendemain, la sultane, à son réveil, dit à Dinarzade : Voici de quelle manière le troisième calender reprit le fil de sa merveilleuse histoire :

« J'avais à peine achevé de m'habiller le lendemain, que les trente-neuf autres dames vinrent dans mon appartement, toutes parées autrement que le jour précédent.

« Nous passâmes la journée presque toujours à table, et, quand l'heure de se coucher fut venue, elles me prièrent encore de choisir une d'entre elles pour me tenir compagnie. Enfin, je vous dirai que je passai une année entière avec les quarante dames, en les recevant dans mon lit l'une après l'autre, et que cette vie voluptueuse ne fut interrompue par aucun chagrin.

« Au bout de l'année, les quarante dames, au lieu de se présenter à moi, avec leur gaîté ordinaire, entrèrent un matin dans mon appartement, les joues baignées de pleurs. Elles m'embrassaient tendrement l'une après l'autre, en me disant : « Adieu, cher prince, il faut que nous vous quittions. » Je les suppliai de me dire le sujet de leur affliction et de cette séparation dont elles me parlaient. Au lieu de me répondre précisément : « Plût à Dieu, dirent-elles, que nous ne vous eussions jamais connu ! Plusieurs cavaliers, avant vous, nous ont fait l'honneur de nous visiter ; mais pas un n'avait cette grâce et cet enjouement que vous avez. Nous ne savons comment nous pourrons vivre sans vous. — Mesdames, repartis-je, je vous prie de parler plus clairement. — Eh bien ! dit une d'elles, nous vous dirons que nous sommes toutes filles de rois. Nous vivons ici ensemble ; mais, au bout de chaque année, nous sommes obligées de nous absenter pendant quarante jours pour des devoirs indispensables, qu'il ne nous est pas permis de révéler : après quoi nous revenons dans ce château. L'année est finie d'hier, il faut que nous vous quittions aujourd'hui : c'est ce qui cause notre affliction. Avant de partir, nous vous laisserons les clefs de toutes choses, particulièrement celle des cent portes, où vous trouverez de quoi adoucir votre solitude pendant notre absence. Mais, pour votre bien et le nôtre, nous vous recommandons de vous abstenir d'ouvrir la porte d'or. Si vous l'ouvrez, nous ne vous reverrons jamais. Il y va de votre repos et du bonheur de votre vie. Nous vous conjurons donc de ne pas commettre cette faute, et de nous donner la consolation de vous retrouver ici dans quarante jours. »

Scheherazade voulait continuer, mais elle vit paraître le jour. Le sultan, curieux de savoir ce que ferait le calender, remit au jour suivant à s'en éclaircir.

LXIe NUIT.

Le calender poursuivit ainsi son histoire :

« Madame, dit-il, le discours de ces belles princesses me causa une véritable douleur.

« Je me promettais bien de ne pas oublier l'avis important qu'elles m'avaient donné, de ne pas ouvrir la porte d'or; mais comme, à cela près, il m'était permis de satisfaire ma curiosité, j'ouvris la première porte, et j'entrai dans un jardin fruitier, auquel il n'y en a point qui soient comparables. Je ne pouvais me lasser d'examiner et d'admirer un si beau lieu, et j'en sortis, l'esprit rempli de ces merveilles; je fermai la porte, et j'ouvris celle qui suivait.

« Au lieu d'un jardin de fruits, j'en trouvai un de fleurs qui n'était pas moins singulier dans son genre.

« J'ouvris la troisième porte, je trouvai une volière très-vaste. Elle était pavée de marbre de plusieurs sortes de couleurs. La cage était de sandal et de bois d'aloès; elle renfermait une infinité de rossignols, de chardonnerets, de serins, d'alouettes, et d'autres oiseaux encore plus harmonieux dont je n'avais entendu parler de ma vie. Le soleil était déjà couché, et je me retirai charmé du ramage de cette multitude d'oiseaux. Je me rendis à mon appartement, résolu d'ouvrir les autres portes les jours suivants, à l'exception de la centième.

« Je ne m'arrêterai point, madame, à vous faire le détail de toutes les choses rares et précieuses que je vis les jours suivants. Je vous dirai qu'il ne me fallut pas moins de trente-neuf jours pour ouvrir les quatre-vingt-dix-neuf portes, et admirer tout ce qui s'offrait à ma vue. Il ne restait plus que la centième porte, dont l'ouverture m'était défendue... »

Le jour qui vint, imposa silence à Scheherazade. Mais cette histoire faisait trop de plaisir à Schahriar pour qu'il n'en voulût pas entendre la suite le lendemain.

LXIIe NUIT.

Dinarzade, qui souhaitait ardemment d'apprendre quelles merveilles pouvaient être renfermées sous la clef de la centième porte, appela la sultane de très-bonne heure, en la sollicitant d'achever l'histoire du troisième calender. Il la continua de cette sorte, dit Scheherazade :

« J'étais au quarantième jour depuis le départ des charmantes princesses. Si j'avais pu ce jour-là conserver sur moi le pouvoir que je devais avoir, je serais aujourd'hui le plus heureux de tous les hommes, au lieu que j'en suis le plus malheureux. Elles devaient arriver le lendemain, et le plaisir de les revoir devait servir de frein à ma curiosité; mais je succombai à la tentation du démon.

« J'ouvris la porte fatale. Je n'eus pas avancé le pied pour entrer, qu'une odeur contraire à mon tempérament me fit tomber évanoui. Néanmoins je revins à moi; et, au lieu de profiter de cet avertissement, de refermer la porte et de perdre pour jamais l'envie de satisfaire ma curiosité, j'entrai. Après avoir attendu quelque temps que le grand air eût modéré cette odeur, je n'en fus plus incommodé.

« Je trouvai un lieu vaste, bien voûté, et dont le pavé était parsemé de safran.

« Plusieurs flambeaux d'or massif, avec des bougies allumées, y servaient de lumière. Parmi un assez grand nombre d'objets qui attirèrent mon attention, j'aperçus un cheval noir, le plus beau et le mieux fait qu'on puisse voir; il avait une selle et une bride d'or massif; son auge, d'un côté, était remplie d'orge mondé et de sésame, et de l'autre d'eau de rose. Je le pris par la bride, et le tirai dehors pour le voir au jour. Je le montai, et voulus le faire avancer; mais, comme il ne branlait pas, je le frappai d'une houssine que j'avais ramassée dans sa magnifique écurie. A peine eut-il senti le coup, qu'il se mit à hennir avec un bruit horrible; puis étendant ses ailes, dont je ne m'étais point aperçu, il s'éleva dans l'air à perte de vue, reprit ensuite son vol vers la terre, et se posa sur le toit en terrasse d'un château, où il me secoua si violemment qu'il me fit tomber en arrière, et du bout de sa queue il me creva l'œil droit.

« Voilà de quelle manière je devins borgne. Je me souvins alors de ce que m'avaient prédit les dix jeunes seigneurs. Le cheval reprit son vol et disparut. Je me relevai, et marchai sur la terrasse, la main sur mon œil, qui me faisait beaucoup de douleur. Je descendis, et me trouvai dans un salon qui me fit connaître, par dix sofas disposés en rond, et un autre moins élevé au milieu, que ce château était celui d'où j'avais été enlevé par le roc.

« Les dix jeunes seigneurs borgnes y arrivèrent peu de temps après le vieillard. Ils ne parurent pas étonnés de me revoir, ni de la perte de mon œil.

Nous sommes bien fâchés, me dirent-ils, de ne pouvoir vous féliciter sur votre retour. Vous n'avez pas été plus sage que nous, et vous avez éprouvé la même punition. Allez à la cour de Bagdad, vous y trouverez celui qui doit décider de votre destinée. »

« Ils m'enseignèrent la route que je devais tenir, et je me séparai d'eux. Enfin, je suis arrivé aujourd'hui dans cette ville. J'ai rencontré à la porte ces calenders mes confrères, tous étrangers comme moi. Nous avons été tous trois fort surpris de nous voir borgnes du même œil, mais nous n'avons pas eu le temps de nous entretenir de cette disgrâce qui nous est commune. Nous n'avons eu, madame, que celui de venir implorer le secours que vous nous avez généreusement accordé. »

Le troisième calender ayant achevé de raconter son histoire, Zobéide prit la parole; et, se tournant du côté du calife, du visir Giafar, et du Mesrour, qu'elle ne connaissait pas pour ce qu'ils étaient, elle leur dit : « C'est à vous à me raconter votre histoire, parlez. »

Le grand visir Giafar, qui avait toujours porté la parole, répondit encore à Zobéide : « Madame, nous sommes des marchands de Moussoul, et nous venons à Bagdad négocier nos marchandises qui sont en magasin dans un khan où nous sommes logés. Nous avons diné aujourd'hui chez un marchand de cette ville, lequel, après nous avoir régalés, a fait venir des danseurs et des danseuses avec des chanteurs et des joueurs d'instruments. Le grand bruit que nous faisions tous ensemble a attiré le guet, qui a arrêté une partie des gens de l'assemblée. Pour nous, par bonheur, nous nous sommes sauvés. Le hasard a voulu que nous ayons passé par votre rue, et que nous ayons entendu qu'on se réjouissait chez vous : cela nous a déterminés à frapper à votre porte. Voilà, madame, le compte que nous avons à vous rendre pour obéir à vos ordres. »

Zobéide, après avoir écouté ce discours, semblait hésiter sur ce qu'elle devait dire. De quoi les calenders s'apercevant, la supplièrent d'avoir pour les trois marchands de Moussoul la même bonté qu'elle avait eue pour eux. « Eh bien ! leur dit-elle, j'y consens; je veux que vous m'ayez tous la même obligation. Je vous fais grâce; mais c'est à condition que vous sortirez présentement et que vous vous retirerez où il vous plaira. » Zobéide ayant donné cet ordre d'un ton qui marquait qu'elle voulait être obéie, le calife, le visir, Mesrour, les trois calenders et le porteur sortirent sans répliquer. Lorsqu'ils furent hors de la maison, le calife dit aux calenders : « Et vous, seigneurs, de quel côté allez-vous présentement qu'il n'est pas jour encore? — Seigneur, lui répondirent-ils, c'est là ce qui nous embarrasse. — Suivez-moi, reprit le calife, nous allons vous tirer d'embarras. » Après avoir achevé ces paroles, il parla bas au visir et lui dit : « Demain matin, vous me les amènerez. »

Le visir Giafar emmena avec lui les trois calenders; le porteur se retira dans sa maison, et le calife, accompagné de Mesrour, se rendit à son palais. Il se coucha, mais il ne put fermer l'œil, tant il avait l'esprit agité de toutes les choses extraordinaires qu'il avait vues et entendues. Le jour parut qu'il était encore occupé de ces pensées. Il se leva et se rendit dans la chambre du conseil.

Le grand-visir arriva peu de temps après, et lui rendit ses respects à son ordinaire. « Visir, lui dit le calife, je n'aurai pas l'esprit en repos que je ne sois instruit de tant de choses qui m'ont surpris. Allez, faites venir ces dames et amenez en même temps les calenders. »

Le visir se hâta de lui obéir. Il arriva chez les dames et leur exposa l'ordre qu'il avait de les conduire au calife, sans toutefois leur parler de ce qui s'était passé la nuit chez elles. Les dames se couvrirent de leurs voiles et partirent avec le visir, qui prit en passant chez lui les trois calenders. Le visir les mena au palais avec tant de diligence, que le calife en fut fort satisfait. Ce prince, pour garder la bienséance, fit placer les trois dames derrière la portière de la salle qui conduisait à son appartement et retint près de lui les trois calenders, qui firent assez connaître, par leurs respects, qu'ils n'ignoraient pas devant qui ils avaient l'honneur de paraître.

Lorsque les dames furent placées, le calife se tourna de leur côté et leur dit : « Mesdames, en vous apprenant que je me suis introduit chez vous cette nuit, déguisé en marchand, je vais sans doute vous alarmer; vous craindrez de m'avoir offensé et vous croirez peut-être que je ne vous ai fait venir ici que pour vous donner des marques de mon ressentiment; mais rassurez-vous : soyez persuadées que je suis très-content de votre conduite. Je me souviendrai toujours de la modération que vous eûtes après l'incivilité que nous avions commise. J'étais alors marchand de Moussoul; mais je suis à présent Haroun al Raschid, de la glorieuse maison d'Abbas, qui tient la place de notre grand prophète. Je vous ai mandées pour savoir de vous qui vous êtes et vous demander pour quel sujet l'une de vous, après avoir maltraité les deux chiennes noires, a pleuré avec elles. Je ne suis pas moins curieux d'apprendre pourquoi une autre a le sein tout couvert de cicatrices. »

Mais, sire, dit Scheherazade, il est jour. Si votre majesté veut que je lui raconte la suite, il faut qu'elle ait la bonté de prolonger encore ma vie jusqu'à demain. Le sultan y consentit.

LXIIIe NUIT.

Ma chère sœur, s'écria Dinarzade sur la fin de la nuit, dites-nous, je vous en conjure, l'histoire de Zobéide, car cette dame la raconta sans doute au calife. — Elle n'y manqua pas, répondit Scheherazade. Dès que le prince l'eut rassurée par le discours qu'il venait de faire, elle lui donna de cette sorte la satisfaction qu'il lui demandait :

Histoire de Zobéide.

« Commandeur des croyants, dit-elle, les deux chiennes noires et moi sommes trois sœurs nées d'une même mère et d'un même père. Le deux dames qui demeurent avec moi, et qui sont ici présentes, sont aussi mes sœurs de même père, mais d'une autre mère. Celle qui a le sein couvert de cicatrices se nomme Amine, l'autre s'appelle Safie, et moi Zobéide.

« Après la mort de notre père, le bien qu'il nous avait laissé fut partagé entre nous également, et, lorsque mes deux dernières sœurs eurent reçu leur portion, elles allèrent demeurer avec leur mère. Mes deux autres sœurs et moi restâmes avec la nôtre, qui vivait alors, et qui, en mourant, nous laissa à chacune mille sequins.

« Lorsque nous eûmes touché ce qui nous appartenait, mes deux aînées (car je suis la cadette) se marièrent, suivirent leurs maris et me laissèrent seule. Peu de temps après leur mariage, le mari de la première vendit tout ce qu'il avait de biens et de meubles, et, avec l'argent qu'il en put faire et celui de ma sœur, ils passèrent tous deux en Afrique. Là, le mari dépensa en débauche tout son bien et celui que ma sœur lui avait apporté. Ensuite, il trouva un prétexte pour la répudier et la chassa.

« Elle revint à Bagdad, se réfugier chez moi, dans un état digne de pitié. Je la reçus avec toute l'affection qu'elle pouvait attendre de moi. Elle m'apprit en pleurant la mauvaise conduite de son mari et l'indigne traitement qu'il lui avait fait. Je fus touchée de son malheur et j'en pleurai avec elle.

« Nous vivions ensemble pendant plusieurs mois en bonne intelligence. Comme nous nous entretenions souvent de notre troisième sœur, et que nous étions surprises de ne pas apprendre de ses nouvelles, elle arriva en aussi mauvais état que notre aînée. Son mari l'avait traitée de la même sorte : je la reçus avec la même amitié.

« Quelque temps après, mes deux sœurs,

sous prétexte qu'elles m'étaient à charge, me dirent qu'elles étaient dans le dessein de se remarier.

« Elles se marièrent donc, mais elles revinrent au bout de quelques mois, et me firent mille excuses de n'avoir pas suivi mon conseil. « Mes chères sœurs, leur répondis-je, je n'ai point changé à votre égard depuis notre dernière séparation : revenez et jouissez avec moi de ce que j'ai. Je les embrassai, et nous demeurâmes ensemble comme auparavant.

« Il y avait un an que nous vivions dans une union parfaite, lorsque je formai le dessein de faire un voyage par mer, et de hasarder quelque chose dans le commerce. Pour cet effet, je me rendis avec mes deux sœurs à Balsora, où j'achetai un vaisseau tout équipé, que je chargeai de marchandises que j'avais fait venir de Bagdad. Nous mîmes à la voile avec un vent favorable. Quand nous fûmes en pleine mer, nous prîmes la route des Indes, et, après vingt jours de navigation, nous vîmes terre.

« Je n'eus pas la patience d'attendre que mes sœurs fussent en état de m'accompagner; je me fis débarquer seule et j'allai droit à la porte de la ville. J'y vis une garde nombreuse de gens assis et d'autres qui étaient debout avec un bâton à la main. Remarquant, toutefois, qu'ils étaient immobiles et qu'ils ne remuaient plus les yeux, je me rassurai, et, m'étant approchée d'eux, je reconnus qu'ils étaient pétrifiés.

« J'entrai dans la ville et passai par plusieurs rues où il y avait des hommes d'espace en espace dans toutes sortes d'attitudes; mais ils étaient tous pétrifiés. Je trouvai la plupart des boutiques fermées, et j'aperçus dans celles qui étaient ouvertes des personnes aussi pétrifiées. Cela me fit juger que tout ce qui était dans les maisons, de même que ce qui était dehors, était changé en pierre.

« Etant arrivée dans une vaste place au milieu de la ville, je découvris une grande porte couverte de plaques d'or et dont les deux battants étaient ouverts. Une portière d'étoffe de soie paraissait tirée devant, et l'on voyait une lampe suspendue au-dessus de la porte. Après avoir considéré le bâtiment, je ne doutai pas que ce ne fût le palais du prince qui régnait en ce pays-là. Mais, fort étonnée de n'avoir rencontré aucun être vivant, je levai la portière, et, ce qui augmenta ma surprise, je ne vis sous le vestibule que quelques portiers ou gardes pétrifiés, les uns debout et les autres assis.

« Je traversai une grande cour où il y avait beaucoup de monde : les uns semblaient aller et les autres venir, et néanmoins ils ne bougeaient pas de leur place, parce qu'ils étaient pétrifiés. Je passai dans une seconde cour, et de celle-là dans une troisième; il y régnait une silence affreux.

« M'étant avancée dans une quatrième cour, je vis en face un très-beau bâtiment, dont les fenêtres étaient fermées d'un treillis d'or massif. Je jugeai que c'était l'appartement de la reine. J'y entrai. Il y avait dans une grande salle plusieurs eunuques noirs pétrifiés. Je passai ensuite dans une chambre très-richement meublée, où j'aperçus une dame aussi changée en pierre. Je reconnus que c'était la reine à une couronne d'or qu'elle avait sur la tête et un collier de perles très-rondes et plus grosses que des noisettes. »

Scheherazade aurait continué de parler, mais le jour vint mettre fin à sa narration.

LXIVe NUIT.

Dinarzade ne manqua pas d'appeler la sultane avant le jour, en la suppliant de lui apprendre ce que fit encore Zobéide dans ce palais singulier où elle était entrée. — Voici, répondit Scheherazade, comment cette dame continua de raconter son histoire au calife :

« Sire, dit-elle, de la chambre de la reine pétrifiée je passai dans plusieurs autres appartements magnifiques qui me conduisirent dans une chambre où il y avait un trône d'or massif, élevé de quelques degrés et enrichi de grosses émeraudes, et, sur le trône, un lit d'une riche étoffe, sur laquelle éclatait une broderie de perles. Ce qui me surprit plus que tout le reste, ce fut une lumière brillante qui partait de dessus ce lit. Curieuse de savoir ce qui la rendait, je montai, et, avançant la tête, je vis sur un petit tabouret un diamant gros comme un œuf d'autruche et si parfait que je n'y remarquai nul défaut.

« Il y avait au chevet du lit, de l'un et de

l'autre côté, un flambeau allumé dont je ne compris pas l'usage. Cette circonstance néanmoins me fit juger qu'il y avait quelqu'un de vivant dans ce superbe palais, car je ne pouvais croire que ces flambeaux pussent s'entretenir allumés d'eux-mêmes.

« Cependant, la nuit s'approchait en m'avertissant qu'il était temps de me retirer; je voulus reprendre le chemin des cours par où j'étais venue; mais je m'égarai dans les appartements, et, me trouvant dans la grande chambre où était le trône, je résolus d'y passer la nuit, et je me jetai sur le lit, non sans quelque frayeur de me voir seule dans un lieu si désert.

« Il était environ minuit lorsque j'entendis la voix d'un homme qui lisait l'Alcoran. Cela me donna beaucoup de joie. Je me levai aussitôt, et, prenant un flambeau, j'allai du côté où j'entendais la voix. Je m'arrêtai à la porte d'un cabinet d'où je ne pouvais douter qu'elle ne partît. Je posai le flambeau à terre, et, regardant par une fente, je vis aussi un petit tapis étendu. Un jeune homme de bonne mine, assis sur ce tapis, récitait l'Alcoran, qui était posé devant lui sur un pupitre. A cette vue, ravie d'admiration, je cherchais en mon esprit comment il se pouvait faire qu'il fût le seul vivant dans une ville où tout le monde était pétrifié.

« Comme la porte n'était que poussée, je l'ouvris.

« Le jeune homme jeta les yeux sur moi, et me dit : « Ma bonne dame, je vous prie de me dire qui vous êtes, et ce qui vous a amenée en cette ville désolée. En récompense je vous apprendrai ce qui m'est arrivé, pour quel sujet les habitants de cette ville sont réduits en l'état où vous les avez vus, et pourquoi moi seul je suis sain et sauf dans un désastre si épouvantable.

« Je lui racontai en peu de mots d'où je venais. En achevant, je le suppliai de s'acquitter à son tour de la promesse qu'il m'avait faite. »

Scheherazade s'interrompit en cet endroit. Le sultan se leva, résolu d'entendre, la nuit suivante, la suite de cette merveilleuse histoire.

LXVe NUIT.

Dinarzade pria sa sœur le lendemain, avant le jour, de reprendre l'histoire de Zobéide. —Je vais vous satisfaire, répondit la sultane. Zobéide poursuivit son histoire en ces termes :

« Madame, me dit le jeune homme, je vous dirai que cette ville était la capitale d'un puissant royaume dont le roi mon père portait le nom. Ce prince et tous ses sujets étaient adorateurs du feu, et de Nardoun, ancien roi des géants rebelles à Dieu.

« Quoique né de parents idolâtres, j'ai eu le bonheur d'avoir dans mon enfance pour gouvernante une bonne dame musulmane, qui savait l'Alcoran, et l'expliquait parfaitement bien. « Mon prince, me disait-elle souvent, il n'y a qu'un vrai Dieu. »

« Il y a trois ans qu'une voix bruyante se fit tout à coup entendre par toute la ville si distinctement que personne ne perdit une de ces paroles qu'elle dit : *Habitants! abandonnez le culte de Nardoun et du feu; adorez le Dieu unique qui fait miséricorde.*

« La même voix se fit ouïr trois années de suite, mais personne ne s'étant converti, le dernier jour de la troisième, tous les habitants généralement furent changés en pierres en un instant, chacun dans l'état et la posture où il se trouva. Le roi mon père éprouva le même sort : il fut métamorphosé en une pierre noire, et la reine ma mère eut une pareille destinée.

« Je suis le seul sur qui Dieu n'ait pas fait tomber ce châtiment terrible. Depuis ce temps-là, je continue de le servir avec plus de ferveur que jamais; et je suis persuadé, ma belle dame, qu'il vous envoie pour ma consolation; je lui en rends des grâces infinies; car je vous avoue que cette solitude m'est bien ennuyeuse. »

« Prince, lui dis-je, il n'en faut pas douter, c'est la Providence qui m'a attirée dans votre port, pour vous présenter l'occasion de vous éloigner d'un lieu si funeste. Je suis en quelque considération à Bagdad, où j'ai laissé d'autres biens assez considérables. J'ose vous y offrir une retraite. Il n'est pas possible que vous demeuriez davantage dans une ville où tous les objets doivent vous être insupportables. Mon vaisseau est à votre service, et vous en pouvez disposer absolument. » Il accepta l'offre, et nous passâmes le reste de la nuit à nous entretenir de notre embarquement.

« Dès que le jour parut, nous sortîmes du palais, et nous nous rendîmes au port, où nous trouvâmes mes sœurs, le capitaine et mes esclaves fort en peine de moi. Après avoir présenté mes sœurs au prince, je leur racontai ce qui m'avait empêchée de venir au vaisseau le jour précédent.

« Les matelots employèrent plusieurs jours à débarquer les marchandises que j'avais apportées et à embarquer à leur place tout ce qu'il y avait de plus précieux dans le palais, en pierreries, en or et en argent, et nous mîmes à la voile avec un vent tel que nous pouvions le souhaiter... »

En achevant ces paroles, Scheherazade vit qu'il était jour. Elle cessa de parler.

LXVIe NUIT.

Sur la fin de la nuit suivante, Scheherazade reprit ainsi l'histoire de Zobéide :

« Sire, le jeune prince, mes sœurs et moi, nous nous entretenions tous les jours agréablement ensemble; mais, hélas! notre union ne dura pas longtemps. Mes sœurs devinrent jalouses de l'intelligence qu'elles remarquèrent entre le jeune prince et moi, et me demandèrent malicieusement ce que nous ferions de lui lorsque nous serions arrivées à Bagdad. Je m'aperçus bien qu'elles ne me faisaient cette question que pour découvrir mes sentiments. C'est pourquoi, faisant semblant de tourner la chose en plaisanterie, je leur répondis que je le prendrais pour mon époux; ensuite, me tournant vers le prince, je lui dis : « Mon prince, je vous supplie d'y consentir. »

« Madame, répondit le prince, je ne sais si vous plaisantez; mais, pour moi, je vous déclare que dès ce moment j'accepte de bon cœur l'offre que vous me faites. » Mes sœurs changèrent de couleur à ce discours, et je remarquai depuis ce temps-là qu'elles n'avaient plus pour moi les mêmes sentiments qu'auparavant.

« Nous approchions de Balsora, où j'espérais que nous arriverions le lendemain. Mais la nuit, pendant que je dormais, mes sœurs me jetèrent à la mer; elles traitèrent de la même sorte le prince, qui fut noyé. Je me soutins quelques moments sur l'eau, et, par miracle, je trouvai fond. Je m'avançai vers une noirceur qui me paraissait la terre; et le jour me fit connaître que j'étais dans une petite île déserte, située environ à vingt milles de Balsora.

« Je me reposais à l'ombre, lorsque je vis un serpent ailé, qui s'avançait vers moi en se démenant et tirant la langue; cela me fit juger que quelque mal le pressait. Je me levai et, m'apercevant qu'il était suivi d'un autre serpent plus gros, qui le tenait par la queue, et faisait des efforts pour le dévorer, j'eus le courage de prendre une pierre, qui se trouva par hasard auprès de moi, je la jetai de toute ma force contre le plus gros serpent; je le frappai à la tête et je l'écrasai. L'autre se sentant en liberté, ouvrit aussitôt ses ailes, et s'envola. Je le regardai longtemps en l'air; mais, l'ayant perdu de vue, je me rassis à l'ombre, et je m'endormis.

« A mon réveil, quelle fut ma surprise de voir près de moi une femme noire, qui avait des traits vifs et agréables, et qui tenait à l'attache deux chiennes de la même couleur; je lui demandai qui elle était. « Je suis, me répondit-elle, le serpent que vous avez délivré de son plus cruel ennemi. J'ai su la trahison de vos sœurs, et pour vous en venger, d'abord que j'ai été libre par votre généreux secours, j'ai appelé plusieurs de mes compagnes qui sont fées comme moi; nous avons transporté toute la charge de votre vaisseau dans vos magasins de Bagdad, après quoi nous l'avons submergé. Ces deux chiennes noires sont vos deux sœurs, à qui j'ai donné cette forme. Ce châtiment ne suffit pas, et je veux que vous les traitiez encore de la manière que je vous dirai. »

« A ces mots, la fée m'embrassa étroitement d'un de ses bras, et les deux chiennes de l'autre, et nous transporta chez moi à Bagdad, où je vis dans mon magasin toutes les richesses dont mon vaisseau avait été chargé. Avant que de me quitter, elle me livra les deux chiennes, et me dit : « Sous peine d'être changée comme elles en chienne, je vous ordonne de donner toutes les nuits cent coups de fouet à chacune de vos sœurs pour les punir du crime qu'elles ont commis cette nuit contre votre personne et contre le jeune prince qu'elles ont noyé. » Je fus obligée de lui promettre que j'exécuterais son ordre.

« Depuis ce temps-là, je m'acquitte d'un si grand devoir, et vous voyez bien qu'en cela je suis plus à plaindre qu'à blâmer. »

Après avoir écouté Zobéide avec admiration, le calife pria Amine de vouloir lui expliquer pourquoi elle était marquée de cicatrices.

Mais, Sire, dit Scheherazade, il est jour, et je ne dois pas arrêter davantage votre majesté. Schahriar, se leva, et résolut de laisser vivre encore la sultane ce jour-là.

LXVIIe NUIT.

Scheherazade s'étant éveillée de bonne heure commença en ces termes :

Histoire d'Amine.

« Commandeur des croyants, dit-elle, pour ne pas répéter les choses dont votre majesté a déjà été instruite par l'histoire de ma sœur, je vous dirai que ma mère me donna en mariage à un des plus riches héritiers de cette ville.

« La première année de notre mariage n'était pas écoulée, que je demeurai veuve, et en possession de tout le bien de mon mari, qui montait à quatre-vingt-dix mille sequins. Le revenu seul de cette somme suffisait de reste pour me faire passer ma vie fort honnêtement. Cependant, dès que les premiers six mois de mon deuil furent passés, je me fis faire dix habits différents, d'une si grande magnificence, qu'ils revenaient à mille sequins chacun.

« Un jour, que j'étais seule, on vint me dire qu'une dame demandait à me parler. J'ordonnai qu'on la fît entrer. C'était une personne fort avancée en âge. Elle me salua en baisant la terre, et me dit : « Ma bonne dame, je vous supplie d'excuser la liberté que je prends de vous venir importuner : la confiance que j'ai en votre charité me donne cette hardiesse. Je vous dirai que j'ai une fille qui doit se marier aujourd'hui ; qu'elle et moi sommes étrangères, et que nous n'avons pas la moindre connaissance en cette ville ; c'est pourquoi, ma charitable dame, si vous avez pour agréable d'honorer ces noces de votre présence, les dames de notre pays connaîtront que nous ne sommes pas regardées ici comme des misérables, quand elles apprendront qu'une personne de votre rang n'aura pas dédaigné de nous faire un si grand honneur. Mais hélas ! si vous rejetez mes prières, nous ne savons pas à qui nous adresser. »

« Ce discours me toucha de compassion. « Ma bonne mère, lui dis-je, je veux bien vous faire le plaisir que vous me demandez : dites-moi où il faut que j'aille ; je ne veux que le temps de m'habiller un peu proprement. » La vieille dame, transportée de joie, fut plus prompte à me baiser les pieds que je ne le fus à l'en empêcher. « Ma charitable dame, reprit-elle en se relevant, Dieu vous récompensera de la bonté que vous avez pour vos servantes. Il n'est pas encore besoin que vous preniez cette peine ; il suffira que vous veniez avec moi à l'heure que je viendrai vous prendre. Adieu, madame, ajouta-t-elle, jusqu'à l'honneur de vous voir. »

« La nuit commençait à paraître, lorsque la vieille dame arriva chez moi. Elle me baisa la main, et me dit : « Ma chère dame, les parentes de mon gendre, qui sont les premières dames de la ville, sont assemblées ; me voilà prête à vous servir de guide. » Nous partîmes aussitôt : elle marcha devant moi, et je la suivis avec un grand nombre de mes femmes esclaves. Nous nous arrêtâmes à une grande porte, éclairée par un fanal, dont la lumière me fit lire cette inscription, qui était au-dessus de la porte, en lettres d'or : *C'est ici la demeure éternelle des plaisirs et de la joie*. La vieille dame frappa, et l'on ouvrit à l'instant.

« On me conduisit dans une grande salle, où je fus reçue par une jeune dame d'une beauté sans pareille. Elle vint au-devant de moi ; et, après m'avoir embrassée et fait asseoir près d'elle sur un sofa : « Madame, me dit-elle, on vous a fait venir ici pour assister à des noces ; mais j'espère que ces noces seront autres que celles que vous vous imaginez. J'ai un frère qui est le mieux fait et le plus accompli de tous les hommes; il est si charmé du portrait qu'il a entendu faire de votre beauté, que son sort dépend de vous, et qu'il sera très-malheureux, si vous n'avez pitié de lui. Si mes prières, madame, peuvent quelque chose sur vous, je les joins aux siennes, et vous supplie de ne pas rejeter l'offre qu'il vous fait de vous recevoir pour femme.»

« Depuis la mort de mon mari, je n'avais pas eu la pensée de me remarier; mais je n'eus pas la force de refuser une si belle personne. D'abord que j'eus consenti à la chose par un silence accompagné d'une rougeur qui parut sur mon visage, un cabinet s'ouvrit aussitôt, et il en sortit un jeune homme d'un air majestueux, et qui avait tant de grâce, que je m'estimai heureuse d'avoir fait une si belle conquête. Il prit place auprès de moi, et je connus, par l'entretien que nous eûmes, que son mérite était encore au-dessus de ce que sa sœur m'en avait dit.

« Lorsqu'elle vit que nous étions contents l'un et l'autre, elle frappa des mains, et un cadi entra, qui dressa notre contrat de mariage, le signa, et le fit signer aussi par quatre témoins qu'il avait amenés avec lui. La seule chose que mon nouvel époux exigea de moi, fut que je ne me ferais point voir, ni ne parlerais à aucun homme qu'à lui, et il me jura qu'à cette condition j'aurais tout sujet d'être contente de lui. Notre mariage fut conclu et achevé de cette manière, et je fus la principale actrice des noces où j'avais été invitée seulement.

« Un mois après notre mariage, je demandai à mon mari la permission de sortir pour aller faire quelque emplette. Il me l'accorda, et je pris pour m'accompagner la vieille dame dont j'ai déjà parlé, qui était de la maison, et deux de mes femmes esclaves. Quand nous fûmes dans la rue des Marchands, la vieille dame me dit : « Ma bonne maîtresse, il faut que je vous mène chez un jeune marchand que je connais ici; je puis vous assurer que vous trouverez chez lui ce que vous ne trouveriez pas ailleurs. Je me laissai conduire dans la boutique d'un jeune marchand assez bien fait. Je m'assis, et lui fis dire par la vieille dame de me montrer les plus belles étoffes de soie qu'il eût.

« Le marchand me montra plusieurs étoffes, dont l'une m'ayant agréé, je lui fis demander combien il l'estimait. Il répondit à la vieille : « Je ne la lui vendrai ni pour or, ni pour argent; mais je lui en ferai présent, si elle veut me permettre de la baiser à la joue.» J'ordonnai à la vieille de lui dire qu'il était bien hardi de me faire une pareille proposition. Mais, au lieu de m'obéir, elle me représenta que ce que le marchand demandait n'était pas une chose fort importante; qu'il ne s'agissait point de parler, mais seulement de présenter la joue. J'avais tant d'envie d'avoir l'étoffe, que je fus assez simple pour suivre ce conseil. Je me dévoilai; mais, au lieu de me baiser, le marchand me mordit jusqu'au sang. La douleur et la surprise furent telles, que j'en tombai évanouie, et je demeurai assez longtemps en cet état pour donner au marchand celui de fermer sa boutique, et de prendre la fuite. Lorsque je fus revenue à moi, je me sentis la joue tout ensanglantée. »

Scheherazade, en achevant ces dernières paroles, aperçut le jour, et se tut. Le sultan se leva, fort curieux d'apprendre la suite de cette histoire.

LXVIIIe NUIT.

Scheherazade, adressant, dès le matin, la parole à Dinarzade : — Voici, ma sœur, lui dit-elle, comment Amine reprit son histoire :

« La vieille qui m'accompagnait, extrêmement mortifiée de l'accident qui m'était arrivé, tâcha de me rassurer. « Ma bonne maîtresse, me dit-elle, je vous demande pardon : je suis cause de ce malheur; je vous donnerai un remède qui vous guérira, en trois jours, si parfaitement, qu'il n'y paraîtra pas la moindre marque. » En rentrant, la vieille m'appliqua son remède, et je me mis au lit.

« La nuit venue, mon mari arriva; il s'aperçut que j'avais la tête enveloppée, me demanda ce que j'avais. Quoique je ne fusse pas fort criminelle, je ne pouvais me résoudre à lui avouer la chose : faire cet aveu à un mari, me paraissait choquer la bienséance. Je lui dis que, comme j'allais acheter une étoffe de soie, un porteur, chargé de bois, avait passé si près de moi, qu'un bâton m'avait fait une égratignure au visage, mais que c'était peu de chose.

« Cette action, me dit mon mari, ne demeurera pas impunie. Je donnerai demain ordre au lieutenant de police d'arrêter tous ces brutaux de porteurs, et de les faire pendre. » Dans la crainte que j'eus d'être la cause de la mort de tant d'innocents, je lui dis : « Seigneur, je serais fâchée qu'on fît une si grande injustice; je me croirais indigne de pardon, si j'avais causé ce malheur. — Dites-moi donc sincèrement, reprit-il, ce que je dois penser de votre blessure. »

« Je cherchai plusieurs autres défaites; mais, voyant que je ne lui disais pas la vérité, mon mari perdit enfin patience. « Ah! s'écria-t-il, c'est trop longtemps écouter des mensonges! » Il frappa des mains, et trois esclaves entrèrent. « Tirez-la hors du lit, leur dit-il. » Les esclaves exécutèrent son ordre. « Frappe, dit-il à l'un deux; coupe-lui le corps en deux, et va le jeter dans le Tigre : c'est le châtiment que je fais aux personnes qui me manquent de foi. »

« En ce moment la vieille dame, qui avait été nourrice de mon époux, entra, et, se jetant à ses pieds pour tâcher de l'apaiser : « Mon fils, lui dit-elle, pour prix de vous avoir nourri et élevé, je vous conjure de m'accorder sa grâce. Vous allez flétrir votre réputation, et perdre l'estime des hommes. » Elle prononça ces paroles d'un air si touchant, qu'elles firent impression sur mon époux. « Eh bien! dit-il à sa nourrice, je lui donne la vie; mais je veux qu'elle porte des marques qui la fassent souvenir de son crime. »

« A ces mots, un esclave, par son ordre, me donna, de toute sa force, sur les côtes et sur la poitrine, tant de coups d'une petite canne pliante, qui enlevait la peau et la chair, que j'en perdis connaissance. Après cela, il me fit porter dans une maison où la vieille eut grand soin de moi. Je gardai le lit quatre mois. Enfin, je guéris; mais les cicatrices que vous vîtes hier, contre mon intention, me sont restées depuis.

« Désolée, dépourvue de toutes choses, j'eus recours à ma chère sœur Zobéide, et je lui fis le récit de ma disgrâce. Elle me reçut avec sa bonté ordinaire, et m'exhorta à la supporter patiemment. Enfin, après m'avoir donné mille marques d'amitié, elle me présenta ma cadette, qui s'était retirée chez elle après la mort de notre mère. Ainsi, remerciant Dieu de nous avoir toutes trois rassemblées, nous résolûmes de vivre libres, sans nous séparer jamais. Il y a longtemps que nous menons cette vie tranquille, et, comme je me suis chargée de la dépense de la maison, je me fais un plaisir d'aller moi-même faire les provisions dont nous avons besoin. »

Le calife Haroun al Raschid fut très-content d'avoir appris ce qu'il voulait savoir, et témoigna publiquement l'admiration que lui causait tout ce qu'il venait d'entendre...

Mais, Sire, dit en cet endroit Scheherazade, le jour me force à remettre à demain la suite de cette histoire.

LXIXe NUIT.

Sire, dit Scheherazade, le calife, ayant satisfait sa curiosité, voulut donner des marques de sa grandeur et de sa générosité aux calenders princes, et faire sentir aux trois dames les effets de sa bonté. Il dit lui-même à Zobéide : « Madame, cette fée, qui se fit voir d'abord à vous en serpent, ne vous promit-elle pas de vous revoir, et de rétablir les deux chiennes en leur premier état? »

« Commandeur des croyants, répondit Zobéide, j'ai oublié de dire à votre majesté que la fée me mit entre les mains un petit paquet de cheveux, en me disant qu'un jour j'aurais besoin de sa présence, et qu'alors, si je voulais brûler deux brins de ces cheveux, elle serait à moi dans le moment. — Eh bien! lui répliqua le calife, faisons venir la fée; vous ne sauriez l'appeler plus à propos. »

Zobéide y ayant consenti, on apporta du feu, et Zobéide mit dessus tout le paquet de cheveux. A l'instant même le palais s'ébranla, et la fée parut sous la figure d'une dame habillée très-magnifiquement. « Commandeur des croyants, dit-elle à ce prince, vous me voyez prête à recevoir vos ordres. La dame qui vient de m'appeler m'a rendu un service important. Pour lui en marquer ma reconnaissance, je l'ai vengée de la perfidie de ses sœurs, en les changeant en chiennes; mais,

si votre majesté le désire, je vais leur rendre leur figure naturelle. »

« Belle fée, lui répondit le calife, faites-leur cette grâce; et, comme vous savez une infinité de choses, obligez-moi de me nommer le barbare qui ne s'est pas contenté d'exercer sur la sœur de cette dame une si grande cruauté, mais qui lui a même enlevé très-injustement tout le bien qui lui appartenait. Je m'étonne qu'une action si injuste, et qui fait tort à mon autorité, ne soit pas venue jusqu'à moi. »

« Pour faire plaisir à votre majesté, répliqua la fée, je remettrai les deux chiennes en leur premier état; je guérirai la dame de ses cicatrices, et ensuite je vous nommerai celui qui l'a fait maltraiter ainsi. »

Le calife envoya prendre les deux chiennes chez Zobéide, et, lorsqu'on les eut amenées, on présenta une tasse pleine d'eau à la fée, qui l'avait demandée. Elle prononça dessus des paroles que personne n'entendit, et elle en jeta sur Amine et sur les deux chiennes. Elles furent changées en deux dames d'une beauté surprenante, et les cicatrices d'Amine disparurent. Alors la fée dit au calife : « Commandeur des croyants, l'époux inconnu que vous cherchez vous appartient de fort près, puisque c'est le prince Amin, votre fils aîné. »

Ce prince, content des changements qui venaient d'arriver, fit premièrement appeler le prince Amin, son fils; il lui dit qu'il savait son mariage secret et lui apprit la cause de la blessure d'Amine. Le prince n'attendit pas que son père lui parlât de la reprendre; il la reprit à l'heure même.

Le calife déclara ensuite qu'il donnait son cœur et sa main à Zobéide, et proposa les trois autres sœurs aux trois calenders, fils de rois, qui les acceptèrent avec beaucoup de reconnaissance. Le calife leur assigna à chacun un palais magnifique dans Bagdad; il les éleva aux premières charges et les admit dans ses conseils. Le premier cadi de Bagdad dressa les contrats de mariage, et le fameux calife Haroun al Raschid, en faisant le bonheur de tant de personnes, s'attira mille bénédictions.

Il n'était pas jour encore lorsque Scheherazade acheva cette histoire, qui avait été tant de fois interrompue et continuée. Cela lui donna lieu d'en commencer une autre. Ainsi, adressant la parole au sultan, elle dit :

Histoire de Sindbad le marin.

Sire, sous le règne de ce même calife Haroun al Raschid, il y avait à Bagdad un pauvre porteur, qui se nommait Hindbad. Un jour qu'il faisait une chaleur excessive, il portait une charge très-pesante d'une extrémité de la ville à une autre. Comme il était fort fatigué du chemin qu'il avait déjà fait, et qu'il lui en restait encore beaucoup à faire, il arriva dans une rue où régnait un doux zéphir. Ne pouvant désirer un vent plus favorable pour se reposer, il posa sa charge à terre, et s'assit dessus auprès d'une grande maison.

Il se sut bientôt très-bon gré de s'être arrêté en cet endroit : car son odorat fut agréablement frappé d'un parfum exquis de bois d'aloès et de pastilles, qui sortait par les fenêtres de cet hôtel. Pour satisfaire sa curiosité, il s'approcha de quelques domestiques qu'il vit à la porte, magnifiquement habillés, et demanda à l'un d'entre eux comment s'appelait le maître de cet hôtel. « Eh quoi! lui répondit le domestique, vous ignorez que c'est ici la demeure du seigneur Sindbad le marin, de ce fameux voyageur qui a parcouru toutes les mers que le soleil éclaire? » Le porteur, qui avait ouï parler des richesses de Sindbad, ne put s'empêcher de porter envie à un homme dont la condition lui paraissait aussi heureuse qu'il trouvait la sienne déplorable. L'esprit aigri par ces réflexions, il leva les yeux au ciel, et s'écria : « Puissant créateur de toutes choses, je souffre tous les jours mille fatigues, et j'ai bien de la peine à me nourrir, moi et ma famille, pendant que l'heureux Sindbad dépense avec profusion d'immenses richesses, et mène une vie pleine de délices! Qu'a-t-il fait pour obtenir une destinée si agréable? Qu'ai-je fait pour en mériter une si rigoureuse? »

Il était encore occupé de ces tristes pensées, lorsqu'il vit sortir de l'hôtel un valet qui vint à lui, et qui, le prenant par le bras, lui dit : « Venez, suivez-moi; le seigneur Sindbad, mon maître, veut vous parler. »

Le jour, qui parut en cet endroit, empêcha Scheherazade de continuer cette histoire; mais elle la reprit ainsi le lendemain ;

LXXe NUIT.

Sire, le valet introduisit Hindbad dans une grande salle, où il y avait bon nombre de personnes autour d'une table couverte de toutes sortes de mets exquis. On voyait à la place d'honneur un personnage grave, vénérable, et, derrière lui, étaient debout une foule d'officiers et de domestiques fort empressés à le servir. Ce personnage était Sindbad. Le porteur, dont le trouble s'augmenta à la vue de tant de monde, salua la compagnie. Sindbad lui dit de s'approcher; et, après l'avoir fait asseoir à sa droite, il lui servit à manger et lui fit boire d'un excellent vin.

Sur la fin du repas, Sindbad prit la parole, et, s'adressant à Hindbad, il lui demanda comment il se nommait, et quelle était sa profession. « Seigneur, lui répondit-il, je m'appelle Hindbad. —Je suis bien aise de vous voir, reprit Sindbad, mais il faut que je vous tire d'une erreur où vous paraissez être à mon égard. Vous vous imaginez que j'ai acquis sans peine et sans travail les commodités et le repos dont je jouis. Vous n'avez peut-être entendu parler que confusément de mes étranges aventures sur mer, dans les sept voyages que j'ai faits; et puisque l'occasion s'en présente, je vais en faire un rapport fidèle.

Premier voyage de Sindbad le marin.

« J'avais hérité de ma famille de biens considérables : j'en dissipai la meilleure partie dans les débauches; mais je revins de mon aveuglement, je ramassai les débris de mon patrimoine. Je vendis à l'encan tout ce que j'avais de meubles. Je me liai ensuite avec quelques marchands qui négociaient par mer, et je me rendis à Balsora, où je m'embarquai sur un vaisseau que nous avions équipé à frais communs.

« Nous mîmes à la voile, et prîmes la route des Indes orientales par le golfe Persique.

« Dans le cours de notre navigation, nous abordâmes à plusieurs îles, et nous y vendîmes ou échangeâmes nos marchandises. Un jour que nous étions à la voile, le calme nous prit vis-à-vis une petite île. Le capitaine fit plier les voiles, et permit de prendre terre aux personnes qui voudraient y descendre. Je fus du nombre de ceux qui y débarquèrent. Mais dans le temps que nous nous divertissions à boire et à manger, l'île trembla tout à coup, et nous donna une rude secousse. »

A ces mots Scheherazade s'arrêta, parce que le jour commençait à paraître. Elle reprit ainsi son discours sur la fin de la nuit suivante :

LXXIe NUIT.

Sire, Sindbad poursuivit : « On s'aperçut aussi du tremblement de l'île dans le vaisseau, d'où l'on nous cria de nous rembarquer promptement; que ce que nous prenions pour une île, était le dos d'une baleine. Les plus diligents se sauvèrent dans la chaloupe, d'autres se jetèrent à la nage. Pour moi, j'étais encore sur la baleine, lorsqu'elle se plongea dans la mer, et je n'eus que le temps de me saisir d'une pièce de bois qui flottait. Cependant, le capitaine, après avoir reçu à bord les gens qui étaient dans la chaloupe, et quelques-uns de ceux qui nageaient, voulut profiter d'un vent favorable qui s'était élevé : il fit hisser les voiles, et m'ôta par là l'espérance de gagner le vaisseau.

« Je demeurai donc à la merci des flots, je disputai contre eux ma vie tout le reste du jour et de la nuit suivante; et je désespérais d'éviter la mort, lorsqu'une vague me jeta contre une île. Quoique je fusse très-faible, parce que je n'avais pris aucune nourriture depuis le jour précédent, je ne laissai pas de me traîner, en cherchant des herbes bonnes à manger. J'en trouvai quelques-unes; et j'eus le bonheur de rencontrer une source d'eau excellente qui ne contribua pas peu à me rétablir. Les forces m'étant revenues, je m'avançai dans l'île, marchant sans tenir de route assurée. J'entrai dans une belle plaine, où j'aperçus de loin un cheval qui paissait. Je remarquai, en approchant, que c'était une cavale, attachée à un piquet. Sa beauté attirait mon attention, quand j'entendis la voix d'un homme qui parlait. Cet homme vint à moi, et me demanda qui j'étais. Je lui racontai mon aventure; il me fit entrer dans une grotte, où il y avait d'autres personnes qui ne furent pas moins étonnées de me voir que je l'étais de les trouver là.

« Je mangeai quelques mets qu'ils me présentèrent; puis, leur ayant demandé ce qu'ils faisaient dans un lieu si désert, ils répondirent qu'ils étaient palefreniers du roi Mihrage, souverain de cette île; que chaque année, dans la même saison, ils y amenaient les cavales du roi, pour les faire couvrir par un cheval marin qui sortait de la mer; que ce cheval, après les avoir couvertes, se mettait en état de les dévorer, mais qu'ils l'en empêchaient par leurs cris, et l'obligeaient à rentrer dans la mer; que, les cavales étant pleines, ils les ramenaient; et que les chevaux qui en naissaient étaient destinés pour le roi.

« Tandis qu'ils m'entretenaient ainsi, le cheval marin sortit de la mer, se jeta sur la cavale, la couvrit, et voulut ensuite la dévorer; mais, au grand bruit des palefreniers, il alla se replonger dans la mer.

« Le lendemain, ils reprirent le chemin de la capitale de l'île avec les cavales, et je les accompagnai. A notre arrivée, le roi Mihrage, à qui je fus présenté, me demanda qui j'étais, et par quelle aventure je me trouvais dans ses Etats. Dès que j'eus satisfait sa curiosité, il me témoigna qu'il prenait beaucoup de part à mon malheur, et ordonna qu'on eût soin de moi, et que l'on me fournît toutes les choses dont j'aurais besoin.

« Comme j'étais un jour sur le port, un navire y vint aborder. Dés qu'il fut à l'ancre, on commença à décharger les marchandises, et à les transporter dans les magasins. En jetant les yeux sur quelques ballots et sur l'écriture qui marquait à qui ils étaient, je vis mon nom dessus. Après les avoir attentivement examinés, je ne doutai pas que ce ne fussent ceux que j'avais fait charger sur le vaisseau où je m'étais embarqué à Balsora. Je reconnus même le capitaine; mais, comme j'étais persuadé qu'il me croyait mort, je l'abordai, et lui demandai à qui appartenaient les ballots que je voyais. « J'avais sur mon bord, me répondit-il, un marchand de Bagdad, qui se nommait Sindbad et qui se noya. Ces ballots étaient à lui, et j'ai résolu de les négocier, jusqu'à ce que je rencontre quelqu'un de sa famille à qui je puisse rendre le profit que jaurai fait avec le principal. —Capitaine, lui dis-je alors, je suis ce Sindbad que vous croyez mort, et qui ne l'est pas : ces ballots sont mon bien....»

Schehérazade n'en dit pas davantage cette nuit; mais elle continua le lendemain de la sorte :

LXXIIe NUIT.

Sindbad, dit à la compagnie : « Quand le capitaine du vaisseau m'entendit parler ainsi, il me reconnut aussi lui-même; et, se jetant à mon cou : « Dieu soit loué de ce que vous êtes heureusement échappé d'un si grand danger! Je ne puis assez vous marquer le plaisir que j'en ressens. Voilà votre bien, prenez-le; faites-en ce qu'il vous plaira. »

« Je choisis ce qu'il y avait de plus précieux dans mes ballots, et j'en fis présent au roi Mihrage. Je lui racontai par quel hasard je venais de recouvrer mes marchandises; il accepta mon présent et m'en fit de beaucoup plus considérables. Après cela, je pris congé de lui, et me rembarquai sur le même vaisseau. Mais, avant mon rembarquement, j'échangeai les marchandises qui me restaient contre du bois d'aloès, du camphre, du poivre et du gingembre. Nous passâmes par plusieurs îles, et nous abordâmes enfin à Balsora, d'où j'arrivai en cette ville avec la valeur d'environ cent mille sequins. Ma famille me reçut avec tous les transports que peut causer une amitié vive et sincère. J'achetai des esclaves de l'un et de l'autre sexe, de belles terres, et je fis une grosse maison. Ce fut ainsi que je m'établis, résolu de jouir des plaisirs de la vie. »

Sindbad s'étant arrêté en cet endroit, fit apporter une bourse de cent sequins, et la donnant au porteur : « Prenez, Hindbad, lui dit-il, retournez chez vous, et revenez demain entendre la suite de mes aventures. » Le porteur se retira fort confus de l'honneur et du présent qu'il venait de recevoir. Le récit qu'il fit à sa femme et à ses enfants les combla de joie, et ils ne manquèrent pas de remercier Dieu du bien qu'il leur faisait, par l'entremise de Sindbad le marin.

Hindbad s'habilla le lendemain, et retourna chez le voyageur libéral. D'abord que les conviés furent tous arrivés, on servit et l'on tint table fort longtemps. Le repas fini, Sindbad prit la parole, et, s'adressant à la compagnie : « Seigneurs, dit-il, je vous prie de me donner audience, et de vouloir bien écouter les aventures de mon second voyage ; elles sont plus dignes de votre attention que celles du premier. » Tout le monde garda le silence, et Sindbad parla en ces termes :

Second voyage de Sindbad le marin.

« J'avais résolu, après mon premier voyage, de passer tranquillement le reste de mes jours à Bagdad, comme j'eus l'honneur de vous le dire hier ; mais l'envie de voyager et de négocier par mer me reprit ; j'achetai des marchandises, et je partis avec d'autres marchands dont la probité m'était connue. Nous nous embarquâmes sur un bon navire, et nous commençâmes notre navigation.

« Un jour nous descendîmes dans une île déserte ; je pris mes provisions, et je m'assis près d'une eau coulant entre de grands arbres qui formaient un bel ombrage. Je fis un assez bon repas de ce que j'avais ; après quoi le sommeil vint s'emparer de moi. Je ne vous dirai pas si je dormis longtemps ; mais quand je me réveillai, je ne vis plus le navire à l'ancre..... »

Là, Scheherazade interrompit son récit, mais la nuit suivante elle continua de cette manière :

LXXIIIe NUIT.

« J'aperçus seulement le navire à la voile, et je le perdis de vue peu de temps après. Je vous laisse à imaginer les réflexions que je fis dans un état si triste.

« A la fin, je me résignai à la volonté de Dieu, et je montai sur un grand arbre, pour voir si je ne découvrirais rien qui pût me donner quelque espérance. En jetant les yeux sur la mer, j'aperçus du côté de la terre quelque chose de blanc ; je descendis de l'arbre, et je marchai vers cette blancheur, qui était si éloignée, que je ne pouvais distinguer ce que c'était.

« Lorsque j'en fus à peu de distance, je remarquai que c'était une boule blanche, d'une grosseur prodigieuse. Je tournai à l'entour pour voir s'il n'y avait point d'ouverture ; je n'en pus découvrir aucune. Elle pouvait avoir cinquante pas en rondeur.

« Le soleil alors était près de se coucher. L'air s'obscurcit tout à coup, comme s'il eût été couvert d'un nuage épais. Mais si je fus étonné de cette obscurité, je le fus bien davantage quand je m'aperçus que ce qui causait cette obscurité était un oiseau d'une grandeur et d'une grosseur extraordinaire, qui s'avançait de mon côté en volant. Je me souvins d'un oiseau appelé roc, dont j'avais souvent ouï parler aux matelots, et je reconnus que la grosse boule que j'avais tant admirée devait être un œuf de cet oiseau. En effet, il se posa dessus, comme pour le couver. En le voyant venir, je m'étais serré fort près de l'œuf, de sorte que j'eus devant moi un des pieds de l'oiseau ; et ce pied était aussi gros qu'un tronc d'arbre. Je m'y attachai fortement avec la toile dont mon turban était environné, dans l'espérance que le roc, lorsqu'il reprendrait son vol, m'emporterait hors de cette île déserte. Effectivement, d'abord qu'il fut jour, l'oiseau senvola, et m'enleva si haut, que je ne voyais plus la terre ; puis il descendit tout à coup avec tant de rapidité, que je ne me sentais pas. Lorsque le roc fut posé, et que je me vis à terre, je déliai promptement le nœud qui me tenait attaché à son pied. J'avais à peine achevé de m'en détacher, qu'il donna du bec sur un serpent d'une longueur inouie. Il le prit et s'envola aussitôt.

« Le lieu où il me laissa était une vallée profonde, environnée de montagnes tellement escarpées, qu'il n'y avait aucun chemin par où l'on pût y monter. En marchant par cette vallée, je remarquai avec plaisir qu'elle était parsemée de diamants, dont il y en avait d'une grosseur surprenante. Mais j'aperçus bientôt un grand nombre de serpents si gros et si longs, qu'il n'y en avait pas un qui n'eût englouti un éléphant. Ils se retiraient pendant le jour dans leurs antres, où ils se cachaient à cause du roc leur ennemi, et ils n'en sortaient que la nuit.

« Je passai la journée à me promener dans la vallée, et à me reposer de temps en temps dans les endroits les plus commodes. Et à l'entrée de la nuit, je me retirais dans une grotte dont je bouchai l'entrée, qui était basse et étroite, avec une pierre assez grosse pour me garantir des serpents, et y laisser pénétrer la lumière. Leurs affreux sifflements ne me permirent pas, comme vous pouvez penser, de passer la nuit fort tranquillement. Le jour étant venu, les serpents se retirèrent. Alors je sortis de ma grotte, et je marchai longtemps sur les diamants sans en avoir la moindre envie. A la fin, je m'assis, et comme je n'avais pas fermé l'œil de la nuit, je m'endormis; mais j'étais à peine assoupi, que quelque chose qui tomba près de moi me réveilla : c'était une grosse pièce de viande fraîche; et, dans le moment, j'en vis rouler plusieurs autres du haut des rochers.

« J'avais toujours tenu pour un conte fait à plaisir ce que j'avais ouï dire à des matelots touchant la vallée des diamants, et l'adresse dont se servaient quelques marchands pour en tirer les pierres précieuses. Je reconnus bien qu'ils m'avaient dit la vérité. Ces marchands se rendent auprès de cette vallée dans le temps que les aigles ont des petits. Ils découpent de la viande et la jettent par grosses pièces dans la vallée des diamants sur la pointe desquels elles tombent, et s'y attachent. Les aigles, qui sont en ce pays-là plus forts qu'ailleurs, fondent sur ces pièces de viande, et les emportent dans leurs nids, pour servir de pâture à leurs aiglons. Alors les marchands, courant aux nids, obligent par leurs cris les aigles à s'éloigner, et prennent les diamants qu'ils trouvent attachés aux pièces de viande. Ils se servent de cette ruse, parce qu'il n'y a pas d'autre moyen de tirer les diamants de cette vallée, qui est un précipice dans lequel on ne saurait descendre. Ce que je venais de voir me donna lieu d'imaginer le moyen de conserver ma vie... »

Le jour, qui parut en cet endroit, imposa silence à Scheherazade; mais elle poursuivit cette histoire le lendemain.

LXXIVe NUIT.

Sire, dit-elle, Sindbad continua ainsi :

« Je commençai, dit-il, par amasser les plus gros diamants qui se présentèrent à mes yeux, et j'en remplis le sac de cuir qui m'avait servi à mettre mes provisions de bouche. Je pris ensuite la pièce de viande qui me parut la plus longue : je l'attachai fortement autour de moi avec la toile de mon turban; je me couchai le ventre contre terre, la bourse de cuir attachée à ma ceinture, de manière qu'elle ne pouvait tomber.

« Je ne fus pas plus tôt en cette situation, que les aigles vinrent chacun se saisir d'une pièce de viande qu'ils emportèrent; et, un des plus puissants, m'ayant enlevé de même avec le morceau de viande dont j'étais enveloppé, me porta au haut de la montagne jusque dans son nid. Les marchands ne manquèrent point alors de crier pour épouvanter les aigles; et lorsqu'ils les eurent obligés à quitter leur proie, un d'entre eux s'approcha de moi, mais il fut saisi de crainte quand il m'aperçut. Il se rassura pourtant et me demanda pourquoi je lui ravissais son bien. Consolez-vous! ajoutai-je; j'ai des diamants pour vous et pour moi plus que n'en peuvent avoir tous les autres marchands ensemble. Je n'avais pas achevé de parler, que les autres marchands qui m'aperçurent s'attroupèrent autour de moi, fort étonnés de me voir, et j'augmentai leur surprise par le récit de mon histoire. Ils n'admirèrent pas tant le stratagème que j'avais imaginé pour me sauver, que ma hardiesse à le tenter.

« Ils m'emmenèrent au logement où ils demeuraient tous ensemble; et là, ayant ouvert ma bourse en leur présence, la grosseur de mes diamants les surprit, et ils m'avouèrent qu'ils n'en avaient pas vu un qui en approchât.

« Il y avait déjà plusieurs jours que les marchands jetaient des pièces de viande dans la vallée; et, comme chacun paraissait content des diamants qui lui étaient échus, nous partîmes tous ensemble, et nous gagnâmes le premier port d'où nous passâmes à l'île de Roha.

« J'y échangeai quelques-uns de mes diamants contre de bonnes marchandises. De là nous allâmes à d'autres îles; et enfin, après avoir touché à plusieurs villes de terre ferme, nous abordâmes à Balsora, d'où je me rendis à Bagdad. J'y fis d'abord de grandes aumônes aux pauvres, et je jouis honorablement du reste des richesses immenses que j'avais apportées et gagnées avec tant de fatigues. »

Troisième voyage de Sindbad le marin.

« J'eus bientôt perdu, dans les douceurs de la vie que je menais, le souvenir des dangers que j'avais courus dans mes deux voyages; mais, comme j'étais à la fleur de mon âge, je m'ennuyai de vivre dans le repos; et, m'étourdissant sur les nouveaux périls que je voulais affronter, je partis de Bagdad avec de riches marchandises du pays, que je fis transporter à Balsora. Là, je m'embarquai encore avec d'autres marchands.

« Un jour que nous étions en pleine mer, nous fûmes battus d'une tempête horrible qui nous fit perdre notre route. Elle continua plusieurs jours, et nous poussa devant le port d'une île où le capitaine aurait fort souhaité de se dispenser d'entrer. Lorsqu'on eut plié les voiles, le capitaine nous dit : « Cette île est habitée par des sauvages tout velus, et qui vont venir nous assaillir. Quoique ce soient des nains, notre résistance serait vaine, parce qu'ils sont en plus grand nombre que les sauterelles, et que, s'il nous arrivait d'en tuer quelqu'un, ils se jetteraient tous sur nous et nous assommeraient. »

Le jour, qui vint éclairer l'appartement de Schahriar, empêcha Scheherazade d'en dire davantage. La nuit suivante elle reprit la parole en ces termes :

LXXVe NUIT.

« Le discours du capitaine, dit Sindbad, mit tout l'équipage dans la consternation, et nous connûmes bientôt que ce qu'il venait de nous dire n'était que trop véritable. Nous vîmes paraître une multitude innombrable de sauvages hideux, couverts par tout le corps d'un poil roux, et hauts seulement de deux pieds. Ils se jetèrent à la nage, et environnèrent en peu de temps notre vaisseau. Ils se prirent aux bords et aux cordages du navire, et grimpèrent de tous côtés jusqu'au tillac avec une si grande agilité et avec tant de vitesse, qu'il ne paraissait pas qu'ils posassent leurs pieds.

« Nous leur vîmes faire cette manœuvre sans oser nous mettre en défense. Ils nous firent tous débarquer.

« Nous nous éloignâmes du rivage; et, en nous avançant dans l'île, nous trouvâmes quelques fruits dont nous mangeâmes pour prolonger notre vie le plus qu'il nous était possible, car nous nous attendions tous à une mort certaine. En marchant, nous aperçûmes un grand édifice, vers lequel nous tournâmes nos pas. C'était un palais bien bâti qui avait une porte d'ébène à deux battants, que nous ouvrîmes en la poussant. Nous entrâmes dans la cour, et nous vîmes en face un vaste appartement avec un vestibule où il y avait, d'un côté, un monceau d'ossements humains, et de l'autre une infinité de broches à rôtir.

« La porte de l'appartement s'ouvrit, et nous en vîmes sortir une horrible figure d'homme noir, de la hauteur d'un grand palmier. Il avait au milieu du front un seul œil rouge et ardent comme un charbon allumé; les dents de devant, qu'il avait fort longues et fort aiguës, lui sortaient de la bouche, qui n'était pas moins fendue que celle d'un cheval, et la lèvre inférieure lui descendait sur la poitrine. Il avait les ongles crochus et longs comme les griffes des plus grands oiseaux.

« Quand il nous eut bien considérés, il s'avança vers nous, étendit la main sur moi, me prit par la nuque du cou, et me tourna de tous côtés. Après m'avoir bien regardé, voyant que j'étais si maigre que je n'avais que la peau et les os, il me lâcha. Il prit les autres tour à tour, et les examina de la même manière, et, comme le capitaine était le plus gras de tout l'équipage, il le tint d'une main, ainsi que j'aurais tenu un moineau, et lui passa une broche au travers du corps; ayant ensuite allumé un grand feu, il le fit rôtir, et le mangea à son souper. Ce repas achevé, il revint sous le vestibule, où il se coucha, et s'endormit en ronflant d'une manière plus bruyante que le tonnerre. Son sommeil dura jusqu'au lendemain matin. Le jour étant venu, le géant se réveilla, se leva, sortit, et nous laissa dans le palais.

« Lorsque nous le crûmes éloigné, nous rompîmes le triste silence que nous avions gardé toute la nuit, et nous délibérâmes sur plusieurs partis, mais nous n'en déterminâmes aucun; et, nous soumettant à ce qu'il plairait à Dieu d'ordonner de notre sort, nous passâmes la journée à parcourir l'île en nous nourrissant de fruits et de plantes comme le jour précédent.

« Comme il m'était venu dans l'esprit un projet, je le communiquai à mes camarades, qui l'approuvèrent : « Mes frères, leur dis-je alors, il y a beaucoup de bois le long de la mer, construisons plusieurs radeaux, et, lorsqu'ils seront achevés, nous les laisserons sur la côte, jusqu'à ce que nous jugions à propos de nous en servir. J'avoue qu'en nous exposant à la fureur des flots sur de si fragiles bâtiments, nous courrons risque de perdre la vie; mais, n'est-il pas plus doux de nous laisser ensevelir dans la mer que dans les entrailles de ce monstre? » Mon avis fut goûté de tout le monde, et nous construisîmes des radeaux capables de porter trois personnes.

« Nous retournâmes au palais où le géant arriva peu de temps après nous. Il fallut encore nous résoudre à voir rôtir un de nos camarades. Après qu'il eut achevé son détestable souper, il se coucha sur le dos et s'endormit. D'abord que nous l'entendîmes ronfler, selon sa coutume, neuf des plus hardis d'entre nous, et moi, nous prîmes chacun une broche, et nous en mîmes la pointe dans le feu pour la faire rougir, et ensuite nous la lui enfonçâmes dans l'œil en même temps, et nous le lui crevâmes.

« La douleur que sentit le géant lui fit pousser un cri effroyable. Il se leva brusquement, et étendit les mains de tous côtés pour se saisir de quelqu'un de nous, afin de le sacrifier à sa rage, mais nous eûmes le temps de nous éloigner de lui, et de nous jeter dans des endroits où il ne pouvait nous rencontrer sous ces pieds. Après nous avoir cherchés vainement, il trouva la porte à tâtons, et sortit en faisant des hurlements épouvantables. »

Scheherazade n'en dit pas davantage cette nuit; mais la nuit suivante elle reprit ainsi cette histoire :

LXXVIe NUIT.

« Nous sortîmes du palais, poursuivit Sindbad, et nous nous rendîmes dans l'endroit où étaient nos radeaux. Nous les mîmes d'abord à l'eau, et nous attendîmes qu'il fît jour pour nous jeter dessus, supposé que nous vissions le géant venir à nous avec quelque guide de son espèce; mais nous nous flattions que, s'il ne paraissait pas lorsque le soleil serait levé, et que nous n'entendissions plus ses hurlements, ce serait une marque qu'il aurait perdu la vie; et, en ce cas, nous nous proposions de rester dans l'île. Mais, à peine fut-il jour, que nous aperçûmes notre cruel ennemi, accompagné de deux géants à peu près de sa grandeur, qui le conduisaient, et d'un assez grand nombre d'autres qui marchaient devant lui à pas précipités.

« A cet objet, nous ne balançâmes point à nous jeter sur nos radeaux, et à nous éloigner du rivage. Les géants, qui s'en aperçurent, se munirent de grosses pierres, entrèrent dans l'eau jusqu'à la moitié du corps, et nous les jetèrent si adroitement, qu'à la réserve du radeau sur lequel j'étais, tous les autres en furent brisés, et les hommes qui étaient dessus se noyèrent. Pour moi et mes deux compagnons, comme nous ramions de toutes nos forces, nous nous trouvâmes les plus avancés dans la mer, et hors de la portée des pierres.

« Quand nous fûmes en pleine mer, nous devînmes le jouet du vent et des flots, mais nous eûmes le bonheur d'être poussés contre une île, où nous trouvâmes d'excellents fruits, qui nous furent d'un grand secours pour réparer les forces que nous avions perdues.

« Sur le soir, nous nous endormîmes sur le bord de la mer; mais nous fûmes réveillés par le bruit qu'un serpent, long comme un palmier, faisait de ses écailles en rampant. Il se trouva si près de nous, qu'il engloutit un de mes deux camarades. Nous prîmes aussitôt la fuite, mon autre camarade et moi.

« Nous remarquâmes, en nous éloignant, un gros arbre fort haut, sur lequel nous projetâmes de passer la nuit suivante. Nous mangeâmes encore des fruits, et, à la fin du jour, nous montâmes sur l'arbre. Nous entendîmes bientôt le serpent, qui vint en sifflant jusqu'au pied de l'arbre où nous étions. Il s'éleva contre le tronc, et, rencontrant mon camarade, il l'engloutit tout d'un coup, et se retira.

« Je demeurai sur l'arbre jusqu'au jour, et j'en descendis plus mort que vif. Je ne pouvais attendre un autre sort que celui de mes deux compagnons, et, cette pensée me faisant frémir d'horreur, je fis quelques pas pour m'aller jeter dans la mer... »

A ces mots, Scheherazade, voyant qu'il était jour, cessa de parler. Le lendemain, elle continua son histoire, et dit au sultan :

LXXVIIe NUIT.

Sire, Sindbad, poursuivant son troisième voyage. « Dieu, dit-il, fut touché de mon désespoir : au moment où j'allais me jeter dans la mer, j'aperçus un navire assez éloigné du rivage. Je criai de toute ma force pour me faire entendre, et je dépliai la toile de mon turban, pour qu'on me remarquât. Cela ne fut pas inutile : tout l'équipage m'aperçut, et le capitaine m'envoya la chaloupe.

« Nous courûmes la mer quelque temps, et nous abordâmes enfin à Salahat. Nous entrâmes dans le port, et nous y mouillâmes. Les marchands commencèrent à faire débarquer leurs marchandises, pour les vendre ou les échanger. Pendant ce temps-là, le capitaine m'appela, et me dit : « Frère, j'ai en dépôt des marchandises sur mon navire. Comme le marchand est mort, je les fais valoir pour en rendre compte à ses héritiers, lorsque j'en rencontrerai quelqu'un. » Les ballots dont il entendait parler étaient déjà sur le tillac. Il me les montra, en me disant : « Voilà les marchandises en question ; j'espère que vous voudrez bien vous charger d'en faire commerce, sous la condition du droit dû à la peine que vous prendrez. » J'y consentis, en le remerciant de ce qu'il me donnait occasion de ne pas rester oisif.

« Comme l'écrivain demandait au capitaine sous quel nom il voulait qu'on enregistrât les ballots dont il venait de me charger : « Ecrivez, lui répondit le capitaine, sous le nom de Sindbad, le marin. »

« Capitaine, lui dis-je, est-ce que le marchand à qui étaient ces ballots s'appelait Sindbad ?—Oui, me répondit-il ; il était de Bagdad, et s'était embarqué sur mon vaisseau à Balsora.—Eh bien ! capitaine, lui répliquai-je, ouvrez les yeux, et reconnaissez ce Sindbad, que vous laissâtes dans cette île déserte. Je m'endormis au bord d'un ruisseau, et, quand je me réveillai, je ne vis plus personne de l'équipage. » A ces mots, le capitaine s'attacha à me regarder... »

Scheherazade, en cet endroit, s'apercevant qu'il était jour, remit au lendemain la suite de sa narration.

LXXVIIIe NUIT.

« Le capitaine, dit Sindbad, après m'avoir attentivement considéré, me reconnut enfin. « Dieu soit loué ! s'écria-t-il en m'embrassant, je suis ravi que la fortune ait réparé ma faute : voilà vos marchandises, que j'ai toujours pris soin de conserver. Je vous les rends avec le profit que j'en ai tiré. » Je les pris, en témoignant au capitaine toute la reconnaissance que je lui devais.

« Enfin, après une longue navigation, je revins à Bagdad, avec tant de richesses, que j'en ignorais la quantité. »

Sindbad acheva ainsi l'histoire de son troisième voyage. Hindbad et la compagnie se retirèrent, et, le jour suivant, Sindbad prit la parole sur la fin du dîner, et continua ses aventures.

Quatrième voyage de Sindbad le marin.

« Les plaisirs, dit-il, que je pris après mon troisième voyage n'eurent pas assez de charmes pour me déterminer à ne pas voyager. Je me laissai encore entraîner à la passion de voir des choses nouvelles. Je mis ordre à mes affaires, et j'achetai un fonds de marchandises de débit dans les lieux où j'avais dessein d'aller. Nous mîmes à la voile, et nous avions déjà touché à plusieurs ports de terre ferme et à quelques îles orientales, lorsqu'un jour nous fûmes surpris d'un coup de vent qui obligea le capitaine à donner les ordres nécessaires pour prévenir le danger dont nous étions menacés. Mais toutes nos précautions furent inutiles : la manœuvre ne réussit pas bien ; les voiles furent déchirées en mille pièces ; le vaisseau donna sur des récifs, et se brisa de manière qu'un grand nombre de marchands et de matelots se noya, et que la charge périt... »

Scheherazade en était là, quand elle vit paraître le jour. La nuit suivante, elle reprit ainsi le quatrième voyage :

LXXIXe NUIT.

« J'eus le bonheur, continua Sindbad, de même que plusieurs autres marchands et matelots, de me prendre à une planche. Nous fûmes tous emportés par un courant vers une île qui était devant nous. Nous y trouvâmes des fruits et de l'eau de source, qui nous servirent à rétablir nos forces.

« Le jour suivant, d'abord que le soleil fut levé, nous nous éloignâmes du rivage, et, avançant dans l'île, nous y aperçûmes des habitations où nous nous rendîmes. A notre arrivée, des noirs vinrent à nous en très-grand nombre ; ils nous environnèrent, se saisirent de nos personnes, en firent une espèce de partage, et nous conduisirent ensuite dans leurs maisons.

« Nous fûmes menés, cinq de mes camarades et moi, dans un même lieu. D'abord, on nous servit d'une certaine herbe, en nous invitant à en manger. Mes camarades, sans faire réflexion que ceux qui la servaient n'en mangeaient pas, se jetèrent sur ces mets avec avidité. Pour moi, par un pressentiment de quelque supercherie, je ne voulus pas en goûter, et je m'en trouvai bien, car peu après je m'aperçus que mes compagnons ne savaient plus ce qu'ils disaient.

« On me servit ensuite du riz préparé avec de l'huile de coco, et mes camarades en mangèrent extraordinairement. J'en mangeai aussi, mais fort peu. Les noirs avaient présenté cette herbe pour nous troubler l'esprit, et nous ôter par là le chagrin que la connaissance de notre sort nous devait causer, et ils nous donnaient du riz pour nous engraisser. Comme ils étaient anthropophages, leur intention était de nous manger quand nous serions gras. C'est ce qui arriva à mes camarades, qui ignoraient leur destinée, parce qu'ils avaient perdu leur bon sens. Puisque j'avais conservé le mien, vous jugez bien qu'au lieu d'engraisser, je devins encore plus maigre que je n'étais. La crainte de la mort me fit tomber dans une langueur qui me fut fort salutaire, car les noirs, ayant mangé mes compagnons, en demeurèrent là ; et, me voyant malade, ils mirent ma mort à un autre temps.

« Cependant j'avais beaucoup de liberté, et l'on ne prenait pas garde à mes actions. Cela me donna lieu de m'éloigner un jour des habitations et de me sauver. Je continuai de marcher pendant sept jours, en évitant les endroits qui me paraissaient habités. Je vivais de cocos, qui me fournissaient en même temps de quoi boire et manger.

« Le huitième jour, j'arrivai près de la mer ; j'aperçus tout à coup des gens blancs comme moi, qui étaient occupés à cueillir du poivre. Je ne me fis nulle difficulté de m'approcher d'eux. »

Scheherazade n'en dit pas davantage cette nuit, et, la suivante, elle poursuivit dans ces termes :

LXXXe NUIT.

« Les gens qui cueillaient du poivre, continua Sindbad, vinrent au-devant de moi. Dès qu'ils me virent, ils me demandèrent en arabe d'où je venais. Ravi de les entendre parler comme moi, je satisfis leur curiosité par le même récit que vous venez d'entendre, et ils furent merveilleusement étonnés.

« Je demeurai avec eux jusqu'à ce qu'ils eussent amassé la quantité de poivre qu'ils voulurent ; après quoi, ils me firent embarquer sur le bâtiment qui les avait amenés, et nous nous rendîmes dans l'île d'où ils étaient venus. Ils me présentèrent à leur roi, qui était un bon prince. Il écouta avec intérêt le récit de mon aventure, et commanda qu'on eût soin de moi.

« Comme je faisais ma cour au roi très-exactement, il me dit un jour : « Sindbad, je t'aime, et je sais que tous mes sujets te chérissent à mon exemple. J'ai une prière à te faire, et il faut que tu m'accordes ce que je vais te demander. — Sire, lui répondis-je, il n'y a rien que je ne sois prêt à faire pour vous marquer mon obéissance. — Je veux te marier, répliqua le roi, afin que tu ne songes plus à ta patrie. » Comme je n'osais résister à la volonté du prince, il me donna pour femme une dame de sa cour, noble, belle, sage et riche. Néanmoins, je n'étais pas trop content de mon état ; mon dessein était de m'échapper à la première occasion, et de retourner à Bagdad, dont mon établissement ne pouvait me faire perdre le souvenir.

« J'étais dans ces sentiments, lorsque la femme d'un de mes voisins tomba malade et mourut. J'allai chez lui pour le consoler, et le trouvant plongé dans la plus vive affliction : « Dieu vous conserve, lui dis-je en l'abordant, et vous donne une longue vie ! — Je souhaite, répliqua-t-il, que votre vie soit de longue durée ; pour ce qui est de moi, mes affaires sont faites, et je vous apprends que l'on m'enterre aujourd'hui avec ma femme. Telle est la coutume que nos ancêtres ont établie dans cette île, et qu'ils ont inviolablement gardée. »

« Dans le temps qu'il m'entretenait de cette étrange barbarie, dont la nouvelle m'effraya cruellement, les parents et les amis arrivèrent en corps pour assister aux funérailles. On revêtit le cadavre de la femme de ses habits les plus riches, et on la para de tous ses joyaux.

« On l'enleva ensuite dans une bière découverte, et le convoi se mit en marche. Le mari était à la tête du deuil. On prit le chemin d'une haute montagne ; et, lorsqu'on y fut arrivé, on leva une grosse pierre qui couvrait l'ouverture d'un puits profond, et l'on y descendit le cadavre, sans rien lui ôter de ses habillements et de ses joyaux. Après cela, le mari embrassa ses parents et ses amis, et se laissa mettre sans résistance dans une bière, avec un pot d'eau et sept petits pains auprès de lui ; puis on le descendit de la même manière qu'on avait descendu sa femme. La cérémonie achevée, on remit la pierre sur l'ouverture.

« Il n'est pas besoin, seigneurs, de vous dire que je fus un fort triste témoin de ces funérailles.

« Je m'en retournai tristement au logis. La crainte que ma femme ne mourût la première, et qu'on ne m'enterrât tout vivant avec elle, me faisait faire des réflexions très-mortifiantes. Cependant, quel remède apporter à ce mal ? Il fallut prendre patience. Néanmoins je tremblais à la moindre indisposition que je voyais à ma femme ; hélas ! j'eus bientôt la frayeur tout entière. Elle tomba véritablement malade, et mourut en peu de jours... »

Scheherazade, à ces mots, mit fin à son discours pour cette nuit. Le lendemain, elle en reprit la suite de cette manière :

LXXXIe NUIT.

« Jugez de ma douleur, poursuivit Sindbad ; être enterré tout vif ne me paraissait pas moins déplorable que d'être dévoré par des anthropophages. Le roi, accompagné de toute sa cour, voulut honorer de sa présence le convoi ; et les personnes les plus considérables de la ville me firent aussi l'honneur d'assister à mon enterrement.

« Lorsque tout fut prêt pour la cérémonie, on commença la marche. Comme second acteur de cette tragédie, je suivais immédiatement la bière, les yeux baignés de larmes, et déplorant mon malheur. Personne n'en fut attendri ; on se hâta de descendre le corps de ma femme dans le puits et l'on m'y descendit un moment après, avec un vase rempli d'eau et sept pains. Enfin, cette cérémonie si funeste pour moi étant achevée, on remit la pierre sur l'ouverture du puits, nonobstant mes cris pitoyables.

« A mesure que j'approchais du fond, je découvrais, à la faveur du peu de lumière qui venait d'en haut, la disposition de ce lieu souterrain. C'était une grotte fort vaste, et qui pouvait bien avoir cinquante coudées de profondeur. Je sentis bientôt une puanteur insupportable qui sortait d'une infinité de cadavres que je voyais à droite et à gauche. Quelque misérable que je fusse, l'amour de la vie se fit encore sentir en moi, et me porta à prolonger mes jours. J'allai à tâtons, et en me bouchant le nez, prendre le pain et l'eau qui étaient dans ma bière, et j'en mangeai. Mais enfin, n'en ayant plus, je me préparai à mourir... »

Scheherazade cessa de parler à ces derniers mots. La nuit suivante elle reprit la parole en ces termes :

LXXXIIe NUIT.

« Je n'attendais plus que la mort, continua Sindbad, lorsque j'entendis lever la pierre. On descendit un cadavre et une personne vivante. Le mort était un homme. Il est naturel de prendre des résolutions extrêmes dans les dernières extrémités. Dans le temps qu'on descendait la femme, je m'approchai de l'endroit où sa bière devait être posée, et, quand je m'aperçus qu'on recouvrait l'ouverture du puits, je donnai sur la tête de la malheureuse deux ou trois coups d'un gros os dont je m'étais saisi. Je l'assommai.

« Un jour que je venais d'expédier encore une femme, j'entendis souffler et marcher. J'avançai du côté où partait le bruit, et il me parut entrevoir quelque chose qui prenait la fuite. Je suivis cette espèce d'ombre, et j'allai si loin, que j'aperçus enfin une faible lumière, et, à la fin, je découvris qu'elle venait par une ouverture du rocher, assez large pour y passer. Je m'arrêtai quelque temps pour me remettre de l'émotion violente que cette découverte me causa; puis, m'étant avancé jusqu'à l'ouverture, j'y passai, et me trouvai sur le bord de la mer. Imaginez-vous l'excès de ma joie : il fut tel, que j'eus de la peine à me persuader que ce n'était pas une imagination. Lorsque mes sens furent rétablis, je compris que la chose que j'avais suivie était un animal sorti de la mer, qui avait coutume d'entrer dans la grotte pour s'y repaître de corps morts.

« Je me prosternai sur le rivage pour remercier Dieu de la grâce qu'il venait de me faire. Je rentrai ensuite dans la grotte, et j'allai ramasser à tâtons dans les bières tous les diamants, les rubis, les perles, les bracelets d'or, et enfin toutes les riches étoffes que je trouvai sous ma main; je portai tout cela sur le bord de la mer. J'en fis plusieurs ballots que je liai proprement avec des cordes qui avaient servi à descendre les bières. Je les laissai sur le rivage, en attendant une bonne occasion.

« Au bout de deux ou trois jours, j'aperçus un navire qui sortait du port, et qui vint passer près de l'endroit où j'étais. Je fis signe de la toile de mon turban, et je criai de toute ma force pour me faire entendre. On m'entendit, et l'on détacha la chaloupe pour me venir prendre.

« Quand nous fûmes arrivés à bord, le capitaine eut la bonté de se payer du naufrage que je lui dis avoir fait.

« Nous passâmes devant plusieurs îles, et entre autres devant l'île de Kela, où nous abordâmes.

« Après que nous eûmes fait un grand commerce devant cette île, nous remîmes à la voile, et abordâmes à plusieurs autres ports. Enfin, j'arrivai heureusement à Bagdad avec des richesses infinies. Pour rendre grâce à Dieu des faveurs qu'il m'avait faites, je fis de grandes aumônes, et me donnai tout entier à mes parents et à mes amis, en me divertissant et en faisant bonne chère avec eux. »

Cinquième voyage de Sindbad le marin.

« Les plaisirs eurent encore assez de charmes pour effacer de ma mémoire toutes les peines et les maux que j'avais soufferts, sans pouvoir m'ôter l'envie de faire de nouveaux voyages. C'est pourquoi j'achetai des marchandises; je les fis emballer, et je partis avec elles pour me rendre au premier port de mer. Là, pour avoir un navire à mon commandement, je me donnai le loisir d'en faire construire et équiper un à mes frais. Dès qu'il fut achevé, je m'embarquai dessus, et, comme je n'avais pas de quoi faire une charge entière, je reçus plusieurs marchands de différentes nations avec leurs marchandises.

« Nous fîmes voile au premier bon vent et prîmes le large. Après une longue navigation, le premier endroit où nous abordâmes fut une île déserte, où nous trouvâmes l'œuf d'un roc d'une grosseur pareille à celui dont vous m'avez entendu parler; il renfermait un petit roc près d'éclore, dont le bec commençait à paraître... »

A ces mots, Scheherazade se tut, parce que le jour se faisait déjà voir. La nuit suivante elle reprit son discours.

LXXXIIIe NUIT.

Sindbad le marin, dit-elle, continuant de raconter son cinquième voyage :

« Les marchands, poursuivit-il, qui s'étaient embarqués sur mon navire, et qui avaient pris terre avec moi, cassèrent l'œuf et tirèrent le petit roc par morceaux et le firent rôtir. Je les avais avertis de ne pas toucher à l'œuf; mais ils ne voulurent pas m'écouter.

« Ils eurent à peine achevé leur régal qu'il parut en l'air deux gros nuages. Le capitaine que j'avais pris à gage pour conduire mon vaisseau, sachant par expérience ce que cela signifiait, s'écria que c'étaient le père et la mère du petit roc, et il nous pressa de nous rembarquer au plus vite pour éviter le malheur qu'il prévoyait. Nous suivîmes son conseil avec empressement, et nous remîmes promptement à la voile. Cependant les deux rocs approchèrent en poussant des cris effroyables, et nous remarquâmes qu'ils tenaient entre leurs griffes chacun un morceau de rocher d'une grosseur énorme. Lorsqu'ils furent précisément au-dessus de mon vaisseau, ils s'arrêtèrent, et, se soutenant en l'air, l'un lâcha la pièce de rocher qu'il tenait; mais, par l'adresse du timonier, qui détourna le navire d'un coup de timon, elle tomba à côté dans la mer, qui s'entr'ouvrit de manière que nous en vîmes presque le fond. L'autre oiseau, pour notre malheur, laissa tomber sa roche si justement au milieu du vaisseau, qu'elle le rompit et le brisa en mille pièces. Les matelots et les passagers furent tous écrasés du coup ou submergés. Je fus submergé moi-même; mais j'eus le bonheur de me prendre à une pièce du débris, et, m'aidant tantôt d'une main, tantôt de l'autre, j'arrivai enfin à une île dont le rivage était fort escarpé. Je surmontai néanmoins cette difficulté et me sauvai.

« Je m'assis sur l'herbe pour me remettre un peu de ma fatigue, après quoi je me levai et m'avançai dans l'île pour reconnaître le terrain; il me sembla que j'étais dans un jardin délicieux : je voyais partout des arbres chargés de fruits et des ruisseaux d'une eau douce et claire qui faisaient d'agréables détours. Je mangeai de ces fruits, que je trouvai excellents, et je bus de cette eau qui m'invitait à boire.

« Lorsque je fus un peu en avant dans l'île, j'aperçus un vieillard qui me parut fort cassé. Il était assis sur le bord d'un ruisseau. Je m'imaginai d'abord que c'était quelqu'un qui avait fait naufrage comme moi. Je lui demandai ce qu'il faisait là; mais, au lieu de me répondre, il me fit signe de le charger sur mes épaules et de le passer au-delà du ruisseau, en me faisant comprendre que c'était pour aller cueillir des fruits.

« Je crus qu'il avait besoin que je lui rendisse ce service, c'est pourquoi, l'ayant chargé sur mon dos, je passai le ruisseau. « Descendez, lui dis-je alors, » en me baissant pour faciliter sa descente. Mais, au lieu de se laisser aller à terre (j'en ris encore toutes les fois que j'y pense), ce vieillard, qui m'avait paru décrépit, passa légèrement autour de mon cou ses deux jambes, dont je vis que la peau ressemblait à celle d'une vache, et se mit à califourchon sur mes épaules, en me serrant si fortement la gorge qu'il semblait vouloir m'étrangler. La frayeur me saisit en ce moment et je tombai évanoui... »

Scheherazade fut obligée de s'arrêter à ces paroles, à cause du jour qui paraissait. Elle poursuivit ainsi son histoire sur la fin de la nuit suivante :

LXXXIVe NUIT

« Nonobstant mon évanouissement, dit Sindbad, l'incommode vieillard demeura toujours attaché à mon cou; il écarta seulement un peu les jambes pour me donner lieu de revenir à moi. Il ne quittait point prise pendant le jour, et, quand je voulais me reposer la nuit, il s'étendait par terre avec moi, toujours attaché à mon cou.

« Un jour que je trouvai en mon chemin plusieurs calebasses sèches qui étaient tombées d'un arbre, j'en pris une assez grosse, et, après l'avoir bien nettoyée, j'exprimai dedans le jus de plusieurs grappes de raisin, fruit que l'île produisait en abondance. Lorsque j'en eus rempli la calebasse, je la posai dans un endroit où j'eus l'adresse de me faire conduire par le vieillard quelques jours après. Là, je pris la calebasse, et je bus d'un excellent vin qui me fit oublier pour quelque temps le chagrin dont j'étais accablé. Cela me donna de la vigueur; j'en fus même si réjoui, que je me mis à chanter et à sauter en marchant.

« Le vieillard, qui s'aperçut de l'effet que cette boisson avait produit en moi, et que je le portais plus légèrement que de coutume, me fit signe de lui en donner à boire; je lui présentai la calebasse, et, comme la liqueur lui parut agréable, il l'avala jusqu'à la dernière goute. Aussi s'enivra-t-il, et bientôt la fumée du vin lui montant à la tête, il commença à chanter à sa manière et à se trémousser sur mes épaules. Ses jambes se relâchèrent peu à peu, de sorte que, voyant qu'il ne me serrait plus, je le jetai par terre, où il demeura sans mouvement. Alors je pris une très-grosse pierre et lui en écrasai la tête.

« Je sentis une grande joie de m'être délivré pour jamais de ce maudit vieillard, et je marchai vers le bord de la mer, où je rencontrai des gens d'un navire qui venait de mouiller là pour faire de l'eau. Ils furent extrêmement étonnés de me voir et d'entendre le détail de mon aventure.

« Vous étiez tombé, me dirent-ils, entre les mains du vieillard de la mer, et vous êtes le premier qu'il n'ait pas étranglé.

« Après m'avoir informé de ces choses, ils m'emmenèrent avec eux dans leur navire, dont le capitaine se fit un plaisir de me recevoir. »

Scheherazade voulait poursuivre, mais le jour, qui paraissait, l'en empêcha. La nuit suivante elle reprit son discours de cette sorte :

LXXXVe NUIT.

« Je me remis en mer avec joie, et le vaisseau arriva heureusement à Balsora; de là je revins à Bagdad, où je fis de très-grosses sommes d'argent du poivre, du bois d'aloès et des perles que j'avais apportés. Je distribuai en aumônes la dixième partie de mon gain et je cherchai à me délasser de mes fatigues dans toutes sortes de divertissements. »

Ayant achevé ces paroles, Sindbad fit donner cent sequins à Hindbad, qui se retira avec tous les autres convives. Le lendemain, la même compagnie se trouva chez le riche Sindbad, qui, après l'avoir régalée, fit le récit de son sixième voyage.

Sixième voyage de Sindbad le marin.

« Seigneurs, dit-il, vous êtes sans doute en peine de savoir comment, après avoir fait cinq naufrages et avoir essuyé tant de périls, je pus me résoudre encore à tenter la fortune et à chercher de nouvelles disgrâces. Quoi qu'il en soit, au bout d'une année de repos, je me préparai à faire un sixième voyage, malgré les prières de mes parents et de mes amis.

« Au lieu de prendre ma route par le golfe Persique, je passai par plusieurs provinces de la Perse et des Indes, et j'arrivai à un port de mer où je m'embarquai sur un bon navire, dont le capitaine était résolu à faire une longue navigation. Elle fut très-longue à la vérité, mais si malheureuse, que le capitaine et le pilote perdirent leur route. Ils la reconnurent enfin, mais nous n'eûmes pas sujet de nous en réjouir, et nous fûmes un jour dans un étonnement extrême de voir le capitaine quitter son poste en poussant des cris. Il s'arracha la barbe et se frappa la tête comme un homme à qui le désespoir a troublé l'esprit. « Je vous annonce, dit-il, que nous sommes dans l'endroit de toute la mer le plus dangereux. Un courant très-rapide emporte le navire, et nous allons tous périr dans moins d'un quart d'heure. Priez Dieu qu'il nous délivre de ce danger. Nous ne saurions en échapper s'il n'a pitié de nous. » A ces mots, il ordonna de faire ranger les voiles; mais les cordages se rompirent dans la manœuvre, et le navire fut emporté par le courant au pied d'une montagne inaccessible, où il se brisa, de manière pourtant que nous eûmes encore le temps de débarquer nos vivres et nos plus précieuses marchandises.

« La montagne au pied de laquelle nous étions faisait la côte d'une île fort longue et très-vaste, et couverte de débris de vaisseaux qui y avaient fait naufrage, et d'une infinité d'ossements qu'on y rencontrait d'espace en espace. Nous jugeâmes qu'il s'y était perdu bien du monde. C'est aussi une chose presque incroyable que la quantité de marchandises et de richesses qui se présentaient à nous de toutes parts. Ce qu'il y a de remarquable dans ce lieu, c'est que les pierres de la montagne sont de cristal, de rubis, ou d'autres pierres précieuses. Il y croît aussi des arbres dont la plupart sont des aloès, qui ne le cèdent à aucuns en bonté.

« Nous demeurâmes sur le rivage comme des gens qui ont perdu l'esprit, et nous attendions la mort de jour en jour. D'abord, nous avions partagé nos vivres également : ainsi chacun vécut plus ou moins longtemps que les autres, selon son tempérament, et suivant l'usage qu'il fit de ses provisions... »

Scheherazade cessa de parler, voyant que le jour commençait à paraître. Le lendemain elle continua de cette sorte :

LXXXVIe NUIT.

« Ceux qui moururent les premiers, continua Sindbad, furent enterrés par les autres; pour moi, je rendis les derniers devoirs à tous mes compagnons. Lorsque j'enterrai le dernier, il me restait si peu de vivres, que je jugeai que je ne pourrais pas aller loin, de sorte que je creusai moi-même mon tombeau, résolu de me jeter dedans, puisqu'il ne restait plus personne pour m'enterrer.

« Mais Dieu eut encore pitié de moi et m'inspira la la pensée d'aller jusqu'à la rivière, qui se perdait sous la voûte de la grotte. Là, après l'avoir examinée avec beaucoup d'attention, je dis en moi-même : « Cette rivière qui se cache ainsi sous la terre en doit sortir en quelque endroit; en construisant un radeau et m'abandonnant dessus au courant de l'eau, j'arriverai à une terre habitée, ou je périrai.

« Je n'hésitai pas à travailler au radeau; j'en fis un petit bâtiment assez solide, que je chargeai de quelques ballots de rubis, d'émeraudes, de cristal de roche, et d'étoffes précieuses. Ayant bien attaché toutes ces choses, je m'embarquai sur le radeau avec deux petites rames que je n'avais pas oublié de faire; et, me laissant aller au cours de la rivière, je m'abandonnai à la volonté de Dieu.

« Sitôt que je fus sous la voûte, je ne vis plus de lumière, et le fil de l'eau m'entraîna sans que je pusse remarquer où il m'emportait. Je voguai quelques jours dans cette obscurité, sans jamais apercevoir le moindre rayon de lumière. Pendant ce temps-là, je ne mangeais des vivres qui me restaient qu'autant qu'il en fallait pour soutenir ma vie. Mais, avec quelque frugalité que je pusse vivre, j'achevai de consommer mes provisions. Alors, un doux sommeil vint saisir mes sens. Je ne puis vous dire si je dormis longtemps; mais, en me réveillant, je me vis avec surprise dans une vaste campagne, au bord d'une rivière où mon radeau était attaché, et au milieu d'un grand nombre de noirs.

« Un des noirs, qui entendait l'arabe, me dit : « Nous vous supplions de nous dire comment vous vous êtes hasardé sur cette eau, et d'où vous venez. » Je leur répondis qu'ils me donnassent premièrement à manger, et qu'après je satisferais leur curiosité.

« Ils me présentèrent plusieurs sortes de mets; et, quand j'eus contenté ma faim, je leur fis un rapport fidèle de tout ce qui m'était arrivé, ce qu'ils parurent écouter avec admiration. Sitôt que j'eus fini mon discours : « Voilà, me dirent-ils par la bouche de l'interprète qui leur avait expliqué ce que je venais de dire, voilà une histoire des plus surprenantes. Il faut que vous veniez en informer le roi vous-même. » Je leur repartis que j'étais prêt à faire ce qu'ils voudraient. »

Scheherazade fut obligée d'en demeurer là, parce que le jour parut. Sur la fin de la nuit suivante, elle reprit ainsi le fil de sa narration :

LXXXVIIe NUIT.

« Nous marchâmes, poursuivit Sindbad, jusqu'à la ville de Serendib; car c'était dans cette île que je me trouvais. Les noirs me présentèrent à leur roi.

« Je fis au roi le même récit que vous venez d'entendre. On apporta ensuite le radeau, et l'on ouvrit les ballots en sa présence. Il admira les rubis, car il n'en avait point dans son trésor qui en approchassent.

« Je suppliai le roi de me permettre de retourner dans mon pays, ce qu'il m'accorda d'une manière très-obligeante et très-honorable. Il m'obligea à recevoir un riche présent; lorsque j'allai prendre congé de lui, il me chargea d'un autre présent bien plus considérable, et en même temps d'une lettre pour le commandeur des croyants, notre souverain seigneur, en me disant : « Je vous prie de présenter de ma part ce régal et cette lettre au calife Haroun al Raschid, et de l'assurer de mon amitié. » Je pris le présent et la lettre avec respect, en promettant à sa majesté d'exécuter ponctuellement les ordres dont elle me faisait l'honneur de me charger.

« Le présent consistait, premièrement, en un vase de rubis, creusé et travaillé en coupe, d'un demi-pied de hauteur, et d'un doigt d'épaisseur rempli de perles très-rondes; secondement, en une peau de serpent qui avait des écailles grandes comme une pièce ordinaire de monnaie d'or, et dont la propriété était de préserver de maladie ceux qui couchaient dessus; et enfin tout cela était accompagné d'une esclave d'une beauté ravissante, et dont les habillements étaient couverts de pierreries.

« Le navire mit à la voile; et, après une longue et très-heureuse navigation, nous abordâmes à Balsora, d'où je me rendis à Badgad. La première chose que je fis après mon arrivée, fut de m'acquitter de la commission dont j'étais chargé... »

Scheherazade n'en dit pas davantage, à cause du jour qui se faisait voir. Le lendemain, elle reprit ainsi son discours :

LXXXVIIIe NUIT.

« Je pris la lettre du roi de Serendib, continua Sindbad, et j'allai me présenter à la porte du commandeur des croyants, suivi de la belle esclave et des personnes de ma famille qui portaient les présents dont j'étais chargé. Je dis le sujet qui m'amenait, et aussitôt l'on me conduisit devant le trône du calife. Je lui fis la révérence en me prosternant; et, après lui avoir fait une harangue très-concise, je lui présentai la lettre et le présent. Lorsqu'il eut lu ce que lui mandait le roi de Serendib, il me demanda s'il était vrai que ce prince fût aussi puissant et aussi riche qu'il le marquait par sa lettre : « Commandeur des croyants, lui répondis-je, je puis assurer votre majesté qu'il n'exagère pas ses richesses et sa grandeur.

« Le calife, très-satisfait de mon discours, me congédia et me renvoya avec un riche présent. »

Sindbad acheva de parler en cet endroit; et ses auditeurs se retirèrent; mais Hindbad reçut auparavant cent sequins. Ils revinrent encore le jour suivant chez Sindbad, qui leur raconta son septième et dernier voyage dans ces termes :

Septième et dernier voyage de Sindbad le marin.

« Au retour de mon sixième voyage, j'abandonnai absolument la pensée d'en faire jamais d'autres. Un jour que je régalais un nombre d'amis, un de mes gens me vint avertir qu'un officier du calife me demandait. Je sortis de table et allai au-devant de lui. « Le calife, me dit-il, veut vous parler. » Je suivis au palais l'officier qui me présenta à ce prince. « Sindbad, me dit-il, il faut que vous me rendiez un service; que vous alliez porter ma réponse et mes présents au roi de Serendib : il est juste que je lui rende la civilité qu'il m'a faite. »

« Je me préparai en peu de jours à mon départ, et sitôt qu'on m'eut livré les présents du calife avec une lettre de sa propre main, je partis, et je pris la route de Balsora, où je m'embarquai. Ma navigation fut très-heureuse : j'arrivai à l'île de Serendib. Là, j'exposai aux ministres la commission dont j'étais chargé, et les priai de me faire donner audience. On me conduisit au palais avec honneur. J'y saluai le roi en me prosternant selon la coutume.

« Le roi de Serendib eut un grand plaisir de voir que le calife répondait à l'amitié qu'il lui avait témoignée. Peu de temps après cette audience, je sollicitai celle de mon congé, que je n'eus pas peu de peine à obtenir. Le roi, en me congédiant, me fit un présent très-considérable. Je me rembarquai aussitôt, dans le dessein de m'en retourner à Badgad; mais je n'eus pas le bonheur d'y arriver comme je l'espérais.

« Trois jours après notre départ, nous fûmes attaqués par des corsaires qui s'emparèrent de notre vaisseau. Quelques personnes de l'équipage voulurent faire résistance, mais il leur en coûta la vie; pour moi et tous ceux qui eurent la prudence de ne pas s'opposer au dessein des corsaires, nous fûmes faits esclaves....

Le jour, qui paraissait, imposa silence à Scheherazade. Le lendemain elle reprit la suite de cette histoire.

LXXXIXe NUIT.

« Après que les corsaires, poursuivit Sindbad, nous eurent tous dépouillés et qu'ils nous eurent donné de méchants habits au lieu des nôtres, ils nous emmenèrent dans une grande île fort éloignée, où ils nous vendirent.

« Je tombai entre les mains d'un riche marchand qui ne m'eut pas plutôt acheté, qu'il me mena chez lui, où il me fit manger et habiller proprement en esclave. Quelques jours après, il me demanda si je ne savais pas quelque métier. Je lui répondis que j'étais un marchand de profession, et que les corsaires qui m'avaient vendu m'avaient enlevé tout ce que j'avais. « Mais, reprit-il, ne pourriez-vous pas tirer de l'arc? » Je lui repartis que c'était un des exercices de ma jeunesse que je n'avais pas oublié. Alors il me donna un arc et des flèches, et il me mena dans une forêt fort éloignée de la ville et dont l'étendue était très-vaste. Nous y entrâmes fort avant. Ensuite, me montrant un grand arbre : « Montez sur cet arbre, me dit-il, et tirez sur les éléphants que vous verrez passer, car il y en a une quantité prodigieuse dans cette forêt. S'il en tombe quelqu'un, venez m'en donner avis.» Après m'avoir dit cela, il me laissa des vivres, reprit le chemin de la ville, et je demeurai sur l'arbre à l'affût pendant toute la nuit.

« Je n'en aperçus aucun pendant tout ce temps-là; mais le lendemain j'en vis paraître un grand nombre. Je tirai dessus plusieurs flèches, et enfin il en tomba un par terre. Les autres se retirèrent aussitôt et me laissèrent la liberté d'aller avertir mon patron de la chasse que je venais de faire. En faveur de cette nouvelle, il me régala d'un bon repas, loua mon adresse et me caressa fort. Puis nous allâmes ensemble à la forêt, où nous creusâmes une fosse, dans laquelle nous enterrâmes l'éléphant que j'avais tué. Mon patron se proposa de revenir lorsque l'animal serait pourri, et d'enlever les dents pour en faire commerce.

« Je continuai cette chasse pendant deux mois, et il ne se passait pas de jour que je ne tuasse un éléphant. Un matin que j'attendais l'arrivée de ces animaux, je m'aperçus avec étonnement qu'au lieu de passer devant moi en traversant la forêt comme à l'ordinaire, ils s'arrêtèrent et vinrent à moi en si grand nombre que la terre en était couverte. Ils s'approchèrent de l'arbre ou j'étais monté et l'environnèrent tous, la trompe étendue et les yeux attachés sur moi. A ce spectacle, je restai immobile et saisi d'une telle frayeur, que mon arc et mes flèches me tombèrent des mains.

« Je n'étais pas agité d'une crainte vaine. Après que les éléphants m'eurent regardé quelque temps, un des plus gros embrassa l'arbre par le bas avec sa trompe, et fit un si puissant effort qu'il le déracina et le renversa par terre. Je tombai avec l'arbre; mais l'animal me prit avec sa trompe et me chargea sur son dos. Il se mit ensuite à la tête de tous les autres qui le suivaient, et me porta jusqu'à un endroit où, m'ayant posé à terre, il se retira avec ceux qui l'accompagnaient. Concevez, s'il est possible, l'état où j'étais. Enfin, après avoir été quelque temps étendu sur la place, ne voyant plus d'éléphants, je me levai, et remarquai que j'étais sur une colline couverte d'ossements et de dents d'éléphants. Je vous avoue que cet objet me fit faire une infinité de réflexions. J'admirai l'instinct de ces animaux. Je ne doutai point que ce ne fût là leur cimetière, et qu'ils ne m'y eussent apporté exprès pour me l'enseigner, afin que je cessasse de les persécuter, puisque je le faisais dans la vue seule d'avoir leurs dents. Je tournai mes pas vers la ville; et, après avoir marché un jour et une nuit, j'arrivai chez mon patron. Je ne rencontrai aucun éléphant sur ma route; ce qui me fit connaître qu'ils s'étaient éloignés pour me laisser la liberté d'aller sans obstacle à la colline.

« Dès que mon patron m'aperçut : « Ah! pauvre Sindbad, me dit-il, j'étais dans une grande peine de savoir ce que tu étais devenu! J'ai été à la forêt, j'y ai trouvé un arbre nouvellement déraciné, un arc et des flèches par terre, et, après t'avoir inutilement cherché, je désespérais de te revoir jamais. Raconte-moi, je te prie, ce qui t'est arrivé. » Je satisfis sa curiosité; et, le lendemain, étant allés tous deux à la colline, il reconnut avec une extrême joie la vérité de ce que je lui avais dit. Nous chargeâmes l'éléphant sur lequel nous étions venus de tout ce qu'il pouvait porter de dents; et lorsque nous fûmes de retour : « Mon frère, me dit-il (car je ne veux plus vous traiter en esclave, après le plaisir que vous venez de me faire par une découverte qui va m'enrichir), que Dieu vous comble de toute sorte de biens et de prospérités! Je dé-déclare devant lui que je vous donne la liberté. »

« A ce discours obligeant, je répondis : « Patron, pour toute récompense du service que j'ai eu le bonheur de vous rendre, je ne vous demande que la permission de retourner dans mon pays. — Eh bien! répliqua-t-il,

Moçon nous amènera bientôt des navires qui viendront charger de l'ivoire. Je vous renverrai alors, et vous donnerai de quoi vous conduire chez vous. » Je demeurai chez lui en attendant le Moçon ; et, pendant ce temps-là, nous fîmes tant de voyages à la colline, que nous remplîmes ses magasins d'ivoire. »

A ces paroles, Scheherazade, apercevant la pointe du jour, cessa de poursuivre son discours. Elle le reprit la nuit suivante, et dit au sultan des Indes :

XCe NUIT.

Sire, Sindbad continuant le récit de son septième voyage :

« Les navires, dit-il, arrivèrent enfin, et mon patron, ayant choisi lui-même celui sur lequel je devais m'embarquer, le chargea d'ivoire à demi pour mon compte. Il n'oublia pas d'y faire mettre aussi des provisions en abondance; de plus il m'obligea d'accepter des régals de grand prix, des curiosités du pays. Après que je l'eus remercié des bienfaits que j'avais reçus de lui, je m'embarquai et nous mîmes à la voile.

« Toutes ces fatigues finirent enfin : j'arrivai heureusement à Bagdad. J'allai d'abord me présenter au calife, et lui rendre compte de mon ambassade. Ce prince me dit que la longueur de mon voyage lui avait causé de l'inquiétude, mais qu'il avait pourtant toujours espéré que Dieu ne m'abandonnerait point. Quand je lui appris l'aventure des éléphants, il en parut fort surpris. Il trouva cette histoire et les autres que je lui racontai si curieuses, qu'il chargea un de ses secrétaires de les écrire en caractères d'or, pour être conservées dans son trésor. Je me retirai très-content de l'honneur et des présents qu'il me fit; puis je me donnai tout en entier à ma famille. »

Ce fut ainsi que Sindbad acheva le récit de son septième et dernier voyage; et, s'adressant ensuite à Hindbad : « Eh bien ! mon ami, ajouta-t-il, avez-vous jamais ouï dire que quelqu'un ait souffert autant que moi? N'est-il pas juste qu'après tant de travaux je jouisse d'une vie agréable et tranquille? » Comme il achevait ces mots, Hindbad lui dit en lui baisant la main : « Il faut avouer, seigneur, que vous avez essuyé d'effroyables périls; mes peines ne sont pas comparables aux vôtres. Si elles m'affligent dans le temps que je les souffre, je m'en console par le petit profit que j'en tire. Vous êtes digne de tous les biens que vous possédez, puisque vous en faites un si bon usage, et que vous êtes si généreux. Continuez donc à vivre dans la joie jusqu'à l'heure de votre mort. »

Sindbad lui fit donner encore cent sequins, et lui dit de quitter sa profession de porteur, et de continuer à venir manger chez lui; qu'il aurait lieu de se souvenir de Sindbad le marin.

Scheherazade, voyant qu'il n'était pas encore jour, continua de parler, et commença une autre histoire.

Histoire de Noureddin Ali, et de Bedreddin Hassan.

Il y avait autrefois en Egypte un sultan grand observateur de la justice, miséricordieux, libéral. Sa valeur le rendait redoutable à ses voisins. Il aimait les pauvres et protégeait les savants. Le visir de ce sultan était un homme prudent, sage, consommé dans les belles-lettres et dans toutes les sciences. Ce ministre avait deux fils très-bien faits, et qui marchaient l'un et l'autre sur ses traces : l'aîné se nommait Schemseddin Mohammed, et le cadet Noureddin Ali. Ce dernier, principalement, avait tout le mérite qu'on peut avoir. Le visir leur père étant mort, le sultan les envoya chercher, et les ayant fait revêtir tous deux d'une robe de visir ordinaire : « J'ai bien du regret, leur dit-il, de la perte que vous venez de faire. Je n'en suis pas moins touché que vous-mêmes. Je veux vous le témoigner, et comme je sais que vous demeurez ensemble, et que vous êtes parfaitement unis, je vous gratifie l'un et l'autre de la même dignité. Allez, et imitez votre père. »

Les deux nouveaux visirs remercièrent le sultan de sa bonté, et se retirèrent chez eux, où ils prirent soin des funérailles de leur père. Au bout d'un mois, ils allèrent pour la première fois au conseil du sultan, et depuis ils continuèrent d'y assister régulièrement les jours qu'il s'assemblait. Toutes les fois que le sultan allait à la chasse, un des deux frères l'accompagnait, et ils avaient alternativement cet honneur. Un jour qu'ils s'entretenaient après le souper de choses indifférentes, c'était la veille d'une chasse où l'aîné devait suivre le sultan, ce jeune homme dit à son cadet : « Mon frère, puisque nous ne sommes point encore mariés, ni vous ni moi, et que nous vivons dans une si bonne union, épousons tous deux en un même jour deux sœurs que nous choisirons dans quelque famille qui nous conviendra. Que dites-vous de cette idée? — Je dis, mon frère, répondit Noureddin Ali, qu'on ne peut pas mieux penser, et, pour moi, je suis prêt à faire tout ce qu'il vous plaira. — Oh! reprit Schemseddin Mohammed, mon imagination va plus loin. Supposé que nos femmes conçoivent la première nuit de nos noces, et qu'ensuite elles accouchent en un même jour, la vôtre d'un fils et la mienne d'une fille, nous les marierons ensemble quand ils seront en âge. — Ah! pour cela, s'écria Noureddin Ali, il faut avouer que ce projet est admirable. Ce mariage couronnera notre union, et j'y donne volontiers mon consentement. Mais, mon frère, ajouta-t-il, s'il arrivait que nous fissions ce mariage, prétendriez-vous que mon fils donnât une dot à votre fille? — Cela ne souffre pas de difficulté, repartit l'aîné; et je suis persuadé qu'outre les conventions ordinaires du contrat de mariage, vous ne manqueriez pas d'accorder, en son nom, au moins trois mille sequins, trois bonnes terres et trois esclaves. — C'est de quoi je ne demeure pas d'accord, dit le cadet. Ne sommes-nous pas frères et collègues, revêtus tous deux du même titre d'honneur? D'ailleurs ne savons-nous pas bien, vous et moi, ce qui est juste? Le mâle étant plus noble que la femelle, ne serait-ce pas à vous à donner une grosse dot à votre fille? A ce que je vois, vous êtes homme à faire vos affaires aux dépens d'autrui. »

Quoique Noureddin Ali dît ces paroles en riant, son frère, qui n'avait pas l'esprit bien fait, en fut offensé. « Malheur à votre fils, dit-il avec emportement, puisque vous l'osez préférer à ma fille! Il faut que vous ayez perdu le jugement, pour vouloir aller de pair avec moi, en disant que nous sommes collègues. Apprenez, téméraire, qu'après votre impudence, je ne voudrais pas marier ma fille avec votre fils, quand vous lui donneriez plus de richesses que vous n'en avez. » Cette plaisante querelle de deux frères sur le mariage de leurs enfants qui n'étaient pas encore nés, ne laissa pas d'aller fort loin. Schemseddin Mohammed s'emporta jusqu'aux menaces. « Si je ne devais pas, dit-il, accompagner demain le sultan, je vous traiterais comme vous le méritez; mais, à mon retour, je vous ferai connaître s'il appartient à un cadet de parler à son aîné aussi insolemment que vous venez de faire. » A ces mots, il se retira dans son appartement, et son frère alla se coucher dans le sien.

Schemseddin Mohammed se leva le lendemain de grand matin, et se rendit au palais, d'où il sortit avec le sultan, qui prit son chemin du côté des Pyramides. Pour Noureddin Ali, il avait passé la nuit dans de grandes inquiétudes; et, après avoir bien considéré qu'il n'était pas possible qu'il demeurât plus longtemps avec un frère qui le traitait avec tant de hauteur, il fit préparer une bonne mule, se munit d'argent et de quelques vivres; et, ayant dit à ses gens qu'il allait faire un voyage de deux ou trois jours, et qu'il voulait être seul, il partit.

Quand il fut hors du Caire, il marcha par le désert vers l'Arabie. Mais sa mule venant à succomber sur la route, il fut obligé de continuer son chemin à pied. Par bonheur, un courrier qui allait à Balsora, l'ayant rencontré, le prit en croupe derrière lui. Lorsque le courrier fut arrivé à Balsora, Noureddin Ali mit pied à terre, et le remercia du plaisir qu'il lui avait fait. Comme il allait par les rues, cherchant où il pourrait se loger, il vit un seigneur, accompagné d'une nombreuse suite, et à qui tous les habitants faisaient de grands honneurs. C'était le grand-visir du sultan de Balsora, qui se montrait dans la ville pour y maintenir par sa présence le bon ordre et la paix.

Ce ministre ayant jeté les yeux sur le jeune homme, lui trouva la physionomie engageante; et comme il passait près de lui, et qu'il le voyait en habit de voyageur, il s'arrêta pour lui demander qui il était, et d'où il venait. « Seigneur, lui répondit Noureddin Ali, je suis d'Egypte, et j'ai quitté ma patrie par un si juste dépit contre un de mes parents, que j'ai résolu de voyager, et de mourir plutôt que d'y retourner. » Le grand visir, qui était un vénérable vieillard, lui dit : « Mon fils, gardez-vous bien d'exécuter votre dessein. Il n'y a dans ce monde que de la misère, et vous ignorez les peines qu'il vous faudra souffrir. Venez, suivez-moi plutôt, je vous ferai peut-être oublier le sujet qui vous a contraint d'abandonner votre pays. »

Noureddin Ali suivit le grand-visir, qui, ayant bientôt connu ses belles qualités, le prit en affection, de manière qu'un jour, l'entretenant en particulier, il lui dit : « Mon fils, je suis, dans un âge si avancé, qu'il n'y a pas d'apparence que je vive encore longtemps. Le ciel m'a donné une fille unique, qui n'est pas moins belle que vous êtes bien fait et qui est en âge d'être mariée. Plusieurs des seigneurs de cette cour me l'ont déjà demandée pour leurs fils, mais je n'ai pu me résoudre à la leur accorder. Pour vous, je vous aime, et vous trouve si digne de mon alliance, que vous préférant à tous ceux qui l'ont recherchée, je suis prêt à vous accepter pour gendre. Si vous recevez avec plaisir l'offre que je vous fais, je déclarerai au sultan mon maître que je vous ai adopté pour ce mariage, et je le supplierai de m'accorder pour vous la survivance de ma dignité de grand-visir. En même temps, comme je n'ai plus besoin que de repos, je ne ne vous abandonnerai pas seulement la disposition de tous mes biens, mais même l'administration des affaires de l'Etat. »

Le grand-visir de Balsora n'eut pas achevé ce discours rempli de bonté et de générosité, que Noureddin Ali se jeta à ses pieds, et dans des termes qui marquaient la joie et la reconnaissance dont son cœur était pénétré. Il envoya prier tous les seigneurs de la Cour de vouloir bien prendre la peine de se rendre chez lui. Lorsqu'ils furent tous assemblés, comme Noureddin Ali l'avait informé de sa qualité, il dit à ses seigneurs, car il jugea à propos de parler ainsi pour satisfaire ceux dont il avait refusé l'alliance : « Je suis bien aise, seigneurs, de vous apprendre une chose que j'ai tenue secrète jusqu'à ce jour. J'ai un frère qui est grand-visir du sultan d'Egypte, comme j'ai l'honneur de l'être du sultan de ce royaume. Ce frère n'a qu'un fils, qu'il n'a pas voulu marier à la Cour d'Egypte; et il me l'a envoyé pour épouser ma fille, afin de réunir par là nos deux branches. Ce fils, que j'ai reconnu pour mon neveu à son arrivée, et que je fais mon gendre, est ce jeune seigneur que vous voyez ici et que je vous présente. Je me flatte que vous voudrez bien lui faire l'honneur d'assister à ses noces, que j'ai résolu de célébrer aujourd'hui. » Nul de ces seigneurs ne pouvant trouver mauvais qu'il eût préféré son neveu à tous les grands partis qui lui avaient été proposés, ils répondirent tous qu'il avait raison de faire ce mariage.

En cet endroit, Scheherazade, voyant paraître le jour, interrompit sa narration, qu'elle reprit ainsi la nuit suivante :

XCIVe NUIT.

Les seigneurs qui s'étaient assemblés chez le grand-visir de Balsora, n'eurent pas plutôt témoigné à ce ministre la joie qu'ils avaient du mariage de sa fille avec Noureddin Ali, qu'on se mit à table. Sur la fin du repas, les cadis entrèrent avec le contrat de mariage à la main. Les principaux seigneurs le signèrent, après quoi toute la compagnie se retira.

Ce qu'il y a de remarquable, c'est que le même jour que ces noces se faisaient à Balsora, Schemseddin Mohammed se mariait aussi au Caire, et voici le détail de son mariage :

Après que Noureddin Ali se fut éloigné du Caire dans l'intention de n'y plus retourner, Schemseddin Mohammed, son aîné, qui était allé à la chasse avec le sultan d'Egypte, étant de retour au bout d'un mois, courut à l'appartement de Noureddin Ali; mais il fut étonné d'apprendre que, sous prétexte d'aller faire un voyage de deux ou trois journées, il était parti sur une mule le jour même de la chasse du sultan, et que, depuis ce temps-là, il n'avait point reparu. Il en fut d'autant plus fâché qu'il ne douta pas que les duretés qu'il lui avait dites ne fussent la cause de son éloignement. Il dépêcha un courrier qui passa par Damas et alla jusqu'à Alep; mais Noureddin était alors à Balsora. Quand le courrier eut rapporté, à son retour, qu'il n'en avait appris aucune nouvelle, Schemseddin Mohammed se proposa de l'envoyer chercher ailleurs, et, en attendant, il prit la résolution de se marier. Il épousa la fille d'un des plus puissants seigneurs du Caire, le même jour que son frère se maria avec la fille du grand-visir de Balsora.

Au bout de neuf mois, la femme de Schemseddin Mohammed accoucha d'une fille au Caire, et, le même jour, celle de Noureddin Ali mit au monde, à Balsora, un garçon qui fut nommé Bedreddin Hassan. Le grand-visir de Balsora donna des marques de sa joie par des réjouissances publiques qu'il fit faire pour la naissance de son petit-fils. Ensuite, il alla au palais supplier très-humblement le sultan d'accorder à Noureddin Ali la survivance de sa charge, afin, dit-il, qu'avant sa mort, il eût la consolation de voir son gendre grand-visir à sa place.

Le sultan, qui avait vu Noureddin Ali avec bien du plaisir lorsqu'il lui avait été présenté après son mariage, le fit revêtir, en sa présence, de la robe de grand-visir.

La joie du beau-père fut comblée le lendemain, lorsqu'il vit son gendre présider au conseil en sa place et faire toutes les fonctions de grand-visir. Ce bon vieillard mourut quatre ans après ce mariage avec la satisfaction de voir un rejeton de sa famille qui promettait de la soutenir longtemps avec éclat.

Noureddin Ali lui rendit les derniers devoirs, et, sitôt que Bedreddin Hassan, son fils, eut atteint l'âge de sept ans, il le mit entre les mains d'un excellent maître.

Scheherazade, s'apercevant qu'il était jour, mit fin à son discours. Elle le reprit la nuit suivante.

XCVe NUIT.

Deux ans après que Bedreddin Hassan eut été mis entre les mains de ce maître, il lui apprit l'Alcoran par cœur. Noureddin Ali, son père, lui donna d'autres maîtres qui cultivèrent son esprit de telle sorte qu'à l'âge de douze ans il n'avait plus besoin de leur secours. Alors, comme tous les traits de son visage étaient formés, il faisait l'admiration de tous ceux qui le regardaient.

Jusque-là Noureddin Ali ne l'avait point encore montré dans le monde. Il le mena au palais pour lui procurer l'honneur de faire la révérence au sultan, qui le reçut très-favorablement.

Comme son père se proposait de le rendre capable de remplir un jour sa place, il le fit entrer dans les affaires afin de l'y accoutumer de bonne heure. Enfin, il ne négligeait rien pour l'avancement d'un fils qui lui était si cher, et il commençait à jouir du fruit de ses peines, lorsqu'il fut attaqué tout à coup d'une maladie telle qu'il sentit qu'il n'était pas éloigné du dernier de ses jours. Aussi ne se flatta-t-il pas, et il se disposa à mourir en vrai musulman. Dans ce moment, il n'oublia pas son cher fils; il le fit appeler et lui dit : « Mon fils, vous voyez que le monde est périssable, il n'y a que celui où je vais bientôt passer qui soit véritablement durable. Il faut que vous commenciez dès à présent à vous mettre dans les mêmes dispositions que moi : préparez-vous à faire ce passage sans regret et sans que votre conscience puisse rien vous reprocher sur les devoirs d'un honnête homme. Comme il est nécessaire de se connaître soi-même, et que vous ne pouvez avoir cette connaissance que vous ne sachiez qui je suis, vous l'apprendrez dans un cahier que je vais vous donner. En même temps Noureddin Ali tira ce cahier qu'il avait écrit de sa propre main, et, le donnant à Bedreddin Hassan : « Prenez, lui dit-il, vous y trouverez, entre autres choses, le lieu de ma naissance et quels sont mes parents, le jour de mon mariage et celui de votre naissance. Ce sont des circonstances dont vous aurez peut-être besoin dans la suite, et qui doivent vous obliger à le garder avec soin. » Bedreddin, sensiblement affligé de voir son père dans l'état où il était, touché de ces discours, reçut le cahier les larmes aux yeux, en lui promettant de ne s'en dessaisir jamais.

Enfin, Noureddin Ali continua, jusqu'au dernier moment, à donner de bons conseils à son fils, et, quand il fut mort, on lui fit des obsèques magnifiques.

Scheherazade, à ces paroles, apercevant le jour, remit au lendemain la suite de cette histoire.

XCVIe NUIT.

Sire, dit-elle, on enterra Noureddin Ali

vec tous les honneurs dus à sa dignité. Bereddin Hassan de Balsora, c'est ainsi qu'on surnomma à cause qu'il était né dans cette ille, eut une douleur inconcevable de la ort de son père. Au lieu de passer un mois, elon la coutume, il en passa deux dans les leurs et dans la retraite, sans voir personne, t sans sortir même pour rendre ses devoirs u sultan de Balsora, lequel, irrité de cette égligence, et le regardant comme une marue de mépris pour sa personne, se laissa ransporter de colère. Dans sa fureur, il fit ppeler le grand-visir, car il en avait nommé n dès qu'il avait appris la mort de Noureddin Ali, il lui ordonna de se transporter à la maison du défunt et de la confisquer avec toutes ses autres maisons, terres et effets, sans rien aisser à Bedreddin, dont il commanda même qu'on se saisit.

Le nouveau grand-visir, accompagné de gens de justice et autres officiers, ne différa pas de se mettre en chemin pour aller exécuter sa commission. Un des esclaves de Bedreddin Hassan, qui était par hasard parmi la foule, n'eut pas plutôt appris le dessein du visir, qu'il prit les devants et courut avertir son maître.

Le discours de cet esclave fidèle et affectionné mit l'esprit de Bedreddin Hassan dans une grande perplexité. Il courut sans s'arrêter jusqu'au cimetière public, et, comme la nuit approchait, il résolut de l'aller passer au tombeau de son père; mais il rencontra en chemin un Juif fort riche, qui était banquier et marchand de profession. Il revenait d'un lieu où quelque affaire l'avait appelé, et il s'en retournait dans la ville. Ce Juif, ayant reconnu Bedreddin, s'arrêta et le salua fort respectueusement...

En cet endroit, le jour, venant à paraître, imposa silence à Scheherazade, qui reprit son discours la nuit suivante.

XCVIIe NUIT.

Le Juif, après avoir salué Bedreddin Hassan, et lui avoir baisé la main, lui dit : « Seigneur, comme le feu grand-visir votre père et monseigneur, d'heureuse mémoire, avait chargé en marchandises plusieurs vaisseaux qui sont encore en mer et qui vous appartiennent, je vous supplie de m'accorder la préférence sur tout autre marchand. Pour commencer, si vous voulez bien m'abandonner celle du premier qui arrivera, je vais vous donner mille sequins. Je les ai ici dans ma bourse, et je suis prêt à vous les livrer d'avance. » En disant cela, il tira une grande bourse qu'il avait sous son bras, par-dessous sa robe, et la lui montra.

Bedreddin Hassan, chassé de chez lui, et dépouillé de tout ce qu'il avait au monde, regarda la proposition du Juif comme une faveur du ciel. Il l'accepta avec beaucoup de joie.

« Seigneur, lui dit alors le Juif, ayez la bonté de me donner un mot d'écrit du marché que nous venons de faire. » En disant cela, il tira son écritoire, qu'il avait à la ceinture; et, après avoir pris une petite canne bien taillée pour écrire, il la lui présenta avec un morceau de papier qu'il trouva dans son portelettres ; et, pendant qu'il tenait le carnet, Bedreddin Hassan écrivit ces paroles :

« Cet écrit est pour rendre témoignage que
« Bedreddin Hassan de Balsora a vendu au
« Juif Isaac, pour la somme de mille sequins
« qu'il a reçus, le chargement du premier
« de ses navires qui abordera dans ce port.

« Bedreddin Hassan de Balsora. »

Après avoir fait cet écrit, il le donna au Juif, qui prit ensuite congé de lui. Pendant qu'Isaac poursuivit son chemin vers la ville, Bedreddin Hassan continua le sien vers le tombeau de son père. En y arrivant, il se prosterna la face contre terre; et, les yeux baignés de larmes, il se mit à déplorer sa misère. Il demeura dans cet état jusqu'à ce que, succombant au sommeil, il leva la tête de dessus le sépulcre, et s'étendit de tout son long sur le pavé, où il s'endormit.

Il goûtait à peine les douceurs du repos, lorsqu'un génie, se disposant à courir le monde cette nuit, selon sa coutume, aperçut ce jeune homme dans le tombeau de Noureddin Ali. Il y entra; et, comme Bedreddin était couché sur le dos, il fut ébloui de l'éclat de sa beauté...

Le jour qui paraissait ne permit pas à Scheherazade de poursuivre cette histoire; mais le lendemain, elle continua de cette sorte :

XCVIIIe NUIT.

Quand le génie eut attentivement considéré Bedreddin Hassan, il dit en lui-même : « A juger de cette nature par sa bonne mine, ce n'est peut-être qu'un ange du paradis, que Dieu envoie pour mettre le monde en combustion par sa beauté. » Enfin, après l'avoir bien regardé, il s'éleva fort haut dans l'air, où il rencontra par hasard une fée. Ils se saluèrent l'un et l'autre; ensuite le génie dit à la fée : « Je vous prie de descendre avec moi jusqu'au cimetière où je demeure, et je vous ferai voir un prodige de beauté qui n'est pas moins digne de votre admiration que de la mienne. » La fée y consentit : ils descendirent tous deux dans un instant, et lorsqu'ils furent dans le tombeau : « Eh bien! dit le génie à la fée en lui montrant Bedreddin Hassan, avez-vous vu un jeune homme mieux fait et plus beau que celui-ci? »

La fée examina Bedreddin avec attention ; puis, se tournant vers le génie : « Je vous avoue, lui répondit-elle, qu'il est très-bien fait; mais je viens de voir au Caire, tout à l'heure, un objet encore plus merveilleux, dont je vais vous entretenir si vous voulez m'écouter. — Vous me ferez un très-grand plaisir, répliqua le génie. — Il faut donc que vous sachiez, reprit la fée, que le sultan d'Egypte a un visir qui se nomme Schemseddin Mohammed, et qui a une fille âgée d'environ vingt ans. C'est la plus belle et la plus parfaite personne dont on ait jamais ouï parler. Le sultan, informé de la beauté de cette demoiselle, fit appeler le visir son père un de ces derniers jours, et lui dit : « J'ai appris que vous aviez une fille à marier; j'ai envie de l'épouser; ne voulez-vous pas bien me l'accorder? » Le visir, qui ne s'attendait pas à cette proposition, en fut troublé; mais il n'en fut pas ébloui; et, au lieu d'accepter avec joie, il répondit au sultan : « Sire, je ne suis pas digne de l'honneur que votre majesté me veut faire, et je la supplie très-humblement de ne pas trouver mauvais que je m'oppose à son dessein. Vous savez que j'avais un frère nommé Noureddin Ali, qui avait comme moi, l'honneur d'être un de vos visirs. Nous eûmes ensemble une querelle qui fut cause qu'il disparut tout à coup, et je n'ai point eu de ses nouvelles depuis ce temps-là, si ce n'est que j'ai appris, il y a quatre jours, qu'il est mort à Balsora, dans la dignité de grand-visir du sultan de ce royaume. Il a laissé un fils, et comme nous nous engageâmes autrefois tous deux à marier nos enfants ensemble, supposé que nous en eussions, je suis persuadé qu'il est mort dans l'intention de faire ce mariage. C'est pourquoi, de mon côté, je voudrais accomplir ma promesse, et je conjure votre majesté de me le permettre. »

Scheherazade se tut en cet endroit, parce qu'elle vit paraître le jour. La nuit suivante, elle reprit le fil de sa narration :

XCIXe NUIT.

Le sultan d'Egypte, choqué du refus de Schemseddin Mohammed, lui dit avec un transport de colère qu'il ne put retenir : « Est-ce donc ainsi que vous répondez à la bonté que j'ai de vouloir bien m'abaisser jusqu'à faire alliance avec vous? Je saurai me venger de la préférence que vous osez donner sur moi à un autre; et je jure que votre fille n'aura pas d'autre mari que le plus vil et le plus mal fait de tous mes esclaves. » En achevant ces mots, il renvoya brusquement le visir, qui se retira chez lui plein de confusion, et cruellement mortifié. Aujourd'hui, le sultan a fait venir un de ses palefreniers qui est bossu et laid à faire peur; et, après avoir ordonné à Schemseddin Mohammed de consentir au mariage de sa fille avec cet esclave, il a fait dresser et signer le contrat en sa présence.

« Les préparatifs de ces bizarres noces sont achevés; et, à l'heure que je vous parle, tous les esclaves des seigneurs de la cour d'Egypte sont à la porte d'un bain, chacun avec un flambeau à la main. Ils attendent que le palefrenier bossu en sorte, pour le mener chez son épouse, qui, de son côté, est déjà coiffée et habillée. Dans le moment que je suis partie du Caire, les dames assemblées se disposaient à la conduire, avec tous ses ornements nuptiaux, dans la salle où elle doit recevoir le bossu, et où elle l'attend présentement. Je l'ai vue, et je vous assure qu'on ne peut la regarder sans admiration. Il me semble que nous ferions une action digne de nous, si, nous opposant à l'injustice du sultan d'Egypte, nous pouvions substituer ce jeune homme à la place de l'esclave. — Vous avez raison, repartit le génie; trompons la vengeance du sultan d'Egypte; consolons un père affligé, et rendons sa fille aussi heureuse qu'elle se croit misérable. Je me charge de porter le jeune homme au Caire sans qu'il se réveille, et je vous laisse le soin de le porter ailleurs quand nous aurons exécuté notre entreprise. »

Après que la fée et le génie eurent concerté ensemble tout ce qu'ils voulaient faire, le génie enleva doucement Bedreddin, et le transportant par l'air d'une vitesse inconcevable, il alla le poser à la porte d'un logement public et voisin du bain, d'où le bossu était près de sortir.

Bedreddin Hassan, s'étant réveillé en ce moment, fut fort surpris de se voir au milieu d'une ville qui lui était inconnue. Il voulut crier pour demander où il était; mais le génie lui donna un petit coup sur l'épaule, et l'avertit de ne dire mot. Ensuite, lui mettant un flambeau dans la main : « Allez, lui dit-il, mêlez-vous parmi ces gens que vous voyez à la porte de ce bain, et marchez avec eux jusqu'à ce que vous entriez dans une salle où l'on va célébrer des noces. Le nouveau marié est un bossu que vous reconnaîtrez aisément. Mettez-vous à sa droite en entrant, et, dès à présent, ouvrez la bourse de sequins que vous avez, pour les distribuer aux joueurs d'instruments dans la marche. Mais, toutes les fois que vous mettrez la main dans la bourse, retirez-la pleine de sequins, et gardez-vous de les épargner. Faites exactement tout ce que je vous dis; ne vous étonnez de rien, ne craignez personne, et vous reposez du reste sur une puissance supérieure qui en dispose à son gré. »

Le jeune Bedreddin, bien instruit de tout ce qu'il avait à faire, s'avança vers la porte du bain. La première chose qu'il fit, fut d'allumer son flambeau à celui d'un esclave; puis, se mêlant parmi les autres, comme s'il eût appartenu à quelque seigneur du Caire, il se mit en marche avec eux, et accompagna le bossu, qui sortit du bain, et monta sur un cheval de l'écurie du sultan...

Le jour qui parut, imposa silence à Scheherazade, qui remit la suite de cette histoire au lendemain.

Cᵉ NUIT.

Sire, dit-elle, Bedreddin Hassan, se trouvant près des joueurs d'instruments, des danseurs et des danseuses qui marchaient immédiatement devant le bossu, tirait de temps en temps de sa bourse des poignées de sequins qu'il leur distribuait. Comme il faisait ces largesses avec une grâce sans pareille, tous ceux qui les recevaient jetaient les yeux sur lui; et, dès qu'ils l'avaient envisagé, ils le trouvaient si bien fait et si beau, qu'ils ne pouvaient plus en détourner leurs regards.

On arriva enfin à la porte du visir Schemseddin Mohammed, qui était bien éloigné de s'imaginer que son neveu fût aussi près de lui. Des huissiers, pour empêcher la confusion, arrêtèrent tous les esclaves qui portaient des flambeaux, et ne voulurent pas les laisser entrer. Ils repoussèrent même Bedreddin Hassan; mais les joueurs d'instruments, pour qui la porte était ouverte, s'arrêtèrent en protestant qu'ils n'entreraient pas si on ne le laissait entrer avec eux. « Il n'est pas du nombre des esclaves, disaient-ils, il n'y a qu'à le regarder pour en être persuadé. C'est sans doute un jeune étranger qui veut voir par curiosité les cérémonies de la noce. » En disant cela, ils le mirent au milieu d'eux, et le firent entrer. Ils lui ôtèrent son flambeau, et, après l'avoir introduit dans la salle, ils le placèrent à la droite du bossu, qui s'assit sur un trône magnifiquement orné, près de la fille du visir.

On la voyait parée de tous ses atours; mais il paraissait sur son visage une tristesse mortelle, dont il n'était pas difficile de deviner la cause, en voyant à côté d'elle un mari si difforme et si peu digne de son amour. Le trône de ces époux si mal assortis était au milieu d'un sofa. Les femmes des émirs, des visirs, des officiers de la chambre du sultan étaient assises de chaque côté, un peu plus bas, chacune selon son rang.

Lorsqu'elles virent entrer Bedreddin Hassan, elles jetèrent les yeux sur lui; et, admirant sa taille, son air et la beauté de son visage, elles ne pouvaient se lasser de le regarder.

La différence qu'il y avait entre Bedreddin et le bossu, dont la figure faisait horreur, excita des murmures dans l'assemblée. « C'est à ce beau jeune homme, s'écrièrent les dames, qu'il faut donner notre épousée, et non pas à ce vilain bossu. » Elles n'en demeurèrent pas là ; elles osèrent faire des imprécations contre le sultan, qui, abusant de son pouvoir absolu, unissait la laideur avec la beauté. Elles chargèrent aussi d'injures le bossu et lui firent perdre contenance, au grand plaisir des spectateurs, dont les huées interrompirent pour quelque temps la symphonie qui se faisait entendre dans la salle. A la fin, les joueurs d'instruments recommencèrent leurs concerts, et les femmes qui avaient habillé la mariée s'approchèrent d'elle...

En prononçant ces paroles, Scheherazade remarqua qu'il était jour. Elle garda le silence; et, la nuit suivante, elle reprit ainsi son discours :

Note du traducteur. Plusieurs nuits suivantes sont employées dans l'original à la description des sept robes et des sept parures différentes, dont la fille du visir changea au son des instruments. Comme cette description ne m'a point paru agréable, et, que d'ailleurs elle est accompagnée de vers, qui ont, à la vérité, leur beauté en arabe, mais que les Français ne pourraient goûter, je n'ai pas jugé à propos de traduire ces nuits.

CIII^e NUIT.

A chaque fois que la nouvelle mariée changeait d'habits, elle se levait, et, suivie de ses femmes, passait devant le bossu sans daigner le regarder, et allait se présenter devant Bedreddin, pour se montrer à lui dans ses nouveaux atours. Alors, Bedreddin, suivant l'instruction qu'il avait reçue du génie, ne manquait pas de distribuer des poignées de sequins aux femmes qui accompagnaient la mariée. Il n'oubliait pas les joueurs et les danseurs qui lui en témoignèrent de la reconnaissance et lui marquaient par signes qu'ils voudraient que la jeune épouse fût pour lui, et non pour le bossu. Les femmes de la mariée disaient la même chose et ne se souciaient guère d'être entendues du bossu, à qui elles faisaient mille niches, ce qui divertissait fort tous les spectateurs.

Lorsque la cérémonie de changer d'habits tant de fois fut achevée, les joueurs d'instruments se retirèrent en faisant signe à Bedreddin Hassan de demeurer. Les dames firent la même chose en se retirant après eux avec tous ceux qui n'étaient pas de la maison. La mariée entra dans un cabinet où ses femmes la suivirent pour la déshabiller, et il ne resta plus dans la salle que le palefrenier bossu, Bedreddin Hassan et quelques domestiques. Le bossu, qui en voulait furieusement à Bedreddin, lui dit : « Et toi, qu'attends-tu? Pourquoi ne te retires-tu pas comme les autres? Marche. » Comme Bedreddin n'avait aucun prétexte pour demeurer là, il sortit assez embarrassé de sa personne; mais il n'était pas hors du vestibule, que le génie et la fée se présentèrent à lui et l'arrêtèrent. « Où allez-vous? lui dit le génie; demeurez : le bossu est sorti de la salle pour quelque besoin; vous n'avez qu'à vous introduire dans la chambre de la mariée. Lorsque vous serez seul avec elle, dites-lui hardiment que vous êtes son mari, que l'intention du sultan a été de se divertir du bossu, et que, pour apaiser ce mari prétendu, vous lui avez fait apprêter un bon plat de crême dans son écurie. Dites-lui tout ce qui vous viendra dans l'esprit pour la persuader. Etant fait comme vous êtes, cela ne ne sera pas difficile, et elle sera ravie d'avoir été trompée si agréablement. Cependant, nous allons donner ordre que le bossu ne rentre pas et ne vous empêche point de passer la nuit avec votre épouse; car c'est la vôtre, et non la sienne. »

Pendant que le génie encourageait Bedreddin et l'instruisait de ce qu'il devait faire, le bossu était véritablement sorti de la salle. Le génie s'introduisit où il était, prit la figure d'un gros chat noir et se mit à miauler d'une manière épouvantable. Le bossu cria après le chat et frappa des mains pour le faire fuir; mais le chat, au lieu de se retirer, fit briller des yeux enflammés et regarda fièrement le bossu en miaulant plus fort qu'auparavant et en grandissant de manière qu'il parut bientôt gros comme un ânon. Le bossu, à cet objet, voulut crier au secours; mais la frayeur l'avait tellement saisi, qu'il demeura la bouche ouverte sans pouvoir proférer une parole. Pour pas lui donner de relâche, le génie se changea à l'instant en un puissant buffle, et, sous cette forme, lui cria d'une voix qui redoubla sa peur : VILAIN BOSSU! A ces mots, l'effrayé palefrenier se laissa tomber sur le pavé, et, se couvrant la tête de sa robe pour ne pas voir cette bête effroyable, il lui répondit en tremblant : « Prince souverain des buffles, que demandez-vous de moi? — Malheur à toi, lui repartit le génie, si tu as la témérité d'oser te marier avec ma maîtresse! — Eh! seigneur, dit le bossu, je vous supplie de me pardonner : si je suis criminel, ce n'est que par ignorance; je ne savais pas que cette dame eût un buffle pour amant. Commandez-moi ce qu'il vous plaira, je suis prêt à vous obéir. — Par la mort, répliqua le génie, si tu ne gardes pas le silence jusqu'à ce que le soleil se lève, je t'écraserai la tête. Alors je te permets de sortir de cette maison; mais je t'ordonne de te retirer bien vite sans regarder derrière toi; et, si tu as l'audace d'y revenir, il t'en coûtera la vie.

Pour en revenir à Bedreddin Hassan, encouragé par le génie et par la présence de la fée, il s'était coulé dans la chambre nuptiale, où il s'assit en attendant le succès de son aventure. Au bout de quelque temps, la mariée arriva, conduite par une bonne vieille qui s'arrêta à la porte, exhortant le mari à bien faire son devoir, sans regarder si c'était le bossu ou un autre; après quoi elle la ferma et se retira.

La jeune épouse fut extrêmement surprise de voir, au lieu du bossu, Bedreddin Hassan, qui se présenta à elle de la meilleure grâce du monde. « Eh quoi! mon cher ami, lui dit-elle, vous êtes ici à l'heure qu'il est? Il faut donc que vous soyez camarade de mon mari. — Non, madame, répondit Bedreddin, je suis d'une autre condition que ce vilain bossu. — Mais, reprit-elle, vous ne prenez pas garde que vous parlez mal de mon époux. — Lui, votre époux! madame, repartit-il; pouvez-vous conserver si longtemps cette pensée? Sortez de votre erreur : tant de beautés ne seront pas sacrifiées au plus méprisable de tous les hommes. C'est moi, madame, qui suis l'heureux mortel à qui elles sont réservées. Le sultan a voulu se divertir en faisant cette supercherie au visir votre père, et il m'a choisi pour votre véritable époux. Nous avons renvoyé le malheureux bossu, qui mange, à l'heure qu'il est, un plat de crême dans son écurie, et vous pouvez compter que jamais il ne paraîtra devant vos beaux yeux. »

A ce discours, la fille du visir, qui était entrée plus morte que vive dans la chambre nuptiale, prit un air gai qui la rendit si belle, que Bedreddin en fut charmé. « Je ne m'attendais pas, lui dit-elle, à une surprise si agréable; mais mon bonheur est d'autant plus grand, que je vais posséder en vous un homme digne de ma tendresse. » En disant cela, elle acheva de se déshabiller, et se mit au lit. De son côté, Bedreddin Hassan, ravi de se voir possesseur de tant de charmes, se déshabilla promptement. Il mit son habit sur un siége avec la bourse que le juif lui avait donnée, laquelle était encore pleine, malgré tout ce qu'il en avait tiré, et il alla se coucher en chemise et en caleçon.

L'aurore obligea Scheherazade à s'arrêter. La nuit suivante, elle reprit cette histoire, et la continua en ces termes :

CIVe NUIT.

Lorsque les deux amants se furent endormis, le génie, qui avait rejoint la fée, lui dit qu'il était temps d'achever ce qu'ils avaient si bien commencé. « Ne nous laissons pas surprendre, ajouta-t-il par le jour, qui va paraître; allez, et enlevez le jeune homme sans l'éveiller. »

La fée se rendit dans la chambre des amants, qui dormaient profondément, enleva Bedreddin dans l'état où il était, c'est-à-dire en chemise et en caleçon; et, volant avec le génie d'une vitesse merveilleuse jusqu'à la porte de Damas en Syrie, ils y arrivèrent précisément dans le temps que les ministres des mosquées appelaient le peuple à la prière. La fée posa doucement à terre Bedreddin, et, le laissant près de la porte, s'éloigna avec le génie.

On ouvrit la porte de la ville, et les gens, qui s'étaient déjà assemblés pour sortir, furent très-surpris de voir Bedreddin étendu par terre et en calençon. L'un disait : « Il a tellement été pressé de sortir de chez sa maîtresse, qu'il n'a pas eu le temps de s'habiller. —

Voyez un peu, disait l'autre, à quels accidents on est exposé : il aura passé une partie de la nuit à boire; il sera venu jusqu'ici sans savoir ce qu'il faisait, et le sommeil l'y aura surpris. » Un petit vent, qui commençait à souffler, leva sa chemise et laissa voir sa poitrine, qui était plus blanche que la neige. Ils furent tous tellement étonnés de cette blancheur, qu'ils firent un cri d'admiration qui réveilla le jeune homme. Sa surprise ne fut pas moins grande que la leur de se voir à la porte d'une ville où il n'était jamais venu et environné d'une foule de gens qui le considéraient avec attention. « Messieurs, leur dit-il, apprenez-moi, de grâce, où je suis et ce que vous souhaitez de moi. » L'un d'eux prit la parole et lui répondit : « Jeune homme, on vient d'ouvrir la porte de cette ville, et, en sortant, nous vous avons trouvé couché ici dans l'état où vous voilà. Est-ce que vous avez passé ici la nuit? et savez-vous bien que vous êtes à une des portes de Damas! — A une des portes de Damas! répliqua Bedreddin. Vous vous moquez de moi : en me couchant, cette nuit, j'étais au Caire. » A ces mots, quelques-uns dirent que c'était dommage qu'un jeune homme si bien fait eût perdu l'esprit, et ils passèrent leur chemin.

« Mon fils, lui dit un bon vieillard, vous n'y pensez pas : puisque vous êtes ce matin à Damas, comment pouviez-vous être hier au Caire? — Cela est pourtant vrai, reprit Bedreddin, et je vous jure même que je passai toute la journée d'hier à Balsora. » A peine eut-il achevé ces paroles, que tout le monde se mit à crier : « C'est un fou! c'est un fou! » Quelques-uns néanmoins le plaignaient à cause de sa jeunesse, et un homme de la compagnie lui dit : « Mon fils, il faut que vous ayez perdu la raison; est-il possible qu'un homme soit le jour à Balsora, la nuit au Caire et le matin à Damas? Vous n'êtes pas sans doute bien éveillé. — Ce que je dis, reprit Bedreddin, est si véritable, qu'hier au soir j'ai été marié dans la ville du Caire. » Tous ceux qui avaient ri auparavant redoublèrent leurs rires à ce discours. « Prenez-y bien garde, lui dit-on; il faut que vous ayez rêvé tout cela et que cette illusion vous soit restée dans l'esprit. — Dites-moi vous-même, répondit-il, comment il est possible que je sois allé en songe au Caire, où je suis persuadé que j'ai été effectivement, où l'on a par sept fois amené devant moi mon épouse parée d'un nouvel habillement chaque fois, et où enfin j'ai vu un affreux bossu qu'on prétendait lui donner. Apprenez-moi encore ce que sont devenus ma robe, mon turban et la bourse de sequins que j'avais au Caire. »

Le jour, qui commençait à éclairer l'appartement de Schahriar, imposa silence à Scheherazade, qui continua son récit le lendemain.

CV[e] NUIT.

Sire, après que Bedreddin Hassan se fut opiniâtré à soutenir que tout ce qu'il avait dit était véritable, il se leva pour entrer dans la ville; et tout le monde le suivit en criant : « C'est un fou! » A ces cris, les uns se mirent aux fenêtres et d'autres, se joignant à ceux qui environnaient Bedreddin, criaient comme eux : « C'est un fou! » sans savoir de quoi il s'agissait. Dans l'embarras où était ce jeune homme, il arriva devant la maison d'un pâtissier qui ouvrait sa boutique, et il entra dedans pour se dérober aux huées du peuple qui le suivait.

Ce pâtissier avait été autrefois chef d'une troupe d'Arabes vagabonds qui détroussaient les caravanes, et, quoiqu'il fût venu s'établir à Damas, où il ne donnait aucun sujet de plainte contre lui, il ne laissait pas d'être craint de tous ceux qui le connaissaient. C'est pourquoi, dès le premier regard qu'il jeta sur la populace qui suivait Bedreddin, il la dissipa. Le pâtissier, voyant qu'il n'y avait plus personne, demanda au jeune homme qui il était et ce qui l'avait amené à Damas. Bedreddin ne lui cacha ni sa naissance, ni la mort du grand-visir son père, et lui conta toutes ses aventures.

« Votre histoire est des plus surprenantes, lui dit le pâtissier; mais, si vous voulez suivre mon conseil, vous ne ferez confidence à personne de toutes les choses que vous venez de me dire. Vous n'avez qu'à demeurer avec moi, et, comme je n'ai pas d'enfants, je suis prêt à vous reconnaître pour mon fils, si vous y consentez. Après que je vous aurai adopté, vous irez librement par la ville, et vous ne serez plus exposé aux insultes de la populace. » Quoique cette adoption ne fît pas honneur au fils d'un grand-visir, Bedreddin ne laissa pas d'accepter la proposition du pâtissier. Le pâtissier le fit habiller, prit des témoins, et alla déclarer devant un cadi qu'il le reconnaissait pour son fils, après quoi Bedreddin demeura chez lui, sous le simple nom de Hassan, et apprit la pâtisserie.

Pendant que cela se passait à Damas, la fille de Schemseddin Mohammed se réveilla, et, ne trouvant pas Bedreddin auprès d'elle, crut qu'il s'était levé sans vouloir interrompre son repos. Elle attendait son retour, lorsque son père, vivement touché de l'affront qu'il croyait avoir reçu du sultan d'Egypte, vint frapper à sa porte, résolu de pleurer avec elle sa triste destinée. Il l'appela, et elle n'eut pas plutôt entendu sa voix qu'elle se leva pour lui aller ouvrir la porte. Elle lui baisa la main et le reçut d'un air si satisfait, que le visir, qui s'attendait à la trouver baignée de pleurs, en fut extrêmement surpris. « Malheureuse, lui dit-il en colère, après l'affreux sacrifice que tu viens de consommer, peux-tu m'offrir un visage si content !... »

Scheherazade cessa de parler en cet endroit, parce que le jour parut. La nuit suivante elle reprit son discours.

CVI[e] NUIT.

Quand la nouvelle mariée vit que son père lui reprochait la joie qu'elle faisait paraître, elle lui dit : « Seigneur, ne me faites point un reproche si injuste : ce n'est pas le bossu, que je déteste plus que la mort, que j'ai épousé. Tout le monde lui a fait tant de confusion, qu'il a été contraint de s'aller cacher, et de faire place à un jeune homme charmant, qui est mon véritable mari. — Quelle fable me contez-vous? interrompit Schemseddin. Quoi! le bossu n'a pas couché cette nuit avec vous? — Eh! laissons là le bossu, interrompit-elle avec précipitation. Maudit soit le bossu! Entendrai-je toujours parler du bossu? Je vous le répète encore, mon père, je n'ai point passé la nuit avec lui, mais avec le cher époux que je vous dis, et qui ne doit pas être loin d'ici.

Schemseddin Mohammed sortit pour l'aller chercher, mais au lieu de le trouver, il fut dans une surprise extrême de rencontrer le bossu, qui, reconnaissant le visir, lui dit : « Ah! ah! c'est vous qui vouliez me donner en mariage la maîtresse d'un buffle, l'amoureuse d'un vilain génie! Je ne serai pas votre dupe, vous ne m'y attraperez pas. »

Scheherazade aperçut le jour, elle n'en dit pas davantage cette nuit. Le lendemain elle reprit sa narration.

CVII[e] NUIT.

Sire, le bossu, après avoir ainsi apostrophé Schemseddin, sortit en courant de toute sa force, sans regarder derrière lui; il se rendit au palais, se fit présenter au sultan d'Egypte, et le divertit fort en lui racontant le traitement que lui avait fait le génie.

Schemseddin Mohammed retourna dans la chambre de sa fille, plus incertain qu'auparavant de ce qu'il voulait savoir. « Eh bien! fille abusée, lui dit-il, ne pouvez-vous m'éclairer sur une aventure qui me rend interdit et confus? — Seigneur, répondit-elle, je ne puis vous apprendre autre chose que ce que j'ai déjà eu l'honneur de vous dire. Mais voici l'habillement de mon époux, qu'il a laissé sur cette chaise : il vous donnera peut-être l'éclaircissement que vous cherchez. » En disant cela, elle présenta le turban de Bedreddin au visir, qui le prit, et qui, après l'avoir bien examiné de tous côtés : « Je le prendrais, dit-il, pour un turban de visir, s'il n'était à la mode de Moussoul. » Mais, s'apercevant qu'il y avait quelque chose de cousu entre l'étoffe et la doublure, et l'ayant décousu, il trouva un papier plié. C'était le cahier que Noureddin Ali avait donné en mourant à Bedreddin, son fils, qui l'avait caché en cet endroit pour le mieux conserver. Schemseddin ayant ouvert le cahier, reconnut le caractère de son frère Noureddin Ali, et lut ce titre : *Pour mon fils Bedreddin Hassan.* Avant qu'il pût faire ses réflexions, sa fille lui mit entre les mains la bourse qu'elle avait trouvée sous l'habit. Il l'ouvrit aussi, et elle était remplie de sequins, comme je l'ai déjà dit; car, malgré les largesses que Bedreddin Hassan avait faites, elle était toujours demeurée pleine par les soins du génie et de la fée. Il lut ces mots sur l'étiquette de la bourse : *Mille sequins appar-*

nant au juif Isaac; et ceux-ci au-dessus que le juif avait écrits avant de se séparer de Bedreddin Hassan : *Livré à Bedreddin Hassan, pour le chargement qu'il m'a vendu du premier des vaisseaux qui ont ci-devant appartenu à Noureddin Ali, son père, d'heureuse mémoire, lorsqu'il aura abordé en ce port.* Il n'eut pas achevé cette lecture, qu'il fit un cri et s'évanouit.

Scheherazade voulait continuer; mais le jour parut, et le sultan des Indes se leva, et résolut d'entendre la suite de cette histoire.

CVIIIe NUIT.

Le lendemain Scheherazade continua ainsi :

Sire, le visir Schemseddin étant revenu de son évanouissement : « Ma fille, dit-il, ne vous étonnez pas de l'accident qui vient de m'arriver; la cause en est telle, qu'à peine y pourrez-vous ajouter foi. Cet époux qui a passé la nuit avec vous est votre cousin, le fils de Noureddin Ali. Les mille sequins qui sont dans cette bourse me font souvenir de la querelle que j'eus avec ce cher frère; c'est sans doute le présent de noces qu'il vous fait. »

Il lut ensuite le cahier d'un bout à l'autre : il y trouva les dates de l'arrivée de son frère à Balsora, de son mariage, de la naissance de Bedreddin Hassan; et lorsqu'après avoir confronté à ces dates celles de son mariage et de la naissance de sa fille, il eut fait réflexion que son neveu était son gendre, il se livra tout entier à la joie. Il prit le cahier et l'étiquette de la bourse, les alla montrer au sultan, qui fut tellement charmé du récit de cette histoire, qu'il la fit mettre par écrit, pour la faire passer à la postérité.

Cependant le visir Schemseddin ne pouvait comprendre pourquoi son neveu avait disparu; il espérait le voir arriver à tous moments, et il l'attendait avec la dernière impatience pour l'embrasser. Après l'avoir inutilement attendu pendant sept jours, il le fit chercher par tout le Caire; mais il n'en apprit aucune nouvelle, quelques perquisitions qu'il en pût faire. « Voilà, disait-il, une aventure fort singulière; jamais personne n'en a éprouvé une pareille. »

La sultane Scheherazade en demeura là, parce que le jour paraissait. Sur la fin de la nuit suivante, elle poursuivit ainsi cette histoire :

CIXe NUIT.

Sire, au bout de quelques jours, la fille du visir Schemseddin Mohammed s'aperçut qu'elle était grosse; et, en effet, elle accoucha d'un fils dans le terme de neuf mois. On donna une nourrice à l'enfant, avec d'autres femmes et des esclaves pour le servir, et son aïeul le nomma Agib.

Lorsqu'Agib eut atteint l'âge de sept ans, le visir Schemseddin l'envoya à l'école chez un maître qui avait une grande réputation. Agib jouait avec ses camarades. Comme ils étaient tous d'une condition au-dessous de la sienne, ils avaient beaucoup de déférence pour lui; et, en cela, ils se réglaient sur le maître d'école, qui lui passait bien des choses qu'il ne pardonnait pas à eux. La complaisance aveugle qu'on avait pour Agib le rendit fier, insolent; si quelqu'un avait la hardiesse de s'opposer à ses volontés, il lui disait mille injures, et allait souvent jusqu'aux coups. Enfin, il se rendit insupportable à tous les écoliers, qui se plaignirent de lui au maître d'école. Il les exhorta d'abord à prendre patience : mais quand il vit qu'ils ne faisaient qu'irriter par là l'insolence d'Agib, et fatigué lui-même des peines qu'il lui faisait : « Mes enfants, dit-il à ses écoliers, je vois qu'Agib est un petit insolent; je veux vous enseigner un moyen de le mortifier de manière qu'il ne vous tourmentera plus; je crois même qu'il ne reviendra plus à l'école. Demain, lorsqu'il sera venu, et que vous voudrez jouer ensemble, que quelqu'un dise tout haut : « Nous voulons jouer, mais c'est à condition que ceux qui joueront diront leur nom, celui de leur père et de leur mère. Nous regarderons comme des bâtards ceux qui refuseront de le faire, et nous ne souffrirons pas qu'ils jouent avec nous. »

Le maître d'école leur fit comprendre l'embarras où ils jetteraient Agib par ce moyen, et ils se retirèrent chez eux pleins de joie.

Le lendemain, dès qu'ils furent tous assemblés, ils ne manquèrent pas de faire ce que leur maître leur avait enseigné; ils environnèrent Agib, et l'un d'entre eux prenant la parole : « Jouons, dit-il à un jeu, mais à condition que celui qui ne pourra pas dire son nom, le nom de sa mère et de son père, n'y jouera pas. » Ils répondirent tous, et Agib lui-même qu'ils y consentaient. Alors celui qui avait parlé, les interrogea l'un après l'autre, et ils satisfirent tous à la condition, excepté Agib, qui répondit. « Je me nomme Agib; ma mère s'appelle Dame de beauté, et mon père Schemseddin Mohammed, visir du sultan. »

A ces mots, tous les enfants s'écrièrent : « Agib, que dites-vous? Ce n'est point là le nom de votre père; c'est celui de votre grand-père. —Que Dieu vous confonde! répliqua-t-il en colère; quoi! vous osez dire que le visir Schemseddin n'est pas mon père! » Les écoliers lui repartirent avec de grands éclats de rire : « Non, non, il n'est que votre aïeul, et vous ne jouerez pas avec nous. » En disant cela, ils s'éloignèrent de lui en le raillant. Agib fut mortifié de leurs railleries, et se mit à pleurer.

Scheherazade, en cet endroit, remarquant qu'il était jour, mit fin à son discours. Elle en reprit le fil la nuit suivante, et dit au sultan des Indes :

CXe NUIT.

Sire, le petit Agib, piqué des plaisanteries de ses compagnons, sortit brusquement de l'école et retourna au logis en pleurant. Il alla d'abord à l'appartement de sa mère, laquelle, alarmée de le voir affligé, lui en demanda le sujet. Il ne put répondre que par des paroles entrecoupées de sanglots, et ce ne fut qu'à plusieurs reprises qu'il put raconter la cause de son affliction. Quand il eut achevé : « Au nom de Dieu! ma mère, ajouta-t-il, dites-moi, s'il vous plaît, quel est mon père. — Mon fils, répondit-elle, votre père est le visir Schemseddin Mohammed, qui vous embrasse tous les jours. — Vous ne me dites pas la vérité, reprit-il; ce n'est pas mon père, c'est le vôtre. Mais moi, de quel père suis-je fils? » A cette demande, Dame de beauté, rappelant dans sa mémoire la nuit de ses noces, suivie d'un si long veuvage, commença à répandre des larmes, en regrettant amèrement la perte d'un époux aussi aimable que Bedreddin.

Dans le temps que Dame de beauté pleurait d'un côté et Agib de l'autre, le visir Schemseddin Mohammed entra et voulut savoir la cause de leur affliction. Dame de beauté la lui apprit, et lui raconta la mortification qu'Agib avait reçue à l'école. Ce récit toucha vivement le visir, qui jugea par là que tout le monde tenait des discours contre l'honneur de sa fille; il en fut au désespoir. Frappé de cette cruelle pensée, il alla au palais du sultan et le supplia de lui accorder la permission de faire un voyage dans les provinces du Levant, et particulièrement à Balsora, pour aller chercher son neveu Bedreddin Hassan. Le sultan approuva sa résolution, et lui permit de l'exécuter; il lui fit même expédier une patente par laquelle il priait les princes et les seigneurs des lieux où pourrait être Bedreddin, de consentir que le visir l'emmenât avec lui.

Scheherazade cessa de parler en cet endroit. La nuit suivante, elle reprit la parole dans ces termes :

CXIe NUIT.

Schemseddin Mohammed prit la route de Damas avec sa fille et son petit-fils. Ils arrivèrent le vingtième jour dans une fort belle prairie peu éloignée des portes de Damas, où ils mirent pied à terre. Le visir déclara qu'il voulait séjourner deux jours dans ce beau lieu, et que le troisième il continuerait son voyage. Il permit aux gens de sa suite d'aller à Damas; ils profitèrent de cette permission pour y vendre des marchandises d'Egypte qu'ils avaient apportées, ou pour y acheter des étoffes et des raretés du pays. Dame de beauté, souhaitant que son fils Agib eût aussi la satisfaction de se promener dans cette célèbre ville, ordonna à l'eunuque noir de l'y conduire, et de bien prendre garde qu'il ne lui arrivât quelque accident.

Agib, magnifiquement habillé, se mit en marche avec l'eunuque; ils ne furent pas plutôt entrés dans la ville, qu'Agib, qui était beau comme le jour, attira sur lui les yeux de tout le monde. Les uns sortaient de leurs maisons pour le voir de plus près; les autres ne se contentaient pas de s'arrêter pour le regarder, ils l'accompagnaient pour avoir le plaisir de le considérer plus longtemps. L'eunuque et lui arrivèrent par hasard devant la boutique où était Bedreddin Hassan, et là, ils se virent entourés d'une si grande foule de peuple, qu'ils furent obligés de s'arrêter.

Le pâtissier qui avait adopté Bedreddin Hassan était mort depuis quelques années, et lui avait laissé sa boutique avec tous ses autres biens. Bedreddin était donc alors maître de la boutique, et il exerçait la profession de pâtissier si habilement, qu'il était en grande réputation dans Damas. Voyant que tant de monde regardait avec beaucoup d'attention Agib et l'eunuque noir, il se mit à les regarder aussi.

Scheherazade, à ces mots, voyant paraître le jour, se tut. Elle reprit la nuit suivante, en s'exprimant ainsi :

CXIIe NUIT.

Bedreddin Hassan ayant jeté les yeux sur Agib, se sentit aussitôt tout ému sans savoir pourquoi. Il n'était pas frappé, comme le peuple, de l'éclatante beauté de ce jeune garçon; son trouble et son émotion avaient une autre cause qui lui était inconnue : c'était la force du sang qui agissait dans ce tendre père, lequel, interrompant ses occupations, s'approcha d'Agib et lui dit d'un air engageant : « Petit seigneur, qui m'avez gagné l'âme, faites-moi la grâce d'entrer dans ma boutique et de manger quelque chose de ma façon, afin que, pendant ce temps-là, j'aie le plaisir de vous admirer à mon aise. » Il prononça ces paroles avec tant de tendresse, que les larmes lui en vinrent aux yeux. Le petit Agib en fut touché, et, se tournant vers l'eunuque : « Ce bonhomme, lui dit-il, a une physionomie qui me plaît, et il me parle d'une manière si affectueuse, que je ne puis me défendre de faire ce qu'il souhaite — Ah! vraiment! lui dit l'esclave, il ferait beau voir qu'un fils de visir comme vous entrât dans la boutique d'un pâtissier pour y manger; ne croyez pas que je le souffre. — Hélas! mon petit seigneur, s'écria Bedreddin, on est bien cruel de confier votre conduite à un homme qui vous traite avec tant de dureté. » Puis, s'adressant à l'eunuque : « Mon bon ami, ajouta-t-il, n'empêchez pas ce jeune seigneur de m'accorder la grâce que je lui demande. Faites-moi plutôt l'honneur d'entrer avec lui chez moi, et par là vous ferez connaître que, si vous êtes brun au dehors comme la châtaigne, vous êtes blanc aussi en dedans comme elle.

L'eunuque cessant de résister aux prières de Bedreddin, laissa entrer Agib dans sa boutique, et y entra aussi lui-même.

Bedreddin, joyeux d'avoir obtenu ce qu'il avait désiré, se remit au travail qu'il avait interrompu : « Je faisais, dit-il, des tartes à la crême, il faut que vous en mangiez; vous les trouverez excellentes; car l'on vient en prendre chez moi de tous les endroits de cette ville. » En achevant ces mots, il tira du four une tarte à la crême; et, après avoir mis dessus des grains de grenade et du sucre, il la servit devant Agib, qui la trouva délicieuse. L'unuque, à qui Bedreddin en présenta aussi, en porta le même jugement.

Pendant qu'ils mangeaient tous deux, Bedreddin examinait Agib, et, se représentant qu'il avait peut-être un semblable fils de la charmante épouse dont il avait été si tôt et si cruellement séparé, cette pensée fit couler de ses yeux quelques larmes. Il se préparait à faire des questions au petit Agib sur le sujet de son voyage à Damas, mais cet enfant n'eut pas le temps de satisfaire sa curiosité, parce que l'eunuque, qui le pressait, l'emmena dès qu'il eut mangé. Bedreddin se contenta de les suivre de l'œil; il ferma sa boutique promptement et marcha sur leurs pas...

Scheherazade, remarquant le jour, cessa de poursuivre, et reprit son histoire le lendemain.

CXIIIe NUIT.

Bedreddin courut donc après Agib et l'eunuque, et les joignit à la porte de la ville. L'unuque s'étant aperçu qu'il les suivait, en fut mécontent. « Importun que vous êtes, lui dit-il en colère, que demandez-vous? — Mon bon ami, répondit Bedreddin, j'ai hors de la ville une petite affaire à laquelle il faut que j'aille donner ordre. » Cette réponse n'apaisa point l'eunuque, qui, se tournant vers Agib, lui dit : « Voilà ce que vous m'avez attiré; vous avez voulu entrer dans la boutique de cet homme; je ne suis pas sage de vous l'avoir permis. — Peut-être, dit Agib, a-t-il affaire hors de la ville, et les chemins sont libres pour tout le monde. » En disant cela, ils continuèrent de marcher sans regarder derrière eux, jusqu'à ce qu'étant arrivés près des tentes du visir, ils se retournèrent pour voir si Bedreddin les suivait toujours. Alors Agib, remarquant qu'il était à deux pas de lui, rougit et pâlit successivement, selon les divers mouvements qui l'agitaient. Il craignait que le visir, son aïeul, ne vînt à savoir qu'il était entré dans la boutique d'un pâtissier, et qu'il y avait mangé. Dans cette crainte, ramassant une assez grosse pierre qui se trouva à ses pieds, il la lui jeta, le frappa au milieu du front et lui couvrit le visage de sang, après quoi, se mettant à courir de toute sa force, il se sauva sous les tentes avec l'eunuque, qui dit à Bedreddin Hassan qu'il ne devait pas se plaindre de ce malheur qu'il avait mérité et qu'il s'était attiré lui-même.

Bedreddin reprit le chemin de la ville en étanchant le sang de sa plaie avec son tablier qu'il n'avait pas ôté. « J'ai tort, disait-il en lui-même, d'avoir abandonné ma maison pour faire tant de peine à cet enfant; car il ne m'a traité de cette manière que parce qu'il a cru sans doute que je méditais quelque dessein funeste contre lui. »

Le jour, qui paraissait, imposa silence à la sultane des Indes.

CXIVe NUIT.

Sur la fin de la nuit suivante, Scheherazade poursuivit ainsi :

Bedreddin continua d'exercer sa profession de pâtissier à Damas, et son oncle Schemseddin Mohammed en partit trois jours après son arrivée. Il prit la route d'Alep, où il s'arrêta deux jours. D'Alep il alla passer l'Euphrate, entra dans la Mésopotamie, et, après avoir traversé plusieurs villes, il arriva à Balsora, où d'abord il fit demander audience au sultan, qui le reçut très-favorablement, et lui demanda le sujet de son voyage à Balsora. « Sire, répondit le visir, je suis venu pour apprendre des nouvelles du fils de Noureddin Ali, mon frère, qui a eu l'honneur de servir votre majesté. — Il y a longtemps que Noureddin Ali est mort, reprit le sultan. Son fils, environ deux mois après la mort de son père, disparut tout à coup; personne ne l'a vu depuis ce temps-là, quelque soin que j'aie pris de le faire chercher. Mais sa mère, qui est fille d'un de mes visirs, vit encore. » Schemseddin Mohammed lui demanda la permission de la voir et de l'emmener en Egypte. Le sultan y ayant consenti, il ne voulut pas différer au lendemain; il se fit enseigner où demeurait cette dame, et se rendit chez elle accompagné de sa fille et de son petit-fils.

La veuve de Noureddin Ali habitait toujours l'hôtel où avait demeuré son mari. C'était une belle maison, superbement bâtie et ornée de colonnes de marbre. En y arrivant, Schemseddin baisa la porte sur laquelle était écrit en lettres d'or le nom de son frère. Il demanda à parler à sa belle-sœur. Les domestiques lui montrèrent un édifice qu'elle avait fait bâtir pour représenter le tombeau de Bedreddin Hassan, qu'elle croyait mort, après l'avoir si longtemps attendu en vain. Elle y était alors occupée à pleurer ce cher fils, et Schemseddin la trouva ensevelie dans une affliction mortelle. Il lui fit son compliment; et, après l'avoir suppliée de suspendre ses larmes, il lui apprit qu'il avait l'honneur d'être son beau-frère, et lui dit la raison qui l'avait obligé de venir à Balsora...

Scheherazade, voyant paraître le jour, cessa son récit, qu'elle reprit la nuit suivante :

CXVe NUIT.

Schemseddin, après avoir instruit sa belle-sœur de tout ce qui s'était passé au Caire, après lui avoir conté la surprise que lui avait causée la découverte du cahier cousu dans le turban de Bedreddin, lui présenta Agib et Dame de beauté.

« Quand la veuve de Noureddin Ali eut compris par le discours qu'elle venait d'entendre, que le fils qu'elle regrettait tant pouvait vivre encore, elle se leva, embrassa Dame de beauté et son petit-fils; et, reconnaissant dans ce dernier les traits de Bedreddin, elle versa des larmes bien différentes de celles qu'elle répandait depuis si longtemps. Elle ne pouvait se lasser de baiser Agib, qui, de son côté, recevait ses embrassements avec mille démonstrations de tendresse. « Madame, dit Schemseddin, il est temps d'essuyer vos larmes, il faut vous disposer à venir en Egypte avec nous. Le sultan de Balsora me permet de vous emmener, et je ne doute pas que vous n'y consentiez. Peut-être rencontrerons-nous enfin votre fils.

La veuve de Noureddin Ali écouta cette proposition avec plaisir, et s'occupa des préparatifs de son départ. Schemseddin demanda une seconde audience; et, ayant pris congé du sultan, il partit de Balsora, et reprit le chemin de Damas.

« Lorsqu'il fut près de cette ville, il fit dresser ses tentes pour faire reposer son équipage et pour acheter ce qu'il trouverait de plus digne d'être présenté au sultan d'Egypte. Pendant qu'il était occupé à choisir lui-même les plus belles étoffes que les marchands avaient apportées sous ses tentes, Agib pria l'eunuque noir de le mener promener dans la ville, pour voir les choses qu'il n'avait pas eu le temps de regarder en passant, et apprendre des nouvelles du pâtissier à qui il avait donné un coup de pierre. L'eunuque y consentit après en avoir obtenu la permission de Dame de beauté.

Ils entrèrent dans Damas. Ils parcoururent les lieux publics où se vendaient les marchandises les plus riches, et virent l'ancienne mosquée des Omniades dans le temps qu'on s'y assemblait pour faire la prière. Ils passèrent ensuite devant la boutique de Bedreddin Hassan, qu'ils trouvèrent encore occupé à faire des tartes à la crême. « Je vous salue, lui dit Agib; regardez-moi; vous souvenez-vous de m'avoir vu? » A ces mots Bedreddin jeta les yeux sur lui; et, le reconnaissant, il sentit la même émotion que la première fois : il demeura longtemps sans pouvoir proférer une seule parole. Néanmoins, ayant rappelé ses esprits : « Mon petit seigneur, lui dit-il, faites-moi la grâce d'entrer encore une fois chez moi avec votre gouverneur; venez goûter d'une tarte à la crême. Pardonnez-moi la peine que je vous fis en vous suivant hors de la ville; je ne savais ce que je faisais : vous m'entraîniez après vous sans que je pusse résister à une si douce violence... »

Scheherazade cessa de parler en cet endroit, parce qu'elle vit paraître le jour. Le lendemain, elle reprit la suite de son discours.

CXVIe NUIT.

Agib, étonné d'entendre ce que lui disait Bedreddin, répondit : « Je ne veux point entrer chez vous que vous ne vous soyez engagé à ne me pas suivre quand j'en serai sorti. Si vous me le promettez, je vous reviendrai voir demain, pendant que mon aïeul achètera de quoi faire présent au sultan d'Egypte. — Mon petit seigneur, reprit Bedreddin, je ferai tout ce que vous m'ordonnerez. » A ces mots, Agib et l'eunuque entrèrent dans la boutique.

Bedreddin leur servit aussitôt une tarte à la crême, qui n'était pas moins excellente que celle qu'il leur avait présentée la première fois. « Venez, lui dit Agib, asseyez-vous auprès de moi; et mangez avec nous. » Bedreddin obéit, et se mit à chanter une chanson dont il composa sur-le-champ les paroles à la louange d'Agib. Il ne mangea point, et ne fit autre chose que de servir ses hôtes. Lorsqu'ils eurent achevé de manger, il leur présenta un vase de sorbet, et leur dit : « Prenez, c'est un sorbet de rose, le plus délicieux qu'on puisse trouver; jamais vous n'en avez goûté de meilleur. » Agib ayant bu avec plaisir, Bedreddin reprit le vase et le présenta aussi à l'eunuque, qui but toute la liqueur jusqu'à la dernière goutte.

Enfin Agib et son gouverneur remercièrent le pâtissier de la bonne chère qu'il leur avait faite, et se retirèrent en diligence, parce qu'il était déjà tard. Ils arrivèrent sous les tentes, et allèrent d'abord à celle des dames. La grand'mère d'Agib fut ravie de le revoir; et, comme elle se mettait alors à table pour souper, elle le fit asseoir auprès d'elle; et, en lui disant qu'il ne devait pas manquer d'appétit, elle lui fit servir un morceau d'une tarte à la crême qu'elle avait elle-même faite.

Le jour, qui paraissait, empêcha Scheherazade de continuer; la nuit suivante, elle reprit son récit en ces termes :

CXVIIe NUIT.

Agib eut à peine touché au morceau de tarte à la crême qu'on lui avait servi, que feignant de ne le pas trouver à son goût, il le laissa tout entier. La veuve de Noureddin Ali s'apercevant du peu de cas qu'Agib fai-

sait de sa tarte. « Eh quoi! mon fils, lui dit-elle, est-il possible que vous méprisiez ainsi l'ouvrage de mes mains? Apprenez que personne n'est capable de faire de si bonnes tartes à la crême, excepté votre père Bedreddin Hassan, à qui j'ai enseigné l'art d'en faire de pareilles. — Ah! ma bonne grand'mère! s'écria Agib, permettez-moi de vous dire qu'il y a un pâtissier dans cette ville qui vous surpasse dans ce grand art : nous venons d'en manger chez lui une qui vaut mieux que celle-ci. » A ces paroles, la grand'mère regardant l'eunuque : « Comment, Schaban! lui dit-elle, vous a-t-on commis la garde de mon petit-fils pour le mener manger chez des pâtissiers comme un gueux? — Madame, répondit l'eunuque, il est bien vrai que nous nous sommes entretenus quelque temps avec un pâtissier, mais nous n'avons pas mangé chez lui. — Pardonnez-moi, interrompit Agib, nous sommes entrés dans sa boutique, et nous y avons mangé d'une tarte à la crême. » La dame, plus irritée qu'auparavant contre l'eunuque, se leva de table, courut à la tente de Schemseddin, qu'elle informa du délit de l'eunuque.

Schemseddin se rendit à l'instant sous la tente de sa belle-sœur, et dit à l'eunuque : « Quoi! malheureux, tu as la hardiesse d'abuser de la confiance que j'ai en toi! » Schaban prit le parti de nier encore le fait. Mais l'enfant soutenant toujours le contraire : « Mon grand-père, dit-il à Schemseddin, je vous assure que nous avons si bien mangé l'un et l'autre, que nous n'avons pas besoin de souper : le pâtissier nous a même régalés de sorbet. — Eh bien! méchant esclave! s'écria le visir, après cela ne veux-tu pas convenir que vous êtes entrés chez un pâtissier, et que vous y avez mangé? » Schaban eut encore l'effronterie de jurer que cela n'était pas vrai. « Tu es un menteur, lui dit alors le visir : je crois plutôt mon petit-fils que toi. Néanmoins, si tu peux manger toute cette tarte à la crême qui est sur la table, je serai persuadé que tu dis la vérité.

Schaban, quoiqu'il en eût jusqu'à la gorge, prit un morceau de la tarte à la crême; mais il fut obligé de le retirer de sa bouche, car le cœur lui souleva. Le visir, irrité de tous les mensonges de l'eunuque, et convaincu qu'il était coupable, commanda qu'on lui donnât la bastonnade. Le malheureux poussa de grands cris en souffrant ce châtiment, et confessa la vérité. « Il est vrai, s'écria-t-il, que nous avons mangé une tarte à la crême chez un pâtissier, et elle était cent fois meilleure que celle qui est sur cette table. »

La veuve de Noureddin Ali crut que c'était pour la mortifier que Schaban louait la tarte du pâtissier; c'est pourquoi, s'adressant à lui : « Je ne puis croire, lui dit-elle, que les tartes de ce pâtissier soient meilleures que les miennes. Je veux m'en éclaircir : va chez lui, et m'apporte une tarte à la crême. » En parlant ainsi, elle fit donner de l'argent à l'eunuque, et il partit. Etant arrivé à la boutique de Bedreddin : « Bon pâtissier, lui dit-il, tenez, voilà de l'argent, donnez-moi une tarte à la crême; une de nos dames souhaite d'en goûter. » Il y en avait alors de toutes chaudes; Bedreddin choisit la meilleure, et la donnant à l'eunuque : « Prenez celle-ci, lui dit-il, je vous la garantis excellente. »

Schaban revint en diligence avec sa tarte à la crême. Il la présenta à la veuve de Noureddin Ali, qui la prit avec empressement, et en rompit un morceau pour le manger; mais elle ne l'eut pas plutôt porté à sa bouche qu'elle s'écria : O Dieu! il faut que ce soit mon cher fils Bedreddin qui ait fait cette tarte... »

Le jour vint imposer silence à Scheherazade. La nuit suivante, elle poursuivit ainsi :

CXVIIIe NUIT.

Quand Schemseddin eut entendu sa belle-sœur, il sentit une joie inconcevable; mais, venant à faire réflexion que, selon toutes les apparences, la conjecture de la veuve de Noureddin devait être fausse, il lui dit : « Mais, madame, ne se peut-il pas trouver un pâtissier qui sache aussi bien faire des tartes à la crême que votre fils? — Je conviens, répondit-elle, qu'il y a peut-être des pâtissiers capables d'en faire d'aussi bonnes; mais comme je les fais d'une manière dont nul autre que mon fils n'a le secret, il faut absolument que ce soit lui qui ait fait celle-ci. Réjouissons-nous, car nous avons enfin trouvé ce que nous cherchons depuis longtemps. — Madame, répliqua le visir, il n'y a qu'à faire venir ici le pâtissier; si c'est Bedreddin Hassan, vous le reconnaîtrez bien, ma fille et vous; mais il faut que vous vous cachiez toutes deux, et que vous le voyiez sans qu'il vous voie; car je ne veux pas que notre reconnaissance se fasse à Damas; j'ai dessein de la prolonger jusqu'à ce que nous soyons de retour au Caire. »

En achevant ces paroles, il se rendit sous sa tente. Là, il fit venir cinquante de ses gens, et leur dit : « Prenez chacun un bâton, et suivez Schaban, qui va vous conduire chez un pâtissier de cette ville. Lorsque vous y serez arrivés, brisez tout ce que vous trouverez dans sa boutique. S'il vous demande pourquoi vous faites ce désordre, demandez-lui seulement si ce n'est pas lui qui a fait la tarte à la crême qu'on a été prendre chez lui. S'il vous répond que oui, saisissez-vous de sa personne. Liez-le bien et me l'amenez; mais gardez-vous de lui faire le moindre mal. Allez, et ne perdez pas de temps. » Le visir fut promptement obéi; ses gens mirent en pièces les plats, les chaudrons, les casseroles et tous les ustensiles qu'ils trouvèrent, et inondèrent sa boutique de sorbet, de crême et de confitures. A ce spectacle, Bedreddin Hassan, fort étonné, leur dit d'un ton de voix pitoyable : « Eh! bonnes gens, pourquoi me traitez-vous de la sorte? Qu'ai-je fait? — N'est-ce pas vous, dirent-ils, qui avez fait la tarte à la crême que vous avez vendue à l'eunuque que vous voyez? — Oui, c'est moi-même, répondit-il, qu'y trouve-t-on à dire? »

Cependant, les voisins étant accourus au bruit, et fort surpris de voir commettre un pareil désordre, demandaient aussi le sujet d'une si grande violence.

La populace qui s'était assemblée là, touchée de compassion pour Bedreddin, prit son parti et voulut s'opposer au dessein des gens de Schemseddin qui l'emmenaient; mais il survint en ce moment des officiers du gouverneur de la ville qui favorisèrent l'enlèvement de Bedreddin, parce que Schemseddin Mohammed était allé chez le gouverneur de Damas pour l'informer de l'ordre qu'il avait donné, et pour lui demander main-forte; et ce gouverneur, qui commandait sur toute la Syrie au nom du sultan d'Egypte, n'avait eu garde de rien refuser au visir de son maître. On entraînait donc Bedreddin malgré ses cris et ses larmes...

Scheherazade n'en put dire davantage à cause du jour qu'elle vit paraître; mais le lendemain elle reprit sa narration, et dit au sultan des Indes :

CXIX^e NUIT.

Sire, Bedreddin Hassan avait beau demander aux personnes qui l'emmenaient ce qu'on avait trouvé dans sa tarte à la crême, on ne lui répondait rien. Enfin il arriva sous les tentes, où on le fit attendre jusqu'à ce que Schemseddin fût revenu de chez le gouverneur.

Le visir étant de retour, on lui amena le pâtissier. « Seigneur, lui dit Bedreddin, faites-moi la grâce de me dire en quoi je vous ai offensé. — Ah! malheureux, répondit le visir, n'est-ce pas toi qui as fait la tarte à la crême que tu m'as envoyée? — J'avoue que c'est moi, répondit Bedreddin. Quel crime ai-je commis en cela? — Je te châtierai comme tu le mérites, répliqua Schemseddin, et il t'en coûtera la vie pour avoir fait une si méchante tarte. — Eh! bon Dieu! s'écria Bedreddin, est-ce un crime digne de mort d'avoir fait une méchante tarte à la crême? — Oui, dit le visir, et tu ne dois pas attendre de moi un autre traitement. »

Pendant qu'ils s'entretenaient ainsi tous deux, les dames, qui s'étaient cachées, observaient avec attention Bedreddin, qu'elles n'eurent pas de peine à reconnaître, malgré le long temps qu'elles ne l'avaient vu. Leur joie fut telle qu'elles voulaient s'aller jeter au cou de Bedreddin; mais la parole qu'elles avaient donnée au visir l'emporta sur les plus tendres mouvements de l'amour et de la nature.

Comme Schemseddin avait résolu de partir cette même nuit, il fit préparer les voitures pour se mettre en marche, et ordonna qu'on mît Bedreddin dans une caisse bien fermée, et qu'on le chargeât sur un chameau. D'abord que tout fut prêt pour le départ, le visir et les gens de sa suite se mirent en chemin. Ils ne s'arrêtèrent qu'au terme de leur voyage.

Scheherazade, remarquant qu'il était jour, se tut, et reprit de cette sorte le lendemain :

CXXe NUIT.

Sire, Schemseddin entra au Caire suivi de tout son équipage. Il se rendit à son hôtel, où il fit décharger la caisse avec défense de ne l'ouvrir que lorsqu'il l'ordonnerait. Tandis qu'on déchargeait les autres chameaux, il prit en particulier la mère de Bedreddin Hassan et sa fille ; et, s'adressant à la dernière : « Dieu soit loué, lui dit-il, ma fille, de ce qu'il nous a fait si heureusement rencontrer votre cousin et votre mari ! Vous vous souvenez bien apparemment de l'état où était votre chambre la première nuit de vos noces : allez ; faites-y mettre toutes choses comme elles étaient alors. »

Dame de beauté alla exécuter avec joie ce que venait de lui ordonner son père, qui commença aussi à disposer toutes choses dans la salle, de la même manière qu'elles étaient lorsque Bedreddin Hassan s'y était trouvé avec le palefrenier bossu du sultan d'Egypte. Le trône ne fut pas oublié, non plus que les bougies. Quand tout fut préparé dans la salle, le visir entra dans la chambre de sa fille, où il posa l'habillement de Bedreddin avec la bourse de sequins. Cela étant fait, il dit à la Dame de beauté : « Déshabillez-vous, ma fille, et couchez-vous. Dès que Bedreddin sera entré dans sa chambre, plaignez-vous de ce qu'il a été dehors trop longtemps, et dites-lui que vous avez été bien étonnée en vous réveillant de ne pas le trouver auprès de vous. Pressez-le de se remettre au lit, et demain matin vous nous divertirez, votre belle-mère et moi, en nous rendant compte de ce qui se sera passé entre vous et lui cette nuit. »

Scheherazade voulait poursuivre son récit ; mais le jour, qui commençait à paraître, l'en empêcha ; elle continua la nuit suivante.

CXXIe NUIT.

Schemseddin ordonna aux domestiques de s'éloigner, à la réserve de deux ou trois qu'il fit demeurer. Il les chargea d'aller tirer Bedreddin hors de la caisse, de le mettre en chemise et en caleçon, de le conduire en cet état dans la salle, de l'y laisser tout seul et d'en fermer la porte.

Bedreddin Hassan, quoique accablé de douleur, s'était endormi si bien que les domestiques du visir l'eurent plutôt tiré de la caisse, mis en chemise et en caleçon, qu'il ne fût réveillé, et ils le transportèrent dans la salle si brusquement, qu'ils ne lui donnèrent pas le loisir de se reconnaître. Quand il se vit seul, il promena sa vue de toutes parts, et les choses qu'il voyait, rappelant dans sa mémoire le souvenir de ses noces, il s'aperçut avec étonnement que c'était la même salle où il avait vu le palefrenier bossu. Sa surprise augmenta encore, lorsque, s'étant approché doucement d'une porte ouverte, il vit son habillement au même endroit où il se souvenait de l'avoir mis la nuit de ses noces. « Bon Dieu ! dit-il en se frottant les yeux, suis-je endormi, suis-je éveillé ? »

Dame de beauté qui l'observait, ouvrit tout à coup les rideaux de son lit, et, avançant la tête : « Mon cher seigneur, lui dit-elle d'un ton assez tendre, que faites-vous à la porte ? Venez vous recoucher. Vous avez demeuré dehors bien longtemps. » Bedreddin Hassan changea de visage, lorsqu'il reconnut que la dame qui lui parlait était cette charmante personne avec laquelle il se souvenait d'avoir couché. Il entra dans la chambre ; mais, au lieu d'aller au lit, il s'approcha de la chaise où étaient ses habits et la bourse de sequins, et, après les avoir examinés : « Par le grand Dieu vivant ! s'écria-t-il, voilà des choses que je ne puis comprendre ! » La dame, qui prenait plaisir à son embarras, lui dit : « Encore une fois, seigneur, à quoi vous amusez-vous ? » A ces paroles, il s'avança vers Dame de beauté : « Je vous supplie, madame, lui dit-il, de m'apprendre s'il y a longtemps que je suis auprès de vous ? — La question me surprend, répondit-elle : est-ce que vous ne vous êtes pas levé d'auprès de moi tout à l'heure ? Il faut que vous ayez l'esprit bien préoccupé. — Madame, répondit Bedreddin, je me souviens, il est vrai, d'avoir été près de vous ; mais je me souviens aussi d'avoir depuis demeuré dix ans à Damas. Si j'ai en effet couché cette nuit avec vous, je ne puis pas en avoir été éloigné si longtemps. Dites-moi, de grâce, si mon mariage avec vous est une illusion, ou si c'est un songe que mon absence. — Oui, seigneur, repartit Dame de beauté, vous avez rêvé, sans doute, que vous avez été à Damas. — Il n'y a donc rien de si plaisant, s'écria Bedreddin en faisant un éclat de rire. Je suis assuré, madame, que ce songe va vous paraître très-réjouissant, et il raconta à la fille du visir tout ce qui lui était arrivé depuis le matin où il l'avait quittée. « Enfin, madame, continua-t-il, tout ce que je puis vous dire, c'est que je n'ai pas mal fait de m'éveiller : sans cela, on m'allait clouer à un poteau : tout mon crime était d'avoir vendu une tarte à la crême où je n'avais pas mis de poivre. »

Sheherazade, en cet endroit, apercevant le jour, cessa de parler. Le jour suivant elle reprit ainsi la parole :

CXXIIe NUIT.

Sire, Bedreddin ne passa pas tranquillement la nuit; il se réveillait de temps en temps et se demandait à lui-même s'il rêvait ou s'il était réveillé. Il se défiait de son bonheur, et, cherchant à s'en assurer, il ouvrait les rideaux et parcourait des yeux toute la chambre. Le jour, qui paraissait, n'avait pas encore dissipé son inquiétude, lorsque le visir entra pour lui donner le bonjour.

Bedreddin fut dans une surprise extrême de voir paraître un homme qu'il connaissait si bien, mais qui n'avait plus l'air de ce juge terrible qui avait prononcé l'arrêt de sa mort : « Ah! c'est donc vous, s'écria-t-il, qui m'avez traité si indignement et condamné à une mort qui me fait encore horreur, pour une tarte à la crême où je n'avais pas mis de poivre. » Le visir se prit à rire, et, pour le tirer de peine, lui conta comment, par le ministère d'un génie (car le récit du bossu lui avait fait soupçonner l'aventure), il s'était trouvé chez lui et avait épousé sa fille à la place du palefrenier du sultan. Il lui apprit ensuite que c'était par le cahier écrit de la main de Noureddin Ali, qu'il avait découvert qu'il était son neveu, et enfin il lui dit qu'en conséquence de cette découverte, il était allé jusqu'à Balsora pour le chercher et apprendre de ses nouvelles. « Mon cher neveu, ajouta-t-il en l'embrassant avec tendresse, j'ai voulu vous ramener chez moi avant que de vous apprendre votre bonheur, que vous devez trouver d'autant plus charmant, qu'il vous a coûté plus de peine. Consolez-vous de toutes vos afflictions par la joie de vous voir rendu aux personnes qui vous doivent être les plus chères. Pendant que vous vous habillerez, je vais avertir votre mère qui est dans une grande impatience de vous embrasser, et je vous amènerai votre fils que vous avez vu à Damas et pour qui vous vous êtes senti tant d'inclination sans le connaître. »

Il n'y a pas de paroles assez énergiques pour bien exprimer quelle fut la joie de Bedreddin, lorsqu'il vit sa mère et son fils Agib. Ces trois personnes ne cessaient de s'embrasser et de faire paraître tous les transports que le sang et la plus vive tendresse peuvent inspirer.

Pendant que ces choses se passaient, Schemseddin avait fait préparer un superbe festin; il se mit à table avec sa famille, et toute sa maison passa la journée dans les réjouissances...

Mais, sire, ajouta Scheherazade, remarquant que le jour commençait à paraître, quelque agréable que soit l'histoire que je viens de raconter, j'en sais une autre qui l'est encore davantage. Si votre majesté souhaite de l'entendre la nuit prochaine, je suis assurée qu'elle en demeurera d'accord. Schahriar se leva sans rien dire, et fort incertain de ce qu'il avait à faire. « La bonne sultane, dit-il en lui-même, raconte de fort longues histoires, et, quand une fois elle en a commencé une, il n'y a pas moyen de refuser de l'entendre tout entière. Je ne sais si je ne devrais pas la faire mourir aujourd'hui; mais ne précipitons rien : l'histoire dont elle me fait fête est peut-être plus divertissante que celles qu'elle m'a racontées jusqu'ici; il ne faut pas que je me prive du plaisir de l'entendre : après qu'elle m'en aura fait le récit, j'ordonnerai sa mort. »

CXXIIIe NUIT.

La sultane des Indes, après avoir demandé à Schahriar la permission de commencer l'histoire qu'elle avait promis de raconter, prit ainsi la parole :

Histoire du petit bossu.

« Il y avait à Casgar, aux extrémités de la Grande-Tartarie, un tailleur qui avait une très-belle femme qu'il aimait beaucoup, et dont il était aimé de même. Un jour qu'il travaillait, un petit bossu vint s'asseoir à l'entrée de sa boutique, et se mit à chanter en jouant du tambour de basque. Le tailleur prit plaisir à l'entendre, et résolut de l'emmener dans sa maison pour réjouir sa femme. Il lui en fit la proposition, et le bossu l'ayant acceptée, il le mena chez lui.

Dès qu'ils y furent arrivés, la femme du tailleur, qui avait déjà mis le couvert pour souper, servit un bon plat de poisson qu'elle avait préparé. Ils se mirent tous trois à table; mais, en mangeant, le bossu avala par malheur une grosse arête, dont il mourut en peu de moments, sans que le tailleur et sa femme y pussent remédier. Ils furent d'autant plus effrayés de cet accident, qu'il était arrivé chez eux, et qu'ils avaient sujet de craindre que si la justice venait à le savoir, on ne les punît comme des assassins. Le mari néanmoins fit réflexion qu'il demeurait dans le voisinage un médecin juif; et, là-dessus, sa femme et lui prirent le bossu, l'un par les pieds, l'autre par la tête, et le portèrent jusqu'au logis du médecin. Ils frappèrent à la porte, où aboutissait un escalier très-raide par où l'on montait à sa chambre. Une servante descend aussitôt, sans lumière, ouvre et demande ce qu'ils souhaitent. « Dites à votre maître que nous lui amenons un homme bien malade pour qu'il lui ordonne quelque remède. Tenez, ajouta-t-il en lui mettant en main une pièce d'argent, donnez-lui cela par avance, afin qu'il soit persuadé que nous n'avons pas dessein de lui faire perdre sa peine. » Pendant que la servante remonta pour faire part au médecin juif d'une si bonne nouvelle, le tailleur et sa femme portèrent promptement le corps du bossu au haut de l'escalier, le laissèrent là et retournèrent chez eux en diligence.

Cependant la servante ayant dit au médecin qu'un homme et une femme l'attendaient à la porte et le priaient de descendre pour un malade qu'ils avaient amené, et lui ayant remis entre les mains l'argent qu'elle avait reçu, il crut que c'était une bonne pratique qu'on lui amenait et qu'il ne fallait pas négliger. « Prends vite de la lumière, dit-il à sa servante, et suis-moi. » En disant cela, il s'avança vers l'escalier avec tant de précipitation, qu'il n'attendit point qu'on l'éclairât; et, venant à rencontrer le bossu, il lui donna du pied dans les côtes si rudement, qu'il le fit rouler jusqu'au bas de l'escalier. « Apporte donc vite de la lumière, cria-t-il à sa servante. » Enfin elle arriva; il descendit avec elle, et trouva que ce qui avait roulé était un homme mort.

Malgré le trouble qui l'agitait, il ne laissa pas d'avoir la précaution de fermer sa porte, de peur que quelqu'un venant à passer par la rue, ne s'aperçût du malheur dont il se croyait la cause. Il prit ensuite le cadavre, le porta dans la chambre de sa femme, qui faillit s'évanouir quand elle vit entrer cette fatale charge. « Comment avez-vous donc fait, demanda-t-elle, pour tuer cet homme? — Il ne s'agit point de cela, repartit le juif, il s'agit de trouver un remède à un mal si pressant... »

Mais Scheherazade, faisant réflexion qu'il était jour, se tut, et la nuit suivante elle poursuivit de cette sorte l'histoire du petit bossu :

CXXIVe NUIT.

Le médecin eut beau rêver, il ne trouva nul stratagème pour sortir d'embarras; mais sa femme, plus fertile en inventions, dit : « Portons ce cadavre sur la terrasse de notre logis, et le jetons par la cheminée dans la maison du musulman notre voisin. »

Ce musulman était un des pourvoyeurs du sultan : il était chargé du soin de fournir l'huile, le beurre, et toutes sortes de graisses. Il avait chez lui son magasin, où les rats et les souris faisaient un grand dégât.

Le médecin juif ayant approuvé l'expédient proposé, sa femme et lui prirent le bossu, le portèrent sur le toit de leur maison; et, après lui avoir passé des cordes sous les aisselles, ils le descendirent par la cheminée dans la chambre du pourvoyeur, si doucement, qu'il demeura planté sur ses pieds contre le mur, comme s'il eût été vivant. Lorsqu'ils le sentirent en bas, ils retirèrent les cordes et le laissèrent dans l'attitude que je viens de dire. Ils étaient à peine descendus et rentrés dans leur chambre, quand le pourvoyeur entra dans la sienne avec une lanterne à la main. Il fut assez surpris de voir, à la faveur de sa lumière, un homme debout dans sa cheminée; mais comme il était courageux, et qu'il s'imagina que c'était un voleur, il se saisit d'un gros bâton, avec quoi, courant droit au bossu: « Ah! ah! lui dit-il, je m'imaginais que c'étaient les rats et les souris qui mangeaient mon beurre et mes graisses, et c'est toi qui descends par la cheminée pour me voler! Je ne crois pas qu'il te prenne envie d'y revenir.» En achevant ces mots, il frappa le bossu de son bâton. Le cadavre tomba le nez contre terre; le pourvoyeur redoubla ses coups, mais, remarquant enfin que le corps qu'il frappe est sans mouvement, il s'arrête pour le considérer. Alors voyant que c'était un cadavre:«Qu'ai-je fait? Misérable! dit-il; je viens d'assommer un homme : grand dieu! si vous n'avez pitié de moi, c'est fait de ma vie. Il demeura pâle et défait, et ne savait quelle résolution il devait prendre...

L'aurore, qui paraissait, obligea Scheherazade à mettre fin à son discours; mais elle le reprit la nuit suivante, et dit au sultan des Indes :

CXXVe NUIT.

Sire, le pourvoyeur du sultan, chargea le bossu sur ses épaules, et alla jusqu'au bout de la rue, où l'ayant posé debout et appuyé contre une boutique, il reprit le chemin de sa maison.

Quelques moments avant le jour, un marchand chrétien qui fournissait au palais du sultan la plupart des choses dont on y avait besoin, après avoir passé la nuit en débauche, s'avisa de sortir de chez lui pour aller au bain. Quand il fut au bout de la rue, il s'arrêta pour quelque besoin contre la boutique où le pourvoyeur du sultan avait mis le corps du bossu, lequel, venant à être ébranlé, tomba sur le dos du marchand, qui, dans la pensée que c'était un voleur qui l'attaquait, le renversa par terre d'un coup de poing, et se mit à crier au voleur.

Le garde du quartier vint à ses cris : « Oh! oh! dit-il, c'est donc ainsi qu'un chrétien a la hardiesse d'assassiner un musulman! » En achevant ces mots, il arrêta le chrétien, et le mena chez le lieutenant de police, où on le mit en prison jusqu'à ce que le juge fût levé et en état d'interroger l'accusé. Cependant le marchand chrétien revint de son ivresse, et plus il faisait de réflexions sur son aventure, moins il pouvait comprendre comment un coup de poing avait été capable d'ôter la vie à un homme.

Le lieutenant de police, sur le rapport du garde, et ayant vu le cadavre qu'on avait apporté chez lui, interrogea le marchand qui ne put nier un crime qu'il n'avait pas commis. Comme le bossu était un des bouffons du sultan, le lieutenant de police ne voulut pas faire mourir le chrétien sans avoir pris la volonté du prince. Il alla rendre compte de ce qui se passait au sultan, qui lui dit : « Je n'ai point de grâce à accorder à un chrétien qui tue un musulman : allez, faites votre charge. » A ces paroles, le juge de police fit dresser une potence. On tira le marchand de prison, on l'amena au pied de la potence; et le bourreau, après lui avoir attaché la corde au cou, allait l'élever en l'air, lorsque le pourvoyeur du sultan, fendant la presse, s'avança en criant au bourreau : « Attendez, attendez; ce n'est pas lui qui a commis le meurtre, c'est moi. » Le lieutenant de police qui assistait à l'exécution interrogea le pourvoyeur, qui raconta de quelle manière il avait tué le bossu, et il acheva en disant qu'il avait porté son corps à l'endroit où le marchand chrétien l'avait trouvé.

Le jour, qui commençait à paraître, empêcha Scheherazade de poursuivre son discours. Elle en reprit la suite la nuit suivante.

CXXVIe NUIT.

Sire, dit-elle, le pourvoyeur du sultan de Casgar s'étant accusé lui-même publiquement d'être l'auteur de la mort du bossu, le lieutenant de police ne put se dispenser de rendre justice au marchand. « Laisse, dit-il au bourreau, laisse aller le chrétien, et pends cet homme à sa place, puisqu'il est évident, par sa propre confession, qu'il est coupable. » Le bourreau lâcha le marchand, mit aussitôt la corde au cou du pourvoyeur; et, dans le temps qu'il allait l'expédier, il entendit la voix du médecin juif, qui le priait instamment de suspendre l'exécution, et qui se faisait faire place pour se rendre au pied de la potence.

Quand il fut devant le juge de police : « Seigneur, lui dit-il, ce musulman n'a pas mérité la mort; c'est moi seul qui suis criminel. Je suis le seul auteur du meurtre, et, quoique je le sois contre mon intention, j'ai résolu d'expier mon crime, pour n'avoir pas à me reprocher la mort du pourvoyeur, dont je viens vous révéler l'innocence. Renvoyez-le donc, et me mettez à sa place, puisque personne que moi n'est cause de la mort du bossu... »

La sultane Scheherazade, interrompant son récit en cet endroit, le reprit ainsi la nuit suivante :

CXXVII^e NUIT.

Sire, dit-elle, dès que le juge de police fut persuadé que le médecin juif était le meurtrier, il ordonna au bourreau de se saisir de sa personne, et de mettre en liberté le pourvoyeur du sultan. Le médecin avait déjà la corde au cou, quand on entendit le tailleur, qui faisait ranger le peuple, pour s'avancer vers le lieutenant de police, devant lequel étant arrivé : « Seigneur, lui dit-il, si vous voulez bien avoir la patience de m'entendre, vous allez connaître le véritable assassin du bossu. » Alors il se mit à raconter ce qui lui était arrivé depuis le moment où il avait invité le bossu à venir partager son dîner jusqu'à celui où sa femme et lui avaient déposé son cadavre en haut de l'escalier du médecin juif.

Le lieutenant de police et tous les spectateurs ne pouvaient assez admirer les étranges événements dont la mort du bossu avait été suivie. « Lâche donc le médecin juif, dit le juge au bourreau, et pends le tailleur, puisqu'il confesse son crime. » Le bourreau, ayant mis en liberté le médecin, passa une corde au cou du tailleur...

Mais, sire, dit Scheherazade, en s'interrompant en cet endroit, je vois qu'il est déjà jour; il faut remettre la suite de cette histoire à demain. Le sultan des Indes y consentit.

CXXVIII^e NUIT.

La sultane, ayant été réveillée par sa sœur, reprit ainsi la parole :

Sire, pendant que le bourreau se préparait à pendre le tailleur, le sultan de Casgar, qui ne pouvait se passer de son bouffon, ayant demandé à le voir, un de ses officiers lui raconta ce qui était arrivé.

Aussitôt le sultan de Casgar envoya un huissier au lieu du supplice : « Allez, lui dit-il, dire au juge de police qu'il m'amène incessamment les accusés. » L'huissier partit, et, arrivant dans le temps que le bourreau commençait à tirer la corde pour pendre le tailleur, il cria de toute sa force que l'on eût à suspendre l'exécution. Le bourreau lâcha le tailleur. Après cela, l'huissier ayant joint le lieutenant de police, déclara la volonté du sultan. Le juge obéit, prit le chemin du palais avec le tailleur, le médecin juif, le pourvoyeur et le marchand chrétien, et fit porter par quatre de ses gens le corps du bossu.

Lorsqu'ils furent tous devant le sultan, le juge de police se prosterna aux pieds de ce prince, et, quand il fut relevé, lui raconta fidèlement tout ce qu'il savait de l'histoire du bossu. Le sultan la trouva si singulière, que, s'adressant aux personnes qui étaient présentes : « Avez-vous jamais rien entendu, leur dit-il, de plus surprenant que ce qui vient d'arriver à l'occasion de mon bouffon? » Le marchand chrétien, après s'être prosterné jusqu'à toucher la terre de son front, prit alors la parole : « Puissant monarque, dit-il, je sais une histoire plus étonnante que celle dont on vient de vous faire le récit; je vais vous la raconter, si votre majesté veut bien m'en donner la permission. Les circonstances en sont telles, qu'il n'y a personne qui puisse les entendre sans en être touché. » Le sultan lui permit de la dire, ce qu'il fit en ces termes :

Histoire que raconta le Marchand chrétien.

« Sire, je suis étranger, natif du Caire, et chrétien de religion. Mon père était courtier, et il avait amassé des biens assez considérables, qu'il me laissa en mourant. J'embrassai sa profession. Comme j'étais un jour au Caire, dans le logement des marchands de toutes sortes de grains, un jeune marchand, proprement vêtu, vint m'aborder. Il me salua, et, ouvrant un mouchoir où il y avait une montre de sésame : « Combien vaut, me dit-il, la grande mesure de sésame de la qualité de celui que vous voyez? »

Scheherazade, apercevant le jour, se tut; mais elle reprit ainsi la nuit suivante :

CXXIXe NUIT.

« J'examinai, dit ce marchand chrétien, le sésame du jeune homme, et je lui répondis qu'il valait cent drachmes d'argent de la grande mesure. « Voyez, me dit-il, les marchands qui en voudront à ce prix, et venez à la porte de la Victoire, où vous verrez un khan séparé des autres. Je vous attendrai là. » En disant ces paroles, il partit, et me laissa la montre de sésame, que je fis voir à plusieurs marchands, qui me dirent qu'ils en prendraient à cent dix drachmes d'argent la mesure; et je trouvais à gagner avec eux dix drachmes par mesure. Flatté de ce profit, je me rendis chez le jeune marchand. Il me mena dans son magasin, qui était plein de sésame. Il y en avait cent cinquante mesures, que je vendis cinq mille drachmes d'argent. « De cette somme, me dit le jeune homme, il y a cinq cents drachmes pour votre droit, et, pour ce qui est du reste, comme je n'en ai pas besoin présentement, gardez-le jusqu'à ce que j'aille vous le demander. » Je lui répondis qu'il serait prêt quand il voudrait venir le prendre. Je lui baisai la main en le quittant, et me retirai fort satisfait de sa générosité.

« Un mois après, je le vis reparaître. « Où sont, me dit-il, mes quatre mille cinq cents drachmes? — Je vais vous les compter, lui répondis-je, mais faites-moi l'honneur de manger un morceau avec moi, avant que de les recevoir. — Non, me dit-il, je ne puis à présent; mais je vais revenir, et je prendrai mon argent. » Je l'attendis, mais il ne revint qu'à la fin du troisième mois. »

Scheherazade, voyant que le jour commençait à paraître, se tut; elle reprit de cette manière la nuit suivante :

CXXXe NUIT.

« D'abord que j'aperçus le jeune marchand, je le conjurai de descendre, et d'entrer chez moi. « Je le veux bien, me répondit-il, mais à condition que vous ne ferez pas de dépense pour moi. — Je ne ferai que ce qu'il vous plaira, repris-je. » Il mit pied à terre et entra. Je donnai des ordres pour le repas. Quand il fut prêt, nous nous assîmes à table. Dès le premier morceau, je remarquai qu'il le prit de la main gauche, et qu'il ne se servait nullement de la droite. »

Le jour qui éclairait l'appartement ne permit pas à Scheherazade de continuer cette histoire, qu'elle reprit ainsi le lendemain :

CXXXIe NUIT.

Sire, le marchand chrétien était fort en peine de savoir pourquoi son hôte ne mangeait que de la main gauche. « Après le repas, dit-il, nous nous assîmes tous deux sur un sofa. Je présentai au jeune homme une tablette excellente pour la bonne bouche, et il la prit encore de la main gauche. « Seigneur, lui dis-je alors, d'où vient que vous ne vous servez pas de votre main droite; vous y avez mal apparemment? » Il fit un grand soupir, et, tirant son bras droit, il me montra qu'il avait la main coupée. « Vous avez été choqué, sans doute, me dit-il, de me voir manger de la main gauche; mais jugez si j'ai pu faire autrement. — Peut-on vous demander, repris-je, par quel malheur vous avez perdu votre main droite? » Il me conta alors son histoire comme je vais vous la raconter.

« Vous saurez, me dit-il, que je suis natif de Bagdad, fils d'un père des plus distingués par son rang. A peine étais-je entré dans le monde, que, fréquentant des personnes qui disaient des merveilles de l'Egypte, j'eus envie d'y faire un voyage, et résolus d'aller au Caire. J'employai une grosse somme d'argent en achat de plusieurs sortes d'étoffes, et je me mis en chemin.

« En arrivant au Caire, j'allai descendre au khan de Mesrour; j'y pris un logement avec un magasin. »

En cet endroit, Scheherazade s'arrêta, parce qu'elle vit paraître le jour. La nuit suivante, elle reprit son discours de cette manière :

CXXXIIe NUIT.

Le marchand chrétien parlant toujours au sultan de Casgar : « Les courtiers, me dit le jeune homme, m'ayant promis de m'enseigner le moyen de ne pas perdre sur mes marchandises, je leur demandai ce qu'il fallait faire pour cela. « Les distribuer à plusieurs marchands, repartirent-ils ; ils les vendront en détail, et, deux fois la semaine, le lundi et le jeudi, vous irez recevoir l'argent qu'ils auront fait. »

« Je suivis leur conseil : je les menai à mon magasin, d'où je tirai toutes mes marchandises ; et, retournant au bezestein, je les distribuai à différents marchands qu'ils m'avaient indiqués comme les plus solvables.

« Mes affaires ainsi disposées, je n'eus plus l'esprit occupé que de plaisirs. Je contractai amitié avec diverses personnes qui avaient soin de me bien faire passer mon temps. Le premier mois écoulé, je commençai à voir mes marchands deux fois la semaine pour régler avec eux. Ainsi, les jours de recette, quand je me retirais, j'emportais une bonne somme d'argent.

« Un lundi que j'étais assis dans la boutique d'un de ces marchands, qui se nommait Bedreddin, une dame de condition entra dans la boutique et s'assit près de moi. Son extérieur me prévint en sa faveur, et me donna envie de la mieux connaître. Je ne sais si elle ne s'aperçut pas que je prenais plaisir à la regarder, mais elle haussa le crêpon qui lui descendait sur le visage, et me laissa voir de grands yeux noirs dont je fus charmé. Enfin elle acheva de me rendre très-amoureux par le son de sa voix et par ses manières.

« Après s'être entretenue quelque temps avec le marchand, elle lui dit qu'elle cherchait une certaine étoffe à fond d'or ; qu'elle venait à sa boutique comme à celle qui était la mieux assortie, et que, s'il en avait, il voulût bien lui en montrer. Bedreddin lui en montra plusieurs pièces, à l'une desquelles s'étant arrêtée, et, lui en ayant demandé le prix, il la lui laissa à onze cents drachmes d'argent. « Je consens à vous en donner cette somme, lui dit-elle ; vous voudrez bien me faire crédit jusqu'à demain, je ne manquerai pas de vous envoyer onze cents drachmes dont nous convenons pour elle. — Madame, lui répondit Bedreddin, je vous ferais crédit avec plaisir, mais cette étoffe appartient à ce jeune homme que vous voyez, et c'est aujourd'hui que je dois lui en compter l'argent. — Et d'où vient, reprit la dame irritée, que vous en usez de cette sorte avec moi ? Toutes les fois que j'ai acheté des étoffes, et que je les ai emportées sans les payer à l'instant, ai-je jamais manqué de vous envoyer de l'argent dès le lendemain ? — Il est vrai, madame, repartit le marchand ; mais j'ai besoin d'argent aujourd'hui. — Eh bien ! voilà votre étoffe, dit-elle en la lui jetant. »

Là, Scheherazade, voyant que le jour paraissait, cessa de parler. La nuit suivante, elle continua de cette manière :

CXXXIIIe NUIT.

Le marchand chrétien poursuivant son histoire : « Quand je vis, me dit le jeune homme, que la dame se retirait, je la rappelai : « Madame, lui dis-je, faites-moi la grâce de revenir et d'emporter cette étoffe ; quant à l'argent, vous me l'enverrez demain ou un autre jour, ou bien je vous en fais présent, si vous voulez. — Ce n'est pas comme je l'entends, reprit-elle. Vous en usez avec moi d'une manière si honnête et si obligeante, que je serais indigne de paraître devant les hommes si je ne vous en témoignais pas de la reconnaissance. »

« Ces paroles me donnèrent de la hardiesse. « Madame, lui dis-je, laissez-moi voir votre visage, ce sera me payer avec usure. » A ces mots, elle ôta la mousseline qui lui couvrait le visage, et offrit à mes yeux une beauté surprenante. J'en fus tellement frappé, que je ne me serais jamais lassé de la regarder ; mais elle se recouvrit promptement le visage, de peur qu'on ne l'aperçût ; elle prit la pièce d'étoffe et s'éloigna de la boutique. Je demeurai longtemps dans un trouble et dans un désordre étrange. Avant de quitter le marchand, je lui demandai s'il connaissait cette dame. « Oui, me répondit-il, elle est fille d'un émir qui lui a laissé en mourant des biens immenses. »

« Le lendemain, je retournai à la boutique de Bedreddin. »

Scheherazade, voyant le jour paraître, se tut, et, la nuit suivante, elle reprit sa narration en ces termes :

CXXXIVe NUIT.

Sire, le jeune homme de Bagdad racontant ses aventures au marchand chrétien : « Il n'y avait pas longtemps, dit-il, que j'étais arrivé chez Bedreddin, lorsque je vis venir la dame, suivie de son esclave. Elle ne regarda pas le marchand, et, s'adressant à moi seul : « Seigneur, me dit-elle, vous voyez que je suis exacte à tenir ma parole. Je viens exprès vous apporter la somme dont vous voulûtes bien répondre pour moi sans me connaître. — Madame, lui répondis-je, il n'était pas besoin de vous presser; j'étais sans inquiétude, et je suis fâché de la peine que vous avez prise. — Il n'était pas juste, reprit-elle, que j'abusasse de votre honnêteté. » En disant cela, elle me mit l'argent entre les mains et s'assit près de moi.

« Alors, profitant de l'occasion, je lui parlai de l'amour que je sentais pour elle. « Seigneur, me dit-elle, je ne sais quelle impression ma vue a pu faire sur vous; mais je puis vous assurer qu'en vous voyant, je me suis senti de l'inclination pour vous. — Madame, repris-je, transporté d'amour et de joie, je ne pouvais rien entendre de plus agréable que ce que vous avez la bonté de me dire. On ne saurait aimer avec plus de passion que je vous aime depuis l'heureux moment que vous parûtes à mes yeux. —Ne perdons pas de temps en discours inutiles, interrompit-elle; voulez-vous venir chez moi, ou souhaitez-vous que j'aille chez vous? »

Scheherazade fut obligée d'interrompre son discours, parce que le jour paraissait. Le lendemain, elle continua de cette sorte, en faisant parler le jeune homme de Bagdad :

CXXXVe NUIT.

« Il est plus à propos, madame, répondis-je, que vous ayez la bonté de m'enseigner votre demeure. » La dame y consentit. « Venez après-demain, me dit-elle, après la prière de midi. Je demeure dans la rue de la Dévotion. Demandez la maison d'Abon Schamma, vous me trouverez là. » A ces mots, nous nous séparâmes, et je passai le lendemain dans une grande impatience.

« Je me levai de bon matin; je pris une bourse où je mis cinquante pièces d'or, et j'allai frapper à la porte de la dame; aussitôt deux petites esclaves blanches vinrent ouvrir et me firent entrer dans un salon magnifiquement meublé, et, pendant que l'une courut avertir sa maîtresse de mon arrivée, l'autre demeura avec moi et me fit remarquer toutes les beautés du salon. »

En achevant ces derniers mots, Scheherazade cessa de parler. La sultane, le lendemain, reprit ainsi cette histoire :

CXXXVIe NUIT.

Sire, le marchand chrétien poursuivit de cette manière : « Je n'attendis pas longtemps, me dit le jeune homme; la dame que j'aimais arriva bientôt, parée de perles et de diamants, plus brillante encore par l'éclat de ses yeux que par celui de ses pierreries. On nous servit les mets les plus délicats et les plus exquis. On nous apporta d'excellent vin, et la dame du logis acheva de m'attendrir et de me rendre le plus passionné de tous les amants. Enfin, je passai la nuit à goûter toutes sortes de plaisirs.

« Le lendemain matin, après avoir mis adroitement sous le chevet du lit la bourse que j'avais apportée, je dis adieu à la dame, qui me demanda quand je la reverrais. « Madame, lui répondis-je, je vous promets de revenir ce soir. » Elle parut ravie de ma réponse et me conjura de tenir ma promesse. »

A ces mots, Scheherazade ayant aperçu le jour, remit son histoire à la nuit suivante, qu'elle reprit ainsi :

CXXXVIIe NUIT.

Le jeune homme de Bagdad, dit-elle, poursuivit son histoire en ces termes : « Je continuai de voir la dame tous les jours et de lui laisser chaque fois une bourse de cinquante pièces d'or, et cela dura jusqu'à ce que les marchands à qui j'avais donné mes marchandises à vendre ne me durent plus rien. Enfin, je me trouvai sans argent et sans espérance d'en avoir

« Dans cet état affreux, je sortis du khan,

et m'en allai du côté du château, où il y avait un grand nombre de peuple assemblé pour voir un spectacle. Lorsque je fus arrivé, je me mêlai parmi la foule et je me trouvai près d'un cavalier qui avait à l'arçon de sa selle un sac à demi ouvert, d'où sortait un cordon. Je jugeai que ce cordon devait être celui d'une bourse qui était dedans. En ce moment, le démon me tenta; je pris le cordon d'une main, et, m'aidant de l'autre à élargir le sac, je tirai la bourse sans que personne s'en aperçut.

« Le cavalier, qui avait apparemment quelque soupçon, mit aussitôt la main dans son sac, et, n'y trouvant pas sa bourse, me donna un grand coup de sa hache d'armes. Tous ceux qui furent témoins de cette violence en furent touchés, et demandèrent au cavalier s'il lui était permis de maltraiter ainsi un musulman. « Je ne l'ai pas fait sans raison, répondit-il : c'est un voleur. » Le lieutenant de police, suivi de ses gens, passant par là et voyant tant de monde assemblé, s'enquit de ce qui était arrivé et ordonna à ses gens de me fouiller, ce qu'ils exécutèrent aussitôt, et l'un d'entre eux m'ayant ôté la bourse, la montra publiquement. Je ne pus soutenir cette honte; j'en tombai évanoui. »

Ici la sultane, voyant paraître le jour, remit au lendemain la suite de cette histoire.

CXXXVIIIe NUIT.

La nuit suivante, elle adressa ainsi la parole à Schahriar : « Lorsque le lieutenant de police eut la bourse entre les mains, il demanda au cavalier combien il y avait mis d'argent. Le cavalier assura qu'il y avait dedans vingt sequins. Le juge l'ouvrit, et, après y avoir effectivement trouvé vingt sequins, il la lui rendit, me fit venir devant lui, et commanda qu'on me coupât la main. La sentence fut exécutée sur-le-champ, ce qui excita la pitié de tous les spectateurs.

« Quelques honnêtes gens eurent la charité de me faire boire un verre de vin. Ils pansèrent aussi mon bras et mirent ma main dans un linge, que j'emportai avec moi attachée à ma ceinture.

« Dans ce triste état, je me rendis chez la dame, où j'arrivai si faible, que je me jetai sur un sofa, le bras droit caché, car je me gardai bien de le faire voir. »

« Cependant, la dame, avertie de mon arrivée, vint avec empressement; me voyant pâle et défait, elle voulut savoir ce qui m'était arrivé; mais j'éludai la question, et, après avoir bu un peu de vin, je m'endormis. »

A ces mots, Scheherazade apercevant le jour, cessa de parler; mais, la nuit suivante, elle poursuivit son discours de cette manière :

CXXXIXe NUIT.

« Pendant que je dormais, la dame, voulant savoir quel mal j'avais à la main droite, leva ma robe, et vit, avec étonnement, qu'elle était coupée, et que je l'avais apportée dans un linge. Elle comprit pourquoi j'avais tant résisté aux instances qu'elle m'avait faites, et elle passa la nuit à s'affliger de ma disgrâce, ne doutant pas qu'elle ne me fût arrivée pour l'amour d'elle.

« A mon réveil, je voulus prendre congé d'elle; mais, me retenant par la robe : « Je ne souffrirai pas, dit-elle, que vous sortiez d'ici. Quoique vous ne m'en disiez rien, je suis persuadée que je suis la cause du malheur que vous vous êtes attiré. La douleur que j'en ai ne me laissera pas vivre longtemps; mais, avant que je meure, il faut que j'exécute un dessein que je médite en votre faveur. » En disant cela, elle me fit dresser une donation de tous ses biens, et bientôt le chagrin de me voir manchot lui causa une maladie dont elle mourut.

« Après avoir regretté sa mort autant que je le devais, je me mis en possession de tous ses biens, et la sésame que vous avez pris la peine de vendre pour moi en faisait partie. »

Scheherazade voulait continuer sa narration; mais le jour qui paraissait l'en empêcha. La nuit suivante, elle reprit ainsi le fil de son discours :

CXLe NUIT.

Le jeune homme de Bagdad achevant de raconter son histoire au marchand chrétien : « Ce que vous venez d'entendre, poursuivit-il, doit m'excuser d'avoir mangé de la main gauche; je vous suis fort obligé de la peine que vous vous êtes donnée pour moi; et, comme j'ai assez de bien, quoique j'en aie dépensé beaucoup, je vous prie d'accepter en présent la somme que vous me devez. Outre cela, j'ai une proposition à vous faire. Ne pouvant plus demeurer au Caire, après l'affaire que je viens de vous conter, je suis résolu d'en partir. Si vous voulez, nous négocierons ensemble, et nous partagerons le gain que nous ferons. » Je remerciai le jeune homme du présent qu'il me faisait, et je lui dis que j'acceptais très-volontiers sa proposition.

« Nous prîmes jour pour notre départ, et lorsqu'il fut arrivé, nous nous mîmes en chemin. Nous avons traversé toute la Perse, et nous sommes venus, sire, jusqu'à votre capitale. Au bout de quelque temps, le jeune homme m'ayant témoigné qu'il avait dessein de repasser dans la Perse et de s'y établir, nous fîmes nos comptes, et nous nous séparâmes très-satisfaits l'un de l'autre. Il partit; et moi, sire, je suis resté dans cette ville, où j'ai l'honneur d'être au service de votre majesté. Voilà l'histoire que j'avais à vous conter; ne la trouvez-vous pas plus surprenante que celle du bossu? »

Le sultan de Casgar se mit en colère contre le marchand chrétien : « Tu es bien hardi, lui dit-il, d'oser me faire le récit d'une histoire si peu digne de mon attention, et de la comparer à celle du bossu! Je vais vous faire pendre tous quatre pour venger sa mort. »

A ces paroles, le pourvoyeur effrayé se jeta aux pieds du sultan : « Sire, dit-il, je supplie votre majesté de m'écouter et de nous faire grâce à tous quatre, si l'histoire que je vais conter est plus belle que celle du bossu. — Je t'accorde ce que tu me demandes, répondit le sultan; parle. » Le pourvoyeur prit alors la parole, et dit :

Histoire racontée par le Pourvoyeur.

« Sire, une personne de considération m'invita hier aux noces d'une de ses filles. Je ne manquai pas de me rendre chez elle à l'heure marquée, et je me trouvai dans une assemblée de personnes des plus distinguées. Après les cérémonies, on se mit à table, et chacun mangea de ce qu'il trouva le plus à son goût. Il y avait entre autres choses une entrée accommodée avec de l'ail, qui était excellente, et comme nous remarquâmes qu'un des convives ne s'empressait pas d'en manger, nous l'invitâmes à nous imiter : « Je me garderai bien, nous dit-il, de toucher à un ragoût où il y aura de l'ail. » Nous le priâmes de raconter ce qui lui avait causé cette aversion pour l'ail. Mais, sans lui donner le temps de nous répondre : « Est-ce ainsi, lui dit le maître de la maison, que vous faites honneur à ma table? Ce ragoût est délicieux; il faut que vous me fassiez la grâce d'en manger. — Seigneur, lui repartit le convive, je veux bien vous obéir, si vous le voulez absolument, mais ce sera à condition qu'après en avoir mangé, je me laverai les mains quarante fois avec du kali, quarante autres fois avec de la cendre de la même plante, et autant de fois avec du savon. J'ai fait serment de ne manger jamais de ragoût à l'ail qu'à cette condition. »

En achevant ces paroles, Scheherazade voyant paraître le jour, se tut. Elle reprit ainsi la nuit suivante :

CXLI^{e} NUIT

« Le maître du logis, poursuivit le pourvoyeur, ne voulant pas dispenser le marchand de manger du ragoût à l'ail, commanda à ses gens de tenir un bassin et de l'eau avec du kali, de la cendre de la même plante et du savon; puis, s'adressant au marchand : « Faites donc comme nous, lui dit-il, et mangez : le kali, la cendre et le savon ne nous manqueront pas. »

« Le marchand, comme en colère de la violence qu'on lui faisait, prit un morceau et le mangea avec une répugnance dont nous fûmes tous fort étonnés. Nous remarquâmes qu'il n'avait que quatre doigts et point de pouce; et personne jusque-là ne s'en était aperçu. « Vous n'avez point de pouce, lui dit le maître de la maison; par quel accident l'avez-vous perdu? — Seigneur, répondit-il, ce n'est point seulement à la main droite que je n'ai point de pouce, je n'en ai point non plus à la gauche. Le pouce me manque de même à l'un et l'autre pied; je suis estropié de cette manière par une aventure que je vais vous raconter, si vous voulez bien l'entendre. Mais permettez-moi de me laver les mains auparavant. » A ces mots, il se leva de table, et, après s'être lavé les mains cent vingt fois, il revint prendre sa place, et nous fit le récit de son histoire en ces termes :

« Vous saurez que mon père vivait à Bagdad, où je suis né, et passait pour un des plus riches marchands de la ville. C'était un homme attaché à ses plaisirs, et qui négligeait le soin de ses affaires, au lieu de recueillir de grands biens. A sa mort, j'eus besoin de toute l'économie imaginable pour acquitter les dettes qu'il avait laissées.

« Un matin, que j'ouvrais ma boutique, une dame montée sur une mule, accompagnée d'un eunuque, et suivie de deux esclaves, passa près de ma porte, et s'arrêta. Elle mit pied à terre à l'aide de l'eunuque, qui lui prêta la main. Elle regarda de toutes parts, et, voyant qu'il n'y avait pas d'autres boutiques ouvertes que la mienne, elle s'approcha en me saluant, et me pria de lui permettre qu'elle s'y reposât en attendant que les autres marchands arrivassent. Je répondis à son compliment comme je devais... »

Scheherazade n'en serait pas demeurée en cet endroit, si le jour, qu'elle vit paraître, ne lui eût imposé silence. Le sultan des Indes, qui souhaitait d'entendre la suite de cette histoire, attendit avec impatience la nuit suivante.

CXLII[e] NUIT.

La sultane, ayant été réveillée par sa sœur Dinarzade, adressa la parole au sultan. Sire, dit-elle, le marchand continua de cette sorte le récit qu'il avait commencé :

« La dame s'assit dans ma boutique, et, remarquant qu'il n'y avait personne que l'eunuque et moi dans tout le bezestein, elle se découvrit le visage pour prendre l'air. Je n'ai jamais rien vu de si beau : la voir et l'aimer passionnément, ce fut la même chose pour moi; j'eus toujours les yeux attachés sur elle. Il me parut que mon attention ne lui était pas désagréable, car elle me donna tout le temps de la regarder à mon aise; elle ne se couvrit le visage que lorsque la crainte d'être aperçue l'y obligea. Elle me dit qu'elle cherchait plusieurs sortes d'étoffes qu'elle me nomma. « Hélas ! madame, lui répondis-je, je suis un jeune marchand, qui ne fais que commencer; je ne suis pas encore assez riche pour faire un si grand négoce; mais, pour vous épargner la peine d'aller de boutique en boutique, j'irai, si vous le trouvez bon, prendre chez eux tout ce que vous souhaitez, et, sans aller plus loin, vous ferez ici vos emplettes. » Elle y consentit.

« Je ne fus pas moins charmé de son esprit que je ne l'avais été de la beauté de son visage. Je courus chercher les étoffes, et, quand elle eut choisi celles qui lui plurent, nous en arrêtâmes le prix, et j'en fis un paquet, que je donnai à l'eunuque. »

Scheherazade, en cet endroit, vit paraître le jour, et cessa de parler. La nuit suivante, elle continua de cette manière :

CXLIII[e] NUIT.

« L'eunuque, poursuivit le marchand, m'ayant tiré à l'écart, me fit peser l'or, prix des étoffes. Pendant que je le pesais, l'eunuque me dit à l'oreille : « A vous voir, je connais parfaitement que vous aimez ma maîtresse, et elle vous aime encore plus que vous ne l'aimez; c'est à cause de cela qu'elle vous a demandé si vous étiez marié. Vous n'avez qu'à parler : il ne tiendra qu'à vous de l'épouser, si vous voulez. — Il est vrai, répondis-je, que j'ai senti naître de l'amour pour elle dès le premier moment que je l'ai vue, mais je n'osais aspirer au bonheur de lui plaire. »

Mais, sire, dit Scheherazade au sultan des Indes, voilà le jour qui paraît. A ces mots, elle garda le silence. Le lendemain, elle reprit ainsi le fil de son discours :

CXLIV[e] NUIT.

« Je fis bien des amitiés à l'eunuque, dit le marchand de Bagdad, en parlant de sa maîtresse : « A son air noble et à ses manières honnêtes, lui dis-je, j'ai jugé que c'était quelque dame de considération. — Vous ne vous êtes point trompé dans ce jugement, répliqua l'eunuque : elle est favorite de Zobéide, épouse du calife. Dans le dessein qu'elle a eu de se marier elle a déclaré à l'épouse du commandeur des croyants, qu'elle avait jeté les yeux sur vous, et lui a demandé son consentement. Zobéide lui a dit qu'elle y consentait, mais qu'elle voulait vous voir auparavant.

« Il faut donc, me dit-il, que ce soir, à l'entrée de la nuit, vous vous rendiez à la mosquée que Zobéide, épouse du calife, a fait bâtir sur le bord du Tigre, et que là vous attendiez qu'on vous vienne chercher. » Je consentis à tout ce qu'il voulut. J'attendis la fin du jour avec impatience, et je m'y rendis.

« Je vis bientôt aborder un bateau dont tous les rameurs étaient eunuques; ils débarquèrent et apportèrent plusieurs grands coffres. Je vis aussi entrer la dame. « Nous n'avons pas de temps à perdre, me dit-elle, » et elle ouvrit un des coffres, et m'ordonna de me mettre dedans. « Ne craignez rien, ajouta-t-elle, et laissez-moi disposer du reste. » Ensuite l'eunuque, qui était dans sa confidence, appela les autres eunuques qui avaient apporté les coffres, et les fit tous reporter dans le bateau, qui aborda bientôt devant la porte du palais du calife; on déchargea les coffres, qui furent portés à l'appartement de l'officier des eunuques. Cet officier était couché; il fallut l'éveiller et le faire lever. »

Mais, sire, dit Scheherazade en cet endroit, je vois le jour. Schahriar se leva pour aller tenir son conseil.

CXLV[e] NUIT.

La nuit suivante, la sultane des Indes poursuivit de cette manière l'histoire du marchand de Bagdad :

« L'officier des eunuques, continua-t-il, fâché de ce qu'on avait interrompu son sommeil, querella fort la favorite de ce qu'elle revenait si tard : « Vous n'en serez pas quitte à si bon marché que vous vous l'imaginez, lui dit-il; pas un de ces coffres ne passera sans que je l'aie examiné. » En même temps, il commença par celui où j'étais enfermé. Alors je fus saisi d'une frayeur que je ne puis exprimer.

« La favorite, qui avait la clef, protesta qu'elle ne la donnerait pas. « Vous savez bien, dit-elle, que je ne fais rien venir qui ne soit pour le service de Zobéide, votre maîtresse et la mienne. Ce coffre particulièrement est rempli de marchandises précieuses. Il y a de plus un nombre de bouteilles d'eau de la fontaine de Zemzem, envoyées de la Mecque : si quelqu'une venait à se casser, les marchandises en seraient gâtées, et vous en répondriez. » Enfin, elle parla avec tant de fermeté, que l'officier n'eut pas la hardiesse de s'opiniâtrer. « Passez donc, dit-il en colère, marchez. » On ouvrit l'appartement des dames, et l'on y porta tous les coffres.

« A peine y furent-ils, que j'entendis crier tout à coup : « Voilà le calife ! voilà le calife ! » C'était effectivement le calife. « Qu'apportez-vous donc dans ces coffres? dit-il à la favorite. — Commandeur des croyants, répondit-elle, ce sont des étoffes nouvellement arrivées, que l'épouse de votre majesté a souhaité qu'on lui montrât. — Ouvrez, reprit le calife, je veux les voir aussi. »

« Il fallut obéir; et je sentis alors de si vives alarmes, que j'en frémis encore toutes les fois que j'y pense. Le calife s'assit, et la favorite fit porter devant lui tous les coffres. Pour tirer les choses en longueur, elle lui faisait remarquer toutes les beautés de chaque étoffe en particulier. « Achevons, dit le calife, voyons encore ce qu'il y a dans ce dernier coffre. » Je ne puis dire si j'étais vif ou mort dans ce moment; mais je ne croyais pas échapper à un si grand danger... »

Scheherazade, à ces derniers mots, vit paraître le jour : elle interrompit sa narration; mais, sur la fin de la nuit suivante, elle continua ainsi :

CXLVI[e] NUIT.

« Lorsque la favorite de Zobéide, poursuivit le marchand de Bagdad, vit que le calife voulait absolument qu'elle ouvrît le coffre où j'étais : « Pour celui-ci, dit-elle, ce sont des choses que je ne puis montrer qu'en présence de votre épouse. — Voilà qui est bien, dit le calife, je suis content; faites emporter vos coffres. » Elle les fit enlever aussitôt et porter dans sa chambre.

« Elle ouvrit promptement celui où j'étais prisonnier. « Sortez, me dit-elle, en me montrant la porte d'un escalier qui conduisait à une chambre au-dessus : montez et allez m'attendre.

« Le lendemain, la favorite de Zobéide me conduisit dans une salle d'une magnificence surprenante. Je n'y étais pas entré, que vingt esclaves, vêtues d'habits riches et uniformes, sortirent du cabinet de Zobéide, et vinrent se ranger devant un trône en deux files égales. Elles furent suivies de vingt autres dames. Zobéide parut au milieu de celles-ci avec un air majestueux, et alla s'asseoir sur le trône. « J'ai bien de la joie, me dit-elle, que ma fille, car je la regarde comme telle, après le soin que j'ai pris de son éducation, ait fait un choix dont je suis contente; je l'approuve, et je consens que vous vous mariiez tous deux, mais auparavant j'ai besoin de ma fille pour dix jours : pendant ce temps-là, vous demeurerez ici; on aura soin de vous... »

En achevant ces paroles, Scheherazade aperçut le jour et cessa de parler. Le lendemain, elle reprit la parole de cette manière :

CXLVII^e^ NUIT.

« Les dix jours écoulés, continua le marchand, Zobéide fit dresser le contrat de mariage. Les préparatifs des noces se firent, et il y eut pendant neuf jours de grandes réjouissances dans le palais. Le dixième jour étant destiné pour la cérémonie du mariage, la dame favorite fut conduite au bain d'un côté, et moi d'un autre; et sur le soir m'étant mis à table, on me servit toutes sortes de mets, entre autres, un ragoût à l'ail, comme celui dont on vient de me forcer de manger. Je le trouvai si bon, que je ne touchai point aux autres mets. Mais, pour mon malheur, m'étant levé de table, je me contentai de m'essuyer les mains au lieu de les bien laver. Comme il était nuit, on suppléa à la clarté du jour par une grande illumination dans l'appartement des dames. Les instruments se firent entendre; on dansa, on fit mille jeux.

« Enfin, toutes ces cérémonies finirent, et l'on nous conduisit dans la chambre nuptiale. D'abord qu'on nous y eut laissés seuls, je m'approchai de mon épouse pour l'embrasser; mais, au lieu de répondre à mes transports, elle me repoussa fortement, et se mit à faire des cris épouvantables qui attirèrent bientôt toutes les dames de l'appartement, qui voulurent savoir le sujet de ses cris. Pour moi, saisi d'étonnement, j'étais demeuré immobile, sans avoir eu seulement la force de lui en demander la cause. « Notre chère sœur, lui dirent-elles, que vous est-il donc arrivé depuis le peu de temps que nous vous avons quittée? — Otez, s'écria-t-elle, de devant mes yeux ce vilain homme que voilà. — Eh! madame, lui dis-je, en quoi puis-je avoir eu le malheur de mériter votre colère? — Vous êtes un vilain, me répondit-elle en furie; vous avez mangé de l'ail, et vous ne vous êtes pas lavé les mains! Croyez-vous que je veuille souffrir qu'un homme si malpropre s'approche de moi? Couchez-le par terre, ajouta-t-elle en s'adressant aux dames, et qu'on m'apporte un nerf de bœuf. » Elles me renversèrent aussitôt, et tandis que les unes me tenaient par les bras et les autres par les pieds, ma femme, qui avait été servie en diligence, me frappa impitoyablement jusqu'à ce que les forces lui manquèrent. »

La sultane Scheherazade, remarquant qu'il était jour, s'arrêta en cet endroit. Le lendemain, elle reprit ainsi :

CXLVIII^e^ NUIT.

« Je demeurai dix jours, dit le marchand de Bagdad, sans voir personne, qu'une vieille esclave qui venait m'apporter à manger. Après quoi ma femme vint, et me dit : « Il faut que je sois bien bonne de vous revoir, après l'offense que vous m'avez faite. Mais je ne puis me résoudre à me réconcilier avec vous, que je ne vous aie puni comme vous le méritez. » En achevant ces mots, elle appela des dames qui me couchèrent par terre par son ordre; et, après qu'elles m'eurent lié, elle prit un rasoir, et eut la barbarie de me couper elle-même les quatre pouces. Une des dames y appliqua d'une certaine racine pour arrêter le sang; mais cela n'empêcha pas que je ne m'évanouisse par le mal que j'avais souffert.

« Revenu de mon évanouissement, on me donna du vin pour me faire reprendre des forces. « Ah! madame, dis-je alors à mon épouse, si jamais il m'arrive de manger d'un ragoût à l'ail, je me laverai les mains six vingts fois avec du kali, de la cendre de la même plante et du savon.—Eh bien! dit ma femme, à cette condition, je veux bien oublier le passé, et vivre avec vous comme avec mon mari. »

« Voilà, seigneurs, ajouta le marchand de Bagdad, en s'adressant à la compagnie, la raison pourquoi j'ai refusé de manger du ragoût à l'ail qui était devant moi... »

Le jour, qui commençait à paraître, ne permit pas à Scheherazade d'en dire davantage; mais, le lendemain, elle reprit la parole en ces termes :

CXLIX[e] NUIT.

« Voilà, sire, dit le pourvoyeur, l'histoire que raconta hier ce marchand de Bagdad à la compagnie où je me trouvai.—Cette histoire, dit le sultan, a quelque chose d'extraordinaire; mais elle n'est pas comparable à celle du petit bossu. » Alors le médecin s'étant prosterné devant le trône du prince, lui dit : « Sire, si votre majesté veut m'écouter, je vais la satisfaire. — Parle, lui dit le sultan; mais, si elle n'est pas plus surprenante que celle du bossu, n'espère pas que je te donne la vie... »

La sultane Scheherazade remit à la nuit suivante la suite de son discours.

CL[e] NUIT.

Sire, dit Scheherazade, le médecin juif prit ainsi la parole :

Histoire racontée par le Médecin juif.

« Sire, pendant que j'étudiais en médecine à Damas, un esclave me vint chercher pour aller voir un malade chez le gouverneur de la ville. L'on m'introduisit auprès d'un jeune homme fort abattu du mal qu'il souffrait. Je m'assis près de lui : « Seigneur, lui dis-je, je vous prie de me donner votre main, que je vous tâte le pouls. » Il me présenta la gauche. Je ne laissai pas de lui tâter le pouls; et, après avoir écrit une ordonnance, je me retirai.

« Je continuai mes visites pendant neuf jours. Le dixième jour, il me parut se bien porter, et je lui dis qu'il n'avait plus besoin que d'aller au bain. Le jeune homme me fit de grandes amitiés et me pria de l'accompagner au bain. Quand ses gens l'eurent déshabillé, je vis que la main droite lui manquait, et qu'il n'y avait pas longtemps qu'on la lui avait coupée : c'était aussi la cause de sa maladie, que l'on m'avait cachée. Je fus assez surpris et fort affligé de le voir en cet état; il le remarqua bien sur mon visage. « Médecin, me dit-il, ne vous étonnez pas de me voir la main coupée; je vais vous en dire le sujet.

« Je suis né à Moussoul, et ma famille est une des plus considérables de la ville. Mon père était l'aîné de dix enfants que mon aïeul laissa en mourant, tous en vie et mariés. Il prit un très-grand soin de mon éducation et me fit apprendre tout ce qu'un enfant de ma condition ne devait pas ignorer... »

Mais, sire, dit Scheherazade, l'aurore qui paraît m'impose silence. Elle se tut, et le sultan se leva.

CLI[e] NUIT.

Le lendemain, Scheherazade reprit ainsi la suite de son discours : Le jeune homme de Moussoul, ajouta-t-elle, poursuivit ainsi son histoire :

« J'étais déjà grand, lorsqu'un vendredi je me trouvai à la prière de midi avec mon père et mes oncles, dans la grande mosquée de Moussoul. Après la prière, tout le monde se retira, hors mon père et mes oncles. En s'entretenant de plusieurs choses, la conversation tomba sur les voyages. Ils vantèrent les beautés et les singularités de quelques royaumes et de leurs villes principales. Mon père appuya celui de ses frères qui avait parlé en faveur de l'Egypte, ce qui me causa beaucoup de joie.

Scheherazade parlait ainsi, lorsque la lumière du jour vint frapper ses yeux; elle demeura dans le silence; mais, la nuit suivante, elle reprit ainsi son discours :

CLII[e] NUIT.

« Mes oncles n'eurent rien à répliquer à mon père, poursuivit le jeune homme de Moussoul. Pour moi, j'en eus l'imagination si remplie, que je n'en dormis pas de la nuit. Peu de temps après, je partis pour Damas, où étant arrivé, je louai une maison magnifique; elle était toute de marbre, ornée de peintures à feuillages d'or et d'azur; elle avait un jardin où l'on voyait de très-beaux jets d'eau.

« Un jour que je prenais le frais à la porte de la maison, une dame, fort proprement habillée, et qui paraissait fort bien faite, me demanda si je ne vendais pas des étoffes. En disant cela, elle entra dans le logis... »

En cet endroit, Scheherazade, voyant qu'il était jour, se tut, et la nuit suivante elle reprit la parole en ces termes :

CLIIIe NUIT.

« Quand je vis, dit le jeune homme de Moussoul, que la dame était entrée dans ma maison, je lui dis : « Madame, j'ai eu des étoffes qui étaient dignes de vous être montrées; mais je n'en ai plus présentement, et j'en suis très-fâché. — Je n'ai pas besoin d'étoffes, me dit-elle; je viens seulement pour passer la soirée avec vous, si vous l'avez pour agréable : je ne vous demande qu'une légère collation. »

« Ravi d'une si bonne fortune, je donnai ordre à mes gens de nous apporter plusieurs sortes de fruits et des bouteilles de vin. Nous fûmes servis promptement; nous mangeâmes, nous bûmes, nous nous réjouîmes jusqu'à minuit; enfin, je n'avais point encore passé de nuit si agréablement.

« La dame revint le lendemain; puis, le troisième jour : « Mon cher cœur, me dit-elle alors, que pensez-vous de moi? ne suis-je pas belle et amusante? — Madame, lui répondis-je, cette question, ce me semble, est assez inutile : toutes les marques d'amour que je vous donne doivent vous persuader que je vous aime. — Prenez-y bien garde, répliqua-t-elle, je vous avertis que je vais mettre votre amour à une étrange épreuve. »

« Nous en demeurâmes là, et le lendemain, en me quittant, elle me dit : « Souvenez-vous que vous aurez dans deux jours une nouvelle hôtesse; songez à la bien recevoir : nous viendrons à l'heure accoutumée. » Je fis préparer une belle collation pour le jour qu'elles devaient venir... »

Shcherazade s'interrompit en cet endroit, parce qu'elle remarqua qu'il était jour. La nuit suivante, elle reprit la parole dans ces termes :

CLIVe NUIT.

« J'attendis, dit le jeune homme de Moussoul, les deux dames avec impatience, et elles arrivèrent enfin à l'entrée de la nuit.

« Nous nous mîmes bientôt à table. J'étais vis-à-vis de la nouvelle venue, qui ne cessait de me regarder en souriant et se rendit maîtresse de mon cœur sans que je pusse m'en défendre. Mais elle prit aussi de l'amour en m'en inspirant, et me dit des choses assez vives. L'autre dame, qui nous observait, n'en fit d'abord que rire. A mesure que le vin nous échauffait, la nouvelle dame et moi nous nous agacions avec si peu de retenue, que son amie en conçut une jalousie violente dont elle nous donna une marque bien funeste. Elle se leva, et sortit en nous disant qu'elle allait revenir; mais, peu de moments après, l'autre dame changea de visage; il lui prit des convulsions, et enfin elle rendit l'âme entre mes bras. Je sors aussitôt, je demande l'autre dame, mes gens me dirent qu'elle s'en était allée. Je soupçonnai alors que c'était elle qui avait causé la mort de son amie. Effectivement, elle avait eu la malice de mettre d'un poison très-violent dans sa tasse.

« Comme il n'y avait pas de temps à perdre, je fis lever par mes gens une des grandes pièces de marbre dont la cour de ma maison était pavée, et j'y fis enterrer le corps de la jeune dame. Après qu'on eut remis la pièce de marbre, je pris tout ce que j'avais d'argent, et je fermai la porte de ma maison que je scellai et cachetai de mon sceau. J'allai trouver le propriétaire; je lui payai ce que je lui devais, et, lui donnant la clef, je le priai de me la garder et je partis avec mes gens qui m'attendaient... »

Le jour, qui commençait à paraître, imposa silence à Scheherazade en cet endroit. La nuit suivante, elle reprit son discours de cette sorte :

CLVe NUIT.

« J'arrivai au Caire, poursuivit le jeune homme de Moussoul, et j'y demeurai trois ans. Il ne m'arriva point d'aventure au Caire; mais vous allez être fort surpris de celle que j'éprouvai quand je fus de retour à Damas.

« En arrivant en cette ville, j'allai descendre chez le propriétaire de la maison que j'avais occupée; il me reçut avec joie et voulut m'accompagner lui-même jusque dans ma maison, pour me faire voir que personne n'y était entré pendant mon absence. En effet, le sceau était encore en son entier sur la serrure, et toutes choses dans le même état où je les avais laissées.

« En nettoyant la salle où j'avais mangé avec les dames, un de mes gens trouva un collier d'or, où il y avait, d'espace en espace, dix perles très-grosses et très-parfaites; il me l'apporta et je le reconnus pour celui que j'avais vu au cou de la jeune dame qui avait été empoisonnée. Je l'enveloppai et le mis précieusement dans mon sein.

« Je m'abandonnai bientôt à toutes sortes de plaisirs, et insensiblement je dépensai tout mon argent. Dans cette situation, je résolus de me défaire du collier. Je me rendis au bezestein, et je priai un crieur de le faire voir aux principaux joailliers. Le crieur revint bientôt, et m'assura qu'on ne voulait donner que cinquante shérifs du collier. « C'est qu'on m'a dit, ajouta-t-il, que les perles étaient fausses : voyez si vous voulez le donner à ce prix-là. » Comme j'avais besoin d'argent : « Allez, lui dis-je, livrez-le, et m'en apportez l'argent tout à l'heure. »

« Le crieur m'était venu offrir cinquante shérifs de la part du plus riche joaillier du bezestein, qui n'avait fait cette offre que pour savoir si je connaissais la valeur de ce que je mettais en vente. Aussi, il n'eut pas plutôt appris ma réponse qu'il mena le crieur avec lui chez le lieutenant de police : « Seigneur, dit-il, voilà un collier qu'on m'a volé, et le voleur a eu la hardiesse de l'exposer en vente. Il se contente de cinquante shérifs pour un joyau qui en vaut deux mille : rien ne saurait mieux prouver que c'est un voleur. » Le lieutenant de police m'envoya arrêter, et ordonna qu'on me donnât la bastonnade. La violence des coups de bâtons me fit confesser, contre la vérité, que j'avais volé le collier, et aussitôt le lieutenant de police me fit couper la main. Cela causa un grand bruit dans le bezestein, et je fus à peine de retour chez moi, que je vis arriver le propriétaire de la maison. « Mon fils, me dit-il, comment est-il possible que vous ayez commis une action aussi indigne que celle dont je viens d'entendre parler? Après ce qui vient d'arriver, je ne puis souffrir que vous logiez plus longtemps dans ma maison : allez chercher un autre logement. » Je le priai, les larmes aux yeux, de me permettre de rester encore trois jours dans sa maison, ce qu'il m'accorda. »

Scheherazade s'arrêta en cet endroit, parce qu'elle vit paraître le jour. Le lendemain, elle continua cette histoire dans ces termes :

CLVIe NUIT.

« Trois jours après que ce malheur me fut arrivé, dit le jeune homme de Moussoul, je vis entrer chez moi des gens du lieutenant de police avec le marchand qui m'avait accusé faussement de lui avoir volé le collier de perles. Je leur demandai ce qui les amenait; mais, au lieu de me répondre, ils me lièrent et me garrottèrent, en me disant que le collier appartenait au gouverneur de Damas, qui l'avait perdu depuis plus de trois ans, et qu'en même temps une de ses filles avait disparu. Jugez de l'état où je me trouvai en apprenant cette nouvelle. Je pris néanmoins la résolution de dire la vérité au gouverneur.

« Seigneur, m'écriai-je quand je fus devant le gouverneur, je vous jure que je suis innocent! Je suis persuadé même que le collier n'a jamais appartenu à mon accusateur. Il est vrai que j'ai confessé que j'avais fait le vol, mais j'ai fait cet aveu, pressé par les tourments et par une raison que je suis prêt à vous dire, si vous avez la bonté de vouloir m'écouter.— J'en sais déjà assez, répliqua le gouverneur, pour vous rendre une partie de la justice qui vous est due. Qu'on ôte d'ici, continua-t-il, le faux accusateur, et qu'il souffre le même supplice qu'il a fait souffrir à ce jeune homme, dont l'innocence m'est connue. »

« On exécuta sur-le-champ l'ordre du gouverneur. Le marchand joaillier fut puni comme il le méritait. Après cela, le gouverneur ayant fait sortir tout le monde, me dit... »

Scheherazade voyant paraître le jour, interrompit sa narration, qu'elle continua la nuit suivante de cette manière.

CLVIIe NUIT.

« Mon fils, dit le gouverneur, sachez donc que la première dame qui a eu l'effronterie d'aller chez vous, était l'aînée de mes filles. Je l'avais mariée à un de ses cousins. Son mari mourut; elle revint chez moi. Avant son arrivée, sa cadette, qui est morte d'une manière si déplorable, ne m'avait jamais donné aucun sujet de me plaindre de ses mœurs. Son aînée la rendit insensiblement aussi méchante l'elle. Puis, après le crime qu'elle avait com-is dans votre maison, elle se laissa mourir faim. Vous voyez, mon fils, que nous mmes tous deux également infortunés; ne us abandonnons donc point l'un l'autre. Je us donne en mariage ma troisième fille : le est plus jeune que ses sœurs; elle a ême plus de beauté qu'elles n'en ont eu, et puis vous assurer qu'elle est d'une humeur opre à vous rendre heureux. Vous n'aurez is d'autre maison que la mienne, et après a mort vous serez, vous et elle, mes seuls éritiers. »

« En disant cela, il fit appeler des témoins; nsuite j'épousai sa fille sans cérémonie.

« Voilà, dit le médecin juif au sultan de asgar, ce que raconta le jeune homme de Moussoul. »

« J'avoue, dit le sultan au juif, que ce que u viens de raconter est extraordinaire; mais histoire du bossu l'est encore davantage et ien plus réjouissante; ainsi, n'espère pas que je te donne la vie non plus qu'aux autres; e vais vous faire pendre tous les quatre. — Attendez, de grâce, sire, s'écria le tailleur n se prosternant aux pieds du sultan; puis-que votre majesté aime les histoires plaisan-es, celle que j'ai à lui raconter ne lui dé-plaira pas. — Je veux bien l'écouter aussi, ui dit le sultan, mais ne te flatte pas que je te laisse vivre, à moins que tu ne me dises quelque aventure plus divertissante que celle du bossu. » Alors le tailleur prit la parole, et commença son récit dans ces termes :

Histoire que raconta le Tailleur.

« Sire, un de mes amis me fit l'honneur, y a deux jours, de m'inviter à un festin qu'il donnait à ses amis; je me rendis chez lui de très-bonne heure, et j'y trouvai environ vingt personnes. Nous n'attendions plus que le maî-tre de la maison, qui était sorti, lorsque nous le vîmes arriver accompagné d'un jeune étran-ger fort bien fait, mais boiteux. Nous nous levâmes tous, et, pour faire honneur au maître du logis, nous priâmes le jeune homme de s'asseoir avec nous sur le sofa. Il était prêt à le faire, lorsque, apercevant un barbier qui était de notre compagnie, il se retira brusque-ment en arrière et voulut sortir. Le maître de la maison, surpris de son action, l'arrêta. « Où allez-vous? lui dit-il. — Seigneur, répondit le jeune homme, au nom de Dieu, je vous supplie de permettre que je m'en aille. Je ne puis voir sans horreur cet abominable barbier que voilà : quoiqu'il soit né dans un pays où tout le monde est blanc, il ne laisse pas de res-sembler à un Ethiopien, mais il a l'âme en-core plus noire que le visage... »

Le jour, qui parut en cet endroit, empêcha Scheherazade d'en dire davantage cette nuit, mais la nuit suivante elle reprit ainsi sa nar-ration :

CLVIIIe NUIT.

« En achevant ces paroles, il voulut nous quitter; mais le maître du logis le supplia de demeurer avec nous et de nous raconter la cause de l'aversion qu'il avait pour le barbier. Nous joignîmes nos prières à celles du maître de la maison; et enfin le jeune homme, cé-dant à nos instances, nous raconta ainsi son histoire :

« Mon père n'eut que moi d'enfant; et, quand il mourut, j'étais en âge de disposer des grands biens qu'il m'avait laissés. Je ne les dissipai point follement : j'en fis un usage qui m'attira l'estime de tout le monde.

« Je n'avais point encore été sensible à l'a-mour; j'avouerai que j'évitais avec soin le commerce des femmes. Un jour que j'étais dans une petite rue, je vis une fenêtre où il y avait un vase de très-belles fleurs, et j'avais les yeux attachés dessus, lorsque la fenêtre s'ouvrit; je vis paraître une jeune dame dont la beauté m'éblouit. Elle jeta d'abord les yeux sur moi; et, arrosant les fleurs d'une main plus blanche que l'albâtre, elle me regarda avec un sourire qui m'inspira autant d'amour pour elle que j'avais eu d'aversion jusque-là pour toutes les femmes. Après avoir arrosé ses fleurs, elle referma sa fenêtre, et me laissa dans un trouble inconcevable.

« J'y serais demeuré longtemps, si le bruit que j'entendis dans la rue ne m'eût pas fait tourner la tête en arrière et fait voir que c'é-tait le premier cadi de la ville, accompagné de cinq ou six de ses gens : il s'arrêta à la porte de la maison de la jeune dame et il y entra, ce qui me fit juger qu'il était son père.

« Je revins chez moi agité d'une passion d'autant plus violente que je n'en avais jamais senti l'atteinte, et je me mis au lit avec une grosse fièvre. Mes parents, alarmés d'une maladie si prompte, accoururent pour en connaître la cause, que je me gardai bien de leur dire. Ils commençaient à désespérer de ma vie, lorsqu'une vieille dame de ma connaissance, informée de ma maladie, arriva.

« Mon fils, me dit-elle, vous vous êtes obstiné jusqu'à présent à cacher la cause de votre mal; mais j'ai assez d'expérience pour pénétrer ce secret, et je vous dirai que c'est l'amour qui vous rend malade. Je puis vous procurer votre guérison, pourvu que vous me disiez quelle est la dame qui a su toucher votre cœur. »

Mais la sultane voyant qu'il était jour, suspendit sa narration, qu'elle reprit ainsi le lendemain :

CLIX^e NUIT.

« La bonne dame me dit tant d'autres choses encore, que je lui déclarai mon mal, et lui expliquai toutes les circonstances de mon aventure. Si vous me procurez le bonheur de voir cette beauté charmante, et de l'entretenir de la passion dont je brûle pour elle, lui dis-je, comptez sur ma reconnaissance. « Mon fils, dit la vieille dame, je connais la personne dont vous me parlez. Elle est très-fière et d'un très-difficile accès. Cependant ne laissez pas de prendre courage, et ayez de la confiance en moi. »

« La vieille me quitta; elle revint le lendemain, et je lus sur son visage qu'elle n'avait rien de bon à m'annoncer. Pour abréger ma narration, dit le jeune homme, je vous dirai que cette messagère fit encore inutilement plusieurs tentatives en ma faveur auprès de la fière ennemie de mon repos. Le chagrin que j'en eus irrita mon mal à un point que les médecins m'abandonnèrent. J'étais regardé comme un homme qui n'attendait que la mort, lorsque la vieille vint me donner la vie.

« Afin que personne ne l'entendît, elle me dit à l'oreille : « Mon cher seigneur, j'aurai bientôt le plaisir de vous voir en parfaite santé et fort content de moi. Hier, lundi, j'allai chez la dame que vous aimez, et je la trouvai en bonne humeur; je pris d'abord un visage triste; je poussai de profonds soupirs, et laissai couler quelques larmes. « Ma bonne mère, me dit-elle, pourquoi paraissez-vous si affligée? — Hélas! ma chère dame, lui répondis-je, je viens de chez le jeune seigneur de qui je vous parlai l'autre jour; c'en est fait, il va perdre la vie pour l'amour de vous... »

Scheherazade cessa de parler en cet endroit, parce qu'elle vit paraître le jour. La nuit suivante, elle poursuivit dans ces termes l'histoire du jeune boiteux de Bagdad.

CLX^e NUIT.

« Ce que vous me racontez, dit la dame, est-il bien vrai? et n'est-il effectivement malade que pour l'amour de moi? Croyez-vous que l'espérance de me voir et de me parler pût contribuer à le tirer du péril?—Peut-être bien, lui dis-je; et, si vous me l'ordonnez, j'essaierai ce remède.— Eh bien! répliqua-t-elle en soupirant, faites-lui donc espérer qu'il me verra; mais il ne faut pas qu'il s'attende à d'autres faveurs, à moins qu'il n'aspire à m'épouser, et que mon père ne consente à notre mariage. »

« A mesure que la bonne dame parlait, je sentais diminuer mon mal, ou plutôt je me trouvai guéri à la fin de son discours. «Prenez, lui dis-je, en lui donnant ma bourse, qui était pleine, c'est à vous seule que je dois ma guérison. Le lendemain matin, la vieille arriva dans le temps que je commençais à m'habiller. « Je ne vous demande pas, me dit-elle, comme vous vous portez; l'occupation où je vous vois me le fait assez connaître : mais ne vous baignerez-vous pas avant que d'aller chez le cadi? — Cela consumerait trop de temps, lui répondis-je, je me contenterai de faire venir un barbier et de me faire raser la tête et la barbe. » Aussitôt j'ordonnai à un de mes esclaves d'en chercher un qui fût expéditif.

« L'esclave m'amena ce malheureux barbier que vous voyez, qui me dit, après avoir salué : « Seigneur, il me paraît à votre visage que vous ne vous portiez pas bien. » Je lui répondis que je sortais de maladie. « Je souhaite, reprit-il, que Dieu vous délivre de toute sorte de maux, et que sa grâce vous accompagne toujours. — J'espère, lui répliquai-je, saucera ce souhait, dont je vous suis igé.—Dites-moi présentement de quoi , reprit-il ; souhaitez-vous que je vous que je vous tire du sang? — Je viens s dire, repris-je, que je sors de mala- vous devez bien juger que je ne vous venir que pour me raser; dépêchez- t ne perdons pas de temps à discourir, suis pressé.

cherazade se tut en achevant ces paroles, e du jour qui paraissait. Le lendemain, prit son discours de cette manière :

CLXI^e NUIT.

e barbier, dit le jeune boiteux de Bag- mploya beaucoup de temps à déplier et parer ses rasoirs; au lieu de mettre de dans son bassin, il tira de sa trousse un abe, sortit de ma chambre, et alla au de la cour, d'un pas grave, prendre uteur du soleil. Il revint avec la même é, et en rentrant : « Vous serez bien aise, eur, me dit-il, d'apprendre que nous som- ujourd'hui au vendredi, dix-huitième de e de safar, de l'an 653, depuis la re- de notre grand prophète de la Mecque à ne, et de l'an 7320, et que la conjonction ars et de Mercure signifie que vous ne ez pas choisir un meilleur temps qu'au- l'hui pour vous raser. Mais, d'un autre , cette même conjonction m'apprend que courez en ce jour un grand danger, non le perdre la vie, mais d'une incommodité vous durera le reste de vos jours. Vous de- n'être obligé de l'avis que je vous donne rendre garde à ce malheur; je serais fâché vous arrivât. »

Jugez, seigneur, du dépit que j'eus d'être bé entre les mains d'un barbier si babil- et si extravagant! « Je me mets peu en e, lui dis-je en colère, de vos avis et de prédictions. Je ne vous ai point appelé r vous consulter sur l'astrologie; vous venu ici pour me raser : ainsi, rasez- , ou vous retirez, que je fasse venir un re barbier. »

« Seigneur, me répondit-il avec un flegme ne faire perdre patience, quel sujet avez- s de vous mettre en colère? Savez-vous n que tous les barbiers ne me ressemblent pas, et que vous n'en trouveriez pas un pareil, quand vous le feriez faire exprès? Vous n'avez demandé qu'un barbier, et vous avez en ma personne le meilleur barbier de Bagdad, un médecin expérimenté, un chimiste très-profond, un astrologue, un grammairien, un logicien subtil, un mathématicien accompli dans l'arithmétique, dans l'astronomie et tous les raffinements de l'algèbre. Outre cela, j'ai dans ma mémoire toutes nos lois et toutes nos traditions. Je suis poète, architecte; mais que ne suis-je pas? Feu monsieur votre père, à qui je rends un tribut de mes larmes toutes les fois que je pense à lui, me chérissait, et ne cessait de me citer comme le premier homme du monde. Je veux, par amitié pour lui, m'attacher à vous, et vous garantir de tous les malheurs dont les astres pourraient vous menacer. »

« A ce discours, malgré ma colère, je ne pus m'empêcher de rire. « Aurez-vous donc bientôt achevé, babillard importun? et voulez-vous commencer à me raser? »

Scheherazade cessa de poursuivre son histoire, parce qu'elle aperçut le jour; mais, la nuit suivante, elle la reprit ainsi :

CLXII^e NUIT.

Le jeune boiteux continuant son histoire : « Seigneur, me répliqua le barbier, vous me faites une injure en m'appelant babillard; tout le monde, au contraire, me donne l'honorable titre de silencieux. J'avais six frères, que vous auriez pu, avec raison, appeler babillards, et, afin que vous les connaissiez, l'aîné se nommait Bachouc, le second Bakbarath, le troisième Bakbac, le quatrième Alcouz, le cinquième Alnaschar, et le sixième Schacabac. C'étaient des discoureurs importuns; mais moi, qui suis leur cadet, je suis grave et concis dans mes discours. »

« De grâce, seigneur, mettez-vous à ma place : quel parti pouvais-je prendre, en me voyant si cruellement assassiné? « Donnez-lui trois pièces d'or, dis-je à celui de mes esclaves qui faisait la dépense de ma maison; qu'il s'en aille et me laisse en repos : je ne veux plus me faire raser aujourd'hui. — Seigneur, me dit alors le barbier, qu'entendez-vous par ce discours? Ce n'est pas moi qui suis venu vous chercher, c'est vous qui m'avez fait venir; et, cela étant ainsi, je jure, foi de musulman, que je ne sortirai point de chez vous que je ne vous aie rasé. Si vous ne connaissez pas ce que je vaux, ce n'est pas ma faute. Feu monsieur votre père me rendait plus de justice. — Non, m'écriai-je, il n'est pas possible qu'il y ait au monde un autre homme qui se fasse, comme vous, un plaisir de faire enrager les gens!...»

La clarté du jour obligea Scheherazade à s'arrêter. Le lendemain, elle continua ainsi :

DLXIII^e NUIT.

« Je crus, dit le jeune boiteux, que je réussirais mieux en prenant le barbier par la douceur. « Au nom de Dieu, lui dis-je, laissez là tous vos discours, et m'expédiez promptement; une affaire de la dernière importance m'appelle hors de chez moi. »

« Quand il vit que j'étais fâché tout de bon : « Seigneur, me dit-il, ne vous fâchez pas, nous allons commencer. » Effectivement, il me lava la tête et se mit à me raser; mais il ne m'eut pas donné quatre coups de rasoir, qu'il s'arrêta pour me dire : « Seigneur, vous devriez vous abstenir de ces emportements. Je mérite d'ailleurs que vous ayez de la considération pour moi, à cause de ma science et de mes vertus. — Continuez de me raser, lui dis-je en l'interrompant encore, et ne parlez plus. » Mais, plus je témoignais d'empressement, et moins il en avait de m'obéir. Il quitta son rasoir pour prendre son astrolabe; puis, laissant son astrolabe, il reprit son rasoir... »

Scheherazade, voyant paraître le jour, garda le silence. La nuit suivante, elle poursuivit ainsi l'histoire commencée :

CLXIV^e NUIT.

« Le barbier, continua le jeune boiteux, reprit une seconde fois son astrolabe, et me laissa à demi rasé pour aller voir quelle heure il était. Il revint. « Seigneur, me dit-il, je savais bien que je ne me trompais pas; il y a encore trois heures jusqu'à midi, ou toutes les règles de l'astronomie sont fausses. — Juste ciel! m'écriai-je, je n'y puis plus tenir. Barbier de malheur! peu s'en faut que je ne me jette sur toi, et que je ne t'égrange! — Doucement, monsieur, me dit-il d'un air froid; ne vous emportez pas, vous allez être servi dans un moment. » En disant cela, il remit son astrolabe dans sa trousse, reprit son rasoir qu'il repassa sur le cuir qu'il avait attaché à sa ceinture, et recommença de me raser; mais, en me rasant, il ne put s'empêcher de parler. « Si vous voulez, seigneur, me dit-il, m'apprendre l'affaire que vous avez à midi, je vous donnerai quelque bon conseil. » Pour le contenter, je lui dis que des amis m'attendaient à midi pour me régaler et se réjouir avec moi du retour de ma santé.

« Quand le barbier entendit parler de régal, il s'écria : « Vous me faites souvenir que j'invitai hier quatre ou cinq amis à venir manger aujourd'hui chez moi; je l'avais oublié, et je n'ai encore fait aucuns préparatifs. — Que cela ne vous embarrasse pas, lui dis-je, quoique j'aille manger dehors, mon garde-manger est bien garni; je vous fait présent de tou ce qui s'y trouvera : je vous ferai même donne du vin, car j'en ai d'excellent; mais il fau que vous acheviez promptement de me ra ser. » Il ne se contenta pas de la parole qu je lui donnais. « Dieu vous récompense, s'é cria-t-il, de la grâce que vous me faites; mai montrez-moi ces provisions, afin que je voi s'il y aura de quoi bien régaler mes amis. — J'ai, lui dis-je, un agneau, six chapons, un douzaine de poulets, et de quoi faire quat entrées. » Je donnai ordre à un esclave d'ap porter cela sur-le-champ avec quatre grand cruches de vin. Il cessa de me raser po examiner chaque chose l'une après l'autre; e comme cet examen dura près d'une dem heure, j'enrageais; mais le bourreau ne s' pressait pas davantage. Il reprit pourtant rasoir, et me rasa quelques moments; pu s'arrêtant tout à coup : « Je n'aurais jam cru, seigneur, me dit-il, que vous fussiez libéral. Certes, je ne méritais pas les grâ dont vous me comblez, et j'en conserverai u éternelle reconnaissance; car, seigneur, n'ai rien que ce qui me vient de la généros des honnêtes gens comme vous : en q je ressemble à Zantout, qui frotte le monde bain; à Salouz, qui vend des fèves; à Abo Mekarès, qui arrose les rues pour abattre poussière, et à Cassem, de la garde du cali

ces gens-là sont toujours gais, ils ont chaleur chanson et leur danse particulière,
ils divertissent toute la ville de Bagdad.
z, seigneur, voici la chanson et la danse
ntout ; regardez-moi, et voyez si je sais
l'imiter.... »
heherazade n'en dit pas davantage, parce
le remarqua qu'il était jour. Le lende-
, elle poursuivit sa narration en ces
es :

CLXVe NUIT.

Le barbier chanta la chanson et dansa la
e de Zantout, continua le jeune boiteux,
uoi que je pusse dire pour l'obliger à finir
bouffonneries, il ne cessa pas qu'il n'eût
refait de même tous ceux qu'il avait nom-
. Après cela : « Seigneur, me dit-il, je
porter chez moi ce que vous m'avez donné;
amis mangeront si bon leur semble, je
endrai aussitôt. Je ne veux pas commettre
civilité de vous laiser aller seul. Quoi que
s me puissiez dire, je vous accompagnerai
gré vous. »

Ces paroles me jetèrent dans un grand
barras. « Comment me déferai-je de ce
udit barbier ! disais-je en moi-même. Si je
bstine à la contredire, nous ne finirons
nt notre contestation. » Je pris le parti de
dire mot, et de faire semblant de consen-
qu'il vînt avec moi. Alors il acheva de me
er; et, cela étant fait, je lui dis : « Prenez
elques-uns de mes gens pour emporter ces
ovisions, et revenez, je ne partirai pas sans
us. »

« Il sortit enfin, et j'achevai promptement
m'habiller. J'entendis appeler à la prière
ur la dernière fois : je me hâtai de me
ettre en chemin; mais le malicieux barbier,
i avait jugé de mon intention, s'était con-
nté d'aller avec mes gens jusqu'à la vue de
maison, et de les voir entrer chez lui. Il
était caché à un coin de la rue pour m'ob-
rver et me suivre. En effet, quand je fus
rivé à la porte du cadi, je me retournai et
aperçus à l'entrée de la rue. La porte du cadi
ait à demi ouverte; et en entrant je vis la
eille dame qui m'attendait, et qui, après
voir fermé la porte, me conduisit à la cham-
re de la jeune dame dont j'étais amoureux.
Mais à peine commençais-je à l'entretenir que nous entendîmes du bruit dans la rue. La jeune dame mit la tête à la fenêtre, et vit que c'était son père qui revenait de la prière. Je regardai aussi, et j'aperçus le barbier assis vis-à-vis, au même endroit où j'avais vu la jeune dame.

« Dès que le cadi fut rentré chez lui, il donna lui-même la bastonnade à un esclave qui l'avait méritée. Celui-ci poussait de grands cris qu'on entendait de la rue. Le barbier crut que c'était moi qui criais et qu'on maltraitait. Il court chez moi et revient suivi de tous mes domestiques armés de bâtons. Ils frappent avec fureur à la porte du cadi, qui envoya un esclave pour voir ce que c'était ; mais l'esclave, tout effrayé, retourne vers son maître : « Seigneur, dit-il, plus de dix mille hommes veulent entrer chez vous par force. Le cadi courut aussitôt ouvrir la porte, et demanda ce qu'on lui voulait. Sa présence ne put inspirer du respect à mes gens, qui lui dirent insolemment : « Maudit cadi ! chien de cadi ! quel sujet avez-vous d'assassiner notre maître ? — Bonnes gens, leur répondit le cadi, pourquoi aurais-je assassiné votre maître, que je ne connais pas, et qui ne m'a point offensé ? — Vous ne m'en ferez point accroire, méchant cadi, reprit le barbier. Votre fille aime notre maître et lui a donné rendez-vous dans votre maison pendant la prière du midi. Vous en avez sans doute été averti ; vous êtes revenu chez vous, vous l'y avez surpris et lui avez fait donner la bastonnade. Laissez-le sortir et nous le rendez, sinon nous allons entrer et vous l'arracher. — Il n'est pas besoin de tant parler, reprit le cadi, si ce que vous dites est vrai, vous n'avez qu'à entrer et le chercher. » Le cadi n'eut pas achevé ces mots, que le barbier et mes gens entrèrent et me cherchèrent partout... »

Scheherazade, en cet endroit, ayant aperçu le jour, cessa de parler. Le lendemain elle reprit en ces termes :

CLXVIe NUIT.

« Comme j'avais entendu tout ce que le bardier avait dit au cadi, poursuivit le jeune boiteux, je cherchai un droit pour me cacher. Je n'en trouvai point d'autre qu'un grand coffre vide où je me jetai, et que je fermai sur moi. Le barbier, après avoir fureté partout, ne manqua pas de venir dans la chambre où j'étais. Il s'approcha du coffre, l'ouvrit, et, dès qu'il m'eut aperçu, le prit, le chargea sur sa tête et gagna la porte de la rue. Pendant qu'il me portait, le coffre vint à s'ouvrir, et alors, ne voulant pas être exposé aux regards de la populace qui nous suivait, je me lançai dans la rue avec tant de précipitation que je me blessai à la jambe. Je ne sentis pas d'abord mon mal, et je ne laissai pas de me relever pour me dérober à la risée du peuple par une prompte fuite. Je lui jetai même des poignées d'or et d'argent, et, tandis qu'il s'occupait à les ramasser, je m'échappai. Mais le maudit barbier me suivit sans me perdre de vue, en me criant de toute sa force : « Arrêtez, seigneur, pourquoi courez-vous si vite? Si vous saviez combien j'ai été affligé du mauvais traitement que le cadi vous a fait; ne vous l'avais-je pas dit que vous exposiez votre vie par votre obstination à ne vouloir pas que je vous accompagnasse? Et si, de mon côté, je ne m'étais pas obstiné à vous suivre pour voir où vous alliez, que seriez-vous devenu? »

« C'est ainsi que le malheureux barbier parlait tout haut dans la rue. Comme je m'aperçus que sa voix me livrait en spectacle à une infinité de gens qui s'arrêtaient dans la rue pour me regarder, j'entrai dans un khan dont le concierge m'était connu. « Au nom de Dieu, lui dis-je, faites-moi la grâce d'empêcher que ce furieux n'entre ici après moi. » Il me le promit et me tint parole, mais ce ne fut pas sans peine; car l'obstiné barbier voulait entrer malgré lui, et ne se retira qu'après lui avoir dit mille injures.

« Voilà comme je me délivrai d'un homme si fatigant. Ne soyez donc point surpris de l'empressement que j'ai à me retirer. » En achevant ces paroles, le jeune boiteux se leva et sortit.

« Quand le jeune homme fut parti, continua le tailleur, nous jetâmes les yeux sur le barbier, et dîmes qu'il avait tort, si ce que nous venions d'entendre était véritable. « Messieurs, nous répondit-il, le silence que j'ai gardé pendant que ce jeune homme vous a entretenus, témoigne qu'il ne vous a rien avancé que d'exact. Mais, quoi qu'il vous ait pu dire, je soutiens que j'ai dû faire ce que j'ai fait. Il m'accuse d'être un babillard; c'est une pure calomnie : de sept frères que nous étions, je suis celui qui parle le moins Pour vous en faire convenir, seigneurs, je n'ai qu'à vous conter mon histoire et la leur. Honorez-moi, je vous prie, de votre attention.

Histoire du Barbier.

« Sous le règne du calife Mostanser Billah, dix voleurs obsédaient les chemins des environs de Bagdad, et faisaient depuis longtemps des vols et des cruautés inouies. Le calife, averti d'un si grand désordre, fit venir le juge de police et lui ordonna, sous peine de la vie, de les lui amener tous dix... »

Scheherazade cessa de parler en cet endroit, voyant le jour paraître. La nuit suivante, elle reprit son discours de cette manière :

CLXVII^e NUIT.

« Le juge de police, continua le barbier, fit ses diligences et mit tant de monde en campagne, que les dix voleurs furent pris le propre jour du baïram. Je me promenais alors sur le bord du Tigre; je vis dix hommes assez richement habillés qui s'embarquaient dans un bateau. J'aurais connu que c'étaient des voleurs pour peu que j'eusse fait attention aux gardes qui les accompagnaient; mais croyant que c'étaient des gens qui allaient passer la fête en festin, j'entrai dans le bateau pêle-mêle avec eux, dans l'espérance qu'ils voudraient bien me souffrir dans leur compagnie. Nous descendîmes le Tigre; l'on nous fit aborder devant le palais du calife. J'eus le temps de rentrer en moi-même et de m'apercevoir que j'avais mal jugé d'eux. Au sortir du bateau, nous fûmes environnés d'une nouvelle troupe de gardes qui nous lièrent et nous menèrent devant le calife. Je me laissai lier comme les autres sans rien dire. J'étais avec des voleurs; c'était assez pour leur faire croire que j'en devais être un.

« Dès que nous fûmes devant le calife, il ordonna le châtiment de ces dix scélérats. Aussitôt le bourreau nous rangea sur une file, et, par bonheur, je me trouvai le dernier. Il coupa la tête aux dix voleurs; quand il vint

moi, il s'arrêta. Le calife, voyant que le bo ur reau ne me frappait pas, lui dit : « Ne t'ai-je pas commandé de couper la tête à dix voleurs? Pourquoi ne la coupes-tu qu'à neuf?—Commandeur des croyants, répondit le bourreau, Dieu me garde de n'avoir pas exécuté l'ordre de votre majesté. Voila dix corps par terre et autant de têtes que j'ai coupées. Lorsque le calife eut vu que le bourreau disait vrai, il me regarda avec étonnement, et, ne me trouvant pas la physionomie d'un voleur : « Par quelle aventure vous trouvez-vous mêlé avec des misérables, me dit-il, qui ont mérité mille morts? » Je lui repondis : « Commandeur des croyants, j'ai vu ce matin entrer dans un bateau ces dix hommes; je me suis embarqué avec eux, persuadé que c'étaient des gens qui allaient se régaler ensemble pour célébrer ce jour.

« Le calife ne put s'empêcher de rire de mon aventure; il admira ma discrétion et ma constance à garder le silence. « Commandeur des croyants, lui dis-je, je fais profession de me taire, et c'est pour cette vertu que je me suis acquis le titre glorieux de silencieux. C'est ainsi qu'on m'appelle pour me distinguer de six frères que j'eus. »

« J'ai bien de la joie, me dit le calife en souriant, qu'on vous ait donné un titre dont vous faites un si bel usage. Mais apprenez-moi quelle sorte de gens étaient vos frères. — Ils étaient tous, lui repartis-je, plus babillards les uns que les autres, et, quant à la figure, il y avait une grande différence entre eux et moi : le premier était bossu; le second, brèchedent; le troisième, aveugle; le quatrième, borgne; le cinquième avait les oreilles coupées, et le sixième, les lèvres fendues. Il leur est arrivé des aventures qui vous feraient juger de leurs caractères, si j'avais l'honneur de les raconter à votre majesté. » Comme il me parut que le calife ne demandait pas mieux que de les entendre, je poursuivis sans attendre son ordre.

Histoire du premier frère du Barbier.

« Sire, lui dis-je, mon frère aîné, qui s'appelait Bachouc le bossu, était tailleur. Au sortir de son apprentissage, il loua une boutique dans laquelle il avait bien de la peine à vivre de son travail. Un jour, mon frère, en travaillant dans sa boutique, leva la tête et aperçut à une fenêtre du moulin la meunière qui regardait dans la rue. Il la trouva si belle, qu'il en fut enchanté. Pour la meunière, elle ne fit nulle attention à lui; elle ferma sa fenêtre et ne parut plus de tout le jour. Le pauvre tailleur ne fit autre chose, dès lors, que lever les yeux en travaillant. La meunière jeta les yeux sur lui par hasard et le surprit dans une attention à la considérer, qui lui fit connaître ce qui se passait dans son cœur... »

Le jour qui paraissait obligea Scheherazade d'interrompre son récit. Elle en reprit le fil la nuit suivante, et dit au sultan des Indes :

CLXVIII[e] NUIT.

Sire, le barbier continuant l'histoire de son frère aîné : « Vous saurez, dit-il, que la meunière n'eut pas plutôt pénétré les sentiments de mon frère, qu'elle résolut de s'en divertir. Elle le regarda d'un air riant, et mon frère la regarda d'une manière si plaisante, que la meunière referma la fenêtre au plus vite, de peur de faire un éclat de rire qui fit connaître à mon frère qu'elle le trouvait ridicule. Bachouc interpréta cette action à son avantage, et ne manqua pas de se flatter qu'on l'avait vu avec plaisir.

« La meunière avait une pièce d'une assez belle étoffe, dont elle voulait se faire un habit. Elle l'envoya à mon frère par une jeune esclave qui vint à la boutique du tailleur : « Ma maîtresse, lui dit-elle, vous prie de lui faire un habit de cette pièce d'étoffe, sur le modèle de celui qu'elle vous envoie en même temps; c'est une pratique dont vous serez content. » Mon frère crut que la meunière ne lui envoyait du travail, qu'afin de l'assurer du progrès qu'il avait fait dans son cœur. Prévenu de cette bonne opinion, il chargea l'esclave de dire à sa maîtresse qu'il allait tout quitter pour elle, et que l'habit serait prêt pour le lendemain matin. Le lendemain la jeune esclave vint voir si l'habit était fait. Bachouc le lui donna bien plié, en lui disant : « J'ai trop d'intérêt de contenter votre maîtresse pour avoir négligé son habit. » La jeune esclave fit quelques pas pour s'en aller; puis, se retournant, elle dit à mon frère : « A propos, j'oubliais de m'acquitter d'une commission qu'on m'a donnée : ma maîtresse m'a chargée de vous faire ses compliments, et de vous demander comment vous aviez passé la nuit; pour elle, la pauvre femme, elle vous aime si fort, qu'elle n'en a pas dormi. —Dites-lui, répondit avec transport mon benêt de frère, que j'ai pour elle une passion si violente, qu'il y a quatre nuits que je n'ai fermé l'œil.

« Il n'y avait pas un quart d'heure que l'esclave avait quitté mon frère, lorsqu'il la vit revenir avec une pièce de satin. « Ma maîtresse, lui dit-elle, est très-satisfaite de son habit; il lui va le mieux du monde; mais comme elle ne veut le porter qu'avec un caleçon neuf, elle vous prie de lui en faire un au plus tôt de cette pièce de satin. —Cela suffit, dit Bachouc; il sera fait aujourd'hui avant que je sorte de ma boutique; vous n'avez qu'à venir le prendre sur la fin du jour.» La meunière se montra souvent à sa fenêtre, pour donner du courage à mon frère. Il faisait beau le voir travailler. Le caleçon fut bientôt fait. L'esclave le vint prendre, mais elle n'apporta pas d'argent. Cependant ce malheureux amant, qu'on bernait, fut obligé d'emprunter quelques pièces de monnaie pour avoir de quoi souper. Le jour suivant, la jeune esclave vint lui dire que le meunier souhaitait de lui parler. « Ma maîtresse, ajouta-t-elle, lui a dit tant de bien de vous en lui montrant votre ouvrage, qu'il veut aussi que vous travailliez pour lui. » Mon frère s'empressa d'aller au moulin avec l'esclave. Le meunier le reçut fort bien, et lui présentant une pièce de toile : « J'ai besoin de chemises, lui dit-il, voilà de la toile; je voudrais bien que vous m'en fissiez vingt; s'il y a du reste, vous me le rendrez...»

Scheherazade se tut en achevant ces paroles; la nuit suivante, elle poursuivit ainsi l'histoire de Bachouc :

CLXIXe NUIT.

« Mon frère, continua le barbier, eut du travail pour cinq ou six jours. Le meunier lui donna ensuite autant de toile pour en faire autant de caleçons. Lorsqu'ils furent achevés, Bachouc les porta au meunier, qui lui demanda ce qu'il lui devait; mon frère dit qu'il se contenterait de vingt drachmes d'argent. La jeune esclave, qui était présente, et qui avait le mot, regarda mon frère en colère, pour lui marquer qu'il allait tout gâter s'il recevait de l'argent. Il se le tint pour dit; il refusa d'en prendre, quoiqu'il en eût besoin et qu'il en eût emprunté pour acheter du fil. Au sortir de chez le meunier, il vint me prier de lui prêter de quoi vivre, en me disant qu'on ne le payait pas. Je lui donnai quelques monnaies que j'avais dans ma bourse, et cela le fit subsister durant quelques jours.

« Un jour, il entra chez le meunier, qui, croyant qu'il venait lui demander de l'argent, lui en offrit; mais la jeune esclave lui fit encore un signe qui le fit répondre au meunier qu'il venait seulement pour s'informer de sa santé. Le meunier l'en remercia, et lui donna une robe de dessus à faire. Bachouc la lui rapporta le lendemain. Le meunier tira sa bourse; la jeune esclave ne fit que regarder mon frère : « Voisin, dit-il au meunier, rien ne presse; nous compterons une autre fois. »

« La meunière était avare et méchante; non contente de frustrer mon frère de ce qui lui était dû, elle excita son mari à tirer vengeance de l'amour qu'il avait pour elle, et voici comment ils s'y prirent. Le meunier invita Bachouc un soir à souper, et, après l'avoir assez mal régalé, il lui dit : « Frère, il est trop tard pour rentrer chez vous, demeurez ici. » En parlant de cette sorte, il le mena dans un endroit où il y avait un lit, et se retira avec sa femme dans le lieu où ils avaient coutume de coucher. Au milieu de la nuit, le meunier vint trouver mon frère : « Voisin, lui dit-il, dormez-vous? Ma mule est malade, et j'ai bien du blé à moudre; vous me feriez bien plaisir si vous vouliez tourner le moulin à sa place. « Bachouc lui répondit qu'il était prêt à lui rendre ce service, qu'on n'avait qu'à lui montrer comment il fallait faire. Alors le meunier l'attacha par le milieu du corps, de même qu'une mule, et lui donnant ensuite un grand coup de fouet sur les reins; « Marchez, voisin, lui dit-il. —Eh! pourquoi me frappez-vous? lui dit mon frère. —C'est pour vous encourager, » répondit le meunier. Bachouc, étonné de ce traitement, n'osa s'en plaindre. Quand il eut fait cinq ou six tours, il voulut se reposer; mais le meunier lui donna une douzaine de coups de fouet bien appliqués, en lui disant : « Courage, voisin, ne vous arrêtez pas, vous gâteriez ma farine. »

Scheherazade cessa de parler en cet endroit, parce qu'elle vit qu'il était jour. Le lendemain elle reprit son discours de cette sorte :

CLXXe NUIT.

« Le meunier obligea mon frère à tourner le moulin pendant le reste de la nuit, continua le barbier. A la pointe du jour, il se retira, et envoya la jeune esclave qui le détacha. « Ah! que nous vous avons plaint, ma maîtresse et moi, s'écria la perfide; nous n'avons aucune part au mauvais tour que son mari vous a joué. » Le malheureux Bachouc ne lui répondit rien, tant il était fatigué et moulu de coups; mais il regagna sa maison en prenant la ferme résolution de ne plus songer à la meunière.

« Le récit de cette histoire, poursuivit le barbier, fit rire le calife. « Allez, me dit-il, retournez chez vous; on va vous donner quelque chose pour vous consoler d'avoir manqué le régal auquel vous vous attendiez. — Commandeur des croyants, repris-je, je supplie votre majesté de trouver bon que je ne reçoive rien qu'après lui avoir raconté l'histoire de mes autres frères. » Le calife m'ayant témoigné qu'il était disposé à m'écouter, je continuai l'histoire de mes frères. »

Histoire du second frère du Barbier.

« Mon second frère, qui s'appelait Bakbarath le brèche-dent, marchant un jour par la ville, rencontra une vieille qui l'aborda. « J'ai, lui dit-elle, un mot à vous dire. Si vous voulez venir avec moi, je vous mènerai dans un palais où vous verrez une dame plus belle que le jour; elle vous recevra avec plaisir, et vous présentera la collation avec d'excellents vins; il n'est pas nécessaire de vous en dire davantage. — Ce que vous me dites est-il bien vrai? répliqua mon frère. — Je ne ne vous propose rien qui ne soit véritable, repartit la vieille; mais il faut que vous soyez sage, et que vous ayez une complaisance infinie. » Bakbarath ayant accepté la condition, elle le conduisit à la porte du grand palais, où il y avait beaucoup d'officiers et de domestiques, qui voulurent arrêter mon frère; mais la vieille ne leur eut pas plus tôt parlé, qu'ils le laissèrent passer librement. Elle le fit entrer dans un bel appartement, et lui dit d'attendre un moment, qu'elle allait avertir la jeune dame.

« Mon frère, qui n'était jamais entré dans un lieu si superbe, se mit à considérer toutes les beautés qui s'offraient à sa vue; et, jugeant de sa bonne fortune par la magnificence qu'il voyait, il avait de la peine à contenir sa joie. Il entendit bientôt un grand bruit, qui était causé par une troupe d'esclaves qui vinrent à lui en faisant des éclats de rire, et il aperçut au milieu d'elles une jeune dame d'une beauté extraordinaire. Bakbarath, qui s'était attendu à un entretien particulier, fut extrêmement surpris de la voir en si bonne compagnie. Cependant, lorsque la jeune dame fut près de mon frère, il lui fit une profonde révérence. Elle prit la place d'honneur; et puis, l'ayant prié de s'asseoir, elle lui dit d'un ton riant : « Je suis ravie de vous voir, et je vous souhaite tout le bien que vous pouvez désirer. — Madame, répondit Bakbarath, je ne puis en souhaiter un plus grand que l'honneur que j'ai de paraître devant vous. — Il me semble que vous êtes de bonne humeur, répliqua-t-elle, et que vous voudrez bien que nous passions le temps agréablement ensemble. » Elle commanda aussitôt que l'on servît la collation; en même temps, elle se mit à table avec les esclaves et mon frère. Comme il était placé vis-à-vis d'elle, quand il ouvrait la bouche pour manger, elle s'apercevait qu'il était brèche-dent, et elle le faisait remarquer aux esclaves, qui en riaient de tout leur cœur avec elle. Bakbarath, qui la voyait rire, s'imagina que c'était de la joie qu'elle avait de sa venue, et se flatta que bientôt elle écarterait ses esclaves pour rester avec lui sans témoins. La collation achevée, on se leva de table. Les esclaves prirent des instruments, et commencèrent à chanter et à danser. Mon frère, pour faire l'agréable, dansa aussi, et la jeune dame s'en mêla. Après que l'on eut dansé quelque temps, on alla s'asseoir pour reprendre haleine...»

Scheherazade, remarquant qu'il était jour, remit à la nuit suivante la suite de son histoire.

CLXXIe NUIT.

Sire, le barbier continuant l'histoire de Bakbarath : «La jeune dame, dit-il, le fit asseoir auprès d'elle, et commença de le caresser. Elle lui passa la main derrière la tête, en lui donnant de temps en temps de petits soufflets. Ravi de ces faveurs, il était tenté de badiner aussi avec cette charmante personne, mais il n'osait prendre cette liberté devant tant d'esclaves qui avaient les yeux sur lui. La jeune dame lui donna encore de petits soufflets, et à la fin lui en appliqua un si rudement, qu'il en rougit, et se leva pour s'éloigner d'une si rude joueuse. Alors, la vieille qui l'avait amené le regarda d'un air à lui faire connaître qu'il avait tort, et qu'il ne se souvenait pas de l'avis qu'elle lui avait donné. Il reconnut sa faute, et se rapprocha de la jeune dame. Elle le fit encore asseoir auprès d'elle, et continua de lui faire mille caresses malicieuses. Ses esclaves se mirent de la partie : l'une lui tirait les oreilles à les lui arracher, et d'autres enfin lui appliquaient des soufflets qui passaient la raillerie. Mon frère souffrait tout cela en affectant un air gai, et, regardant la vieille avec un sourire forcé : « Vous l'avez bien dit, disait-il, que je trouverais une dame toute bonne, toute charmante. Que je vous ai d'obligations! — Ce n'est rien encore que cela, lui répondit la vieille; vous verrez bien autre chose.» La jeune dame prit alors la parole, et dit à mon frère : « Vous êtes un brave homme; je suis ravie de trouver en vous tant de complaisance pour mes caprices, et une humeur si conforme à la mienne. — Madame, repartit Bakbarath, charmé de ce discours, je ne suis plus à moi, je suis tout à vous. — Que vous me faites plaisir, répliqua la dame, en me marquant tant de soumission! Qu'on m'apporte les parfums et l'huile de rose. » A ces mots, deux esclaves se détachèrent, et revinrent, l'une avec une cassolette d'argent où il y avait du bois d'aloès dont elle le parfuma, et l'autre avec de l'eau de rose qu'elle lui jeta au visage. Mon frère ne se possédait pas, tant il était aise de se voir traiter si honorablement.

« Après cette cérémonie, la jeune dame appela une esclave, et lui ordonna d'emmener mon frère avec elle, en lui disant : « Faites-lui ce que vous savez, et ramenez-le-moi. » Bakbarath, qui entendit cet ordre, se leva promptement, et, s'approchant alors de la vieille qui s'était aussi levée pour accompagner l'esclave, il la pria de lui dire ce qu'on lui voulait faire. « C'est que notre maîtresse, lui dit-elle, souhaite de voir comment vous seriez fait déguisé en femme, et cette esclave a ordre de vous peindre les sourcils, vous raser la moustache et vous habiller en femme. — On peut me peindre les sourcils tant qu'on voudra, répliqua mon frère; mais, pour me faire raser, je ne le souffrirai pas. — Gardez-vous de vous y opposer, dit la vieille, vous gâteriez vos affaires. On vous aime, on veut vous rendre heureux, faut-il, pour une vilaine moustache, renoncer aux plus délicieuses faveurs qu'un homme puisse obtenir? » Bakbarath se rendit aux raisons de la vieille et se laissa conduire dans une chambre où on lui peignit les sourcils de rouge. On lui rasa la moustache et l'on se mit en devoir de lui raser aussi la barbe. « Oh! pour ce qui est de ma barbe, s'écria mon frère, je ne souffrirai point qu'on me la coupe. » L'esclave lui représenta qu'un visage barbu ne convenait pas avec un habillement de femme, et qu'elle s'étonnait qu'un homme qui était sur le point de posséder la plus belle personne de Bagdad, fît quelque attention à sa barbe. Enfin, elle lui dit tant de choses qu'il se laissa faire tout ce qu'on voulut.

« Lorsqu'il fut habillé en femme, on le ramena devant la jeune dame, qui se prit si fort à rire en le voyant, qu'elle se renversa sur le sofa où elle était assise. Les esclaves en firent autant, si bien que mon frère demeura fort embarrassé de sa contenance. La jeune dame, sans cesser de rire, lui dit : « Après la complaisance, que vous avez eue pour moi, j'aurais tort de ne pas vous aimer de tout mon cœur; mais il faut que vous fassiez encore une chose pour l'amour de moi : c'est de danser comme vous voilà. » Il obéit, et la jeune dame et ses esclaves se jetèrent toutes sur le misérable et lui donnèrent tant de coups de poing et de coups de pied, qu'il en tomba hors de lui-même. La vieille lui dit à l'oreille : « Consolez-vous, vous êtes enfin arrivé au bout des souffrances, et vous allez en recevoir le prix... »

Le jour qui paraissait déjà imposa silence en cet endroit à la sultane Scheherazade. Elle poursuivit ainsi la nuit suivante :

CLXXIIe NUIT.

« La vieille, dit le barbier, continua de parler à Bakbarath. « Il ne vous reste plus, ajouta-t-elle, qu'une seule chose à faire, et ce n'est qu'une bagatelle. Vous saurez que ma maîtresse a coutume de ne pas se laisser approcher par ceux qu'elle aime, qu'ils ne soient nus en chemise. Quand ils sont en cet état, elle prend un peu d'avantage, et se met à courir devant eux par la galerie, et de chambre en chambre, jusqu'à ce qu'ils l'aient attrapée. Quelque avantage qu'elle puisse prendre, léger et dispos comme vous êtes, vous aurez bientôt mis la main sur elle. Mettez-vous donc vite en chemise, sans faire de façons. »

« Mon bon frère en avait trop fait pour reculer. Il se déshabilla; la jeune dame se fit ôter sa robe, et demeura en jupon pour courir plus légèrement; puis elle prit un avantage d'environ vingt pas, et se mit à courir d'une vitesse surprenante. Mon frère la suivit de toute sa force, non sans exciter les ris de toutes les esclaves qui frappaient des mains. La jeune dame, au lieu de perdre quelque chose de l'avantage qu'elle avait pris d'abord, en gagnait encore sur mon frère. Elle lui fit faire deux ou trois tours de galerie, et puis enfila une longue allée obscure, où elle se sauva par un détour qui lui était connu. Bakbarath, qui la suivait toujours, l'ayant perdue de vue dans l'allée, fut obligé de courir moins vite à cause de l'obscurité. Il aperçut enfin une lumière, vers laquelle ayant repris sa course, il sortit par une porte qui fut fermée sur lui aussitôt, et il se trouva au milieu d'une rue de corroyeurs. Ils ne furent pas peu étonnés de le voir en chemise, les yeux peints de rouge, sans barbe et sans moustache. Ils commencèrent à le huer, et coururent après lui, et lui cinglèrent les fesses avec des peaux jusqu'au bout de la ville, où il n'a pas osé revenir depuis. »

« Voilà, dis-je au calife, l'aventure de mon second frère. Il ne savait pas que les dames de nos seigneurs se divertissent quelquefois à jouer de semblables tours aux jeunes gens qui sont assez sots pour donner dans de tels piéges... »

Scheherazade s'arrêta en cet endroit, à cause du jour qu'elle vit paraître. La nuit suivante, elle reprit ainsi sa narration :

CLXXIIIe NUIT.

Sire, le barbier, sans interrompre son discours, passa à l'histoire de son troisième frère.

Histoire du troisième frère du Barbier.

« Commandeur des croyants, dit-il au calife, mon troisième frère, qui se nommait Bakbac, était aveugle, et, sa destinée l'ayant réduit à la mendicité, il allait de porte en porte demander l'aumône. Il avait coutume de frapper aux portes, et de ne pas répondre qu'on ne lui eût ouvert. Un jour, il frappa à la porte d'une maison; le maître du logis, qui était seul, s'écria : « Qui est là? » Mon frère ne répondit pas, et frappa une seconde fois. Le maître de la maison eut beau demander qui était à sa porte, personne ne lui répondit. Il descend, ouvre, et demande à mon frère ce qu'il veut. « Que vous me donniez quelque chose pour l'amour de Dieu, lui dit Bakbac.— Vous êtes aveugle, ce me semble? reprit le maître de la maison. — Hélas! oui, repartit mon frère. — Tendez la main, lui dit le maître. » Mon frère la lui présenta, croyant recevoir l'aumône; mais le maître la lui prit seulement pour l'aider à monter jusqu'à sa chambre. Quand ils furent dans la chambre, le maître lui quitta la main, et lui demanda de nouveau ce qu'il souhaitait. « Je vous ai déjà dit, répondit Bakbac, que je vous demandais quelque chose pour l'amour de Dieu. — Bon aveugle, répliqua le maître, tout ce que je puis faire pour vous, c'est de souhaiter que Dieu vous rende la vue. — Vous pouviez bien me dire cela à la porte, reprit mon frère, et m'épargner la peine de monter. — Et pourquoi, innocent que vous êtes, ne répondez-vous pas quand on vous demande qui est là? D'où vient que vous donnez la peine aux gens de vous aller ouvrir quand on vous parle? — Que voulez-vous donc faire de moi? dit mon frère. — Je vous le répète encore, répondit le maître, je n'ai rien à vous donner. — Aidez-moi donc à descendre, répliqua Bakbac. — L'escalier est devant vous, repartit le maître, descendez seul si vous voulez. » Mon frère se mit à descendre; mais le pied venant à lui manquer, il glissa jusqu'au bas de l'escalier. Il se releva avec assez de peine, et sortit en murmurant contre le maître de la maison.

« Comme il sortait, deux aveugles de ses camarades, qui passaient, le reconnurent à sa voix. Il leur raconta ce qui lui était arrivé, et, après leur avoir dit que toute la journée il n'avait rien reçu : « Je vous conjure, ajouta-t-il, de m'accompagner jusque chez moi, afin que je prenne devant vous quelque chose de l'argent que nous avons tous trois en commun, pour m'acheter de quoi souper. » Les deux aveugles y consentirent.

« Le maître de la maison où mon frère avait été maltraité, était un voleur adroit et malicieux. Il entendit par sa fenêtre ce que Bakbac disait à ses camarades; il descendit, les suivit, et entra avec eux dans la maison où logeait mon frère. Les aveugles s'étant assis, Bakbac dit : « Frères, il faut fermer la porte, et prendre garde s'il n'y a pas d'étrangers avec nous. » A ces paroles, le voleur fut fort embarrassé; mais, apercevant une corde attachée au plancher, il s'y soutint en l'air, pendant que les aveugles fermèrent la porte et firent le tour de la chambre en tâtant partout avec leurs bâtons. Lorsqu'ils eurent repris leur place, il quitta la corde et alla s'asseoir doucement près de mon frère, qui dit : « Frères, comme vous m'avez fait dépositaire de l'argent que nous recevons tous trois, je veux vous faire voir que je ne suis pas indigne de la confiance que vous avez en moi. La dernière fois que nous comptâmes, vous savez que nous avions dix mille drachmes; et que nous les mîmes en dix sacs : je vais vous montrer que je n'y ai pas touché. » En disant cela, il mit la main sous de vieilles hardes, tira les sacs l'un après l'autre, et les donnant à ses camarades : « Vous pouvez juger, par leur pesanteur, qu'ils sont encore en leur entier, ou bien nous allons compter si vous souhaitez. » Ses camarades lui ayant répondu qu'ils se fiaient bien à lui, il ouvrit un des sacs et en tira dix drachmes; les deux autres aveugles en tirèrent chacun autant.

« Mon frère remit ensuite les dix sacs à leur place; après quoi un des aveugles lui dit qu'il n'était pas besoin qu'il dépensât rien ce jour-là pour son souper; qu'il avait assez de provisions pour eux trois. En même temps, il tira de son bissac du pain, du fromage et quelques fruits, mit tout sur une table, et puis ils commencèrent à manger. Le voleur, qui était à la droite de mon frère, choisissait ce qu'il y avait de meilleur, et mangeait avec eux; mais quelque précaution qu'il pût prendre pour ne pas faire de bruit, Bakbac l'entendit mâcher, et s'écria aussitôt : « Nous sommes perdus! il y a un étranger parmi nous! » En parlant de la sorte, il étendit la main, et saisit le voleur par le bras; il se jeta sur lui en criant au voleur, et en lui donnant de grands coups de poing. Les autres aveugles se mirent à crier aussi et à frapper le voleur, qui, de son côté, se défendit le mieux qu'il put, et il criait au voleur encore plus fort que ses ennemis. Les voisins accoururent bientôt au bruit, enfoncèrent la porte, séparèrent les combattants; et ils leur demandèrent le sujet de leur différend. « Seigneurs, s'écria mon frère, qui n'avait pas quitté le voleur, cet homme que je tiens est un voleur, qui est entré ici avec nous pour nous enlever le peu d'argent que nous avons. » Le voleur, qui avait fermé les yeux d'abord qu'il avait vu paraître les voisins, feignit d'être aveugle, et dit alors : « Seigneurs, c'est un menteur; je vous jure que je suis leur associé; qu'ils refusent de me donner ma part légitime. Ils se sont tous trois mis contre moi, et je demande justice. » Les voisins ne voulurent pas se mêler de leur contestation, et les menèrent tous quatre au juge de police. Quand ils furent devant ce magistrat, le voleur dit, en contrefaisant toujours l'aveugle : « Seigneur, je vous déclarerai que nous sommes également criminels, mes trois camarades et moi; mais, comme nous nous sommes engagés par serment à ne rien avouer que sous la bastonnade, si vous voulez savoir notre crime, vous n'avez qu'à commander qu'on nous la donne, et qu'on commence par moi. » Mon frère voulut parler, mais on lui imposa silence.

A ces mots, Scheherazade, remarquant qu'il était jour, interrompit sa narration. Elle en reprit ainsi la suite le lendemain.

CLXXIVe NUIT.

« On mit le voleur sous le bâton, dit le barbier, et il eut la constance de s'en laisser donner jusqu'à trente coups; faisant semblant de se laisser vaincre par la douleur, il ouvrit un œil, puis l'autre, en suppliant le juge de police de faire cesser les coups. Le juge, voyant que le voleur le regardait les yeux ouverts, lui dit : « Méchant, que signifie ce miracle?—Seigneur, lui répondit le voleur, si vous voulez me faire grâce, et me donner, pour gage que vous me tiendrez parole, l'anneau que vous avez au doigt, je suis prêt à vous révéler tout le mystère. » Le juge fit cesser les coups de bâton, lui remit son anneau, et promit de lui faire grâce. « Sur la foi de cette promesse, reprit le voleur, je vous avouerai, seigneur, que mes camarades et moi voyons fort clair tous quatre. Nous feignons d'être aveugles, pour entrer librement dans les maisons, et, par cet artifice, nous avons gagné dix mille drachmes en société. J'en ai demandé aujourd'hui à mes confrères deux mille cinq cents, qui m'appartiennent pour ma part; ils me les ont refusées, parce que je leur ai déclaré que je voulais me retirer, et qu'ils ont eu peur que je ne les accusasse, et, sur mon insistance, ils m'ont maltraité de la manière dont je prends à témoin les personnes qui nous ont amenés devant vous. J'attends de votre justice, seigneur, que vous me ferez livrer les deux mille cinq cents drachmes qui me sont dues. Si vous voulez que mes camarades confessent la vérité, faites-leur donner cent coups de bâton; vous verrez qu'ils ouvriront les yeux comme moi. »

« Mon frère et les deux autres aveugles voulurent se justifier d'une imposture si horrible; mais le juge ne daigna pas les écouter. « Scélérats! leur dit-il, c'est donc ainsi que vous contrefaites les aveugles, et que vous commettez de si méchantes actions! — C'est une imposture! s'écria mon frère; il est faux qu'aucun de nous voie clair. » Tout ce que put dire mon frère fut inutile. Ses deux camarades et lui reçurent chacun cent coups de bâton. Pendant ce temps-là, le voleur disait aux aveugles : « Pauvres gens que vous êtes! ouvrez les yeux, et n'attendez pas qu'on vous fasse mourir sous le bâton. » Puis, s'adressant au juge de police : « Seigneur, lui dit-il, il vaut mieux leur faire grâce, et envoyer quelqu'un avec moi prendre les dix mille drachmes qu'ils ont cachées. » Le juge n'eut garde d'y manquer : il fit accompagner le voleur par un de ses gens, qui lui apporta les dix sacs. Il fit compter deux mille cinq cents drachmes au voleur, et retint le reste pour lui. A l'égard de mon frère et de ses compagnons, il en eut pitié, et se contenta de les bannir.

« Ce fut ainsi que j'achevai la triste aventure de mon bon frère l'aveugle. Le calife en rit beaucoup, et ordonna de nouveau qu'on me donnât quelque chose; mais, sans attendre qu'on exécutât cet ordre, je commençai l'histoire de mon quatrième frère.

Histoire du quatrième frère du Barbier.

« Alcouz était le nom de mon quatrième frère. Il était boucher de profession, et avait un talent particulier pour dresser les béliers à se battre. Il était d'ailleurs fort achalandé; il avait toujours dans sa boutique la plus belle viande qu'il y eût à la boucherie.

« Un jour qu'il était dans sa boutique, un vieillard vint acheter six livres de viande, lui en donna l'argent, et s'en alla. Mon frère trouva cet argent si beau, qu'il le mit à part dans un endroit séparé. Le même vieillard ne manqua pas, durant cinq mois, de venir prendre chaque jour la même quantité de viande, et de la payer en pareille monnaie, que mon frère continua de mettre à part.

« Au bout de cinq mois, Alcouz, voulant acheter des moutons et les payer en cette belle monnaie, ouvrit le coffre; mais, au lieu de la trouver, il ne vit que des feuilles coupées en rond à la place où il l'avait mise. Il se donna de grands coups, en faisant des cris qui attirèrent les voisins; leur surprise égala la sienne, lorsqu'ils apprirent de quoi il s'agissait. « Plût à Dieu, s'écria mon frère, que ce traître de vieillard arrivât présentement; il n'eut pas plus tôt achevé ces paroles, qu'il le vit venir de loin; il courut au-devant de lui, et mettant la main sur lui : « Musulmans! s'écria-t-il de toute sa force, à l'aide! Ecoutez la friponnerie que ce méchant homme m'a faite. — Vous voulez donc que je publie votre honte? dit le vieillard. Sachez, ajouta-t-il en s'adressant au peuple, qu'au lieu de vendre de la chair de mouton, il vend de la chair humaine. A l'heure que je vous parle, il y a un homme égorgé et attaché au-dehors de sa boutique comme un mouton. Qu'on y aille, et l'on verra si je dis la vérité. » Mon frère protesta que ce que disait le vieillard était faux; mais la populace crédule, se laissant prévenir contre un homme accusé d'un fait si atroce, obligea mon frère à lâcher le vieillard, s'assura de lui-même, et courut en fureur jusqu'à sa boutique, où elle vit l'homme égorgé et attaché, comme l'avait dit ce vieillard, qui était magicien; il avait fasciné les yeux de tout le monde, comme il les avait fascinés à mon frère pour lui faire prendre pour de l'argent les feuilles qu'il lui avait données. A ce spectacle, un de ceux qui tenaient Alcouz lui dit, en lui appliquant un grand coup de poing : « C'est donc ainsi que tu nous fais manger de la chair humaine! » Et le vieillard, qui ne l'avait pas abandonné, lui en déchargea un autre dont il lui creva l'œil. Toutes les personnes même qui purent approcher de lui ne l'épargnèrent pas. On ne se contenta pas de le maltraiter, on le conduisit devant le juge de police, à qui l'on présenta le prétendu cadavre, que l'on avait détaché et apporté. » « Seigneur, lui dit le vieillard, vous voyez un homme qui est assez barbare pour massacrer les gens, et qui vend leur chair pour de la viande de mouton. Le public attend que vous fassiez un châtiment exemplaire. Le juge de police entendit mon frère avec patience; mais l'argent changé en feuilles lui parut si peu digne de foi, qu'il traita mon frère d'imposteur, et lui fit donner cinq cents coups de bâton. Ensuite, l'ayant obligé de lui dire où était son argent, il lui enleva tout ce qu'il avait, et le bannit à perpétuité... »

Scheherazade, remarquant qu'il était jour, se tut; et, la nuit suivante, elle continua dans ces termes :

CLXXV^e NUIT.

« Je n'étais pas à Bagdad, dit le barbier, lorsqu'une aventure si tragique arriva à mon quatrième frère. Il demeura caché jusqu'à ce qu'il fût guéri des coups de bâton dont il avait le dos meurtri. Lorsqu'il fut en état de marcher, il se rendit, la nuit, à une ville où il n'était connu de personne, et il y prit un logement d'où il ne sortait presque pas. A la fin, ennuyé de vivre toujours enfermé, il alla se promener dans un faubourg, où il entendit tout à coup des cavaliers qui venaient derrière lui. Il était alors près de la porte d'une maison; et, comme il craignait que ces cavaliers ne le suivissent pour l'arrêter, il ouvrit la porte pour se cacher, et, après l'avoir refermée, il entra dans une grande cour, où il n'eut pas plus tôt paru, que deux domestiques vinrent à lui, et, le prenant au collet : « Dieu soit loué, lui dirent-ils, de ce que vous venez vous-même vous livrer à nous! »

« Vous pouvez bien penser que mon frère fut fort surpris de ce compliment. « Bonne gens, leur dit-il, vous me prenez sans doute pour un autre. — Non, non, répliquèrent-ils, nous n'ignorons pas que vous et vos camarades vous êtes de francs voleurs. Vous ne vous contentez pas d'avoir dérobé à notre maître tout ce qu'il avait, et de l'avoir réduit à la mendicité, vous en voulez encore à sa vie. Voyons un peu si vous n'avez pas le couteau que vous aviez à la main lorsque vous nous poursuiviez hier pendant la nuit. » En disant cela, ils le fouillèrent et trouvèrent qu'il avait un couteau sur lui : « Oh! oh! s'écrièrent-ils en le prenant, oserez-vous dire encore que vous n'êtes pas un voleur? — Eh quoi! leur répondit mon frère, est-ce qu'on ne peut pas porter un couteau sans être voleur? » Sans l'écouter, ils se jetèrent sur lui, lui arrachèrent son habit et lui déchirèrent sa chemise. Alors, voyant les cicatrices qu'il avait au dos : « Ah! chien, dirent-ils, tu veux nous faire accroire que tu es honnête homme, et ton dos nous fait voir le contraire! — Hélas! s'écria mon frère, il faut que mes péchés soient bien grands, pour que je sois maltraité si injustement. » Les deux domestiques ne furent nullement attendris de ces plaintes; ils le menèrent au juge de police, qui lui dit : « Par quelle hardiesse es-tu entré chez eux? — Seigneur, répondit le pauvre Alcouz, je suis l'homme du monde le plus innocent, et je suis perdu si vous ne me faites la grâce de m'écouter patiemment.—Seigneur, interrompit alors un des domestiques, si vous refusez de nous croire, vous n'avez qu'à regarder son dos. » En parlant ainsi, il découvrit le dos de mon frère et le fit voir au juge, qui, sans autre information, commanda qu'on lui donnât cent coups de nerf de bœuf sur les épaules, et ensuite le fit promener par la ville sur un chameau. Cette promenade achevée, on le mit hors de la ville, avec défense d'y rentrer jamais.

« Maintenant, continua le barbier, j'aurai donc l'honneur de vous dire que mon cinquième frère se nommait Alnaschar... »

Mais je m'aperçois qu'il est jour, dit Scheherazade. Elle garda le silence, et reprit ainsi son discours la nuit suivante :

CLXXVIe NUIT.

Histoire du cinquième frère du Barbier.

« Alnaschar, continua le barbier, fut très-paresseux. Au lieu de travailler pour gagner sa vie, il n'avait pas honte de la demander. Notre père, en mourant, nous laissa, pour tout bien, sept cents drachmes d'argent. Nous partageâmes également, de sorte que chacun en eut cent pour sa part. Alnaschar, qui n'avait jamais possédé tant d'argent à la fois, se trouva fort embarrassé sur l'usage qu'il en ferait. Il se consulta, et il se détermina enfin à les employer en verres, en bouteilles et autres pièces de verrerie, qu'il alla chercher chez un gros marchand. Il mit le tout dans un panier à jour, et choisit une fort petite boutique, où il s'assit le panier devant lui et le dos appuyé contre le mur, en attendant qu'on vînt acheter de sa marchandise. Dans cette attitude, les yeux attachés sur son panier, il se mit à rêver, et dans sa rêverie, il prononça les paroles suivantes assez haut pour être entendues d'un tailleur qu'il avait pour voisin : « Ce panier, dit-il, me coûte cent drachmes. Quand j'en aurai dix mille, je laisserai aussitôt la verrerie pour me faire joaillier. Je ferai commerce de diamants, de perles, et de toutes sortes de pierreries. Possédant alors des richesses à souhait, j'achèterai une belle maison, des esclaves, des eunuques, des chevaux; et j'amasserai, s'il plaît à Dieu, jusqu'à cent mille drachmes. Lorsque je me verrai riche, j'enverrai demander en mariage la fille du grand-visir. D'abord que j'aurai épousé la fille du grand-visir, je lui achèterai dix eunuques noirs des plus jeunes et des mieux faits. Je m'habillerai comme un prince, et, monté sur un beau cheval qui aura une selle de fin or, je me rendrai à l'hôtel du visir. En descendant chez le visir au pied de son escalier, je monterai au milieu de mes gens rangés en deux files à droite et à gauche; et le grand-visir en me recevant comme son gendre, me cédera sa place. Je reviendrai ensuite chez moi avec la même pompe. Je ne permettrai pas que ma femme sorte de son appartement que je n'en sois averti, et quand je voudrai bien y entrer, ce sera d'une manière qui lui imprimera du respect pour moi. Enfin, il n'y aura pas de maison mieux réglée que la mienne. Je serai toujours habillé richement. Lorsque je me retirerai avec elle le soir, je serai assis à la place d'honneur, où j'affecterai un air grave, et pendant que ma femme, belle comme la pleine lune, demeurera debout devant moi, je ne ferai pas semblant de la voir. Ses femmes, qui seront empressées autour d'elle, me diront : « Notre cher seigneur et maître, voilà votre épouse, votre humble servante devant vous : elle attend que vous la caressiez. » Je ne répondrai rien à ce discours, et je me donnerai le plaisir de ne regarder ma femme qu'après m'être laissé prier et solliciter avec les plus vives instances. »

La Sultane Scheherazade se tut à ces paroles, à cause du jour qu'elle vit paraître. Elle reprit la suite de son discours le lendemain.

CLXXVIIe NUIT.

« Après les cérémonies de nos noces, continua Alnaschar, ma femme se couchera la première. Je me coucherai ensuite auprès d'elle, le dos tourné de son côté, et je passerai la nuit sans lui dire un seul mot. Le lendemain elle ne manquera pas de se plaindre de mes mépris et de mon orgueil à sa mère, femme du grand-visir. Sa mère viendra me trouver et me dira : « Seigneur, je vous supplie de ne pas dédaigner de regarder ma fille, et de vous approcher d'elle : je vous assure qu'elle vous aime de toute son âme. » Mais ma belle-mère aura beau parler, je ne lui répondrai pas, et je demeurerai ferme dans ma gravité. Alors elle se jettera à mes pieds, et me dira : « Seigneur, serait-il possible que vous soupçonnassiez la sagesse de ma fille! Je vous assure que je l'ai toujours eue devant les yeux, et que vous êtes le premier homme qui l'ait jamais vue en face. » Tout cela ne me touchera point; ce que voyant ma belle-mère, elle prendra un verre de vin, et le mettant à la main de mon épouse : « Allez, lui dira-t-elle, présentez-lui vous-même ce verre de vin, il n'aura peut-être pas la cruauté de vous refuser. » Ma femme viendra avec le verre, demeurera debout et toute tremblante devant moi; elle me dira les larmes aux yeux : « Mon cœur, ma chère âme, mon aimable seigneur, je vous conjure de me faire la grâce de recevoir ce verre de vin de la main de votre très-humble servante. » Je me garderai bien de lui répondre. « Mon charmant époux, continuera-t-elle en redoublant ses pleurs et en m'approchant le verre de la bouche, je ne cesserai pas que je n'aie obtenu que vous buviez. » Alors, fatigué de ses prières, je lui lancerai un regard terrible, et lui donnerai un bon soufflet, et la repoussant du pied si vigoureusement qu'elle ira tomber au-delà du sofa.

« Mon frère était tellement absorbé dans ses visions chimériques, qu'il représenta l'action avec son pied, comme si elle eût été réelle, et par malheur, il en frappa si rudement son panier plein de verrerie, qu'il le jeta du haut de sa boutique dans la rue, de manière que toute la verrerie fut brisée en mille morceaux.

« Le tailleur, son voisin, qui avait ouï l'extravagance de son discours, fit un grand éclat de rire lorsqu'il vit tomber le panier. « Oh! que tu es un indigne homme, dit-il à mon frère; ne devrais-tu pas mourir de honte de maltraiter ainsi une jeune épouse qui ne t'a donné aucun sujet de te plaindre d'elle? Il faut que tu sois bien brutal pour mépriser les pleurs et les charmes d'une si aimable personne! Si j'étais à la place du grand-visir, ton beau-père, je te ferais donner cent coups de nerfs de bœuf et te ferais promener par la ville avec l'éloge que tu mérites. »

« Mon frère, à cet accident funeste, rentra en lui-même, et, voyant que c'était par son orgueil insupportable qu'il lui était arrivé, il se frappa le visage et se mit à pousser des cris qui firent assembler les passants qui allaient à la prière du midi. Les uns eurent pitié d'Alnaschar, et les autres ne firent que rire de son extravagance. Cependant sa vanité s'était dissipée avec son bien, et il pleurait encore amèrement, lorsqu'une dame de considération vint à passer par là. L'état où elle voyait mon frère excita sa compassion. Elle demanda ce qu'il avait à pleurer. On lui dit seulement que c'était un pauvre homme qui avait employé le peu d'argent qu'il possédait à l'achat d'un panier de verrerie; que ce panier était tombé, et que toute la verrerie s'était cassée. Aussitôt la dame se tourna du côté d'un eunuque noir qui l'accompagnait : « Donnez-lui, dit-elle, ce que vous avez sur vous. » L'eunuque obéit et donna à mon frère une bourse de cinq cents pièces d'or. Alnaschar pensa mourir de joie en la recevant. Il donna mille bénédictions à la dame, et, après avoir fermé sa boutique, il s'en alla chez lui.

« Il faisait des réflexions sur le bonheur qui venait de lui arriver, lorsqu'il entendit frapper à sa porte. Avant que d'ouvrir, il demanda qui frappait, et, ayant reconnu à la voix que c'était une femme, il ouvrit. « Mon fils, lui dit-elle, voilà le temps de la prière, je voudrais bien me laver pour être en état de la faire. Veuillez, s'il vous plaît, me donner un vase d'eau. » Mon frère envisagea cette femme et vit que c'était une personne fort avancée en âge. Quoiqu'il ne la connût point, il ne laissa pas de lui accorder ce qu'elle demandait; ensuite il reprit sa place. La vieille fit sa prière, et, lorsqu'elle eut achevé, elle remercia mon frère et lui souhaita toutes sortes de biens... »

L'aurore commençant à paraître, Scheherazade s'arrêta en cet endroit. La nuit suivante, elle reprit son discours en faisant parler le barbier :

CLXXVIIIe NUIT.

« Comme la vieille était habillée assez pauvrement, il crut qu'elle lui demandait l'aumône; il lui présenta deux pièces d'or. La vieille se retira en arrière, comme si mon frère lui eût fait une injure. « Grand Dieu! lui dit-elle, serait-il possible, seigneur, que vous me prissiez pour une de ces misérables qui vont chez les gens pour demander l'aumône! Reprenez votre argent, je n'en ai pas besoin, Dieu merci : j'appartiens à une jeune dame de cette ville, qui est d'une beauté charmante et qui ne me laisse manquer de rien. »

« Mon frère ne s'aperçut pas de l'adresse de la vieille, qui n'avait refusé les deux pièces d'or que pour en attraper davantage. Il lui demanda si elle ne pourrait pas lui procurer l'honneur de voir cette dame. « Très-volontiers, lui répondit-elle; elle sera bien aise de vous voir; prenez votre argent et suivez-moi. » Ravi d'avoir trouvé une grosse somme d'argent et presque aussitôt une femme belle et riche, il ferma les yeux à toute autre considération. Il prit les cinq cents pièces d'or et suivit la vieille.

« Elle marcha devant lui, et il la suivit de loin jusqu'à la porte d'une grande maison où elle frappa. La vieille le fit entrer et l'introduisit dans une salle pendant qu'elle alla avertir la jeune dame; il s'assit, et, comme il avait chaud, il ôta son turban et le mit près de lui. Il vit bientôt entrer la jeune dame, qui le surprit par sa beauté. Il se leva dès qu'il l'aperçut. La dame le pria d'un air gracieux de prendre sa place en s'asseyant près de lui. Elle lui marqua bien de la joie de le voir, et, après lui avoir dit quelques douceurs : « Nous ne sommes pas ici assez commodément, ajouta-t-elle; venez, donnez-moi la main. » A ces mots, elle lui présenta la sienne et le mena dans une chambre écartée, où elle s'entretint encore quelque temps avec lui, puis elle le quitta en lui disant : « Demeurez, je suis à vous dans un moment. » Il attendit; mais, au lieu de la belle dame, un grand esclave noir arriva le sabre à la main, et, regardant mon frère d'un œil terrible, il le dépouilla, lui enleva l'or qu'il portait et lui déchargea plusieurs coups de sabre dans les chairs seulement. Le malheureux en tomba par terre, où il resta sans mouvement, quoiqu'il eût encore l'usage de ses sens.

Le noir, le croyant mort, se fit apporter du sel par une esclave grecque, et ils en frottèrent les plaies de mon frère, qui eut la présence d'esprit de ne donner aucun signe de vie malgré les douleurs qu'il ressentait. Le noir et l'esclave le traînèrent par les pieds jusqu'à une trappe et le jetèrent dans un souterrain avec plusieurs corps de gens assassinés. Il reprit peu à peu assez de force et parvint à s'évader. Au bout d'un mois, il fut parfaitement guéri de ses blessures et résolut de se venger de la vieille qui l'avait trompé si cruellement. Pour cet effet, il fit une bourse, et, au lieu d'or, il la remplit de verre... »

Scheherazade s'apercevant qu'il était jour, n'en dit pas davantage. Le lendemain, elle poursuivit de cette sorte l'histoire d'Alnaschar :

CLXXIXe NUIT.

« Mon frère, continua le barbier, attacha le sac de verre à sa ceinture, se déguisa en femme et prit un sabre qu'il cacha sous sa robe. Un matin, il rencontra la vieille qui se promenait en cherchant l'occasion de duper quelqu'un. Il l'aborda, et, contrefaisant la voix d'une femme : « N'auriez-vous pas, lui dit-il, un trébuchet à me prêter? J'ai apporté de mon pays cinq cents pièces d'or. Je voudrais bien savoir si elles sont de poids. — Bonne femme, lui répondit la vieille, vous ne pouvez pas mieux vous adresser qu'à moi. Vous n'avez qu'à me suivre, je vous mènerai chez mon fils, qui est changeur; il se fera un plaisir de vous les peser lui-même. » Mon frère la suivit jusqu'à la maison où elle l'avait introduit la première fois, et la porte fut ouverte par l'esclave grecque. La vieille mena mon frère dans la salle où elle lui dit d'attendre un moment, qu'elle allait faire venir son fils. Le prétendu fils parut sous la forme d'un vilain esclave noir : « Maudite vieille, dit-il à mon frère, lève-toi et me suis. » En disant ces mots, il marcha devant pour le mener au lieu où il voulait le massacrer. Alnaschar se leva, le suivit, et, tirant son sabre de dessous sa robe, il le lui déchargea sur le cou si adroitement, qu'il lui abattit la tête. L'esclave grecque se fit bientôt voir avec le bassin plein de sel; mais, quand elle vit Alnaschar le sabre à la main, elle laissa tomber le bassin et s'enfuit; mon frère, courant plus vite qu'elle, la joignit et lui fit voler la tête de dessus les épaules. La méchante vieille accourut au bruit, et il se saisit d'elle avant qu'elle eût le temps de lui échapper; elle se mit à genoux pour lui demander grâce, mais il la coupa en quatre pièces.

« Il ne restait plus que la dame, qui ne savait rien de ce qui venait de se passer. Il la chercha et la trouva dans une chambre où elle pensa s'évanouir quand elle le vit paraître. Elle se mit à genoux pour lui demander grâce. « Madame, lui dit-il, comment pouvez-vous être avec des gens aussi méchants que ceux dont je viens de me venger si justement? — J'étais, lui répondit-elle en tremblant, la femme d'un honnête marchand, et la maudite vieille me venait voir quelquefois : « Madame, me dit-elle un jour, nous avons de belles noces chez nous; vous y prendriez beaucoup de plaisir si vous vouliez nous faire l'honneur de vous y trouver. » Je me laissai persuader. Elle me mena dans cette maison, où je trouvai ce noir, qui me retint par force, et il y a trois ans que j'y suis avec bien de la douleur. — De la manière dont ce détestable noir se gouvernait, répondit mon frère, il faut qu'il ait amassé bien des richesses. — Il y en a tant, repartit-elle, que vous serez riche à jamais si vous pouvez les emporter : suivez-moi, et vous les verrez. » Elle conduisit Alnaschar dans une chambre où elle lui fit voir effectivement plusieurs coffres pleins d'or. « Allez, dit-elle, et amenez assez de monde pour emporter tout cela. » Mon frère sortit et ne fut dehors qu'autant de temps qu'il lui en fallut pour assembler dix hommes. Il les amena avec lui, et, en arrivant à la maison, il fut fort étonné, lorsqu'étant entré dans la chambre où il avait vu les coffres, il n'en trouva pas un seul. La dame, plus rusée et plus diligente que lui, les avait fait enlever et avait disparu elle-même. Au défaut des coffres, il fit emporter tout ce qu'il put trouver de meubles dans la maison pour le dédommager des cinq cents pièces d'or qui lui avaient été volées. Mais, en sortant de la maison, les voisins, qui avaient vu les porteurs aller et venir, coururent avertir le juge de police de ce déménagement, qui leur avait paru suspect. Le lendemain matin, comme Alnaschar sortait du logis, il rencontra à sa porte des gens du juge de police qui se saisirent de lui. Mon frère les pria de se donner un moment de patience; mais, au lieu de l'écouter, ils le forcèrent de marcher avec eux, et ils le menèrent au juge de police... »

Scheherazade cessa de parler en cet endroit, parce qu'elle remarqua qu'il était jour. La nuit suivante, elle reprit ainsi sa narration :

CLXXX^e NUIT.

« Quand les gardes, poursuivit le barbier, eurent conduit mon frère devant le juge de police, ce magistrat lui dit : « Où avez-vous pris tous les meubles que vous fîtes porter hier chez vous? — Seigneur, répondit Alnaschar, je suis prêt à vous dire la vérité. » Alors mon frère lui raconta sans déguisement tout ce qui lui était arrivé depuis que la vieille était venue faire sa prière chez lui, jusqu'à ce qu'il ne trouva plus la jeune dame dans la chambre où il l'avait laissée.

« Le juge envoya chez mon frère quelques-uns de ses gens pour enlever tout ce qu'il y avait, et lorsqu'on lui eut rapporté que tout avait été mis dans son garde-meuble, il commanda aussitôt à mon frère de sortir de la ville, et de n'y revenir de sa vie. Alnaschar obéit à l'ordre sans murmurer, et sortit de la ville.

Histoire du sixième frère du Barbier.

« Il ne me reste plus à vous raconter que l'histoire de mon sixième frère, appelé Schacabac aux lèvres fendues. Il avait eu d'abord l'industrie de bien faire valoir les cent drachmes d'argent qu'il avait eues en partage, en sorte qu'il s'était vu fort à son aise; mais un revers de fortune le réduisit à la nécessité de demander sa vie.

« Un jour qu'il passait devant un hôtel magnifique, où il y avait une foule de domestiques, il s'approcha de l'un d'entre eux, et lui demanda à qui appartenait cet hôtel. « Bon homme, lui répondit le domestique, tout ce que vous voyez ne vous fait-il pas connaître que c'est l'hôtel d'un Barmecide? » Mon frère, à qui la libéralité des Barmecides était connue, s'adressa au portier, et le pria de lui donner l'aumône. « Entrez, lui dit-il, et adressez-vous vous-même au maître de la maison : il vous renverra content. »

« Mon frère entra dans l'hôtel et pénétra jusqu'à un grand bâtiment d'une très-belle architecture. Les appartements qui régnaient à l'entour étaient tous à jour. Ils se fermaient avec de grands rideaux pour garantir du soleil, et on les ouvrait pour prendre le frais quand la chaleur était passée. Un lieu si agréable causa de l'admiration à mon frère. Il avança, et entra dans une salle richement meublée et ornée de peintures à feuillages d'or et d'azur, où il aperçut un homme vénérable avec une longue barbe blanche, assis sur un sofa, à la place d'honneur, c'était le seigneur Barmecide lui-même, qui lui demanda d'une manière obligeante ce qu'il souhaitait. « Seigneur, lui répondit mon frère d'un air à lui faire pitié, je suis un pauvre homme qui ai besoin de l'assistance des personnes puissantes et généreuses comme vous. » Le Barmecide parut étonné de la réponse de mon frère. « Est-il possible, s'écria-t-il, que je sois à Bagdad, et qu'un homme tel que vous soit dans la nécessité! — Seigneur, répliqua mon frère, je vous jure que je n'ai rien mangé d'aujourd'hui. — Est-il bien vrai, reprit le Barmecide, que vous soyez à jeun à l'heure qu'il est? Holà! garçon, qu'on apporte vite le bassin et l'eau, que nous nous lavions les mains. » Quoique aucun garçon ne parût, et que mon frère ne vît ni bassin, ni eau, le Barmecide néanmoins ne laissa pas de se frotter les mains, comme si quelqu'un eût versé de l'eau dessus; et, en faisant cela, il disait à mon frère : « Approchez donc, lavez-vous avec moi. » Schacabac jugea bien par là que le seigneur Barmecide aimait à rire : et, comme il n'ignorait pas la complaisance que les pauvres doivent avoir pour les riches, s'ils en veulent tirer bon parti, il s'approcha et fit comme lui. « Allons, dit alors le Barmecide, qu'on apporte à manger, et qu'on ne fasse pas attendre. » En achevant ces paroles, quoiqu'on n'eût rien apporté, il commença de faire comme s'il eût pris quelque chose dans un plat, de porter à sa bouche et de mâcher à vide, en disant à mon frère : « Mangez, mon hôte, je vous en prie, agissez aussi librement que si vous étiez chez vous; mangez donc : pour un homme affamé, il me semble que vous faites la petite bouche. — Pardonnez-moi, seigneur, lui répondit Schacabac en imitant parfaitement ses gestes, vous voyez que je ne perds pas de temps. — Que dites-vous de ce pain? reprit le Barmecide, ne le trouvez-vous pas excellent? — Ah! seigneur, repartit mon frère, qui ne voyait pas plus de pain que de viande, jamais je n'en ai mangé de si blanc ni de si délicat... »

Scheherazade voulait continuer; mais le jour, qui paraissait, l'obligea de s'arrêter. La nuit suivante, elle poursuivit de cette manière :

CLXXXI[e] NUIT.

« Le Barmecide, dit le barbier, après avoir vanté son pain, que mon frère ne mangeait qu'en idée, s'écria : « Garçon, apporte-nous un autre plat... Mon brave hôte, dit-il à mon frère (encore qu'aucun garçon n'eût paru), goûtez de ce nouveau mets, et me dites si jamais vous avez mangé du mouton cuit dans du blé mondé, qui fût mieux accommodé que celui-là. — Il est admirable, lui répondit mon frère; aussi je m'en donne comme il faut. — Que vous me faites plaisir! reprit le seigneur Barmecide. Je vous conjure de ne rien laisser de ce mets, puisque vous le trouvez si fort à votre goût. » Peu de temps après, il demanda une oie, accommodée avec du vinaigre, du miel, des raisins secs, des pois chiches et des figues sèches; ce qui fut apporté comme le plat de mouton. « L'oie est bien grasse, dit le Barmecide, mangez-en seulement une aile. Il faut ménager votre appétit, car il nous revient encore beaucoup d'autres choses. » Effectivement, il demanda encore plusieurs autres plats, dont mon frère, en mourant de faim, continua de faire semblant de manger; mais ce qu'il vanta plus que tout le reste, fut un agneau nourri de pistaches, qu'il ordonna qu'on servît, et qui fut servi de même que les plats précédents. « Oh! pour ce mets, dit le seigneur Barmecide, c'est un mets dont on ne mange point ailleurs que chez moi! Je veux que vous vous en rassasiez. » En disant cela, il fit comme s'il eût eu un morceau à la main, et l'approchant de la bouche de mon frère : « Tenez, lui dit-il, avec cela, vous allez juger si j'ai tort de vanter ce plat. » Mon frère allongea la tête, ouvrit la bouche, feignit de prendre le morceau, de le mâcher et de l'avaler avec un extrême plaisir. « Je savais bien, reprit le Barmecide, que vous le trouveriez bon. — Rien au monde n'est plus exquis, repartit mon frère : franchement, c'est une chose délicieuse que votre table. — Holà, garçon, qu'on nous donne un nouveau plat. — Non pas, s'il vous plaît, interrompit mon frère : en vérité, seigneur, il n'est pas possible que je mange davantage, je n'en puis plus... »

« Qu'on desserve donc, dit alors le Barmecide, et qu'on apporte les fruits. » Il attendit un moment, comme pour donner le temps aux officiers de desservir; après quoi, reprenant la parole : « Voilà, lui dit-il, de toutes sortes de fruits, des gâteaux, des confitures sèches, des compotes. Choisissez ce qu'il vous plaira. » Puis, avançant la main comme s'il lui eût présenté quelque chose : « Tenez, continua-t-il, voici une tablette excellente pour aider à faire la digestion. » Schacabac fit semblant d'en prendre et de manger. « Seigneur, dit-il, le musc n'y manque pas. — Ces sortes de tablettes se font chez moi, répondit le Barmecide, rien n'y est épargné. » Il excita encore mon frère à manger. « Pour un homme, poursuivit-il, qui étiez encore à jeun lorsque vous êtes entré ici, il me paraît que vous n'avez guère mangé. — Seigneur, lui repartit mon frère, qui avait mal aux mâchoires à force de mâcher à vide, je vous assure que je suis tellement rempli que je ne saurais manger un seul morceau de plus. — Mon hôte, reprit le Barmecide, après avoir si bien mangé, vous boirez bien du vin? — Seigneur, lui dit mon frère, je ne boirai pas de vin, s'il vous plaît, puisque cela m'est défendu. — Vous êtes trop scrupuleux, répliqua le Barmecide; faites comme moi. — J'en boirai donc par complaisance, reprit Schacabac; mais, comme je n'y suis point accoutumé, je crains de commettre quelque faute contre la bienséance, et même contre le respect qui vous est dû; c'est pourquoi je vous prie encore de me dispenser de boire du vin; je me contenterai de boire de l'eau. — Non, non, dit le Barmecide, vous boirez du vin. » En même temps, il commanda qu'on en apportât; mais le vin ne fut pas plus réel que la viande et les fruits. Il fit semblant de se verser à boire, et de boire le premier; puis, faisant semblant de verser à boire pour mon frère, et de lui présenter le verre : « Buvez à ma santé, lui dit-il, sachons un peu si vous trouverez ce vin bon. » Mon frère feignit de prendre le verre, de le regarder de près, comme pour voir si la couleur du vin était belle; puis, il fit une profonde inclination de tête au Barmecide, pour lui marquer qu'il prenait la liberté de boire à sa santé, et enfin il fit semblant de boire avec toutes les démonstrations d'un homme qui boit avec plaisir. « Seigneur, dit-il, je trouve ce vin excellent, mais il n'est pas assez fort, ce me semble. — Si vous en souhaitez qui ait plus de force, répondit le Barmecide, vous n'avez qu'à parler. Voyez si vous serez content de celui-ci. » A ces mots, il fit semblant de se verser d'un autre vin à lui-même, et puis à mon frère. Il fit cela tant de fois, que Schacabac, feignant que le vin l'avait échauffé, contrefit l'homme ivre, leva la main, et frappa le Barmecide à la tête si rudement, qu'il le renversa par terre. Il voulut même le frapper encore; mais le Barmecide lui cria : « Etes-vous fou? Alors mon frère, se retournant, lui dit : « Vous avez eu la bonté de recevoir chez vous votre esclave, et de lui donner un grand festin; vous deviez vous contenter de m'avoir fait manger; il ne fallait pas me faire boire du vin, car je vous avais bien dit que je pourrais vous manquer de respect. J'en suis très-fâché, et vous en demande mille pardons. » A peine eut-il achevé ces paroles, que le Barmecide se prit à rire de toute sa force. « Il y a longtemps, lui dit-il, que je cherche un homme de votre caractère... »

La sultane voyant paraître le jour se leva aussitôt, et la nuit suivante elle continua de parler en ces termes :

CLXXXII^e NUIT.

Sire, le barbier poursuivit ainsi l'histoire de son sixième frère : « Le Barmecide, ajouta-t-il, fit mille caresses à Schacabac. Je veux désormais, lui dit-il, que nous soyons amis, et que vous n'ayez pas d'autre maison que la mienne. Vous avez eu la complaisance de vous accommoder à mon humeur, et la patience de soutenir la plaisanterie jusqu'au bout; mais nous allons manger réellement. » En achevant ces paroles, il frappa des mains, et commanda à plusieurs domestiques, qui parurent, d'apporter la table et de servir. Il fut obéi promptement, et mon frère fut régalé des mêmes mets dont il n'avait goûté qu'en idée.

« Le Barmecide trouva dans mon frère tant d'esprit et une si grande intelligence qu'il lui confia le soin de toute sa maison et de toutes ses affaires. Mon frère s'acquitta fort bien de son emploi durant vingt années. Au bout de ce temps-là, le généreux Barmecide, accablé de vieillesse, mourut sans laisser d'héritiers; on confisqua tous ses biens au profit du prince. On dépouilla mon frère de tous ceux qu'il avait amassés; de sorte que, se trouvant réduit à son premier état, il se joignit à une caravane de la Mecque dans le dessein de faire ce pélerinage à la faveur de leurs charités. Par malheur, la caravane fut attaquée et pillée par un nombre de Bédouins supérieur à celui des pélerins. Mon frère se trouva esclave d'un Bédouin qui lui donna la bastonnade pour l'obliger à se racheter. Schacabac lui protesta qu'il le maltraitait inutilement. « Je suis votre esclave, lui disait-il; vous pouvez disposer de moi à votre volonté, mais je vous déclare qu'il n'est pas en mon pouvoir de me racheter. » Enfin mon frère tâcha de le fléchir par ses larmes; mais le Bédouin fut impitoyable, et, de dépit de se voir frustré d'une somme sur laquelle il avait compté, il prit son couteau et lui coupa les lèvres pour se venger.

« Le Bédouin avait une femme assez jolie, et souvent, quand il allait faire ses courses, il laissait mon frère seul avec elle. Alors la femme n'oubliait rien pour consoler mon frère de la rigueur de l'esclavage. Elle lui faisait assez connaître qu'elle l'aimait; mais il n'osait répondre à sa passion de peur de s'en repentir, et il évitait de se trouver seul avec elle. Elle avait une si grande habitude de badiner et de jouer avec Schacabac toutes les fois qu'elle le voyait, que cela lui arriva un jour en présence de son mari. Mon frère, sans prendre garde qu'il les observait, s'avisa de badiner aussi avec elle. Le Bédouin, s'imaginant aussitôt qu'ils vivaient tous deux dans une intelligence criminelle, se jeta sur mon frère, et, après l'avoir mutilé d'une manière barbare, il le conduisit sur un chameau au haut d'une montagne déserte, où il le laissa. La montagne était sur le chemin de Bagdad; de sorte que les passants qui l'avaient rencontré me donnèrent avis du lieu où il était. Je m'y rendis en diligence. Je trouvai l'infortuné Schacabac dans un état déplorable. Je lui donnai le secours dont il avait besoin et le ramenai dans la ville.

« Voilà ce que je racontai au calife Mostanser Billah, ajouta le barbier. Ce prince m'applaudit par de nouveaux éclats de rire, « C'est présentement, me dit-il, que je ne puis douter qu'on ne vous ait donné, à juste titre, le surnom de silencieux. Pour certaines causes néanmoins je vous commande de sortir au plus tôt de la ville. Allez, et que je n'entende plus parler de vous. » Je cédai à la nécessité, et je voyageai plusieurs années dans des pays éloignés. J'appris enfin que le calife était mort; je retournai à Bagdad, où je ne trouvai pas un seul de mes frères en vie. Ce fut à mon retour en cette ville que je rendis au jeune boiteux le service important que vous avez entendu. »

Scheherazade, en cet endroit, s'apercevant qu'il était jour se tut; et, la nuit suivante, elle reprit le fil de son discours de cette sorte :

CLXXXIIIe NUIT.

« Quand le barbier, continua le tailleur, eut fini son histoire, nous trouvâmes que le jeune homme n'avait pas eu tort de l'accuser d'être un grand parleur. Néanmoins nous voulûmes qu'il fût du régal que le maître de la maison nous avait préparé. Nous nous mîmes donc à table, et nous nous réjouîmes jusqu'à la prière d'entre le midi et le coucher du soleil. Alors la compagnie se sépara, et je vins travailler à ma boutique, en attendant qu'il fût temps de m'en retourner chez moi. Ce fut dans cet intervalle que le petit bossu, à demi ivre, se présenta devant ma boutique, qu'il chanta et joua de son tambour de basque. Je crus qu'en l'emmenant au logis avec moi, je divertirais ma femme. C'est pourquoi je l'emmenai. Ma femme nous donna un plat de poisson, et j'en servis un bon morceau au bossu, qui le mangea sans prendre garde qu'il y avait une arête. Il tomba sans sentiment. Après avoir en vain essayé de le secourir, nous n'hésitâmes point à porter le corps hors de chez nous, et nous le fîmes adroitement recevoir chez le médecin juif. Voilà, sire, ajouta le tailleur, ce que j'avais à dire à votre majesté. C'est à elle à prononcer si nous sommes dignes de sa clémence ou de sa colère.

« Je ne puis disconvenir, dit le sultan de Casgar, que je ne sois plus frappé de l'histoire du jeune boiteux, de celle du barbier, et des aventures de ses frères, que de l'histoire de mon bouffon. Mais, avant que de vous renvoyer chez vous tous quatre, et qu'on enterre le corps du bossu, je voudrais voir ce barbier qui est cause que je vous pardonne. Puisqu'il se trouve dans ma capitale, il est aisé de contenter ma curiosité. » En même temps il dépêcha un huissier, pour l'aller chercher, avec le tailleur qui savait où il pourrait être.

L'huissier et le tailleur revinrent bientôt, et amenèrent le barbier, qui était un vieillard de quatre-vingt-dix ans. Il avait la barbe et les sourcils blancs, les oreilles et le nez fort longs. Le sultan ne put s'empêcher de rire en le voyant. « Homme silencieux, lui dit-il, j'ai appris que vous saviez des histoires merveilleuses; voudriez-vous bien m'en raconter quelques-unes? — Sire, lui répondit le barbier, laissons là, s'il vous plaît, pour le présent, les histoires que je puis savoir. Je supplie très-humblement votre majesté de me permettre de lui demander ce que font ici devant elle ce chrétien, ce juif, ce musulman, et ce bossu mort que je vois là étendu par terre. » Le sultan sourit de la liberté du barbier, et lui répliqua : « Qu'est-ce que cela vous importe? —Sire, repartit le barbier, il m'importe de faire cette demande, afin que votre majesté sache que je suis un homme justement appelé le silencieux. »

Scheherazade, frappée par la clarté du jour, garda le silence en cet endroit, et reprit son discours la nuit suivante en ces termes :

CLXXXIVe NUIT.

Sire, le sultan de Casgar eut la complaisance de satisfaire la curiosité du barbier. Il commanda qu'on lui racontât l'histoire du petit bossu. Lorsque le barbier l'eut entendue, il branla la tête. « Véritablement, s'écria-t-il, cette histoire est surprenante; mais je suis bien aise d'examiner de près ce bossu. » Il s'en approcha, et, après l'avoir attentivement regardé, il fit tout à coup un si grand éclat de rire, qu'il se laissa aller sur le dos à la renverse. Puis, se relevant sans cesser de rire : « On le dit bien, et avec raison, s'écria-t-il encore, qu'on ne meurt pas sans cause. »

A ces paroles, tout le monde regarda le barbier comme un vieillard qui avait l'esprit égaré : « Homme silencieux, lui dit le sultan, qu'avez-vous donc à rire si fort? — Sire, répondit le barbier, je jure que ce bossu n'est pas mort; et je veux passer pour un extravagant si je ne vous le fais voir à l'heure même. » En achevant ces mots, il prit dans une boîte qu'il portait sur lui une petite fiole balsamique dont il frotta le cou du bossu. Ensuite, il prit dans son étui un ferrement qu'il lui mit entre les dents, et lui enfonça dans le gosier de petites pinces, avec quoi il tira le morceau du poisson et l'arête qu'il fit voir à tout le monde. Aussitôt, le bossu éternua, étendit les bras et les pieds, ouvrit les yeux, et donna plusieurs autres signes de vie.

Le sultan de Casgar et tous ceux qui furent témoins d'une si belle opération, furent moins surpris de voir revivre le bossu, après avoir passé une nuit et un jour sans donner aucun signe de vie, que du mérite et de la capacité du barbier, qu'on commença, malgré ses défauts, à regarder comme un grand personnage. Le sultan, ravi d'admiration, ordonna, qu'afin que le tailleur, le médecin juif, le pourvoyeur et le marchand chrétien ne se ressouvinssent qu'avec plaisir de l'aventure que l'accident du bossu leur avait causée, on leur fît présent à chacun d'une robe fort riche, et qu'on les renvoyât chez eux. A l'égard du barbier, il l'honora d'une pension, et le retint auprès de sa personne. »

« Cette histoire m'a fait plaisir, dit Schahriar, aussi bien que les aventures des frères du barbier. »

Dinarzade, soigneuse d'éveiller sa sœur, l'appela cette nuit à l'heure ordinaire. Scheherazade commença de cette manière :

HISTOIRE D'ABOULHASSAN ALI EBN BECAR ET DE SCHEMSELNIHAR.

« Sous le règne du calife Al-Raschild, il y avait à Bagdad un droguiste qui se nommait Ebn Thaher, homme riche et très-agréable de sa personne. Le calife l'estimait tant qu'il se reposait sur lui du soin de fournir à ses favorites toutes les choses dont elles avaient besoin.

» Ses bonnes qualités et la faveur du calife attiraient chez lui les fils des officiers du premier rang; sa maison était le rendez-vous de toute la noblesse de la cour. Mais parmi les jeunes seigneurs qui l'allaient voir tous les jours, il y en avait un avec lequel il avait contracté une amitié particulière. Ce seigneur s'appelait Aboulhassan Ali Ebn Becar, et tirait son origine d'une ancienne famille royale de Perse. La nature semblait avoir pris plaisir à rassembler dans ce jeune prince les plus rares qualités du corps et de l'esprit.

» Étant ainsi fait, il ne faut pas s'étonner si Ebn Thaher l'avait distingué des autres jeunes seigneurs de la cour. Un jour que ce prince était chez Ebn Thaher, ils virent arriver une dame, montée sur une mule noire et blanche, au milieu de dix femmes esclaves qui l'accompagnaient. La dame avait une ceinture rose, sur laquelle éclataient des perles et des diamants d'une grosseur extraordinaire; et pour sa beauté, il était aisé de voir qu'elle surpassait celle de toutes ses femmes. Elle venait de faire quelque emplette, et comme elle avait à parler à Ebn Thaher, elle entra dans sa boutique, et il la reçut avec toutes les marques du plus profond respect, en la priant de s'asseoir. Comme elle en usait librement chez Ebn Thaher, elle ôta son voile et fit briller aux yeux du prince de Perse une beauté dont il fut frappé jusqu'au cœur. De son côté, la dame ne put s'empêcher de regarder le prince, dont la vue fit sur elle la même impression. « Seigneur, lui dit-elle d'un air obligeant, je vous prie de vous asseoir. » Le prince de Perse obéit et s'assit sur le bord du sofa. Il avait toujours les yeux attachés sur elle, et il avalait à longs traits le doux poison de l'amour. Elle s'aperçut bientôt de ce qui se passait en son âme, et cette découverte acheva de l'enflammer pour lui. Elle se leva, s'approcha d'Eben Thaher, et lui demanda le nom et le pays du prince de Perse. « Madame, lui répondit-il, ce jeune seigneur se nomme Aboulhassan Ali Ebn Becar, et est prince de race royale. — Vous me faites un grand plaisir, dit-elle, de me faire connaître ce jeune seigneur. Lorsque je vous enverrai une de mes esclaves, pour avertir de venir me voir, je vous prie de l'emmener avec vous : n'y manquez pas, autrement je serai fâchée contre vous. »

» La dame prit ensuite congé d'Ebn Thaher en lui faisant une inclination de tête, et, après avoir jeté au prince de Perse un regard obligeant, elle sortit. »

La sultane Scheherazade se tut en cet endroit. Elle continua la nuit suivante :

« Sire, le prince de Perse, éperdûment amoureux de la dame, la conduisit des yeux tant qu'il put la voir. Puis, s'adressant à Ebn Thaher : « Apprenez-moi, je vous en conjure, quelle est cette dame qui force les gens à l'aimer sans leur donner le temps de se consulter? — Seigneur, lui répondit Ebn Thaher, c'est la fameuse Schemselnihar, la première favorite du calife. »

» Pendant que le prince de Perse consacrait ainsi son cœur à la belle Schemselnihar, cette dame songeait au moyen de voir le prince et de s'entretenir avec lui. Elle ne fut pas plus tôt rentrée dans son palais, qu'elle envoya à Ebn Thaher celle de ses femmes à qui elle avait donné toute sa confiance, pour lui dire de la venir voir, sans différer, avec le prince de Perse. L'esclave arriva à la boutique d'Ebn Thaher dans le temps qu'il s'efforçait de dissuader son ami d'aimer la favorite du calife. Comme elle les vit ensemble : « Seigneurs, leur dit-elle, mon honorable maîtresse vous prie de venir à son palais, où elle vous attend. » Ebn Thaher se leva aussitôt sans rien répondre à l'esclave, et s'avança pour la suivre, non sans quelque répugnance. Pour le prince, il la suivit sans faire réflexion au péril qu'il y avait dans cette visite. Ils entrèrent après elle dans le palais du calife, et la joignirent à la porte du petit palais de Schemselnihar, qui était déjà ouverte. Elle les introduisit dans une grande salle, où elle les pria de s'asseoir.

« Peu de temps après qu'ils se furent assis, Ebn Thaher et lui, une esclave noire leur servit une table couverte de plusieurs mets dont l'odeur était admirable. Pendant qu'ils mangèrent, l'esclave qui les avait amenés prit un grand soin d'exciter leur appétit; d'autres esclaves leur versèrent d'excellent vin. A la fin du repas, on leur présenta à chacun un bassin et un beau vase d'or plein d'eau pour se laver les mains; après quoi on leur apporta le parfum d'aloès dans une cassolette portative qui était aussi d'or, dont ils se parfumèrent la barbe et l'habillement. Ils étaient assis, que l'esclave les pria de se livrer et de la suivre. Elle les conduisit dans un vaste salon d'une structure merveilleuse. L'esclave les avait quittés, et, comme ils étaient seuls, le prince de Perse dit à Ebn Thaher : « Quand je viens à faire réflexion que c'est ici la demeure éclatante de la trop aimable Schemselnihar, et que c'est le premier monarque de la terre qui l'y retient, je vous avoue que je me crois le plus infortuné de tous les hommes. »

Scheherazade n'en dit pas davantage cette nuit, parce qu'elle vit paraître le jour. Le lendemain, elle reprit la parole et continua l'histoire d'Aboulhassan Ali Becar et de la belle Schemselnihar.

SUITE DE L'HISTOIRE D'ABOULHASSAN ALI EBN BECAR ET DE SCHEMSELNIHAR.

« Sire, Ebn Thaher, entendant ainsi parler le prince de Perse, lui dit : « Seigneur, plût à Dieu que je pusse vous donner des assurances aussi certaines du succès de vos amours que je le puis de la sûreté de votre vie. »

» Ebn Thaher et le prince de Perse remarquèrent que l'esclave confidente s'approchait, et qu'elle était suivie de dix femmes noires qui apportaient, avec bien de la peine, un trône d'argent massif et admirablement travaillé, qu'elle fit poser devant eux à une certaine distance; après quoi les esclaves noires se retirèrent. Enfin, ils virent paraître à la même porte par où étaient venues les dix femmes noires qui avaient apporté le trône, dix autres femmes, également belles et bien vêtues, qui s'y arrêtèrent quelques moments. Elles attendaient la favorite, qui se montr enfin, et se mit au milieu d'elles... »

Le jour, qui commençait à éclairer l'ap partement de Schahriar, imposa silence Scheherazade. La nuit suivante elle poursuiv ainsi :

« Il était aisé de distinguer Schemselnih autant par sa taille et par son air que par u manteau d'une étoffe légère, or et bleu célest qu'elle portait attaché sur ses épaules par de sus son habillement, qui était le plus magn fique que l'on puisse imaginer. Les perles, l diamants et les rubis qui lui servaient d'o nement étaient d'un prix inestimable. El s'avança jusqu'au trône d'argent qui avait é apporté pour elle, et s'y plaça en saluant prince de Perse et Ebn Thaber par une gr cieuse inclination de tête; mais elle arrê ses yeux sur le prince de Perse, et ils se pa lèrent un langage muet, entre-mêlé de so pirs, par lequel, en peu de moments, ils dirent plus de choses qu'ils n'en auraient pu dire en beaucoup de temps.

» Ces deux amants s'étant déclaré leur te dresse mutuelle, Schemselnihar céda à sienne, elle se leva de dessus son trône, s'avança vers la porte du salon. Le prince leva aussitôt et alla au devant d'elle a précipitation. Ils se donnèrent la main, s'embrassèrent avec tant de plaisir qu'ils s'é nouirent. Les femmes qui avaient suivi Sche selnihar les soutinrent et les transportère sur un sofa, où elles les firent revenir à fo d'odeurs.

» Quand ils eurent repris leurs espri Schemselnihar regarda de tous côtés; et com elle ne vit pas Ebn Thaber, elle demanda o était. Il s'était écarté par respect, tandis c les femmes étaient occupées à soulager l maîtresse. Dès qu'il eut ouï que Schemselni le demandait, il s'avança et se présenta vant elle. »

La sultane Scheherazade cessa de parler cet endroit, à cause du jour qui paraissait. nuit suivante, elle poursuivit de cette m nière :

« Schemselnihar fut bien aise de voir E Thaher. Elle lui témoigna sa joie dans termes : « Sans vous, je n'aurais jamais co le prince de Perse, ni aimé ce qu'il y a monde de plus aimable. Soyez persuadé ma reconnaissance égalera le bienfait dont je vous suis redevable. » Ebn Thaher ne répondit à ce compliment qu'en souhaitant à la favorite l'accomplissement de tout ce qu'elle pouvait désirer. Schemselnihar se tourna du côté du prince de Perse, qui était assis auprès d'elle, et le regardant avec quelque sorte de confusion, après ce qui s'était passé entre eux.

» Elle fit un signe à sa confidente, qui sortit et apporta une collation de fruits sur une petite table d'argent qu'elle posa entre sa maîtresse et le prince de Perse. Schemselnihar choisit ce qu'il y avait de meilleur et le présenta au prince, en le priant de manger pour l'amour d'elle. Elle n'oublia pas d'inviter Ebn Thaher à manger avec eux.

» Sur ces entrefaites, l'esclave confidente arriva tout émue; et, s'adressant à sa maîtresse : « Madame, lui dit-elle, Mesrour et deux autres officiers, avec plusieurs eunuques qui les accompagnent, sont à la porte, et demandent à vous parler de la part du calife. » Quand le prince de Perse et Ebn Thaher eurent entendu ces paroles, ils changèrent de couleur; mais Schemselnihar, qui s'en aperçut, les rassura par un sourire... »

La clarté du jour qui paraissait obligea Scheherazade d'interrompre là sa narration. Elle la reprit le lendemain de cette sorte :

« Schemselnihar chargea l'esclave, sa confidente, d'aller entretenir Mesrour jusqu'à ce qu'elle se fût mise en état de le recevoir. Aussitôt elle donna ordre qu'on fermât toutes les fenêtres du salon, et qu'on abaissât les toiles peintes qui étaient du côté du jardin; et après avoir assuré le prince d'Ebn Thaher qu'ils y pouvaient demeurer sans crainte, elle sortit par la porte qui donnait sur le jardin, et la ferma sur eux.

» D'abord que Schemselnihar fut dans le jardin elle fit emporter les siéges; et, lorsqu'elle vit les choses dans l'état qu'elle souhaitait, elle s'assit sur son trône d'argent. Alors elle envoya avertir sa confidente d'amener le chef des eunuques et les deux officiers ses subalternes. Ils parurent, suivis de vingt eunuques noirs, tous le sabre au côté, avec une ceinture d'or large de quatre doigts. Dès qu'ils aperçurent la favorite Schemselnihar, ils lui firent une profonde révérence. Elle se leva, et alla au devant de Mesmour, et lui demanda quelle nouvelle il apportait; il lui répondit : « Madame, le commandeur des croyants m'a chargé de vous témoigner qu'il ne peut vivre plus longtemps sans vous voir. Il a dessein de venir vous rendre visite cette nuit; je viens vous en avertir pour vous préparer à le recevoir. Il espère, madame, que vous le verrez avec autant de plaisir qu'il a d'impatience d'être à vous. »

» A ce discours, la favorite Schemselnihar se prosterna contre terre pour marquer la soumission avec laquelle elle recevait l'ordre du calife.

» Le chef des eunuques et sa suite s'étant retirés, Schemselnihar retourna au salon les larmes aux yeux, ce qui augmenta la frayeur d'Ebn Thaher, qui en augura quelque chose de sinistre. « Madame, lui dit le prince, je vois bien que vous venez m'annoncer qu'il faut nous séparer. J'espère que le ciel me donnera la patience dont j'ai besoin pour supporter votre absence. — Hélas! mon cher cœur, ma chère âme, interrompit la trop tendre Schemselnihar, que je vous trouve heureux, et que je me trouve malheureuse quand je compare votre sort avec ma triste destinée! Vous souffrirez sans doute de ne me voir pas; mais vous pourrez vous en consoler par l'espérance de me revoir. »

» Ebn Thaher, qui n'aspirait qu'à se voir hors du palais, fut obligé de les consoler, en les exhortant à prendre patience. Mais l'esclave confidente vint l'interrompre. « Madame, dit-elle à Schemselnihar, il n'y a pas de temps à perdre : les eunuques commencent à arriver, vous savez que le calife paraîtra bientôt. — O ciel! que cette séparation est cruelle! s'écria la favorite. Hâtez-vous, dit-elle à sa confidente. Conduisez-les tous deux à la galerie qui regarde sur le Tigre, et lorsque la nuit sera venue, faites-les sortir par la porte de derrière, afin qu'ils se retirent en sûreté. » A ces mots, elle embrassa tendrement le prince de Perse, et alla au devant du calife dans le désordre qu'il est aisé de s'imaginer. L'esclave conduisit le prince et Ebn Thaher à la galerie, et leur assura qu'ils n'avaient rien à craindre, et qu'elle viendrait les faire sortir quand il en serait temps...

» Mais, sire, dit Scheherazade, le jour qui va paraître m'impose silence. » Elle se tut, et reprenant son discours la nuit suivante :

« Sire, poursuivit-elle, l'esclave confidente de Schemselnihar s'étant retirée, le prince de Perse et Ebn Thaher examinèrent la galerie, et furent saisis de frayeur lorsqu'ils connurent qu'il n'y avait pas un seul endroit par où ils pussent s'échapper au cas que le calife ou quelques-uns de ses officiers s'àvissassent d'y venir.

» Le calife fut ravi de voir Schemselnihar. « Levez-vous, madame, lui dit-il, approchez-vous. Je me sais mauvais gré de m'être privé si longtemps du plaisir de vous voir. En achevant ces paroles, il la prit par la main et alla s'asseoir sur le trône d'argent que Schemselnihar lui avait fait apporter.

» Le prince de Perse n'avait des yeux que pour regarder Schemselnihar, et la présence du calife le plongeait dans une affliction inconcevable. « Ebn Thaher, dit-il, tous ces objets ne servent qu'à augmenter mon tourment. Puis-je voir le calife tête à tête avec ce que j'aime et ne pas mourir de désespoir! Faut-il qu'un amour aussi tendre que le mien soit troublé par un rival aussi puissant! Je n'y puis résister, mon cher Ebn Thaher, mon courage succombe. » En prononçant ces mots, il se passa quelque chose dans le jardin qui fixa son attention.

» En effet, le calife avait ordonné à une des femmes de chanter sur son luth, et elle obéit. Les paroles qu'elle chanta étaient fort passionnées, et le calife les expliqua en sa faveur. Mais ce n'était pas l'intention de Schemselnihar pour cette fois; elle les appliquait à son cher Ali Ben Becar, et elle se laissa pénétrer d'une si vive douleur d'avoir devant elle un objet dont elle ne pouvait plus sentir la présence qu'elle s'évanouit. Ses femmes l'enlevèrent et l'emportèrent dans le salon.

» Quelques instants après, la confidente de Schemselnihar vint ouvrir la porte de la galerie et entra hors d'haleine : » Venez promptement, s'écria-t-elle, que je vous fasse sortir. Tout est ici en confusion, et je crois que voici le dernier de nos jours. Ils allèrent jusqu'à une petite porte de fer qui s'ouvrait sur le Tigre, et s'avancèrent jusque sur le bord d'un petit canal qui communiquait au fleuve. La confidente frappa des mains, et aussitôt un petit bateau parut et vint à eux avec un seul rameur. Ali Ebn Becar et son compagnon s'embarquèrent, et l'esclave confidente demeura sur le bord du canal. »

En cet endroit, Scheherazade s'aperçut qu'il était jour. Elle se tut, et la nuit suivante elle reprit la parole en ces termes :

« Le batelier ramant de toute sa force, ils furent bientôt au courant du Tigre : ils débarquèrent. Le prince de Perse voulait prendre congé d'Ebn Thaher sur la fin du jour, mais ce fidèle ami lui trouva tant de faiblesse qu'il l'obligea d'attendre au lendemain. Voyant que son mal avait augmenté, Ebn Thaher ne s'opposa plus au dessein que le prince avait de se retirer dans sa maison. Il prit soin lui-même de l'y faire porter, et l'accompagna; quand il se vit seul avec lui dans son appartement, il lui représenta toutes les raisons qu'il avait de vaincre une passion dont la fin ne pouvait être heureuse ni pour lui ni pour la favorite. — Ah! cher Ebn Thaher, s'écria le prince, qu'il vous est aisé de donner ce conseil, mais qu'il m'est difficile de le suivre. J'en conçois toute l'importance sans pouvoir en profiter. J'emporterai avec moi dans le tombeau l'amour que j'ai pour Schemselnihar. Lorsqu'Ebn Thaher vit qu'il ne pourrait rien gagner sur l'esprit du prince, il prit congé de lui.

Scheherazade, en cet endroit, voyant paraître le jour, garda le silence; et le lendemain, elle reprit ainsi son discours

« Ebn Thaher fut à peine de retour chez lui, que la confidente de Schemselnihar arriva. Il lui demanda des nouvelles de sa maîtresse. « Après que je vous eus quittés, dit-elle, je retournai au salon, où je trouvai que Schemselnihar n'était pas revenue de son évanouissement. Enfin, il était minuit lorsqu'elle revint à elle. Le calife, qui avait eu la patience d'attendre ce moment, en témoigna beaucoup de joie, et demanda à Schemselnihar d'où ce mal pouvait lui être venu. Dès qu'elle entendit sa voix, elle fit un effort pour se mettre sur son séant; et après lui avoir baisé les pieds avant qu'il pût l'empêcher : « Sire, lui dit-elle, j'aurais été heureuse d'expirer aux pieds de votre majesté, pour lui marquer jusqu'à quel point je suis pénétrée de ses bontés. — Je suis bien persuadé que vous m'aimez, lui dit le calife; mais je vous demande de vous conserver pour l'amour de moi. » A ces mots, il prit congé d'elle et se retira dans son appartement. Dès que le calife fut parti, ma maîtresse me fit signe de m'approcher, et me demanda de vos nouvelles avec inquiétude. Je l'assurai qu'il y avait longtemps que vous n'étiez plus dans le palais. »

En cet endroit, Scheherazade voyant paraître le jour cessa de parler. La nuit suivante elle poursuivit de cette sorte.

« Retournez vers votre maîtresse, dit Ebn Thaher à la confidente, et l'assurez que le prince de Perse attendait de ses nouvelles avec la même impatience qu'elle en attendait de lui. Exhortez-la à se modérer devant le calife, de peur qu'il ne lui échappe quelque parole qui pourrait nous perdre tous. »

» Vers la fin du jour, Ebn Thaher se rendit chez le prince. « Prince, lui dit Ebn Thaher, je viens vous dire que Schemselnihar m'a envoyé sa confidente pour me demander de vos nouvelles, et m'informer des siennes. Vous jugez bien que je lui ai rien dit qui ne lui ait confirmé l'excès de votre amour pour votre maîtresse. » Ebn Thaher lui fit ensuite un détail exact de tout ce que lui avait dit la confidente. Le prince l'écouta avec tous les différents mouvements de crainte, de tendresse et de compassion que son discours lui inspira. Leur conversation dura si longtemps, que la nuit se trouvant fort avancée, le prince de Perse obligea Ebn Thaher à demeurer chez lui. Le lendemain matin, Ebn Thaher retourna dans sa maison, où il se mit à rêver profondément à l'intrigue amoureuse dans laquelle il se trouvait engagé. Pendant ce temps-là, un joaillier de ses amis vint le voir. Ce joaillier s'étant aperçu qu'Ebn Thaher avait l'air rêveur, le pressa de lui en dire la cause. Ce dernier, cédant à ses instances, lui dit : « Comme je sais l'intérêt que vous prenez à tout ce qui me regarde, je vais vous faire part d'un secret : vous connaîtrez, par ce que je vais vous dire, combien il est important de le garder. » Après ce préambule, il lui raconta les amours de Schemselnihar et du prince perse. « Vous savez, ajouta-t-il ensuite, en quelle considération je suis à la cour. Quelle honte pour moi si ces téméraires amours venaient à être découvertes! ne serions-nous pas perdus, ma famille et moi? Mais je viens de prendre mon parti. Je vais travailler incessamment à recouvrer mes dettes; et, après que j'aurai mis tout mon bien en sûreté, je me retirerai à Balsora, où je demeurerai jusqu'à ce que la tempête que je prévois soit passé. L'amitié que j'ai pour Schemselnihar et pour le prince de Perse me rend très-sensible au mal qui peut leur arriver; je prie Dieu de leur faire connaître le danger où ils s'exposent; mais si leur mauvaise destinée veut que leurs amours aillent à la connaissance du calife, je serai au moins à couvert de son ressentiment. — Ce que vous venez de me raconter, lui dit le joaillier, est d'une si grande importance, que je ne puis comprendre comment Schemselnihar et le prince de Perse ont osé s'abandonner à un amour si violent. Comment ont-ils pu s'étourdir sur les suites fâcheuses de leur intelligence? J'en vois comme vous toutes les conséquences, et j'approuve la résolution que vous avez formée. » Après cet entretien, le joaillier se leva, et prit congé d'Ebn Thaher... »

Scheherazade, voyant le jour paraître, se tut, et le lendemain elle reprit ainsi :

« Avant que le joaillier se retirât, Ebn Thaher le conjura de ne rien dire à personne de tout ce qu'il lui avait appris. « Ayez l'esprit en repos, lui dit le joaillier; je vous garderai le secret au péril de ma vie. »

» Deux jours après cette conversation, le joaillier passa devant la boutique d'Ebn Thaher, et voyant qu'elle était fermée, il ne douta pas qu'il eût exécuté le dessein dont il lui avait parlé. « Malheureux prince, dit le joaillier en lui-même, quel chagrin n'aurez-vous pas quand vous apprendrez cette nouvelle! par quelle entremise entretiendrez-vous le commerce que vous avez avec Schemselnihar? J'ai compassion de vous, il faut que je vous dédommage de la perte que vous avez faite d'un confident trop timide. » Quoiqu'il ne connût le prince de Perse que pour lui avoir vendu quelques pierreries, il ne laissa pas d'aller chez lui. « Prince, lui dit le joaillier, le désir de vous marquer mon zèle m'a fait prendre la liberté de venir vous faire part d'une nouvelle qui vous touche; j'espère que vous me pardonnerez ma hardiesse en faveur de ma bonne intention. »

» Après ce début, le joaillier poursuivit ainsi : « Prince, j'aurai l'honneur de vous dire qu'il y a longtemps que la conformité d'humeur, et quelques affaires que nous avons eues ensemble, nous ont liés d'une étroite amitié, Ebn Thaher et moi; je sais qu'il est connu de vous, et qu'il s'est employé jusqu'à présent à vous obliger en tout ce qu'il a pu; j'ai appris cela de lui-même, car il n'a rien eu de caché pour moi. Je viens de passer devant sa boutique, que j'ai trouvée fermée; je me suis adressé à un de ses voisins pour lui en demander la raison, et il m'a répondu qu'Ebn Thaher était parti pour Balsora. Je n'ai pas été satisfait de cette réponse, et l'intérêt que je prends à ce qui le regarde m'a déterminé à venir vous demander si vous ne saviez rien de particulier touchant un départ si précipité. — Ce que vous m'apprenez, dit le prince, me surprend; il ne pouvait m'arriver un malheur plus mortifiant. »

» Mais, sire, dit Scheherazade en cet endroit, je m'aperçois qu'il fait jour. » Elle se tut, et la nuit suivante elle poursuivit de cette manière :

« Alors le joaillier raconta l'entretien qu'il avait eu avec Ebn Thaher, et lui fit part du dessein de ce dernier de se retirer à Balsora jusqu'à ce que l'orage qu'il redoutait se fût dissipé. « C'est ce qu'il a exécuté, ajouta le joaillier; et je suis surpris qu'il vous ait abandonné dans l'état où vous étiez. Pour moi, prince, j'ai été touché de compassion pour vous : je viens vous offrir mes services, et si vous me faites la grâce de les agréer, je m'engage à vous servir avec plus de fermeté. Soyez persuadé, prince, que vous trouverez en moi l'ami que vous avez perdu. » Ce discours rassura le prince, et le consola de l'éloignement d'Ebn Thaher. « J'ai bien de la joie, dit-il au joaillier, de l'offre généreuse que vous me faites. »

» Ils continuèrent encore quelque temps leur conversation, et délibérèrent ensemble sur les moyens convenables pour entretenir la correspondance du prince avec Schemselnihar. Le prince se chargea de tirer d'erreur la confidente, et de la prier de s'adresser au joaillier lorsqu'elle aurait des lettres à lui apporter de la part de sa maîtresse. En effet, ils jugèrent qu'elle ne devait point paraître si souvent chez le prince, parce qu'elle pourrait par là donner lieu de découvrir ce qu'il était si important de cacher. Enfin, le joaillier se leva, et, après avoir de nouveau prié le prince de Perse d'avoir une entière confiance en lui, il se retira... »

Scheherazade s'arrêta à cause du jour qu paraissait. La nuit suivante, elle repri ainsi :

« Après cet entretien, le joaillier se retir chez lui, où dès le lendemain matin, la confi dente le vint trouver. Il lui dit qu'il avait fai espérer au prince qu'il pourrait voir bientô Schemselnihar. « Je viens exprès, lui répondi elle, pour prendre là-dessus des mesures ave vous. Il me semble que cette maison sera assez commode pour cette entrevue. — J pourrais bien, reprit-il, les faire venir ici; ma j'ai pensé qu'ils seront plus en liberté da une autre maison que j'ai, où actuellement ne demeure personne. Je l'aurai bientôt meu blée assez proprement pour les recevoir. – Cela étant, repartit la confidente, il ne s'ag plus, à l'heure qu'il est, que d'y faire conse tir Schemselnihar. Je vais lui parler, et j viendrai vous en rendre réponse en peu d temps. » Effectivement, elle ne tarda pas revenir, et elle rapporta au joaillier que s maîtresse ne manquerait pas de se trouver a rendez-vous vers la fin du jour. Il la me aussitôt à la maison où les amants devaient rencontrer, afin qu'elle sût où elle était, et d qu'ils se furent séparés, il meubla cette ma son très magnifiquement, et quand tout choses furent en état, il se rendit chez prince de Perse. Représentez-vous la jo qu'eut le prince, lorsque le joaillier lui d qu'il le venait prendre pour le conduire à maison qu'il avait préparée pour le recev lui et Schemselnihar. Il prit un habit magni que et sortit avec le joaillier, qui le fit pass par plusieurs rues détournées, afin que pe sonne ne les observât; il l'introduisit enfin da la maison, où ils commencèrent à s'entreter jusqu'à l'arrivée de Schemselnihar.

» Ils n'attendirent pas longtemps cette aman passionnée. Elle arriva avec sa confidente deux autres esclaves. Vous exprim l'excès de la joie dont les deux amants fure saisis à la vue l'un de l'autre, c'est une cho qui ne m'est pas possible. Ils s'assirent sur sofa, et se regardèrent quelque temps sa pouvoir parler, tant ils étaient hors d'eux-m mes! mais quand l'usage de la parole leur revenu, ils se dirent des choses si tendres q le joaillier et la confidente en pleurèrent. »

Là s'arrêta Scheherazade, à cause du jo

qui commençait à paraître. La nuit suivante elle poursuivit ainsi :

» Dans le temps que Schemselnihar exprimait au prince Perse sa passion, un esclave vint dire tout effrayé, qu'on enfonçait la porte, qu'il avait demandé qui c'était, mais qu'on n'avait pas répondu. Le joaillier, alarmé, quitta Schemselnihar et le prince pour aller vérifier cette mauvaise nouvelle. Lorsqu'il fut dans la cour, il entrevit dans l'obscurité une troupe de gens armés qui venaient droit à lui. Il se rangea au plus vite contre un mur, et comme il ne pouvait pas être d'un grand secours au prince de Perse et à Schemselnihar, il se hâta de prendre la fuite. Il alla se réfugier chez un de ses voisins qui n'était pas encore couché, ne doutant point que cette violence imprévue ne se fît par ordre du calife, qui avait sans doute été averti du rendez-vous de sa favorite avec le prince de Perse. De la maison où il s'était sauvé, il entendait le bruit que l'on faisait dans la sienne, et ce bruit dura jusqu'à minuit. Alors, comme il lui semblait que tout y était tranquille, il sortit, s'avança jusqu'à la porte de la maison, entra dans la cour, où il aperçut un homme qu'il reconnut pour un de ses esclaves. « Comment as-tu fait, lui dit-il, pour éviter d'être pris par le guet? — Seigneur, lui répondit l'esclave, ce n'est point le guet qui a forcé votre maison, ce sont des voleurs qui auront remarqué la richesse des meubles que vous avez fait apporter ici, elle leur aura donné dans la vue. »

» Le joaillier visita sa maison, et vit en effet que les voleurs avaient enlevé son bel ameublement, et qu'ils avaient emporté sa vaisselle d'or. Il en fut désolé.

» A peine était-il jour que le bruit de la maison pillée se répandit dans la ville, et attira chez le joaillier une foule d'amis et de voisins, dont la plupart étaient curieux d'avoir des détails; mais personne ne lui parla de Schemselnihar, ni du prince de Perse; ce qui lui fit croire qu'ils devaient être en lieu de sûreté.

» Il était environ midi, lorsqu'un esclave vint dire au joaillier qu'il y avait à la porte un homme qui demandait à lui parler. Le joaillier se leva et alla lui parler à la porte. « Je viens, lui dit cet inconnu, vous entretenir d'une affaire importante. » Le joaillier, à ces mots, le pria d'entrer. « Non, repartit l'inconnu, prenez plutôt la peine, s'il vous plaît, de venir avec moi, je vais vous mener dans un lieu où nous serons plus commodément. » En disant cela, ils sortirent, et marchèrent fort long-temps sans s'arrêter. Le joaillier, fatigué du chemin qu'il avait fait, et chagrin de voir que l'inconnu marchait toujours, commençait à perdre patience, lorsqu'ils arrivèrent à une place qui conduisait au Tigre. Dès qu'ils furent sur le bord du fleuve, ils s'embarquèrent dans un petit bateau, et passèrent de l'autre côté. Alors l'inconnu mena le joaillier par une longue rue, et après lui en avoir fait traverser je ne sais combien d'autres, il s'arrêta à une porte qu'il ouvrit. Il fit entrer le joaillier, referma la porte d'une grosse barre de fer, et le conduisit dans une chambre où il y avait dix hommes qui n'étaient pas moins inconnus au joaillier que celui qui l'avait amené. Ces gens reçurent le joaillier sans lui faire beaucoup de compliments. Ils lui dirent de s'asseoir, ce qu'il fit, car la frayeur dont il était saisi de se voir avec ces inconnus ne lui aurait pas permis de demeurer debout. Comme ils attendaient leur chef pour souper, d'abord qu'il fut arrivé, on servit. Ils obligèrent le joaillier à se mettre à table avec eux. Après le repas, ces hommes lui dirent : « Racontez-nous votre aventure de cette nuit, et ne nous déguisez rien. » Le joaillier, étonné, leur répondit : « Messieurs, apparemment que vous en êtes déjà instruits? — Cela est vrai, répliquèrent-ils, le jeune homme et la jeune dame qui étaient chez vous hier au soir nous en ont déjà parlé; mais nous la voulons savoir de votre propre bouche. » Il n'en fallut pas davantage pour faire comprendre au joaillier qu'il parlait aux voleurs qui avaient pillé sa maison. « Messeigneurs, s'écria-t-il, je suis fort en peine de ce jeune homme et de cette jeune dame; ne pourriez-vous pas m'en donner des nouvelles? »

Scheherazade s'interrompit en cet endroit. La nuit suivante, elle reprit ainsi :

« Sire, sur la demande que le joaillier fit aux voleurs : « N'en soyez pas en peine, reprirent-ils; ils se portent bien. » En disant cela, ils lui montrèrent deux cabinets, où ils étaient chacun séparément. « Bien loin d'avoir usé de la moindre violence, dirent-ils, nous leur avons fait toutes sortes de bons traitements. Nous en userons de même avec vous. »

» Le joaillier, rassuré par ce discours, et ravi de ce que le prince de Perse et Schemselnihar avaient la vie sauve, prit le parti d'encourager les voleurs dans leur bonne volonté. Il les loua, et leur donna mille bénédictions. « Seigneurs, leur dit-il, je ne ferai pas difficulté de vous raconter mon histoire et celle des deux personnes que vous avez trouvées chez moi, avec toute la fidélité que vous m'avez demandée. »

» Après que le joaillier eut pris ces précautions pour intéresser les voleurs, il leur fit, sans rien omettre, le détail des amours du prince de Perse et de Schemselnihar.

« Quoi! s'écrièrent les voleurs, quand le joaillier eut achevé, est-il possible que le jeune homme soit l'illustre prince de Perse, et la jeune dame, la célèbre Schemselnihar? » Le joaillier leur jura que rien n'était plus vrai, et il ajouta qu'ils ne devaient pas trouver étrange que des personnes si distinguées eussent eu de la répugnance à se faire connaître. Sur cette assurance, les voleurs allèrent se jeter aux pieds du prince et de Schemselnihar, et les supplièrent de leur pardonner, en leur protestant qu'il ne leur serait rien arrivé s'il eussent été informés de leur qualité; ils leur dirent, de même qu'au joaillier, qu'ils allaient les ramener en un lieu où ils pourraient se retirer chacun chez eux, mais qu'auparavant ils voulaient qu'ils s'engageasssnt par serment de ne pas les décéler. Le prince de Perse, Schemselnihar et le joaillier jurèrent solennellement de leur garder une fidélité inviolable. Aussitôt les voleurs, satisfaits de leur serment, sortirent avec eux, et les conduisirent au bord du fleuve. Là, ils prirent un bateau, s'embarquèrent avec eux, et les passèrent à l'autre bord.

» Dans le temps que le prince de Perse, Schemselnihar et le joaillier débarquaient, on entendit un grand bruit de chevaux, et le guet arriva dans le moment que le bateau ne faisait que de déborder, et qu'il repassait les voleurs à toute force de rames. Le commandant de la brigade demanda au prince, à Schemselnihar et au joaillier, d'où ils venaient si tard, et ce qu'ils étaient. Comme ils étaient saisis de frayeur, et que d'ailleurs ils craignaient de dire quelque chose qui leur fît tort, ils demeurèrent interdits.

» Schemselnihar franchit la difficulté. Elle tira le commandant à part, et elle ne lui eut pas plus tôt parlé, qu'il mit pied à terre ave de grandes marques de respect. Il command aussitôt à ses gens de faire venir deux bateaux Quand les deux bateaux furent venus, le commandant fit embarquer Schemselnihar dan l'un, et le prince de Perse et le joaillier dan l'autre, avec deux de ses gens dans chaque ba teau, pour les accompagner jusqu'où il devai aller.

» Le prince de Perse dit aux conducteu que pour leur épargner de la peine il mènera le joaillier chez lui, et leur nomma le quarti où il demeurait. Sur cet enseignement, l conducteurs firent aborder le bateau devant l palais du calife; et comme ils avaient à all rejoindre leur brigage, ils les recommandè rent à un officier de la garde du calife, q leur donna deux de ses soldats pour les ac compagner jusqu'à l'hôtel du prince de Pers qui était assez éloigné du fleuve. Ils y arrivè rent enfin, mais tellement fatigués, qu'à pei ils pouvaient se mouvoir. Le prince de Per était d'ailleurs si affligé du contre-temps ma heureux qui lui était arrivé, à lui et à Schem selnihar, et qui lui ôtait désormais l'espéran d'une autre entrevue, qu'il s'évanouit en s'a seyant sur un sofa. »

Scheherazade, voyant le jour paraître, s'i terrompit à ces derniers mots. Elle reprit s discours la nuit suivante, et dit au sultan d Indes :

« Sire, le prince de Perse recouvra enfin connaissance, mais demeura dans une grande faiblesse, qu'il ne pouvait ouvrir bouche pour parler. Il était encore dans c état le lendemain matin, lorsque le joailli prit congé de lui, et il ne put lui répond qu'en lui tendant la main.

» Le lendemain, le joaillier rencontra la co fidente. Elle le suivit, comme il s'était bi douté qu'elle le ferait, parce que le lieu où était n'était pas commode pour s'entreten avec elle. Il continua du même pas, et arri à une mosquée qui était peu fréquentée, et il savait bien qu'il n'y aurait personne. Elle entra après lui, et ils eurent toute la liberté s'entretenir sans témoins. Le joaillier et la co fidente de Schemselnihar se témoignèrent r ciproquement combien ils avaient de joie se revoir, après l'aventure étrange causée p les voleurs.

« Ma maîtresse me dit, ajouta la confidente : « J'ai confiance qu'il ne sera point arrivé de mal au prince de Perce et à son ami, et je ne doute pas que la douleur du prince ne soit égale à la mienne. Le joaillier qui nous a obligés avec tant d'affection, doit être récompensé de la perte qu'il a faite pour nous. Ne manquez pas demain au matin de prendre deux mille pièces d'or, de les lui porter de ma part, et de lui demander des nouvelles du prince de Perse. » Quand ma bonne maîtresse eut achevé, je tâchai, sur le dernier ordre qu'elle venait de me donner, de m'informer des nouvelles du prince de Perse. J'ai été chez vous, où je ne vous ai pas trouvé ; et dans l'incertitude si je vous trouverais où l'on m'a dit que vous pouviez être, j'ai été sur le point d'aller chez le prince de Perse ; mais je n'ai pas osé... »

Scheherazade s'aperçut que le jour paraissait, et se tut après ces dernières paroles. Elle continua le même conte la nuit suivante :

« Sire, la confidente cessa de parler, et en remettant les deux bourses au joaillier : « Prenez, dit-elle, et satisfaites vos amis. — Il y en a, reprit celui-ci, beaucoup au-delà de ce qui est nécessaire ; mais je n'oserais refuser la grâce qu'une dame si généreuse veut bien me faire. Je vous supplie de l'assurer que je conserverai éternellement la mémoire de ses bontés. » Il convint avec la confidente qu'elle viendrait le trouver à la maison où elle l'avait vu la première fois, lorsqu'elle aurait quelque chose à lui communiquer de la part de Schemselnihar, après quoi ils se séparèrent.

» Le joaillier retourna chez lui fort content, non-seulement de ce qu'il avait de quoi satisfaire ses amis, mais de ce qu'il voyait que personne ne savait à Bagdad que le prince de Perse et Schemselnihar se fussent trouvés dans son autre maison lorsqu'elle avait été pillée. Dès le lendemain matin il vit les amis qui l'avaient obligé, et il n'eut pas de peine à les contenter. Il eut même de l'argent de reste pour meubler son autre maison, où il mit quelques-uns de ses domestiques pour l'habiter, puis le soir il se rendit chez le prince de Perse.

» Les officiers du prince reçurent le joaillier, et l'introduisirent dans sa chambre sans faire de bruit ; il le trouva couché et dans un état qui lui fit compassion. Il le salua en lui touchant la main, et il l'exhorta à prendre courage. Le prince de Perse reçonnut le joaillier, lui prit et lui serra la main pour lui marquer son amitié, et lui dit : « J'ai une douleur extrême, lui dit-il, de la perte que vous avez soufferte pour moi ; il est juste que je songe à vous en récompenser. Mais auparavant, je vous prie de me dire si vous n'avez rien appris de Schemselnihar depuis que j'ai été contraint de me séparer d'elle. Le joaillier lui raconta tout ce qu'il savait de l'arrivée de Schemselnihar à son palais, jusqu'au moment où elle envoya la confidente pour s'informer de ses nouvelles. Le prince de Perse ne répondit au discours du joaillier que par des soupirs et des larmes ; ensuite il fit appeler de ses gens, et alla en personne à son garde-meuble ; il y fit faire plusieurs ballots de riches meubles et d'argenterie, et donna ordre qu'on les portât chez le joaillier. Le joaillier représenta au prince que Schemselnihar lui avait déjà envoyé plus qu'il n'avait besoin pour remplacer ce que ses amis avaient perdu ; il voulut néanmoins être obéi. Le joaillier fut donc obligé de lui témoigner combien il était confus de sa libéralité, et il lui marqua qu'il ne pouvait assez l'en remercier. Il ajouta qu'il craignait que la confidente ne fût déjà venue, et qu'il était fort à propos qu'il ne perdît pas de temps à retourner chez lui. « Je vous laisse aller, lui dit le prince, mais si vous la voyez, je vous supplie de lui bien recommander d'assurer Schemselnihar que si j'ai à mourir, comme je m'y attends bientôt, je l'aimerai jusqu'au dernier soupir. » Le joaillier revint chez lui, et y demeura dans l'espérance que la confidente viendrait. Elle arriva quelques heures après, mais tout en pleurs, et dans un grand désordre. Le joaillier, alarmé, lui demanda avec empressement ce qu'elle avait.

« Nous sommes tous perdus, répondit-elle : Ecoutez la triste nouvelle que j'ai apprise hier après vous avoir quitté ; Schemselnihar avait fait châtier pour quelque faute une des deux esclaves que vous vîtes avec elle le jour du rendez-vous dans votre maison. L'esclave, outrée de ce mauvais traitement, a trouvé la porte du palais ouverte ; elle est sortie, et nous ne doutons pas qu'elle n'ait tout déclaré à un des eunuques de notre garde, qui lui a donné retraite. En voici la raison ; c'est qu'au jourd'hui le calife vient d'envoyer prendre Schemselnihar par une vingtaine d'eunuques qui l'ont menée à son palais. J'ai trouvé le moyen de me dérober et de venir vous avertir de tout ceci. Je ne sais pas ce qui se sera passé, mais, quoi qu'il en soit, je vous conjure de bien garder le secret. »

Le jour dont on voyait déjà la lumière, obligea la sultane Scheherazade de garder le silence. Elle continua ainsi la nuit suivante :

« Sire, la confidente ajouta qu'il était bon que le joaillier allât trouver le prince de Perse, et l'avertir, afin qu'il se tînt prêt à tout événement. Elle ne lui en dit pas davantage, et elle se retira sans attendre sa réponse. Le joaillier demeura comme immobile et comme étourdi du coup. Il se fit néanmoins violence et alla trouver le prince de Perse incessamment. « Prince, lui dit-il, armez-vous de patience, courage, et préparez-vous à l'assaut le plus terrible que vous ayez eu à soutenir de votre vie. » Il lui raconta alors ce qu'il venait d'apprendre de la confidente.

» Le prince de Perse, qui ne vit pas d'autre parti à prendre, donna ordre aux préparatifs les moins embarrassants, prit de l'argent et des pierreries, et, après avoir pris congé de sa mère, il partit en diligence avec le joaillier et les gens qu'il avait choisis.

» Ils marchèrent le reste du jour et toute la nuit jusqu'à deux ou trois heures, que, fatigués d'une si longue traite, et leurs chevaux n'en pouvant plus, ils mirent pied à terre pour se reposer. Ils n'avaient pas eu le temps de respirer, qu'ils se virent assaillis par une troupe de voleurs. Ils se défendirent quelque temps; mais les gens du prince furent tués. Cela obligea le prince et le joaillier à mettre bas les armes, et à s'abandonner à leur discrétion. Les voleurs les dépouillèrent, et, en se retirant avec leur butin, ils les laissèrent au même endroit. Le joaillier le persuada enfin, à force de prières. Ils marchèrent quelque temps, et ils rencontrèrent une mosquée qui était ouverte, où ils entrèrent et passèrent le reste de la nuit.

» A la pointe du jour un homme seul arriva dans cette mosquée. Il y fit sa prière, et, quand il l'eut achevée, il aperçut le prince et le joaillier qui étaient assis dans un coin. Il s'approcha d'eux en les saluant avec civilité. « Autant que je puis le connaître, leur dit-il, il me semble que vous êtes étrangers? — Vous ne vous trompez pas, répondit le joaillier, nous avons été volés cette nuit en venant de Bagdad, comme vous pouvez le voir à l'état où nous sommes, et nous avons besoin de secours. — Si vous voulez venir chez moi, repartit l'homme, je vous donnerai l'assistance que je pourrai. » Par bonheur, l'homme eut à leur donner à chacun assez de quoi se couvrir pour les conduire jusque chez lui. Ils n'y furent pas plus tôt arrivés, que leur hôte leur fit apporter à déjeuner. Mais ils ne mangèrent presque pas, surtout le prince, dont l'abattement fit tout craindre au joaillier pour sa vie.

» Leur hôte les vit à diverses fois pendant le jour; et sur le soir il les quitta de bonne heure. Mais le joaillier fut bientôt obligé de l'appeler pour assister à la mort du prince de Perse, dont la respiration forte et véhémente lui fit comprendre qu'il n'avait plus que peu de moments à vivre. Il s'approcha de lui et le prince lui dit : « C'en est fait, soyez témoin du dernier soupir de ma vie. Tout le regret que j'ai, c'est de ne pas mourir entre les bras de ma chère mère; elle aura bien de la douleur de n'avoir pas eu la triste consolation de me fermer les yeux. Témoignez-lui la peine que j'en souffre, et priez-la de faire transporter mon corps à Bagdad, afin qu'elle arrose mon tombeau de ses larmes; il remercia l'hôte de la maison de l'accueil généreux qu'il lui avait fait; et, après lui avoir demandé en grâce, de vouloir bien que son corps demeurât chez lui jusqu'à ce qu'on vînt l'enlever, il expira... »

Scheherazade en était à cet endroit lorsque le jour parut. Elle cessa de parler, et elle reprit son discours la nuit suivante :

« Sire, dès le lendemain de la mort du prince de Perse, le joaillier se rendit à Bagdad. Comme il marchait recueilli en lui-même, une femme s'arrêta devant lui. Il leva les yeux, et vit que c'était la confidente de Schemselnihar qui était habillée de deuil. A cette vue, sans ouvrir la bouche pour lui parler, il continua de marcher jusque chez lui, où la confidente le suivit et entra avec lui. Ils s'assirent, et le joaillier, prenant la parole le premier, demanda à la confidente si elle avait déjà appris la mort du prince de Perse, et si c'était lui qu'elle pleurait. « Hélas! non, s'écria-t-elle;

quoi! ce prince si charmant est mort! il n'a pas vécu long-temps après sa chère Schemselnihar. » Le joaillier, qui ne savait rien de la mort de Schemselnihar, eut une nouvelle affliction d'apprendre cette nouvelle. « Schemselnihar est morte! » s'écria-t-il. « Elle est morte, reprit la confidente en pleurant, et c'est d'elle que je porte le deuil. « Vous n'avez pas oublié, lui dit-elle, que je vous ai dit que le calife avait fait venir Schemselnihar à son palais; il était vrai que le calife avait été informé des amours de Schemselnihar et du prince de Perse, par les deux esclaves qu'il avait interrogées toutes deux. Vous allez vous imaginer qu'il se mit en colère contre Schemselnihar, et qu'il donna de grandes marques de jalousie et de vengeance. Point du tout : il la reçut avec un visage ouvert; et quant il eut remarqué la tristeste dont elle était accablée : « Schemselnihar, lui dit-il avec bonté, je ne puis souffrir que vous paraissiez devant moi avec un air qui m'afflige infiniment. Vous savez avec quelle passion je vous ai toujours aimée; vous devez en être persuadée par toutes les marques que je vous en ai données. Je ne change pas, et je vous aime plus que jamais. Vous avez des ennemis qui m'ont fait des rapports contre votre conduite; mais tout ce qu'ils ont pu me dire ne me fait pas la moindre impression. Quittez donc cette mélancolie, et disposez-vous à m'entretenir de quelque chose d'agréable et de divertissant. Il lui dit plusieurs autres choses très obligeantes, et il la fit entrer dans un appartement magnifique, près du sien, où il la pria d'attendre. L'affligée Schemselnihar fut très sensible à tant de témoignages d'affection; mais plus elle connaissait combien elle en était obligée au calife, plus elle était pénétrée de la douleur d'être éloignée pour jamais du prince de Perse. Elle se fit une si grande violence pour lui complaire, que nous la vîmes expirer peu de moments après. Le calife crut qu'elle n'était qu'évanouie, et nous eûmes toutes la même pensée. Nous tâchâmes de la secourir, mais elle ne revint pas, et voilà comme nous la perdîmes. Le calife l'honora de ses larmes; et, avant de se retirer, il ordonna de casser tous les instruments, ce qui fut exécuté. Je restai près du corps; je le lavai et l'ensevelis moi-même, en le baignant de mes larmes; et le lendemain elle fut enterrée, par ordre du calife, dans un tombeau magnifique qu'il avait fait bâtir dans le lieu qu'elle avait choisi elle-même. Puisque vous dites, ajouta-elle, qu'on doit apporter le corps du prince de Perse à Bagdad, je suis résolue de faire en sorte qu'on le mette dans le même tombeau. »

» Le joaillier fut fort surpris de cette résolution de la confidente. « Vous n'y songez pas, reprit-il; jamais le calife ne le souffrira. — Vous croyez la chose impossible, reprit la confidente; elle ne l'est pas, et vous en conviendrez, quand je vous aurai dit que le calife m'a chargée du soin et de la garde de son tombeau, avec un revenu considérable pour l'entretenir. »

» La confidente attendit à la porte de la ville, où elle se présenta à la mère du prince, et la supplia, au nom de tout Bagdad, qui le souhaitait ardemment, de vouloir bien que les corps des deux amants qui n'avaient eu qu'un cœur jusqu'à leur mort, n'eussent qu'un même tombeau. Elle y consentit, et le corps fut porté au tombeau de Schemselnihar, à la tête d'un peuple innombrable, et mis à côté d'elle.

» C'est, sire, dit ici Scheherazade, ce que j'avais à raconter à votre majesté des amours de la belle Schemselnihar et de l'aimable Ali-Ebn-Becar, prince de Perse. »

Quand Dinarzade vit que la sultane sa sœur avait cessé de parler, elle la remercia du plaisir qu'elle lui avait fait par le récit de cette histoire. Si le sultan veut bien me souffrir encore jusqu'à demain, reprit Scheherazade, je vous raconterai celle du prince Camaralzaman, que vous trouverez beaucoup plus agréable. Elle se tut, et le sultan, qui ne put encore se résoudre à la faire mourir, remit à l'écouter la nuit suivante.

Le lendemain, avant le jour, Scheherazade commença ainsi l'histoire de Camaralzaman.

HISTOIRE DE CAMARALZAMAN ET DE BÉDOURE, PRINCESSE DE CHINE.

« Sire, environ à vingt journées de navigation des côtes de la Perse, il y a une île que l'on appelle l'île des Enfants de Khalédan. Elle est divisée en plusieurs grandes provinces florissantes et bien peuplées, qui forment un royaume très-puissant. Autrefois elle était gouvernée par un roi, nommé Schahzaman, qui avait quatre femmes légitimes et soixante concubines.

» Schahzaman s'estimait le monarque le plus heureux de la terre, vu la prospérité de son règne. Une seule chose troublait son bonheur: c'est qu'il n'avait point d'enfants, quoiqu'il eût un si grand nombre de femmes. Il ne savait à quoi attribuer cette stérilité; et regardait comme le plus grand malheur qui pût lui arriver, de mourir sans laisser après lui un successeur de son sang.

» Enfin, Schahzaman obtint du ciel ce qu'il désirait, une de ses femmes lui donna un fils au bout de neuf mois. L'on célébra la naissance du prince, non seulement dans sa capitale, mais dans toute l'étendue de ses états, par des réjouissances publiques d'une semaine entière. On lui porta le prince dès qu'il fut né, et il lui trouva tant de beauté, qu'il lui donna le nom de Camaralzaman, *lune du siècle*. Camaralzaman fut élevé avec tous les soins imaginables; et dès qu'il fut en âge, son père lui donna un sage gouverneur et d'habiles précepteurs. Ces personnages distingués trouvèrent en lui un esprit docile et capable de recevoir toutes les instructions qu'ils voulurent lui donner. Dans un âge plus avancé, il apprit de même tous les exercices, et il s'en acquittait avec grâce et avec une adresse merveilleuse dont il charmait tout le monde, et particulièrement le sultan son père.

» Quand le prince eut atteint l'âge de quinze ans, le sultan, qui l'aimait avec tendresse, conçut le dessein de le marier. Un jour donc, il le fit venir près de lui : « Mon fils, lui dit-il, savez-vous à quel sujet je vous ai fait appeler? — Sire, répondit le prince avec modestie, je l'apprendrai de votre majesté avec plaisir. — Je l'ai fait pour vous dire, répondit le sultan, que je veux vous marier. Que vous en semble? »

» Le prince Camaralzaman entendit ces paroles avec un grand déplaisir. Après quelques moments de silence, il répondit: « Sire, je vous supplie de me pardonner si je parais interdit à la déclaration que votre majesté me fait; je ne m'y attendais pas. Je ne sais même si je pourrai jamais me résoudre au lien du mariage. Peut-être ne serai-je pas toujours dans ce sentiment. Je sens néanmoins qu'il me faut du temps avant de me déterminer à ce que votre majesté exige de moi.... »

Scheherazade voulait poursuivre, mais elle s'aperçut que le jour paraissait. Elle reprit le conte la nuit suivante, et dit :

« Sire, la réponse du prince Camaralzaman affligea le sultan son père. Il eut une véritable douleur de voir en lui une si grande répugnance pour le mariage. « Je vous donne le temps d'y penser, dit-il, et de considérer qu'un prince, destiné à gouverner un grand royaume, doit penser à se donner un successeur. En vous donnant cette satisfaction, vous me la donnerez à moi-même, qui suis bien aise de me voir revivre en vous et dans vos enfants. » Schahzaman n'en dit pas davantage au prince. Il lui donna entrée dans les conseils, et lui fournit tous les sujets d'être content qu'il pouvait désirer. Au bout d'un an, il le prit en particulier. « Eh bien ! mon fils! vous êtes-vous souvenu du dessein que j'avais de vous marier? Refuserez-vous de me donner la joie que j'attends de votre obéissance? et voulez-vous me laisser mourir sans me donner cette satisfaction? » Le prince n'hésita pas à répondre en ces termes, avec fermeté: « Sire, je n'ai pas manqué d'y penser avec l'attention que je devais, mais après y avoir pensé mûrement, je me suis confirmé dans la résolution de vivre sans m'engager dans le mariage. En effet, les maux infinis que les femmes ont causés de tout temps dans l'univers, comme je l'ai appris dans nos histoires, et ce que j'entends dire chaque jour de leur malice, sont des motifs qui me persuadent de n'avoir de ma vie aucune liaison avec elles. Ainsi, votre majesté me pardonnera si j'ose lui représenter qu'il est inutile qu'elle me parle davantage de me marier. » Il en demeura-là, et quitta le sultan, sans attendre qu'il lui dît autre chose. Celui-ci communiqua à son premier ministre le nouveau sujet de chagrin que Camaralzaman venait de lui donner. « Sire, reprit le grand-visir, on vient à bout d'une infinité d'affaires avec la patience; peut-être que celle-ci n'est pas d'une nature à y réussir par cette voie; mais votre majesté n'aura point à se reprocher d'avoir usé d'une trop grande précipitation, si elle juge à propos de donner une année au prince pour se consulter lui-même,

S'il persiste dans son opiniâtreté, quand l'année sera expirée, il me semble que votre majesté aura lieu de lui déclarer, en plein conseil, qu'il est du bien de l'état qu'il se marie. Il n'est pas croyable qu'il vous manque de respect à la face d'une compagnie que vous honorez de votre présence. »

» Le sultan désirait si passionnément de voir le prince son fils marié, que les moments d'un si long délai lui paraissaient des années; il se rendit néanmoins aux raisons de son grand-visir, qu'il ne pouvait désapprouver... »

Le jour qui avait déjà commencé à paraître, imposa silence à Scheherazade; elle reprit la suite du conte la nuit suivante:

« L'année s'écoula, et, au grand regret du sultan, le prince n'avait pas changé de sentiment. Un jour de conseil enfin, que le premier visir, les officiers de la couronne, et les généraux d'armée étaient assemblés, le sultan prit la parole, et dit au prince : « Mon fils, il y a long-temps que je vous ai marqué le désir que j'avais de vous voir marié, et j'attendais de vous plus de déférence pour un père qui ne vous demandait rien que de raisonnable. Après une si longue résistance de votre part, qui a poussé ma patience à bout, je vous demande la même chose en présence de mon conseil. Ce n'est plus simplement pour obliger un père que vous ne devriez pas refuser; c'est que le bien de mes états l'exige, et que tous ces seigneurs le demandent avec moi. Déclarez-vous donc, afin que, selon votre réponse, je prenne les mesures que je dois. »

» Le prince répondit avec si peu de retenue, ou plutôt avec tant d'emportement, que le sultan, justement irrité de la confusion qu'il lui donnait en plein conseil, s'écria : « Quoi ! fils dénaturé, vous avez l'insolence de parler ainsi à votre père et à votre sultan ! » Il le fit arrêter par les huissiers, et le fit conduire à une tour abandonnée depuis long-temps, où il fut enfermé avec un lit, quelques livres et un seul esclave pour le servir. Camaralzaman, content d'avoir la liberté de s'entretenir avec ses livres, regarda sa prison avec assez d'indifférence. Sur le soir, il se leva, il fit sa prière, et après avoir lu quelques chapitres de l'Alcoran, il se coucha sans éteindre la lampe, qu'il laissa près de son lit, et s'endormit.

» Dans cette tour, il y avait un puits qui servait de retraite à une fée nommée Maimoune, fille de Damriat, chef d'une légion de génies. Il était environ minuit lorsque Maimoune s'élança légèrement au haut du puits pour aller, selon sa coutume, où la curiosité la porterait. Elle fut fort étonnée de voir de la lumière dans la chambre de Camaralzaman; elle y entra, s'approcha du lit dont la magnificence l'attira, et elle fut surprise de voir que quelqu'un y était couché.

» Camaralzaman avait le visage à demi-caché sous la couverture. Maimoune la leva un peu, et elle vit le plus beau jeune homme qu'elle eût jamais vu. « Quel éclat, dit-elle en elle-même, ou plutôt quel prodige de beauté ne doit-ce pas être lorsque ses yeux sont ouverts ! Quel sujet peut-il avoir donné pour être traité d'une manière si indigne?

» Maimoune ne pouvait s'empêcher d'admirer le prince; après l'avoir baisé sur chaque joue et au milieu du front, elle remit la couverture comme elle était avant, et prit son vol dans l'air. Comme elle fut élevée bien haut, elle fut frappée d'un bruit d'ailes qui l'obligea de voler du même côté. En approchant, elle connut que c'était un génie qui faisait ce bruit.

» Le génie, qui se nommait Danhasch, reconnut aussi Maimoune, et en eut une grande frayeur; il aurait bien voulu éviter sa rencontre, mais il se trouva si près d'elle, qu'il fallait se battre ou céder.

» Danhasch prévint Maimoune : « Brave Maimoune, lui dit-il, jurez-moi que vous ne me ferez pas de mal, et je vous promets de ne pas vous en faire. »

» Maudit génie, reprit Maimoune, je ne te crains pas, mais je veux bien t'accorder cette grâce. Dis-moi présentement d'où tu viens, ce que tu as vu, ce que tu as fait cette nuit? » « Belle dame, répondit Danhasch, vous me rencontrez à propos pour entendre quelque chose de merveilleux... »

Scheherazade interrompit là son discours, à cause de la clarté du jour qui se faisait voir. La nuit suivante, elle continua son histoire en ces termes :

« Sire, dit-elle, Danhasch dit à Maimoune: « Je viens présentement des extrémités de la Chine. La Chine est un des plus puissants royaumes de la terre, le roi d'aujourd'hui s'appelle Gaïour, et ce roi a une fille unique, la plus belle qu'on ait jamais vue dans l'univers. Elle a des cheveux bruns qui lui descendent beaucoup plus bas que les pieds, elle a le front aussi uni que le miroir le mieux poli, et d'une forme admirable; les yeux noirs, brillants et pleins de feu; le nez parfait, la bouche petite et vermeille; les dents sont comme deux files de perles, et le son de sa voix est doux et agréable, le plus bel albâtre n'est pas plus blanc que sa gorge. De cette faible ébauche, enfin, vous jugerez aisément qu'il n'y a pas de beauté au monde plus parfaite. Qui ne connaîtrait pas le roi, son père, jugerait, aux marques de tendresse qu'il lui donne, qu'il en est amoureux. Jamais amant n'a fait pour sa maîtresse ce qu'on lui a vu faire pour elle. La jalousie la plus violente n'a jamais fait imaginer ce que le soin de la rendre inaccessible à tout autre qu'à celui qui doit l'épouser, lui a fait exécuter. Afin qu'elle n'eût pas à s'ennuyer dans la retraite qu'il avait résolu qu'elle gardât, il lui a fait bâtir sept palais, à quoi on n'a jamais rien vu de pareil. Le premier palais est de cristal de roche, le second de bronze, le troisième d'un bronze plus précieux, le quatrième de fin acier, le cinquième de pierre de touche, le sixième d'argent, et le septième d'or massif. Il les a meublés avec une somptuosité proportionnée à la manière dont ils sont bâtis.

» Sur la renommée de la beauté de la princesse, les rois les plus puissants envoyèrent la demander en mariage par des ambassades solennelles.

» Après plusieurs ambassades, il en arriva une de la part d'un roi plus riche et plus puissant que tous ceux qui s'étaient présentés. Le roi en parla à la princesse, et lui exagéra combien il lui serait avantageux de l'accepter pour époux. La princesse le supplia de vouloir l'en dispenser, et lui dit qu'elle se trouvait trop heureuse pour désirer un autre sort. Il la pressa, mais au lieu de se rendre, la princesse perdit le respect qu'elle devait au roi son père : « Sire, lui dit-elle en colère, ne me parlez plus de ce mariage ni d'aucun autre; sinon, je m'enfoncerai le poignard dans le sein, et me délivrerai de vos importunités. Le roi, extrêmement indigné contre la princesse, lui repartit : « Ma fille, vous êtes une folle, et je vous traiterai en folle. » En effet, il la fit renfermer dans un seul appartement, et ne lui donna que dix vieilles femmes pour lui tenir compagnie et pour la servir, dont la principale était sa nourrice. Ensuite, afin que les rois voisins qui lui avaient envoyé des ambassades ne songeassent plus à elle, il leur fit annoncer l'éloignement où elle était pour le mariage. Et comme il ne douta pas qu'elle ne fût véritablement folle, il chargea des envoyés de faire savoir dans chaque cour que s'il y avait quelque médecin assez habile pour la guérir, il la lui donnerait pour femme.

» Belle Maimoune, poursuivit Danhasch, les choses sont en cet état, et je ne manque pas d'aller chaque jour contempler cette beauté incomparable. Venez la voir, je vous en conjure : Quand vous l'aurez vue, je suis persuadé que vous m'aurez quelque obligation de vous avoir fait connaître une princesse qui n'a pas d'égale en beauté.

» Au lieu de répondre à Danhasch, Maimoune fit de grands éclats de rire qui surprirent Danhasch. Quand elle eut bien ri : « Bon, bon, lui dit-elle, je croyais que tu allais me parler de quelque chose de surprenant et d'extraordinaire, et tu me parles d'une chassieuse ! Eh ! que dirais-tu donc, si tu avais vu le beau prince que je viens de voir en ce moment, et que j'aime autant qu'il le mérite? Vraiment, c'est bien autre chose; tu en deviendras fou. — Agréable Maimoune, reprit Danhasch, oserais-je vous demander qui peut être ce prince dont vous me parlez? — Sache, lui dit Maimoune, qu'il lui est arrivé la même chose qu'à la princesse dont tu viens de m'entretenir. Le roi son père voulait le marier à toute force : après de grandes importunités, il a déclaré qu'il n'en ferait rien; c'est la cause pourquoi, à l'heure que je te parle, il est en prison dans une vieille tour où je fais ma demeure, et où je viens de l'admirer. — Je ne veux pas vous contredire, reprit Danhasch ; mais, vous me permettrez, jusqu'à ce que j'aie vu votre prince, de croire qu'aucun mortel n'approche de ma princesse. — Il y a un moyen de nous satisfaire l'un et l'autre, reprit Maimoune, c'est d'apporter ta princesse, et de la mettre à côté de mon prince sur son lit. De la sorte, il nous sera aisé, à moi et à toi, de les comparer ensemble et de vider notre procès. » Il se rendit en Chine, et revint avec une diligence incroyable, chargé de la belle princesse endormie. Maimoune la reçut et l'introduisit dans la chambre du prince Camaralzaman, où ils la posèrent ensemble sur le lit à côté de lui. »

Le jour, qui parut, obligea Scheherazade à suspendre son récit; elle reprit ainsi la nuit suivante :

« Quand le prince et la princesse furent à côté l'un de l'autre, il y eut une contestation entre le génie et la fée. Ils furent quelque temps à les admirer et à les comparer ensemble sans parler. Danhasch rompit le silence. « Vous le voyez, dit-il à Maimoune, ma princesse est plus belle que votre prince. En doutez-vous présentement? — Oh! reprit Maimoune, il faut que tu sois aveugle pour ne pas voir que mon prince l'emporte de beaucoup sur la princesse. Elle est belle, je ne le désavoue pas; mais compare bien l'un avec l'autre sans prévention, tu verras que la chose est comme je le dis. — Quand je mettrais plus de temps à les comparer, reprit Danhasch, je n'en penserais pas moins que j'en pense. Cela n'empêchera pas néanmoins, charmante Maimoune, que je vous cède, si vous le souhaitez. — Cela ne sera pas ainsi, reprit Maimoune, je ne veux pas que tu me fasses de grâce. Je remets la chose à un arbitre; et si tu n'y consens, je prends gain de cause sur ton refus. »

» Danhasch n'eut pas plus tôt donné son consentement que Maimoune frappa la terre de son pied, et il en sortit un géant hideux, bossu, borgne et boiteux, avec six cornes à la tête, et les pieds et les mains crochus. Dès qu'il eut aperçu Maimoune, il se jeta à ses pieds, et lui demanda ce qu'elle souhaitait de son très-humble serviteur. « Levez-vous, Caschcasch, lui dit-elle (c'était le nom du génie); je vous fais venir ici pour être juge d'une dispute que j'ai avec Danhasch. Jetez les yeux sur ce lit, et dites-nous sans partialité qui vous paraît plus beau du jeune homme ou de la jeune dame. » Caschcasch regarda le prince et la princesse avec une surprise et une admiration extraordinaires. Après qu'il les eut bien considérés : « Madame, dit-il à Maimoune, plus je les examine, et plus il me semble que chacun possède au souverain degré la beauté qu'ils ont en partage, autant que je puis m'y connaître, et l'un n'a pas le moindre défaut par où l'on puisse dire qu'il cède à l'autre. Si l'un ou l'autre en a quelqu'un, il n'y a, selon mon avis, qu'un moyen pour en être éclairci : c'est de les éveiller l'un après l'autre, et que vous conveniez que celui qui témoignera plus d'amour, par son ardeur, par son empressement pour l'autre, aura moins de beauté. »

» Le conseil de Caschcasch plut également à Maimoune et à Danhasch. Maimoune se changea en puce, et sauta au cou de Camaralzaman. Elle le piqua si vivement qu'il s'éveilla et y porta la main; Maimoune avait été prompte à faire un saut en arrière, et à reprendre sa forme ordinaire, invisible néanmoins comme les deux génies, pour être témoin de ce qu'il allait faire. En retirant la main, il la laissa tomber sur celle de la princesse de Chine. Il ouvrit les yeux, et il fut dans la dernière surprise de voir une dame couchée près de lui et d'une si grande beauté. Il leva la tête, et s'appuya du coude pour la mieux considérer. La grande jeunesse de la princesse et sa beauté incomparable l'embrasèrent en un instant d'un feu dont il s'était gardé jusqu'alors avec tant d'aversion, et il ne put s'empêcher de crier : « Quelle beauté! quels charmes! mon cœur! mon âme! » Et en disant ces paroles, il la baisa aux joues et à la bouche avec si peu de précaution, qu'elle se fût éveillée, si elle n'eût dormi plus fort qu'à l'ordinaire par l'enchantement de Danhasch. « Quoi! ma belle dame, dit le prince, vous ne vous éveillez pas à ces marques d'amour! Qui que vous soyez, Camaralzaman n'est pas indigne du vôtre. » Il allait l'éveiller tout de bon, mais il se retint tout à coup. « Ne serait-ce pas, dit-il en lui-même, celle que mon père voulait me donner en mariage? Il a eu grand tort de ne pas me la faire voir plus tôt; je ne l'aurais pas offensé par la désobéissance et par mon emportement. Le prince se repentit de la faute qu'il avait commise, et il fut encore sur le point d'éveiller la princesse de la Chine. « Peut-être, dit-il, que le sultan mon père a envoyé cette jeune dame pour éprouver si j'ai autant d'aversion pour le mariage que je lui en ai fait paraître. Qui sait s'il ne s'est pas caché pour me faire honte de ma dissimulation? Cette seconde faute serait de beaucoup plus grande que la première. A tout événement, je me contenterai de cette bague pour me souvenir d'elle. » C'était une fort belle bague que la princesse avait au doigt. Il la tira adroitement, et mit la sienne à la place. Aussitôt il s'endormit d'un sommeil aussi profond qu'auparavant, par l'enchantement des génies. Dès que Camaralzaman fut endormi, Danhasch se transforma en puce à son tour, et alla mordre la princesse au bas de la lèvre. Elle s'éveilla en sursaut, se mit sur son séant; et, en ouvrant les yeux, elle fut fort étonnée de se voir couchée avec un homme. De l'étonnement elle passa à l'admiration, et de l'admiration à une joie qu'elle fit paraître dès qu'elle eut vu que c'était un jeune homme si bien fait et si aimable.

« Quoi! s'écria-elle, est-ce vous que le roi mon père m'avait destiné pour époux? Je suis bien malheureuse de ne l'avoir pas su : je ne l'aurais pas mis en colère, et je n'aurais pas été si long-temps privée d'un mari que je ne puis m'empêcher d'aimer de tout mon cœur. Éveillez-vous, éveillez-vous; il ne sied pas à un mari de tant dormir la première nuit de ses noces. »

» En disant ces paroles, la princesse prit le prince Camaralzaman par le bras, et l'agita si fort, qu'il se fût éveillé, si Maimoune n'eût augmenté son sommeil. Elle l'agita à plusieurs reprises, et comme elle vit qu'il ne s'éveillait pas : « Eh quoi! reprit-elle, quelque rival jaloux de votre bonheur et du mien aurait-il eu recours à la magie, et vous aurait-il jeté dans cet assoupissement lorsque vous devez être plus éveillé que jamais? » Elle lui prit la main; en la baisant tendrement, elle s'aperçut de la bague qu'il avait au doigt; elle la trouva si semblable à la sienne, qu'elle fut convaincue que c'était elle-même quand elle eut vu qu'elle en avait une autre. Elle ne comprit pas comment cet échange s'était fait, mais elle ne douta pas que ce ne fût la marque certaine de leur mariage. Lassée de la peine inutile qu'elle avait prise pour l'éveiller, et assurée, comme elle le pensait, qu'il ne lui échapperait pas : « Puisque je ne puis vous éveiller, dit-elle, je n'interromprai pas votre sommeil : à nous revoir. » Après lui avoir donné un baiser à la joue en prononçant ces dernières paroles, elle se recoucha, et mit très-peu de temps à se rendormir.

« Quand Maimoune vit la princesse endormie : « Eh bien! maudit, dit-elle à Danhasch, es-tu convaincu que ta princesse est moins belle que mon prince? Une autre fois, crois-moi quand je t'aurai assuré quelque chose. » Et se tournant du côté de Caschcasch : « Pour vous, ajouta-t-elle, prenez la princesse avec Danhasch, et remportez-la ensemble dans son lit, où il vous mènera. » Danhasch et Caschcasch exécutèrent l'ordre de Maimoune, et Maimoune se retira dans son puits... »

Le jour, qui commençait à paraître, imposa silence à Scheherazade, et la nuit suivante la sultane continua en ces termes :

« Sire, dit-elle, le prince Camaralzaman, en s'éveillant le lendemain, regarda à côté de lui si la dame qu'il avait vue y était encore. Quand il vit qu'elle n'y était plus, il éveilla l'esclave qui dormait encore. « Viens çà, lui dit-il, et ne ments pas. Dis-moi comment est venue la dame qui a couché avec moi, et qui l'a amenée. — Prince, répondit l'esclave avec étonnement, de quelle dame entendez-vous parler? — De celle, reprit le prince, qu'on m'a amenée ici cette nuit et qui a couché avec moi. — Prince, repartit l'esclave, par où cette dame serait-elle venue, puisque je couche à la porte? — Tu es un menteur, répliqua le prince, et tu es d'intelligence pour m'affliger davantage. » En disant ces mots, il lui appliqua un soufflet, dont il le jeta par terre; et, après l'avoir foulé sous les pieds, il le lia avec la corde du puits, le descendit dedans, et le plongea dans l'eau. « Je te noierai, s'écria-t-il, si tu ne me dis qui est la dame et qui l'a amenée. » L'esclave, moitié dans l'eau, moitié dehors, dit en lui-même : « Sans doute que le prince a perdu l'esprit; je ne puis échapper que par un mensonge... Prince, dit-il d'un ton suppliant, donnez-moi la vie; je promets de vous dire la chose comme elle est. » Le prince retira l'esclave, et le pressa de parler. Dès qu'il fut hors du puits : « Prince, lui dit-il en tremblant, je ne puis vous satisfaire dans l'état où je suis; donnez-moi le temps d'aller changer d'habits. »

« Je te l'accorde, reprit le prince; mais prends garde de ne pas me cacher la vérité. »

L'esclave sortit, et, après avoir fermé la porte sur le prince, il courut au palais dans l'état où il était. Le roi s'y entretenait avec son premier visir, et se plaignait de la désobéissance et de l'emportement si criminel du prince son fils. Ce ministre tâchait de le consoler : « Sire, lui disait-il, votre majesté ne doit pas se repentir de l'avoir fait arrêter. Pourvu qu'elle ait la patience de le laisser quelque temps dans sa prison, il abandonnera cette fougue de jeunesse et se soumettra à tout ce qu'elle exigera de lui. » Le grand-visir achevait ces derniers mots lorsque l'esclave se présenta au roi. « Sire, lui dit-il, je suis bien fâché de venir annoncer à votre majesté une nouvelle qu'elle ne peut écouter qu'avec un grand déplaisir. » Il fit le détail de tout ce que le prince Camaralzaman avait et de la manière dont il l'avait traité. « Voici, dit le roi à son premier ministre, un incident des plus fâcheux, bien différent de l'espérance que vous me donniez tout à l'heure. Allez, voyez ce que c'est, et venez m'en informer. »

» Le grand-visir obéit sur-le-champ, et, en entrant dans la chambre du prince, il le trouva assis avec un livre à la main, qu'il lisait. Il le salua, et après qu'il se fut assis près de lui : « Je veux un grand mal à votre esclave, dit-il, d'être venu effrayer le roi par la nouvelle qu'il vient de lui apporter. — Quelle est cette nouvelle, reprit le prince, qui peut lui avoir donné tant de frayeur? — Prince, repartit le visir, à Dieu ne plaise que ce que l'esclave a rapporté de vous soit véritable! Le bon état où je vous vois me fait connaître qu'il n'en est rien. — Peut-être, répliqua le prince, qu'il ne s'est pas bien fait entendre. Puisque vous êtes ici, je suis bien aise de vous demander où est la dame qui a couché cette nuit avec moi.

» Le grand-visir demeura comme hors de lui-même à cette demande. « Prince, répondit-il, serait-il possible, je ne dis pas qu'une dame, mais qu'aucun homme eût pénétré de nuit jusqu'en ce lieu, où l'on ne peut entrer qu'en marchant sur le ventre de votre esclave? De grâce, rappelez votre mémoire; sans doute un songe vous a laissé cette forte impression. — Je ne m'arrête pas à votre discours, reprit le prince d'un ton plus haut : je veux savoir absolument ce qu'est devenue cette dame. »

» A ces paroles, le grand-visir prit le prince par la douceur, et il lui demanda, dans les termes les plus ménagés, si lui-même il avait vu cette dame.

« Oui, oui, repartit le prince, je l'ai vue; elle a fort bien joué le rôle que vous lui avez prescrit : vous le savez sans doute, et elle n'aura pas manqué de vous en faire le récit. »

« Prince, répliqua le grand-visir, je vous jure, le roi votre père et moi, nous ne vous avons pas envoyé la dame dont vous me parlez : permettez-moi de vous dire encore une fois que vous n'avez vu cette dame qu'en songe. — Vous venez donc aussi pour vous moquer de moi, répliqua le prince en colère, et pour me dire en face que ce que je vous dis est un songe! » Il le prit aussitôt par la barbe et le chargea de coups. Le pauvre grand-visir essuya patiemment toute la colère du prince : « Prince, s'écria-t-il, je vous supplie de me donner un moment d'audience. » Le prince le laissa parler. « Je vous avoue, prince, dit alors le grand-visir en dissimulant, qu'il est quelque chose de ce que vous croyez. Mais vous savez qu'un ministre doit exécuter les ordres de son maître. Si vous avez la bonté de me le permettre, je suis prêt à aller lui dire de votre part ce que vous m'ordonnerez. — Allez, répondit le prince, et dites-lui que je veux épouser la dame qui a couché cette nuit avec moi. » Le grand-visir fit une profonde révérence en le quittant, et il ne se crut délivré que quand il fut hors de la tour, et qu'il eut refermé la porte sur le prince.

» Le grand-visir se présenta devant le roi avec une tristesse qui l'affligea d'abord. « Eh bien, lui demanda ce monarque, en quel état avez-vous trouvé mon fils? » Le visir lui fit le récit de l'entretien qu'il avait eu avec Camaralzaman, de l'emportement de ce prince, du mauvais traitement qu'il avait reçu de lui, et de l'adresse dont il s'était servi pour échapper de ses mains.

» Schahzaman voulut s'éclaircir de la vérité par lui-même; il alla voir le prince, et mena le grand-visir avec lui... »

La sultane Scheherazade interrompit en cet endroit son discours, qu'elle reprit ainsi la nuit suivante :

« Sire, Camaralzaman reçut son père avec un grand respect. Le roi s'assit, et après qu'il eut fait asseoir le prince, il lui fit plusieurs demandes auxquelles il répondit d'un très-bon sens. Enfin, il lui parla de la dame : « Mon fils, dit-il, je vous prie de me dire ce que c'est que cette dame qui a couché cette nuit avec vous, à ce que l'on dit. — Sire, répondit Camaralzaman, je supplie votre majesté de ne pas augmenter le chagrin qu'on m'a déjà donné sur ce sujet. Quelque aversion que je vous aie témoignée jusqu'à présent pour les femmes, cette jeune beauté m'a tellement charmé que je ne fais pas difficulté de vous avouer ma faiblesse. Je suis prêt à la recevoir de votre main avec la dernière obligation. » Le roi demeura interdit à la réponse du prince, si éloignée, comme il lui semblait, du bon sens qu'il venait de faire paraître auparavant. « Mon fils, je vous jure que je ne sais pas la moindre chose de la dame dont vous me parlez ; je n'y ai aucune part, s'il en est venu quelqu'une. Mais comment aurait-elle pu pénétrer dans cette tour sans mon consentement? »

« Sire, repartit le prince, je serais indigne des bontés de votre majesté si je n'ajoutais pas foi à l'assurance qu'elle me donne ; mais je la supplie de vouloir bien m'écouter. »

» Camaralzaman raconta alors au roi de quelle manière il s'était éveillé. Il lui vanta la beauté et les charmes de la dame qu'il avait trouvée à son côté, l'amour qu'il avait conçu pour elle, et tout ce qu'il avait fait inutilement pour la réveiller. Il ne lui cacha pas même ce qui l'avait obligé de se rendormir après qu'il eut fait l'échange de sa bague avec celle de la dame. « Sire, ajouta-t-il en lui présentant la bague, la mienne ne vous est pas inconnue, vous l'avez vue plusieurs fois. Après cela, j'espère que vous serez convaincu que je n'ai pas perdu l'esprit, comme on vous l'a fait accroire. »

» Schahzaman fut dans un étonnement si grand de ce que son fils venait de lui raconter qu'il demeura longtemps sans dire un mot. « Après ce que je viens d'entendre, mon fils, et d'après ce que je vois par cette bague, dit enfin le roi, je ne puis douter que votre passion ne soit réelle et que vous n'ayez vu la dame qui l'a fait naître. Mais où la chercher? Comment et par où est-elle entrée? Pourquoi y est-elle entrée seulement pour dormir avec vous, vous enflammer et disparaître pendant que vous dormiez? Je ne comprends rien à votre aventure, et, si le ciel ne nous est favorable, elle nous mettra au tombeau, vous et moi. » En achevant ces paroles et en prenant le prince par la main : « Venez, ajouta-t-il, allons nous affliger ensemble. » Le roi tira le prince hors de la tour et l'amena au palais ; il s'enferma et pleura plusieurs jours avec lui, sans vouloir prendre aucune connaissance des affaires de son royaume. Son premier ministre vint un jour lui représenter que toute sa cour et même les peuples commençaient à murmurer de ne pas le voir, et qu'il ne répondait pas du désordre qu'il pouvait en arriver. « Je supplie votre majesté, poursuivit-il, de permettre que je lui propose de se transporter avec le prince au château de la petite île, peu éloignée du port, et de donner audience deux fois la semaine seulement. » Le roi Schahzaman approuva ce conseil, et dès que le château fut meublé il y passa avec le prince, où il ne le quittait que pour donner les deux audiences précisément.

» Pendant que ces choses se passaient dans la capitale du roi de Schahzaman, les deux génies avaient rapporté la princesse au palais où le roi de la Chine l'avait enfermée et l'avaient remise dans son lit. Le lendemain matin, à son réveil, elle regarda à droite et à gauche, et, quand elle vit que Camaralzaman n'était plus près d'elle, elle appela ses femmes. La nourrice, qui se présenta à son chevet, lui demanda ce qu'elle souhaitait et s'il lui était arrivé quelque chose. « Dites-moi, reprit la princesse, qu'est devenu le jeune homme qui a couché cette nuit avec moi! — Princesse, répondit la nourrice, je ne comprends rien à votre discours, si vous ne vous expliquez davantage. — C'est, reprit la princesse, qu'un jeune homme, le mieux fait et le plus aimable qu'on puisse imaginer, dormait près de moi cette nuit, que je l'ai caressé longtemps, et que j'ai fait tout ce que j'ai pu pour l'éveiller, sans y réussir : je vous demande où il est. — Princesse, repartit la nourrice sérieusement, vous étiez seule quand nous vous couchâmes hier au soir, et personne n'est entré pour coucher avec vous, que nous sachions, vos femmes et moi. » La princesse de la Chine perdi patience ; elle prit sa nourrice par la tête, e lui donnant des soufflets : « Tu me le diras vieille sorcière! dit-elle, ou je t'assommerai!

La nourrice fit de grands efforts pour se tirer de ses mains, et elle alla sur-le-champ trouver la mère de la princesse. Elle se présenta, les larmes aux yeux et le visage tout meurtri, au grand étonnement de la reine, qui lui demanda qui l'avait mise en cet état.

« Madame, dit la nourrice, vous voyez le traitement que m'a fait la princesse; elle m'eût assommée si je ne me fusse échappée de ses mains. » Elle lui raconta ensuite le sujet de sa colère et de son emportement, dont la reine ne fut pas moins affligée que surprise. « Vous voyez, madame, ajouta-t-elle, que la princesse est hors de son bon sens. Vous en jugerez vous-même, si vous prenez la peine de venir la voir. » La tendresse de la reine était trop intéressée dans ce qu'elle venait d'entendre : elle se fit suivre par la nourrice, et elle alla voir la princesse sa fille. »

La sultane Scheherazade, s'apercevant que le jour commençait, se tut, et reprit le conte la nuit suivante :

« Sire, la reine s'assit près de la princesse sa fille, et elle lui demanda quel sujet de mécontentement elle avait contre sa nourrice, qu'elle avait maltraitée. « Madame, répondit la princesse, je vois bien que votre majesté veut aussi se moquer de moi; mais je vous déclare que je n'aurai pas de repos que je n'aie épousé l'aimable cavalier qui a couché cette nuit avec moi. Vous devez savoir où il est; je vous supplie de le faire revenir. »

« Ma fille, reprit la reine, vous me surprenez, et je ne comprends rien à votre discours. — Madame, répliqua la princesse, mon père et vous m'avez persécutée pour me contraindre de me marier lorsque je n'en avais pas envie; cette envie m'est venue présentement, et je veux avoir pour mari le cavalier que je vous ai dit, sinon je me tuerai. — Ma fille, lui répondit la reine, vous savez bien que vous êtes seule dans votre appartement, et qu'aucun homme ne peut y entrer. » Mais, au lieu d'écouter, la princesse l'interrompit et fit des extravagances qui obligèrent la reine de se retirer dans une grande affliction et d'aller informer le roi de tout.

» Le roi vint à l'appartement de la princesse sa fille, et lui demanda si ce qu'il venait d'apprendre était véritable. « Sire, répondit-elle, ne parlons pas de cela; faites-moi seulement la grâce de me rendre l'époux qui a couché cette nuit avec moi... — Quoi! ma fille, reprit le roi, est-ce que quelqu'un a couché avec vous cette nuit? — Sire, reprit la princesse, votre majesté ne l'ignore pas. C'est un accompli cavalier, je vous le redemande, ne me refusez pas, je vous en supplie. Afin que votre majesté ne doute pas qu'il n'ait couché avec moi, que je ne l'aie caressé, et que je n'aie fait des efforts pour l'éveiller, voyez, s'il vous plaît, cette bague. » Elle avança la main, et le roi ne sut que dire quand il vit que c'était la bague d'un homme. Mais comme il ne pouvait rien comprendre à tout ce qu'elle lui disait et qu'il l'avait enfermée comme folle, il la crut encore plus folle qu'auparavant. Ainsi, sans lui parler davantage, de crainte qu'elle ne fît quelque violence contre ceux qui s'approcheraient d'elle, il l'a fit enchaîner, et ne lui donna que sa nourrice pour la servir.

» Le roi de la Chine, inconsolable du malheur qui était arrivé à sa fille, fit publier dans ses états et dans ceux de ses voisins que, s'il y avait quelque médecin assez expérimenté pour la rétablir dans son bon sens, il n'avait qu'à venir se présenter, à condition de perdre la tête s'il ne la guérissait pas.

» Tant astrologues que médecins, il s'en présenta cent cinquante, qui furent mis à mort. »

HISTOIRE DE MARZAVAN, AVEC LA SUITE DE CELLE DE CAMARALZAMAN.

« La nourrice de la princesse avait un fils nommé Marzavan, frère de lait de la princesse. Leur amitié avait été si grande pendant leur enfance qu'ils se traitaient de frère et de sœur, même après que leur âge eut obligé de les séparer. Entre plusieurs sciences dont Marzavan avait cultivé son esprit, son inclination l'avait porté particulièrement à l'étude de l'astrologie judiciaire et d'autres sciences secrètes. Non content de ce qu'il avait appris de ses maîtres, il n'y avait pas d'homme célèbre en aucune science qu'il n'eût été chercher dans les pays les plus éloignés et qu'il n'eût fréquenté pour en tirer toutes les connaissances qui étaient de son goût. Après une absence de plusieurs années, Marzavan revint enfin chez lui, et les têtes coupées et rangées qu'il aperçut au-dessus de la porte par où il entra le surprirent tellement qu'il demanda à sa mère pourquoi elles y étaient; il s'informa aussi des nouvelles de la princesse, sa sœur de lait, qu'il n'avait pas oubliée. Comme elle ne put le satisfaire sur la première demande sans comprendre la seconde, il apprit en gros ce qu'il souhaitait, en attendant que sa mère lui en apprît davantage. »

Scheherazade mit fin à son discours en cet endroit. Elle le reprit la nuit suivante en ces termes :

« Sire, dit-elle, la nourrice de la princesse ayant raconté à son fils l'état pitoyable où était la princesse et le sujet, pourquoi le roi de la Chine lui faisait ce traitement, Marzavan lui demanda si elle ne pouvait lui procurer le moyen de la voir, sans que le roi en eût connaissance. « Mon fils, lui dit la nourrice, je ne puis vous rien dire là-dessus présentement; mais attendez-moi demain à la même heure, je vous en donnerai la réponse. »

» Comme personne ne pouvait s'approcher de la princesse que par la permission de l'eunuque qui commandait à la garde de la porte, la nourrice, qui savait qu'il était dans le service depuis peu, s'adressa à lui : « Vous savez, lui dit-elle, que j'ai élevé et nourri la princesse; vous ne savez peut-être pas de même que je l'ai élevée avec une fille du même âge que j'avais alors et que j'ai mariée il n'y a pas longtemps. La princesse voudrait bien la voir, mais elle souhaite que cela se fasse sans que personne la voie entrer ni sortir. —Cela suffit, lui dit l'eunuque, je ferai toujours avec plaisir ce qui sera en mon pouvoir pour obliger la princesse; allez prendre votre fille vous-même quand il sera nuit, et amenez-la après que le roi se sera retiré. »

» Dès qu'il fut nuit, la nourrice alla trouver Marzavan. Elle le déguisa elle-même en femme, et l'amena avec elle. L'eunuque, qui ne douta pas que ce ne fût sa fille, leur ouvrit la porte et les fit entrer ensemble. La nourrice s'approcha de la princesse. « Madame, lui dit-elle, ce n'est pas une femme que vous voyez devant vous, c'est mon fils Marzavan, nouvellement arrivé de ses voyages, que j'ai trouvé moyen de faire entrer sous cet habillement. J'espère que vous voudrez bien qu'il ait l'honneur de vous présenter ses respects. » Au nom de Marzavan, la princesse témoigna une grande joie. « Approchez-vous, mon frère, dit-elle à Marzavan, et ôtez ce voile : il n'est pas défendu à un frère et à une sœur de se voir à visage découvert. Je suis ravie de vous revoir en parfaite santé, après une absence de tant d'années, sans avoir mandé un seul mot de vos nouvelles à votre bonne mère. »

« Princesse, reprit Marzavan, je vous suis infiniment obligé de votre bonté. Je m'attendais à en apprendre à mon arrivée de meilleures des vôtres que toutes celles dont je suis témoin avec l'affliction imaginable. J'ai bien de la joie d'être arrivé assez tôt pour vous apporter, après tant d'autres qui n'y ont pas réussi, la guérison dont vous avez besoin. » En achevant ces paroles, il tira un livre et d'autres choses dont il s'était muni et qu'il avait crues nécessaires. La princesse, qui vit cet attirail : « Quoi! mon frère, s'écria-t-elle, vous êtes donc aussi de ceux qui croyez que je suis folle? Désabusez-vous, et écoutez-moi. » Elle raconta à Marzavan toute son histoire jusqu'à la bague échangée contre la sienne, qu'elle lui montra. « Je ne vous ai rien déguisé, ajouta-t-elle, dans tout ce que vous venez d'entendre. Il est vrai qu'il y a quelque chose que je ne comprends pas, qui donne lieu de croire que je ne suis pas dans mon bon sens; mais on ne fait pas attention au reste, qui est comme je le dis. »

» Quand la princesse eut cessé de parler, Marzavan, rempli d'étonnement, demeura quelque temps sans dire mot. « Princesse, dit-il enfin, je ne désespère pas de vous procurer la satisfaction que vous désirez. Je vous supplie seulement de vous armer de patience jusqu'à ce que j'aie parcouru des royaumes dont je n'ai pas encore approché; et lorsque vous aurez appris mon retour, celui pour qui vous soupirez ne sera pas loin de vous. » Après ces paroles, Marzavan prit congé de la princesse, et partit dès le lendemain. Il voyagea de province en province, et partout il n'entendait parler que de la princesse Badoure et de son histoire. Au bout de quatre mois, notre voyageur arriva à Torf, ville maritime, où il n'entendit plus parler de la princesse Badoure, mais du prince Camaralzaman, dont on racontait l'histoire, à peu près semblable à celle de la princesse Badoure. Marzavan s'informa en quel endroit était le prince, et on le lui enseigna. Il s'embarqua sur un vaisseau marchand qui eut une heureuse navigation jusqu'à la vue de la capitale du royaume de Schahzaman; mais, avant d'entrer dans le port, le vaisseau passa malheureusement sur un rocher, et coula à fond, en vue du château où était Camaralzaman, son père et le grand-visir. Marzavan n'hésita pas à se jeter à la mer et alla aborder au pied du château du roi Schahzaman, où il fut secouru par ordre du grand-visir, qui ordonna qu'on le lui amenât.

» Comme Marzavan était un jeune homme de bon air, ce ministre lui fit beaucoup d'accueil; il s'aperçut même, aux questions qu'il lui fit, qu'il avait mille belles connaissances, et lui dit: « A vous entendre, je vois que vous n'êtes pas un homme ordinaire. Plût à Dieu que, dans vos voyages, vous eussiez appris quelque secret propre à guérir une maladie qui cause une grande affliction dans cette cour. » Et il raconta alors à Marzavan l'état où était le prince Camaralzaman, l'histoire de sa naissance si fort souhaitée, et toutes les circonstances qui avaient précédé sa maladie.

» A ce discours du grand-visir, Marzavan connut, à n'en pas douter, que le prince Camaralzaman était celui pour qui la princesse de la Chine brûlait d'amour, et que cette princesse était l'objet des vœux si ardents du prince. Il ne s'en expliqua pas au grand-visir; il lui dit seulement que, s'il voyait le prince, il jugerait mieux du secours qu'il pourrait lui donner. « Suivez-moi, lui dit le grand-visir, vous trouverez le roi près de lui. » La première chose dont Marzavan fut frappé en entrant dans la chambre du prince fut de le voir dans son lit, languissant et les yeux fermés. Quoiqu'il fût en cet état, il ne put s'empêcher de s'écrier : « Ciel! rien n'est plus semblable ! »

» Ces paroles de Marzavan donnèrent de la curiosité au prince Camaralzaman, qui ouvrit les yeux et le regarda. Marzavan, qui avait infiniment d'esprit, profita de ce moment, et lui fit un compliment en vers, où le roi et le grand-visir ne comprirent absolument rien. Il lui dépeignit si bien ce qui lui était arrivé avec la princesse de la Chine qu'il ne lui laissa pas lieu de douter qu'il ne la connût et qu'il ne pût lui en donner des nouvelles. Il en eut d'abord une joie dont il laissa paraître des marques dans ses yeux et sur son visage. »

Scheherazade n'eut pas le temps d'en dire davantage cette nuit; elle continua ainsi la nuit suivante :

« Sire, quand Marzavan eut achevé son compliment en vers, le prince prit la liberté de faire signe de la main au roi son père de vouloir bien s'ôter de sa place et de permettre que Marzavan s'y mît. Le roi, ravi de voir dans son fils un changement qui lui donnait bonne espérance, se leva, prit Marzavan par la main, et l'obligea de s'asseoir à la même place qu'il venait de quitter. « Dieu veuille, dit-il, que vous le tiriez de sa mélancolie! Je vous en aurai une obligation infinie, et les marques de ma reconnaissance seront si éclatantes que jamais service n'aura été mieux récompensé. » En achevant ces paroles, il laissa le prince s'entretenir avec Marzavan.

» Marzavan s'approcha du prince, et, en lui parlant bas : — Prince, dit-il, il est temps désormais que vous cessiez de vous affliger. La dame pour qui vous souffrez m'est connue : c'est la princesse Badoure, fille du roi de la Chine. Je puis vous en assurer sur ce qu'elle m'a appris elle-même de son aventure, et sur ce que j'ai appris de la vôtre. La princesse ne souffre pas moins pour l'amour de vous que vous ne souffrez pour l'amour d'elle. » Il lui fit ensuite le récit de tout ce qu'il savait de l'histoire de la princesse, depuis la nuit qu'ils s'étaient entrevus d'une manière si peu croyable; il n'oublia pas le traitement que le roi de la Chine faisait à ceux qui entreprenaient en vain de guérir la princesse de sa folie prétendue. « Vous êtes le seul, ajouta-t-il, qui puissiez la guérir. Mais, avant d'entreprendre un si long voyage, il faut que vous vous portiez bien : songez donc incessamment au rétablissement de votre santé. » Le discours de Marzavan fit un puissant effet. Le prince en fut tellement soulagé qu'il se sentit assez de force pour se lever, et qu'il pria le roi son père de lui permettre de s'habiller, d'un air qui lui donna une joie incroyable. Le roi ne fit qu'embrasser Marzavan pour le remercier, sans s'informer du moyen dont il s'était servi pour produire un effet si surprenant. Il ordonna des réjouissances de plusieurs jours; il fit des largesses à ses officiers et au peuple, des aumônes aux pauvres, et fit élargir tous les prisonniers.

» Le prince Camaralzaman, extrêmement affaibli par une longue abstinence, eut bientôt recouvré sa première santé. Quand il sentit qu'il était assez bien pour supporter la fatigue d'un voyage : « Cher Marzavan, lui dit-il, il est temps d'exécuter la promesse que vous m'avez faite. Dans l'impatience où je suis de voir la charmante princesse, je sens bien que je retomberais dans l'état où vous m'avez vu si nous ne partions incessamment. Une chose m'afflige, c'est la tendresse du roi mon père, qui ne pourra jamais se résoudre à m'accorder la permission de m'éloigner de lui. Vous voyez vous-même qu'il ne me perd pas de vue. » Le prince ne put retenir ses larmes en achevant ces paroles. « Prince, reprit Marzavan, j'ai déjà prévu le grand obstacle dont vous me parlez : c'est à moi de faire en sorte qu'il ne nous arrête pas. Vous n'êtes pas encore sorti depuis mon arrivée; témoignez-lui que vous désirez de prendre l'air, et demandez-lui la permission de faire une partie de chasse de deux ou trois jours avec moi; il n'y a pas d'apparence qu'il vous la refuse. Quand il vous l'aura accordée, vous ordonnerez qu'on nous tienne chacun deux bons chevaux prêts, l'un pour monter, et l'autre de relais; et laissez-moi le reste. »

» Le lendemain, le prince témoigna au roi son père l'envie qu'il avait de prendre un peu l'air, et le pria de trouver bon qu'il allât à la chasse un jour ou deux avec Marzavan. « Je le veux bien, dit le roi, à la charge néanmoins que vous ne coucherez pas dehors plus d'une nuit. Beaucoup trop d'exercice dans les commencements pourrait vous nuire. Le roi commanda qu'on lui choisit les meilleurs chevaux, et, après avoir recommandé à Marzavan de prendre soin de lui, il le laissa partir. Le prince Camaralzaman et Marzavan gagnèrent la campagne, et ils s'éloignèrent de la ville autant que possible. A l'entrée de la nuit, ils s'arrêtèrent dans un logement de caravanes où ils soupèrent et dormirent jusqu'à minuit. Marzavan éveilla aussitôt le prince Camaralzaman sans éveiller les palefreniers, et le pria de lui donner son habit et d'en prendre un qu'un des palfreniers avait apporté. Ils montèrent chacun le cheval de relais qu'on leur avait amené; et après que Marzavan eut pris le cheval d'un des palfreniers par la bride, ils partirent au grand pas de leurs chevaux. A la pointe du jour, les deux cavaliers se trouvèrent dans un endroit où le chemin se partageait en quatre. Marzavan pria le prince de l'attendre un moment, et entra aussitôt au bord de la forêt. Il égorgea le cheval du palfrenier, déchira l'habit que le prince avait quitté, le teignit dans le sang; et, lorsqu'il eut rejoint le prince, il le jeta au milieu du chemin, à l'endroit où il se partageait. Le prince Camaralzaman demanda à Marzavan quel était son dessein. « Prince, répondit Marzavan, dès que le roi votre père aura appris des palfreniers que nous serons partis sans eux pendant qu'ils dormaient, il ne manquera pas de faire courir après nous. Ceux qui rencontreront cet habit ensanglanté ne douteront pas que quelque bête ne vous ait dévoré, et que je me sois échappé de crainte de sa colère. Le roi, qui ne vous croira plus au monde, cessera de vous faire chercher, et nous continuerons notre voyage sans être poursuivis. — Brave Marzavan, reprit Camaralzaman, je ne puis qu'approuver un stratagème si ingénieux, et je vous en ai une nouvelle obligation. » Le prince et Marzavan, munis de bonnes pierreries pour leur dépense, continuèrent leur voyage sans accident. Ils arrivèrent enfin à la capitale de la Chine, et mirent pied à terre dans un logement public, pour se délasser de la fatigue du voyage. Dans cet intervalle, ils allèrent au bain ensemble, où Marzavan fit prendre un habit d'astrologue au prince, et, à la sortie du bain, il le conduisit jusqu'à la vue du palais du roi de la Chine, où il le quitta pour aller faire avertir sa mère de son arrivée, afin qu'elle en donnât avis à la princesse. »

La sultane, à ces mots, s'aperçut que le jour avait déjà commencé de paraître. Elle cessa de parler, et poursuivit ainsi la nuit suivante :

« Le prince Camaralzaman, instruit par Marzavan de ce qu'il devait faire, s'avança jusqu'à la porte du palais du roi de la Chine, et cria à haute voix, en présence de la garde et des portiers : « Je suis astrologue, et je viens guérir la respectable princesse Badoure, aux conditions proposées par sa majesté, de l'épouser si je réussis, ou de perdre la vie si je ne réussis pas. » Le grand-visir afin vint le prendre de la part du roi de la Chine, et le conduisit devant ce monarque.

» Le roi de la Chine commanda à l'eunuque, garde de Badoure, de mener Camaralzaman chez sa fille. L'eunuque conduisit le prince Camaralzaman dans une longue galerie, au au bout de laquelle était l'appartement de la princesse. Le prince qui se vit si près de l'objet qui lui avait fait verser tant de larmes, pressa le pas et devança l'eunuque. « Où allez-vous donc si vite? lui dit l'eunuque en l'arrêtant par le bras; vous ne pouvez pas entrer sans moi. Il faut que vous ayez grande envie de mourir, pour courir si vite à la mort. »

» A ces mots, l'eunuque ouvrit, et introduisit le prince dans une grande salle, d'où l'on entrait dans la chambre de la princesse, qui n'était fermée que par une portière.

» Avant d'entrer, le prince Camaralzaman s'arrêta : « Pour te convaincre, dit-il à l'eunuque, qu'il n'y a ni présomption, ni caprice dans mon entreprise, je laisse l'un des deux à ton choix : qu'aimes-tu mieux, que je guérisse la princesse en sa présence, ou d'ici, sans aller plus avant et sans la voir? »

» L'eunuque fut extrêmement étonné de l'assurance avec laquelle il lui parlait : « Il n'importe pas, lui dit-il, que ce soit là ou ici. De quelque manière que ce soit, vous acquerrez une gloire immortelle par toute la terre. Il vaut donc mieux, reprit le prince, que je la guérisse sans la voir. Comme il était fourni de tout ce qui distinguait un astrologue, il tira son écritoire et du papier, et écrivit à la princess de la Chine :

BILLET DU PRINCE CAMARALZAMAN A LA PRINCESSE DE LA CHINE.

« Adorable princesse, l'amoureux prince Camaralzaman ne vous parle pas des maux inexprimables qu'il souffre depuis la nuit fatale que vos charmes lui firent perdre une liberté qu'il avait résolu de conserver toute sa vie. Il vous marque seulement qu'alors il vous donna son cœur dans votre charmant sommeil : sommeil importun qu'il le priva du vif éclat de vos beaux yeux, malgré ses efforts pour vous obliger de les ouvrir. Il osa même vous donner sa bague pour marque de son amour, et prendre la vôtre en échange, qu'il vous envoie dans ce billet. Si vous daignez la lui renvoyer comme un gage réciproque du vôtre, il s'estimera le plus heureux de tous les amants; sinon, votre refus ne l'empêchera pas de recevoir le coup de la mort avec une résignation d'autant plus grande qu'il le recevra pour l'amour de vous. Il attend votre réponse dans votre antichambre. »

» Lorsque le prince eut achevé ce billet, il en fit un paquet avec la bague de la princesse, sans faire voir à l'eunuque ce que c'était, et, en le lui donnant : « Ami, porte ce paquet à ta maîtresse. Si elle ne guérit du moment qu'elle aura lu ce billet, et vu ce qui l'accompagne, je te permets de publier que je suis le plus indigne et le plus imprudent de tous les astrologues. »

Le jour que Scheherazade vit paraître en achevant ces paroles l'obligea d'en demeurer là. Elle poursuivit ainsi la nuit suivante :

« Sire, l'eunuque entra dans la chambre de la princesse, et, en lui présentant le paquet que le prince Camaralzaman lui envoyait : « Princesse, dit-il, un astrologue plus téméraire que les autres vient d'arriver, et prétend que vous serez guérie dès que vous aurez lu ce billet et vu ce qui est dedans. » La princesse prit le billet et l'ouvrit avec assez d'indifférence; mais, dès qu'elle eut vu sa bague, elle se leva avec précipitation, rompit la chaîne qui la tenait attachée, de l'effort qu'elle fit, courut à la portière et l'ouvrit. La princesse reconnut le prince; le prince la reconnut. Aussitôt ils coururent l'un à l'autre, s'embrassèrent tendrement; et, sans pouvoir parler, dans l'excès de leur joie, ils se regardèrent longtemps en admirant comment ils se revoyaient après leur première entrevue, à laquelle ils ne pouvaient rien comprendre. La nourrice, qui était accourue avec la princesse, les fit entrer dans la chambre, où la princesse rendit sa bague au prince. « Reprenez-la, lui dit-elle; je ne pourrais pas la retenir sans vous rendre la vôtre, que je veux garder toute ma vie; elles ne peuvent être l'une et l'autre en de meilleures mains. »

» L'eunuque cependant était allé en diligence avertir le roi de la Chine de ce qui venait de se passer, et le roi, agréablement surpris, vint aussitôt à l'appartement de la princesse, qu'il embrassa ; il embrassa le prince de même, prit sa main, et, en la mettant dans celle de la princesse : « Heureux étranger, lui dit-il, qui que vous soyez, je vous donne ma fille pour épouse. A vous voir, néanmoins, il n'est pas possible que je me persuade que vous soyez ce que vous paraissez, et ce que vous avez voulu me faire accroire. » Le prince Camaralzaman remercia le roi dans les termes les plus soumis. « Pour ce qui est de ma personne, sire, poursuivit-il, il est vrai que je ne suis pas astrologue, comme votre majesté l'a bien jugé. Je suis fils de roi et de reine ; mon nom est Camaralzaman, et mon père s'appelle Schahzaman : il règne dans les îles des enfants de Kalédan. » Ensuite il lui raconta son histoire, et lui fit connaître que l'amour de la princesse et le sien se justifiaient par l'échange des deux bagues.

» La cérémonie du mariage se fit le même jour, et l'on en fit des réjouissances solennelles dans toute la Chine. Marzavan ne fut pas oublié : le roi de la Chine lui donna entrée dans sa cour, en l'honorant d'une charge considérable.

» Au milieu de ces plaisirs, le prince Camaralzaman eut un songe une nuit, dans lequel il lui sembla voir son père au lit, prêt à rendre l'âme, qui disait : « Ce fils que j'ai chéri si tendrement, ce fils m'a abandonné, et lui-même est cause de ma mort ! » Il s'éveilla en poussant un soupir qui éveilla la princesse ; elle lui demanda de quoi il soupirait.

« Hélas ! s'écria le prince, peut-être qu'à l'heure où je parle le roi mon père n'est plus de ce monde ! » Et il lui raconta le sujet de son trouble. Sans lui parler du dessein qu'elle conçut sur le récit, la princesse, qui ne cherchait qu'à lui complaire, profita le même jour de l'occasion qu'elle eut de parler au roi de la Chine en particulier : « Sire, lui dit-elle en lui baisant la main, j'ai une grâce à demander à votre majesté, et je la supplie de ne me la pas refuser. C'est de vouloir bien agréer que j'aille voir avec lui le roi Schahzaman, mon beau-père. »

« Ma fille, reprit le roi, quelque déplaisir que votre éloignement doive me coûter, je ne puis désapprouver cette résolution ; elle est digne de vous. Allez, je le veux bien ; mais à condition que vous ne demeurerez pas plus d'un an à la cour du roi Schahzaman. »

» Le prince et la princesse n'eurent pas plus tôt essuyé leurs larmes qu'ils ne songèrent plus qu'à la joie que le roi Schahzaman aurait de les voir et de les embrasser.

» Environ au bout d'un mois qu'ils étaient en marche, ils arrivèrent à une prairie plantée de grands arbres qui faisaient un ombrage très-agréable. Comme la chaleur était excessive ce jour-là, on mit pied à terre dans un bel endroit, et, dès que la tente fut dressée, la princesse y entra pendant que le prince donnait ses ordres pour le reste du campement. Pour être plus à son aise, elle se fit ôter sa ceinture, que ses femmes posèrent près d'elle, après quoi elle s'endormit.

» Quand tout fut réglé dans le camp, Camaralzaman vint à la tente ; et, comme il vit que la princesse dormait, il entra et s'assit sans faire de bruit. En attendant qu'il s'endormit lui aussi, il prit la ceinture de la princesse. Il regarda l'un après l'autre les diamants et les rubis dont elle était enrichie, et il aperçut une petite bourse cousue sur l'étoffe. Il ouvrit la bourse, et en tira une cornaline gravée de figures et de caractères qui lui étaient inconnus. « Il faut, pensa-t-il, que cette cornaline soit bien précieuse : ma princesse ne la porterait pas sur elle avec tant de soin, si cela n'était. » En effet, c'était un talisman dont la reine de la Chine avait fait présent à la princesse sa fille pour la rendre heureuse tant qu'elle le porterait sur elle. Pour mieux voir le talisman, le prince Camaralzaman sortit hors de la tente, et voulut le considérer au grand jour. Comme il le tenait au milieu de la main, un oiseau fondit de l'air tout à coup et le lui enleva... »

Le jour se faisait déjà voir lorsque la sultane cessa de parler. Elle reprit le même conte la nuit suivante :

« A cet accident, le plus affligeant qu'on puisse imaginer, arrivé par curiosité, et qui privait la princesse d'une chose précieuse, le prince demeura immobile quelques moments.

» L'oiseau, après avoir fait son coup, s'était posé à terre à peu de distance avec le talisman au bec. Le prince Camaralzaman s'avança dans l'espérance qu'il le lâcherait ; mais, dès qu'il

procha, l'oiseau fit un petit vol, et se posa erre un peu plus loin. Le prince continua de poursuivre de vallon en vallon; mais l'oiseau, en s'écartant toujours de la prairie et de princesse Badoure, alla enfin, sur le soir, se rcher au haut d'un grand arbre où il était en reté. Le prince, au désespoir de s'être donné nt de peine inutilement, accablé de fatigue, faim, de soif et de sommeil, se coucha et ssa la nuit au pied de l'arbre. Le lendemain, fut éveillé avant que l'oiseau eût quitté l'are, et il ne l'eut pas plus tôt vu reprendre son l qu'il l'observa et le suivit toute la jourée, avec aussi peu de succès que la précénte, en se nourrissant d'herbes et de fruits i'il trouvait en son chemin. Il fit la même iose jusqu'au dixième jour; le onzième, l'oiau en volant, et Camaralzaman ne cessant e l'observer, arrivèrent à une grande ville. 'oiseau s'éleva au-dessus, et, prenant son vol u delà, il se déroba entièrement à la vue de amaralzaman, qui perdit l'espérance de reouvrer jamais le talisman de la princesse Baoure. Camaralzaman, affligé au delà de toute xpression, entra dans la ville. Il marcha longmps par les rues sans savoir où il allait, et rriva jusqu'à la porte d'un jardin qui était uverte, où il se présenta. Le jardinier, qui tait un bon vieillard, occupé à travailler, leva a tête en ce moment; il ne l'eut pas plus tôt perçu qu'il l'invita à entrer et à fermer la orte. Pour réponse à ce que Camaralzaman 'enait de demander, le jardinier lui dit que la 'ille où il se trouvait se nommait la ville des dolâtres, et qu'il y avait une année entière de chemin; mais que, par mer, on arriverait à l'île l'Ébène en beaucoup moins de temps, et que le là un navire marchand le conduirait aux les des Enfants de Khaledan. « Si vous fussiez arrivé quelques jours plus tôt, ajouta-t-il, vous vous fussiez embarqué sur celui qui y fait un voyage chaque année. En attendant que celui de l'année prochaine parte, si vous agréez de demeurer avec moi, je vous fais offre de ma maison de très-bon cœur.

» Le prince Camaralzaman accepta l'offre, et il demeura avec le jardinier. En attendant le départ du vaisseau marchand pour l'île d'Ébène, nous le laisserons en ce lieu pour revenir à la princesse Badoure, que nous avons laissée endormie sous sa tente.

» La princesse, en s'éveillant, s'étonna que le prince Camaralzaman ne fût pas avec elle. Dans le temps qu'elle s'informait auprès de ses femmes si elles ne l'avaient pas vu sortir, elle s'aperçut, en reprenant sa ceinture, que la petite bourse était ouverte et que son talisman n'y était plus. Elle ne douta pas que Camaralzaman ne l'eût pris pour voir ce que c'était et qu'il ne le lui rapportât. Elle l'attendit jusqu'au soir avec de grandes impatiences. Comme elle vit qu'il était déjà nuit et qu'il ne revenait pas, elle en fut dans une affliction inconcevable, et elle maudit mille fois le talisman et celui qui l'avait fait. Désolée au dernier point de cette conjoncture, d'autant plus fâcheuse qu'elle ne savait pas la cause de la séparation du prince d'avec elle, elle ne perdit pas le jugement, et prit une résolution courageuse, peu commune aux personnes de son sexe.

» Il n'y avait que la princesse et ses femmes dans le camp qui sussent que Camaralzaman avait disparu; car alors ses gens se reposaient ou dormaient déjà sous leurs tentes. Comme elle craignit qu'ils ne la trahissent s'ils venaient à en avoir connaissance, elle modéra premièrement sa douleur, et défendit à ses femmes de ne rien faire paraître qui pût en donner quelque soupçon. Ensuite elle quitta son habit, et en prit un de Camaralzaman, à qui elle ressemblait si fort que ses gens la prirent pour lui le lendemain matin, et qu'elle leur commanda de plier bagage et de se mettre en marche. Quand tout fut prêt, elle fit entrer une de ses femmes dans sa litière; pour elle, elle monta à cheval, et l'on marcha.

» Après un voyage de plusieurs mois par terre et par mer, la princesse aborda à la capitale de l'île d'Ébène, dont le roi s'appelait Armanos. Les gens de la princesse, en débarquant, publièrent que le vaisseau qui venait d'arriver portait le prince Camaralzaman, qui revenait d'un long voyage. Ce bruit fut bientôt porté jusqu'au palais du roi.

Ce monarque, accompagné d'une grande partie de sa cour, vint aussitôt au devant de la princesse, et il la reçut comme le fils d'un roi avec qui il avait toujours vécu en bonne intelligence, et la mena à son palais, où il lui fit tous les honneurs imaginables pendant trois jours, avec une magnificence extraordinaire. Quand les trois jours furent passés, comme le roi Armanos vit que la princesse, qu'il prenait toujours pour le prince Camaralzaman, parlait de se rembarquer, il la prit en particulier. « Prince, lui dit-il, dans le grand âge où vous voyez que je suis, j'ai le chagrin de n'avoir pas un fils à qui je puisse laisser mon royaume. Le ciel m'a donné seulement une fille unique d'une beauté qui ne peut être mieux assortie qu'avec un prince aussi bien fait et d'une aussi grande naissance que vous : au lieu de retourner chez vous, acceptez-la de ma main avec ma couronne, dont je me démets dès à présent en votre faveur, et demeurez avec nous. Il est temps désormais que je me repose, et je ne puis le faire avec plus de consolation que de voir mes états gouvernés par un si digne successeur. »

Scheherazade voulait poursuivre ; mais le jour, qui paraissait déjà, l'en empêcha. Elle reprit ainsi la nuit suivante :

« L'offre généreuse du roi de l'île d'Ébène mit dans un grand embarras la princesse. Après avoir demeuré quelques moments sans parler, elle répondit : « Sire, j'ai une obligation infinie de l'honneur que me fait votre majesté d'une si grande faveur que je ne mérite pas et que je n'ose mériter. Mais, sire, je n'accepte une si grande alliance qu'à condition que votre majesté m'assistera de ses conseils et que je ne ferai rien qu'elle n'ait approuvé auparavant. »

» Le roi de l'île d'Ébène assembla son conseil le lendemain, et déclara qu'il donnait la princesse sa fille en mariage au prince de Camaralzaman, qu'il lui remettait sa couronne, et leur enjoignit de le reconnaître pour le roi et de lui rendre leurs hommages. En achevant, il descendit du trône, y fit monter la princesse, qui y reçut le serment de fidélité et les hommages des seigneurs les plus puissants de l'île d'Ébène qui étaient présents. Le soir, tout le palais fut en fête, et la princesse Haïatalnefous (c'est ainsi que se nommait la princesse de l'île d'Ébène) fut amenée à la princesse Badoure, avec un appareil véritablement royal. Les cérémonies achevées, on les laissa seules, et elles se couchèrent.

» Le lendemain matin, pendant que la princesse recevait des compliments de toute la cour au sujet de son mariage, le roi et la reine se rendirent à l'appartement de leur fille, et s'informèrent d'elle comment elle avait passé la nuit. Au lieu de répondre, elle baissa les yeux, et sa tristesse fit assez connaître qu'elle n'était pas contente.

» Indigné de ce mépris, dont il ne pouvait comprendre la cause : « Ma fille, lui dit-il, ayez encore patience jusqu'à la nuit prochaine ; j'ai élevé votre mari sur mon trône, je saurai bien l'en faire descendre s'il ne vous donne pas la satisfaction qu'il doit. Ce n'est pas à vous, c'est à ma personne qu'il fait un affront si sanglant. Le même jour, la princesse rentra ford tard chez Haïatalnefous. Comme la nuit précédente, elle voulut encore faire sa prière pendant qu'elle se coucherait ; mais Haïtalnefous la retint. « Quoi ! dit-elle, vous prétendez donc me traiter encore cette nuit comme vous m'avez traitée les deux dernières ? Ditesmoi, je vous en supplie, en quoi je puis vous déplaire ; je serais la princesse la plus heureuse si vous étiez plus aimable. Une autre que moi, outragée par un endroit si sensible, se vengerait en vous abandonnant à votre mauvaise destinée ; mais je veux vous avertir que le roi mon père est fort irrité de votre procédé, qu'il n'attend que demain pour s'en venger. » La princesse Badoure demeura interdite ; mais, réfléchissant aussitôt que l'unique moyen de justifier sa conduite était de faire connaître son sexe : « Aimable et trop charmante princesse, lui dit-elle, j'ai tort, je l'avoue, mais j'espère que vous me pardonnerez et que vous garderez le secret que j'ai à vous découvrir pour ma justification. » En même temps, elle ouvrit son sein : « Voyez, princesse, continua-t-elle, si une femme comme vous ne mérite pas que vous lui pardonniez ; je suis persuadée que vous le ferez de bon cœur quand je vous aurai fait le récit de mes aventures. » Quand la princesse Badoure eut raconté son histoire à la fille du roi elle la supplia de lui garder le secret, et de vouloir bien faire semblant qu'elle fût véritablement son mari jusqu'à l'arrivée du prince Camaralzaman, qu'elle espérait revoir bientôt. »

La sultane n'en dit pas davantage cette nuit à cause de la clarté du jour. Elle poursuivit la nuit suivante, et dit au sultan des Indes :

« Sire, pendant qu'en l'île d'Ébène les choses se passaient ainsi, le prince Camaralzaman était toujours chez le jardinier qui lui avait donné retraite.

« Un jour, de grand matin, que le prince se préparait à travailler au jardin, selon sa coutume, le bonhomme de jardinier l'en empêcha. « Vous n'avez qu'à vous reposer aujourd'hui, lui dit-il, c'est grand'fête; et comme le temps approche que le vaisseau marchand dont je vous ai parlé doit faire le voyage de l'île d'Ébène, je vais m'informer du jour qu'il mettra à la voile, et en même temps je ménagerai votre embarquement. » Le jardinier mit son plus bel habit et sortit.

» Quand le prince Camaralzaman se vit seul, l'inaction où il était lui fit rappeler avec plus de violence que jamais le triste souvenir de sa chère princesse. Recueilli en lui-même, il gémissait en se promenant dans le jardin, lorsque le bruit que deux oiseaux faisaient sur un arbre l'obligea de lever la tête et de s'arrêter. Il vit avec surprise que ces deux oiseaux se battaient cruellement à coups de bec, et qu'en peu de moments l'un des deux tomba mort au pied de l'arbre. Camaralzaman s'approcha de l'endroit où la scène s'était passée, et, en jetant les yeux sur les entrailles dispersées de l'oiseau, il aperçut quelque chose de rouge qui sortait de l'estomac; il ramassa cet estomac, et en tirant dehors ce qu'il avait vu de rouge, il trouva que c'était le talisman de la princesse Badoure, sa bien-aimée, qui avait coûté tant de regrets depuis que cet oiseau le lui avait enlevé. « Cruel, s'écria-t-il en regardant l'oiseau, tu te plaisais à faire du mal, et la providence t'a puni! »

» Il n'est pas possible d'exprimer l'excès de la joie du prince Camaralzaman. « Chère princesse, s'écria-t-il, ce moment fortuné est sans doute un présage qui m'annonce que je vous retrouverai de même. Béni soit le ciel qui m'envoie ce bonheur, et qui me donne en même temps l'espérance du plus grand que je puisse souhaiter! »

» Le jardinier revint; mais soit à cause de son grand âge, ou qu'il se fût donné trop de mouvement ce jour-là, le jardinier passa une mauvaise nuit; il se trouva encore plus mal le lendemain au matin. Dès qu'il fut jour, le capitaine du vaisseau, en personne, et plusieurs matelots vinrent frapper à la porte du jardin. Ils demandèrent à Camaralzaman, qui leur ouvrit, où était le passager qui devait s'embarquer sur un vaisseau. « C'est moi-même, répondit-il. Le jardinier qui a demandé passage pour moi est malade et ne peut vous parler; ne laissez pas d'entrer, et emportez mes hardes, et je vous suivrai dès que j'aurai pris congé de lui. »

» Dès que le capitaine et les matelots furent partis, Camaralzaman rentra chez le jardinier pour prendre congé de lui et pour le remercier de tous les bons offices qu'il lui avait rendus, mais il le trouva qui agonisait; et il eut à peine obtenu qu'il fît sa profession de foi, selon la coutume des bons musulmans à l'article de la mort, qu'il le vit expirer. Dans la nécessité où était le prince Camaralzaman d'aller s'embarquer, il fit toutes les diligences possibles pour rendre les derniers devoirs au défunt. Il leva son corps et l'ensevelit; après lui avoir fait une fosse dans le jardin, il l'enterra, et il n'eut achevé que vers la fin du jour. Il partit sans perdre de temps pour aller s'embarquer; mais, en arrivant au port, il apprit que le vaisseau avait levé l'ancre il y avait déjà du temps, et même qu'on l'avait perdu de vue. »

Scheherazade voulait poursuivre, mais la clarté du jour l'obligea de cesser de parler. Elle reprit son histoire la nuit suivante, et dit au sultan des Indes :

« Sire, le prince Camaralzaman fut dans une affliction extrême de se voir contraint d'attendre une autre année pour réparer l'occasion qu'il venait de perdre. Ce qui le désolait davantage, c'est qu'il s'était dessaisi du talisman de la princesse Badoure, et qu'il l'avait soigneusement serré dans une des poches de ses hardes; il le tint pour perdu. N'ayant pas d'autre parti à prendre que de retourner au jardin d'où il était sorti, il le prit à louage du propriétaire, continua de le cultiver, en déplorant son malheur et sa mauvaise fortune.

» Pendant que le prince Camaralzaman recommençait une nouvelle année de peine et de douleur, le vaisseau continuait sa navigation avec un vent très-favorable, et il arriva heureusement à la capitale de l'île d'Ébène. Comme le palais était sur le bord de la mer, le nouveau roi, ou plutôt la princesse Badoure, qui aperçut le vaisseau dans le temps qu'il allait entrer au port, et toujours occupé du souvenir de Caramalzaman, s'imagina qu'il pouvait y être embarqué, et la pensée lui vint de le prévenir et d'aller au devant de lui. Elle se rendit au port, accompagnée de plusieurs officiers, et elle y arriva dans le temps que le capitaine venait de débarquer. Elle le fit venir, et voulut savoir de lui d'où il venait, s'il n'amenait pas quelque étranger de distinction.

» Le capitaine satisfit à toutes ces demandes, et, quant aux passagers, il assura qu'il n'y avait que des marchands qui avaient coutume de venir, et qu'ils apportaient des étoffes très-riches de différents pays, qu'un seul étranger avait arrêté son passage et envoyé ses effets à son bord. « Je l'avais averti moi-même, et je l'attendis longtemps. Comme son retardement m'empêchait de profiter du bon vent, je perdis patience, et je mis à la voile. »

« La princesse Badoure, émue de la fin du récit du capitaine, et pensant que l'étranger dont il parlait pouvait être son cher Camaralzaman, le pria de lui faire apporter les effets de cet étranger, sous prétexte de s'assurer de quel pays il était. Le capitaine envoya sa chaloupe au vaisseau, et elle revint chargée de riches marchandises, parmi lesquelles se trouvait le bagage de Caramalzaman.

» Quand on vint à vider la caisse où Camaralzaman avait mis ses hardes et son talisman, et qu'elle l'eut aperçu, elle en fut si surprise qu'elle s'évanouit.

» Haïatelnefous et ses femmes secoururent la princesse Badoure, et la firent revenir à force de lui jeter de l'eau sur le visage. Lorsqu'elle eut repris ses sens, comme elle ne voulait rien dire devant les femmes de la princesse, elle les congédia. « Princesse, dit-elle à Haïatelnefous dès qu'elles furent seules, après ce que je vous ai raconté de mon histoire, vous aurez bien connu sans doute que c'est à la vue de ce talisman que je me suis évanouie. C'est le mien, et celui qui nous a arrachés l'un de l'autre, le prince Camaralzaman, mon cher mari, et moi. Il a été cause d'une séparation si douloureuse pour l'un et pour l'autre; il va être, comme j'en suis persuadée, celle de notre réunion prochaine. »

» Le lendemain, dès qu'il fut jour, la princesse Badoure envoya appeler le capitaine du vaisseau. Quand il fut venu : « Éclaircissez-moi davantage, lui dit-elle, touchant l'étranger dont vous m'avez parlé. » Sire, répondit le capitaine, j'étais convenu de son embarquement avec un jardinier extrêmement âgé, qui me dit que je le trouverais à son jardin, dont il m'enseigna l'endroit. J'ai été le chercher et l'avertir moi-même dans ce jardin de venir s'embarquer, et je lui ai parlé. »

« Si cela est ainsi, reprit la princesse Badoure, il faut que vous remettiez à la voile dès aujourd'hui, et que vous m'ameniez ici ce garçon jardinier, qui est mon débiteur; sinon je vous déclare que je confisquerai les marchandises qui vous appartiennent, et celles des marchands qui sont venus à votre bord. Dès à présent on va, par mon ordre, apposer le sceau aux magasins où elles sont, qui ne sera levé que quand vous m'aurez livré l'homme que je vous demande. Allez, et faites ce què je vous commande. »

» Le capitaine n'eut rien à répliquer à ce commandement, dont l'inexécution devait être d'un très-grand dommage à ses affaires et à celles des marchands. Il fit tant de diligence, qu'il mit à la voile le même jour. Le capitaine prit si bien ses mesures qu'il arriva de nuit devant la ville des idolâtres, il ne fit pas jeter l'ancre; mais, pendant que le vaisseau était en panne, il s'embarqua dans sa chaloupe, et alla descendre dans un endroit un peu éloigné du port, d'où il se rendit au jardin de Camaralzaman avec six matelots des plus résolus.

» Camaralzaman ne dormait pas, lorsqu'il entendit frapper à la porte du jardin. Il y alla promptement à demi-habillé; et il n'eut pas plus tôt ouvert, que, sans lui dire un mot, le capitaine et les matelots se saisirent de lui, le conduisirent à la chaloupe par force, et le menèrent au vaisseau, qui remit à la voile dès qu'il fut embarqué. Camaralzaman, qui avait gardé le silence jusqu'alors, demanda au capitaine, qu'il avait reconnu, quel sujet il avais de l'enlever avec tant de violence. » N'êtes-vout pas débiteur du roi de l'île d'Ébène? lui demanda le capitaine à son tour. — Moi, débiteur du roi de l'île d'Ébène! reprit Camaralzaman avec étonnement, je ne le connais pas, et jamais je n'ai mis le pied dans son royaume. » C'est ce que vous devez savoir mieux que moi, répartit le capitaine. Vous lui parlerez vous-même, demeurez ici et prenez patience... »

Scheherazade fut obligée de mettre fin à son

discours en cet endroit. Elle le reprit la nuit suivante en ces termes :

« Le vaisseau ne fut pas moins heureux à porter le prince à l'île d'Ébène, qu'il l'avait été à l'aller prendre dans la ville des idolâtres. Quoiqu'il fût déjà nuit lorsqu'il mouilla dans le port, le capitaine ne laissa pas moins de débarquer d'abord et de mener Caramalzaman au palais, où il demanda à être présenté au roi. La princesse Badoure ne fut pas plus tôt avertie de l'arrivée de Caramalzaman, qu'elle sortit pour lui parler. D'abord qu'elle jeta les yeux sur le prince Camaralzaman, elle le reconnut sous son méchant habit. Quant au prince qui se croyait devant un roi, à qui il avait à répondre d'une dette imaginaire, il n'eut pas la pensée que ce pût être celle qu'il désirait si ardemment de retrouver. Si la princesse eût suivi son inclination, elle eût couru à lui en l'embrassant ; mais elle crut qu'il était de l'intérêt de l'un et de l'autre de soutenir encore quelque temps le personnage de roi avant de se découvrir. Elle chargea un officier qui était présent, de prendre soin de lui et de le bien traiter jusqu'au lendemain.

» Quand la princesse Badoure eut pourvu à ce qui regardait le prince, elle chargea un autre officier d'aller sur-le-champ lever le sceau qui avait été apposé aux marchandises du capitaine, et à celles de ses marchands, et le renvoya avec le présent d'un riche diamant, qui le récompensa beaucoup au-delà de la dépense du voyage qu'il venait de faire.

» Elle entra enfin dans l'appartement de la princesse de l'île d'Ébène, à qui elle fit part de sa joie, en la priant néanmoins de lui garder encore le secret, et en lui faisant confidence des mesures qu'elle jugeait à propos de prendre avant de se faire connaître au prince Camaralzaman. Le lendemain, la princesse de la Chine dit à Camaralzaman. J'ai à m'entretenir avec vous d'une affaire de longue discussion, sur laquelle j'ai besoin de votre conseil. Venez ce soir, et avertissez qu'on ne vous attende pas, j'aurai soin de vous donner un lit.

» Camaralzaman ne manqua pas de se trouver au palais à l'heure que la princesse Badoure lui avait marquée, et elle le mena dans l'appartement où elle avait coutume de coucher.

» Quand le prince et la princesse furent seuls, la princesse tira le talisman d'une petite boîte, et en le présentant à Camaralzaman : « Il n'y a pas longtemps, lui dit-elle, qu'un astrologue m'a fait présent de ce talisman; comme vous êtes habile en toutes choses, vous pourrez bien me dire à quoi il est propre? Camaralzaman prit le talisman, et le reconnut avec une surprise qui fit plaisir à la princesse : « Sire, s'écria-t-il, votre majesté me demande à quoi ce talisman est propre ! hélas ! il est propre à me faire mourir de douleur et de chagrin, si je ne trouve la princesse la plus charmante et la plus aimable à qui il a appartenu, et dont il m'a causée la perte! Il me l'a causé par une aventure étrange dont le récit toucherait votre majesté de compassion si elle voulait se donner la patience de l'entendre. « Vous m'en entretiendrez une autre fois, reprit la princesse; mais je suis bien aise de vous dire que j'en sais déjà quelque chose. En disant ces paroles elle entra dans un cabinet où elle quitta le turban royal ; et, après avoir pris une coiffure et un habillement de femme avec la ceinture qu'elle avait le jour de leur séparation, elle entra dans la chambre. Le prince Camaralzaman reconnut d'abord sa chère princesse, courut à elle, et, en l'embrassant tendrement : « Ah! s'écria-t-il, que je suis obligé au roi de m'avoir surpris si agréablement ! « Ne vous attendez pas à revoir le roi, reprit la princesse en l'embrassant à son tour les larmes aux yeux : en me voyant, voyez le roi. Asseyons-nous, que je vous conte cette énigme. »

» Quand la princesse eut achevé, elle voulut que le prince lui apprît par quelle aventure le talisman avait été cause de la séparation, il la satisfit, et quand il eut fini, il se plaignit à elle d'une manière obligeante de la cruauté qu'elle avait eu de le faire languir si longtemps. Elle lui apporta les raisons dont nous avons parlé; après quoi, comme il était fort tard, ils se couchèrent. »

Scheherazade s'interrompit à cet endroit à cause du jour qu'elle voyait paraître; elle poursuivit ainsi la nuit suivante :

« La princesse Badoure et le prince Camaralzaman se levèrent le lendemain dès qu'il fut jour, mais la princesse quitta l'habillement royal pour reprendre celui de femme, et lorsqu'elle fut habillée elle envoya prier le roi Armanos de prendre la peine de venir à son appartement. Quand le roi fut arrivé, sa surprise fut fort grande de voir une dame qui lui était inconnue. En s'asseyant, il demanda où était le roi.

« Sire, reprit la princesse, hier j'étais le roi; aujourd'hui je ne suis que princesse de Chine, femme du véritable prince Camaralzaman. Si votre majesté veut se donner la patience d'entendre notre histoire, j'espère qu'elle ne me condamnera pas de lui avoir fait une tromperie si innocente. » Le roi Armanos l'écouta avec étonnement depuis le commencement jusqu'à la fin.

» Le roi Armanos écouta le discours de la princesse Badoure avec admiration, et quand elle eut achevé : « Mon fils, dit-il au prince Camaralzaman, puisque la princesse Badoure, que j'avais regardée jusqu'à présent comme mon gendre, m'assure qu'elle veut partager votre lit avec ma fille, il ne me reste plus que de savoir si vous voulez bien l'épouser aussi, et accepter la couronne que la princesse Badoure mériterait de porter toute sa vie, si elle n'aimait mieux la quitter pour l'amour de vous. — Sire, répondit le prince Camaralzaman, quelque passion que j'aie de revoir le roi mon père, les obligations que j'ai à votre majesté et à la princesse Haïatalnefous sont si essentielles que je ne puis lui rien refuser. »

» Camaralzaman fut proclamé roi et marié le même jour avec de grandes magnificences, et fut très-satisfait de la beauté, de l'esprit et de l'amour de la princesse Haïatalnefous. Dans la suite, les deux reines continuèrent de vivre ensemble avec la même amitié et la même union qu'auparavant, et furent très-satisfaites de l'égalité que le prince Camaralzaman gardait à leur égard. Elles lui donnèrent chacune un fils la même année, presqu'en même temps, et la naissance des deux princes fut célébrée avec de grandes réjouissances. Camaralzaman donna le nom d'Amgiad au premier dont la reine Badoure était accouchée, et celui d'Assad à celui que la reine Haïatalnefous avait mis au monde. »

HISTOIRE DES DEUX PRINCES AMGIAD ET ASSAD.

» Les deux princes furent élevés avec grand soin; ils n'eurent que le même gouverneur, les mêmes précepteurs dans les sciences et dans les arts. La forte amitié qu'ils avaient l'un pour l'autre dès leur enfance avait donné lieu à cette uniformité, qui l'augmenta davantage. Comme les deux princes étaient également beaux et bien faits dès leur enfance, les deux reines avaient conçu pour eux une tendresse incroyable, de manière néanmoins que la princesse Badoure avait plus de penchant pour Assad que pour Amgiad, son propre fils, et que la reine Haïatalnefous en avait plus pour Amgiad que Assad, qui était le sien.

» Les reines ne prirent d'abord ce penchant que pour une amitié qui procédait de l'excès de celle qu'elle conservait toujours l'une pour l'autre. Mais à mesure que les princes avancèrent en âge, elle se tourna en un amour des plus violents. Toute l'infamie de leur passion leur était inconnue : la familiarité avec laquelle elles les voyaient tous les jours et l'habitude de les caresser dès leur enfance ne servirent qu'à augmenter cette passion. Pour leur malheur, les princes, accoutumés à leurs manières, n'eurent pas le moindre soupçon de cette flamme détestable. Comme les deux reines ne s'étaient point fait un secret de leur passion, elles convinrent de s'en expliquer chacune par un billet, et, pour l'exécution de leur dessein, elles profitèrent de l'absence du roi pour une chasse de trois ou quatre jours.

» Le jour du départ du roi, le prince Amgiad présida au conseil et rendit la justice. A la sortie du conseil comme il rentrait dans le palais, un eunuque le prit en particulier et lui présenta un billet de la part de la reine Haïatalnefous. Amgiad le prit et le lut avec horreur. « Quoi! perfide, dit-il à l'eunuque en tirant le sabre, est-ce là la fidélité que tu dois à ton roi? » En disant ces paroles, il lui trancha la tête. Après cette action, Amgiad, transporté de colère, alla trouver la reine Badoure, sa mère, lui montra le billet, et l'informa du contenu. « Si je n'étais retenu par le respect que je dois au roi mon père, s'écria-t-il ce jour serait le dernier de la vie d'Haïatalnefous! »

» La reine Badoure pouvait bien juger que le prince Assad ne recevrait pas plus favorablement la déclaration qu'elle avait à lui faire. Cela ne l'empêcha pas de persister dans son dessein, et elle lui écrivit un billet qu'elle confia à une vieille qui avait entrée dans le palais. La vieille remit le billet au prince Assad à la sortie du conseil, où il venait de présider à son tour. Le prince le prit, et, en le lisant, il se laissa emporter à une colère si vive que, sans se donner le temps d'achever, il tira son sabre et punit la vieille comme elle le méritait. Il courut à l'appartement de la reine Haïtalnefous, le billet à la main; il voulut le lui montrer, mais elle ne lui donna pas le temps de parler. « Je sais ce que vous me voulez, impertinent! retirez-vous, et ne paraissez jamais devant moi! »

» Les deux reines, au désespoir d'avoir trouvé dans les deux princes une vertu qui devait les faire rougir, renoncèrent à tous les sentiments de la nature et concertèrent ensemble de les faire périr.

» Mais, sire, dit Scheherazade, le jour paraît et m'impose silence. » Elle se tut, et la nuit suivante elle poursuivit la même histoire :

« Le lendemain, le roi Camaralzaman, à son retour de la chasse, fut dans un grand étonnement de les trouver couchées ensemble, dans un état qu'elles surent si bien contrefaire qu'il leur demanda avec empressement ce qui leur était arrivé. A cette demande, la reine Badoure prit ainsi la parole : « Sire, dit-elle, les princes vos fils nous ont fait, par une brutalité qui n'a pas d'exemple, un outrage indigne de leur naissance; votre absence leur a donné la hardiesse et l'insolence d'attenter à notre honneur. » Le roi fit appeler les deux princes, et il leur eût ôté la vie de sa propre main, si l'ancien roi Armanos, son beau-père, qui était présent, ne lui eût retenu le bras. « Mon fils, dit-il, que pensez-vous faire? Voulez-vous ensanglanter vos mains et votre palais de votre propre sang? Il y a d'autres moyens de les punir, s'il est vrai qu'ils soient criminels. » Camaralzaman put bien gagner sur lui-même de n'être pas le bourreau de ses propres enfants; mais, après les avoir fait arrêter, il fit venir un émir nommé Giondar, qu'il chargea d'aller leur ôter la vie hors de la ville.

» Giondar marcha toute la nuit; le lendemain matin, quand il eut mis pied à terre, il signifia aux princes, l'ordre qu'il avait. « Princes, leur dit-il, il est cruel pour moi d'avoir été choisi pour en être l'exécuteur : plût à Dieu que je pusse m'en dispenser! — Faites votre devoir, reprirent les princes; nous savons bien que vous n'êtes pas la cause de notre mort. Nous ne vous prions que d'une seule chose, c'est de bien assurer le roi, notre père, à votre retour, que nous mourons innocents, mais que nous ne lui imputons pas l'effusion de notre sang. » Giondar leur promit qu'il n'y manquerait pas, et en même temps il tira son sabre. Son cheval, qui était lié à un arbre près de lui, épouvanté de l'éclat du sabre, rompit sa bride et s'échappa. C'était un cheval de prix et richement harnaché. Troublé de cet accident, Giondar, au lieu de couper la tête aux princes, jeta son sabre et courut après le cheval pour le rattraper. Celui-ci fit plusieurs caracoles devant Giondar, et le mena jusqu'au bois, où il se jeta. L'émir l'y suivit, et le hennissement du cheval éveilla un lion qui dormait; le lion courut droit à Giondar dès qu'il l'eut aperçu. Giondar ne songea plus à son cheval : il fut dans un plus grand embarras pour la conservation de sa vie. « Dans cette extrémité, Dieu ne m'enverrait pas ce châtiment, disait-il en lui-même, si les princes n'étaient pas innocents. » Pendant l'éloignement de Giondar, les deux princes entendirent le rugissement du lion et de grands cris dans le bois où le cheval et Giondar étaient entrés. Amgiad fit un effort, brisa ses liens, et prit aussitôt le sabre dont Giondar s'était débarrassé. « Mon frère, dit-il à Assad, courons au secours de Giondar; peut-être arriverons-nous assez tôt pour le délivrer du péril où il est. »

» Les deux princes ne perdirent pas de temps, et ils arrivèrent dans le même moment que le lion venait d'abattre Giondar. Amgiad s'élança sur lui, et d'un coup déchargé avec force et adresse l'étendit mort. Dès que Giondar eut connu que c'était aux deux princes qu'il devait la vie, il se jeta à leurs pieds et les remercia de l'obligation qu'il leur avait. « Princes, leur dit-il, Dieu me garde d'attenter à votre vie, après le secours que vous venez de me donner! Jamais on ne reprochera à l'émir Giondar d'avoir été capable d'une si grande ingratitude. La seule chose que je prends la liberté de vous demander, c'est de vous accommoder de ce que je puis vous partager de mon habit, de me donner chacun le vôtre, et de vous sauver si loin que le roi votre père n'entende jamais parler de vous. » Les princes consentirent à ce qu'il voulut, et après Giondar leur donna ce qu'il avait sur lui d'or et d'argent et prit congé d'eux.

» Quand l'émir Giondar se fut séparé des princes, il teignit leurs habits du sang du lion et retourna au palais. A son arrivée, le roi Camaralzaman lui demanda s'il avait exécuté l'ordre qu'il avait donné et de quelle manière ils avaient reçu leur châtiment. « Sire, reprit Giondar, ils l'ont reçu avec résignation aux décrets de Dieu, mais particulièrement avec un grand respect pour votre majesté, et avec une soumission inconcevable à leur arrêt de mort. « Nous mourons innocents, disaient-ils. » Nous recevons notre mort de la main de » Dieu, et nous la pardonnons au roi notre » père ; nous savons qu'il n'a pas été informé » de la vérité. » Camaralzaman, sensiblement touché de ce récit de l'émir, s'avisa de fouiller dans les poches des habits des deux princes, et commença par celui d'Amgiad. Il y trouva un billet qu'il ouvrit et qu'il lut. Il n'eut pas plus tôt connu que la reine Haïatalnefous l'avait écrit, non-seulement à son écriture, mais même à un petit peloton de ses cheveux qui était dedans, qu'il frémit. Il fouilla dans celle d'Assad en tremblant, et le billet de la reine Badoure qu'il y trouva le frappa d'une si profonde émotion qu'il s'évanouit... »

Scheherazade s'aperçut, à ces derniers mots, que le jour paraissait; elle garda le silence, et reprit la suite de l'histoire la nuit suivante :

« Jamais douleur ne fut égale à celle dont Camaralzaman donna des marques dès qu'il fut revenu de son évanouissement. « Qu'as-tu fait, père barbare? s'écria-t-il ; tu as massacré tes propres enfants ! »

» Pendant que le roi Camaralzaman s'affligeait ainsi de la perte de ses fils, les deux princes erraient par les déserts, en évitant d'approcher les lieux habités; ils ne vivaient que d'herbes et de fruits sauvages, et ne buvaient que de méchante eau de pluie qu'ils trouvaient dans les creux de rocher.

» Au bout d'un mois ils arrivèrent au haut d'une montagne affreuse. Après une demi-heure de repos, Amgiad se leva le premier, et, en avançant, il vit à peu de distance un grenadier chargé de grosses grenades, et qu'il y avait une fontaine au pied. Il courut annoncer cette bonne nouvelle à Assad, et ils se rafraîchirent chacun en mangeant une grenade, après qu ils s'endormirent.

» Le lendemain matin, les deux frères s remirent en chemin, et après cinq jours d marche ils découvrirent enfin une grande vill avec joie. « Mon frère, dit alors Assad, n'êtes vous pas du même avis que moi, que vou demeuriez en quelque endroit hors de la vil où je viendrai vous retrouver, pendant qu j'irai prendre langue et m'informer en qu pays nous sommes ? » Amgiad fut obligé de cé der, et il s'arrêta sous des arbres au pied de l montagne.

» Le prince Assad continua son chemin ju qu'à la ville. Il ne fut pas un peu avancé da la première rue qu'il joignit un vieillard vén rable, bien mis. Comme il ne douta pas que fût un homme de distinction, il l'abord « Seigneur, lui dit-il, je vous supplie de m'e seigner le chemin de la place publique. l vieillard regarda le prince en souriant : « M fils, lui dit-il, vous êtes sans doute étrange — Oui, seigneur, reprit Assad. — Soyez le bi venu, repartit le vieillard... Dites-moi, que affaire avez-vous à la place publique? — Se gneur, répliqua Assad, il y a près de deux m qu'un frère que j'ai, et moi, nous somm partis d'un pays fort éloigné d'ici. Depuis temps-là nous n'avons pas discontinué marcher, et nous ne faisons que d'arriver a jourd'hui. Mon frère, fatigué d'un si lo voyage, est demeuré au pied de la montagn et je viens chercher des vivres pour lui et p moi. — Mon fils, repartit le vieillard, vous ê venu le plus à propos du monde. J'ai fait a jourd'hui un grand régal à plusieurs de n amis, dont il est resté une quantité de mets personne n'a touché. Venez avec moi, je v en donnerai bien à manger; et, quand v aurez fait, je vous en donnerai encore p vous et pour votre frère de quoi vivre plusie jours. — Je vous suis infiniment obligé, re le prince Assad, de la bonne volonté que v me témoignez, et je suis prêt à aller où il v plaira. »

» Le vieillard conduisit Assad à sa mais et l'introduisit dans une grande salle où il quarante vieillards qui faisaient un cercle tour d'un feu allumé qu'ils adoraient. Pend qu'Assad était immobile d'étonnement, le vieillard salua les quarante vieillards : « Dé adorateurs du feu, leur dit-il, voici un heureux jour pour nous. Où est Gazban ? qu'on le fasse venir. » A ces paroles un noir parut ; et ce noir, qui était Gazban, n'eut pas plus tôt aperçu le désolé Assad, qu'il courut à lui, le jeta à terre d'un soufflet, et le lia par les bras avec une diligence merveilleuse. Quand il eut achevé : « Mène-le là-bas, et ne manque pas de dire à mes filles Bostane et Cavane de lui bien donner la bastonnade chaque jour, avec un pain le matin et un autre le soir pour toute nourriture : c'en est assez pour le faire vivre jusqu'au départ du vaisseau pour la mer Bleue et pour la montagne de Feu ; nous en ferons un sacrifice agréable à notre divinité. »

La sultane Scheherazade ne passa pas outre pour cette nuit à cause du jour qui paraissait. Elle poursuivit la nuit suivante :

« Dès que le vieillard eut donné l'ordre cruel, Gazban se saisit d'Assad, le fit descendre sous la salle, et, après l'avoir fait passer par plusieurs portes jusque dans un cachot, il l'attacha par les pieds à une chaîne des plus grosses. Aussitôt qu'il eut achevé, il alla avertir les filles du vieillard. Bostane et Cavane reçurent cet ordre avec joie. Elles descendirent au cachot, dépouillèrent Assad, le bâtonnèrent impitoyablement, jusqu'à lui faire perdre connaissance. Après cette exécution si barbare, elles mirent un pain et un pot d'eau près de lui et se retirèrent.

» Assad ne revint à lui que longtemps après, et ce ne fut que pour verser des larmes, déplorant sa misère, avec la consolation néanmoins que ce malheur n'était pas arrivé à Amgiad.

» Le prince Amgiad attendit son frère Assad jusqu'au soir avec une grande impatience. Quand il vit qu'il était quatre heures de nuit et qu'il n'était pas venu, il se désespéra et passa la nuit dans cette inquiétude désolante; dès que le jour parut, il s'achemina vers la ville. Il fut d'abord très-étonné de ne voir que très-peu de musulmans. En marchant par la ville, il s'arrêta à la boutique d'un tailleur qu'il reconnut pour musulman à son habillement. Il s'assit près de lui après qu'il eut salué, et lui raconta le sujet de la peine où il était. Quand le prince Amgiad eut achevé : « Si votre frère, reprit le tailleur, est tombé entre les mains de quelques mages, vous devez craindre de ne le revoir jamais. Pour éviter le même sort, si vous voulez me croire, vous demeurerez avec moi, et je vous instruirai de toutes les ruses de ces mages, afin que vous vous gardiez d'eux quand vous sortirez. » Amgiad accepta l'offre et remercia le tailleur de la bonté qu'il avait pour lui. »

HISTOIRE DU PRINCE AMGIAD ET D'UNE DAME DE LA VILLE DES MAGES.

« Le prince Amgiad ne sortit, pendant un mois entier, qu'en la compagnie du tailleur ; il se hasarda enfin d'aller seul au bain. Au retour, comme il passait par une rue déserte, il rencontra une dame qui venait droit à lui. La dame, qui vit un jeune homme très-bien fait, leva son voile, et lui demanda où il allait, d'un air riant et en lui faisant les yeux doux. Amgiad ne put résister aux charmes qu'elle lui fit paraître. « Madame, répondit-il, je vais chez moi ou chez vous ; cela est à votre choix. — Seigneur, répondit la dame avec un sourire agréable, les dames de ma sorte ne mènent pas les hommes chez elles, elles vont chez eux. » Amgiad fut dans un grand embarras de cette réponse, à laquelle il ne s'attendait pas. Le peu d'habitude qu'il avait faisait aussi qu'il ne savait aucun endroit où la conduire. Dans cette incertitude, il résolut de s'abandonner au hasard ; et, sans répondre à la dame, il marcha devant elle, et la dame le suivit. Le prince Amgiad la mena longtemps de rue en rue, et ils étaient fatigués de marcher l'un et l'autre, lorsqu'il vit une maison d'assez belle apparence, avec deux bancs, l'un d'un côté, et l'autre de l'autre. Amgiad s'assit sur l'un, pour prendre haleine, et la dame s'assit sur l'autre.

» Quand la dame fut assise : « C'est donc ici votre maison? dit-elle au prince Amgiad. — Vous le voyez, Madame, reprit le prince. — Qu'avez-vous, que vous n'entrez pas chez vous? lui dit-elle : venez, venez, nous attendrons mieux ici que dehors. » Le prince Amgiad entra dans une cour spacieuse. De la cour, il monta à un grand vestibule, où ils aperçurent, lui et la dame, une grande salle ouverte, très-bien meublée, et dans la salle une table de mets exquis. Quand Amgiad vit ces apprêts, il ne douta plus de sa perte. La dame, au contraire, ravie de ce spectacle agréable : « Eh quoi! seigneur, s'écria-t-elle, vous craigniez qu'il n'y eût rien de prêt! vous voyez cependant que votre esclave a fait plus que vous ne croyiez. » Comme Amgiad ne pouvait se résoudre à se mettre à une table qui n'avait pas été préparée pour lui, il voulut s'asseoir sur le sofa; mais la dame l'en empêcha. « Que faites-vous? lui dit-elle, mettons-nous à table, mangeons et réjouissons-nous. »

» Amgiad fit ce que la dame voulut : ils se mirent à table et mangèrent. Après les premiers morceaux, la dame prit un verre et une bouteille, se versa à boire, et but à la santé d'Amgiad. Quand elle eut bu et rempli le même verre, elle le présenta à Amgiad, qui lui fit raison.

» Pendant qu'il faisait réflexion sur son aventure, la dame continuait de manger, buvait de temps en temps, et l'obligeait de faire de même. Ils en étaient aux fruits, lorsque le maître de la maison arriva. C'était le grand écuyer du roi des Mages, et son nom était Bahader. La maison lui appartenait; mais il en avait une autre où il faisait sa demeure ordinaire. Celle-ci ne lui servait qu'à se régaler avec trois ou quatre amis choisis. Bahader arriva sanssuite. Il entra sans faire de bruit, et comme il entendit que l'on se réjouissait dans la salle, il se coula le long du mur, et avança la tête à demi pour voir quels gens c'étaient. Comme il vit que c'était un jeune homme et une dame qui mangeaient à la table qui n'avait été préparée que pour ses amis, et lui et que le mal n'était pas si grand qu'il s'était imaginé d'abord, il résolut de s'en divertir.

» La dame, qui avait le dos tourné, ne pouvait pas voir le grand-écuyer; mais Amgiad l'aperçut d'abord, et alors il avait le verre à la main. Il changea de couleur à cette vue, les yeux attachés sur Bahader, qui lui fit signe de ne dire mot et de venir lui parler. Amgiad but et se leva. « Où allez-vous? lui demanda la dame. — Madame, demeurez, je vous prie, je suis à vous dans le moment; une petite nécessité m'oblige de sortir. Il trouva Bahader qui l'attendait sous le vestibule pour lui parler sans être entendu de la dame. »

Scheherazade s'aperçut, à ces derniers mots, qu'il était temps que le sultan des Indes se levât; elle se tut, et elle eut le temps de poursuivre la nuit suivante et de lui parler en ces termes :

« Sire, Bahader demanda au prince par quelle aventure il se trouvait chez lui avec la dame et pourquoi ils avaient forcé la porte de la maison. « Seigneur, reprit Amgiad, je dois vous paraître bien coupable; mais, si vous daignez m'entendre, j'espère que vous me trouverez innocent. » Il lui raconta en peu de mots la chose sans rien déguiser; il ne lui cacha pas qu'il était prince, non plus que la raison pour laquelle il se trouvait dans la ville des Mages. Bahader, qui aimait naturellement les étrangers, fut ravi d'avoir trouvé l'occasion d'en obliger un. « Prince, lui dit-il, j'ai une joie extrême de vous obliger dans une rencontre aussi plaisante. Bien loin de troubler la fête, je me ferai un grand plaisir de contribuer à votre satisfaction. Je suis le grand-écuyer du roi, et je m'appelle Bahader. Vous avez fait accroire à votre belle que vous aviez un esclave. Je veux être cet esclave, et vous en apprendrai bientôt la raison. Allez donc vous remettre à votre place, et continuez de vous divertir; et quand je reviendrai dans quelque temps en habit d'esclave, querellez-moi bien; ne craignez même pas de me frapper. » Amgiad voulut répartir; mais le grand-écuyer ne le permit pas, et il le contraignit d'aller retrouver la dame.

» Le prince Amgiad rejoignit la dame, bien content de ce que le hasard l'avait conduit dans une maison dont le maître en usait si honnêtement avec lui. En se mettant à table : « Madame, lui dit-il, je vous demande pardon de la mauvaise humeur où je suis de l'absence de mon esclave, le maraud me le paiera! je lui ferai voir s'il doit être dehors si longtemps! — Cela ne doit pas vous inquiéter, lui dit la dame; ne songeons plus à lui, songeons seulement à nous réjouir. » Ils continuèrent de tenir table avec d'autant plus d'agrément qu'Amgiad n'était plus inquiet de ce qui arriverait de l'indiscrétion de la dame. Il ne fut pas de moins belle humeur qu'elle, et ils se dirent mille plaisanteries en buvant jusqu'à l'arrivée de Bahader, déguisé en esclave.

» Bahader entra comme un esclave bien mortifié; il se jeta aux pieds d'Amgiad pour implorer sa clémence, et quand il se fut relevé il resta debout pour leur verser à boire. Lorsqu'il vit qu'ils ne buvaient plus, il leur prépara un lit sur le sofa, et se retira dans une chambre, où il ne fut pas longtemps à s'endormir.

» Avant de se coucher, la dame eut besoin de sortir. En passant sous le vestibule, comme elle avait entendu que Bahader ronflait déjà et qu'elle avait vu qu'il avait un sabre dans la salle : « Seigneur, dit-elle à Amgiad en rentrant, obligez-moi de prendre ce sabre et d'aller couper la tête à votre esclave. »

» Amgiad fut étonné de cette proposition, que le vin faisait faire à la dame. « Madame, lui dit-il, il faut vous satisfaire, puisque vous le souhaitez. Venez, suivez-moi, ajouta-t-il en lui prenant le sabre des mains, et ne faisons pas de bruit, de crainte qu'il ne s'éveille. » Ils entrèrent dans la chambre où était Bahader; mais, au lieu de le frapper, Amgiad porta le coup à la dame, et lui coupa la tête, qui tomba sur Bahader... »

Le jour commençait de paraître lorsque Scheherazade s'arrêta à ces paroles; elle reprit ainsi son discours la nuit suivante :

« La tête de la dame interrompit le sommeil du grand-écuyer. Étonné de voir Amgiad avec le sabre ensanglanté, il lui demanda ce que cela signifiait. Amgiad lui raconta la chose comme elle s'était passée : « Pour vous sauver la vie, ajouta-t-il, je n'ai point trouvé d'autre moyen que de la lui ravir à elle-même. — Seigneur, reprit Bahader, vous êtes mon libérateur, et je ne puis assez vous en remercier. » Après qu'il lui eut marqué combien il lui était obligé : « Avant que le jour vienne, dit-il, il faut emporter ce cadavre hors d'ici, et c'est ce que je vais faire. » Amgiad dit qu'il l'emporterait lui-même, puisqu'il avait fait le coup. — Laissez-moi faire, reprit Bahader, demeurez ici en repos. Si je ne reviens pas avant qu'il soit jour, ce sera une marque que le guet m'aura surpris. En ce cas-là, je vous fais don de la maison et de tous les meubles. » Bahader mit le corps de la dame dans un sac, chargea le sac sur ses épaules, et marcha vers la mer. Il n'en était pas éloigné lorsqu'il rencontra le juge de police, qui faisait sa ronde en personne. Les gens du juge l'arrêtèrent, ouvrirent le sac, et y trouvèrent le corps de la dame massacrée. Le juge, qui reconnut le grand-écuyer malgré son déguisement, le mena chez lui; et, comme il n'osait pas le faire mourir sans en parler au roi, il le lui mena le lendemain matin. Le roi n'eut pas plus tôt appris la noire action qu'il avait commise qu'il commanda qu'on le fît pendre. Quelque innocent que fût Bahader, il reçut cette sentence de mort avec toute la résignation possible, et ne dit pas un mot pour sa justification. Le juge fit publier l'exécution par toute la ville, et le prince Amgiad fut dans une consternation qu'on ne peut imaginer quand il entendit ce cri. « Si quelqu'un doit mourir pour la mort d'une femme aussi méchante, se dit-il à lui-même, c'est moi, et je ne souffrirai pas que l'innocent soit puni pour le coupable. » Sans délibérer davantage, il sortit et se rendit à la place où se devait faire l'exécution.

» Dès qu'Amgiad vit paraître le juge qui amenait Bahader à la potence : « Seigneur, lui dit-il, je viens vous déclarer que le grand-écuyer que vous conduisez à la mort est innocent de la mort de cette dame. C'est moi qui ai commis le crime, si c'est en avoir commis un que d'avoir ôté la vie à une femme détestable qui voulait l'ôter au grand-écuyer, et voici comment la chose s'est passée. » Quand le prince Amgiad eut informé le juge de tout ce qui s'était passé entre le grand-écuyer, la dame et lui, le juge sursit à l'exécution, et le mena au roi avec le grand-écuyer. Le roi voulut être informé de la chose; Amgiad lui fit le récit de son histoire et de celle de son frère depuis le commencement jusqu'à leur arrivée, et jusqu'au moment qu'il lui parlait.

» Quand il eut achevé : « Prince, lui dit le roi, je suis ravi de vous connaître : non-seulement je vous accorde la vie avec celle de mon grand-écuyer, que je rétablis dans sa charge, je vous fais même mon grand-visir. A l'égard du prince Assad, je vous permets d'employer toute l'autorité que je vous donne pour le retrouver. »

» Après qu'Amgiad eut remercié le roi et qu'il eut pris possession de la place de grand-visir, il employa tous les moyens imaginables pour trouver son frère. Il fit promettre une grande récompense à ceux qui lui en apprendraient quelque nouvelle; mais, quelque diligence qu'il fît, il n'apprit rien de lui.

» Assad était cependant toujours à la chaîne dans son cachot, et Bostane et Cavane le maltraitaient avec la même cruauté. La fête des adorateurs du feu approcha. On équipa un vaisseau; on le chargea de marchandises par le soin d'un capitaine nommé Behram; on y fit embarquer Assad dans une caisse à moitié pleine de marchandises, avec assez d'ouverture entre les ais pour lui donner la respiration nécessaire, et l'on descendit la caisse à fond de cale. Le vaisseau sortit du port et prit la pleine mer. Après quelques jours de navigation, le vent augmenta de manière qu'il excita une tempête des plus furieuses. Le vaisseau perdit sa route. Au plus fort de la tempête, Behram découvrit terre, et, à son grand regret, le reconnut pour le port et la capitale de la reine Margiane, qui était musulmane, ennemie des adorateurs du feu. Il n'était plus au pouvoir de Behram cependant d'éviter d'aborder au port, à moins d'aller échouer contre la côte, qui était bordée de rochers affreux. Dans cette extrémité, il tint conseil avec son pilote et avec ses matelots. « Je suis d'avis, dit Behram, que nous ôtions de la chaîne le musulman et que nous l'habillions en esclave. Quand la reine Margiane me demandera quel est mon négoce, je lui répondrai que je suis marchand d'esclaves, que j'ai vendu tout ce que j'en avais, et que je n'en ai réservé qu'un seul pour me servir d'écrivain. Elle voudra le voir; et comme il est bien fait, elle en sera touchée de compassion, ne manquera pas de me proposer de le lui vendre, et, en cette considération, de nous souffrir dans son port jusqu'au premier beau temps. Le pilote et les matelots applaudirent à son sentiment, qui fut suivi... »

La sultane Scheherazade s'arrêta, à cause du jour qui se faisait voir; elle reprit le même conte la nuit suivante :

« Behram fit ôter le prince Assad de la chaîne et le fit habiller en esclave, selon le rang d'écrivain, sous lequel il voulait le présenter à la reine. Il fut à peine dans l'état qu'il souhaitait, que le vaisseau entra dans le port. Dès que la reine Margiane, dont le palais était du côté de la mer, de manière que le jardin s'étendait jusqu'au rivage, eut vu que le vaisseau avait mouillé, elle envoya avertir le capitaine de venir lui parler. Behram débarqua avec le prince Assad, après avoir exigé de lui de confirmer qu'il était son esclave et son écrivain, et fut conduit devant la reine. Il se jeta à ses pieds, et, après avoir expliqué la nécessité qui l'avait obligé de se réfugier dans son port, il lui dit qu'il était marchand d'esclaves, qu'Assad, qu'il avait amené, était le seul qui lui restât, et qu'il le gardait pour lui servir d'écrivain. Assad avait plu à Margiane, du moment qu'elle l'avait vu; elle résolut de l'acheter à quelque prix que ce fût, et elle demanda aussitôt à Assad comment il s'appelait. «Grande reine, reprit Assad, je m'appelais autrefois Assad (très-heureux), et aujourd'hui je m'appelle Motar (destiné à être sacrifié). Margiane, ne pouvant pénétrer le sens de cette réponse, l'appliqua à l'état de son esclavage. « Puisque vous êtes écrivain, lui dit-elle, faites-moi voir de votre écriture. Assad, muni d'une écritoire qu'il portait à sa ceinture, et de papier, par les soins de Behram, écrivit des sentences, par rapport à sa misère; après avoir achevé, il présenta le papier à la reine, qui n'admira pas moins les sentences que la beauté du caractère, et il n'en fallut pas davantage pour l'embraser et la toucher d'une véritable compassion pour lui. Elle n'eut pas plus tôt achevé de lire qu'elle s'adressa à Behram : « Choisissez, de me vendre cet esclave ou de m'en faire présent; peut-être trouverez-vous mieux votre compte à choisir le dernier. » Behram reprit assez insolemment qu'il avait besoin de son esclave et qu'il voulait le garder. Margiane, irritée de cette hardiesse, prit le prince par le bras, le fit marcher devant elle, et envoya dire à Behram qu'elle ferait confisquer toutes ses marchandises et mettre le feu à son vaisseau s'il passait la nuit dans le port. Behram fut contraint de retourner à son vaisseau, et de faire préparer toutes choses pour remettre à la voile, quoique la tempête ne fût pas entièrement apaisée.

» La reine Margiane, après avoir commandé que l'on servît promptement le souper, mena Assad à son appartement.

» Asseyez-vous près de moi, lui dit-elle, et racontez-moi votre histoire; car ce que vous m'avez écrit et l'insolence de ce marchand me font comprendre qu'elle doit être extraordinaire. » Le prince Assad obéit. « Puissante reine, dit-il, votre majesté ne se trompe pas, mon histoire est vraiment extraordinaire, les maux incroyables que j'ai soufferts et le genre de mort auquel j'étais destiné, dont elle m'a délivré par sa générosité, lui feront connaître la grandeur de son bienfait, que je n'oublierai jamais. » Après ce préambule, Assad commença par l'informer de sa naissance royale, et lui raconta tout ce qui lui était arrivé jusqu'au moment où il avait eu le bonheur d'être admis en sa présence. Quand Assad eut achevé son discours, la reine, animée plus que jamais contre les adorateurs du feu : « Prince, dit-elle, nonobstant l'aversion que j'ai toujours eue pour les adorateurs du feu, je n'ai pas laissé d'avoir beaucoup d'humanité pour eux; mais, après le traitement barbare qu'il vous ont fait, je leur déclare dès à présent une guerre implacable. » Elle allait continuer, mais l'on servit, et elle se mit à table avec le prince Assad, charmée et déjà prévenue pour lui d'une passion violente. Le repas dura longtemps, et le prince Assad but quelques coups plus qu'il ne pouvait porter. Quand la table fut levée, Assad eut besoin de sortir, et il prit son temps de manière que la reine ne s'en aperçut pas. Il descendit dans le jardin. Attiré par les beautés dont il était diversifié, il s'y promena et alla jusqu'à un jet d'eau qui en faisait le plus grand agrément; il s'assit sur gazon dont il était bordé et s'y endormit.

« La nuit approchait, et Behram avait déjà levé l'ancre, bien fâché de la perte qu'il avait faite d'Assad, lorsqu'il remarqua que l'équipage manquait d'eau; il se rappela qu'il avait vu un jet d'eau dans le jardin du palais, et ordonna à ses gens de passer par-dessus le mur, qui n'était qu'à la hauteur d'appui, et faire de l'eau dans le bassin situé au milieu du jardin.

» Les matelots, en approchant du bassin, aperçurent un homme couché qui dormait sur le bord, ils s'approchèrent de lui, et le reconnurent pour Assad. Ils se hâtèrent d'emplir les barils et quand ils furent pleins, ils se saisirent d'Assad et l'emmenèrent sans lui donner le temps de se reconnaître. Quand ils furent près d'aborder au vaisseau : « Capitaine, s'écrièrent-ils, nous vous ramenons votre esclave. »

» Behram ne put se contenir de joie; et, sans s'informer comment ils s'y étaient pris pour faire une si belle capture, il le fit remettre à la chaîne, et fit force de voiles en reprenant la route de la montagne de Feu. »

La sultane Scheherazade ne passa pas outre pour cette nuit; elle poursuivit la nuit suivante, et dit au sultan des Indes :

« Sire, la reine Margiane ne s'inquiéta pas d'abord quand elle se fut aperçue que le prince Assad était sorti. Comme elle ne douta pas qu'il devait revenir bientôt, elle l'attendit avec impatience. Au bout de quelque temps qu'elle vit qu'il ne paraissait pas, elle commença d'en être inquiète. Elle commanda à ses femmes de voir où il était; elle le cherchèrent, et elles ne lui en donnèrent pas de nouvelles.

» Dans l'alarme où Margiane fut alors, elle alla le chercher elle-même à la lumière des flambeaux, et comme elle aperçut que la porte du jardin était ouverte, elle y entra et le parcourut avec ses femmes. En passant près du jet d'eau, elle remarqua une babouche sur le bord du gazon, et elle la reconnut pour une des deux du prince. Cela joint à l'eau répandue sur le bord du bassin, lui fit croire que Behram pourrait bien l'avoir fait enlever. Elle envoya savoir s'il était encore au port; et comme elle apprit qu'il s'était arrêté quelque temps sur les bords, et que sa chaloupe était venue faire de l'eau dans le jardin, elle envoya avertir le commandant de dix vaisseaux de guerre qu'elle avait dans son port, toujours prêts à partir au premier commandement, qu'elle voulait partir le lendemain à une heure du jour. Le commandant obéit, et la reine s'embarqua. Quand son escadre fut hors du port et à la voile, elle déclara son intention. « Je veux, dit-elle au commandant, que vous donniez la chasse au vaisseau marchand qui partit de son port hier au soir. Je vous l'abandonne si vous le prenez; mais si vous ne le prenez pas, votre vie m'en répondra. »

Dès que Behram aperçut l'escadre de la reine Margiane qui le poursuivait, il se trouva dans un grand embarras. De garder Assad, c'était se déclarer coupable, de lui ôter la vie, il craignait qu'il n'en parût quelque marque. Il le fit déchaîner, et quand on l'eut amené devant lui : « C'est toi, dit-il, qui es cause qu'on nous poursuit. » Et en disant ces paroles, il le jeta dans la mer. Le prince Assad, qui savait nager, s'aida de ses pieds et de ses mains avec tant de courage qu'il en eut assez pour gagner terre. Quand il fut sur le rivage, il remercia Dieu de l'avoir délivré d'un si grand danger, et tiré encore une fois des mains des adorateurs du feu.

Après s'être reposé quelques heures, pour faire sécher ses habits, il marcha sans trop s'éloigner de la mer. Il arriva enfin près d'une ville qu'il reconnut pour celle des Mages, où il avait été si fort maltraité. Comme il était tard, il prit le parti de s'arrêter dans le cimetière qui était près de la ville, où il y avait plusieurs tombeaux élevés en façon de mausolée. Il en trouva un dont la porte était ouverte; il y entra, résolu à y passer toute la nuit.

« Revenons présentement au vaisseau de Behram. Il fut abordé par le vaisseau où était la reine, et comme il n'était pas en état de faire aucune résistance, il se rendit. Margiane passa sur le vaisseau de Berham, et fit faire la visite avec toute l'exactitude possible; mais on ne trouva pas celui qu'elle souhaitait si passionnément de trouver. Elle fut sur le point d'ôter la vie à Behram de sa propre main; mais elle se retint, et elle se contenta de confisquer son vaisseau et toute sa charge, et de le renvoyer par terre avec ses matelots, en lui laissant sa chaloupe. Behram, accompagné de ses matelots, arriva dans la ville des Mages la même nuit qu'Assad s'était arrêté dans le cimetière. Comme la porte était fermée, il fut contraint de chercher aussi quelque tombeau pour y attendre qu'il fût jour. Il entra, par malheur, dans celui où Assad s'était réfugié, et il le reconnut d'abord. Il se jeta sur lui, lui mit son mouchoir sur la bouche, et le fit lier par ses matelots. Le lendemain matin, dès que la porte fut ouverte, avant que le jour parût, il le fit ramener chez le vieillard qui l'avait traité avec tant de méchanceté, et le fit descendre dans le même cachot d'où il avait été tiré.

» Assad fut désespéré de se revoir dans le lieu où il avait déjà tant souffert; et, dans l'attente des mêmes tourments, il pleurait lorsqu'il vit entrer Bostane avec un bâton, un pain et une cruche d'eau. Il frémit à la vue de cette femme impitoyable... »

Mais le jour, que la sultane vit paraître, l'obligea de s'interrompre. Elle reprit ainsi la nuit suivante.

« Sire, Bostane traita le malheureux prince aussi cruellement qu'elle l'avait déjà fait. Mais les lamentations, les instantes prières d'Assad qui la suppliait de l'épargner, furent si vives, que Bostane ne put s'empêcher de verser des larmes avec lui. « Seigneur, lui dit-elle, je vous demande pardon de la cruauté avec laquelle je vous ai traité. Je n'ai pu désobéir à un père acharné à votre perte; mais enfin j'abhorre cette barbarie. Vous m'avez regardée jusqu'aujourd'hui comme une infidèle, regardez-moi présentement comme une musulmane.

» Assad rendit grâces à Dieu de ce qu'il avait touché le cœur de Bostane.

» Quelques jours après, Bostane était à la porte de la maison, lorsqu'elle entendit un crieur public qui publiait à haute voix :

« L'illustre grand-visir en personne cherche
» son frère, qui s'est séparé d'avec lui il y a
» plus d'un an. Si quelqu'un le cache, et qu'on
» le découvre, son excellence déclare qu'elle
» le punira de mort, lui, sa femme, ses en-
» fants et toute sa famille, et fera raser sa
» maison. »

» Bostane n'eut pas plus tôt entendu ces paroles qu'elle alla trouver Assad. « Prince lui dit-elle avec joie, vous êtes à la fin de vos malheurs; suivez-moi promptement. » Assad qu'elle avait ôté de la chaîne dès le premier jour qu'il avait été ramené dans le cachot, la suivit jusque dans la rue, où elle cria : « Le voici, le voici, le voici ! »

« Le grand-visir, qui n'était pas encore éloigné, se retourna. Les deux frères se reconnurent et s'embrassèrent. Amgiad fit monter son frère sur le cheval d'un de ses officiers, il le mena au palais et le presenta au roi, qui le fit [illegible] de ses visirs.

» Dans le temps que les deux frères remerciaient le roi de ses bontés, on entendit un grand tumulte, et en même temps un officier vint annoncer qu'une grande armée s'approchait, et que personne ne savait qu'elle armée c'était. Dans l'alarme que cette fâcheuse nouvelle fit éprouver au roi, il ordonna [illegible] Amgiad de sortir de la ville avec peu de suite pour reconnaître l'ennemi. Le prince Amgiad obéit et ne fut pas longtemps sans découv[illegible] l'armée. Les avant-coureurs le reçurent favorablement, et le menèrent devant la princesse. Amgiad fit une profonde révérence, et lui demanda si elle venait comme ennemie, et alors quel sujet de plainte elle avait contre le roi son maître. « Je viens, comme amie, répondit la princesse, demander un esclave appelé Assad, qui m'a été enlevé par un capitaine de cette ville, qui s'appelle Behram. J'espère que votre roi me fera justice quand il saura que je suis Margiane. — Puissante reine, reprit le prince, je suis le frère de cet esclave que vous cherchez. Venez, je vous le livrerai moi-même, le roi mon maître sera ravi de vous voir. »

» Pendant que l'armée de la reine Margiane campa, le prince Amgiad l'accompagna au palais, et la présenta au roi, qui la reçut comme elle le méritait; le prince Assad, qui était présent, et qui l'avait reconnue, lui fit son compliment. Elle lui témoignait la joie qu'elle avait de le revoir, lorsqu'on vint apprendre au roi qu'une armée plus formidable que la première paraissait d'un autre côté de la ville.

« Le roi des mages fit un signe à Amgiad, qui comprit l'intention du roi : il monta à cheval et courut au-devant de cette nouvelle armée. Il s'adressa au roi lui-même, et lui demanda ce qu'il souhaitait de son maître.

« Je m'appelle Gaïour, reprit le roi, et je suis roi de la Chine. Le désir d'apprendre des nouvelles d'une fille nommée Badoure, que j'ai mariée depuis plusieurs années au prince Camaralzaman, fils du roi des îles des Enfants de Kaledan, m'a obligé de sortir de mes états pour apprendre de leurs nouvelles. » Le prince Amgiad, qui reconnut son grand-père à ce discours, lui baisa la main avec tendresse. « Sire, dit-il, je suis le fils de Camaralzaman, aujourd'hui roi de l'île d'Ébène, et de la reine Badoure, dont vous êtes en peine; et je ne doute pas qu'ils ne soient en parfaite santé dans leur royaume. » Le roi de la Chine, ravi de voir son petit-fils l'embrassa tendrement, et lui demanda quel sujet l'avait amené dans ce pays étrange, le prince lui raconta son histoire et celle de son frère. Quand il eut achevé : « Mon fils, consolez-vous, je vous ramènerai vous et votre frère, et je ferai connaître votre innocence. Retournez, et faites part de mon arrivée à votre frère. »

» Le prince Amgiad retourna au palais. Le roi, extrêmement surpris d'apprendre qu'un monarque aussi puissant que celui de la Chine fût si près de sa capitale, donna aussitôt les ordres pour le bien recevoir.

» Dans cet intervalle on apprit qu'une troisième armée arrivait; cela obligea le roi de prier le prince Amgiad d'aller voir encore ce qu'elle demandait. »

Mais le jour qui parut obligea Scheherazade à interrompre son histoire, qu'elle continua la nuit suivante en ces termes :

« Amgiad partit, et le prince Assad l'accompagna. Ils trouvèrent que c'était l'armée de Camaralzaman, leur père, qui venait les chercher. Il avait donné des marques d'une si vive douleur de les avoir perdus que l'émir Giondar lui avait déclaré de quelle manière il leur avait conservé la vie. Ce prince affligé embrassa ses deux fils avec des larmes de joie. Les princes ne lui eurent pas plus tôt appris que le roi de la Chine, son beau-père, venait d'arriver aussi le même jour, qu'il se détacha avec eux, et alla le voir en son camp. Ils n'avaient pas fait beaucoup de chemin, qu'ils aperçurent une quatrième armée qui paraissait venir du côté de la Perse. Camaralzaman dit à ses fils d'aller voir quelle armée c'était et qu'il les attendait. Ils partirent aussitôt, et à leur arrivée ils furent présentés au roi, et lui demandèrent à quel dessein il s'était approché si près de la capitale du roi des Mages. Le grand-visir, qui était présent, prit la parole : « Le roi à qui vous venez de parler, leur dit-il, est Schahzaman, roi des îles des Enfants de Kalédan, qui voyage depuis longtemps pour chercher le prince Camaralzaman, son fils, qui est sorti de ses états, il y a de longues années; si vous en savez quelques nouvelles, vous lui ferez grand plaisir de l'en informer. » Les princes répondirent qu'ils apporteraient la réponse dans peu de temps; et ils revinrent annoncer à Camaralzaman que l'armée qui venait d'arriver était celle du roi son père. L'étonnement, la joie, la douleur d'avoir abandonné le roi son père sans prendre congé de lui, firent un puissant effet sur Camaralzaman, qu'il alla se jeter aux pieds du roi Schahzaman.

» Les trois rois et la reine Margiane demeurèrent trois jours à la cour du roi des Mages, qui les régala magnifiquement. Ces trois jours furent aussi très-remarquables par le mariage du prince Amgiad avec Bostane, en considération du service qu'elle avait rendu au prince Assad. Les trois rois enfin, et la reine Margiane avec Assad son époux, se retirèrent chacun dans leur royaume. Pour ce qui est d'Amgiad, le roi des Mages, qui l'avait pris en affection, et qui était déjà fort âgé, lui mit la couronne sur la tête: et Amgiad mit toute son application à détruire le culte du feu et à rétablir la religion musulmane dans ses états. »

Le sultan des Indes témoigna à la sultane Scheherazade qu'il était très-satisfait des histoires qu'elle lui racontait chaque nuit.

La sultane Scheherazade, encouragée par ces paroles, commença de lui raconter une histoire en ces termes :

HISTOIRE DE GANEM, FILS D'ABOU AIBOU. (L'ESCLAVE D'AMOUR.)

« Sire, dit Scheherazade au sultan des Indes, il y avait autrefois à Damas un marchand qui, par son industrie et par son travail, avait amassé de grands biens. Abou Aibou, c'était son nom, avait un fils et une fille. Le fils fut d'abord appelé Ganem, et depuis surnommé l'esclave d'Amour. Il était très-bien fait, et son esprit avait été cultivé par de bons maîtres; et la fille fut nommée Force de Cœur, parce qu'elle était d'une beauté si parfaite, que tous ceux qui la voyaient ne pouvaient s'empêcher de l'aimer. Abou Aibou mourut. Il laissa des richesses immenses. Cent charges de brocarts et d'autres étoffes de soie qui se trouvaient dans son magasin n'en faisaient que la moindre partie. Sur chaque balle on lisait en gros caractères : POUR BAGDAD.

» Peu de temps après la mort d'Abou Aibou, Ganem, s'entretenant avec sa mère des affaires, de leur maison, lui demanda ce que voulait dire l'écriture qu'on lisait sur chaque balle de marchandises. « Mon fils, lui répondit sa mère, votre père voyageait tantôt dans une province et tantôt dans une autre, et il avait coutume, avant son départ, d'écrire sur chaque balle le nom de la ville où il se proposait d'aller. Il avait mis toutes choses en état pour faire le voyage de Bagdad, et il était prêt de partir quand la mort le surprit..... ».

« Puisque mon père, dit Ganem, a destiné ces marchandises pour Bagdad, je vais me disposer à faire ce voyage. Arrivé à Bagdad, Ganem loua près d'un khan une très-belle maison richement meublée, où il y avait un jardin fort agréable ; et quand il se fut établi dans cette maison et qu'il se fut entièrement remis de la fatigue du voyage, il se rendit au lieu public où s'assemblaient les marchands pour vendre ou acheter des marchandises, et il vendit promptement toutes ses étoffes. Un jour, il fut invité à assister aux funérailles d'un marchand qui se faisaient loin de la ville.

» Il était presque nuit lorsque la cérémonie fut achevée. Ganem commençait à s'inquiéter, et son inquiétude augmenta quand il vit qu'on servait un souper en l'honneur du défunt, selon l'usage de Bagdad. On lui dit même que l'on ne s'en retournerait à la ville que le lendemain. Ce discours alarma Ganem. « Je suis étranger, dit-il en lui-même, et je passe pour un riche marchand ; des voleurs peuvent profiter de mon absence et aller piller ma maison. » Vivement occupé de ces pensées, il mangea quelques morceaux à la hâte et se déroba finement à la compagnie. Il précipita ses pas; mais, quand il arriva à la porte de la ville, il la trouva fermée. Ce contre-temps l'obligea de chercher un endroit pour passer le reste de la nuit. Il entra dans un cimetière très-vaste, il s'avança jusqu'à des murailles assez hautes qui entouraient un petit champ qui faisait le cimetière particulier d'une famille, où était un palmier. Il y entra et se coucha sur l'herbe, pour s'endormir; mais l'inquiétude de se voir hors de chez lui l'en empêcha. Il se leva, et, après avoir passé et repassé devant la porte, il l'ouvrit et aperçut de loin une lumière qui semblait venir à lui. A cette vue, la peur le saisit; il poussa la porte et monta promptement au haut du palmier. Il n'y fut pas plus tôt qu'il distingua et vit entrer dans le cimetière où il était trois hommes qu'il reconnut pour des esclaves. L'un marchait devant avec une lanterne, et les deux autres le suivaient, chargé d'un coffre long de cinq à six pieds; ils le posèrent à terre, et alors un des trois dit à ses camarades : « Frè-

res, si vous m'en croyez, nous laisserons là ce coffre, et nous prendrons le chemin de la ville. — Non, non, répondit un autre, enterrons ce coffre, puisqu'on nous l'a commandé.» Les deux autres esclaves se rendirent à ce sentiment; ils commencèrent à remuer la terre, et quand ils eurent fait une fosse ils mirent le coffre dedans et le couvrirent de la terre qu'ils avaient ôtée. Ils sortirent du cimetière après cela.

» Ganem avait entendu les paroles que les esclaves avaient prononcées; il jugea qu'il fallait que ce coffre renfermât quelque chose de précieux. Il résolut de s'en éclaircir sur-le-champ. Il descendit du palmier et se mit à travailler à la fosse; il y employa si bien les pieds et les mains, qu'en peu de temps il vit le coffre à découvert, mais fermé d'un gros cadenas. Cependant il ne perdit point courage; il prit un gros caillou avec lequel il n'eut pas beaucoup de peine à forcer le cadenas. Alors, plein d'impatience, il ouvrit le coffre. Au lieu d'y trouver de l'argent comme il se l'était imaginé, Ganem fut dans une grande surprise d'y voir une jeune dame d'une beauté sans pareille. A son teint frais et vermeil, à sa respiration douce et réglée, il reconnut qu'elle était pleine de vie. Elle avait un habillement magnifique, des bracelets et des pendants d'oreille de diamant, avec un collier de perles fines si grosses, qu'il ne douta pas un moment que ce ne fût une dame de la cour. Avant toutes choses, il alla fermer la porte du cimetière que les esclaves avaient laissée ouverte; il revint ensuite prendre la dame entre ses bras. Il la tira hors du coffre et la coucha sur la terre qu'il avait ôtée. La dame fut à peine exposée au grand air qu'elle éternua; puis, entr'ouvrant et se frottant les yeux, elle s'écria d'une voix dont Ganem fut enchanté : « Fleur de jardin, Canne de sucre, Lumière du jour, Étoile du matin, où êtes-vous? » C'étaient autant de femmes esclaves qui avaient coutume de la servir. Elle ouvrit enfin les yeux, et, se voyant dans un cimetière, elle fut saisie de crainte. « Quoi donc, s'écria-t-elle, les morts ressuscitent-ils? Quel étrange changement du soir au matin! »

» Ganem se présenta devant elle aussitôt avec tout le respect possible. « Madame, lui dit-il, je ne puis vous exprimer la joie que j'ai de m'être trouvé ici pour vous offrir tous les secours dont vous avez besoin dans l'état où vous êtes. » La dame, qui s'était couvert le visage de son voile dès que Ganem s'était présenté, fut vivement touchée de l'obligation qu'elle lui avait. « Je rends grâces à Dieu, lui dit-elle, de ce qu'il vous a envoyé pour me délivrer de la mort. Mais allez, de grâce, chercher un muletier qui vienne me prendre et me transporter chez vous dans ce même coffre. Quand je serai dans votre maison, je vous apprendrai qui je suis; soyez persuadé que vous n'avez pas obligé une ingrate. »

» Avant de quitter la dame, le jeune marchand tira le coffre hors de la fosse et y laissa entrer l'air. En sortant du cimetière, il tira la porte sur lui, et, comme celle de la ville était ouverte, il eut bientôt trouvé ce qu'il cherchait. Il revint au cimetière, où il aida le muletier à charger le coffre sur le mulet, et, pour lui ôter tout soupçon, il lui dit qu'il était arrivé la nuit avec un autre muletier qui, pressé de s'en retourner, avait déchargé le coffre dans le cimetière.

» Ganem n'avait pu voir la jeune dame sans être ébloui, et l'inquiétude dont il se sentit agité en suivant le muletier lui apprit à démêler ses sentiments. Sa joie fut extrême lorsque, étant arrivé heureusement chez lui, il vit décharger le coffre. Il renvoya le muletier, fit ouvrir le coffre, aida la dame à sortir, lui présenta la main, et la conduisit à son appartement en la plaignant de ce qu'elle devait avoir souffert dans une si étroite prison. « Si j'ai souffert, dit-elle, j'en suis dédommagée par ce que vous avez fait pour moi. » Ganem, en ôtant son voile, sentit toute la grâce qu'une dame si aimable lui faisait de se montrer à lui le visage découvert, ou plutôt il sentit qu'il avait déjà pour elle une passion violente.

» Ganem, remarquant que le voile de la dame avait le bord brodé d'une écriture en or, lui demanda de voir cette broderie. La dame aussitôt le lui présenta en lui disant : « Lisez les paroles qui sont écrites sur ce voile; c'est une occasion pour moi de vous raconter mon histoire. »

» Ganem prit le voile et lut : « Je suis à vous, et vous êtes à moi, ô descendant de l'oncle du prophète! » Ce descendant de l'onele du prophète était le calife Haroun Al Raschid.

» Quand Ganem eut compris le sens de ces paroles : « Ah ! Madame, s'écria-t-il tristement, je viens de vous donner la vie, et voilà une écriture qui me donne la mort. »

» Il ne put prononcer ces paroles sans répandre quelques larmes. La dame en fut touchée. Bien loin de se plaindre de ce qu'elle venait d'entendre, elle en sentit une joie secrète, car son cœur commençait à se laisser surprendre. Elle dissimula toutefois ; et comme si elle n'eût pas fait attention au discours de Ganem : « Je me serais bien gardée, répondit-elle, de vous montrer mon voile si j'eusse cru qu'il dût vous causer tant de déplaisir, et je ne vois pas que les choses que j'ai à vous dire doivent rendre votre sort aussi déplorable que vous vous l'imaginez. Vous saurez donc, dit la dame, que je me nomme Tourmente, nom qui me fut donné au moment de ma naissance, à cause que l'on jugea que ma vue causerait un jour bien des maux. Il ne vous doit pas être inconnu, puisqu'il n'y a personne dans Bagdad qui ne sache que le calife Haroun Al Raschid, mon souverain maître et le vôtre, a une favorite qui s'appelle ainsi. J'ai été élevée dans son palais dès mes plus tendres années ; ma grande beauté m'attira l'amitié du calife, qui me donna un appartement particulier auprès du sien. Ce prince n'en demeura pas là ; il nomma vingt femmes pour me servir avec autant d'eunuques ; et depuis ce temps-là il m'a fait des présents si considérables que je me suis vue plus riche qu'une reine. Vous jugez bien par là que Zobéide, femme et parente du calife n'a pu voir mon bonheur sans être jalouse. Quoique Haroun ait pour elle beaucoup de considération, elle a cherché toutes les occasions possibles de me perdre. Zobéide, pour exécuter son mauvais dessein, a pris le temps de l'absence du calife, qui est allé se mettre à la tête de ses troupes pour punir quelques rois qui se sont ligués pour lui faire la guerre. Sans cette conjoncture, ma rivale, toute furieuse qu'elle est, n'aurait jamais rien osé entreprendre contre ma vie. Je ne sais ce qu'elle fera pour dérober au calife la connaissance de cette action ; mais vous voyez que j'ai un très-grand intérêt à ce que vous me gardiez le secret ; il y va de ma vie : je ne serai pas en sûreté chez vous tant que le calife sera hors de Bagdad. Au retour du calife, je trouverai moyen de l'instruire de tout ce qui s'est passé, et je suis persuadée qu'il sera plus empressé que moi-même à reconnaître un service qui me rend à à son amour. »

» Aussitôt que la belle favorite eut cessé de parler, Ganem prit la parole. « Madame, lui dit-il, je vous supplie de croire que vous etes ici en sûreté. Les sentiments que vous m'avez inspirés vous répondent de ma discrétion ; ayez donc l'esprit en repos là-dessus, et soyez sûre que vous serez servie avec tout le respect qui est dû à la favorite d'un monarque aussi grand que le nôtre. Mais, quelle que soit la grandeur qui l'environne, permettez-moi de vous déclarer, Madame, que rien ne sera capable de me faire révoquer le don que je vous ai fait de mon cœur. Je souhaite que votre illustre et trop heureux amant vous venge de la malignité de Zobéide. Tout puissant qu'il est, ce prince, si vous n'êtes sensible qu'à la tendresse, ne m'effacera point de votre souvenir ; je ne cesserai point de brûler pour vous, en quelque lieu du monde que j'aille expirer après vous avoir perdue. » En achevant ces paroles, il sortit et alla acheter deux femmes esclaves ; il acheta aussi deux paquets, l'un de linge fin et l'autre de tout ce qui peut composer une toilette digne de la favorite du calife. Il mena chez lui les deux esclaves, et, les présentant à Tourmente : « Madame, lui dit-il, une personne comme vous a besoin de deux filles au moins pour la servir ; trouvez bon que que je vous donne celles-ci. »

» Quand les femmes esclaves se furent retirées dans une chambre voisine, Ganem remit l'entretien sur sa passion. « Je n'ose espérer, disait-il, d'exciter par ma tendresse le moindre mouvement de sensibilité dans un cœur destiné au plus puissant prince du monde. Hélas ! Dans mon malheur, ce serait une consolation pour moi si je pouvais me flatter que vous n'avez pu voir avec indifférence l'excès de mon amour. — Seigneur, lui répondit Tourmente, je suis trop touchée de votre conduite respectueuse pour ne pas vous avouer que je ne vois point d'un œil indifférent tous les soins que vous prenez. Je ne vous en puis dire davantage. Vous savez les raisons qui me condamnent au silence. »

« Ils se mirent tous deux à table; la nuit était déjà fort avancée, qu'ils ne songeaient point encore à se séparer. Ganem, toutefois, se retira dans un autre appartement, et laissa Tourmente dans celui où elle était, où les femmes esclaves qu'il avait achetées entrèrent pour la servir.

» Tandis que Tourmente, arrachée, pour ainsi dire, des mains de la mort, passait si agréablement le temps chez Ganem, Zobéide n'était pas sans embarras au palais d'Haroun Al Raschid. Elle avait auprès d'elle une vieille dame qui l'avait élevée dès sa plus tendre enfance; elle la fit venir dès la pointe du jour, et, après lui avoir fait confidence de son secret : « Ma bonne mère, lui dit-elle, vous m'avez toujours aidée de vos bons conseils; si jamais j'en ai eu besoin, c'est dans cette occasion-ci. »

« Ma chère maîtresse, répondit la vieille dame, il eût beaucoup mieux valu ne vous pas mettre dans l'embarras où vous êtes; mais, comme c'est une affaire faite, il ne faut songer qu'au moyen de tromper le commandeur des croyants, et je suis d'avis que vous fassiez tailler une pièce de bois en forme de cadavre; nous l'envelopperons de linge, et, après l'avoir enfermée dans une bière, nous la ferons enterrer dans quelque endroit du palais; vous ferez bâtir un mausolée de marbre sur le lieu de la sépulture, ensuite vous prendrez le deuil, et vous le ferez prendre à vos femmes, aussi bien qu'à celles de Tourmente. Quand le calife sera de retour, qu'il verra tout son palais en deuil, et vous-même, il ne manquera pas d'en demander le sujet. Alors vous aurez lieu de vous en faire un mérite auprès de lui en disant que c'est à sa considération que vous avez voulu rendre les derniers devoirs à Tourmente, qu'une mort subite a enlevée, et que vous lui avez fait les honneurs qu'il lui aurait rendus lui-même s'il avait été présent. Pour vous, Madame, ordonnez à cette femme de Tourmente qui lui présenta hier la limonade d'annoncer à ses compagnes qu'elle vient de trouver leur maîtresse morte dans son lit, et que vous avez déjà donné ordre à Mesrour de la faire enterrer. »

» La pièce de bois fut préparée avec toute la diligence que Zobéide pouvait souhaiter, et portée ensuite par la vieille dame même à la chambre de Tourmente, où elle l'ensevelit et la mit dans une bière; puis Mesrour, qui fut trompé lui-même, fit enlever la bière, que l'on enterra avec les cérémonies accoutumées dans l'endroit que Zobéide avait marqué.

» Au bout de trois mois, le calife revint à Bagdad, glorieux et vainqueur de tous ses ennemis. Impatient de revoir Tourmente et de lui faire hommage de ses nouveaux lauriers, il entre dans son palais. Il est étonné de voir les officiers tout habillés de deuil. Il en frémit sans savoir pourquoi, et son émotion redoubla lorsqu'il aperçut Zobéide qui venait au devant de lui en deuil, aussi bien que toutes les dames de sa suite. Il lui demanda d'abord le sujet de ce deuil avec beaucoup d'agitation. « Commandeur des croyants, reprit Zobéide, je l'ai pris pour Tourmente, votre esclave, qui est morte si promptement qu'il n'a pas été possible d'apporter aucun remède à son mal. »

» Quand il vit la magnificence du mausolée, il s'étonna que Zobéide eût fait les obsèques de sa rivale avec tant de pompe, et, comme il était naturellement soupçonneux, il se défia de sa femme et pensa que sa maîtresse pouvait n'être pas morte; que Zobéide, profitant de sa longue absence, l'avait peut-être chassée du palais, avec ordre à ceux qu'elle avait chargés de sa conduite de la mener si loin que l'on n'entendît plus parler d'elle. Pour s'éclaircir par lui-même de la vérité, ce prince fit ouvrir la fosse et la bière en sa présence; mais, dès qu'il eut vu le linge qui enveloppait la pièce de bois, il n'osa passer outre. Ce religieux calife craignit d'offenser la religion en permettant que l'on touchât au corps de la défunte, et cette scrupuleuse crainte l'emporta sur l'amour et la curiosité. Il ne douta plus de la mort de Tourmente. Il fit refermer la bière, remplir la fosse et remettre tout en état.

» Haroun Al Raschid alla se reposer dans son appartement, et s'endormit sur un sofa entre deux femmes de son palais, dont l'une assise au chevet, et l'autre au pied de son lit, s'occupaient pendant son sommeil à des ouvrages de broderie et demeuraient dans un grand silence. Celle qui était au chevet, et qui s'appelait Aube du jour, voyant le calife endormi, dit tout bas à l'autre dame : « Étoile du matin, car elle se nommait ainsi, il y a bien des nouvelles. Le commandeur des croyants, notre seigneur et maître, sentira une grande joie à son réveil lorsqu'il apprendra ce que j'ai à lui dire. Tourmente n'est point morte; elle est en parfaite santé. « O ciel! s'écria d'abord Étoile du matin, toute transportée de joie, serait-il bien possible que l'incomparable Tourmente fût encore au monde? » Étoile du matin prononça ces paroles avec tant de vivacité et d'un ton si haut que le calife s'éveilla et demanda pourquoi on avait interrompu son sommeil. « Ah! seigneur, reprit Étoile du matin, pardonnez-moi cette indiscrétion; je n'ai pu apprendre tranquillement que Tourmente vivait encore; j'en ai senti un transport que je n'ai pu retenir. — Eh! qu'est-elle donc devenue, dit le calife, s'il est vrai qu'elle n'est point morte? — Commandeur des croyants, répondit Aube du jour, j'ai reçu, ce soir, d'un homme inconnu, un billet écrit de la propre main de Tourmente, qui me mande sa triste aventure et m'ordonne de vous en instruire. J'attendais, pour m'acquitter de ma commission, que vous eussiez pris quelques moments de repos. — Donnez, donnez-moi ce billet, interrompit avec précipitation le calife; vous avez mal à propos différé de me le remettre. » Aube du jour lui présenta aussitôt le billet; il l'ouvrit avec beaucoup d'impatience. Tourmente y faisait le détail de tout ce qui s'était passé, mais elle s'étendait un peu trop sur les soins que Ganem avait pris d'elle. Le calife, naturellement jaloux, au lieu d'être touché de l'inhumanité de Zobéide, ne fut sensible qu'à l'infidélité qu'il s'imagina que Tourmente lui avait faite. « Giafar, dit-il à son grand-visir, prends quatre cents hommes de ma garde et rends-toi à la maison d'un marchand de Damas nommé Ganem, fils d'Abou Aibou, et fais-la raser jusqu'aux fondements; mais saisis-toi auparavant de la personne de Ganem, et me l'amène ici avec Tourmente, mon esclave, qui demeure chez lui depuis quatre mois. Je veux la châtier et faire un exemple du téméraire qui a eu l'insolence de me manquer de respect. »

» Le grand-visir partit aussitôt, et, suivi d'un grand nombre de maçons et de charpentiers munis d'outils nécessaires pour raser une maison, il arriva devant celle de Ganem. Comme elle était isolée, il disposa les soldats à l'entour, pour empêcher que le jeune marchand ne lui échappât.

» Tourmente et Ganem achevaient alors de dîner. La dame était assise près d'une fenêtre qui donnait sur la rue. « Ah! Ganem, lui dit-elle, nous sommes perdus! c'est vous et moi que l'on cherche. » Il regarda aussitôt par la jalousie, et fut saisi de frayeur lorsqu'il aperçut les gardes du calife, le sabre nu, et le grand-visir avec le juge de police à leur tête. A cette vue, il demeura immobile et n'eut pas la force de prononcer une parole. « Ganem, reprit la favorite, il n'y a point de temps à perdre. Si vous m'aimez, prenez vite l'habit d'un de vos esclaves, et frottez-vous le visage et les bras de noir de cheminée. Mettez ensuite quelques-uns de ces plats sur votre tête; on vous prendra pour le garçon du traiteur, et on vous laissera passer. » Il se rendit à ses instances, et sortit enfin avec quelques plats sur sa tête.

» Pendant qu'il se dérobait aux poursuites du grand-visir, ce ministre entra dans la chambre où se trouvait Tourmente. Dès qu'elle le vit entrer, elle se prosterna la face contre terre. « Seigneur, dit-elle, je suis prête à subir l'arrêt que le commandeur des croyants a prononcé contre moi; vous n'avez qu'à me l'annoncer. Pour ce qui est du jeune marchand à qui je dois la vie, il n'est point ici. Il y a près d'un mois qu'il est allé à Damas, où ses affaires l'ont appelé, et jusqu'à son retour il m'a laissé en garde ces coffres que vous voyez. Je vous conjure de vouloir bien les faire porter au palais, et de donner ordre qu'on les mette en sûreté, afin que je tienne la promesse que je lui ai faite d'en avoir tout le soin imaginable. — Vous serez obéie, Madame, répliqua Giafar. » Et aussitôt il fit venir des porteurs. Il ordonna d'enlever les coffres et de les porter à Mesrour. D'abord que les porteurs furent partis, il parla à l'oreille du juge de police; il le chargea du soin de faire raser la maison, et d'y faire auparavant chercher Ganem, qu'il soupçonnait d'y être caché; ensuite il sortit, et emmena avec lui la favorite, suivie des deux femmes esclaves qui la servaient.

« Eh bien! lui dit Haroun Al Raschid en le voyant entrer dans son cabinet, as-tu exécuté mes ordres? — Oui, seigneur, répondit Giafar; la maison où demeure Ganem est rasée de fond en comble, et je vous amène votre favorite; elle est à la porte de votre cabinet; je vais la faire entrer si vous me l'ordonnez. Pour le jeune marchand, on ne l'a pu trouver, quoiqu'on l'ait cherché partout. Tourmente assure qu'il est parti pour Damas depuis un mois. »

» Jamais emportement n'égala celui que le calife fit paraître lorsqu'il apprit que Ganem lui était échappé. Pour sa favorite, prévenu qu'elle lui avait manqué de fidélité, il ne voulut ni la voir ni lui parler. « Mesrour, dit-il au chef des eunuques, qui était présent, prends l'ingrate, et va l'enfermer dans la tour obscure. » Cette tour était dans l'enceinte du palais, et servait ordinairement de prison aux favorites qui donnaient quelque sujet de plainte au calife. Cependant le calife, irrité, renvoya son grand-visir, et écrivit de sa propre main la lettre qui suit au roi de Syrie, son tributaire, qui demeurait à Damas :

« Mon cousin, cette lettre est pour vous apprendre qu'un marchand de Damas nommé » Ganem, fils d'Abou Aibou, a séduit la plus » aimable de mes esclaves et qu'il a pris la » fuite. Mon intention est qu'après ma lettre » reçue vous fassiez chercher et saisir Ganem. » Dès qu'il sera en votre puissance, vous lui » ferez donner cinquante coups de nerf de » bœuf. Qu'il soit conduit ensuite par tous les » quartiers de la ville, avec un crieur qui crie » devant lui : *Voilà le plus léger des châtiments* » *que le commandeur des croyants fait souffrir* » *à celui qui offense son seigneur et séduit une* » *de ses esclaves!* Après cela, vous me l'enver- » rez sous bonne garde. Ce n'est pas tout : je » veux que vous rasiez sa maison. Outre cela, » s'il a père, mère, sœurs, femmes, filles et » et autres parents, faites-les dépouiller; et » quand ils seront nus, donnez-les en spec- » tacle trois jours à toute la ville, avec dé- » fense, sous peine de la vie, de leur donner » retraite. J'espère que vous n'apporterez au- » cun retardement à l'exécution de ce que je » vous recommande.

» HAROUN AL RASCHID. »

» Le calife, après avoir écrit cette lettre, en chargea un courrier, lui ordonnant de faire diligence, et de porter avec lui des pigeons, afin d'être plus promptement informé de ce qu'aurait fait Mohammed Zinébi. Le courrier du calife, en arrivant à Damas, alla droit au palais du roi Zinébi et lui remit la lettre du calife. Mohammed la prit, l'ouvrit, et sitôt qu'il l'eut lue, il fit aussi avertir le juge de police, qui le vint trouver, et, suivi de tous les soldats de sa garde, il se rendit à la maison de Ganem. Depuis que ce jeune marchand était parti, sa mère n'en avait reçu aucune lettre; il n'en fallut pas davantage pour faire croire à cette tendre mère qu'il était mort; elle se le persuada si bien qu'elle en prit le deuil; elle pleura Ganem comme si elle l'eût vu mourir et qu'elle lui eût fermé les yeux. Elle fit bâtir, au milieu de la cour de sa maison, un dôme, sous lequel elle passait les jours et les nuits à pleurer, et la belle Force des cœurs, sa fille, lui tenait compagnie et mêlait ses pleurs avec les siens.

» Il y avait déjà du temps que le voisinage, qui entendait leurs lamentations, plaignait des parents si tendres, lorsque Mohammed Zinébi vint frapper à la porte, et une esclave du logis lui ayant ouvert, il entra brusquement en demandant où était Ganem, fils d'Abou Aibou.

» La mère, qui reconnut le roi de Damas, se leva, et courut se prosterner à ses pieds. « Ma bonne dame, lui dit ce prince, je cherchais votre fils Ganem : est-il ici? — Ah! sire, s'écria-t-elle, il y a longtemps qu'il n'est plus! Plût à Dieu que je l'eusse au moins enseveli de mes propres mains!... Ah! mon fils! mon cher fils!... » Les gardes que le roi avait chargés de chercher Ganem lui vinrent annoncer qu'ils avaient fait une recherche inutile. Il en demeura persuadé; les pleurs de ces deux femmes ne lui permettaient pas d'en douter. « Ma bonne dame, dit-il à la mère de Ganem, sortez de ce tombeau, vous et votre fille; vous n'y seriez pas en sûreté. » Cela fait, il ordonna de laisser entrer la populace pour commencer le pillage, qui se fit avec une extrême avidité, et avec des cris dont la mère et la sœur de Ganem furent d'autant plus épouvantées qu'elles en ignoraient la cause. On emporta les plus précieux meubles, des coffres pleins de richesses, des porcelaines; enfin, on enleva tout, on ne laissa dans la maison que les murs, et ce fut un spectacle bien affligeant pour ces malheureuses dames de voir piller tous leurs biens, sans savoir pourquoi on les traitait si cruellement. Mohammed, après le pillage de la maison, donna ordre au juge de police de la faire raser avec le tombeau, et, pendant qu'on y travaillait, il emmena dans son palais Force des cœurs et sa mère. Ce fut là qu'il redoubla leur affliction en leur déclarant les volontés du calife.

» Le lendemain, ces deux victimes de la colère du calife furent dépouillées de leurs habits et revêtues de chemises de crin. On leur ôta aussi leurs coiffures, de sorte que leurs cheveux épars flottaient sur leurs épaules. Force des cœurs les avait du plus beau blond du monde, et ils tombaient jusqu'à terre. Ce fut dans cet état qu'on les fit voir au peuple.

» Il était presque nuit lorsque cette scène affreuse finit. On ramena la mère et la fille au palais de Mohammed. Elles se trouvèrent si fatiguées en arrivant qu'elles demeurèrent longtemps évanouies. La reine de Damas, vivement touchée de leur malheur, malgré la défense que le calife avait faite de les secourir, leur envoya quelques-unes de ses femmes, avec toute sorte de rafraîchissements, et du vin pour leur faire reprendre des forces. La mère de Ganem pria les femmes de la reine de rendre à cette princesse mille grâces pour elle et pour Force des cœurs; et s'adressant ensuite à celle qui lui avait parlé : « Madame, lui dit-elle, le roi ne m'a point dit pourquoi le commandeur des croyants nous fait souffrir tant d'outrages; apprenez-nous, de grâce, quels crimes nous avons commis. — Madame, répondit la femme de la reine, l'origine de votre malheur vient de votre fils Ganem ; il n'est pas mort, ainsi que vous le croyez. On l'accuse d'avoir enlevé la belle Tourmente, la plus chérie des favorites du calife. — Je connais mon fils, reprit la mère de Ganem ; je l'ai élevé avec grand soin. Il n'a point commis le crime dont on l'accuse, et je réponds de son innocence. Je cesse donc de me plaindre, puisque c'est pour lui que je souffre et qu'il n'est pas mort. »

» L'ordre du calife portant que les parents de Ganem paraîtraient trois jours de suite aux yeux du peuple dans l'état qu'on a dit, Force des cœurs et sa mère servirent de spectacle le lendemain ; mais, ce jour-là et le jour suivant, les rues, qui avaient été d'abord pleines de monde, devinrent désertes. Le quatrième jour, le roi, qui voulait exécuter fidèlement les ordres du calife, quoiqu'il ne les approuvât point, envoya des crieurs dans tous les quartiers de la ville publier une défense rigoureuse à tout citoyen de Damas ou étranger, de quelque condition qu'il fût, sous peine de la vie, de donner retraite à la mère et à la sœur de Ganem, ni de leur prêter la moindre assistance et d'avoir la moindre communication avec elles.

» Après que les crieurs eurent fait ce que le roi leur avait ordonné, ce prince donna ordre de prendre la mère et la sœur de Ganem, de les conduire à trois journées de Damas et de leur faire défense de revenir dans la ville. Les gens de Zinébi, moins exacts que leur maître à exécuter les ordres d'Haroun Al Raschid, donnèrent à Force des cœurs et à sa mère quelques menues monnaies pour se procurer de quoi vivre, et à chacune un sac qu'ils leur passèrent au cou pour mettre leurs provisions. Dans cette situation déplorable, elles arrivèrent au premier village. Les paysans s'assemblèrent autour d'elles et leur demandèrent ce qui les obligeait à voyager ainsi sous un habillement si étrange. La mère de Ganem leur conta, en fondant en larmes, ce qu'elle et sa fille avaient souffert. Ces bonnes gens furent attendris, et tachèrent de les consoler; ils les vêtirent autant que leur pauvreté le leur permit. Enfin, elles arrivèrent à Alep, et, continuant leur chemin vers l'Euphrate, elles passèrent ce fleuve et entrèrent dans la Mésopotamie, qu'elles traversèrent jusqu'à Moussoul. De là, elles se rendirent à Bagdad. C'était le lieu où tendaient leurs désirs, dans l'espérance d'y rencontrer Ganem ; cet espoir seul leur donnait la force de supporter leur infortune. Mais laissons là Force des cœurs et sa mère pour revenir à Tourmente.

» Une nuit que le calife se promenait seul dans l'enceinte de son palais, il passa près de la tour obscure, et comme il crut entendre parler, il s'approcha et ouït ces paroles que Tourmente prononça d'une voix assez haute :

: O trop infortuné Ganem, dans quel lieu ton lestin déplorable t'a-t-il conduit ? Hélas! c'est noi qui t'ai rendu malheureux! que ne me aissais-tu périr misérablement, au lieu de me prêter un secours généreux! quel triste fruit as-tu reçu de tes soins et de tes respects! Le commandeur des croyants, qui devrait te récompenser, te persécute, pour prix de m'avoir toujours regardée comme une personne réservée à son lit. Tu perds tous tes biens et te vois obligé de chercher ton salut dans la fuite. Ah! barbare calife, toute la puissance que vous avez aujourd'hui, et sous qui tremble presque toute la terre, n'empêchera pas que vous ne soyez condamné un jour au tribunal de Dieu et puni de votre injuste violence! »

» Le calife vit bien que sa favorite était innocente, et qu'il avait donné des ordres contre Ganem et sa famille avec trop de précipitation. Il retourna aussitôt à son palais, et chargea Mesrour d'aller à la tour obscure et de lui amener Tourmente. Le chef des eunuques vola sur-le-champ à la tour. « Madame, dit-il à la favorite d'un ton qui marquait sa joie, prenez la peine de me suivre; le commandeur des croyants veut vous entretenir, et j'en conçois un heureux présage. » Tourmente suivit Mesrour, qui la mena et l'introduisit dans le cabinet du calife, le visage baigné de larmes : « Tourmente, lui dit le calife, il me semble que tu m'accuses de violence et d'injustice : qui est donc celui qui, malgré les égards et la considération qu'il a eu pour moi, se trouve dans une situation si misérable? Parle, tu sais comme j'aime à rendre justice. » La favorite comprit que le calife l'avait entendue parler, et profitant d'une si belle occasion de justifier son cher Ganem : « Commandeur des croyants, répondit-elle, s'il m'est échappé quelque parole qui ne soit agréable à votre majesté, je vous supplie de me le pardonner. Mais celui dont voulez connaître l'existence et la misère, c'est Ganem, le marchand de Damas; c'est lui qui m'a sauvé la vie, et qui m'a donné un asile dans sa maison. Je vous avouerai que, dès qu'il me vit, peut-être forma-t-il la pensée de se donner à moi et l'espérance de m'engager à souffrir ses soins : j'en jugeai ainsi par l'empressement qu'il fit paraître à me rendre tous les services dont j'avais besoin dans l'état où je me trouvais. Mais sitôt qu'il apprit que j'avais l'honneur de vous appartenir : « Ah! Madame, me dit-il, *ce qui appartient au maître est défendu à l'esclave.* » Depuis ce moment, sa conduite n'a point démenti ses paroles. Vous connaissez la tyrannie de l'amour : je sentis naître en mon cœur de tendres sentiments; mais, loin de chercher à profiter de ma faiblesse, et malgré tout le feu dont il se sentait brûler, il demeura toujours ferme dans son devoir. »

» Cette déclaration ingénue acheva d'adoucir ce prince. Il ordonna à Tourmente de se relever; et la faisant asseoir près de lui : « Raconte-moi, lui dit-il, tout ce qui s'est passé. » Alors elle s'en acquitta avec beaucoup d'adresse et d'esprit. Elle passa légèrement sur ce qui regardait Zobéide; elle s'étendit davantage sur les obligations qu'elle avait à Ganem; elle vanta fort sa discrétion, voulant par là faire connaître au calife qu'elle s'était trouvée dans la nécessité de demeurer cachée chez Ganem pour tromper Zobéide, et elle finit enfin par la fuite du jeune marchand, à laquelle, sans déguisement, elle dit au calife qu'elle l'avait forcé à fuir, pour le dérober à sa colère.

« C'est assez, Tourmente, reprit le calife, je reconnais ma faute, et voudrais la réparer, en comblant de bienfaits ce jeune homme. Vois donc ce que je puis faire; demande-moi ce que tu voudras, je te l'accorderai. » A ces mots, la favorite se jeta aux pieds du calife, et se relevant : « Commandeur des croyants, dit-elle, après avoir remercié votre majesté pour Ganem, je la supplie très-humblement de faire publier dans vos états que vous pardonnez au fils d'Abou Aibou et qu'il n'a plus qu'à vous venir trouver. — Je ferai plus, repartit ce prince : pour t'avoir conservé la vie, pour reconnaître la considération qu'il a eue pour moi, pour le dédommager de la perte de ses biens, je te le donne pour époux. » Tourmente ne pouvait trouver d'expressions assez fortes pour remercier le calife de sa générosité. Ensuite elle se retira dans l'appartement qu'elle occupait avant sa cruelle aventure.

« Le lendemain, le calife ordonna au grand visir de faire publier dans tous ses états qu'il pardonnait à Ganem, fils d'Abou Aibou ; mais cette publication fut inutile, car il se passa un temps considérable sans qu'on entendît parler de ce jeune marchand. Elle prit une bourse de mille pièces d'or, et se rendit à la joaillerie. Elle en fit appeler le syndic. C'était un homme très-charitable, et qui employait son revenu à soulager les pauvres. Il ne fit point attendre Tourmente, qu'il reconnut, à son habillement, pour une dame du palais. « Je m'adresse à vous, lui dit-elle en lui mettant la bourse entre ses mains, comme à un homme dont on vante dans la ville la piété. Je vous prie de distribuer cet argent aux pauvres étrangers que vous assistez; car je n'ignore pas que vous faites beaucoup de bien. — Madame, lui répondit le syndic, j'exécuterai avec plaisir ce que vous m'ordonnez; mais si vous souhaitez d'exécuter votre charité par vous-même, prenez la peine de venir jusque chez moi; vous y verrez deux femmes dignes de votre pitié. Je les rencontrai hier comme elles arrivaient dans cette ville; elles étaient dans un état pitoyable. Au travers des haillons qui les couvraient, je démêlai un air noble que n'ont point ordinairement les pauvres que j'assiste. Je les menai toutes deux dans ma maison, et les mis entre les mains de ma femme. » Tourmente, sans savoir pourquoi, se sentit quelque curiosité de les voir. Le syndic se mit en devoir de la mener chez lui.

» La femme du syndic se prosterna devant elle pour marquer le respect qu'elle avait pour tout ce qui appartenait au calife. Tourmente la releva et lui dit : « Madame, je vous prie de me faire parler aux deux étrangères qui sont arrivées à Bagdad hier au soir. — Madame, répondit la femme du syndic, elles sont couchées dans ces deux petits lits que vous voyez l'un auprès de l'autre. » Aussitôt la favorite s'approcha de celui de la mère, et la considérant avec émotion : « Ma bonne femme, lui dit-elle, je viens vous offrir mon secours, si je puis vous être utile à vous et à votre compagne. — Madame, répondit la mère de Ganem, une favorite du commandeur des croyants cause toute notre infortune. Je suis veuve d'Abou Aibou, marchand de Damas; j'avais un fils nommé Ganem qui, étant venu trafiquer à Bagdad, a été accusé d'avoir enlevé cette favorite. Le calife l'a fait chercher partout pour le faire mourir. Hélas! je suis persuadée qu'il n'en est que la cause innocente, et qu'il n'est pas plus coupable envers le calife que sa sœur et moi. — Non, sans doute, interrompit Tourmente en cet endroit, il n'est pas plus criminel que vous. Je puis vous assurer de son innocence, puisque cette même Tourmente, dont vous avez tant à vous plaindre, c'est moi qui, par la fatalité des astres, ai causé tous vos malheurs. C'est à moi que vous devez imputer la perte de votre fils, s'il n'est plus au monde. Mais, si j'ai fait votre infortune, je puis aussi vous soulager. Ainsi, regardez-moi comme votre fille, et permettez-moi que je vous consacre une éternelle amitié. »

» Tourmente allait poursuivre lorsque le syndic des joailliers arriva : « Madame, lui dit-il, je viens de voir un objet bien touchant: c'est un jeune homme qu'on conduisait à l'hôpital. Je me suis approché de lui, je l'ai considéré avec attention, et il m'a paru que son visage ne m'était pas inconnu. Je lui ai fait des questions sur sa famille; mais, pour toute réponse, je n'ai tiré que des pleurs et des soupirs. J'en ai eu pitié, et je n'ai pas voulu qu'on le mît à l'hôpital; je l'ai fait apporter chez moi par mes esclaves, qui, dans une chambre particulière, où je l'ai mis, lui donnent mon propre linge et le servent comme ils me serviraient moi-même. »

» Tourmente, à ce discours du joaillier, sentit une émotion dont elle ne pouvait se rendre raison. « Menez-moi, lui dit-elle, dans la chambre de ce malade, je souhaite de le voir. » Le syndic la conduisit aussitôt. Étant entrée dans la chambre où était le malade, et s'approchant du lit où les esclaves l'avaient couché, elle vit un jeune homme qui avait les yeux fermés, et le visage pâle et défiguré. Elle l'observe avec attention, son cœur palpite, elle croit reconnaître Ganem; mais bientôt elle se défie du rapport de ses yeux, il lui paraît d'ailleurs si différent, qu'elle n'ose s'imaginer que c'est lui qui s'offre à sa vue. « Ganem, lui dit-elle d'une voix tremblante, est-ce vous que je vois? » Ganem, car c'était lui, ouvrit ses paupières, et tourna la tête vers la personne qui lui adressait la parole, et reconnaissant la favorite du calife : « Ah! Madame, est-ce vous?... Par quel miracle!... » I ne put achever; il fut tout à coup saisi d'un transport de joie si vif qu'il s'évanouit. Tourmente et le syndic s'empressèrent de le secourir; mais, dès qu'ils remarquèrent qu'il commençait à revenir de son évanouissement, le syndic pria la dame de se retirer, de peur que sa vue n'irritât le mal de Ganem.

» Ce jeune homme, reprenant ses esprits, regarde de tous côtés, et ne voyant pas ce qu'il cherchait: « Belle Tourmente, s'écria-t-il, vous êtes-vous en effet présentée à mes yeux, ou n'est-ce point une illusion? — Non, seigneur, ce n'est point une illusion : c'est moi qui ai fait sortir cette dame; mais vous la reverrez sitôt que vous serez en état de soutenir sa vue. Vous avez besoin de repos présentement, et rien ne doit vous empêcher d'en prendre. Vos affaires ont changé de face, puisque vous êtes ce Ganem à qui le commandeur des croyants a fait publier qu'il pardonnait le passé. Ne songez donc qu'à rétablir votre santé.

» Tourmente se rendit au palais, et elle fit demander une audience particulière au calife. On l'introduisit dans le cabinet de ce prince; il y était seul. Elle se jeta à ses pieds, mais il lui dit de se relever, et l'ayant fait asseoir, il lui demanda alors si elle avait appris des nouvelles de Ganem. « Commandeur des croyants, lui dit-elle, j'ai si bien fait que je l'ai retrouvé avec sa mère et sa sœur. » Elle satisfit sa curiosité, et lui dit tant de bien de la mère de Ganem et de Force des cœurs qu'il eut envie de les voir aussi bien que le jeune marchand.

» Si Haroun Al Raschid était violent et s'il se portait quelquefois à des actions cruelles, en récompense il était équitable et le plus généreux prince du monde dès qu'on lui faisait connaître son injustice. Aussi, ne pouvant douter qu'il n'eût injustement persécuté Ganem et sa famille, et les ayant maltraités publiquement, il était résolu de leur faire une satisfaction publique. « Je suis ravi, dit-il à Tourmente, de l'heureux succès de tes recherches. Je tiendrai la promesse que je t'ai faite, tu épouseras Ganem; je déclare, dès à présent, que tu n'es plus mon esclave, tu es libre. Va trouver ce jeune marchand, et, dès que sa santé sera rétablie, tu me l'amèneras avec sa mère et sa sœur. » Le lendemain, de grand matin, Tourmente ne manqua pas de se rendre chez le syndic des joailliers, impatiente de savoir l'état de la santé de Ganem, et d'apprendre à la mère et à la fille les bonnes nouvelles qu'elle avait à leur annoncer. La première personne qu'elle rencontra fut le syndic, qui lui dit que Ganem avait fort bien passé la nuit, que son mal ne provenant que de la mélancolie, il serait bientôt guéri. Effectivement, le fils d'Abou Aibou se trouva beaucoup mieux. Le repos qu'il avait pris, et, plus que tout cela, la nouvelle situation de son esprit, avaient produit un si bon effet que le syndic jugea qu'il pouvait sans danger voir sa mère, sa sœur et sa maîtresse.

» Que de larmes furent répandues dans ces embrassements! Ganem en avait le visage tout couvert, aussi bien que sa mère et sa sœur. Tourmente en versait abondamment. Le syndic même et sa femme, que ce spectacle attendrissait, ne pouvaient retenir leurs pleurs.

» Après qu'ils eurent tous essuyé leurs larmes, Ganem leur apprit que, s'étant réfugié dans un petit village, il y était tombé malade; que quelques paysans charitables en avaient eu soin, mais que ne guérissant point, un chamelier s'était chargé de l'amener à l'hôpital de Bagdad. Tourmente raconta tous les ennuis de sa prison, comme le calife, après l'avoir entendue parler dans la tour, l'avait fait venir dans son cabinet, et par quels discours elle s'était justifiée. Ganem, se sentant assez fort pour sortir, s'y disposa. Mais le jour qu'il avait pris pour aller saluer le calife, on vit arriver chez le syndic le grand-visir Giafar.

» Ce ministre était à cheval avec une grande suite d'officiers : « Seigneur, dit-il à Ganem en entrant, je viens ici de la part du commandeur des croyants; je dois vous accompagner et vous présenter au calife, qui souhaite de vous voir. » On fit monter les dames sur des mules du palais, et tandis que Tourmente les menait chez le prince par un chemin détourné, Giafar conduisait Ganem par un autre et l'introduisait dans la salle d'audience.

» Le calife le fit approcher et lui dit : « Je suis bien aise de te voir, et d'apprendre de toi-même où tu as trouvé ma favorite et tout ce que tu as fait pour elle. » Ganem obéit, et parut si sincère, que le calife fut convaincu. Ce prince lui fit donner une robe fort riche, selon la coutume observée envers ceux à qui l'on donnait audience. Ensuite il lui dit : « Ganem, je veux que tu demeures dans ma cour. — Commandeur des croyants, répondit le jeune marchand, l'esclave n'a pas d'autres volontés que celles de son maître, de qui dépendent sa vie et ses biens. » Le calife fut très-satisfait de la réponse de Ganem, et lui donna une grosse pension. Ensuite, ce prince, se faisant suivre par Ganem et par le grand-visir, entra dans son appartement, où il ne doutait pas que Tourmente ne fût avec la mère et la fille d'Abou Aibou; il ordonna qu'on les lui amenât. Elles se prosternèrent devant lui. Il les fit relever, et il trouva Force des cœurs si belle qu'après l'avoir considérée avec attention : « J'ai tant de douleur, dit-il, d'avoir traité si indignement vos charmes, que je leur dois une réparation qui surpasse l'offense que je leur ai faite. Je vous épouse, et par-là je punirai Zobéide, qui deviendra la première cause de votre bonheur, comme elle l'est de vos malheurs passés. Ce n'est pas tout, ajouta-il en se tournant vers la mère de Ganem, Madame, vous êtes encore jeune, et je crois que vous ne dédaignerez pas l'alliance de mon grand-visir : je vous donne à Giafar; et vous, Tourmente, à Ganem. Que l'on fasse venir un cadi et des témoins, et que les trois contrats soient dressés et signés tout à l'heure. »

Après que Scheherazade eut achevé l'histoire de Ganem, le sultan des Indes témoigna qu'elle lui avait fait plaisir. « Sire, dit alors la sultane, puisque cette histoire vous a diverti, je supplie très-humblement votre majesté de vouloir bien entendre celle du dormeur éveillé, dont vous ne serez pas moins satisfait. Le sultan y consentit ; mais une indisposition qui lui survint l'ayant obligé à coucher seul, il se passa plusieurs nuits sans que Scheherazade prît la parole. Enfin, Schahriar étant guéri, elle commença ainsi l'histoire du dormeur éveillé :

HISTOIRE DU DORMEUR ÉVEILLÉ.

« Sous le règne du calife Haroun Al Raschild, il y avait à Bagdad un marchand fort riche dont la femme était déjà vieille. Ils avaient un fils nommé Abou Hassan, âgé d'environ trente ans, qui avait été élevé dans une grande retenue de toutes choses. Le marchand mourut, et Abou Hassan se mit en possession des grandes richesses que son père avait amassées pendant sa vie. Le fils en usa tout autrement. Comme son père ne lui avait donné d'argent pendant sa jeunesse que ce qui suffisait tout juste pour son entretien, il résolut de se signaler en faisant des dépenses proportionnées aux grands biens dont la fortune venait de le favoriser. Pour cet effet, il partagea son bien en deux parts : l'une fut employée en acquisitions de terres et de maisons dont il se fit un revenu suffisant pour vivre à son aise, avec promesse de ne point toucher aux sommes qui en reviendraient; l'autre moitié, qui consistait en une somme considérable en argent, fut destinée à réparer tout le temps qu'il croyait avoir perdu sous la dure contrainte où son père l'avait retenu jusqu'à sa mort ; mais il se fit une loi indispensable, qu'il se promit de garder inviolablement, de ne rien dépenser au delà de cette somme dans un déréglement de vie qu'il s'était proposé. Dans ce dessein, Abou Hassan se fit en peu de jours une société de gens de son âge et de sa condition ; il ne songea plus qu'à leur faire passer le temps très-agréablement, et il se jeta dans des dépenses si prodigieuses qu'il ne put continuer une si grande profusion au delà d'une année. Dès qu'il eut cessé de tenir table, les amis disparurent ; il ne les recontrait pas même en quelque endroit qu'il allât. En effet, ils le fuyaient dès qu'ils l'apercevaient, et si, par hasard, il en joignait quelqu'un et qu'il voulût l'arrêter, il s'excusait sur différents prétextes.

» Abou Hassan fut plus sensible à l'abandon de ses amis qu'aux protestations d'amitié qu'ils lui avaient faites. Triste, rêveur, la tête baissée, il entra dans l'appartement de sa mère. « Qu'avez-vous donc, mon fils? lui demanda sa mère; pourquoi êtes-vous si abattu et si différent de vous-même ? Quand vous auriez perdu tout ce que vous avez au monde, vous ne seriez pas autrement. Je sais qu'après la dépense effroyable que vous avez faite il ne vous reste pas grand argent. Vous étiez maître de votre bien ; et si je ne me suis point opposée à votre conduite déréglée, c'est que je savais la sage précaution que vous aviez prise de conserver la moitié de votre bien. Après cela, je ne vois pas ce qui peut vous avoir plongé dans cette profonde mélancolie. — Ma mère, s'écria-t-il, vous savez de quelle manière j'en ai usé depuis un an. Je me suis entouré d'amis, je leur ai fait toute la bonne chère que j'ai pu imaginer, jusqu'à m'épuiser; et aujourd'hui, que je n'ai plus de quoi la continuer, je m'aperçois qu'il m'ont tous abandonné. Quand je dis que je n'ai plus de quoi continuer à faire bonne chère, j'entends parler de l'argent que j'avais destiné à l'usage que j'en ai fait. Pour ce qui est de mon revenu, je rends grâce à Dieu de m'avoir inspiré de le réserver, et je sais le bon usage que je ferai de ce qui me reste si heureusement. Mais, auparavant, je veux éprouver jusqu'à quel point mes amis pousseront leur ingratitude.

» Abou Hassan partit à l'heure même, et il prit si bien son temps qu'il trouva tous ses amis chez eux. Il leur présenta le grand besoin où il était, il les pria de lui ouvrir leur bourse pour le secourir efficacement. Il n'oublia pas de leur faire connaître que c'était en grande partie à leur considération qu'il s'était ruiné, afin de les piquer de générosité. Aucun de ses amis ne fut touché des vives couleurs dont l'affligé Habou Hassan se servit pour tâcher de les persuader. Il eut même la mortification de voir que plusieurs le repoussèrent durement. Il revint chez lui, le cœur pénétré de douleur et d'indignation. « Ah! ma mère, s'écria-t-il en rentrant dans son appartement, vous me l'aviez bien dit : au lieu d'amis, je n'ai trouvé que des perfides et des ingrats! C'en est fait, je vous promets de ne les revoir jamais. »

» Abou Hassan prit les précautions les plus convenables pour éviter les occasions de retomber dans ses prodigalités. Ensuite il tira le coffre-fort où était l'argent de son revenu, et il résolut de n'en tirer, pour sa dépense de chaque jour, qu'une somme réglée et suffisante pour régaler honnêtement une seule personne avec lui à souper. Il fit encore serment que cette personne ne serait pas de Bagdad, mais un étranger qui y serait arrivé le même jour, et le renverrait le lendemain matin après lui avoir donné le couvert une nuit seulement.

» Selon ce projet, Abou Hassan avait soin, chaque matin, de faire sa provision nécessaire pour ce régal, et vers la fin du jour il allait s'asseoir au bout du pont de Bagdad, et, dès qu'il voyait un étranger de quelque état ou condition qu'il fût, il l'invitait à lui faire l'honneur de venir souper et loger chez lui pour la première nuit de son arrivée; et après l'avoir informé de la condition qu'il avait mise à son honnêteté, il l'emmenait à son logis. Le repas dont Abou Hassan régalait son hôte n'était pas somptueux, mais il y avait de quoi se contenter. Le bon vin surtout n'y manquait pas, et, au lieu d'entretenir son hôte d'affaires d'état ou de négoce, il affectait de ne parler que de choses indifférentes, agréables et réjouissantes. Il était naturellement de belle humeur et fort divertissant; il savait inspirer la joie aux plus mélancoliques. En renvoyant son hôte le lendemain matin, Abou Hassan lui disait : « Quand je vous invitai hier à venir prendre un repas chez moi, je vous informai de la loi que je m'étais imposée; ainsi ne trouvez pas mauvais si je vous congédie si promptement; j'ai mes raisons pour en user ainsi : Dieu vous conduise. »

» Un jour qu'il était assis à son ordinaire au bout du pont, le calife Haroun Al Raschild vint à paraître, mais déguisé de manière qu'on ne pouvait le reconnaître. Quoique ce monarque eût des ministres et des officiers de justice d'une grande exactitude à s'acquitter de leur devoir, il voulait prendre connaissance de toutes choses par lui-même. Dans ce dessein, il allait souvent, déguisé en différentes manières, par la ville de Bagdad. Ce jour-là, il parut déguisé en marchand de Moussoul, qui venait de débarquer de l'autre côté du pont, et suivi d'un esclave grand et puissant.

»Comme le calife avait dans son déguisement un air grave et respectable, Abou Hassan, qui le croyait marchand de Moussoul, se leva de l'endroit où il était assis, et, après l'avoir salué d'un air gracieux : « Seigneur, lui dit-il, je vous félicite de votre heureuse arrivée; je vous supplie de me faire l'honneur de venir souper et passer cette nuit en ma maison, pour vous remettre de la fatigue de votre voyage. » Et afin de l'obliger davantage à ne pas lui refuser la grâce qu'il lui demandait, il lui expliqua en peu de mots la coutume qu'il s'était faite.

» Le calife trouva quelque chose de si singulier dans le goût d'Abou Hassan que l'envie lui prit de le connaître à fond. Il lui marqua qu'il ne pouvait mieux répondre à une si grande honnêteté qu'en acceptant l'offre obligeante qu'il venait de lui faire, qu'il n'avait qu'à lui montrer le chemin, et qu'il était tout prêt à le suivre. Abou Hassan, qui ne savait pas que l'hôte que le hasard venait de lui présenter était infiniment au-dessus de lui, en agit avec le calife comme avec son égal. Il le mena à sa maison, et le fit entrer dans une chambre meublée très-proprement, où il lui fit prendre place sur le sofa, à l'endroit le plus honorable. Le souper était prêt, et le couvert était mis. La mère d'Abou Hassan, qui entendait fort bien la cuisine, servit trois plats : l'un, au milieu, garni d'un bon chapon flanqué de quatre gros poulets, et les deux autres à côté qui servaient d'entrée; l'un d'une oie grasse, et l'autre de deux pigeonneaux en ragoût. Il n'y avait rien de plus, mais ces viandes étaient bien choisies et d'un goût délicieux. Abou Hassan se mit à table vis-à-vis de son hôte, et le calife et lui commencèrent à manger de bon appétit, en prenant chacun ce qui était de son goût, sans parler et même sans boire, selon la coutume du pays. Quand ils eurent achevé de manger, la mère d'Abou Hassan desservit, et apporta le dessert, qui consistait en diverses sortes de fruits de la saison et en toutes sortes de pâtes d'amandes sèches. Sur la fin du jour, on alluma les bougies, après quoi Abou Hassan fit mettre les bouteilles et les tasses près de lui, et prit soin que sa mère fît souper l'esclave du calife. Quand le calife et Abou Hassan se furent réunis à table, Abou Hassan, avant de toucher au fruit, prit une tasse, se versa à boire le premier, et en la tenant à la main : « Seigneur, dit-il au calife, je vous invite à suivre mon exemple. Je ne sais ce que vous en pensez : pour moi, il me semble qu'un homme qui hait le vin et qui veut faire le sage ne l'est pas. Cherchons la joie; elle est dans la tasse, et la tasse la communique à ceux qui la vident. » Pendant qu'Abou Hassan buvait : « Cela me plaît, dit le calife en se saisissant de la tasse qui lui était destinée, et vous êtes un brave homme. Je vous aime de cette humeur et avec cette gaieté; j'entends que vous m'en versiez autant. » Abou Hassan n'eut pas plus tôt bu, qu'en remplissant la tasse que le calife lui présentait : « Goûtez, seigneur; vous le trouverez bon. » Pendant que le calife buvait : « Il ne faut que vous regarder, repartit Abou Hassan, pour s'apercevoir que vous êtes de ces gens qui savent vivre. Enfin, seigneur, je suis au comble de la joie d'avoir fait aujourd'hui la rencontre d'un homme de votre mérite. » Ces saillies divertissaient fort le calife, qui avait l'esprit très-enjoué, et qui se faisait un plaisir d'exciter son hôte à boire, afin de mieux le connaître. Pour entrer en conversation, il lui demanda comment il s'appelait et de quelle manière il passait la vie. Abou Hassan lui dit son nom, et lui raconta son histoire, qu'il termina ainsi : « Je vous ai informé du reste, et je remercie ma bonne fortune de m'avoir présenté aujourd'hui un étranger de votre mérite. » Le calife, fort satisfait de cet éclaircissement, dit à Abou Hassan : « Je ne puis assez vous louer du bon parti que vous avez pris. Je vous estime encore d'avoir été fidèle à vous-même au point que vous l'avez été. Enfin, je vous avoue que j'envie votre bonheur. Vous avez l'avantage d'avoir chaque jour la compagnie d'un homme avec qui vous pouvez vous entretenir agéablement, et à qui vous donnez lieu de publier partout la bonne réception que vous lui faites. Mais, ni vous ni moi, nous ne nous apercevons pas que c'est parler trop longtemps sans boire; buvez, et versez-m'en ensuite. » Le calife et Abou Hassan continuèrent de boire longtemps en s'entretenant de choses très-agréables. La nuit était fort avancée, et le calife, en feignant d'être fatigué du chemin qu'il avait fait, dit à Abou Hassan qu'il avait besoin de repos. « Je ne veux pas aussi, de mon côté, ajouta-t-il, que vous perdiez rien du vôtre pour l'amour de moi. Avant que nous nous séparions (car peut-être serai-je sorti demain de chez vous avant que vous soyez éveillé), je suis bien aise de vous marquer combien je suis sensible à l'hospitalité que vous avez exercée envers moi si obligeamment. La seule chose qui me fait de la peine, c'est que je ne sais pas par quel moyen vous en témoigner ma reconnaissance. Je vous prie de me le faire connaître, et vous verrez que je ne suis pas un ingrat. Il ne se peut pas faire qu'un homme comme vous n'ait quelque affaire, quelque besoin, et ne souhaite enfin quelque chose qui lui ferait plaisir. Tout marchand que je suis, je ne laisse pas d'être en état d'obliger par moi-même ou par l'entremise de mes amis. »

« A ces offres du calife, qu'Abou Hassan ne prenait toujours que pour un marchand : « Mon bon seigneur, dit-il, je suis persuadé que ce n'est point par compliment que vous me faites des avances aussi généreuses. Mais je puis vous assurer que je n'ai ni chagrin, ni désir, et que je ne demande rien à personne. Je n'ai pas la moindre ambition, et je suis très-content de mon sort. Ainsi je n'ai qu'à vous remercier de la complaisance que vous avez eue de me faire un si grand honneur que celui de venir prendre un méchant repas chez moi. Je vous dirai, néanmoins, qu'une seule chose me fait de la peine, sans pourtant qu'elle aille jusqu'à troubler mon repos. Vous saurez que, dans chaque quartier de Bagdad, il y a une mosquée avec un iman pour faire la prière aux heures ordinaires. L'iman est un grand vieillard d'un visage austère, et parfait hypocrite. Pour conseil, il s'est associé quatre autres barbons, mes voisins, gens à peu près de sa sorte, qui s'assemblent chez lui régulièrement chaque jour, et, dans leur conciliabule, il n'y a médisance et malice qu'ils ne mettent en usage contre tout le quartier, pour en troubler la tranquillité et y faire régner la dissension. Ils veulent enfin que chacun se gouverne selon leur caprice, eux qui ne savent pas se gouverner eux-mêmes. Pour dire la vérité, je souffre de voir qu'ils se mêlent de toute autre chose que leur Alcoran, et qu'ils ne laissent pas vivre le monde en paix.

« Eh bien! reprit le calife, vous voudriez, apparemment, trouver un moyen pour arrêter le cours de ce désordre? — Vous l'avez dit, répondit Abou Hassan; et la seule chose que je demanderais à Dieu pour cela, ce serait d'être calife seulement un jour. — Que feriez-vous si cela arrivait? demanda le calife. — Je ferais une chose d'un grand exemple, répondit Abou Hassan, et qui donnerait de la satisfaction à tous les honnêtes gens; je ferais donner cent coups de bâton sur la plante des pieds à chacun des quatre vieillards, et quatre cents à l'iman, pour leur apprendre qu'il ne leur appartient pas de troubler ainsi leurs voisins. »

» Le calife trouva la pensée d'Abou Hassan fort plaisante, et elle lui fit naître l'envie de s'en faire un divertissement. « Votre souhait me plaît d'autant plus, dit le calife, que je vois qu'il part d'un cœur droit et d'un homme qui ne peut souffrir que la malice des méchants demeure impunie. J'aurais un grand plaisir d'en voir l'effet, et peut-être n'est-il pas aussi impossible que cela arrive que vous pourriez vous l'imaginer. Je suis persuadé que le calife se dépouillerait volontiers de sa puissance pour vingt-quatre heures entre vos mains, s'il était informé de votre bonne intention et du bon usage que vous en feriez. Quoique marchand, je ne laisse pas néanmoins d'avoir du crédit pour y contribuer en quelque chose. — Je vois bien, repartit Abou Hassan, que vous vous moquez de ma folle imagination, et le calife s'en moquerait aussi s'il avait connaissance d'une telle extravagance. Ce que cela pourrait peut-être produire, c'est qu'il se ferait informer de la conduite de l'iman et de ses conseillers, et qu'il les ferait châtier. — Je ne me moque pas de vous, répliqua le calife; Dieu me garde d'avoir une pensée si déraisonnable! et je vous assure que le calife ne s'en moquerait pas. Mais laissons là ce discours; il n'est pas loin de minuit, et il est temps de nous coucher. — Brisons donc là notre entretien, dit Abou Hassan; mais, comme il reste encore du vin dans la bouteille, il faut, s'il vous plaît, que nous la vidions; après cela, nous nous coucherons. La seule chose que je vous recommande, c'est qu'en sortant, demain matin, au cas que je ne sois pas éveillé, vous ne laissiez pas la porte ouverte. » Le calife le lui promit.

» Pendant qu'Abou Hassan parlait, le calife s'était saisi de la bouteille et des deux tasses. Il se versa du vin le premier, en faisant signe à Abou Hassan que c'était pour le remercier. Quand il eut bu, il jeta adroitement dans la tasse d'Abou Hassan une pincée d'une poudre qu'il avait sur lui, et versa par dessus le reste de la bouteille. En la présentant à Abou Hassan : « Je vous prie de prendre cette tasse de ma main, et de boire ce coup pour l'amour de moi. »

» Abou Hassan prit la tasse et il la vida presque tout d'un trait. Mais à peine eut-il mis la tasse sur la table qu'il fut saisi d'un assoupissement si profond, d'une manière si subite, que le calife ne put s'empêcher d'en rire. Il rappela son esclave et lui dit : « Charge cet homme sur tes épaules, mais prends garde de bien remarquer l'endroit où est cette maison, afin que tu le rapportes quand je te le commanderai. »

» Le calife, suivi de l'esclave, sortit de la maison, mais sans fermer la porte, comme Abou Hassan l'en avait prié, et il le fit exprès. Dès qu'il fut arrivé à son palais, il se fit suivre par l'esclave jusqu'à son appartement, où tous les officiers de sa chambre l'attendaient. « Déshabillez cet homme, leur dit-il, et couchez-le dans mon lit. » Les officiers déshabillèrent Abou Hassan, le revêtirent de l'habillement de nuit du calife, et le couchèrent selon son ordre. Le calife fit venir tous ses autres officiers et toutes les dames ; et quand ils furent tous en sa présence : « Je veux, leur dit-il, que tous ceux qui ont coutume de se trouver à mon lever ne manquent pas de se rendre demain matin auprès de cet homme que voilà couché dans mon lit, et que chacun fasse auprès de lui, lorsqu'il s'éveillera, les mêmes fonctions qui s'observent ordinairement auprès de moi. En un mot, je demande qu'on ne songe pas plus à ma personne, tout le temps qu'on sera près de lui, que s'il était véritablement ce que je suis. »

» Les officiers et les dames ne répondirent que par une profonde inclination, et chacun se prépara à contribuer de son pouvoir à se bien acquitter de son personnage. En rentrant dans son palais, le calife avait envoyé appeler son grand-visir Giafar, et ce premier ministre venait d'arriver. Le calife lui dit : « Giafar, je t'ai fait venir pour t'avertir de ne pas t'étonner quand tu verras demain, en entrant à mon audience, l'homme que voilà couché dans mon lit, assis sur mon trône, avec mon habit de cérémonie. Écoute et exécute ponctuellement ses ordres. Il ne manquera pas de faire des libéralités et de te charger de la distribution : fais tout ce qu'il te commandera là-dessus, quand même il s'agirait d'épuiser tous les coffres de mes finances. Souviens-toi d'avertir aussi mes émirs, mes huissiers et tous les autres officiers de mon palais de lui rendre demain, à l'audience publique, les mêmes honneurs qu'à ma personne. Va, retire-toi, donne-moi la satisfaction que je te demande. »

» Après que le grand-visir se fut retiré, le calife passa dans un autre appartement, et, en se couchant, il donna à Mesrour, chef des eunuques, ordre de venir l'éveiller à l'heure accoutumée, et avant qu'on éveillât Abou Hassan, parce qu'il voulait y être présent. Mesrour ne manqua pas d'éveiller le calife ainsi qu'il le lui avait commandé. Dès que le calife fut entré dans la chambre où Abou Hassan dormait, il se plaça dans un petit cabinet élevé d'où il pouvait voir par une jalousie tout ce qui s'y passait sans être vu. Tous les officiers et toutes les dames qui devaient se trouver au lever d'Abou Hassan entrèrent en même temps, et se portèrent chacun à sa place accoutumée, selon son rang, dans un grand silence, comme si c'eût été le calife qui eût dû se lever. Comme la pointe du jour avait déjà commencé de paraître et qu'il était temps de se lever pour faire la prière d'avant le lever du soleil, l'officier qui était le plus près du lit approcha du nez d'Abou Hassan une petite éponge trempée dans du vinaigre. Abou Hassan éternua aussitôt en tournant la tête, sans ouvrir les yeux.

» En remettant la tête sur le chevet, il ouvrit les yeux, et autant que le peu de jour qu'il faisait le lui permettait, il se vit au milieu d'une grande chambre, superbement meublée, avec un plafond à plusieurs enfoncements de diverses figures peintes à l'arabesque, ornée de grands vases d'or massif, de portières et d'un tapis d'or et de soie, et environnée de jeunes dames, dont plusieurs avaient différentes sortes d'instruments de musique, prêtes à en toucher, toutes d'une beauté charmante ; d'eunuques noirs richement habillés et debout, dans une grande modestie. En jetant les yeux sur la couverture du lit, il vit qu'elle était de brocard d'or à fond rouge, rehaussée de perles et de diamants, et près du lit un habit de même étoffe et de même parure, et à côté de lui, sur un coussin, un bonnet de calife.

» A ces objets si éclatants, Abou Hassan fut dans un étonnement et dans une confusion inexprimables. Il les regardait tous comme dans un songe : « Bon, disait-il en lui-même, me voilà calife ; mais il ne faut pas que je me trompe, c'est un songe, effet du souhait que j'ai fait à table. » Et il refermait les yeux comme pour dormir. En même temps un eunuque s'approcha : « Commandeur des croyants, lui dit-il respectueusement, que votre majesté ne se rendorme pas ; il est temps qu'elle se lève pour faire sa prière ; l'aurore commence à paraître. » A ces paroles, qui causèrent une grande surprise à Abou Hassan : « Suis-je éveillé, ou si je dors ? disait-il encore en lui-même. Mais je dors, continua-t-il en tenant toujours les yeux fermés ; je ne dois pas en douter. » Un moment après : « Commandeur des croyants, reprit le l'eunuque, qui vit qu'il ne répondait rien, votre majesté aura pour agréable que je lui répète qu'il est temps qu'elle se lève, à moins qu'elle ne veuille laisser passer le moment de faire sa prière. — Je me trompais, dit aussitôt Abou Hassan, je ne dors pas. » Il ouvrit encore les yeux, et, comme il était encore grand jour, il vit distinctement tout ce qu'il n'avait aperçu que confusément. Il se leva sur son séant, avec un air riant, comme un homme plein de joie de se voir dans un état si fort au-dessus de sa condition. Alors les jeunes dames du palais se prosternèrent la face contre terre devant Hassan, et celles qui tenaient un instrument de musique lui donnèrent le bonjour par un concert dont il fut enchanté. Il revint néanmoins à sa première idée. « Que veut dire ceci, disait-il, où suis-je ? Qu'est-ce que ce palais ? Que signifient ces eunuques, ces officiers, ces dames si belles, et ces musiciens qui m'enchantent ? Est-il possible que je ne puisse distinguer si je rêve ou si je suis dans mon bon sens ? » Dans ce moment, le chef des eunuques entra, se prosterna devant Abou Hassan et lui dit : « Commandeur des croyants, votre majesté me permettra de lui représenter qu'elle n'a pas coutume de se lever si tard, à moins qu'elle ne soit indisposée ; elle n'a plus que le temps de monter sur son trône pour tenir son conseil. »

» Au discours de Mesrour, Abou Hassan fut persuadé qu'il ne dormait pas, et que l'état où il se trouvait n'était pas un songe. Il ne se trouvait pas moins embarrassé que confus dans l'incertitude du parti qu'il prendrait. Enfin, il regarda Mesrour, et d'un ton sérieux : « A qui donc parlez-vous ? lui demanda-t-il ; et qui est celui que vous appelez commandeur des croyants ? — Votre majesté, répondit Mesrour, me parle ainsi aujourd'hui apparemment pour m'éprouver ; n'est-elle pas le commandeur des croyants, le monarque du monde et le vicaire du prophète envoyé de Dieu ? — Mesrour, votre chétif esclave ne l'a pas oublié ; il aime mieux croire qu'un songe fâcheux a troublé son repos cette nuit. » Abou Hassan fit un si grand éclat de rire à ces paroles qu'il se laissa aller à la renverse sur le chevet du lit. Après avoir ri longtemps en cette posture, il se remit sur son séant, et, s'adressant à un petit eunuque noir comme Mesrour : « Écoute, lui dit-il, dis-moi qui je suis. — Seigneur, répondit le petit eunuque d'un air modeste, votre majesté est le commandeur des croyants et le vicaire en terre du maître des deux mondes. — Tu es un petit menteur, face de couleur de poix ! reprit Abou Hassan. » Il appela ensuite une des dames qui était plus près de lui que les autres. « Approchez-vous, la belle, dit-il en lui présentant la main ; tenez, mordez-moi le bout du doigt ; que je sente si vraiment je dors ou si je veille. » La dame s'approcha d'Abou Hassan avec tout le sérieux possible, et, en serrant légèrement entre ses dents le bout du doigt qu'il lui avait avancé, elle lui fit sentir un peu de douleur : « Je ne dors pas, dit aussitôt Abou Hassan en retirant sa main. Par quel miracle suis-je donc devenu calife en une nuit ? Voilà la chose la plus merveilleuse et la plus surprenante ! » Et s'adressant ensuite à la même dame : « Ne me cachez pas la vérité, dit-il, je vous en conjure ! Est-il bien vrai que je sois le commandeur des croyants ? — Il est si vrai, répondit la dame, que votre majesté est le commandeur des croyants, que nous avons sujet tous de nous étonner qu'elle veuille faire accroire qu'elle ne l'est pas. — Vous êtes une menteuse ! reprit Abou Hassan ; je sais bien ce que je suis. »

» Comme le chef des eunuques s'aperçut qu'Abou Hassan voulait se lever, il lui présenta la main et l'aida à se mettre hors du lit. Dès qu'il fut sur ses pieds, tous les officiers et toutes les dames lui firent en même temps un salut par une acclamation en ces termes : « Commandeur des croyants, que Dieu donne le bon jour à votre majesté. — Ah ciel ! quelle merveille ! s'écria alors Abou Hassan. J'étais hier au soir Abou Hassan, et ce matin je suis le calife ; je ne comprends rien à un changement si surprenant. » Les officiers destinés à ce ministère l'habillèrent promptement, et les autres officiers, les eunuques et les dames s'étaient rangés en deux files jusqu'à la porte où il devait entrer dans la chambre du conseil. Mesrour marcha devant, et Abou Hassan le suivit. Mesrour le conduisit jusqu'au pied du trône, où il s'arrêta pour l'aider à monter. Abou Hassan s'assit aux acclamations générales des huissiers, et, en se tournant à droite et à gauche, il vit les officiers des gardes rangés dans un bel ordre et en bonne contenance. Le calife, cependant, passa du cabinet où il s'était placé dans un autre qui avait aussi vue sur la même chambre, d'où il pouvait voir et entendre tout ce qui se passait. Ce qui lui plut d'abord fut de voir qu'Abou Hassan le représentait presque avec autant de gravité que lui-même.

» Dès qu'Abou Hassan eut pris place, le grand-visir Giafar, qui venait d'arriver, se prosterna devant lui. « Commandeur des croyants, dit-il, que Dieu comble votre majesté de ses faveurs et précipite ses ennemis dans les flammes de l'enfer! » Abou Hassan, après ce qui lui était arrivé depuis qu'il était éveillé et ce qu'il venait d'entendre de la bouche du grand-visir ne douta plus qu'il ne fût calife. Ainsi, sans examiner par quelle aventure un changement de fortune si peu attendu s'était fait, il prit le parti d'en exercer le pouvoir; aussi demanda-t-il au grand-visir s'il avait quelque chose à lui dire. « Commandeur des croyants, reprit le grand-visir, les émirs, les visirs et les autres officiers de votre majesté n'attendent que le moment où votre majesté leur donnera la permission de venir lui rendre les respects accoutumés. » Abou Hassan dit aussitôt qu'on leur ouvrit; et le grand-visir, s'adressant au chef des huissiers, lui dit : « Le commandeur des croyants commande que vous fassiez votre devoir. » La porte fut ouverte; et les principaux officiers de la cour, tous en habit de cérémonie, entrèrent en bel ordre, s'avancèrent jusqu'au pied du trône, et rendirent leurs respects à Abou Hassan, chacun à son rang, le genou en terre et le front contre le tapis de pied, comme à la propre personne du calife, selon l'instruction que le grand-visir leur avait donnée, et ils prirent chacun leur place à mesure qu'ils s'étaient acquittés de ce devoir. Quand la cérémonie fut achevée et qu'ils se furent tous placés en silence, le grand-visir commença à faire le rapport de plusieurs affaires, selon l'ordre des papiers qu'il tenait à la main. Les affaires, à la vérité, étaient ordinaires et de peu d'importance. Abou Hassan ne demeura pas court; il ne parut même pas embarrassé sur aucune. Il prononça juste sur toutes, selon que le bon sens lui inspirait, soit qu'il s'agît d'accorder ou de rejeter ce qu'on lui demandait.

« Avant que le grand-visir eut achevé son rapport, Abou Hassan aperçut le juge de police, qu'il connaissait de vue, assis en son rang. « Attendez un moment, dit-il au grand-visir en l'interrompant, j'ai un ordre qui presse à donner au juge de police. — Juge de police, lui dit Abou Hassan après l'avoir fait approcher, allez sur l'heure, et sans perdre de temps, dans un tel quartier et dans une rue qu'il lui indiqua. Il y a dans cette rue une mosquée où vous trouverez l'iman et quatre vieillards à barbe blanche; saisissez-vous de leurs personnes, et faites donner à chacun des vieillards cent coups de nerf de bœuf, et quatre cents à l'iman. Après cela, vous reviendrez me rendre compte de l'exécution de mes ordres. »

» Le juge de police se prosterna devant le trône, et, après s'être relevé, il s'en alla exécuter cet ordre.

» Cet ordre, donné avec tant de fermeté, fit au calife un plaisir d'autant plus sensible qu'il connut par-là qu'Abou Hassan ne perdait pas de temps de profiter de l'occasion pour châtier l'iman et les vieillards de son quartier.

» Le grand-visir continua cependant de faire son rapport, et il était prêt à finir lorsque le juge de police, de retour, se présenta pour rendre compte de sa commission : « Commandeur des croyants, dit-il à Abou Hassan, j'ai trouvé l'iman et les quatre vieillards dans la mosquée que votre majesté m'a indiquée; et, pour preuve que je me suis acquitté fidèlement de l'ordre que j'avais reçu de votre majesté, en voici le procès-verbal. » En même temps, il tira un papier de son sein, et le présenta au calife prétendu.

» Abou Hassan prit le procès-verbal, et lut jusqu'aux noms des témoins, tous gens qui lui étaient connus; et, quand il eut achevé : « Ceci est bien, dit-il au juge de police en souriant, je suis content, reprenez votre place. » Il s'adressa ensuite au grand-visir : « Faites-

vous donner par le grand-trésorier, lui dit-il, une bourse de mille pièces de monnaie d'or, et allez au quartier où j'ai envoyé le juge de police la porter à la mère d'un certain Abou Hassan. C'est un homme connu dans tout le quartier sous ce nom; il n'y a personne qui ne vous enseigne sa maison. Partez, et revenez promptement. » Le grand-visir Giafar, après s'être prosterné devant le trône, sortit et s'en alla chez le grand-trésorier, qui lui délivra la bourse. Il alla la porter à la mère d'Abou Hassan, en lui disant que le calife lui envoyait ce présent, sans s'expliquer davantage. Elle le reçut avec d'autant plus de surprise qu'elle ne pouvait imaginer ce qui pouvait avoir obligé le calife de lui faire une si grande libéralité, et qu'elle ignorait ce qui se passait au palais. Pendant l'absence du grand-visir, le juge de police fit le rapport de plusieurs affaires; ce rapport dura jusqu'au retour du grand-visir. Dès qu'il fut rentré dans la chambre du conseil et qu'il eut assuré Abou Hassan qu'il s'était acquitté de l'ordre qu'il lui avait donné, le chef des eunuques marqua par un signe aux visirs, émirs et à tous les officiers, que le conseil était fini, et que chacun pouvait se retirer, ce qu'ils firent, après avoir pris congé dans le même ordre que quand ils étaient entrés. Il ne resta auprès d'Abou Hassan que les officiers de la garde du calife et du grand-visir.

« Abou Hassan descendit du trône de la même manière qu'il y était monté, c'est-à-dire aidé par Mesrour et par un autre officier des eunuques, qui l'accompagnèrent jusqu'à l'appartement d'où il était sorti. Pendant qu'Abou Hassan était dans son appartement, le calife s'était déjà placé dans un autre endroit pour continuer d'observer Abou Hassan sans en être vu.

« Mesrour conduisit Abou Hassan dans l'appartement intérieur où le couvert était mis. La porte qui y donnait communication fut ouverte, et plusieurs eunuques coururent avertir les musiciennes que le faux calife approchait. Aussitôt elles commencèrent un concert de voix et d'instruments des plus mélodieux, avec tant de charme pour Abou Hassan qu'il se trouva transporté de joie et de plaisir. Si c'est un songe, se disait-il à lui-même, le songe est de longue durée. Mais ce n'est pas un songe, je raisonne, je vois, je marche, j'entends. Les honneurs et les respects que l'on me rend, les ordres que j'ai donnés et qui ont été exécutés en sont des preuves suffisantes. Enfin, Abou Hassan tint pour constant qu'il était le commandeur des croyants; il en fut pleinement convaincu lorsqu'il se vit dans un salon très-magnifique. L'art mêlé avec les couleurs les plus vives y brillait de toutes parts. Sept troupes de musiciennes, toutes plus belles les unes que les autres, entouraient ce salon; et sept lustres d'or, à sept branches, pendaient de divers endroits du plafond, où l'or et l'azur, ingénieusement mêlés, faisaient un effet merveilleux. Au milieu était une table couverte de sept grands plats d'or massif qui embaumaient le salon, de l'odeur des épiceries et de l'ambre dont les viandes étaient assaisonnées. Sept jeunes dames debout, d'une beauté ravissante, vêtues d'habits de différentes étoffes les plus riches et les plus éclatantes, environnaient cette table.

» Si jamais mortel fut charmé, ce fut Abou Hassan lorsqu'il entra dans ce magnifique salon. A chaque pas qu'il faisait il ne pouvait s'empêcher de s'arrêter pour contempler à loisir toutes les merveilles qui se présentaient à sa vue. Il se tournait à tout moment de côté et d'autre, avec un plaisir très-sensible de la part du calife, qui l'observait attentivement. Enfin, il s'avança jusqu'au milieu et se mit à table. Aussitôt les sept belles dames, qui étaient à l'entour, agitèrent l'air toutes ensemble avec des éventails pour rafraîchir le nouveau calife. Il les regardait l'une après l'autre, et après avoir admiré la grâce avec laquelle elles s'acquittaient de cet office, il leur dit, avec un sourire gracieux, qu'il croyait qu'une seule d'entre elles suffisait pour lui donner tout l'air dont il aurait besoin, et il voulut que les six autres se missent à table pour lui tenir compagnie.

« Les six dames obéirent et se mirent à table. Mais Abou Hassan s'aperçut qu'elles ne mangeaient pas par respect pour lui, ce qui lui donna occasion de les servir lui-même, en les invitant et les pressant de manger, dans des termes tout à fait obligeants. Il leur demanda ensuite comment elles s'appelaient, et chacune le satisfit sur sa curiosité. Leurs noms étaient

Cou d'albâtre, *Bouche de corail*, *Face de lune*, *Éclat du soleil*, *Plaisir des yeux*, *Délices du cœur*. Il fit aussi la même demande à la septième qui tenait l'éventail, et elle lui répondit qu'elle s'appelait *Canne de sucre*. Les douceurs qu'il dit à chacune sur leurs noms firent voir qu'il avait infiniment d'esprit; et cela servit à augmenter l'estime que le calife, qui n'avait rien perdu de tout ce qu'il avait dit sur ce sujet, avait déjà conçue pour lui. Quand ces dames virent qu'Abou Hassan ne mangeait plus : « Le commandeur des croyants, dit l'une d'elles en s'adressant aux eunuques qui étaient présents pour servir, veut passer au salon du dessert; qu'on apporte à laver. » Elles se levèrent toutes de table en même temps, prirent des mains des eunuques, l'une un bassin d'or, l'autre une aiguière de même métal, et la troisième une serviette, et se présentèrent, le genou en terre, devant Abou Hassan, qui était assis, et lui donnèrent à laver. Quand il eut fait, il se leva, et à l'instant un eunuque tira la portière, et ouvrit la porte d'un autre salon où il devait passer.

» Mesrour marcha devant lui, et l'introduisit dans un salon orné de diverses peintures des plus excellents maîtres. Il y avait dans ce salon sept troupes de musiciennes, autres que celles qui étaient dans le premier salon, et ces sept troupes commencèrent un nouveau concert dès qu'Abou Hassan parut. Le salon était orné de sept autres grands lustres, et la table au milieu se trouva couverte de sept grands bassins d'or, remplis de pyramides de toutes sortes de fruits de la saison, les plus beaux et les plus exquis; et à l'entour sept autres jeunes dames, chacune avec un éventail à la main. « Ces nouveaux objets jetèrent Abou Hassan dans une admiration plus grande qu'auparavant. Il s'avança enfin jusqu'à la table; et après qu'il s'y fut assis et qu'il eut contemplé les sept dames l'une après l'autre, avec un embarras qui marquait qu'il ne savait à laquelle il devait donner la préférence, il leur ordonna de quitter leur éventail, de se mettre à table avec lui, en disant que la chaleur n'était pas assez incommode pour avoir besoin de leur ministère. Quand les dames se furent placées à la droite et à la gauche d'Abou Hassan, il voulut, avant toutes choses, savoir comment elles s'appelaient, et il apprit qu'elles avaient chacune un nom qui signifiait quelque perfection de l'âme ou de l'esprit qui les distinguait les unes d'avec les autres. Cela lui plut extrêmement, et il le fit connaître par les bons mots qu'il dit à cette occasion en leur présentant des fruits de chaque bassin : « Mangez cela pour l'amour de moi, dit-il à *Chaîne des cœurs* en lui présentant une figue, et rendez plus supportables les chaînes que vous faites porter. » Et, en présentant un raisin à *Tourment de l'âme* : « Prenez ce raisin, dit-il, à la charge que vous ferez cesser bientôt les tourments que j'endure pour l'amour de vous. » Et ainsi des autres dames. Et, par ces endroits, Abou Hassan faisait que le calife se savait bon gré de plus en plus d'avoir trouvé en lui un homme qui le divertissait si agréablement. Quand Abou Hassan eut mangé de quelques fruits qui étaient dans les bassins, il se leva, et aussitôt Mesrour marcha devant lui, et l'introduisit dans un troisième salon, aussi magnifique que les deux premiers.

» Le jour commençait à finir lorsque Abou Hassan fut conduit dans le troisième salon. Il trouva dans ce dernier salon, comme il avait trouvé dans les deux autres, sept chœurs de musiciennes qui concertaient toutes ensemble. Il y vit aussi sept autres dames qui étaient debout auprès d'une table couverte de sept bassins d'or remplis de gâteaux feuilletés, de confitures sèches et de toutes autres choses propres à exciter et à boire. Mais ce qu'Abou Hassan y aperçut, ce qu'il n'avait pas vu aux autres salons, c'était un buffet de sept grands flacons d'argent pleins d'un vin des plus exquis.

» Il entra donc dans ce troisième salon, et s'avança jusqu'à la table. Quand il s'y fut assis, il demeura, comme en extase, à admirer les sept dames, qu'il trouva plus belles que celles qu'il avait vues dans les autres salons. Il eut envie de savoir les noms de chacune d'elles; mais comme le bruit de la musique, des tambours de basque, ne lui permettait pas de se faire entendre, il frappa de ses mains pour la faire cesser, et aussitôt il se fit un grand silence. Alors, en prenant par la main la dame qui était près de lui à sa droite, il la fit asseoir, et, après lui avoir présenté d'un gâteau feuilleté, il lui demanda comment elle s'appelait. « Commandeur des croyants, lui dit-elle, mon nom est *Bouquet de perles*. — On ne pouvait vous donner un nom plus convenable, reprit Abou Hassan et qui fît mieux connaître ce que vous valez; sans blâmer néanmoins celui qui vous l'a donné, je trouve que vos belles dents effacent la plus belle eau de toutes les perles qui soient au monde. *Bouquet de perles*, ajouta-il, puisque c'est votre nom, obligez-moi de prendre un verre et de m'apporter à boire de votre belle main. » La dame alla aussitôt au buffet, et revint avec un verre plein de vin qu'elle présenta à Abou Hassan. Il le prit avec plaisir; et la regardant passionnément : « *Bouquet de perles*, lui dit-il, je bois à votre santé; je vous prie de me faire raison. » Elle courut au buffet, et revint avec un verre à la main; mais, avant de boire, elle chanta une chanson qui ne le ravit pas moins par sa nouveauté que par les charmes d'une voix qui le surprit encore davantage. Abou Hassan, après avoir bu, choisit ce qui lui plut dans les bassins, et le présenta à une autre dame qu'il fit asseoir auprès de lui. Il lui demanda aussi son nom. Elle répondit qu'elle s'appelait *Étoile du matin*. « Vos beaux yeux, dit-il, ont plus d'éclat et de brillant que l'étoile dont vous portez le nom. Allez, et faites-moi le plaisir de m'apporter à boire. » Ce qu'elle fit de la meilleure grâce du monde. Il en usa de même envers la troisième dame, qui se nommait *Lumière du jour*, et de même jusqu'à la septième, qui toutes lui versèrent à boire, avec une satisfaction extrême du calife. Quand Abou Hassan eut achevé de boire autant de coups qu'il y avait de dames, *Bouquet de perles* alla au buffet, prit un verre qu'elle remplit de vin, après y avoir jeté une pincée de la poudre dont le calife s'était servi le jour précédent, et vint le lui présenter. « Commandeur des croyants, lui dit-elle, je supplie votre majesté de prendre ce verre de vin et de me faire la grâce, avant de le boire, d'entendre une chanson, laquelle, si j'ose me flatter, ne lui déplaira pas. — Je vous accorde cette grâce avec plaisir, lui dit Abou Hassan en prenant le verre qu'elle lui présentait, et je vous ordonne, en qualité de commandeur des croyants, de me la chanter, persuadé que je suis qu'une belle personne comme vous n'en peut faire que de très-agréables et pleines d'esprit. » La dame prit un luth et chanta la chanson avec tant de grâce et d'expression qu'elle tint Abou Hassan comme en extase jusqu'à la fin.

» Quand la dame eut achevé, Abou Hassan, qui voulait la louer comme elle le méritait, vida le verre tout d'un trait; puis, tournant la tête du côté de la dame pour lui parler, il en fut empêché par la poudre, qui fit son effet si subitement qu'il ne fit qu'ouvrir la bouche en bégayant. Aussitôt, laissant tomber sa tête sur la table comme un homme accablé de sommeil, il s'endormit. Dans le même instant, une des dames qui étaient auprès de lui fut assez diligente pour recevoir le verre qu'il laissa tomber de sa main. Le calife, qui avait été spectateur de cette dernière scène aussi bien que de toutes les autres, sortit de l'endroit où il était, et parut dans le salon, tout joyeux d'avoir si bien réussi dans ce qu'il avait imaginé. Il commanda qu'on dépouillât Abou Hassan de l'habit de calife dont on l'avait revêtu le matin, et qu'on lui remit celui dont il était habillé quand on l'avait apporté en son palais. Il fit appeler ensuite l'esclave qui l'avait amené. « Reprends cet homme, lui dit-il, reporte-le chez lui sur son sofa, et, en le retirant, laisse de même la porte ouverte. »

» L'esclave prit Abou Hassan, le remit chez lui, et revint en diligence rendre compte au calife de ce qu'il avait fait. Abou Hassan, remis sur son sofa par l'esclave, dormit jusqu'au lendemain fort tard. Alors, en ouvrant les yeux, il fut fort surpris de se voir chez lui : « *Bouquet de perles*, *Étoile du matin*, *Aube du jour*, *Bouche de corail*, *Face de lune*, s'écria-t-il, où êtes-vous? Venez, approchez. » Sa mère, qui l'entendit de son appartement, accourut au bruit : « Qu'avez-vous donc, mon fils? lui demanda-t-elle; que vous est-il arrivé? »

« Abou Hassan leva la tête, et, en regardant sa mère fièrement : « Bonne femme, lui demanda-t-il, qui est donc celui que tu appelles ton fils? — N'êtes-vous pas Abou Hassan, mon fils? répondit la mère; ce serait une chose singulière que vous l'eussiez oublié en si peu de temps. — Moi, ton fils, vieille exécrable! reprit Abou Hassan; tu ne sais ce que tu dis! Je ne suis pas l'Abou Hassan que tu dis; je suis le commandeur des croyants. — Taisez-vous, mon fils, repartit la mère; on vous prendrait pour un fou si l'on vous entendait. — Tu es une vieille folle toi-même? répliqua-t-il; je te répète que je suis le commandeur des croyants. — Ah! mon fils! s'écria la mère, quel malin génie vous obsède pour vous faire tenir un semblable discours? Vous êtes mon fils Abou Hassan, et je suis votre mère. Ne voyez-vous pas que cette chambre est la vôtre, et non pas la chambre digne d'un commandeur des croyants, et que vous ne l'avez pas abandonnée depuis que vous êtes au monde? — Je crois que vous avez raison, dit-il à sa mère, quelques moments après, en revenant comme d'un sommeil, il me semble que je suis Abou Hassan, que vous êtes ma mère, et que je suis dans ma chambre. » La mère crut que son fils était guéri du trouble qui agitait son esprit. Elle se préparait même à rire avec lui, quand tout à coup il se mit sur son séant. « Vieille sorcière, dit-il, tu ne sais ce que tu dis! je ne suis pas ton fils. Tu te trompes, tu veux m'en faire accroire. Je te dis que je suis le commandeur des croyants. — De grâce, mon fils, cessez de tenir un discours si dépourvu de bon sens. Adressez-vous à dieu, demandez-lui qu'il vous fasse la grâce de parler comme un homme raisonnable. Que dirait-on de vous si l'on vous entendait parler ainsi? »

» De si belles remontrances, loin d'adoucir l'esprit d'Abou Hassan, ne servirent qu'à l'aigrir davantage. Il s'emporta contre sa mère avec plus de violence : « Vieille sorcière, lui dit-il, si tu continues davantage, je te traiterai de manière que tu t'en ressentiras longtemps! Je suis le calife, et tu dois me croire quand je te le dis. » Alors la bonne dame, qui vit qu'Abou Hassan s'égarait de plus en plus de son bon sens, s'abandonna aux larmes, en faisant des exclamations qui marquaient sa profonde douleur. Abou Hassan, au lieu de s'apaiser et de se laisser toucher par les larmes de sa mère, s'oublia, et dans l'excès de sa frénésie il fut assez dénaturé pour la maltraiter impitoyablement.

» La pauvre mère, qui n'avait pas cru que son fils passerait des menaces aux actions, se sentant frapper, se mit à crier de toute sa force au secours. La fureur d'Abou Hassan commençait à se ralentir quand les voisins arrivèrent. Le premier qui se présenta se mit aussitôt entre sa mère et lui. « Que faites-vous donc, Abou Hassan? lui dit-il; avez-vous perdu la crainte de dieu et la raison? Jamais un fils bien né a-t-il osé lever la main sur sa mère? et n'avez-vous point de honte de maltraiter ainsi la vôtre, elle qui vous aime si tendrement? » Abou Hassan, encore tout plein de sa fureur, regarda celui qui lui parlait sans lui rien répondre, et en jetant des yeux égarés sur chacun des autres voisins qui l'accompagnaient : « Qui est cet Abou Hassan dont vous parlez? demanda-t-il; est-ce moi que vous appelez de ce nom? »

» A cette question, les voisins ne doutèrent plus de l'aliénation de son esprit, et, pour empêcher qu'il ne se portât à de nouveaux excès, ils lui lièrent les mains et les pieds; ils ne jugèrent pas cependant à propos de le laisser seul avec sa mère. Deux de la compagnie se détachèrent, et allèrent à l'hôpital des fous avertir le concierge de ce qui se passait. Il vint aussitôt, accompagné d'un bon nombre de gens chargés de chaînes, de menottes et d'un nerf de bœuf. A leur arrivée, Abou Hassan, qui ne s'attendait à rien moins qu'à un appareil si affreux, fit de grands efforts pour se débarrasser; mais le concierge le mit bientôt à la raison par deux ou trois coups de nerf de bœuf qu'il lui déchargea sur les épaules. Ce traitement fut si sensible à Abou Hassan qu'il se contint, et que le concierge et ses gens firent de lui ce qu'ils voulurent. Ils le chargèrent de chaînes, et Abou Hassan fut conduit de cette manière à l'hôpital des fous. On l'y logea et on l'attacha dans une cage de fer; et avant de l'y enfermer, le concierge, endurci à cette terrible exécution, le régala sans pitié de cinquante coups de nerf de bœuf sur les épaules et sur le dos, et continua plus de trois semaines à lui faire le même régal chaque jour, en lui répétant chaque fois : « Reviens en ton bon sens, et dis si tu es encore le commandeur des croyants. — Je n'ai pas besoin de ton conseil, répondait Abou Hassan, je ne suis pas fou; mais, si j'avais à le devenir, rien ne serait plus capable de me jeter dans une si grande disgrâce que les coups dont tu m'assommes. » Cependant la mère d'Abou Hassan venait voir son fils chaque jour; et elle ne pouvait retenir ses larmes en l'entendant se plaindre des douleurs qu'il souffrait. En effet, il avait les épaules et les côtés noircis et meurtris, et il ne savait de quel côté se retourner pour trouver du repos. Sa mère voulait lui parler pour le consoler et pour tâcher de sonder s'il était toujours dans la même situation d'esprit; mais, toutes les fois qu'elle ouvrait la bouche, il la rebutait avec tant de furie, qu'elle était contrainte de s'en retourner inconsolable de le voir dans une si grande opiniâtreté. Les idées qu'Abou Hassan avait conservées de s'être vu revêtu de l'habillement du calife, d'avoir usé de son autorité, d'avoir été obéi et traité véritablement en calife, commencèrent sensiblement à s'effacer de son esprit. « Si j'étais calife, se disait-il quelquefois à lui-même, pourquoi me serais-je trouvé chez moi en me réveillant? Pourquoi ne me serais-je pas vu environné des eunuques et d'une si grosse foule de belles dames? Pourquoi le grand-visir Giafar, tant d'émirs et tant d'autres officiers dont je me suis vu environné, m'auraient-ils abandonné? Tout cela n'a été qu'un songe. J'ai commandé, il est vrai, au juge de châtier l'iman et les quatre vieillards de son conseil, j'ai ordonné au grand-visir Giafar de porter mille pièces à ma mère, et mes ordres ont été exécutés. Cela m'arrête, et je n'y comprends rien. Mais combien d'autres choses y a-t-il que je ne comprends pas et que je ne comprendrai jamais! »

» Abou Hassan était occupé de ces pensées quand sa mère arriva. Elle le vit si exténué et si défait qu'elle en versa des larmes. Au milieu de ses sanglots, elle le salua : « Eh bien, mon fils, lui dit-elle, comment vous trouvez-vous? En quelle assiette est votre esprit? Avez-vous renoncé à toutes ces fantaisies et aux propos que le démon vous avait suggérés? — Ma mère, répondit Abou Hassan d'un air tranquille, je reconnais mon égarement; mais je vous prie de me pardonner le crime exécrable que je déteste et dont je suis coupable envers vous. Je fais la même prière à nos voisins, à cause du scandale que je leur ai donné. J'ai été abusé par un songe si extraordinaire que je puis mettre en fait que tout autre que moi à qui il serait arrivé n'en aurait pas été moins frappé que moi. Quoi qu'il en soit, je le tiens et le veux tenir pour une illusion. Je me suis même convaincu que je ne suis pas ce fantôme de calife, mais Abou Hassan. Oui, je suis le fils d'une mère que j'ai toujours honorée jusqu'à ce jour fatal dont le souvenir me couvre de confusion, que j'honorerai toute ma vie comme je le dois. » A ces paroles si sages et si sensées : « Mon fils, s'écria la mère d'Abou Hassan, je me sens ravie de satisfaction à vous entendre parler si raisonnablement. Remercions dieu de vous avoir délivré de l'esprit malin. » La mère d'Abou Hassan, parfaitement consolée de voir qu'Abou Hassan était revenu entièrement de sa folle imagination d'être calife, alla sur-le-champ trouver le concierge qui l'avait amené et gouverné jusqu'alors, et, dès qu'elle lui eut assuré qu'il était parfaitement rétabli dans son bon sens, il vint, l'examina, et le mit en liberté en sa présence.

« Abou Hassan retourna chez lui, et il y demeura plusieurs jours, afin de rétablir sa santé. Mais, dès qu'il eut repris ses forces, il commença à s'ennuyer de passer les soirées sans compagnie. C'est pourquoi il ne tarda pas à reprendre le même train de vie qu'auparavant, et de faire chaque jour une provision suffisante pour régaler un nouvel hôte le soir. Le jour qu'il renouvela la coutume d'aller, vers le coucher du soleil, au bout du pont de Bagdad, pour y arrêter le premier étranger qui s'y présenterait était le premier du mois, et le même jour que le calife se divertissait à aller, déguisé, hors de quelqu'une des portes par où on abordait en cette ville. Il n'y avait pas longtemps qu'Abou Hassan était arrivé, et qu'il s'était assis sur un banc, lorsqu'il aperçut le calife qui venait à lui déguisé en marchand de Moussoul, comme la première fois, et suivi d'un esclave. Persuadé que tout le mal qu'il avait souffert ne venait que de ce que le calife, qu'il ne connaissait que pour un marchand de Moussoul, avait laissé la porte ouverte en sortant de sa chambre, il frémit en le voyant. « Que dieu veuille me préserver! dit-il en lui-même; voilà, si je ne me trompe, le magicien qui m'a enchanté. » Il tourna aussitôt la tête du côté de la rivière, afin de ne pas le voir, jusqu'à ce qu'il fût passé. Le calife, quand il fut proche de lui, pencha la tête et le regarda en face. » C'est donc vous mon frère Abou Hassan, lui dit-il? je vous salue. Permettez-moi de vous embrasser. — Et moi, répondit Abou Hassan sans regarder le faux marchand de Moussoul, je ne vous salue pas : je n'ai pas besoin de votre salut, ni de vos embrassades. Passez votre chemin. — Eh quoi, reprit le calife, ne me reconnaissez-vous pas? Ne vous souvient-il pas de la soirée que nous passâmes chez vous il y a aujourd'hui un mois, et pendant laquelle vous me fîtes l'honneur de me régaler avec tant de générosité? — Non, repartit Abou Hassan, je ne vous connais pas, et je ne sais de quoi vous voulez me parler. Allez, et passez votre chemin. »

» Le calife ne se rebuta pas. « Je ne puis croire, reprit-il, que vous ne me reconnaissiez pas : il n'y a pas assez longtemps que nous nous sommes vus ; vous devez vous souvenir cependant que je vous ai marqué ma reconnaissance par mes bons souhaits, et que je vous ai fait offre de mon crédit, qui n'est pas à mépriser. — J'ignore, repartit Abou Hassan, quel peut être votre crédit, et je n'ai pas le moindre désir de le mettre à l'épreuve; mais je sais bien que vos souhaits n'ont abouti qu'à me faire devenir fou. Au nom de dieu, vous dis-je encore une fois, passez votre chemin. — Ah! mon frère Abou Hassan, répliqua le calife, je ne prétends pas me séparer d'avec vous de cette manière, il faut que vous exerciez une seconde fois l'hospitalité envers moi et que j'aie encore l'honneur de boire un coup avec vous. — Faut-il vous le répéter tant de fois? reprit Abou Hassan, Dieu vous conduise! Vous m'avez causé assez de mal; je ne veux pas m'y exposer davantage. — Mon bon ami Abou Hassan, reprit le calife, vous me traitez avec trop de dureté. Je vous supplie de ne pas tenir un discours si offensant, et d'être au contraire bien persuadé de mon amitié. Faites-moi donc la grâce de me raconter ce qui vous est arrivé, afin de réparer le mal que vous dites que je vous ai causé, si véritablement il y a de ma faute. » Abou Hassan se rendit aux instances du calife, et après l'avoir fait asseoir auprès de lui : « Ce que je vais vous raconter, lui dit-il, vous fera connaître si c'est à tort que je me plains de vous. »

» Hassan fit le récit de toutes les aventures qui lui étaient arrivées depuis son réveil dans le palais jusqu'à son second réveil dans sa chambre, et il les lui raconta toutes comme un véritable songe qui lui était arrivé ; ce qui vous surprendra, continua-t-il, et à quoi sans doute vous ne vous attendez pas, c'est que toutes ces choses ne me sont arrivées que par votre faute. Vous vous souvenez bien de la prière que je vous avais faite de fermer la porte de ma chambre en sortant de chez moi après le souper. Vous ne l'avez pas fait : le démon est entré, et m'a rempli la tête de ce songe qui, tout agréable qu'il m'avait paru, m'a causé cependant tous les maux dont je me plains. Vous êtes donc cause, par votre négligence, de tous les maux que j'ai soufferts. »

» Abou Hassan racontait au calife ses sujets de plainte avec beaucoup de chaleur et de véhémence. Le calife ne put entendre ce récit fait avec tant de naïveté sans faire un éclat de rire. Abou Hassan, qui croyait son récit digne de compassion, se scandalisa fort de cet éclat de rire. « Vous moquez-vous de moi, lui dit-il, de me rire au nez, ou croyez-vous que je me moque de vous? Voulez-vous des preuves certaines de ce que j'avance? En disant ces paroles il se baissa, et, en se découvrant les épaules et le sein, il fit voir au calife les cicatrices et les meurtrissures que lui avaient causées les coups de nerf de bœuf qu'il avait reçus. Le calife ne put regarder ces objets sans compassion, et il fut très-fâché que la raillerie eût été poussée si loin. Il rentra aussitôt en lui-même; et en embrassant Abou Hassan de tout son cœur : « Levez-vous, je vous en supplie, mon cher frère, lui dit-il ; venez, et allons chez vous; je veux encore avoir l'avantage de me réjouir ce soir avec vous. Demain, s'il plaît à Dieu, vous verrez que tout ira le mieux du monde. » Abou Hassan, malgré sa résolution, ne put résister aux caresses du calife. « Je le veux bien, dit-il au faux marchand, mais à une condition que vous vous engagerez à tenir avec serment ; c'est de fermer la porte de ma chambre en sortant de chez moi, afin que le démon ne vienne pas me troubler la cervelle, comme il a fait la première fois. » Le faux marchand promit tout. Ils se levèrent tous deux, et ils prirent le chemin de la ville. Le calife, pour engager davantage Abou Hassan : « Prenez confiance en moi, lui dit-il, je ne vous manquerai pas de parole; je vous le promets en homme d'honneur. »

» Abou Hassan et le calife, suivi de son esclave, en s'entretenant ainsi, approchèrent insensiblement du rendez-vous. Le jour commençait à finir lorsqu'ils arrivèrent à la maison d'Abou Hassan. Aussitôt il appela sa mère, et fit apporter de la lumière. Il pria le calife de prendre place sur le sofa, et il se mit près de lui. En peu de temps le souper fut servi sur la table, qu'on avait approchée près d'eux. Ils mangèrent sans cérémonie. Quand ils eurent achevé, la mère d'Abou Hassan vint desservir, mit les fruits sur la table, et le vin avec les tasses près de son fils; ensuite elle se retira, et ne parut pas davantage. Abou Hassan commença à se verser du vin le premier, et en versa ensuite au calife. Ils burent chacun cinq ou six coups en s'entretenant de choses indifférentes. Quand le calife vit qu'Abou Hassan commençait à s'échauffer, il le mit sur le chapitre de ses amours, il lui demanda s'il n'avais jamais aimé.

» Mon frère, répliqua Abou Hassan, je n'ai jamais regardé l'amour que comme une servitude; jusqu'à présent, je vous avouerai que je n'ai aimé que la bonne chère, et surtout le bon vin; en un mot, qu'à bien me divertir avec des amis. Je ne vous assure pourtant pas que je fusse incapable d'attachement, si je pouvais rencontrer une femme de la beauté et de la belle humeur de celle que je vis en songe cette nuit fatale que je vous reçus pour la première fois, qui voulût bien passer les soirées avec moi, qui sût chanter et m'entretenir agréablement, qui ne s'étudiât enfin qu'à me plaire. Je crois, au contraire, que j'aurais un parfait attachement pour une belle personne, et que je vivrais très-heureux avec elle. Mais où trouver une femme telle que je viens de vous la dépeindre? » En disant ces paroles, il prit la tasse et il versa du vin. « Prenez votre tasse, que je vous en verse aussi, dit-il au calife, et continuons de goûter un plaisir si charmant. »

» Quand le calife et Abou Hassan eurent bu : « C'est grand dommage, reprit le calife, qu'un aussi galant homme que vous, qui n'êtes pas indifférent à l'amour, mène une vie si solitaire et si retirée. »

» Je n'ai pas de peine, repartit Abou Hassan, à préférer la vie tranquille que vous voyez que je mène à la compagnie d'une femme qui d'ailleurs me causerait mille chagrins par ses imperfections et par sa mauvaise humeur. — Laissez-moi faire, lui dit le calife, je veux vous trouver votre fait, et il ne vous en coûtera rien. » A l'instant il prit la tasse d'Abou Hassan, dans laquelle il jeta adroitement une pincée de la poudre dont il s'était déjà servi, lui versa une rasade, et en lui présentant la tasse : « Prenez, continua-t-il, et buvez d'avance à la santé de cette belle qui doit faire le bonheur de votre vie. — Vaille que vaille, dit Abou Hassan, puisque vous le voulez, je vais donc boire à la santé de cette belle que vous me promettez, quoique je ne fasse aucun fondement sur votre promesse. » Abou Hassan n'eut pas plus tôt bu la rasade, qu'un profond assoupissement s'empara de ses sens, et le calife fut encore le maître de disposer de lui à sa volonté. Il dit aussitôt à l'esclave qu'il avait amené de prendre Abou Hassan et de l'emporter au palais. L'esclave l'enleva; et le calife, qui n'avait point dessein de renvoyer Abou Hassan comme la première fois, ferma la porte en sortant. L'esclave suivit avec sa charge, et, quand il arriva au palais, il fit coucher Abou Hassan sur un sofa dans le quatrième salon. Avant de le laisser dormir, il commanda qu'on lui mît le même habit dont il avait été revêtu pour faire le personnage de calife; ce qui fut fait en sa présence. Ensuite il commanda à chacun de s'aller coucher, et ordonna aux officiers de la chambre, et aux mêmes dames qui s'étaient trouvées dans ce salon lorsqu'il avait bu le dernier verre de vin qui lui avait causé l'assoupissement, de se trouver, sans faute, le lendemain, à la pointe du jour, à son réveil, et il enjoignit à chacun de bien faire son personnage. Le calife alla se coucher après avoir fait avertir Mesrour de venir l'éveiller avant qu'on entrât dans le même cabinet où il s'était déjà caché. Le lendemain, il se fit habiller promptement, et se rendit au salon où Abou Hassan dormait encore. Il entra, et alla se placer dans le cabinet fermé de jalousies. Mesrour, tous les autres officiers, les dames et les musiciennes entrèrent après lui, et se rangèrent autour du sofa sur lequel Abou Hassan était couché, de manière qu'ils n'empêchaient pas le calife de le voir et de remarquer toutes ses actions.

» Les choses étant ainsi disposées, dans le temps que la poudre du calife eut fait son effet, Abou Hassan s'éveilla sans ouvrir les yeux, et il jeta un peu de pituite qui fut reçue dans un petit bassin d'or comme la première fois. Dans ce moment, les sept chœurs de musiciennes firent entendre un concert des plus agréables. La surprise d'Abou Hassan fut extrême quand il entendit une musique si harmonieuse; il ouvrit les yeux, et elle redoubla lorsqu'il aperçut les dames et les officiers qui l'environnaient et qu'il crut reconnaître. Le concert cessa, afin de donner lieu au calife d'être attentif à la contenance de son son nouvel hôte et à tout ce qu'il pourrait dire dans sa surprise. « Hélas! s'écria Abou Hassan en se mordant les doigts, et si haut que le calife l'entendit, me voilà retombé dans le même songe et dans la même illusion qu'il y a un mois; je n'ai qu'à m'attendre encore une fois aux coups de nerf de bœuf, à l'hôpital des fous et à la cage de fer. Dieu tout-puissant, ajouta-t-il, je me remets entre les mains de votre divine providence! C'est un malhonnête homme que je reçus chez moi hier au soir, et qui est cause de cette illusion et des peines que j'en pourrai souffrir. Le traître m'avait promis qu'il fermerait la porte de ma chambre en sortant de chez moi; mais il ne l'a pas fait, et le diable y est entré, qui me bouleverse la cervelle par ce maudit songe de commandeur des croyants et par tant d'autres fantômes dont il me fascine les yeux.

» Grand dieu, continua-t-il, je me remets entre les mains de votre providence; préservez-moi de la tentation de Satan. » Après cette courte prière, il ferma les yeux pour se rendormir; mais *Force des cœurs*, une des dames qu'il avait vue la première, lui dit aussitôt : « Commandeur des croyants, puisque votre majesté ne se lève pas après l'avoir avertie qu'il est jour, selon notre devoir, nous userons de la permission qu'elle nous a donnée en pareil cas. » En même temps, elle le prit par un bras, elle appela les autres dames qui lui aidèrent à le faire sortir du lit, et le portèrent jusqu'au milieu du salon, où elles le mirent sur son séant. Elles se prirent ensuite chacune par la main, et elles dansèrent autour de lui, au son des instruments et des tambours de basque, que l'on faisait retentir sur sa tête et autour de ses oreilles.

» Abou Hassan se trouva dans une perplexité d'esprit inexprimable. « Serais-je véritablement calife et commandeur des croyants? se disait-il à lui-même. » Enfin, dans l'incertitude où il était, il fit signe à *Bouquet de perles* et à *Étoile du matin*, qui dansaient autour de lui, qu'il voulait parler. Aussitôt elles firent cesser la danse et les instruments, et elles s'approchèrent de lui. « Ne mentez pas, leur dit-il fort ingénuement, et dites-moi, dans la vérité, qui je suis. — Commandeur des croyants, répondit *Étoile du matin*, votre majesté veut nous plaisanter en nous faisant cette demande. Si cela n'était pas, il faudrait qu'un songe lui eût fait oublier ce qu'elle est. Il pourrait bien en être quelque chose, si l'on considère que votre majesté a dormi plus longtemps qu'à l'ordinaire; si votre majesté veut bien me le permettre, je la ferai ressouvenir de ce qu'elle fit hier dans toute la journée. » Elle raconta donc le châtiment de l'iman et des quatre vieillards; le présent d'une bourse de pièces d'or envoyée à la mère d'un nommé Abou Hassan; ce qu'il fit et ce qui se passa aux trois repas qui lui furent servis dans les trois salons. « C'est dans le dernier salon que votre majesté, continua-t-elle en s'adressant à lui, après nous avoir fait mettre à table à ses côtés, nous fit l'honneur d'entendre nos chansons et de recevoir du vin de nos mains, jusqu'au moment où votre majesté s'endormit. Depuis ce temps, votre majesté, contre sa coutume, a toujours dormi d'un profond sommeil jusqu'à présent qu'il est jour. Ainsi, que votre majesté se mette donc en état de faire sa prière, car il en est temps. »

« Bon, bon, reprit Abou Hassan en branlant la tête, vous m'en feriez bien accroire. Apprenez que, depuis que je vous ai vues, je suis allé chez moi, que j'y ai fort maltraité ma mère; qu'on m'a mené à l'hôpital des fous, où je suis resté plus de trois semaines, pendant lesquelles le concierge n'a pas manqué de me régaler chaque jour de cinquante coups de nerf de bœuf. Et vous voudriez que tout cela ne fût qu'un songe! Vous vous moquez. — Commandeur des croyants, repartit *Étoile du matin*, nous sommes toutes prêtes de jurer, par tout ce que votre majesté a de plus cher, que tout ce qu'elle nous dit n'est qu'un songe. Elle n'est pas sortie de ce salon depuis hier, et elle n'a pas cessé de dormir toute la nuit jusqu'à présent. » La confiance avec laquelle cette dame assurait à Abou Hassan que tout ce qu'elle lui disait était véritable le mit encore une fois dans un état à ne savoir que croire de ce qu'il était et de ce qu'il voyait. « O ciel! disait-il en lui-même, suis-je Abou Hassan? suis-je commandeur des croyants? Dieu tout-puissant, éclairez mon entendement; faites-moi connaître la vérité, afin que je sache à quoi m'en tenir. » Il découvrit ensuite ses épaules encore toutes livides des coups qu'il avait reçus, et, en les montrant aux dames : « Voyez, leur dit-il, et jugez si de pareilles blessures peuvent venir en songe ou en dormant. A mon égard, je puis vous assurer qu'elles ont été réelles, et la douleur que j'en ressens encore m'en est un sûr garant. » Dans l'incertitude où était Abou Hassan de son état, il appela un des officiers du calife. « Approchez-vous, dit-il, et mordez-moi le bout de l'oreille, que je juge si je dors ou si je veille. » L'officier s'approcha, lui mordit le bout de l'oreille entre les dents, et le serra si fort qu'Abou Hassan fit un cri effroyable. A ce cri, tous les instruments de musique jouèrent en même temps, et les dames et les officiers se mirent à danser et à chanter avec un si grand bruit qu'il entra dans une espèce d'enthousiasme qui lui fit faire mille folies. Il se leva brusquement, nu en chemise et en caleçon, il se jeta entre deux dames qu'il prit par la main, et se mit à danser et à sauter avec tant d'action, de mouvement et de contorsions bouffonnes et divertissantes, que le calife ne put plus se contenir dans l'endroit où il était. La plaisanterie subite d'Abou Hassan le fit rire avec tant d'éclat qu'il se laissa aller à la renverse, et se fit entendre par dessus tout le bruit des instruments et des tambours de basque. Il fut si longtemps sans pouvoir se retenir que peu s'en fallut qu'il ne s'en trouvât incommodé. Enfin, il se releva et il ouvrit la jalousie. Alors, en avançant la tête et en riant toujours : « Abou Hassan, Abou Hassan, s'écria-t-il, veux-tu donc me faire mourir à force de rire? »

» A la voix du calife, tout le monde se tut, et le bruit cessa. Abou Hassan s'arrêta comme les autres, et, tournant la tête, il reconnut le calife, et en même temps le marchand de Moussoul. Il ne se déconcerta pas pour cela; au contraire, il comprit dans le moment qu'il était bien éveillé, et que tout ce qui lui était arrivé était très-réel. Il entra dans la plaisanterie et dans l'intention du calife. « Ah! ah! s'écria-t-il en le regardant avec assurance, vous voilà donc, marchand de Moussoul? Quoi! vous vous plaignez que je vous fais mourir, vous qui êtes cause des mauvais traitements que j'ai faits à ma mère, et de ceux que j'ai reçus pendant un si long temps à l'hôpital des fous; vous qui avez si fort maltraité l'iman de la mosquée de mon quartier et les quatre scheiks mes voisins, car ce n'est pas moi, je m'en lave les mains. Enfin, n'est-ce pas vous qui êtes l'agresseur et ne suis-je pas l'offensé? — Tu as raison, Abou Hassan, répondit le calife en continuant à rire; mais, pour te consoler et te dédommager de tes peines, je suis prêt à te faire, à ton choix, telle réparation que tu voudras m'imposer. » En achevant ces paroles, le calife entra dans le salon. Il se fit apporter un de ses plus beaux habits, et commanda aux dames d'en revêtir Abou Hassan. Quand elles l'eurent habillé : « Tu es mon frère, lui dit le calife en l'embrassant; demande-moi tout ce qui peut te faire plaisir, je te l'accorderai. — Commandeur des croyants, reprit Abou Hassan, je supplie votre majesté de me faire la grâce de m'apprendre ce qu'elle a fait pour me démonter ainsi le cerveau, et quel a été son dessein, cela m'importe plus que tout autre chose, pour remettre mon esprit dans son assiette ordinaire. » Le calife voulut bien donner cette satisfaction à Abou Hassan, et il prit la peine de lui raconter tout ce qui s'était passé, ce dont le lecteur est instruit. « Tu m'as raconté toi-même, dit le calife en terminant, tout ce qui t'est arrivé le lendemain et les jours suivants. Je ne m'étais pas imaginé que tu dusses souffrir autant que tu as souffert en cette occasion; mais, comme je m'y suis engagé envers toi, je ferai toutes choses pour te consoler, et te donner lieu d'oublier tous tes maux. Vois donc ce que je puis faire pour te faire plaisir, et demande-moi ce que tu souhaites. »

« Commandeur des croyants, reprit Abou Hassan, quelque grands que soient les maux que j'ai soufferts, il sont effacés de ma mémoire du moment que j'apprends qu'ils me sont venus de la part de mon souverain seigneur et maître. A l'égard de la générosité dont votre majesté s'offre de me faire sentir les effets avec tant de bonté, je ne doute nullement de sa parole irrévocable ; mais, comme l'intérêt n'a jamais eu d'empire sur moi, puisqu'elle me donne cette liberté, la grâce que j'ose lui demander, c'est de me donner assez d'accès près de sa personne pour avoir le bonheur d'être toute ma vie l'admirateur de sa grandeur. »

» Ce dernier témoignage de désintéressement d'Abou Hassan acheva de lui mériter toute l'estime du calife. « Je te sais bon gré de ta demande, lui dit le calife ; je te l'accorde, avec l'entrée dans mon palais à toute heure et en quelque endroit que je me trouve. » En même temps, il lui assigna un logement dans le palais, et lui fit donner une bourse de mille pièces d'or. Abou Hassan fit de profonds remerciements au calife, qui le quitta pour aller tenir conseil.

» La nouvelle de l'histoire d'Abou Hassan ne tarda guère à se répandre dans toute la ville de Bagdad. Comme Abou Hassan était naturellement de bonne humeur et qu'il faisait naître la joie partout où il se trouvait par ses bons mots et par ses plaisanteries, le calife ne pouvait guère se passer de lui, et il ne faisait aucune partie de divertissement sans l'y appeler ; il le menait même quelquefois chez Zobéide, son épouse, à qui il avait raconté son histoire, qui l'avait extrêmement divertie. Zobéide le goûtait assez ; mais elle remarqua que, toutes les fois qu'il accompagnait le calife chez elle, il avait toujours les yeux sur une de ses esclaves appelée Nouzhatoul-Aouadat ; c'est pourquoi elle résolut d'en avertir le calife. « Commandeur des croyants, lui dit un jour la princesse, vous ne remarquez peut-être pas que, toutes les fois qu'Abou Hassan vous accompagne ici, il ne cesse d'avoir les yeux sur Nouzhatoul-Aouadat, et qu'il ne manque jamais de la faire rougir. Vous ne doutez pas que ce ne soit une marque certaine qu'elle ne le hait pas : c'est pourquoi, si vous m'en croyez, nous ferons un mariage de l'un et de l'autre. — Madame, reprit le calife, vous me faites souvenir que je lui avais promis de lui donner une femme dont il aurait tout sujet d'être content. Je suis bien aise que vous m'en ayez parlé, mais il vaut mieux qu'Abou Hassan ait suivi son inclination. D'ailleurs, puisque Nouzhatoul-Aouadat ne s'en éloigne pas, nous ne devons point hésiter sur ce mariage. Les voilà l'un et l'autre, ils n'ont qu'à déclarer s'ils y consentent. » Abou Hassan se jeta aux pieds du calife et de Zobéide. « Je ne puis, dit-il en se relevant, recevoir une épouse de meilleures mains ; mais je n'ose espérer que Nouzhatoul-Aouadat veuille me donner la sienne. » En achevant ces paroles, il regarda l'esclave de la princesse, qui témoigna assez, par la rougeur qui lui montait au visage, qu'elle était toute disposée à suivre la volonté du calife et de Zobéide.

» Le mariage se fit, et les noces furent célébrées dans le palais. »

La sultane Scheherazade, en achevant l'histoire d'Abou Hassan, avait promis au sultan Schariar de lui en conter une autre, le lendemain, qui ne le divertirait pas moins. Le sultan lui avait témoigné qu'il était prêt à l'entendre, aussi Scheherazade, sans se faire attendre, lui raconta l'histoire suivante en ces termes :

HISTOIRE D'ALADDIN, OU LA LAMPE MERVEILLEUSE.

« Sire, dans la capitale du royaume de la Chine, il y avait un tailleur nommé Mustafa ; il était fort pauvre, et son travail lui produisait à peine de quoi le faire subsister lui et sa femme, et un fils que dieu leur avait donné. Le fils, qui se nommait Aladdin, avait contracté des inclinations vicieuses. Sitôt qu'il fut un peu grand, ses parents ne le purent retenir à la maison ; il sortait dès le matin, et il passait les journées à jouer dans les rues et dans les places publiques avec des petits vagabonds. Dès qu'il fut en âge d'apprendre un métier, son père le prit en sa boutique, et commença à lui montrer de quelle manière il devait manier l'aiguille ; mais ni par la douceur, ni par la crainte, il ne fut pas possible au père de fixer l'esprit volage de son fils ; il ne put le contraindre à demeurer assidu au travail. Sitôt que Mustafa avait le dos tourné, Aladdin s'échappait, et il ne revenait plus de tout le jour. Le père le châtiait, mais Aladdin était incorrigible, et, à son grand regret, Mustafa fut obligé de l'abandonner à son libertinage.

Cela lui fit tant de peine qu'il en mourut au bout de quelques mois.

» La mère d'Aladdin, qui vit que son fils ne voulait pas apprendre le métier de son père, ferma la boutique, et fit de l'argent de tous les ustensiles de son métier, pour l'aider à subsister, elle et son fils, avec le peu qu'elle pourrait gagner à filer du coton. Aladdin, qui n'était plus retenu par la crainte d'un père, s'abandonna alors à un plein libertinage. Il continua ce train de vie jusqu'à l'âge de quinze ans, sans faire réflexion à ce qu'il pourrait devenir un jour. Il était dans cette situation, lorsqu'un jour qu'il jouait au milieu d'une place avec une troupe de vagabonds, selon sa coutume, un étranger, qui passait par cette place, s'arrêta à le regarder. Cet étranger était un magicien africain qui n'était arrivé que depuis deux jours. Soit que ce magicien, qui se connaissait en physionomie, eût remarqué dans le visage d'Aladdin tout ce qui était nécessaire pour l'exécution de ce qui avait fait le sujet de son voyage, ou autrement, il s'informa de sa famille et de ce qu'il était. Quand il fut instruit de tout ce qu'il souhaitait, il s'approcha du jeune homme, et en le tirant à part à quelques pas de ses camarades : « Mon fils, lui demanda-t-il, votre père ne s'appelle-t-il pas Mustafa le tailleur ? — Oui, monsieur, répondit Aladdin ; mais il y a longtemps qu'il est mort. » A ces paroles, le magicien africain se jeta au cou d'Aladdin, l'embrassa, les larmes aux yeux. Aladdin, étonné, lui demanda quel sujet il avait de pleurer. « Ah ! mon fils, s'écria le magicien, comment pourrais-je m'en empêcher ? Je suis votre oncle, et votre père était mon bon frère. Il y a plusieurs années que je suis en voyage ; et dans le moment que j'arrive ici, avec l'espérance de le revoir, vous m'apprenez qu'il est mort ! Je vous assure que c'est une douleur bien sensible pour moi. » Le magicien lui donna en même temps une poignée de menue monnaie en lui disant : « Mon fils, allez trouver votre mère ; faites-lui bien mes compliments, et dites-lui que j'irai la voir demain, pour me donner la consolation de voir le lieu où mon bon frère a vécu si longtemps et où il a fini ses jours. » Dès que le magicien africain eut laissé le neveu qu'il venait de se faire lui-même, Aladdin courut chez sa mère, bien joyeux de l'argent que son oncle venait de lui donner. « Ma mère, lui dit-il en arrivant, je vous prie de me dire si j'ai un oncle. — Non, mon fils, lui répondit la mère, vous n'avez point d'oncle du côté de feu votre père ni du mien. — Je viens cependant, reprit Aladdin, de voir mon oncle du côté de mon père, puisqu'il était son frère, à ce qu'il m'a assuré ; il s'est même mis à pleurer quand je lui ai dit que mon père était mort. Et pour marque que je dis la vérité, ajouta-t-il en lui montrant la monnaie qu'il avait reçue, voilà ce qu'il m'a donné. Il m'a aussi chargé de vous saluer de sa part, et de vous dire que demain il viendra vous saluer. — Mon fils, repartit la mère, il est vrai que votre père avait un frère, mais il y a longtemps qu'il est mort, et je ne lui ai jamais entendu dire qu'il en eût eu un autre. » La conversation en resta là touchant le magicien africain.

» Le lendemain, le magicien africain aborda Aladdin, et, en lui mettant deux pièces d'or dans la main, il lui dit : « Mon fils, portez cela à votre mère, et dites-lui que j'irai la voir ce soir, et qu'elle achète de quoi souper, afin que nous mangions ensemble. Mais, auparavant, enseignez-moi où je trouverai la maison. » Il la lui enseigna, et le magicien africain le laissa aller. Aladdin porta les deux pièces d'or à sa mère ; et dès qu'il eut dit quelle était l'intention qu'avait son oncle, elle sortit chercher de bonnes provisions. Elle employa toute la journée à préparer le souper, et, sur le soir, dès que tout fut prêt, elle dit à Aladdin : « Mon fils, votre oncle ne sait peut-être pas où est notre maison ; allez au devant de lui et l'amenez si vous le voyez. » Aladdin était prêt à sortir quand on frappa à la porte. Il ouvrit, et reconnut le magicien, qui entra chargé de bouteilles de vin et de plusieurs sortes de fruits qu'il apportait pour le souper. Après qu'il eut mis ce qu'il apportait entre les mains d'Aladdin, il salua sa mère, et il la pria de lui donner la place que son frère Mustafa avait coutume d'occuper. Elle la lui montra. Quand il se fut assis, il commença de s'entretenir avec la mère d'Aladdin. « Ma bonne sœur, lui disait-il, ne vous étonnez point de ne m'avoir pas vu tout le temps que vous avez été mariée avec mon frère Mustafa ; il y a quarante ans que je suis sorti de ce pays, qui est le mien. Je ne vous dis rien de toutes les fatigues que j'ai souffertes pour arriver jusqu'ici; je vous dirai seulement que rien ne m'a affligé autant que la mort d'un frère que j'avais toujours aimé. » Le magicien africain, qui s'aperçut que la mère d'Aladdin s'attendrissait sur le souvenir de son mari, changea de discours; et en se retournant du côté d'Aladdin, il lui demanda son nom. « Je m'appelle Aladdin, lui dit-il. — Eh bien, reprit le magicien, à quoi vous occupez-vous? savez-vous quelque métier? » A cette demande, Aladdin baissa les yeux et fut déconcerté; mais sa mère, en prenant la parole: « Aladdin, dit-elle, est un fainéant; son père a fait tout son possible, pendant qu'il vivait, pour lui apprendre son métier, et il n'a pu en venir à bout; et depuis qu'il est mort, nonobstant tout ce que j'ai pu lui dire et ce que je lui répète chaque jour, il ne fait que le vagabond; il sait que son père ne lui a laissé aucun bien, et il voit lui-même qu'à filer du coton pendant tout le jour, comme je fais, j'ai bien de la peine à gagner de quoi nous avoir du pain. Pour moi, je suis résolue à lui fermer la porte un de ces jours et à l'envoyer en chercher ailleurs. » Après que la mère d'Aladdin eut achevé ces paroles en fondant en larmes, le magicien africain dit à Aladdin: « Cela n'est pas bien, mon neveu; il faut songer à gagner votre vie. Il y a des métiers de plusieurs sortes; peut-être que celui de votre père vous déplait, et que vous vous accommoderiez mieux d'un autre; ne dissimulez point ici vos sentiments, je ne cherche qu'à vous aider. Si vous avez de la répugnance pour apprendre un métier et que vous vouliez être honnête homme, je vous lèverai une boutique garnie de riches étoffes, et vous vous mettrez en état de les vendre; et de l'argent que vous en ferez, vous achèterez d'autres marchandises. »

» Cette offre flatta fort Aladdin, à qui le travail manuel déplaisait. Il marqua au magicien africain que son penchant était plutôt de ce côté là que d'un autre, et qu'il lui serait obligé toute sa vie du bien qu'il lui voulait faire. « Puisque cette profession vous agrée, reprit le magicien, je vous ferai habiller conformément à l'état d'un des plus gros marchands de cette ville, et après demain nous songerons à vous lever une boutique de la manière que je l'entends. » La mère d'Aladdin remercia le magicien de ses bonnes intentions, et, après avoir exhorté Aladdin à se rendre digne de tous les biens que son oncle lui faisait espérer, elle servit le souper. La conversation roula sur le même sujet pendant tout le repas et jusqu'à ce que le magicien prit congé de la mère et du fils. Le lendemain matin, le magicien africain ne manqua pas de revenir chez la veuve. Il prit Aladdin avec lui, et il le mena chez un gros marchand qui vendait des habits tout faits. Il s'en fit montrer de convenables; après avoir mis à part tous ceux qui lui plaisaient davantage, il dit à Aladdin: « Mon neveu, choisissez dans tous ces habits celui que vous aimez le mieux. » Aladdin en choisit un; le magicien l'acheta avec tout ce qui devait l'accompagner, et paya le tout sans marchander.

» Aladdin voulut alors prendre congé de son oncle pour reprendre le chemin de sa maison; mais le magicien africain ne voulut pas le laisser aller seul, et le reconduisit lui-même chez sa mère. Dès qu'elle eut aperçu son fils si bien habillé, elle fut transportée de joie. « Généreux parent, lui dit-elle, je ne sais comment vous remercier de votre libéralité. En mon particulier, je vous souhaite une vie assez longue pour être témoin de la reconnaissance de mon fils, qui ne peut mieux vous la témoigner qu'en se gouvernant selon vos bons conseils. — Aladdin, reprit le magicien africain, m'écoute assez, et je crois que nous en ferons quelque chose de bon. Je suis fâché que ce soit demain jour de vendredi; les boutiques seront fermées, il n'y aura pas lieu de songer à en louer une et à la garnir; ainsi, nous remettrons l'affaire à samedi: mais je viendrai demain le prendre, et je le mènerai dans les jardins où le beau monde a coutume de se trouver.

» Aladdin se leva et s'habilla le lendemain, de grand matin, pour être prêt à partir quand son oncle viendrait le prendre. Dès qu'il l'aperçut, il en avertit sa mère, et, en prenant congé d'elle, il ferma la porte et courut à lui pour le joindre. Le magicien fit beaucoup de caresses à Aladdin. « Allons, mon cher enfant, lui dit-il d'un air riant, je veux vous faire voir aujourd'hui de belles choses. » Il le mena par une porte qui conduisait à des palais magnifiques qui avaient chacun de très-beaux jardins dont les entrées étaient libres. Insensiblement, le magicien africain mena Aladdin assez loin au delà des jardins, et le fit traverser des campagnes qui le conduisirent entre deux montagnes d'une hauteur médiocre et à peu près égales, séparées par un vallon de très-peu de largeur. C'était à cet endroit que le magicien africain avait voulu amener Aladdin pour l'exécution de son dessein. « Nous n'allons pas plus loin, dit-il à Aladdin; je veux vous faire voir ici des choses extraordinaires et inconnues à tous les mortels; pendant que je vais battre le fusil, amassez les broussailles les plus sèches, afin d'allumer du feu. Aladdin en eut bientôt fait un grand amas. Il y mit le feu; et dans le moment qu'elles s'enflammèrent, le magicien africain y jeta d'un parfum qu'il avait tout prêt. Il s'éleva une fumée fort épaisse, qu'il détourna de côté et d'autre en prononçant des paroles magiques auxquelles Aladdin ne comprit rien.

» Dans le même moment, la terre trembla un peu, s'ouvrit devant le magicien et Aladdin, et fit voir à découvert une pierre d'un pied et demi en carré, posée horizontalement, avec un anneau scellé dans le milieu, pour servir à la lever. Aladdin, effrayé de tout ce qui se passait à ses yeux, eut peur, et il voulut prendre la fuite. Mais il était nécessaire à ce mystère, et le magicien le retint et le gronda fort en lui donnant un soufflet. « Mon oncle, s'écria Aladdin en pleurant, qu'ai-je donc fait pour que vous me frappiez si rudement? — J'ai mes raisons pour le faire, lui répondit le magicien. Je suis votre oncle, qui vous tiens présentement lieu de père, et vous ne devez pas me répliquer. Mais, ajouta-t-il, ne craignez rien; je ne demande autre chose que vous m'obéissiez exactement. Vous avez vu, continua-t-il, ce que j'ai fait par la vertu de mon parfum et des paroles que j'ai prononcées. Apprenez donc que, sous cette pierre que vous voyez, il y a un trésor caché qui vous est destiné. Pour cela, il faut que vous exécutiez de point en point ce que je vous dirai, sans y manquer. » Aladdin, dans l'étonnement de ce qu'il venait d'entendre dire au magicien, de ce trésor qui devait le rendre heureux à jamais, oublia tout ce qui s'était passé. « Eh bien ! mon oncle, dit-il au magicien en se levant, de quoi s'agit-il? Commandez, je suis tout prêt à obéir. — Je suis ravi, lui dit le magicien, que vous ayez pris ce parti; approchez-vous, prenez cet anneau, et levez la pierre. — Mais, mon oncle, reprit Aladdin, je ne suis pas assez fort pour la lever, il faut que vous m'aidiez. — Non, repartit le magicien, nous ne ferions rien, vous et moi, si je vous aidais, il faut que vous la leviez tout seul. Prononcez seulement le nom de votre père et de votre grand-père en tenant l'anneau, et levez, vous verrez qu'elle viendra à vous sans peine. » Aladdin fit comme le magicien lui avait dit; il leva la pierre avec facilité, et il la posa à côté. Quand la pierre fut ôtée, un caveau de trois à quatre pieds de profondeur se fit voir, avec une petite porte et des degrés pour descendre. « Mon fils, dit alors le magicien à Aladdin, descendez dans ce caveau; quand vous en serez au bas, vous trouverez une porte ouverte qui vous conduira dans un grand lieu voûté et partagé en trois grandes salles. Avant d'entrer dans la première salle, levez votre robe et serrez-la bien autour de vous. Quand vous y serez entré, passez à la seconde sans vous arrêter, et de là à la troisième. Au bout de la troisième salle, il y a une porte qui vous donnera entrée dans un jardin planté de beaux arbres, tous chargés de fruits; traversez ce jardin par un chemin qui vous mènera sur une terrasse. Quand vous serez sur la terrasse, vous verrez devant vous une niche, et dans la niche une lampe allumée. Prenez la lampe, éteignez-la, et quand vous aurez jeté votre lumignon et versé la liqueur, mettez-la dans votre sein et apportez-la moi. »

» En achevant ces paroles, le magicien tira un anneau qu'il avait au doigt, et le mit à celui d'Aladdin en lui disant que c'était un préservatif contre tout ce qui pourrait lui arriver de mal, en observant bien tout ce qu'il venait de lui prescrire. « Allez, mon enfant, lui dit-il, descendez hardiment; nous allons être riches l'un et l'autre pour notre vie. »

» Aladdin sauta légèrement dans le caveau, et il descendit jusqu'au bas des degrés : il trouva les trois salles dont le magicien africain lui avait fait la description. Il passa au travers, traversa le jardin sans s'arrêter, prit la lampe allumée dans la niche, jeta le lumignon et la liqueur, et il la mit dans son sein; il descendit de la terrasse, et il s'arrêta dans le jardin à en considérer les fruits qu'il n'avait vus qu'en passant. Les arbres de ce jardin étaient chargés de fruits extraordinaires, et ces fruits étaient d'une grosseur et d'une perfection telle qu'on n'avait rien vu de pareil dans le monde. Aladdin en remplit ses poches, et il remonta par où il était descendu, et se présenta à l'entrée du caveau, où le magicien l'attendait avec impatience. Aussitôt qu'Aladdin l'aperçut : « Mon oncle, lui dit-il, je vous prie de me donner la main pour m'aider à monter. » Le magicien africain lui dit : « Mon fils, donnez-moi la lampe auparavant; elle pourrait vous embarrasser. — Pardonnez-moi, mon oncle, reprit Aladdin, elle ne m'embarrasse pas, je vous la donnerai dès que je serai monté. » Le magicien s'opiniâtra à vouloir qu'Aladdin lui remît la lampe avant de le tirer du caveau, et Aladdin, qui avait embarrassé cette lampe avec les fruits, refusa absolument de la donner qu'il ne fût hors du caveau. Alors le magicien africain, au désespoir de sa résistance, entra dans une furie épouvantable; il jeta de son parfum sur le feu qu'il avait eu soin d'entretenir, et à peine eut-il prononcé deux paroles magiques, que la pierre qui servait à fermer l'entrée du caveau se remit à sa place, avec la terre par-dessus, au même état qu'elle était à l'arrivée du magicien et d'Aladdin.

» L'Afrique est le pays où l'on est plus entêté de la magie que partout ailleurs. Le magicien s'y était appliqué dès sa jeunesse, et, après quarante années d'enchantements, de géomancie et de lecture de livres de magie, il était enfin parvenu à découvrir qu'il y avait dans le monde une lampe merveilleuse dont la possession le rendrait plus puissant qu'aucun monarque de l'univers. Par une dernière opération de géomancie, il avait connu que cette lampe était dans un lieu souterrain au milieu de la Chine, à l'endroit que nous venons de voir. Bien persuadé de la vérité de cette découverte, il était parti de l'Afrique et était arrivé à la ville qui était si voisine du trésor. Mais, quoique la lampe fût dans le lieu dont il avait connaissance, il ne lui était pas permis de l'enlever lui-même, il fallait qu'un autre l'allât prendre et la lui mît entre les mains. C'est pourquoi il s'était adressé à Aladdin, bien résolu, dès qu'il aurait la lampe, de prononcer les paroles magiques qui devaient faire l'effet que nous avons vu, et sacrifier le pauvre Aladdin à son avarice et à sa méchanceté. Quand il vit ses grandes espérances échouées, il n'eut pas d'autre parti à prendre que celui de retourner en Afrique : c'est ce qu'il fit dès le même jour.

» Selon toutes les apparences, on ne devait plus entendre parler d'Aladdin; mais celui-là même qui avait cru le perdre n'avait pas fait attention qu'il lui avait mis au doigt un anneau qui devait servir à le sauver. Aladdin, qui ne s'attendait pas à la méchanceté de son faux oncle, fut dans un étonnement qu'il est aisé d'imaginer quand il se vit enterré tout vif; il appela mille fois son oncle, en criant qu'il était prêt à lui donner la lampe; mais ses cris ne pouvaient plus être entendus : ainsi il demeura dans l'obscurité. Enfin, après avoir donné quelque relâche à ses larmes, il descendit jusqu'au bas du caveau pour aller chercher la lumière dans le jardin où il avait déjà passé; mais le mur, qui s'était ouvert par enchantement, s'était refermé par un autre enchantement. Il tâtonne devant lui à droite et à gauche, et ne trouve plus de porte; il redouble ses cris et ses pleurs, et il s'asseoit sur les degrés du caveau, avec la triste certitude de passer des ténèbres à une mort prochaine. Aladdin demeura deux jours sans manger et sans boire; le troisième jour, enfin, en regardant la mort comme inévitable, il éleva les mains en les joignant, et avec une résignation entière à la volonté de dieu, il s'écria : « *Il n'y a de force et de puissance qu'en dieu le haut, le grand.* »

» Dans cette action, il frotta, sans y penser, l'anneau que le magicien africain lui avait mis au doigt. Aussitôt un génie d'une figure énorme et d'un regard épouvantable s'éleva devant lui comme de dessous terre et dit à Aladdin ces paroles : « *Que me veux-tu? me voici prêt à t'obéir comme ton esclave, et l'esclave de tous ceux qui ont l'anneau au doigt.* » En toute autre occasion, Aladdin, qui n'était pas accoutumé à de pareilles visions, eût pu être saisi de frayeur, mais, occupé uniquement du danger présent où il était, il répondit sans hésiter : « Qui que tu sois, fais-moi sortir de ce lieu si tu en as le pouvoir. » A peine eut-il prononcé ces paroles que la terre s'ouvrit et qu'il se trouva hors du caveau et à l'endroit justement où le magicien l'avait amené. Aladdin fut fort surpris de ne pas voir d'ouverture sur la terre; il n'y eut que la place où les broussailles avaient été allumées qui lui fit reconnaître à peu près où était le caveau. Ensuite, en se tournant du côté de la ville, il aperçut le chemin par où le magicien africain l'avait amené. Il le reprit, en rendant grâce à dieu de se voir au monde. Il arriva jusqu'à la ville, et se traîna chez lui avec bien de la peine. Sa mère, qui l'avait déjà pleuré comme perdu, en le voyant en cet état, n'oublia aucun soin pour le soulager. « Ma mère, dit-il, avant toute chose, je vous prie de me donner à manger; il y a trois jours que je n'ai pris quoi que ce soit. » Sa mère lui apporta ce qu'elle avait. « Mon fils, lui dit-elle, je suis toute consolée de vous revoir après l'affliction où je me suis trouvée depuis vendredi, dès que j'eus vu qu'il était nuit et que vous n'étiez pas revenu à la maison. » Aladdin mangea peu à peu, et il but à proportion. Quand il eut achevé, il raconta à sa mère tout ce qui lui était arrivé avec le magicien. Il n'omit aucune circonstance de tout ce qu'il avait vu en passant dans les trois salles, dans le jardin et sur la terrasse où il avait pris la lampe merveilleuse, qu'il montra à sa mère en la retirant de son sein, aussi bien que les fruits de différentes couleurs qu'il avait cueillis dans le jardin, auxquels il joignit deux bourses pleines qu'il donna à sa mère, et dont elle fit peu de cas. Ces fruits étaient cependant des pierres précieuses : l'éclat, brillant comme le soleil, qu'ils rendaient à la faveur d'une lampe qui éclairait la chambre, devait faire juger de leur grand prix : mais la mère d'Aladdin n'avait pas plus de connaissance que son fils, ce qui fit qu'Aladdin les mit derrière un des coussins du sofa sur lequel il était assis. Il acheva le récit de son aventure en lui représentant l'état malheureux où il s'était trouvé lorsqu'il s'était vu enterrer tout vivant dans le fatal tombeau jusqu'au moment qu'il en était sorti, et que, pour ainsi dire, il était revenu au monde par l'attouchement de son anneau, dont il ne connaissait pas encore la vertu.

« Aladdin dormit toute la nuit d'un profond sommeil, et il ne se réveilla le lendemain que fort tard. Il se leva, et la première chose qu'il dit à sa mère, ce fut qu'il avait besoin de manger. « Hélas! mon fils, je n'ai pas un morceau de pain à vous donner; vous mangeâtes hier le peu de provisions qu'il y avait dans la maison : mais je ne serai pas longtemps à vous en apporter. J'ai un peu de fil de coton de mon travail; je vais le vendre, afin de vous acheter du pain et quelque chose pour notre dîner. — Ma mère, reprit Aladdin, réservez votre fil de coton pour une autre fois, et donnez-moi la lampe que j'ai apportée hier : j'irai la vendre, et l'argent que j'en aurai servira à nous avoir de quoi déjeuner et dîner, et peut-être de quoi souper. »

» La mère d'Aladdin prit la lampe où elle l'avait mise. « La voilà, dit-elle à son fils, mais elle est bien sale; pour peu qu'elle soit nettoyée, je crois qu'elle en vaudra davantage. » Elle prit de l'eau et un peu de sable fin pour la nettoyer; mais, à peine eut-elle commencé à frotter cette lampe, qu'en un instant un génie hideux et d'une grandeur gigantesque s'éleva devant elle et lui dit d'une voix tonnante : « *Que veux-tu? me voici prêt à t'obéir comme ton esclave, et de tous ceux qui ont la lampe à la main, moi avec les autres esclaves de la lampe!* »

« La mère d'Aladdin n'était pas en état de répondre; sa vue n'avait pu soutenir la figure hideuse du génie, et sa frayeur avait été si grande, dès les premières paroles qu'il avait prononcées, qu'elle était tombée évanouie.

» Aladdin, qui avait déjà eu une apparition semblable dans le caveau, se saisit promptement de la lampe, et il répondit d'un ton ferme : « J'ai faim; apporte-moi de quoi manger. » Le génie disparut, et un instant après il revint chargé d'un grand bassin d'argent qu'il portait sur sa tête, avec douze plats couverts de même métal pleins d'excellents mets arrangés dessus, avec six grands pains blancs comme neige sur les plats, deux bouteilles de vin exquis, et deux tasses d'argent à la main. Il posa le tout sur un sofa, et aussitôt il disparut. Cela se fit en si peu de temps que la mère d'Aladdin n'était pas revenue de son évanouissement quand le génie disparut pour la seconde fois. Aladdin, qui avait déjà commencé de lui jeter de l'eau sur le visage sans effet, se mit en devoir de recommencer pour la faire revenir; mais, soit que les esprits qui étaient dissipés se fussent enfin réunis, ou que l'odeur des mets que le génie venait d'apporter y eût contribué, elle revint dans le moment. « Ma mère, lui dit Aladdin, cela n'est rien; levez-vous et venez manger : voici de quoi vous remettre le cœur. Ne laissons pas refroidir de si bons mets, et mangeons. » La mère d'Aladdin fut extrêmement surprise quand elle sentit l'odeur délicieuse qui s'exhalait de ces plats. « Mon fils, demanda-t-elle à Aladdin, d'où nous vient cette abondance et à qui en sommes-nous redevables? — Ma mère, reprit Aladdin, mettons-nous à table et mangeons; vous en avez besoin aussi bien que moi. Je vous dirai ce que vous me demandez quand nous aurons déjeuné. » Ils se mirent à table, et ils mangèrent avec d'autant plus d'appétit que la mère et le fils ne s'étaient jamais trouvés à une table si bien fournie. Aladdin et sa mère, qui ne croyaient faire qu'un simple déjeuner, se trouvaient encore à table à l'heure du dîner, des mets si excellents les ayant mis en appétit.

» La mère d'Aladdin desservit et vint s'asseoir sur le sofa auprès de son fils. « Aladdin, lui dit-elle, j'attends que vous satisfassiez à l'impatience où je suis d'entendre le récit que vous m'avez promis. » Aladdin lui raconta exactement tout ce qui s'était passé entre le génie et lui pendant son évanouissement.

» Le lendemain, au soir, après le souper, il ne resta rien de la bonne provision que le génie avait apportée. Le jour suivant, Aladdin, qui ne voulait pas attendre que la faim le pressât, prit un des plats d'argent sous sa robe, et sortit le matin pour l'aller vendre. Il s'adressa à un juif, et, en lui montrant le plat, il lui demanda s'il voulait l'acheter. Le juif, rusé et adroit, prend le plat, l'examine, et il n'eut pas plus tôt connu qu'il était de bon argent qu'il demanda à Aladdin combien il l'estimait. Aladdin, qui n'en connaissait pas la valeur, se contenta de lui dire qu'il savait bien lui-même ce que ce plat pouvait valoir et qu'il s'en rapportait à sa bonne foi. Le juif se trouva embarrassé de l'ingénuité d'Aladdin. Dans l'incertitude où il était de savoir si Aladdin en connaissait la valeur, il tira de sa poche une pièce d'or qui ne faisait au plus que la soixante-douzième partie de la valeur du plat, et il la lui présenta. Aladdin prit la pièce avec un grand empressement. En s'en retournant chez sa mère, il s'arrêta à la boutique d'un boulanger, chez qui il fit la provision de pain, et qu'il paya sur sa pièce d'or. En arrivant, il donna le reste à sa mère, qui alla au marché acheter les provisions nécessaires pour vivre tous les deux pendant quelques jours. Ils continuèrent ainsi à vivre de ménage; c'est-à-dire qu'Aladdin vendit tous les plats au juif l'un après l'autre, jusqu'au douxième, de la même manière qu'il avait fait le premier. Quand l'argent du dernier plat fut dépensé, Aladdin eut recours au bassin, qui pesait dix fois autant que chaque plat. Il alla chercher le juif, qu'il amena chez sa mère, et le juif, après avoir examiné le poids du bassin, lui compta sur-le-champ dix pièces d'or, dont Aladdin se contenta.

» Quand il ne resta plus rien des dix pièces d'or, Aladdin eut recours à la lampe; il la prit, chercha l'endroit que sa mère avait touché, et le reconnut à l'impression que le sable y avait laissée, il la frotta comme elle avait fait, et aussitôt le génie, qui s'était déjà fait voir, se présenta devant lui. « *Que veux-tu?* lui dit-il dans les mêmes termes qu'auparavant; *me voici prêt à t'obéir comme ton esclave, et celui de tous ceux qui ont la lampe à la main, moi et les autres esclaves de la lampe comme moi!* »

» Aladdin lui dit : « J'ai faim, apporte-moi de quoi manger. » Le génie disparut, et, peu de temps après, il reparut, chargé d'un service de table pareil à celui qu'il avait apporté la première fois; il le posa sur le sofa, et dans le moment il disparut. Aladdin et sa mère se mirent à table, et, après le repas, il leur resta de quoi vivre les deux jours suivants.

» Dans cet intervalle, Aladdin, qui ne fréquentait plus depuis longtemps les enfants de son âge, se trouvait, au contraire, avec beaucoup d'assiduité au rendez-vous des personnes de distinction dans les boutiques des plus gros marchands. Ce fut particulièrement chez les joailliers qu'il apprit que les fruits transparents qu'il avait cueillis dans le jardin où il avait été prendre la lampe étaient des pierres de grand prix. A force de voir vendre et acheter de toutes sortes de pierreries, il en apprit la valeur, et comme il n'en voyait pas de pareilles aux siennes, ni en beauté ni en grosseur, il comprit qu'il possédait un trésor

estimable. Il eut la prudence de n'en parler personne, pas même à sa mère.

» Un jour, en se promenant dans un quar- r de la ville, Aladdin entendit publier à ute voix un ordre du sultan de fermer les outiques et les portes des maisons, et de se nfermer chacun chez soi, jusqu'à ce que la incesse Badroulboudour, fille du sultan, fût assée pour aller au bain et qu'elle en fût re- enue. Ce cri public fit naître à Aladdin la cu- osité de voir la princesse au découvert. Pour satisfaire, il s'avisa d'un moyen qui lui ussit : il alla se placer derrière la porte du ain, qui était disposée de manière qu'il ne ouvait manquer de la voir venir en face. laddin n'attendit pas longtemps : la princesse arut, et il la vit venir au travers d'une fente ssez grande pour voir sans être vu. Elle était ccompagnée d'un grande foule des ses fem- nes et d'eunuques. Quand elle fut à trois ou quatre pas du bain, elle ôta le voile qui lui ouvrait le visage, et de la sorte elle donna ieu à Aladdin de la voir d'autant plus à son ise qu'elle venait droit à lui.

» Lorsque Aladdin eut vu la princesse Ba- droulboudour, il perdit la pensée qu'il avait que toutes les femmes dussent ressembler à peu près à sa mère, ses sentiments se trouvè- rent bien différents, et son cœur ne put refu- ser toutes ses inclinations à l'objet qui venait de le charmer.

» Aladdin, en rentrant chez lui, ne put ca- cher son trouble; sa mère s'en aperçut. Sur- prise de le voir ainsi triste et rêveur, elle lui demanda s'il lui était arrivé quelque chose ou s'il se trouvait indisposé. « Ma mère, lui ré- pondit Aladdin, je ne sais pas bien quel est le mal que je ressens; mais je ne doute pas que ce que vous allez entendre ne vous le fasse connaître. On n'a pas su dans le quartier, continua Aladdin, qu'hier, la princesse Badroul- boudour, fille du sultan, alla au bain. J'appris cette nouvelle en me promenant par la ville. On publia un ordre de fermer les boutiques et de se retirer chacun chez soi, pour rendre à cette princesse l'honneur qui lui est dû. Comme je n'étais pas éloigné du bain, la cu- riosité de la voir me fit naître la pensée d'aller me placer derrière la porte du bain, en faisant réflexion qu'il pouvait arriver qu'elle ôterait son voile quand elle serait près d'y entrer. Ce que je m'étais imaginé arriva, elle ôta son voile en entrant, et j'eus le bonheur de voir cette aimable princesse avec la plus grande sa- tisfaction du monde. Voilà, ma mère, le grand motif de l'état où vous me vîtes hier quand je rentrai et le sujet du silence que j'ai gardé jusqu'à présent. J'aime la princesse d'un amour dont la violence est telle que je ne saurais vous l'exprimer; et comme ma passion vive et ardente augmente à tout moment, je sens qu'elle ne peut être satisfaite que par la pos- session de l'aimable princesse Badroulbou- dour, ce qui fait que j'ai pris la résolution de la faire demander en mariage au sultan. »

« La mère d'Aladdin avait écouté le discours de son fils avec attention jusqu'à ces dernières paroles; mais quand elle eut entendu que son dessein était de faire demander la princesse Badroulboudour en mariage, elle ne put s'em- pêcher de l'interrompre par un grand éclat de rire. Aladdin voulut poursuivre; mais, en l'in- terrompant encore : « Eh! mon fils, lui dit- elle, à quoi pensez-vous? Il faut que vous ayez perdu l'esprit pour me tenir un pareil discours. Avez-vous oublié que vous êtes fils d'un tailleur des moindres de la capitale, et d'une mère dont les ancêtres n'ont pas été d'une naissance plus relevée? savez-vous que les sultans ne daignent pas donner leurs filles en mariage à des fils de sultans qui n'ont pas l'espérance de régner un jour comme eux. — Ma mère, répliqua Aladdin, j'ai prévu tout ce que vous venez de me dire, et je dis la même chose de tout ce que vous y pourrez ajouter : ni vos discours ni vos remontrances ne me feront pas changer de sentiment. Je ferai demander la princesse Badroulboudour en mariage par votre entremise : c'est une grâce que je vous demande avec tout le respect que je vous dois, et je vous supplie de ne me la refuser, à moins que vous n'aimiez mieux me voir mourir que de me donner la vie une se- conde fois. »

« La mère d'Aladdin se trouva fort embar- rassée quand elle vit l'opiniâtreté avec laquelle Aladdin persistait dans un dessein si éloigné du bon sens. « Mon fils, lui dit-elle encore, comme une bonne mère qui vous a mis au monde, il n'y a rien de raisonnable ni de convenable que je ne sois prête à faire pour l'amour de vous. Mais, sans faire réflexion sur la bassesse de votre naissance, sur le peu de mérite et de biens que vous avez, vous prenez votre vol jusqu'au plus haut degré de la fortune, et vos prétentions ne sont pas moindres que de vouloir demander en mariage la fille de votre souverain. »

« Aladdin écouta fort tranquillement tout ce que sa mère put lui dire pour le détourner de son dessein. « J'avoue, ma mère, que c'est une grande témérité à moi d'oser porter mes prétentions aussi loin, et une grande inconsidération d'avoir exigé de vous d'aller faire la proposition de mon mariage au sultan, sans prendre auparavant les moyens propres à vous procurer une audience et un accueil favorable. Je vous en demande pardon. Ne vous étonnez pas d'abord si je n'ai pas envisagé tout ce qui peut servir à me procurer le repos que je cherche. Vous me dites que ce n'est pas la coutume de se présenter devant le sultan sans un présent à la main, et que je n'ai rien qui soit digne de lui. Croyez-vous, ma mère, que ce que j'ai apporté le jour que je fus délivré d'une mort inévitable de la manière que vous savez ne soit pas de quoi faire un présent très-agréable au sultan? Je parle de ce que j'ai apporté dans les deux bourses et dans ma ceinture, et que nous avons pris, vous et moi, pour des verres colorés, des pierreries d'un prix inestimable, qui ne conviennent qu'à de grands monarques. J'en ai connu le mérite en fréquentant les boutiques de joailliers. Quoi qu'il en puisse être, autant que je puis en juger par le peu d'expérience que j'en ai, je suis persuadé que le présent ne peut être que très-agréable au sultan. Vous avez une porcelaine assez grande pour les contenir; apportez-les, et voyons l'effet qu'elles feront quand nous les y aurons arrangées. »

» La mère d'Aladdin apporta la porcelaine, et Aladdin tira les pierreries des deux bourses et les arrangea dans la porcelaine. L'effet qu'elles firent au grand jour par la variété de leurs couleurs, par leur éclat et par leur brillant, fut tel que la mère et le fils en demeurèrent presque éblouis; ils en furent dans un grand étonnement, car ils ne les avaient vues l'un et l'autre qu'à la lumière d'une lampe. Il est vrai qu'Aladdin les avait vues chacune sur leur arbre; comme il était encore enfant, il n'avait regardé ces pierreries que comme des bijoux propres à jouer, et il ne s'en était chargé que dans cette vue et sans autre connaissance. Après avoir admiré quelque temps la beauté du présent, Aladdin reprit la parole : « Ma mère, dit-il, vous ne vous excuserez plus d'aller vous présenter au sultan sous prétexte de n'avoir pas un présent à lui faire : en voilà un, ce me semble, qui fera que vous serez reçue avec un accueil des plus favorables. — Mon fils, répondit-elle, je n'ai pas de peine à concevoir que le présent fera son effet et que le sultan voudra bien me recevoir; mais quand il faudra que je m'acquitte de la demande que vous voulez que je lui fasse, je sens bien que je n'en aurai pas la force. Ainsi, non-seulement j'aurai perdu mes pas, mais même le présent. Mais, ajouta-t-elle, je veux me faire violence pour me soumettre à votre volonté; il arrivera très-certainement, ou que le sultan se moquera de moi et me renverra comme une folle, ou qu'il se mettra dans une juste colère, dont immanquablement nous serons, vous et moi, les victimes. »

« Aladdin et sa mère se séparèrent pour prendre quelque repos; mais l'amour violent dont le fils avait le cœur tout rempli l'empêcha de passer la nuit tranquillement. Il se leva avant le jour, et alla aussitôt éveiller sa mère. Il la pressa de s'habiller, afin d'aller se rendre à la porte du palais du sultan et d'y entrer à l'ouverture. La mère d'Aladdin fit tout ce que son fils voulut. Elle prit la porcelaine où était le présent des pierreries, l'enveloppa dans un double linge très-fin et très-propre, et partit enfin à la grande satisfaction d'Aladdin. La foule était grande. On ouvrit, et elle marcha avec eux jusqu'au divan. Elle s'arrêta et se rangea de manière qu'elle avait en face le sultan, le grand-visir, et les seigneurs qui avaient séance au conseil, à droite et à gauche. On appela les parties selon l'ordre des requêtes qu'elles avaient présentées, et leurs affaires furent plaidées et jugées jusqu'à l'heure ordinaire de la séance du divan. Alors le sultan se leva, congédia le conseil et entra dans son appartement, où il fut suivi par le grand-visir. Les autres visirs et les ministres du conseil se retirèrent. Tous ceux qui s'y étaient trouvés pour les affaires particulières firent la même chose, les uns contents du gain de leur procès, les autres mal satisfaits du jugement porté contre eux, et d'autres enfin avec l'espérance d'être jugés dans une autre séance.

» La mère d'Aladdin, qui avait vu le sultan se lever et se retirer, jugea bien qu'il ne reparaîtrait pas davantage ce jour-là, en voyant tout le monde sortir. Ainsi elle prit le parti de retourner chez elle. Aladdin, qui la vit rentrer avec le présent destiné au sultan, ne sut d'abord que penser du succès de son voyage. Dans la crainte où il était qu'elle n'eût quelque chose de sinistre à lui annoncer, il n'avait pas la force d'ouvrir la bouche pour lui demander quelle nouvelle elle lui apportait. La bonne mère, qui n'avait jamais mis le pied dans le palais du sultan et qui n'avait pas la moindre connaissance de ce qui s'y pratiquait ordinairement, tira son fils de l'embarras où il était en lui disant avec une grande naïveté : « Mon fils, j'ai vu le sultan, et je suis bien persuadée qu'il m'a vue aussi. J'étais placée devant lui, et personne ne l'empêchait de me voir; mais il était si fort occupé par tous ceux qui lui parlaient à droite et à gauche qu'il me faisait compassion de voir la peine et la patience qu'il se donnait à les écouter. Cela a duré si longtemps qu'à la fin, je crois, il s'est ennuyé; car il s'est levé sans qu'on s'y attendît, et il s'est retiré assez brusquement, sans vouloir entendre quantité d'autres personnes qui étaient en rang pour lui parler à leur tour. Cela m'a fait cependant un grand plaisir. En effet, je commençais à perdre patience, et j'étais extrêmement fatiguée de demeurer debout si longtemps; mais il n'y a rien de gâté, je ne manquerai pas d'y retourner demain : le sultan ne sera peut-être pas si occupé. Quelque amoureux que fût Aladdin, il fut contraint de se contenter de cette excuse et de s'armer patience. Le lendemain, la mère d'Aladdin alla encore au palais du sultan avec le présent de pierreries; mais elle trouva la porte du divan fermée, et elle apprit qu'il n'y avait conseil que de deux jours l'un; elle s'en alla porter cette nouvelle à son fils, qui fut obligé de renouveler sa patience. Elle y retourna six autres fois avec aussi peu de succès que la première; et peut-être qu'elle y serait retournée cent fois inutilement, si le sultan, qui la voyait toujours vis-à-vis de lui à chaque séance, n'eût fait attention à elle. Ce jour-là, après la levée du conseil, quand le sultan fut entré dans son appartement, il dit à son grand-visir : « Il y a quelque temps que je remarque une femme qui vient régulièrement chaque jour que je tiens mon conseil, elle se tient debout depuis le commencement de l'audience jusqu'à la fin, et affecte de se mettre toujours devant moi : savez-vous ce qu'elle demande? » Le grand-visir, qui n'en savait pas plus que le sultan, ne voulut pas néanmoins demeurer court. « Sire, répondit-il, votre majesté n'ignore pas que les femmes forment souvent des plaintes sur des sujets de rien. » Le sultan ne se satisfit pas de cette réponse. « Au premier jour du conseil, reprit-il, si cette femme revient, ne manquez pas de la faire appeler, afin que je l'entende. »

» La mère d'Aladdin s'était déjà fait une habitude si grande de paraître au conseil devant le sultan qu'elle comptait sa peine pour rien. Elle retourna donc au palais le jour du conseil, et elle se plaça à l'entrée du divan, vis-à-vis du sultan.

« Le grand-visir n'avait encore commencé à rapporter aucune affaire quand le sultan aperçut la mère d'Aladdin. Touché de compassion de la longue patience dont il avait été témoin : « Avant toutes choses, de crainte que vous ne l'oubliez, dit-il au grand-visir, voilà la femme dont je vous parlais dernièrement, faites-la venir, et commençons par l'entendre et par expédier l'affaire qui l'amène. » Aussitôt le grand-visir montra cette femme au chef des huissiers, qui était debout, prêt à recevoir ses ordres, et lui commanda d'aller la prendre et de la faire avancer.

» Le chef des huissiers vint jusqu'à la mère d'Aladdin; et au signe qu'il lui fit, elle le suivit jusqu'au pied du trône du sultan, où il la laissa pour aller se ranger à sa place, près du grand-visir.

» La mère d'Aladdin, instruite par l'exemple de tant d'autres qu'elle avait vus aborder le sultan, se prosterna le front contre le tapis qui couvrait les marches du trône, et elle demeura en cet état jusqu'à ce que le sultant lui commandât de se relever. Elle se leva; et alors : « Bonne femme, lui dit le sultan, il y a longtemps que je vous vois venir à mon divan, et demeurer à l'entrée depuis le commencement jusqu'à la fin : quelle affaire vous amène ici? » La mère d'Alladdin se prosterna une seconde fois; et quand elle fut relevée : « Monarque au-dessus des monarques du monde, dit-elle, avant d'exposer à votre majesté le sujet extraordinaire et même presque incroyable qui me fait paraître devant son trône sublime, je la supplie de me pardonner la hardiesse de la demande que je viens lui faire : elle est si peu commune que je tremble de la proposer à mon sultan. » Pour lui donner la liberté entière de s'expliquer, le sultan commanda que tout le monde sortît du divan et qu'on le laissât seul avec son grand-visir, et alors il lui dit qu'elle pouvait parler et s'expliquer sans crainte. La mère d'Aladdin ne se contenta pas de la bonté du sultan, qui venait de lui épargner la peine qu'elle eût pu souffrir en parlant devant tout le monde; elle voulut encore se mettre à couvert de l'indignation qu'elle avait à craindre de la proposition qu'elle devait lui faire. « Sire, dit-elle en reprenant la parole, j'ose encore supplier votre majesté, au cas qu'elle trouve la demande que j'ai à lui faire offensante ou injurieuse en la moindre chose, de m'assurer auparavant de son pardon et de m'en accorder la grâce. — Quoi que ce puisse être, repartit le sultan, je vous le pardonne dès à présent, et il ne vous arrivera pas le moindre mal : parlez hardiment. » Quand la mère d'Aladdin eut pris toutes ces précautions en femme qui redoutait la colère du sultan sur une proposition aussi délicate que celle qu'elle avait à lui faire, elle lui raconta fidèlement dans quelle occasion Aladdin avait vu la princesse Badroulboudour, l'amour violent que cette vue fatale lui avait inspiré, la déclaration qu'il lui en avait faite, tout ce qu'elle lui avait représenté pour le détourner d'une passion non moins injurieuse à sa majesté qu'à la princesse sa fille. « Mais, continua-t-elle, mon fils, bien loin d'en profiter et de reconnaître sa hardiesse, s'est obstiné à y persévérer jusqu'au point de me menacer de quelque action de désespoir si je refusais de venir demander la princesse en mariage à votre majesté, et ce n'a été qu'après m'être fait une violence extrême que j'ai eu cette complaisance pour lui : de quoi je supplie encore une fois votre majesté de m'accorder le pardon, non-seulement à moi, mais même à Aladdin, mon fils, d'avoir eu la pensée téméraire d'aspirer à une si haute alliance. »

» Le sultan écouta tout ce discours avec beaucoup de douceur et de bonté, sans donner aucune marque de colère et d'indignation. Mais, avant de donner la réponse à cette bonne femme, il lui demanda ce que c'était que ce qu'elle avait apporté enveloppé dans un linge. Aussitôt elle prit le vase en porcelaine, qu'elle avait mis au pied du trône avant de se prosterner; elle le découvrit et le présenta au sultan. On ne saurait exprimer la surprise et l'étonnement du sultan lorsqu'il vit rassemblées dans ce vase tant de pierreries si précieuses et d'une grosseur telle qu'on n'en avait point vu de pareilles. Il resta quelque temps dans une si grande admiration qu'il en était immobile. Après être enfin revenu à lui, il reçut le présent des mains de la mère d'Aladdin en s'écriant : « Ah! que cela est beau! que cela est riche! » Après avoir admiré et manié presque toutes les pierreries l'une après l'autre, il se tourna du côté de son grand-visir, et en lui montrant le vase : « Eh bien! que dis-tu d'un tel présent? n'est-il pas digne de la princesse ma fille? et ne puis-je pas la donner à ce prix-là à celui qui me la fait demander? » Ces paroles mirent le grand-visir dans une grande agitation. Il y avait quelque temps que le sultan lui avait fait entendre que son intention était de donner sa fille en mariage à un fils qu'il avait. Il craignit que le sultan, ébloui par un présent si extraordinaire, ne changeât de sentiment. Il s'approcha du sultan, et lui dit à l'oreille : « Sire, on ne peut disconvenir que le présent ne soit digne de la princesse; mais je supplie votre majesté de m'accorder trois mois avant de se déterminer : j'espère qu'avant ce temps-là, mon fils, sur qui elle m'a témoigné qu'elle avait jeté les yeux, aura de quoi lui faire un présent d'un plus grand prix que celui d'Aladdin. » Le sultan, quoique bien persuadé qu'il n'était pas possible que son grand-visir pût trouver à son fils de quoi faire un présent d'une aussi grande valeur à la princesse sa fille, ne laissa pas néanmoins de lui accorder cette grâce. Ainsi, en se retournant du côté de la mère d'Aladdin, il lui dit : « Allez, bonne femme, et dites à votre fils que j'agrée sa proposition; mais je ne puis marier la princesse ma fille que je ne lui aie fait faire un ameublement qui ne sera prêt que dans trois mois. Ainsi, revenez en ce temps-là. »

» La mère d'Aladdin retourna chez elle avec une joie d'autant plus grande que, par rapport à son état, elle avait regardé l'accès auprès du sultan comme impossible, et que d'ailleurs elle avait obtenu une réponse favorable. Aladdin, quand il vit entrer sa mère, le visage gai et ouvert : « Eh bien ! ma mère, lui dit-il, dois-je espérer? dois-je mourir de désespoir? — Mon fils, reprit-elle, pour ne vous pas tenir longtemps dans l'incertitude, je commencerai par vous dire que, bien loin de songer à mourir, vous avez tout sujet d'être content. » Elle lui raconta ensuite de quelle manière elle avait eu audience avant tout le monde, ce qui était cause qu'elle était revenue de si bonne heure, les précautions qu'elle avait prises pour faire au sultan, sans qu'il s'en offensât, la proposition du mariage de la princesse Badroulboudour avec lui, et la réponse toute favorable que le sultan lui avait faite de sa propre bouche. « Je m'y attendais d'autant moins, dit-elle encore, que le grand-visir lui avait parlé à l'oreille avant qu'il me la fît, et que je craignais qu'il ne le détournât de la bonne volonté qu'il pouvait avoir pour vous. »

» Aladdin remercia sa mère de toutes les peines qu'elle s'était données dans la poursuite de cette affaire, dont l'heureux succès était si important pour son repos; mais trois mois lui parurent d'une longueur extrême; il se disposa néanmoins à attendre avec patience, fondé sur la parole du sultan, qu'il regardait comme irrévocable. Pendant qu'il comptait les heures en attendant que le terme fût passé, environ deux mois s'étaient écoulés, quand la mère, un soir, en voulant allumer la lampe, s'aperçut qu'il n'y avait plus d'huile dans la maison. Elle sortit pour en aller acheter dans la ville, et vit que tout y était en fête. En effet, les boutiques étaient ouvertes; on les ornait de feuillage, on y préparait des illuminations; tout le monde donnait des démonstrations de joie et de réjouissance. Elle demanda au marchand chez qui elle achetait son huile ce que tout cela signifiait. « D'où venez-vous, ma bonne dame? lui dit-il; ne savez-vous pas que le fils du grand-visir épouse ce soir la la princesse Badroulboudour? »

» La mère d'Aladdin ne voulut pas en apprendre davantage. Elle revint, en grande diligence, apporter à son fils cette nouvelle si fâcheuse et si inattendue. Aladdin demeura comme frappé d'un coup de foudre. Tout autre que lui en eût été accablé; mais il se souvint de la lampe qui lui avait été si utile jusqu'alors, et sans aucun emportement contre le sultan, le grand-visir, ou le fils de ce ministre, il dit seulement : « Ma mère, le fils du grand-visir ne sera peut-être pas cette nuit aussi heureux qu'il se le promet. Pendant que je vais dans ma chambre pour un moment, préparez-nous à souper. » La mère d'Aladdin comprit bien que son fils voulait faire usage de la lampe pour empêcher, s'il était possible, que le mariage du fils du grand-visir avec la princesse ne vînt jusqu'à la consommation. En effet, il prit la lampe merveilleuse et la frotta au même endroit que les autres fois. A l'instant le génie parut devant lui : *Que veux-tu?* dit-il à Aladdin.

« Écoute, lui dit Aladdin, tu m'as apporté de quoi me nourrir quand j'en ai eu besoin; il s'agit présentement d'une affaire de toute autre importance. J'ai fait demander en mariage au sultan la princesse Badroulboudour, sa fille; il me l'a promise, et il m'a donné un délai de trois mois. Au lieu de tenir sa promesse, ce soir, avant le terme échu, il la marie au fils du grand-visir. Ce que je te demande, c'est que, dès que les nouveaux époux seront couchés, tu les enlèves et que tu les apportes ici tous deux dans leur lit. « *Mon maître*, reprit le génie, *je vais t'obéir. As-tu autre chose à me commander?* — Rien autre, repartit Aladdin. » Le génie disparut.

» Aladdin revint trouver sa mère, et soupa avec elle avec la même tranquillité qu'il avait coutume de le faire. Après le souper, il retourna à sa chambre, et il laissa sa mère en pleine liberté de se coucher. Pour lui, il attendit le retour du génie et l'exécution du commandement qui lui avait été fait.

» Pendant ce temps-là tout avait été préparé dans le palais du sultan pour la célébration des noces de la princesse, et la soirée se passa en cérémonies et en réjouissances. Quand tout fut achevé, le fils du grand-visir fut introduit adroitement par le chef des eunuques dans l'appartement de la princesse son épouse. Il se coucha le premier. Peu de temps après, la sultane, accompagnée de ses femmes et de celles de la princesse sa fille, amena la nouvelle épouse. Elle faisait de grandes résistances, selon la coutume des nouvelles mariées. La sultane aida à la déshabiller, la mit dans le lit, et se retira avec toutes les femmes. A peine furent-elles parties que le génie, esclave fidèle de la lampe, sans donner le temps à l'époux de faire la moindre caresse à son épouse, enlève le lit avec l'époux et l'épouse, et en un instant le transporte dans la chambre d'Aladdin, où il le pose.

» Aladdin ne souffrit pas que le fils du grand-visir demeurât couché avec la princesse. « Prends ce nouvel époux, dit-il au génie; enferme-le dans le privé, et reviens demain matin, un peu après la pointe du jour. »

» Le génie enleva aussitôt le fils du grand-visir hors du lit, et le transporta dans le lieu qu'Aladdin lui avait dit, après avoir jeté sur lui un souffle qui l'empêcha de remuer de la place.

» Quelque grande que fût la passion d'Aladdin pour la princesse Badroulboudour, il ne lui tint pas néanmoins un long discours; lorsqu'il se vit seul avec elle : « Ne craignez rien, adorable princesse, lui dit-il d'un air passionné, vous êtes ici en sûreté. Si j'ai été forcé, ajouta-t-il, d'en venir à cette extrémité, ce n'a pas été dans la vue de vous offenser, mais pour empêcher qu'un injuste rival ne vous possédât, contre la parole donnée par le sultan votre père en ma faveur. »

» La princesse, qui ne savait rien de ces particularités, fit peu d'attention à tout ce qu'Aladdin lui put dire. La frayeur où elle était d'une aventure si surprenante et si peu attendue l'avait mise dans un tel état qu'Aladdin n'en put tirer aucune parole. Aladdin n'en demeura pas là : il se coucha à la place du fils du grand-visir, le dos tourné du côté de la princesse.

» Le lendemain, le génie revint à l'heure qu'il lui avait marquée. « *Me voici*, dit-il à Aladdin, *qu'as-tu à me commander?* — Va reprendre, lui dit Aladdin, le fils du grand-visir, viens le remettre dans le lit, et reporte-le où tu l'as pris dans le palais du sultan. » Ce qui fut fait ponctuellement.

Le génie ne venait que de poser le lit nuptial en sa place quand le sultan entra dans la chambre pour lui souhaiter le bonjour. Le fils du grand-visir, morfondu du froid qu'il avait souffert toute la nuit, n'eut pas sitôt entendu qu'on ouvrait la porte, qu'il se leva et passa dans une garde-robe où il s'était déshabillé le soir. Le sultan approcha du lit de la princesse, la baisa entre les deux yeux, selon la coutume, et lui demanda en souriant comment elle avait passé la nuit. En la regardant avec attention, il fut extrêmement surpris de la voir dans une grande mélancolie. Soupçonnant qu'il y avait quelque chose d'extraordinaire dans son silence, il alla sur-le-champ à l'appartement de la sultane, à qui il fit le récit de l'état où il avait trouvé la princesse. « Sire, lui dit la sultane, cela ne doit pas surprendre votre majesté : il n'y a pas de nouvelle mariée qui n'ait la même retenue le lendemain de ses noces. Je vais la voir, ajouta-t-elle, et je suis bien trompée, si elle me fait le même accueil. Quand la sultane fut habillée, elle se rendit à l'appartement de la princesse : elle s'approcha de son lit, et elle lui donna le bonjour en l'embrassant; mais sa surprise fut des plus grandes lorsqu'elle s'aperçut qu'elle était dans un abattement qui fit juger qu'il lui était arrivé quelque chose qu'elle ne pénétrait pas. « Ma fille, lui dit la sultane, d'où vient que vous répondez si mal aux caresses que je vous fais? »

» La princesse, après un très-grand soupir : « Ah! madame et très-honorée mère! s'écria-t-elle, pardonnez-moi si j'ai manqué au respect que je vous dois. J'ai l'esprit si fortement occupé des choses extraordinaires qui me sont arrivées cette nuit que j'ai de la peine à me reconnaître moi-même. » Alors elle lui raconta de quelle manière, un instant après qu'elle et son époux furent couchés, le lit avait été enlevé et transporté, en un moment, dans une chambre obscure où elle s'était vue séparée de son époux sans savoir ce qu'il était devenu, et où elle avait vu un jeune homme qui, après lui avoir dit quelques paroles que la frayeur l'avait empêchée d'entendre, s'était couché avec elle, à la place de son époux, et que son époux lui avait été rendu, et le lit rapporté en sa place en aussi peu de temps. « Tout cela ne venait que d'être fait, ajouta-t-elle, quand le sultan mon père est entré dans ma chambre; j'étais si accablée de tristesse que je n'ai pas eu la force de lui répondre une seule parole : aussi je ne doute pas qu'il soit indigné de la manière dont j'ai reçu l'honneur qu'il m'a fait; mais j'espère qu'il me pardonnera quand il saura ma triste aventure et l'état pitoyable où je me trouve encore en ce moment. »

» La sultane ne voulut point ajouter foi au récit de la princesse. « Ma fille, lui dit-elle, vous avez bien fait de ne point parler de cela au sultan votre père; gardez-vous bien d'en rien dire à personne, on vous prendrait pour une folle. »

» Aladdin, qui était bien informé de ce qui se passait au palais, ne douta pas que les nouveaux mariés ne dussent encore coucher ensemble, malgré la fâcheuse affaire qui leur était arrivée la nuit d'auparavant; dès que la nuit fut un peu avancée, il eut recours à la lampe. Aussitôt le génie parut : « Le fils du grand-visir et la princesse Badroulboudour, lui dit Aladdin, doivent coucher encore ensemble cette nuit; va, et du moment qu'ils seront couchés, apporte-moi le lit ici, comme hier. » Le génie servit Aladdin avec autant d'exactitude que le jour précédent, le fils du grand-visir passa la nuit aussi désagréablement qu'il l'avait déjà fait, et la princesse eut la mortification d'avoir Aladdin pour compagnon de sa couche. Le génie, suivant les ordres d'Aladdin, revint le lendemain, remit l'époux auprès de son épouse, et reporta le lit dans la chambre du palais où il l'avait pris. Le sultan, après la réception que la princesse Badroulboudour lui avait faite le jour précédent, inquiet de savoir comment elle aurait passé la seconde nuit, se rendit à sa chambre pour en être éclairci. Le fils du grand-visir, plus honteux et plus mortifié du mauvais succès de cette dernière nuit que de la première, eut à peine entendu venir le sultan qu'il se leva aussitôt avec précipitation et se jeta dans la garde-robe. « Eh bien, ma fille, lui dit-il, êtes-vous ce matin d'aussi mauvaise humeur que vous l'étiez hier? » La princesse lui raconta fidèlement tout ce qui lui était arrivé pendant ces deux fâcheuses nuits, mais d'une manière si touchante qu'il en fut vivement pénétré de douleur. Elle finit par ces mots : « Si votre majesté a le moindre doute sur le récit que je viens de lui faire, je suis persuadée que mon époux rendra à la vérité le même témoignage que je lui rends. » Le sultan entra tout de bon dans la peine extrême qu'une aventure aussi surprenante devait avoir causée à la princesse. « Ma fille, lui dit-il, effacez de votre esprit les idées fâcheuses de tout ce que vous venez de me raconter. Je vais mettre ordre à ce qu'il ne vous arrive plus des nuits aussi peu supportables que celles que vous avez passées. » Dès que le sultan fut rentré dans son appartement, il envoya appeler son grand-visir et lui fit le récit de tout ce que la princesse venait de lui raconter. « Je ne doute pas, ajouta-t-il, que ma fille ne m'ait dit la vérité; je serais bien aise néanmoins d'en avoir la confirmation par le témoignage de votre fils : allez, et demandez-lui ce qui en est. » Le grand-visir alla joindre son fils; il lui fit part de ce que le sultan venait de lui communiquer, et il lui enjoignit de lui dire si tout cela était vrai. « Mon père, lui répondit le fils, tout ce que la princesse a dit au sultan est vrai; mais elle n'a pu lui dire les mauvais traitements qui m'ont été faits, les voici : depuis mon mariage, j'ai passé deux nuits les plus cruelles qu'on puisse imaginer, et je n'ai pas d'expression pour vous décrire les maux que j'ai soufferts. Ainsi, mon père, je vous supplie de faire agréer au sultan que notre mariage soit déclaré nul. »

» Quelque grande que fût l'ambition du grand-visir, il ne jugea pas à propos d'insister auprès de son fils pour lui faire prendre patience au moins quelques jours, afin d'éprouver si cette traverse ne finirait point. Il le laissa, et il revint rendre réponse au sultan, à qui il avoua que la chose n'était que trop vraie, après ce qu'il venait d'apprendre de son fils. Sans attendre que le sultan lui parlât de rompre le mariage, il le supplia de permettre que son fils se retirât du palais et qu'il retournât auprès de lui. Le grand-visir n'eut pas de peine à obtenir ce qu'il demandait; le sultan, qui avait résolu la chose, donna ses ordres pour faire cesser les réjouissances dans toute l'étendue de son royaume.

» Aladdin, cependant, laissa écouler les trois

mois que le sultan avait marqués pour le mariage entre la princesse Badroulboudour et lui ; il en avait compté tous les jours avec un grand soin ; et quand ils furent achevés, dès le lendemain, il ne manqua pas d'envoyer sa mère au palais pour faire souvenir le sultan de sa parole.

» La mère d'Aladdin s'avança jusqu'au pied du trône, où elle se prosterna, selon la coutume. Après qu'elle se fut relevée, le sultan lui demanda ce qu'elle souhaitait. « Sire, lui répondit-elle, je me présente encore devant le trône de votre majesté pour lui représenter, au nom d'Aladdin, mon fils, que les trois mois après lesquels elle l'a remis sur la demande que j'ai eue l'honneur de lui faire sont expirés, et la supplie de vouloir bien s'en souvenir. » Le sultan, en prenant un délai de trois mois pour répondre à la demande de cette bonne femme, et qui avait cru qu'il n'entendrait plus parler d'un mariage qu'il regardait comme peu convenable à la princesse sa fille, ne jugea pas à propos de lui répondre sur-le-champ; il consulta son grand-visir, et lui marqua la répugnance qu'il avait à conclure ce mariage.

» Le grand-visir ne tarda pas à s'expliquer au sultan sur ce qu'il en pensait : « Sire, lui répondit-il, il me semble qu'il y a un moyen d'éluder un mariage si disproportionné, sans qu'Aladdin puisse s'en plaindre : c'est de mettre la princesse à un si haut prix que ses richesses, quelles qu'elles puissent être, ne puissent y fournir ; ce sera le moyen de le désister d'une poursuite si téméraire. »

» Le sultan approuva le conseil du grand-visir. Il se tourna du côté de la mère d'Aladdin : « Ma bonne femme, lui dit-il, les sultans doivent tenir leur parole ; je suis prêt à tenir la mienne, et à rendre votre fils heureux par le mariage de la princesse ma fille; mais, comme je ne puis la marier que je ne sache l'avantage qu'elle y trouvera, vous direz à votre fils que j'accomplirai ma parole dès qu'il m'aura envoyé quarante grands bassins d'or massif, pleins des mêmes choses que vous m'avez déjà présentées de sa part, portés par un pareil nombre d'esclaves noirs, qui seront conduits par quarante autres esclaves blancs, jeunes, bien faits et de belle taille, et tous habillés très-magnifiquement : voilà les conditions auxquelles je suis prêt à lui donner la princesse ma fille. Allez, bonne femme ; j'attendrai que vous m'apportiez sa réponse. » La mère d'Aladdin se prosterna encore devant le trône du sultan et elle se retira. Quand elle fut rentrée chez elle, la mère d'Aladdin fit un récit très-exact à son fils de ce que le sultan lui avait dit et des conditions auxquelles il consentirait au mariage de la princesse sa fille avec lui. En finissant : « Mon fils, lui dit-elle, il attend votre réponse; mais, entre nous, continua-t-elle en souriant, je crois qu'il attendra longtemps. — Pas si longtemps que vous croiriez bien, ma mère, reprit Aladdin ; et le sultan se trompe lui-même s'il a cru, par ses demandes exorbitantes, me mettre hors d'état de songer à la princesse Badroulboudour. Je m'attendais à d'autres difficultés, ou qu'il mettrait mon incomparable princesse à un prix beaucoup plus haut ; mais ce qu'il me demande est peu de chose en comparaison de ce que je serais en état de lui donner pour en obtenir la possession. Pendant que je vais songer à le satisfaire, dit Aladdin, allez nous chercher de quoi dîner, et laissez-moi faire. » Dès que la mère d'Aladdin fut sortie pour aller à la provision, Aladdin prit la lampe et il la frotta : dans l'instant, le génie se présenta devant lui, et, dans les mêmes termes que nous avons déjà rapportés, il demanda ce qu'il avait à lui commander, en marquant qu'il était prêt à le servir. Aladdin lui dit : « Le sultan me donne la princesse sa fille en mariage ; mais, auparavant, il me demande quarante grands bassins d'or massif, pleins des fruits du jardin où j'ai pris la lampe dont tu es esclave. Il exige aussi de moi que ces quarante bassins soient portés par autant d'esclaves noirs, précédés par quarante esclaves blancs, jeunes, bien faits, de très-belle taille et habillés très-richement. Va, et amène-moi ce présent au plus tôt, afin que je l'envoie au sultan avant qu'il lève la séance du divan. » Le génie lui dit que son commandement allait être exécuté incessamment, et il disparut.

» Très-peu de temps après le génie se fit revoir, accompagné de quarante esclaves noirs, chacun chargé d'un bassin d'or massif du poids de vingt marcs sur la tête, pleins de perles, de diamants, de rubis et d'émeraudes mieux choisies, même pour la beauté et pour la gros

.ur, que celles qui avaient déjà été présentées sultan : chaque bassin était couvert d'une ile d'argent à fleurons d'or. Tous ces escla-s, tant noirs que blancs, avec les plats d'or, cupaient presque toute la maison, qui était sez médiocre. Le génie demanda à Aladdin l était content et s'il avait encore quelque mmandement à lui faire. Aladdin répondit l'il ne lui demandait rien davantage, et il sparut aussitôt.

» La mère d'Aladdin revint du marché, et en ntrant elle fut dans une grande surprise de oir tant de monde et tant de richesses. Quand lle fut déchargée des provisions qu'elle ap-ortait, elle voulut ôter le voile qui lui couvrait visage, mais Aladdin l'en empêcha. « Ma ière, dit-il, il n'y a pas de temps à perdre : vant que le sultan achève de tenir le divan, est important que vous retourniez au palais, t que vous y conduisiez incessamment le pré-ent et la dot de la princesse Badroulboudour, fin qu'il juge, par ma diligence, du zèle ar-lent et sincère que j'ai de me procurer l'hon-neur d'entrer dans son alliance. »

» Sans attendre la réponse de sa mère, Alad-lin ouvrit la porte de la rue, et il fit défiler successivement tous les esclaves, en faisant toujours marcher un esclave blanc, suivi d'un esclave noir, chargé d'un bassin d'or sur la tête, et ainsi jusqu'au dernier ; et, après que sa mère fut sortie en suivant le dernier es-clave noir, il demeura tranquillement dans sa chambre. Le premier esclave blanc qui était sorti de la maison d'Aladdin avait fait arrêter tous les passants, et, avant que les quatre-vingts esclaves eussent achevé de sortir, la rue se trouva pleine d'une foule de peuple qui ac-courait de toutes parts pour voir un spectacle si extraordinaire. Le premier des quatre-vingts esclaves arriva à la porte de la première cour du palais, et les portiers, qui s'étaient mis en haie dès qu'ils s'étaient aperçus que cette file merveilleuse approchait, le prirent pour un roi, tant il était richement et magnifiquement habillé! Ils s'avancèrent pour lui baiser le bas de sa robe ; mais l'esclave, instruit par le génie, les arrêta, et leur dit gravement : « Nous ne sommes que des esclaves ; notre maître paraî-tra quand il en sera temps. » Le premier es-clave, suivi de tous les autres, s'avança jusqu'à la seconde cour, qui était très-spacieuse, et où la maison du sultan était rangée pendant la séance du divan.

» Comme le sultan avait été averti de la marche et de l'arrivée de ces esclaves, il avait donné ses ordres pour les faire entrer. Ainsi, dès qu'ils se présentèrent, ils trouvèrent l'en-trée du divan libre, et ils y entrèrent dans un bel ordre, une partie à droite et l'autre à gau-che. Après qu'ils furent tous entrés et qu'ils eurent formé un grand demi-cercle devant le trône du sultan, les esclaves noirs posèrent chacun le bassin qu'ils portaient sur le tapis de pied. Ils se prosternèrent tous ensemble en frappant du front contre le tapis.

» La mère d'Aladdin, qui s'était avancée jusqu'au pied du trône, dit au sultan, après s'être prosternée : « Sire, mon fils n'ignore pas que ce présent qu'il envoie à votre majesté ne soit beaucoup au-dessous de ce que mérite la princesse ; il espère néanmoins que votre ma-jesté l'aura pour agréable, avec d'autant plus de confiance, qu'il a tâché de se conformer à la condition qu'il lui a plu de lui imposer. » Le sultan n'était pas en état de faire attention au compliment de la mère d'Aladdin. Le pre-mier coup d'œil jeté sur les quarante bas-sins d'or, les joyaux les plus précieux que l'on eût jamais vus, et les quatre-vingts esclaves qui paraissaient autant de rois, tant par leur bonne mine que par la richesse et la magni-ficence de leur habillement, l'avaient tellement frappé qu'il ne pouvait revenir de son admi-ration. Au lieu de répondre au compliment de la mère d'Aladdin, il s'adressa au grand-visir. « Eh bien, visir, dit-il, que pensez-vous de celui qui m'envoie un présent si extraordi-naire? Le croyez-vous indigne d'épouser la princesse ma fille? — Sire, répondit le visir, bien loin d'avoir la pensée que celui qui fait à votre majesté un présent si digne d'elle soit indigne de l'honneur qu'elle veut lui faire, j'oserais dire qu'il mériterait davantage, si je n'étais persuadé qu'il n'y a pas de trésor au monde assez riche pour être mis dans la ba-lance avec la princesse. »

» Le sultan ne différa plus ; il ne pensa pas même à s'informer si Aladdin avait les autres qualités convenables à celui qui pouvait as-pirer à devenir son gendre. Aussi, pour ren-voyer la mère d'Aladdin avec la satisfaction qu'elle pouvait désirer, il lui dit : « Bonne femme, allez dire à votre fils que je l'attends pour le recevoir à bras ouverts et pour lui donner la main de ma fille..

» Dès que la mère d'Aladdin se fut retirée, le sultan mit fin à l'audience de ce jour, et il ordonna que les eunuques attachés au service de la princesse vinssent enlever les bassins pour les porter à l'appartement de leur maîtresse, où il se rendit pour les examiner avec elle à loisir. La mère d'Aladdin cependant arriva chez elle avec un air qui marquait la bonne nouvelle qu'elle apportait à son fils : « Mon fils, lui dit-elle, vous avez tout sujet d'être content : le sultan, avec l'applaudissement de toute sa cour, a déclaré que vous êtes digne de posséder la princesse Badroulboudour. Il vous attend pour conclure votre mariage. C'est à vous de songer aux préparatifs pour cette entrevue, afin qu'elle réponde à la haute opinion qu'il a conçue de votre personne : ainsi ne perdez pas de temps à vous rendre auprès de lui. » Aladdin, charmé de cette nouvelle, dit peu de paroles à sa mère et se retira dans sa chambre. Là, après avoir pris la lampe, il ne l'eut pas plus tôt frottée que le génie parut sans se faire attendre. « Génie, lui dit Aladdin, je t'ai appelé pour me faire prendre le bain tout à l'heure; et, quand je l'aurai pris, je veux que tu me tiennes prêt un habillement le plus riche et le plus magnifique que jamais monarque ait porté. » Il eut à peine achevé de parler que le génie, en le rendant invisible comme lui, l'enleva et le transporta dans un bain tout de marbre. Sans voir qui le servait, il fut déshabillé dans un salon spacieux et d'une grande propreté. Du salon on le fit entrer dans le bain, et là il fut lavé et frotté avec plusieurs sortes d'eaux de senteur. Après être sorti du bain, son teint se trouva frais, blanc et vermeil, et son corps beaucoup plus dispos. Il entra dans le salon, et il ne trouva plus l'habit qu'il y avait laissé : le génie avait eu soin de mettre à sa place celui qu'il lui avait demandé. Aladdin s'habilla avec l'aide du génie, en admirant chaque pièce à mesure qu'il la prenait. Quand il eut achevé, le génie le rapporta chez lui dans la même chambre où il l'avait pris. Alors il lui demanda s'il avait autre chose à lui commander. « Oui, répondit Aladdin, j'attends de toi que tu m'amènes au plus tôt un cheval qui surpasse en beauté et en bonté le cheval le plus estimé qui soit dans l'écurie du sultan, dont la housse, la selle, la bride et tout le harnais vaillent plus d'un million. Je demande aussi que tu me fasses venir vingt esclaves habillés aussi richement que ceux qui ont apporté le présent, pour marcher à mes côtés et à ma suite, et vingt autres semblables pour marcher devant moi en deux files. Fais venir aussi à ma mère six femmes esclaves pour la servir, chacune habillée aussi richement au moins que les femmes de la princesse Badroulboudour. J'ai besoin de dix mille pièces d'or en dix bourses. Voilà, ajouta-t-il, ce que j'avais à te commander. Va, et fais diligence. » Dès qu'Aladdin eut achevé de donner ses ordres au génie, celui-ci disparut, et il se fit revoir avec le cheval, avec les quarante esclaves, dont dix portaient chacun une bourse de mille pièces d'or, et avec six femmes esclaves, chargées sur la tête chacune d'un habit différent pour la mère d'Aladdin, enveloppé dans une toile d'argent; le génie présenta le tout à Aladdin. Des dix bourses, Aladdin n'en prit que quatre, qu'il donna à sa mère en lui disant que c'était pour s'en servir dans ses besoins. Il laissa les six autres entre les mains des esclaves qui les portaient, avec ordre de les jeter au peuple par poignées dans la marche qu'ils devaient faire pour se rendre au palais du sultan.

» Aladdin arriva au palais, où tout était disposé pour le recevoir. Quand il fut à la seconde porte, il voulut mettre pied à terre pour se conformer à l'usage observé par l'étiquette; mais le chef des huissiers, qui l'y attendait par ordre du sultan, l'en empêcha et l'accompagna jusqu'à la salle d'audience, où il l'aida à descendre de cheval.

» Dès que le sultan eut aperçu Aladdin, il ne fut pas moins étonné de le voir vêtu plus magnifiquement qu'il ne l'avait jamais été lui-même que surpris de sa bonne mine, de sa taille et d'un certain air de grandeur. Il descendit deux ou trois marches de son trône assez promptement pour empêcher Aladdin de se jeter à ses pieds, et pour l'embrasser avec une démonstration pleine d'amitié. Il l'obligea ensuite de monter et de s'asseoir entre son grand-visir et lui. Alors Aladdin prit la parole : « Sire, dit-il, je reçois les honneurs que votre majesté me fait, mais elle me permettra de lui dire que je n'ai point oublié que je suis né son esclave et que je connais sa grandeur et sa puissance. S'il y a quelque endroit, continua-t-il, par où je puisse avoir mérité un accueil si favorable, j'avoue que je ne le dois qu'à la hardiesse, qu'un pur hasard m'a fait naître, d'élever mes désirs jusqu'à la divine princesse qui fait l'objet de mes souhaits. Je demande pardon à votre majesté de ma témérité; mais je ne puis dissimuler que je mourrais de douleur si je perdais l'espérance d'en voir l'accomplissement. — Mon fils, répondit le sultan, vous me feriez tort de douter de ma parole. Votre vie m'est trop chère désormais pour ne pas la conserver en vous présentant le remède qui est en ma disposition. Je préfère le plaisir de vous voir et de vous entendre à tous mes trésors réunis avec les vôtres. » En achevant ces paroles, le sultan fit un signal, et aussitôt on entendit l'air retentir du son des trompettes, des hautbois et des timbales, et en même temps le sultan conduisit Aladdin dans un magnifique salon où on servit un superbe festin. Le sultan mangea seul avec Aladdin. Le repas achevé, le sultan fit appeler le premier juge et lui commanda de dresser le contrat de mariage de la princesse sa fille et d'Aladdin.

» Quand le juge eut achevé le contrat, le sultan demanda à Aladdin s'il voulait rester dans le palais pour terminer les cérémonies du mariage le même jour. « Sire, quelque impatience que j'aie de jouir pleinement des bontés de votre majesté, je la supplie de vouloir bien permettre que je diffère jusqu'à ce que j'aie fait bâtir un palais pour y recevoir la princesse selon son mérite. Je le prie, pour cet effet, de m'accorder une place convenable dans le sien, afin que je sois plus à portée de lui faire ma cour. Je n'oublierai rien pour faire en sorte qu'il soit achevé avec toute la diligence possible. — Mon fils, lui dit le sultan, prenez tout le terrain que vous jugerez à propos, mais souvenez-vous que je ne puis vous voir assez tôt uni avec ma fille, pour mettre le comble à ma joie. » En achevant ces paroles, il embrassa encore Aladdin, qui prit congé du sultan avec la même politesse que s'il eût été élevé et qu'il eût toujours vécu à la cour.

« Aladdin monta à cheval, et il retourna chez lui au travers de la foule et aux acclamations du peuple, qui lui souhaitait toute sorte de bonheur et de prospérité. Dès qu'il fut rentré, il se retira dans sa chambre, prit la lampe, et il appela le génie, qui ne se fit pas attendre, et il lui fit offre de ses services. « Génie, lui dit Aladdin, j'ai tout sujet de me louer de ton exactitude à exécuter tout ce que j'ai exigé de toi jusqu'à présent. Il s'agit aujourd'hui de faire paraître, s'il est possible, plus de zèle et de diligence que tu n'as encore fait. Je te demande donc qu'en aussi peu de temps que tu pourras tu me fasses bâtir, vis-à-vis le palais du sultan, un palais digne d'y recevoir la princesse. Je laisse à ta liberté le choix des matériaux, c'est-à-dire du porphyre, du jaspe, de l'agate, du lapis et du marbre le plus fin, le plus varié en couleurs; mais j'entends qu'au plus haut de ce palais tu fasses élever un grand salon en forme de dôme à quatre faces égales, dont les assises ne soient d'autre matière que d'or et d'argent massif, posées alternativement avec vingt-quatre croisées, six à chaque face, et que les jalousies de chaque croisée, à la réserve d'une seule que je veux qu'on laisse imparfaite, soient enrichies avec art et symétrie de diamants, de rubis et d'émeraudes, de manière que rien de pareil en ce genre n'ait été vu dans le monde. Je veux aussi que ce palais soit accompagné d'une avant-cour, d'une cour, d'un jardin; mais, sur toutes choses, qu'il y ait, dans un endroit que tu me diras, un trésor bien rempli d'or et d'argent monnayé. Je veux aussi qu'il y ait dans ce palais des cuisines, des offices, des garde-meubles garnis de meubles précieux pour toutes les saisons, des écuries remplies des plus beaux chevaux, avec leurs écuyers et leurs palefreniers, sans oublier un équipage de chasse. Il faut qu'il y ait aussi des officiers de cuisine et d'office, et des femmes esclaves nécessaires pour le service de la princesse. Tu dois comprendre mon intention : va, et reviens quand cela sera fait. » Le soleil venait de se coucher quand Aladdin acheva de charger le génie de la construction du palais qu'il avait imaginé.

» Le lendemain, à la petite pointe du jour, Aladdin était à peine levé que le génie se présenta à lui. « Seigneur, dit-il, votre palais es achevé; venez voir si vous en êtes content. « Aladdin n'eut pas plus tôt témoigné qu'il le voulait bien que le génie l'y transporta en un instant. Aladdin le trouva si fort au-dessus de son attente qu'il ne pouvait assez l'admirer. Le génie le conduisit en tous les endroits, et partout il ne trouva que richesse, que propreté et que magnificence, avec des officiers et des esclaves, tous habillés selon leur rang et selon les services auxquels ils étaient destinés. Il ne manqua pas, comme une des choses principales, de lui faire voir le trésor, dont la porte fut ouverte par le trésorier, et Aladdin y vit des tas de bourses de différentes grandeurs, selon les sommes qu'elles contenaient, élevés jusqu'à la voûte, et disposés dans un arrangement qui faisait plaisir à voir. En sortant, le génie l'assura de la fidélité du trésorier. Il le mena ensuite aux écuries, et là il lui fit remarquer les plus beaux chevaux qu'il y eût au monde, et les palefreniers occupés à les panser.

« Quand Aladdin eut examiné tout le palais depuis le haut jusqu'en bas, et particulièrement le salon aux vingt-quatre croisées, et qu'il y eut trouvé des richesses et de la magnificence, avec toutes sortes de commodités au delà de ce qu'il s'en était promis, il dit au génie : « Génie, on ne peut être plus content que je le suis, et j'aurais tort de me plaindre. Il reste une seule chose dont je ne t'ai rien dit, parce que je ne m'en étais pas avisé; c'est d'étendre, depuis la porte du palais du sultan jusqu'à la porte de l'appartement destiné pour la princesse dans ce palais-ci, un tapis du plus beau velours, afin qu'elle marche dessus en venant du palais du sultan. — Je reviens dans un moment, dit le génie. » Et comme il eut disparu, peu de temps après Aladdin fut fort étonné de voir ce qu'il avait souhaité exécuté sans savoir comment cela s'était fait. Le génie reparut, et il reporta Aladdin chez lui dans le temps qu'on ouvrait la porte du palais du sultan. Les portiers du palais, qui venaient d'ouvrir la porte, et qui avaient toujours eu la vue libre du côté où était alors le palais d'Aladdin, furent fort étonnés de la voir bornée, et de voir un tapis de velours qui venait de ce côté-là jusqu'à la porte de celui du sultan. Ils ne distinguèrent pas bien d'abord ce que c'était; mais leur surprise augmenta quand ils eurent aperçu distinctement le superbe palais d'Aladdin.

» Quand Aladdin eut congédié le génie, il trouva que sa mère était levée, et qu'elle commençait à se parer d'un des habits qu'il lui avait fait apporter. Il la disposa à aller au palais, en la priant, si elle voyait le sultan, de lui marquer qu'elle venait pour avoir l'honneur d'accompagner la princesse vers le soir, quand elle serait en état de passer à son palais.

» La mère d'Aladdin fut reçue dans le palais avec honneur, et introduite dans l'appartement de la princesse Badroulboudour. Aussitôt que la princesse l'aperçut, elle alla l'embrasser et lui fit prendre place sur son sofa.

» Quand la nuit fut venue, la princesse prit congé du sultan son père. Les adieux furent tendres et mêlés de larmes, ils s'embrassèrent plusieurs fois sans se rien dire, et enfin la princesse sortit de son appartement et se mit en marche avec la mère d'Aladdin à sa gauche, et suivie de cent femmes esclaves, habillées d'une magnificence surprenante. Elles étaient suivies par cent chiaoux et par un pareil nombre d'eunuques noirs en deux files, avec leurs officiers à leur tête. Quatre cents jeunes pages du sultan marchaient sur les côtés, en tenant chacun un flambeau à la main : cette lumière, jointe aux illuminations tant du palais du sultan que de celui d'Aladdin, suppléait merveilleusement au défaut du jour. Dans cet ordre, la princesse marcha sur le tapis étendu depuis le palais du sultan jusqu'au palais d'Aladdin, et arriva enfin au nouveau palais. Aladdin courut, avec toute la joie imaginable, à l'entrée de l'appartement qui lui était destiné pour la recevoir. La mère d'Aladdin avait eu soin de faire distinguer son fils à la princesse au milieu des officiers qui l'environnaient, et la princesse, en l'apercevant, le trouva si bien fait qu'elle en fut charmée. « Adorable princesse, lui dit Aladdin en l'abordant, si j'avais le malheur de vous avoir déplu par la témérité que j'ai eue d'aspirer à la possession d'une si aimable princesse, j'ose vous dire que ce serait à vos beaux yeux et à vos charmes que vous devriez vous en prendre, et non pas à moi. — Prince, lui répondit la princesse, j'obéis à la volonté du sultan mon père, et il me suffit de vous avoir vu pour vous dire que je lui obéis sans répugnance. »

» Aladin, charmé d'une réponse si agréable et si satisfaisante pour lui, prit la main, qu'il baisa avec une grande démonstration de joie, et il la conduisit dans un grand salon éclairé d'une infinité de bougies, où la table se trouva servie d'un superbe festin. Les plats étaient d'or massif et remplis de viandes les plus délicieuses. Les vases, les bassins, les gobelets, dont le buffet était très-bien garni, étaient aussi d'or et d'un travail exquis. La princesse, enchantée de voir tant de richesses rassemblées dans un même lieu, dit à Aladdin : « Prince, je croyais que rien au monde n'était plus beau que le palais du sultan mon père; mais, à voir ce seul salon, je m'aperçois que je m'étais trompée. — Princesse, répondit Aladdin en la faisant mettre à table à la place qui lui était destinée, je reçois une si grande honnêteté comme je le dois, mais je sais ce que je dois croire. »

» La princesse Badroulboudour, Aladdin et la mère d'Aladdin se mirent à table. Il était près de minuit quand Aladdin se leva et présenta la main à la princesse Badroulboudour; ils passèrent ensemble dans l'appartement où le lit nuptial était préparé. Les femmes de la princesse la déshabillèrent et la mirent au lit; les officiers d'Aladdin en firent autant, et chacun se retira. Ainsi furent terminées les cérémonies et les réjouissances des noces d'Aladdin et de la princesse Badroulboudour.

» Le lendemain, quand Aladdin fut éveillé, ses valets de chambre l'habillèrent. Ensuite il monta à cheval et se rendit au palais du sultan, au milieu d'une grosse troupe d'esclaves qui marchaient devant lui, à ses côtés et à sa suite. Le sultan le reçut avec les mêmes honneurs que la première fois : « Sire, lui dit Aladdin, je supplie votre majesté de me faire l'honneur de venir prendre un repas dans le palais de la princesse avec son grand-visir et les seigneurs de sa cour. » Le sultan lui accorda cette grâce avec plaisir. Il se leva à l'heure même, et, comme le chemin n'était pas long, il voulut y aller à pied. Ainsi il sortit avec Aladdin à sa droite, le grand-visir à sa gauche, et les seigneurs à sa suite, précédé par les chiaoux et les principaux officiers de sa maison. Plus le sultan approchait du palais d'Aladdin, plus il était frappé de sa beauté. Ce fut toute autre chose quand il fut entré : ses acclamations ne cessaient pas à chaque pièce qu'il voyait. Mais, quand ils furent arrivés au salon aux vingt-quatre croisées où Aladdin l'avait invité à monter, qu'il eut vu les ornements, et surtout qu'il eut jeté la vue sur les jalousies enrichies de diamants, de rubis et d'émeraudes, toutes pierres parfaites dans leur grosseur proportionnée, et qu'Aladdin lui eut fait remarquer que la richesse était pareille au dehors, il en fut tellement surpris qu'il demeura comme en extase.

» Le sultan cependant descendit du salon, et Aladdin le conduisit dans celui où il avait régalé la princesse Badroulboudour le jour des noces. La princesse arriva un moment après; elle reçut le sultan son père d'un air qui lui fit connaître combien elle était contente de son mariage. Deux tables se trouvèrent fournies des mets les plus délicieux, et servies tout en vaisselle d'or. Le sultan se mit à la première, et mangea avec la princesse sa fille, Aladdin et le grand-visir. Tous les seigneurs de la cour furent régalés à la seconde, qui était fort longue. Le sultan trouva les mets de bon goût, et il avoua que jamais il n'avait rien trouvé de plus excellent. Il dit la même chose du vin, qui était délicieux. Ce qu'il admira davantage furent quatre grands buffets garnis et chargés à profusion de flacons, de bassins et de coupes d'or massif, le tout enrichi de pierreries.

» Le sultan retourna à son palais de la manière qu'il y était venu, sans permettre à Aladdin de l'y accompagner, et rempli d'admiration des merveilles dont il venait d'être témoin.

» Aladdin ne demeurait pas renfermé dans son palais; il avait soin de se faire voir par la ville, soit qu'il allât faire sa prière dans une mosquée, ou que de temps en temps il allât rendre visite au grand-visir, qui affectait de lui faire sa cour à certains jours réglés, ou qu'il fit l'honneur aux principaux seigneurs, qu'il régalait souvent dans son palais, d'aller les voir chez eux. Chaque fois qu'il sortait, il faisait jeter par deux de ses esclaves des pièces d'or à poignées dans les rues et dans les places par où il passait, et où le peuple se rendait toujours en grande foule. D'ailleurs, pas un pauvre ne se présentait à la porte de son palais qu'il ne s'en retourna content de la libéralité qu'on y faisait par ses ordres. Comme Aladdin avait partagé son temps de manière qu'il n'y avait pas de semaine qu'il n'allât à la chasse, il exerçait la même libéralité par les chemins et par les villages. Cette inclination généreuse lui fit donner par tout le peuple mille bénédictions, et il était ordinaire de ne jurer que par sa tête.

» Il y avait déjà plusieurs années qu'Aladdin se gouvernait comme nous venons de le dire quand le magicien qui lui avait donné, sans y penser, le moyen de s'élever à une si haute fortune se souvint de lui en Afrique, où il était retourné. Quoique jusqu'alors il se fût persuadé qu'Aladdin était mort misérablement dans le souterrain où il l'avait laissé, il lui vint néanmoins à la pensée de savoir quelle avait été sa fin. Comme il était grand géomancien, il tira d'une armoire un carré en forme de boîte couverte. Il s'assied sur son sofa, met le carré devant lui, le découvre, et, après avoir préparé, nivelé le sable, il jette ses points, il en tire les figures et il en forme l'horoscope. En examinant l'horoscope, au lieu de découvrir qu'Aladdin fût mort misérablement dans le souterrain, il découvrit qu'il en était sorti et qu'il vivait sur terre dans une grande splendeur, puissamment riche, mari d'une princesse, honoré et respecté. Dès le lendemain matin il se mit en chemin. Il arriva à la Chine, et bientôt dans la capitale du sultan dont Aladdin avait épousé la fille. Il mit pied à terre dans un khan, ou hôtellerie publique. Il y demeura le reste du jour et de la nuit suivante pour se remettre de la fatigue de son voyage. Le lendemain, avant toutes choses, le magicien africain voulut savoir ce qu'on disait d'Aladdin. En se promenant par la ville, il entra dans le lieu le plus fréquenté par les personnes de distinction. Il n'y eut pas plus tôt pris place qu'il entendit qu'on parlait du palais d'Aladdin ; il s'approcha d'un de ceux qui s'en entretenaient, et il lui demanda en particulier ce que c'était que ce palais dont on parlait si avantageusement. Celui à qui le magicien s'était adressé se fit un plaisir de lui enseigner le chemin par où il fallait qu'il passât pour avoir la vue du palais d'Aladdin, et le magicien africain se leva et partit dans le moment. Quand il y fut arrivé et qu'il eut examiné le palais de près et de tous les côtés, il ne douta pas qu'Aladdin ne se fût servi de la lampe pour le faire bâtir.

» Il s'agissait de savoir où était la lampe, si Aladdin la portait avec lui, ou en quel lieu il la conservait, et c'est ce qu'il fallait que le magicien découvrît par une opération de géomancie. Dès qu'il fut arrivé où il logeait, il prit son carré et son sable, qu'il portait en tous ses voyages. L'opération achevée, il connut que la lampe était dans le palais d'Aladdin, et il eut une joie si grande de cette découverte qu'à peine il se sentait lui-même. « Je l'aurai, cette lampe, dit-il, et je défie Aladdin de m'empêcher de la lui enlever. » Le malheur, pour Aladdin, voulut qu'alors il était allé à une partie de chasse pour huit jours, et qu'il n'y en avait que trois qu'il était parti. Le magicien alla à la boutique d'un faiseur de lampes. « Maître, lui dit-il, j'ai besoin d'une douzaine de lampes de cuivre : pouvez-vous me la fournir ? » Le lendemain, la douzaine de lampes fut livrée au magicien africain, qui les mit dans un panier dont il s'était pourvu exprès, et, avec ce panier au bras, il alla vers le palais d'Aladdin, et, quand il se fut approché, il se mit à crier : « *Qui veut changer des vieilles lampes pour des neuves ?* »

» A mesure qu'il avançait, et d'aussi loin que les petits enfants qui jouaient dans la place l'entendirent, ils accoururent, et ils s'assemblèrent autour de lui avec de grandes huées et le regardèrent comme un fou. Les passants riaient même de sa bêtise, à ce qu'il s'imaginaient. Le magicien africain ne s'étonn ni des huées des enfants, ni de tout ce qu'o pouvait dire de lui, et il continua de crier « *Qui veut changer des vieilles lampes pou des neuves ?* » Il répéta si souvent la mêm chose, en allant et venant devant le palais à l'entour, que la princesse Badroulboudou envoya une de ses esclaves pour voir ce qu c'était que ce bruit. L'esclave ne fut pas long temps à remonter ; elle entra dans le sale avec de grands éclats de rire. « Eh bien ! foll dit la princesse, veux-tu me dire pourquoi ris ? — Princesse, répondit la femme escla en riant toujours, qui pourrait s'empêcher rire en voyant un fou avec un panier au bra plein de belles lampes toutes neuves, qui demande pas à les vendre, mais à les chang contre des vieilles? Ce sont les enfants, dont il est si fort environné qu'à peine peut-il avancer, qui font tout le bruit qu'on entend en se moquant de lui. » Sur ce récit, une autre femme esclave, en prenant la parole : « A propos de vieilles lampes, dit-elle, je ne sais si la princesse a pris garde qu'en voilà une sur la corniche ; celui à qui elle appartient ne sera pas fâché d'en trouver une neuve au lieu de cette vieille. Si la princesse le veut bien, elle peut avoir le plaisir d'éprouver si ce fou est véritablement assez fou pour donner une lampe neuve en échange d'une vieille, sans en rien demander en retour. » La lampe dont la femme esclave parlait était précisément la lampe merveilleuse d'Aladdin.

» La princesse Badroulboudour, qui ignorait que la lampe fût aussi précieuse qu'elle l'était, commanda à un eunuque de la prendre et d'en aller faire l'échange. L'eunuque obéit, et il ne fut pas plus tôt sorti du palais qu'il aperçut le magicien : il l'appela, et en lui montrant la vieille lampe : « Donne-moi, dit-il, une lampe neuve pour celle-ci. » Le magicien africain ne douta pas que ce ne fût la lampe qu'il cherchait; il la prit promptement de la main de l'eunuque, et, après l'avoir fourrée bien avant dans son sein, il lui présenta son panier et lui dit de choisir celle qui lui plairait. L'eunuque choisit, et, après avoir laissé le magicien, il porta la lampe neuve à la princesse Badroulboudour.

» Le magicien africain passa le reste de la journée dans ce lieu jusqu'à une heure de nuit que les ténèbres furent les plus obscures. Alors il tira la lampe de son sein et il la frotta. A cet appel, le génie lui apparut. *Que veux-tu?* lui demanda le génie ; *me voilà prêt à t'obéir comme ton esclave et celui de tous ceux qui ont la lampe à la main, moi et ses autres esclaves.* — Je commande, reprit le magicien africain, qu'à l'heure même tu enlèves le palais que toi ou les autres esclaves de la lampe avez bâti dans cette ville, tel qu'il est et avec tout ce qu'il y a de vivant, et que tu les transportes avec moi, et en même temps, dans un tel endroit de l'Afrique. » Sans lui répondre, le génie, avec l'aide d'autres génies, esclaves de la lampe comme lui, le transportèrent en très-peu de temps, lui et son palais en son entier, au propre lieu de l'Afrique qui lui avait été marqué. Nous laisserons le magicien africain et le palais avec la princesse Badroulboudour en Afrique, pour parler de la surprise du sultan. Dès que le sultan fut levé, il jeta la vue du côté où il avait coutume de voir le palais, et il ne vit qu'une place vide, telle qu'elle était avant qu'on l'y eût bâti. Il crut qu'il se trompait, et il se frotta les yeux ; mais il ne vit rien de plus que la première fois, quoique le temps fût serein, le ciel net, et que l'aurore, qui avait commencé de paraître, rendît tous les objets fort distincts. Son étonnement fut si grand qu'il demeura longtemps à la même place, les yeux tournés du côté où le palais avait été, et où il ne le voyait plus, en cherchant comment il se pouvait faire qu'un palais aussi grand et aussi apparent que celui d'Aladdin, qu'il avait vu presque chaque jour depuis qu'il avait été bâti, se fût évanoui de manière qu'il n'en restait pas le moindre vestige. Il se retira enfin, et il commanda qu'on lui fît venir le grand-visir en toute diligence.

« Sire, dit le grand-visir, l'empressement avec lequel votre majesté m'a fait appeler m'a fait juger que quelque chose de bien extraordinaire était arrivé. — Ce qui est arrivé est véritablement extraordinaire, comme tu le dis. Dis-moi où est le palais d'Aladdin? — Le palais d'Aladdin, sire! je viens de passer devant, il m'a semblé qu'il était à sa place. — Va voir à la croisée, répondit le sultan, et tu me diras si tu l'as vu. »

» Le grand-visir alla vers une fenêtre, et il lui arriva la même chose qu'au sultan. « Eh bien, as-tu vu le palais d'Aladdin? lui demanda celui-ci.—Sire, répondit le grand-visir, votre majesté peut se souvenir que j'ai eu l'honneur de lui dire que ce palais, qui faisait le sujet de son admiration, n'était qu'un ouvrage de magie; mais votre majesté n'a pas voulu y faire attention. » Le sultan, qui ne pouvait disconvenir de ce que le grand-visir lui représentait, entra dans une grande colère. « Où est, dit-il, cet imposteur? que je lui fasse couper la tête! — Sire, reprit le grand-visir, il faut lui envoyer demander où est son palais; il ne doit pas l'ignorer. — Ce serait le traiter avec trop d'indulgence, repartit le sultan; va donner ordre à trente de mes cavaliers de me l'amener chargé de chaînes. » Le grand-visir alla donner l'ordre du sultan aux cavaliers, le il instruisit leur officier de quelle manière ils devaient s'y prendre, afin qu'il ne leur échappât point. Ils partirent, et ils rencontrèrent Aladdin à cinq ou six lieues de la ville, qui revenait en chassant. L'officier lui dit en l'abordant : « Prince Aladdin, c'est avec un grand regret que nous vous déclarons l'ordre que nous avons du sultan de vous arrêter et de vous mener à lui en criminel d'état ; nous vous supplions de ne pas trouver mauvais que nous nous acquittions de notre devoir, et de nous le pardonner. » Cette déclaration fut un sujet de grande surprise à Aladdin, qui se sentait innocent ; il demanda à l'officier s'il savait de quel crime il était accusé ; à quoi il répondit que ni lui ni ses gens ne savaient rien. Aladdin mit pied à terre. « Me voilà, dit-il ; exécutez l'ordre que vous avez. Je puis dire néanmoins que je ne me sens coupable d'aucun crime. » On lui passa aussitôt au cou une chaîne fort grosse et fort longue, dont on le lia aussi par le milieu du corps, de manière qu'il n'avait pas les bras libres. Quand l'officier se fut mis à la tête de sa troupe, un cavalier prit le bout de la chaîne, et, marchant après l'officier, il mena Aladdin, qui fut obligé de le suivre à pied, et dans cet état il fut conduit vers la ville. Quand les cavaliers furent entrés dans le faubourg, les premiers qui virent qu'on menait Aladdin en criminel d'état ne doutèrent pas que ce ne fût pour lui couper la tête. Comme il était aimé généralement, les uns prirent des sabres et d'autres armes, et ceux qui n'en avaient pas s'armèrent de pierres, et ils suivirent les cavaliers. Aladdin fut conduit devant le sultan ; sitôt qu'il le vit, il commanda au bourreau, qui avait eu ordre de se trouver là, de lui couper la tête, sans vouloir l'entendre, ni tirer de lui aucun éclaircissement. Quand le bourreau se fut saisi d'Aladdin, il lui ôta la chaîne qu'il avait au cou et autour du corps, et, après avoir étendu sur la terre un cuir teint du sang d'une infinité de criminels qu'il avait exécutés, il l'y fit mettre à genoux et lui banda les yeux. Alors il tira son sabre, et il attendit que le sultan lui donnât le signal pour trancher la tête d'Aladdin. En ce moment, le grand-visir vint lui dire que la populace, qui avait forcé les cavaliers, venait d'escalader les murs du palais en plusieurs endroits et commençait à les démolir. L'épouvante du sultan fut si grande quand il eut vu une émeute si vive que dans le moment même il commanda au bourreau d'ôter le bandeau des yeux d'Aladdin et de le laisser libre. Il donna ordre de crier que le sultan lui faisait grâce, et que chacun eût à se retirer. La justice que le sultan venait de rendre à Aladdin en lui faisant grâce désarma la populace, fit cesser le tumulte, et insensiblement chacun se retira chez soi.

» Quand Aladdin se vit libre, il leva la tête du côté du balcon ; et comme il eut aperçu le sultan : « Sire, dit-il en élevant sa voix d'une manière touchante, je supplie votre majesté de vouloir bien me faire connaître quel est mon crime. — Quel est ton crime, perfide ! répondit le sultan, ne le sais-tu pas ? Monte jusqu'ici, continua-t-il, je te le ferai connaître. » Aladdin monta, et quand il se fut présenté : « Suis-moi, lui dit le sultan : tu dois savoir où était ton palais, regarde de tous côtés, et dis-moi ce qu'il est devenu. » Aladdin regarde et ne voit rien. « Sire, dit-il, je vois bien, et je l'avoue, que le palais que j'ai fait bâtir n'est plus à la place où il était, mais je puis l'assurer que je n'ai aucune part à cet événement. Je supplie votre majesté de m'accorder quarante jours pour faire mes diligences, et si dans cet intervalle je n'y réussis pas, je lui donne ma parole que j'apporterai ma tête au pied de son trône, afin qu'elle en dispose à sa volonté. — Je t'accorde les quarante jours que tu me demandes, lui dit le sultan ; mais ne crois pas abuser de la grâce que je te fais en pensant échapper à mon ressentiment : en quelque endroit de la terre que tu puisses être, je saurai bien te retrouver. »

» Aladdin s'éloigna de la présence du sultan dans un état à faire pitié. Heureusement pour lui, il portait encore l'anneau que le magicien lui avait mis au doigt avant qu'il descendît dans le souterrain pour aller prendre la précieuse lampe qui venait de lui être enlevée. Il frotta cet anneau assez fortement ; dans l'instant, le même génie qui lui était apparu dans ce souterrain lui apparut encore : « Que veux-tu ? lui dit le génie, me voici prêt à t'obéir comme ton esclave et celui de tous ceux qui ont l'anneau au doigt, moi et les autres esclaves de l'anneau. » Aladdin, agréablement surpris par une apparition si peu attendue, dans le désespoir où il était, répondit : « Génie sauve-moi la vie une seconde fois en m'enseignant où est le palais que j'ai fait bâtir, ou en faisant qu'il soit rapporté incessamment où il était. — Ce que tu me demandes, reprit le génie, n'est point de mon ressort : je ne suis esclave que de l'anneau ; adresse-toi à l'esclave de la lampe. — Si cela est, repartit Aladdin, je te commande, par la puissance de l'anneau, de me transporter jusqu'au lieu où est mon palais et de me poser sous les fenêtres de la princesse Badroulboudour. » A peine eut-il achevé de parler que le génie le transporta en Afrique, au milieu d'une prairie où était le palais, peu éloigné d'une grande ville, et le posa précisément au-dessous des fenêtres de la princesse Badroulboudour, où il le laissa. Tout cela se fit en un instant.

» Nonobstant l'obscurité de la nuit, Aladdin reconnut fort bien son palais et l'appartement de la princesse Badroulboudour; mais, comme tout était tranquille dans le palais, il se retira un peu à l'écart, et il s'assit sous un arbre. Le lendemain, dès que l'aurore commença à paraître, Aladdin se leva et se rapprocha de l'appartement de la princesse. Il se promena quelque temps sous ses fenêtres, en attendant qu'il pût l'apercevoir.

« La princesse Badroulboudour se levait plus matin qu'elle n'avait coutume depuis son enlèvement et son transport en Afrique par l'artifice du magicien africain, dont jusqu'alors elle avait été contrainte de supporter la vue une fois chaque jour, parce qu'il était maître du palais; mais elle l'avait traité si durement chaque fois, qu'il n'avait encore osé prendre la hardiesse de s'y loger. Quand elle fut habillée, une de ses femmes, en regardant au travers de la jalousie, aperçoit Aladdin. Elle court aussitôt en avertir sa maîtresse. La princesse, qui ne pouvait croire cette nouvelle, vient vite se présenter à la fenêtre et aperçoit Aladdin. Elle ouvre la jalousie. Au bruit que la princesse fait en l'ouvrant, Aladdin lève la tête, il la reconnaît et il la salue d'un air qui exprimait l'excès de sa joie. « Pour ne pas perdre de temps, lui dit la princesse, on est allé vous ouvrir la porte secrète; entrez et montez! » Et elle ferma la jalousie. La porte secrète était au-dessous de l'appartement de la princesse, et Aladdin monta à son appartement. Il n'est pas possible d'exprimer la joie que ressentirent les deux époux de se revoir réunis après s'être crus séparés pour jamais. Il s'embrassèrent plusieurs fois, et se donnèrent toutes les marques d'amour et de tendresse qu'on peut s'imaginer après une séparation aussi triste et aussi peu attendue que la leur. Après ces embrassements, mêlés de larmes de joies, ils s'assirent, et Aladdin, en prenant la parole : « Princesse, dit-il, avant de vous entretenir de toute autre chose, je vous supplie, au nom de dieu, de me dire ce qu'est devenue une vieille lampe que j'avais mise sur la corniche du salon aux vingt-quatre croisées avant d'aller à la chasse. — Ah! cher époux, répondit la princesse, je m'étais bien doutée que notre malheur réciproque venait de cette lampe, et ce qui me désole, c'est que j'en suis la cause. — Princesse, reprit Aladdin, ne vous en attribuez pas la cause, elle est tout entière sur moi, et je devrais avoir été plus soigneux de la conserver : ne songeons qu'à réparer cette perte, et pour cela faites-moi la grâce de me raconter comment la chose s'est passée et en quelles mains elle est tombée. » Alors la princesse Badroulboudour raconta à Aladdin ce qui s'était passé dans l'échange de la lampe vieille pour la neuve, et comme la nuit suivante, après s'être aperçue du transport du palais, elle s'était trouvée le matin dans un pays inconnu où elle lui parlait et qui était l'Afrique, particularité qu'elle avait apprise de la bouche même du traître qui l'y avait fait transporter par son art magique. « Princesse, dit Aladdin en l'interrompant, vous m'avez fait connaître le traître en me marquant que je suis en Afrique avec vous. Il est le plus perfide de tous les hommes. Mais ce n'est ni le temps ni le lieu de vous faire une peinture plus ample de ses méchancetés. Je vous prie seulement de me dire ce qu'il a fait de la lampe et où il l'a mise. — Il la porte dans son sein, et l'a développée en ma présence pour en faire un trophée. — Ma princesse, dit alors Aladdin, apprenez-moi, je vous en conjure, comment vous vous trouvez du traitement d'un homme aussi méchant et aussi perfide. — Depuis que je suis en ce lieu, reprit la princesse, il ne s'est présenté devant moi qu'une fois chaque jour; tous ses discours ne tendent qu'à me persuader de rompre la foi que je vous ai donnée et de le prendre pour époux, en voulant me faire croire que je ne dois pas espérer de vous revoir jamais, que vous ne vivez plus et que mon père vous a fait couper la tête. Et comme il ne reçoit de moi pour réponse que mes plaintes douloureuses et mes larmes, il est contraint de se retirer aussi peu satisfait que quand il arrive. Je crains que son intention ne soit de laisser passer mes plus vives douleurs, dans l'espérance que je changerai de sentiments, et à la fin d'user de violence si je persévère à lui faire résistance. Mais, cher époux, votre présence a déjà dissipé mes inquiétudes. — Princesse, interrompit Aladdin, j'ai confiance que ce n'est pas en vain; je crois avoir trouvé le moyen de vous délivrer de votre ennemi et du mien. Pour cela, il est nécessaire que j'aille à la ville. Je serai de retour vers le midi, et alors je vous communiquerai quel est mon dessein et ce qu'il faudra que vous fassiez pour contribuer à le faire réussir. Mais ne vous étonnez pas de me voir revenir avec un autre habit, et donnez ordre qu'on ne me fasse pas attendre à la porte secrète au premier coup que je frapperai. » La princesse lui promit qu'on l'attendrait à la porte et que l'on serait prompt à lui ouvrir.

» Quand Aladdin fut descendu de l'appartement de la princesse, il regarda de côté et d'autre, et il aperçut un paysan qui prenait le chemin de la campagne. Comme le paysan allait au delà du palais et qu'il était un peu éloigné, Aladdin pressa le pas; quand il l'eut joint, il lui proposa de changer d'habit, et il fit tant que le paysan y consentit. L'échange se fit à la faveur d'un buisson, et, quand ils se furent séparés, Aladdin prit le chemin de la ville. Dès qu'il y fut entré, il enfila une des rues les plus fréquentées, et entra dans la boutique d'un droguiste; il demanda au marchand s'il avait une certaine poudre qu'il lui nomma; en faisant voir de l'or, il demanda une demi-drachme de cette poudre. Le marchand la pesa, l'enveloppa, et, en la présentant à Aladdin, il en demanda une pièce d'or. Aladdin la lui mit entre les mains, et, sans s'arrêter dans la ville qu'autant de temps qu'il en fallut pour prendre un peu de nourriture, il revint à son palais. Il n'attendit pas à la porte secrète; elle lui fut ouverte d'abord, et il monta à l'appartement de la princesse Badroulboudour. « Princesse, lui dit-il, l'aversion que vous avez pour votre ravisseur, comme vous me l'avez témoigné, fera peut-être que vous aurez de la peine à suivre le conseil que j'ai à vous donner. Mais permettez-moi de vous dire qu'il est à propos que vous dissimuliez, si vous voulez vous délivrer de sa persécution. Vous commencerez, dès à présent, à vous parer d'un de vos plus beaux habits; quand le magicien africain viendra, recevez-le sans affectation et sans contrainte, avec un visage ouvert. Dans la conversation, donnez-lui à connaître que vous faites vos efforts pour m'oublier, et, afin qu'il soit persuadé de votre sincérité, invitez-le à souper avec vous, et marquez-lui que vous seriez bien aise de goûter du meilleur vin de son pays; il ne manquera pas de vous quitter pour en aller chercher. Alors, en attendant qu'il revienne, mettez dans un des gobelets la poudre que voici, et en le mettant à part, avertissez celle de vos femmes qui vous donne à boire de vous l'apporter plein de vin au signal que vous lui ferez. Quand le magicien sera revenu et que vous serez à table, après avoir mangé et bu, faites-vous apporter le gobelet où sera la poudre, et changez votre gobelet avec le sien; il trouvera la faveur que vous lui ferez si grande qu'il ne la refusera pas; il boira même sans rien laisser dans le gobelet, et à peine l'aura-t-il vidé que vous le verrez tomber à la renverse. »

» Dès qu'Aladdin se fut retiré, la princesse se fit coiffer par ses femmes de la manière qui lui était la plus avantageuse, et, après qu'elle eut vu qu'il ne manquait aucun des charmes qui pouvaient flatter la folle passion du magicien, elle s'assit sur son sofa en attendant qu'il arrivât. Le magicien africain ne manqua pas de venir à son heure ordinaire. Dès que la princesse le vit entrer, elle se leva avec tout son appareil de beautés et de charmes, et elle lui montra de la main la place honorable où elle attendait qu'il se mît pour s'asseoir en même temps que lui, civilité distinguée qu'elle ne lui avait pas encore faite. Quand le magicien africain fut placé, la princesse prit la parole, et elle lui dit :

» Vous vous étonnerez sans doute de me voir aujourd'hui tout autre que vous m'avez vue jusqu'à présent; mais vous n'en serez plus surpris quand je vous dirai que je suis d'un tempérament si opposé à la tristesse et à la mélancolie que je cherche à les éloigner le plus tôt qu'il m'est possible. J'ai fait réflexion sur ce que vous m'avez présenté du destin d'Aladdin, et de l'humeur dont je connais mon père, je suis persuadée, comme vous, qu'il n'a pu éviter l'effet terrible de son courroux. Ainsi, quand je m'opiniâtrerais à le pleurer toute ma vie, je vois bien que mes larmes ne le feraient pas revivre. C'est pour cela qu'après lui avoir rendu, même jusque dans le tombeau, les devoirs que mon amour demandait que je lui rendisse, il m'a paru que je devais chercher tous les moyens de me consoler. Voilà les motifs du changement que vous voyez en moi. Pour commencer donc à m'éloigner tout sujet de tristesse, résolue à la bannir entièrement et persuadée que vous voudrez bien me tenir compagnie, j'ai commandé qu'on nous préparât à souper. Mais comme je n'ai que du vin de la Chine et que je me trouve en Afrique, il m'a pris une envie de goûter de celui qu'elle produit, et j'ai cru, s'il y en a, que vous en trouverez du meilleur. »

» Le magicien africain, qui avait regardé comme impossible le bonheur de parvenir si promptement à entrer dans les bonnes grâces de la princesse Badroulboudour, lui marqua qu'il ne trouvait pas de termes assez forts pour lui témoigner combien il était sensible à ses bontés; et, en effet pour finir au plus tôt un entretien dont il eut peine à se retirer, il se jeta sur le vin d'Afrique elle dont venait de lui parler, et il lui dit qu'il en avait une pièce de sept ans, et, plein d'espérance de son prétendu bonheur, il courut chercher son vin de sept ans et revint fort promptement. La princesse, qui n'avait pas douté qu'il ne fît diligence, avait jeté elle-même la poudre qu'Aladin lui avait apportée dans un gobelet qu'elle avait mis à part et qu'elle venait de faire servir. Ils se mirent à table vis-à-vis l'un de l'autre, de manière que le magicien avait le dos tourné au buffet. Après qu'ils eurent mangé quelques morceaux, la princesse demande à boire, et but à la santé du magicien : « Vous aviez raison, dit-elle, de faire l'éloge de votre vin; jamais je n'en avais bu du si délicieux. — Charmante princesse, répondit-il en tenant à la main le gobelet qu'on venait de lui présenter, mon vin acquiert une nouvelle bonté par l'approbation que vous lui donnez. « Quand ils eurent continué de manger et de boire trois autres coups, la princesse, qui avait achevé de charmer le magicien par ses manières, donna enfin le signal à la femme qui lui donnait à boire, en disant qu'on lui apportât son gobelet plein de vin, qu'on remplît de même celui du magicien africain et qu'on le lui présentât. Quand ils eurent chacun leur gobelet à la main : « Je ne sais, dit-elle au magicien, comme on en use chez vous quand on s'aime bien et qu'on boit ensemble comme nous le faisons. Chez nous, l'amant et l'amante se présentent réciproquement chacun leur gobelet, et ils boivent à la santé l'un de l'autre. » En même temps, elle lui présenta le gobelet qu'elle tenait, en avançant l'autre main pour recevoir le sien. Le magicien africain se hâta de faire cet échange, regardant cette faveur comme la marque la plus certaine de la conquête du cœur de la princesse, ce qui le mit au comble de son bonheur. « Buvons, dit-elle. » En même temps, elle porta à la bouche le gobelet, qu'elle ne toucha que du bout des lèvres, pendant que le magicien vida le sien sans en laisser une goutte. En achevant de le vider, les yeux lui tournèrent, et il tomba sur le dos sans sentiment.

« Le magicien africain ne fut pas plus tôt tombé à la renverse que la porte fut ouverte dans le moment, et Aladdin entra dans le salon. Dès qu'il eut vu le magicien africain étendu sur le sofa, il arrêta la princesse Badroulboudour, qui s'était levée et qui s'avançait pour lui témoigner sa joie en l'embrassant : « Princesse, dit-il, il n'est pas encore temps; montez à votre appartement, pendant que je vais travailler à vous faire retourner à la Chine avec la même diligence que vous en avez été éloignée. » En effet, quand la princesse fut hors du salon avec ses femmes et ses eunuques, Aladdin ferma la porte, et, après qu'il se fut approché du cadavre du magicien, il ouvrit sa veste, et il en tira la lampe. Il la développa et il la frotta. Aussitôt le génie se présenta. « Génie, lui dit Aladdin, je t'ai appelé pour t'ordonner de la part de la lampe de faire que ce palais soit reporté incessamment à la Chine, et au même lieu et à la même place d'où il a été apporté. » Le génie, après avoir marqué par une inclination de tête qu'il allait obéir, disparut. En effet, le transport se fit dans un intervalle de très-peu de durée. Aladdin descendit à l'appartement de la princesse, et en l'embrassant : « Princesse, dit-il, je puis vous assurer que votre joie et la mienne seront complètes demain matin. » Comme la princesse n'avait pas achevé de souper et qu'Aladdin avait besoin de manger, ils mangèrent ensemble, et burent du bon vin vieux du magicien africain, après quoi ils se retirèrent dans leur appartement.

» Depuis l'enlèvement du palais d'Aladdin et de la princesse Badroulboudour, le sultan était inconsolable de l'avoir perdue; il ne dormait presque ni nuit ni jour. Aussi l'aurore ne faisait encore que de paraître lorsque le sultan vint à son cabinet le même matin que le palais d'Aladdin venait d'être rapporté à sa place. En y entrant, il jeta les yeux d'une manière triste du côté de la place où il ne croyait voir que l'air vide, sans apercevoir le palais. Mais comme il vit que ce vide était rempli, il regarde avec plus d'attention et il reconnaît le palais d'Aladdin. Alors la joie succède à la tristesse. Il retourne à son appartement en pressant le pas, et se dirige vers le palais d'Aladdin.

» Aladdin, qui avait prévu ce qui pouvait arriver, s'était levé dès la pointe du jour, et il était monté au salon aux vingt-quatre croisées, d'où il aperçut que le sultan venait. Il descendit pour le recevoir au bas du grand escalier et l'aider à mettre pied à terre. « Aladdin, lui dit le sultan, je ne puis vous voir que je n'aie vu et embrassé ma fille. » Aladdin conduisit le sultan à l'appartement de la princesse Badroulboudour au moment où elle venait de s'habiller. Le sultan l'embrassa à plusieurs fois, le visage baigné de larmes de joie; et la princesse, de son côté, lui donna toutes les marques du plaisir extrême qu'elle avait de le revoir.

» C'est ainsi qu'Aladdin échappa pour la seconde fois au danger presque inévitable de perdre la vie; mais ce ne fut pas le dernier : il en courut un troisième dont nous allons rapporter les circonstances. Le magicien africain avait un frère cadet qui n'était pas moins habile que lui dans l'art magique : on peut même dire qu'il le surpassait en méchanceté et en artifices. Comme ils ne demeuraient pas dans la même ville, ils ne manquaient pas chaque année de s'instruire, par la géomancie, en quel partie du monde ils étaient, en quel état ils se trouvaient et s'ils n'avaient pas besoin du secours l'un de l'autre.

» Quelque temps après que le magicien africain eut succombé dans son entreprise contre le bonheur d'Aladdin, son cadet, qui n'avait pas eu de ses nouvelles depuis un an et qui n'était pas en Afrique, voulut savoir en quel endroit de la terre il était, comment il se portait et ce qu'il y faisait. Il prend son carré, il accomode le sable, il en jette les points, il en tire les figures, et enfin il forme l'horoscope. En parcourant chaque figure, il trouve que son frère avait été empoisonné, que cela était arrivé dans une capitale de la Chine située à tel endroit, et enfin que celui par qui il avait été empoisonné était un homme de basse naissance qui avait épousé une princesse fille d'un sultan.

» Quand le magicien eut appris de la sorte quelle avait été la triste destinée de son frère, il prit la résolution de venger sa mort; il monte à cheval et il se met en chemin; il traverse plaines, rivières, montagnes, et, après une longue traite, sans s'arrêter en aucun endroit, il arrive enfin à la Chine, et peu de temps après à la capitale que la géomancie lui avait enseignée. Le lendemain de son arrivée, le magicien sort, et, en se promenant par la ville, il s'introduisit dans les lieux les plus fréquentés, et il prêta l'oreille à ce que l'on disait. Étant entré dans un lieu où l'on passait le temps à jouer, il entendit qu'on racontait des merveilles de la vertu et de la piété d'une femme retirée du monde nommée Fatime. Comme il crut que cette femme pouvait lui être utile à quelque chose dans ce qu'il méditait, il prit à part un de ceux de la compagnie, et le pria de vouloir bien lui dire plus particulièrement quelle était cette sainte femme et quelle sorte de miracles elle faisait. « Quoi! lui dit cet homme, vous n'avez pas encore vu cette femme? Elle fait l'admiration de toute la ville par ses jeûnes et par ses austérités, et les jours qu'elle se fait voir par la ville elle fait des bien infinis. » Le magicien demanda encore au même homme en quel quartier de la ville était l'ermitage. Cet homme le lui enseigna : sur quoi, après avoir arrêté son projet, il sortit vers le minuit, et il alla droit à l'ermitage de Fatime. La porte n'était fermée qu'avec un loquet; il la referma sans faire de bruit quand il fut entré, et il aperçut Fatime, à la clarté de la lune, couchée à l'air, et qui dormait sur un sofa garni d'une méchante natte. Il s'approcha d'elle, et, après avoir tiré un poignard qu'il portait à son côté, il l'éveilla. En ouvrant les yeux, la pauvre Fatime fut fort étonnée de voir un homme prêt à la poignarder. En lui appuyant le poignard contre le cœur, prêt à le lui enfoncer : « Si tu cries, dit-il, ou si tu fais le moindre bruit, je te tue! mais lève-toi et fais ce que je te dirai. » Fatime, qui était couchée dans son habit, se leva en tremblant de frayeur. « Ne crains pas, lui dit le magicien; je ne demande que ton habit, donne-le-moi et prends le mien. » Ils firent l'échange d'habits, et quand le magicien se fut habillé de celui de Fatime, il lui dit : « Colore-moi le visage comme le tien, de manière que je te ressemble et que la couleur ne s'efface pas. » Comme il vit qu'elle tremblait encore, il lui dit : « Ne crains pas, te dis-je encore une fois; je te jure par le nom de dieu que je te donne la vie. » Fatime alluma sa lampe, et, en prenant d'une certaine liqueur dans un vase avec un pinceau, elle lui en frotta le visage et lui assura qu'il avait le visage de la même couleur qu'elle. Elle lui mit ensuite sa propre coiffure sur la tête avec son voile.

» Le magicien, déguisé ainsi en Fatime, passa le reste de la nuit dans l'ermitage. Le lendemain, à une heure ou deux du matin, il alla reconnaître le palais d'Alladdin, car c'était là qu'il avait projeté de jouer son rôle.

» Dès qu'on eut aperçu la sainte femme, comme tout le peuple se l'imagina, le magicien fut bientôt environné d'une grande affluence de monde. Les plus forts fendaient la foule pour se faire place, et de là s'élevèrent des querelles dont le bruit se fit entendre du salon où était la princesse Badroulboudour. La princesse commanda qu'on allât voir ce que c'était que ce bruit et qu'on vînt lui en rendre compte. Une de ses femmes regarda par la jalousie, et elle revint dire que le bruit venait de la foule du monde qui environnait la sainte femme pour se faire guérir du mal de tête par l'imposition de ses mains. La princesse, qui depuis longtemps avait entendu dire beaucoup de bien de la sainte femme, mais qui ne l'avait pas encore vue, donna des ordres au chef des eunuques, et aussitôt il prit quatre eunuques avec ordre d'amener la prétendue sainte femme.

« Bonne mère, lui dit la princesse, je vous remercie de vos bonnes prières; j'y ai grande confiance, et j'espère que dieu les exaucera : je vous demande une chose qu'il faut que vous m'accordiez; c'est que vous demeuriez avec moi, afin que j'apprenne de vous et par vos bons exemples comment je dois servir dieu; je suis ravie de posséder une sainte femme comme vous, qui va faire la bénédiction de ce palais... A propos de ce palais, comment le trouvez-vous? » Sur cette demande, la fausse Fatime parcourut le salon des yeux d'un bout jusqu'à l'autre, et quand elle l'eut bien considéré : « Princesse, dit-elle, ce salon est véritablement admirable et d'une grande beauté; mais mon avis, s'il peut être de quelque importance, serait que si, au haut et au milieu de ce dôme, il y avait un œuf de roc suspendu, ce salon n'aurait point de pareil dans les quatre parties du monde, et votre palais serait la merveille de l'univers. — Ma bonne mère, demanda la princesse, quel oiseau est-ce que le roc et où pourrait-on en trouver un œuf? — Princesse, répondit la fausse Fatime, c'est un oiseau d'une grandeur prodigieuse qui habite au plus haut du mont Caucase : l'architecte de votre palais peut vous en trouver un. » Après avoir remercié la fausse Fatime de son avis, la princesse continua de s'entretenir avec elle sur d'autres sujets; mais elle n'oublia pas l'œuf de roc, et compta bien en parler à Aladdin dès qu'il serait revenu de la chasse. Il y avait six jours qu'il y était allé, et le magicien, qui ne l'avait pas ignoré, avait voulu profiter de son absence. Il revint le même jour, sur le soir, dans le temps que la fausse Fatime venait de prendre congé de la princesse et de se retirer à son appartement. En arrivant, il monta à l'appartement de la princesse. En l'embrassant, il lui parut qu'elle le recevait avec un peu de froideur. « Ma princesse, dit-il, je ne retrouve pas en vous la même gaieté que j'ai coutume d'y trouver. Est-il arrivé quelque chose, pendant mon absence, qui vous ait déplu et causé du chagrin? — C'est peu de chose, reprit la princesse. Mais puisque vous apercevez quelque altération sur mon visage, je ne vous en dissimulerai pas la cause. J'avais cru avec vous que notre palais était le plus accompli qu'il y eût au monde. Je vous dirai néanmoins ce qui m'est venu dans la pensée après avoir bien examiné le salon aux vingt-quatre croisées. Ne trouvez-vous pas, comme moi, qu'il n'y aurait plus rien à désirer si un œuf de roc était suspendu au milieu de l'enfoncement du dôme? — Princesse, reprit Aladdin, il suffit que vous trouviez qu'il y manque un œuf de roc pour que j'y trouve le même défaut. Vous verrez, par la diligence que je vais apporter à le réparer, qu'il n'y a rien que je ne fasse pour l'amour de vous. »

» Dans le moment Aladdin quitta la princesse Badroulboudour; il monta au salon aux vingt-quatre croisées, et là, après avoir tiré de son sein la lampe qu'il portait toujours sur lui depuis le danger qu'il avait couru pour avoir négligé de prendre cette précaution, il la frotta. Aussitôt le génie se présenta devant lui. « Génie, lui dit Aladdin, il manque à ce dôme un œuf de roc suspendu au milieu de l'enfoncement; je te demande, au nom de la lampe que je tiens, que tu fasses en sorte que ce défaut soit réparé. »

» Aladdin n'eut pas achevé de prononcer ces paroles que le génie fit un cri bruyant et si épouvantable que le salon en fut ébranlé, et qu'Aladdin en chancela, prêt à tomber de son haut. « Quoi, misérable! lui dit le génie d'une voix à faire trembler l'homme le plus assuré, ne te suffit-il pas que mes compagnons et moi nous ayons fait toute chose en ta considération, pour me demander, par une ingratitude qui n'a pas de pareille, que je t'apporte mon maître et que je le pende au milieu de la voûte de ce dôme? Cet attentat mériterait que vous fussiez réduits en cendres sur-le-champ, toi, ta femme et ton palais. Mais tu es heureux de n'en être pas l'auteur et que la demande ne vienne pas directement de ta part. Apprends quel en est le véritable auteur: c'est le frère du magicien africain, ton ennemi, que tu as exterminé comme il le méritait. Il est dans ton palais, déguisé sous l'habit de Fatime la sainte femme, qu'il a assassinée, et c'est lui qui a suggéré à ta femme de faire la demande pernicieuse que tu m'as faite. Son dessein est de te tuer; c'est à toi d'y prendre garde. » Et en achevant ces mots il disparut.

» Aladdin ne perdit pas une des dernières paroles du génie; il avait entendu parler de Fatime la sainte femme, et il n'ignorait pas de quelle manière elle guérissait le mal de tête, à ce que l'on prétendait. Il revint à l'appartement de la princesse, et, sans parler de ce qui venait de lui arriver, il s'assit en disant qu'un grand mal de tête venait de le prendre tout à coup, et en s'appuyant la main contre le front. La princesse commanda aussitôt qu'on fit venir la sainte femme, et, pendant qu'on alla l'appeler, elle raconta à Aladdin à quelle occasion elle se trouvait dans le palais où elle lui avait donné un appartement.

» La fausse Fatime arriva, et dès qu'elle fut entrée : « Venez, ma bonne mère, lui dit Aladdin, je suis bien aise de vous voir. Je suis tourmenté d'un furieux mal de tête qui vient de me saisir. Je vous demande votre secours par la confiance que j'ai en vos bonnes prières, et j'espère que vous ne me refuserez pas. » En achevant ces paroles, il se leva en baissant la tête, et la fausse Fatime s'avança de son côté, mais en portant la main sur un poignard qu'elle avait à sa ceinture sous sa robe. Aladdin, qui l'observait, lui saisit la main avant qu'elle l'eût tiré, et, en lui perçant le cœur du sien, il la jeta morte sur le plancher.

« Mon cher époux, qu'avez-vous fait? s'écria la princesse dans sa surprise, vous avez tué la sainte femme! — Non, ma princesse, répondit Aladdin sans s'émouvoir, je n'ai pas tué Fatime, mais un scélérat qui m'allait assassiner si je ne l'eusse prévenu. C'est ce méchant homme que vous voyez, ajouta-t-il en le dévoilant, qui a étranglé Fatime, et qui s'était déguisé sous son habit pour me poignarder, et afin que vous le connaissiez mieux, il était frère du magicien africain votre ravisseur. » Aladdin lui raconta ensuite par quelle voie il avait appris ces particularités; après quoi il fit enlever le cadavre.

» C'est ainsi qu'Aladdin fut délivré de la persécution des deux frères africains. Peu d'années après, le sultan mourut dans une grande vieillesse. Comme il ne laissa pas d'enfants mâles, la princesse Badroulboudour, en qualité de légitime héritière, lui succéda, et communiqua la puissance suprême à Aladdin. Ils régnèrent ensemble de longues années et laissèrent une illustre postérité.

» Sire, dit la sultane Scheherazade en achevant son histoire, vous aurez remarqué dans Aladdin un homme qui, d'une basse naissance, s'élève jusqu'à la royauté en servant des trésors qui lui viennent sans les chercher, seulement à mesure qu'il en a besoin pour parvenir à la fin qu'il s'est proposée. Dans le sultan elle aura appris combien un monarque court de dangers et risque même d'être détrôné lorsque, contre toutes les règles de l'équité, il ose, par une promptitude déraisonnable, condamner un innocent sans vouloir l'entendre. Enfin, elle aura en horreur les abominations de deux scélérats magiciens, dont l'un sacrifie pour posséder des trésors, et l'autre, sa vie et sa religion à la vengeance. »

Le sultan des Indes témoigna a la sultane Scheherazade, son épouse, qu'il était très-satisfait des prodiges qu'il venait d'entendre de la lampe merveilleuse, et que les contes qu'elle lui faisait chaque nuit lui faisaient beaucoup de plaisir. Il voyait bien que la sultane les faisait adroitement succéder les uns aux autres, et il n'était pas fâché qu'elle lui donnât occasion, par ce moyen, de tenir en suspens l'exécution du serment qu'il avait fait si solennellement de ne garder une femme qu'une nuit et de la faire mourir le lendemain.

« Dans cette intention, dès qu'il fut éveillé, il prévint Dinazade, et il l'éveilla lui-même, en demandant à la sultane, qui venait de s'éveiller aussi, si elle était à la fin de ses contes. « A la fin de mes contes, sire! répondit la sultane en se récriant à cette demande, j'en suis bien éloignée : le nombre en est si grand qu'il ne me serait pas possible à moi-même d'en dire le compte. Ce que je crains, sire, c'est qu'à la fin votre majesté ne s'ennuie et ne se lasse de m'entendre. — Otez-vous cette crainte de l'esprit, reprit le sultan, et voyons ce que vous avez de nouveau à me raconter. »

La sultane Scheherazrde, encouragée par ces paroles du sultan des Indes, commença de lui raconter une nouvelle histoire en ces termes : « Sire, dit-elle, j'ai entretenu plusieurs fois votre majesté de quelques aventures arrivées au fameux calife Haroun Al Raschild; il lui en est arrivé grand nombre d'autres dont celle que voici n'est pas moins digne de votre curiosité.

LES AVENTURES DU CALIFE HAROUN AL RASCHID.

» Quelquefois, comme votre majesté ne l'ignore pas, et comme elle peut l'avoir expérimenté par elle-même, nous sommes dans des transports de joie si extraordinaires que nous communiquons d'abord cette passion à ceux qui nous approchent ou que nous participons aisément à la leur. Quelquefois nous sommes dans une mélancolie si profonde que nous sommes insupportables à nous-mêmes, et que, bien loin d'en pouvoir dire la cause si on nous la demandait, nous ne pourrions la trouver nous-mêmes si nous la cherchions.

» Le calife était un jour dans une situation mélancolique, quand Giafar, son grand-visir, vint se présenter devant lui. Ce ministre le trouva seul; comme il s'aperçut qu'il était enseveli dans une humeur sombre, il s'arrêta en attendant qu'il daignât lui parler. Le calife enfin leva les yeux et regarda Giafar; mais il les détourna aussitôt, en demeurant dans la même posture. « Commandeur des croyants, dit Giafar, votre majesté me permet-elle de lui demander d'où peut venir la mélancolie qu'elle fait paraître et dont il m'a toujours paru qu'elle était si peu susceptible? — Il est vrai, visir, répondit le calife en changeant de situation, que j'en suis peu susceptible, et, sans toi, je ne me serais pas aperçu de celle où tu me trouves et dans laquelle je ne veux pas demeurer davantage. S'il n'y a rien de nouveau qui t'aie obligé de venir, tu me feras plaisir d'inventer quelque chose pour me la faire dissiper. — Commandeur des croyants, reprit Giafar, je prends la liberté de faire souvenir à votre majesté qu'elle s'est imposé un devoir de s'éclaircir en personne de la bonne police qu'elle veut qui soit observée dans sa capitale et aux environs. C'est aujourd'hui le jour qu'elle a bien voulu se prescrire, et c'est l'occasion la plus propre pour dissiper les nuages qui offusquent sa gaieté ordinaire. — Je l'avais oublié, répliqua le calife, et tu m'en fais ressouvenir fort à propos : va donc changer d'habit pendant que je ferai la même chose de mon côté. »

« Ils prirent chacun un habit de marchand

étranger, et sortirent seuls par une porte secrète du jardin du palais qui donnait sur la campagne. Ils firent une partie du circuit de la ville, par les dehors, jusqu'aux bords de l'Euphrate, et, après avoir achevé le tour de l'autre partie de la ville opposée à celle qu'ils venaient de quitter, ils reprirent le chemin du pont, qui en faisait la communication. Il passèrent ce pont, au bout duquel ils rencontrèrent un aveugle assez âgé qui demandait l'aumône. Le calife se détourna et lui mit une pièce de monnaie d'or dans la main. L'aveugle, à l'instant, lui prit la main et l'arrêta. « Charitable personne, dit-il, ne me refusez pas la grâce que je vous demande de me donner un soufflet; je l'ai mérité, et même un plus grand châtiment. » En achevant ces paroles, il quitta la main du calife pour lui laisser la liberté de lui donner le soufflet; mais, de crainte qu'il ne passât outre sans le faire, il le prit par son habit. Le calife, surpris de la demande et de l'action de l'aveugle : « Bon homme, dit-il, je ne puis t'accorder ce que tu me demandes: je me garderai bien d'effacer le mérite de mon aumône par le mauvais traitement que tu prétends que je te fasse. » Et, en achevant ces paroles, il fit un effort pour faire quitter prise à l'aveugle. « Seigneur, reprit l'aveugle, pardonnez-moi mon importunité; donnez-moi, je vous prie, un soufflet, ou reprenez votre aumône; je ne puis la recevoir qu'à cette condition, sans contrevenir à un serment solennel que j'ai fait devant dieu, et, si vous en saviez la raison, vous tomberiez d'accord avec moi que la peine est trop légère. »

» Le calife, qui ne voulait pas être retardé plus longtemps, céda à l'importunité de l'aveugle, et lui donna un soufflet assez léger; l'aveugle qui ta prise aussitôt, en le remerciant et en le bénissant. Le calife continua son chemin avec le grand-visir; mais, à quelques pas de là, il dit au visir : « Je voudrais bien être informé du sujet qui a porté cet aveugle à se conduire ainsi avec ceux qui lui font l'aumône : ainsi, retourne et dis-lui qui je suis, qu'il ne manque pas de se trouver demain au palais dans l'après-dîner, et que je veux lui parler. » Le grand-visir retourna sur ses pas, fit son aumône à l'aveugle, et, après lui avoir donné un soufflet, il lui donna l'ordre et revint rejoindre le calife. Avant que le calife n'arrivât au palais, dans une rue par où il y avait longtemps qu'il n'avait passé, il remarqua un édifice nouvellement bâti qui lui parut être l'hôtel de quelque seigneur de la cour. Il demanda au grand-visir s'il savait à qui il appartenait. Le grand-visir dit qu'il l'ignorait, mais qu'il allait s'en informer. En effet, il interrogea un voisin, qui lui dit que cette maison appartenait à Khodjia Hassan, surnommé Alhabbal, à cause de la profession de cordier qu'il lui avait lui-même vu exercer dans une grande pauvreté, et que, sans savoir par quel endroit la fortune l'avait favorisé, il avait acquis de si grands biens qu'il soutenait fort honorablement et splendidement la dépense qu'il avait faite à la faire bâtir. Le grand-visir alla rejoindre le calife, et lui rendit compte de ce qu'il venait d'apprendre. « Je veux voir ce Khodjia Hassan Alhabbal, lui dit le calife; va lui dire qu'il se trouve aussi demain à mon palais à la même heure que les deux autres. » Le grand-visir ne manqua pas d'exécuter les ordres du calife. Le lendemain, après la prière de l'après-dîner, le calife entra dans son appartement, et le grand-visir y introduisit aussitôt les deux personnages dont nous avons parlé et les présenta au calife. Ils se prosternèrent tous deux devant le trône du sultan, et, quand ils se furent relevés, le calife demanda à l'aveugle comment il s'appelait. « Je me nomme Baba Abdallah, répondit l'aveugle. — Baba Abdallah! reprit le calife, ta manière de demander l'aumône me parut hier si étrange que, si je n'eusse été retenu par de certaines considérations, je t'aurais empêché de donner davantage au public le scandale que tu lui donnes. Je veux savoir de toi quel est le motif qui t'a poussé à faire un serment aussi indiscret : d'où t'est venue cette pensée extravagante? » Baba Abdallah se prosterna le front contre terre, et, après s'être relevé : « Commandeur des croyants, dit-il, je demande très-humblement pardon à votre majesté de la hardiesse avec laquelle j'ai osé exiger d'elle de faire une chose qui paraît hors du bon sens. Je ne connaissais pas alors votre majesté: j'implore sa clémence, et j'espère qu'elle aura égard à mon ignorance. Quant à ce qu'il lui plaît de traiter ce que je fais d'extravagance, c'est une pénitence très-modique d'un péché dont je suis coupable, et que je n'expierais pas quand tous les mortels m'accableraient de soufflets. C'est de quoi votre majesté sera le juge elle-même quand je lui aurai fait connaître quelle est cette faute énorme. »

HISTOIRE DE L'AVEUGLE BABA ABDALLAH.

« Commandeur des croyants, continua Baba Abdallah, je suis né à Bagdad, avec quelques biens dont j'ai hérité de mon père et de ma mère, qui moururent à peu de jours l'un de l'autre. Quoique je fusse dans un âge peu avancé, je n'oubliai rien pour augmenter mes richesses par mon industrie. Enfin j'étais devenu assez riche pour posséder quatre-vingts chameaux que je louais aux marchands des caravanes, et qui me valaient de grosses sommes. Un jour, comme je venais de Balsora à vide avec mes chameaux et que je les faisais paître dans un lieu fort éloigné de toute habitation, un derviche, à pied, qui allait à Balsora, vint m'aborder et s'assit auprès de moi pour se délasser. Je lui demandai d'où il venait et où il allait. Il me fit les mêmes demandes; et après que nous eûmes satisfait notre curiosité de part et d'autre, nous mîmes nos provisions en commun et nous mangeâmes ensemble.

» En faisant notre repas, le derviche me dit que, dans un lieu peu éloigné de celui où nous étions, il avait connaissance d'un trésor plein de tant de richesses que, quand mes quatre-vingts chameaux seraient chargés de l'or et des pierreries qu'on en pouvait tirer, il ne paraîtrait presque pas qu'on en eût rien enlevé. Cette bonne nouvelle me surprit et me charma. La joie que je ressentis en moi-même fit que je me jetai à son cou en lui disant : « A quoi peut vous servir la connaissance de ce trésor? Vous êtes seul, et vous ne pouvez emporter que très-peu de chose. Enseignez-moi où il est; j'en chargerai mes quatre-vingts chameaux, et je vous en ferai présent d'un, en reconnaissance du bien que vous m'aurez fait. »

» Le derviche, qui vit ma passion étrange pour les richesses, ne se scandalisa pourtant pas de l'offre déraisonnable que je venais de lui faire : « Mon frère, me dit-il sans s'émouvoir, vous voyez bien vous-même que ce que vous m'offrez n'est pas proportionné au bienfait que vous demandez de moi. Je pouvais me dispenser de vous parler du trésor et garder mon secret; mais ce que j'ai bien voulu vous en dire peut vous faire connaître la bonne intention que j'avais, et que j'ai encore, de vous obliger. J'ai donc une autre proposition plus équitable à vous faire; c'est à vous de voir si elle vous accommode. Vous dites que vous avez quatre-vingts chameaux; je suis prêt à vous mener au trésor; nous les chargerons, vous et moi, d'autant d'or et de pierreries qu'ils en pourront porter, à condition que, quand nous les aurons chargés, vous m'en céderez la moitié avec leur charge, et que vous retiendrez pour vous l'autre moitié, après quoi nous nous séparerons et les emmènerons où bon nous semblera. » Je ne pouvais disconvenir que la condition que le derviche me proposait ne fût très-équitable. Il fallait l'accepter, ou me résoudre à me repentir toute ma vie d'avoir, par ma faute, perdu l'occasion de me faire une haute fortune. Dans le moment même, je rassemblai mes chameaux et nous partîmes ensemble. Après avoir marché quelque temps, nous arrivâmes dans un vallon assez spacieux, mais dont l'entrée était formée par deux montagnes forts étroites. Quand nous fûmes arrivés entre ces deux montagnes : « N'allons pas plus loin, me dit le derviche; arrêtez vos chameaux, et faites-les agenouiller dans l'espace que vous voyez, afin que nous n'ayons pas de peine à les charger; et quand vous aurez fait, je procéderai à l'ouverture du trésor. » Je fis ce que le derviche m'avait dit, et je l'allai rejoindre aussitôt. Je le trouvai un fusil à la main, qui amassait un peu de bois sec pour faire du feu. Sitôt qu'il en eut fait, il y jeta du parfum en prononçant quelques paroles dont je ne compris pas bien le sens, et aussitôt il se fit dans le roc une grande ouverture qui exposa à nos yeux un palais magnifique, pratiqué plutôt par le travail des génies que par celui des hommes. Je ne pris pas le temps d'admirer les richesses infinies que je voyais de tous côtés : comme l'aigle fond sur sa proie, je me jetai sur le premier tas de monnaie d'or qui se présenta devant moi, et je commençai à en mettre dans un sac autant que je jugeai pouvoir en porter.

» Le derviche fit comme moi, mais je m'aperçus qu'il s'attachait plutôt aux pierreries; je suivis son exemple, et nous enlevâmes beaucoup plus de toutes sortes de pierres précieuses que d'or monnayé. Nous achevâmes d'emplir tous nos sacs, et nous en chargeâmes nos chameaux. Il ne restait plus qu'à refermer le trésor et à nous en aller.

» Avant que de partir, le derviche rentra dans le trésor; et j'observai qu'il y prit une petite boîte, et qu'il n'y avait dedans qu'une espèce de pommade. Le derviche fit la même cérémonie pour fermer le trésor qu'il avait faite pour l'ouvrir; la porte se referma, et le rocher nous parut aussi entier qu'auparavant. Alors nous partageâmes nos chameaux, que nous fîmes lever avec leurs charges. Je me mis à la tête de quarante, et le derviche à la tête des autres. Nous défilâmes par le vallon, et nous marchâmes jusqu'au grand chemin où nous devions nous séparer, le derviche pour continuer sa route vers Balsora, et moi pour revenir à Bagdad. Pour le remercier d'un si grand bienfait, j'employai les termes qui pouvaient lui marquer davantage ma reconnaissance. Nous nous embrassâmes tous deux avec bien de la joie, et nous nous éloignâmes chacun de notre côté.

» Je n'eus pas fait quelques pas pour rejoindre mes chameaux que le démon de l'ingratitude et de l'envie s'empara de mon cœur, et que je me déterminai tout à coup à lui enlever ses chameaux avec leurs charges. Pour exécuter mon dessein, je courus après le derviche, que j'appelai de toute ma force, pour lui faire comprendre que j'avais encore quelque chose à lui dire; il entendit ma voix, et il s'arrêta. Quand je l'eus rejoint : « Mon frère, lui dis-je, vous ne savez peut-être pas à quelle peine vous vous êtes engagé en vous chargeant d'un si grand nombre de chameaux. Si vous vouliez me croire, vous n'en emmèneriez que trente, et je crois que vous aurez encore bien de la difficulté à les gouverner. Vous pouvez vous en rapporter à moi; j'en ai l'expérience. — Je crois que vous avez raison, reprit le derviche, qui ne se voyait pas en état de pouvoir me rien disputer, et j'avoue que je n'y avais pas fait réflexion. Choisissez donc les dix qu'il vous plaira; emmenez-les, et allez à la garde de dieu. » J'en mis à part dix, et je les mis en chemin pour aller se mettre à la suite des miens. Cette facilité du derviche à se laisser persuader augmenta mon avidité, et je me flattai que je n'aurais pas de peine à en obtenir encore dix autres. « Mon frère, lui dis-je encore, je ne puis me résoudre à me séparer d'avec vous sans vous prier de considérer combien trente chameaux chargés sont difficiles à mener, surtout à un homme comme vous, qui n'êtes pas accoutumé à ce travail. Soulagez-vous donc de ces dix autres chameaux sur un homme comme moi, à qui il ne coûte pas plus de prendre soin de cent que d'un seul. »

» Le derviche me céda, sans aucune résistance, les dix chameaux que je lui demandais, de manière que je me vis maître de soixante charges dont la valeur surpassait les richesses de beaucoup de souverains. Il semble, après cela, que je devais être content. Mais je me sentis plus enflammé qu'auparavant de l'envie de me procurer les vingt autres qui restaient encore au derviche. « Je redoublai mes sollicitations et mes prières pour faire condescendre le derviche à m'en accorder encore dix des vingt. Il se rendit de bonne grâce, et, quant au dix autres qui lui restaient, je l'embrassai et je lui fis tant de caresses, en le conjurant de ne me les pas refuser, qu'il me combla de joie en m'anonçant qu'il y consentait. « Faites-en bon usage, mon frère, ajouta-t-il, et souvenez-vous que dieu peut nous ôter les richesses comme il nous les donne, si nous ne nous en servons à secourir les pauvres. » Mon aveuglement était si grand que je n'étais pas en état de profiter d'un conseil si salutaire. Je ne me contentais pas de me revoir possesseur de mes quatre-vingts chameaux et de savoir qu'ils étaient chargés d'un trésor inestimable; il me vint dans l'esprit que la petite boîte de pommade dont le derviche s'était saisi pouvait être quelque chose de plus précieux que toutes les richesses dont je lui étais redevable. Cela me détermina à faire en sorte de l'obtenir : « A propos, lui dis-je en retournant à lui, que voulez-vous faire de cette petite boîte de pommade? Elle me paraît si peu de chose qu'elle ne vaut pas la peine que vous l'emportiez; je vous prie de m'en faire présent. » Loin de me la refuser, le derviche la tira de son sein, et en me la présentant de la meilleure grâce du monde : « Tenez, mon frère, me dit-il, la voilà; qu'à cela ne tienne que vous ne soyez content. »

» Quand j'eus la boîte entre les mains, je l'ouvris, et en considérant la pommade : « Puisque vous êtes de si bonne volonté, lui dis-je, et que vous ne vous lassez pas de m'obliger, je vous prie de vouloir bien me dire quel est l'usage particulier de cette pommade. — L'usage en est surprenant et merveilleux, repartit le derviche. Si vous appliquez un peu de cette pommade autour de l'œil gauche et sur la paupière, elle fera paraître devant vos yeux tous les trésors qui sont cachés dans le sein de la terre ; mais, si vous en appliquez de même à l'œil droit, elle vous rendra aveugle. » Je voulais avoir l'expérience d'un effet si admirable.

« Prenez la boîte, dis-je au derviche en la lui présentant, et appliquez-moi de cette pommade à l'œil gauche : vous entendez cela mieux que moi. Je suis dans l'impatience d'avoir l'expérience d'une chose qui me paraît incroyable. » Le derviche voulut bien se donner cette peine ; il me fit fermer l'œil gauche, et m'appliqua la pommade. Quand il eut fait, j'ouvris l'œil, et je vis en effet un nombre infini de trésors remplis de richesses prodigieuses et diversifiées. Mais comme j'étais obligé de tenir l'œil droit fermé et que cela me fatiguait, je priai le derviche de m'appliquer aussi de cette pommade autour de cet œil. « Je suis prêt à le faire, me dit le derviche ; mais souvenez-vous que je vous ai averti que, si vous vous en mettez sur l'œil droit, vous deviendrez aveugle aussitôt. Telle est la vertu de cette pommade ; il faut que vous vous y accommodiez. — Mon frère, repris-je en souriant, je vois bien que vous voulez m'en faire accroire ; il n'est pas naturel que cette pommade fasse deux effets si opposés l'un à l'autre. — La chose est pourtant comme je vous le dis, repartit le derviche, et vous devez m'en croire sur ma parole. » Malgré cette assurance, je m'obstinai à presser le derviche de m'en appliquer lui-même autour de l'œil droit, mais il refusa constamment de le faire. « Après vous avoir fait un si grand bien, mon frère, me dit-il, je ne puis me résoudre à vous faire un si grand mal. Considérez bien vous-même quel malheur est celui d'être privé de la vue, et ne me réduisez pas à la nécessité fâcheuse de vous complaire dans une chose dont vous auriez à vous repentir toute votre vie. » Je poussai mon opiniâtreté jusqu'au bout. « Mon frère, lui dis-je assez fermement, au nom de dieu, accordez-moi cette dernière faveur ! Quoi qu'il en arrive, je ne m'en prendrai pas à vous. — Puisque vous le voulez absolument, me dit le derviche, je vais vous contenter. » Il prit un peu de cette pommade fatale, et me l'appliqua donc sur l'œil droit, que je tenais fermé. Mais, hélas ! quand je vins à l'ouvrir, je ne vis que ténèbres épaisses devant mes yeux, et je demeurai aveugle comme vous me voyez. « Ah ! malheureux derviche, m'écriai-je dans le moment, ce que vous m'avez prédit n'est que trop vrai ! Fatale curiosité, désir insatiable des richesses, dans quel abîme de malheur m'allez-vous jeter ! Je sens bien à présent que je me les suis attirés. « Mais vous, cher frère, m'écriai-je encore en m'adressant au derviche, entre tant de secrets merveilleux dont vous avez la connaissance, n'en avez-vous pas un pour me rendre la vue ? — Malheureux, me répondit alors le derviche, il n'a pas tenu à moi que tu n'aies évité ce malheur ; mais tu n'as que ce que tu mérites, et c'est l'aveuglement du cœur qui t'a attiré celui du corps. Il est vrai que j'ai des secrets, mais je n'en ai pas pour te rendre la vue. Adresse-toi à dieu ; il n'y a que lui qui puisse te la rendre. Il t'avait donné des richesses dont tu étais indigne, il te les a ôtées, et il va les donner, par mes mains, à des hommes qui n'en seront pas méconnaissants comme toi. »

» Le derviche ne m'en dit pas davantage, et je n'avais rien à lui répliquer. Il me laissa seul, accablé de confusion et plongé dans un excès de douleur qu'on ne peut exprimer ; et, après avoir rassemblé mes quatre-vingts chameaux, il les emmena et poursuivit son chemin jusqu'à Balsora.

» Je le priai de ne me point abandonner en cet état, et de m'aider du moins à me conduire jusqu'à la première caravane ; mais il fut sourd à ma prière et à mes cris. Ainsi, privé de la vue et de tous ce que je possédais au monde, je serais mort d'affliction et de faim, si une caravane, qui revenait de Balsora, ne m'eût bien voulu recevoir charitablement et me ramener a Bagdad.

» D'un état à m'égaler à des princes, je me vis réduit à la mendicité sans aucune ressource. Il fallut donc me résoudre à demander l'aumône, et c'est ce que j'ai fait jusqu'à présent. Mais, pour expier mon crime, je m'imposai la peine d'un soufflet de la part de chaque personne qui aurait compassion de ma misère.

» Voilà, commandeur des croyants, le motif de ce qui parut hier si étrange à votre majesté ; et si elle daigne prononcer sur la pénitence que je me suis imposée, je suis persuadé qu'elle la trouvera beaucoup au-dessous de mon crime. »

» Quand l'aveugle eut achevé son histoire, le calife lui dit : « Baba Abdallah, ton péché est grand ; mais dieu soit loué de ce que tu en as connu l'énormité et de la pénitence publique que tu en as faite jusqu'à présent ! C'est assez : il faut que dorénavant tu la continues dans le particulier, en demandant pardon à dieu dans chacune de tes prières, et, afin que tu n'en sois pas détourné par le soin de demander ta vie, je te fais une aumône, ta vie durante, de quatre drachmes d'argent par jour, que mon grand-visir te fera donner. Ainsi, attends qu'il ait exécuté mon ordre. » A ces paroles, Baba Abdallah se prosterna devant le trône du calife, et il le remercia en lui souhaitant toute sorte de bonheur et de prospérité.

» Le calife Haroun Al Raschid, content de l'histoire de Baba Abdallah, s'adressa au cordier, que le grand-visir avait fait venir. « Khodjah Hassan, lui dit-il, en passant hier devant ton hôtel, il me parut si magnifique que j'eus la curiosité de savoir à qui il appartenait. J'appris que tu l'avais fait bâtir après avoir fait profession d'un métier qui te produisait à peine de quoi vivre. On me dit aussi que tu faisais un bon usage des richesses que dieu t'a données. Je suis curieux d'apprendre ton histoire; c'est pour me donner cette satisfaction que je t'ai fait venir. Et afin que ma curiosité ne te soit pas suspecte, je te déclare que, loin d'y avoir aucune prétention, je te permets d'en jouir en toute sûreté. » Sur ces assurances, Khodjad Hassan se prosterna devant son trône, et après qu'il se fut relevé : « Commandeur des croyants, dit-il, j'espère que votre majesté demeurera dans un sentiment qui m'est si avantageux quand, pour satisfaire à son commandement, je lui aurai fait le récit de mes aventures. » Après avoir, pendant quelques moments, rappelé dans sa mémoire ce qu'il avait à dire, Khodjah Hassan reprit la parole en ces termes :

HISTOIRE DE KHODJAH ALHABBAL.

« Commandeur des croyants, dit-il, pour mieux faire entendre à votre majesté par quelles voies je suis parvenu au grand bonheur dont je jouis, je dois, avant toute chose, commencer par lui parler de deux amis intimes, citoyens de cette même ville, qui vivent encore; c'est à eux que je suis redevable de mon bonheur après dieu.

« Ces deux amis s'appellent, l'un Saadi, et l'autre Saad. Saadi, qui est puissamment riche, pense qu'un homme ne peut être heureux en ce monde qu'autant qu'il a de grandes richesses pour vivre hors de la dépendance de qui que ce soit. Saad est d'un autre sentiment : il convient qu'il faut avoir des richesses autant qu'elles sont nécessaires à la vie, mais il soutient que la vertu doit faire le bonheur des hommes sans d'autre attache aux biens du monde que pour en faire des libéralités selon leur pouvoir. Saad est de ce nombre, et il vit très-heureux et très-content de l'état où il se trouve. Quoique Saadi soit infiniment plus riche que lui, leur amitié est très-sincère; ils n'ont jamais eu de contestation que sur ce seul point.

« Saad, dit un jour Saadi, je vois bien que je ne gagnerais rien avec vous en persistant à soutenir mon opinion contre la vôtre; je veux en faire l'expérience pour vous en convaincre, en donnant, par exemple, en pur don, une somme telle que je me l'imagine à un de ces artisans pauvres de père en fils qui vivent aujourd'hui au jour la journée, et qui meurent aussi gueux que quand ils sont nés. Si je ne réussis pas, nous verrons si vous réussirez mieux de la manière que vous l'entendez. »

» Quelques jours après cette contestation, il arriva que les deux amis, en se promenant, passèrent par le quartier où je travaillais de mon métier de cordier, que j'avais appris de mon père, et qu'il avait appris lui-même de mon aïeul. A voir mon équipage, il n'eut pas de peine à juger de ma pauvreté. Saad, qui se souvint de l'engagement de Saadi, lui dit : « Si vous n'avez pas oublié à quoi vous vous êtes engagé avec moi, voilà un homme, ajouta-t-il en me désignant, qu'il y a longtemps que je vois faisant le métier de cordier, et toujours dans le même état de pauvreté. C'est un sujet tout propre à faire l'expérience dont vous parliez l'autre jour. — Je m'en souviens si bien, reprit Saadi, que je porte sur moi de quoi faire l'expérience que vous dites, et je n'attendais que l'occasion que vous en fussiez témoin. Abordons-le, et sachons si véritablement il en a besoin. » Les deux amis vinrent à moi ; ils me donnèrent l'un et l'autre le salut ordinaire, et Saadi me demanda comment je m'appelais. Je leur rendis le même salut ; et pour répondre à la demande de Saadi : « Seigneur, lui dis-je, mon nom est Hassan, et, à cause de ma profession, je suis connu communément sous le nom de Hassan Alhabbal. — Hassan, reprit Saadi, comme il n'y a pas de métier qui ne nourrisse son maître, je ne doute pas que le vôtre ne vous fasse gagner de quoi vivre à votre aise, et même je m'étonne que, depuis le temps que vous l'exercez, vous n'ayez pas acheté une bonne provision de chanvre pour faire plus de travail, tant par vous-même que par des gens à gage que vous auriez pris pour vous aider, et pour vous mettre insensiblement plus au large. — Seigneur, lui repartis-je, vous cesserez de vous étonner que je ne fasse pas d'épargne et que je ne prenne pas le chemin que vous dites pour devenir riche, quand vous saurez que j'ai une femme et cinq enfants dont pas un n'est en âge de m'aider en la moindre chose. — Hassan, me dit-il, je comprends toutes les raisons qui vous obligent à vous contenter de l'état où vous vous trouvez. Mais, si je vous faisais présent d'une bourse de deux cents pièces d'or, ne croyez-vous pas qu'avec cette somme vous deviendriez bientôt au moins aussi riche que les principaux de votre profession? — Seigneur, repris-je, vous me paraissez un si honnête homme que je suis persuadé que vous ne voudriez pas vous divertir de moi et que l'offre que vous me faites est sérieuse. » Le généreux Saadi tira sa bourse de son sein, et me la mettant entre les mains : « Prenez, dit-il, voilà ma bourse ; vous y trouverez les deux cents pièces d'or bien comptées. »

» Commandeur des croyants, quand j'eus reçu la bourse, je fus dans un transport de joie si grand et je fus si fort pénétré de ma reconnaissance que la parole me manqua et qu'il ne me fut pas possible d'en donner d'autre marque à mon bienfaiteur que d'avancer la main pour lui prendre le bord de sa robe et la baiser ; mais il la retira en s'éloignant, et ils continuèrent leur chemin, lui et son ami.

» En reprenant mon ouvrage après leur éloignement, la première pensée qui me vint fut d'aviser où je mettrais la bourse pour qu'elle fût en sûreté. Je n'avais dans ma petite et pauvre maison ni coffre, ni armoire qui fermât, ni aucun lieu où je pusse m'assurer qu'elle ne serait pas découverte si je l'y cachais. Dans cette perplexité, comme j'avais coutume de cacher le peu de monnaie que j'avais dans les plis de mon turban, je quittai mon ouvrage et je rentrai chez moi. Je pris si bien mes précautions que, sans que ma femme et mes enfants s'en aperçussent, je tirai dix pièces d'or de la bourse, que je mis à part pour les dépenses les plus pressées, et j'enveloppai le reste dans les plis de la toile qui entourait mon bonnet. La principale dépense que je fis, dès le même jour, fut d'acheter une bonne provision de chanvre. Ensuite, comme il y avait longtemps qu'on avait vu de viande dans ma famille, j'allai à la boucherie et j'en achetai pour le souper. En m'en revenant, je tenais ma viande à la main, lorsqu'un milan affamé fondit dessus, et me l'eût arrachée de la main, si je n'eusse tenu ferme contre lui. Mais, hélas! j'aurais bien mieux fait de la lui lâcher, pour ne pas perdre ma bourse! Plus il trouvait en moi de résistance, plus il s'opiniâtrait à vouloir me l'enlever. Il me traînait de côté et d'autre, pendant qu'il se soutenait en l'air sans quitter prise : mais il arriva, malheureusement, que, dans les efforts que je faisais, mon turban tomba par terre. Aussitôt le milan lâcha prise, et se jeta sur mon turban avant que j'eusse le temps de le ramasser. Je poussai des cris si perçants que les voisins en furent effrayés et joignirent leurs cris aux miens pour tâcher de faire quitter prise au milan ; mais les cris ne l'épouvantèrent pas : il emporta mon turban si loin que nous le perdîmes tous de vue avant qu'il l'eût lâché. Ainsi il eût été inutile de me donner la peine de courir après pour le recouvrer. Je retournai chez moi, fort triste de la perte que je venais de faire de mon turban et de mon argent. Il fallut cependant en acheter un autre, ce qui fit une nouvelle diminution aux dix pièces d'or que j'avais tirées de la bourse. J'en avais déjà dépensé pour l'achat du chanvre, et ce qui me restait ne suffisait pas pour me donner lieu de remplir les belles espérances que j'avais conçues. Ce qui me fit le plus de peine fut le peu de satisfaction que mon bienfaiteur aurait d'avoir si mal placé sa libéralité quand il apprendrait le malheur qui m'était arrivé, qu'il regarderait peut-être comme incroyable, et, par conséquent, comme une vaine excuse. Tant que dura le peu de pièces d'or qui me restaient, nous nous en ressentîmes, ma petite famille et moi; mais je retombai bientôt dans le même état et dans la même impuissance de me tirer hors de misère qu'auparavant. Je n'en murmurai pourtant pas. « Dieu, disais-je, a voulu m'éprouver en me donnant du bien dans le temps que je m'y attendais le moins; il me l'a ôté presque aussitôt. Qu'il en soit loué, comme je l'avais loué jusqu'alors des bienfaits dont il m'a favorisé! Je me soumets à sa volonté. »

» J'étais dans ces sentiments, pendant que ma femme, à qui je n'avais pu m'empêcher de faire part de la perte que j'avais faite et par quel endroit elle m'était venue, était inconsolable.

» Il y avait environ six mois que le milan m'avait causé le malheur que je viens de raconter à votre majesté lorsque les deux amis passèrent peu loin du quartier où je demeurais. Le voisinage fit que Saad se souvint de moi. Il dit à Saadi : « Nous ne sommes pas loin de la rue où demeure Hassan Alhabbal; passons-y, et voyons si les deux cents pièces d'or que vous lui avez données ont contribué à le mettre en chemin de faire au moins une fortune meilleure que celle dans laquelle nous l'avons vu. — Je le veux bien, reprit Saadi. Il y a quelques jours, ajouta-t-il, que je pensais à lui. » Les deux amis s'étaient déjà détournés, et ils entraient dans la rue en même temps que Saadi parlait encore. Saad, qui m'aperçut de loin le premier, dit à son ami : « Je vois Hassan Alhabbal; mais il ne me paraît aucun changement en sa personne; il est aussi mal habillé qu'il l'était quand nous lui avons parlé ensemble. » En approchant, Saadi, qui m'avait aperçu aussi, vit bien que Saad avait raison, et il ne savait sur quoi fonder le peu de changement qu'il voyait en ma personne : « Eh bien! Hassan, me dit-il, nous ne vous demandons pas comment vont vos petites affaires depuis que nous vous avons vu; elles ont pris sans doute un meilleur train; les deux cents pièces d'or doivent y avoir contribué. — Seigneurs, repris-je en m'adressant à tous les deux, j'ai une grande mortification d'avoir à vous apprendre que vos vœux et vos espérances n'ont pas eu le succès que vous aviez lieu d'attendre et que je m'étais promis à moi-même. Vous auriez de la peine à ajouter foi à l'aventure extraordinaire qui m'est arrivée. Je vous assure néanmoins, en homme d'honneur, et vous devez me croire, que rien n'est plus véritable que ce que vous allez entendre. » Alors je leur racontai mon aventure avec les mêmes circonstances que je viens d'avoir l'honneur d'exposer à votre majesté. Saadi rejeta mon discours bien loin : « Hassan, me dit-il, vous voulez me tromper. Les milans n'en veulent pas aux turbans; ils ne cherchent que de quoi contenter leur avidité. Vous avez fait comme les gens de votre sorte ont coutume de faire. S'ils font un gain extraordinaire, ou que quelque bonne fortune qu'ils n'attendaient pas leur arrive, ils abandonnent leur travail, ils se divertissent, et font bonne chère tant que l'argent dure, et, dès qu'ils ont tout mangé, ils se trouvent dans la même nécessité et dans les mêmes besoins qu'auparavant. Vous ne croupissez dans votre misère que parce que vous le méritez, et que vous vous rendez vous-même indigne du bien que l'on vous fait. »

« Seigneur, repris-je, je souffre de tous ces reproches, et je suis prêt à en souffrir d'autres que vous pourriez me faire, mais je les souffre avec d'autant plus de patience que je ne crois pas en avoir mérité aucun. »

» Saad prit mon parti, et il raconta à Saadi tant d'autres histoires de milans, non moins surprenantes, qu'à la fin il tira sa bourse de son sein. Il me compta deux cents pièces d'or dans la main, que je mis à mesure dans mon sein, faute de bourse. Quand Saadi eut achevé de me compter cette somme : « Hassan, me dit-il, je veux bien encore vous faire présent de ces deux cents pièces d'or; mais prenez garde de les mettre dans un lieu si sûr qu'il ne vous arrive pas de les perdre aussi malheureusement que vous avez perdu les autres, et de faire en sorte qu'elles vous procurent l'avantage que les premières devaient vous avoir procuré. » Je lui témoignais que l'obligation que je lui avais de cette seconde grâce était d'autant plus grande que je ne la méritais pas après ce qui m'était arrivé, et que je n'oublierais rien pour profiter de son conseil. » Je voulais poursuivre, mais il me quitta, et il continua sa promenade avec son ami. Après leur départ, je rentrai chez moi, où ma femme ni mes enfants ne se trouvaient pas alors. Je mis à part dix pièces d'or, et j'enveloppai les autres dans un linge que je nouai. Il s'agissait de cacher le linge dans un lieu de sûreté. Après y avoir bien songé, je m'avisai de le mettre au fond d'un grand vase de terre plein de son, qui était dans un coin, où je m'imaginai bien que ma femme ni mes enfants n'iraient pas le chercher. Ma femme revint peu de temps après: comme il ne restait que très-peu de chanvre, je lui dis que j'allais en acheter. Je sortis; mais, pendant que j'étais allé faire cette emplette, un vendeur de terre à décrasser, dont les femmes se servent au bain, vint à passer par la rue. Ma femme, qui n'avait plus de cette terre, appelle le vendeur, et, comme elle n'avait pas d'argent, elle lui demanda s'il voulait lui donner de sa terre en échange pour du son. Le vendeur accepte, ma femme reçoit la terre à décrasser, et le vendeur emporte le vase avec le son.

» Je revins, suivi de cinq porteurs chargés, comme moi, de chanvre, dont j'emplis une soupente, et je pris quelques moments pour me remettre de ma lassitude. Alors je jetai les yeux du côté où j'avais laissé le vase de son, et je ne le vis plus. Je demandai à ma femme avec précipitation ce qu'il était devenu, et elle me raconta le marché qu'elle avait fait.

» Ah! femme infortunée, m'écriai-je, vous ignorez le mal que vous nous avez faits! Vous avez cru ne vendre que du son, et avec ce son vous avez enrichi votre vendeur de terre à décrasser de cent quatre-vingt-dix pièces d'or dont Saadi, avec son ami, venait de me faire présent pour la seconde fois! » Quand ma femme eut appris la grande faute qu'elle avait commise par son ignorance, elle se lamenta, se frappa la poitrine, s'arracha les cheveux.

» La seule chose qui me chagrinait, c'était quand je me demandais à moi-même comment je pourrais supporter la présence de Saadi lorsqu'il viendrait me demander le compte de l'emploi de ces deux cents pièces d'or, et de l'avancement de ma fortune par le moyen de sa libéralité, et que je n'y voyais d'autre remède que de me résoudre à la confusion que j'en aurais, quoique cette seconde fois, non plus que la première, je n'eusse en rien contribué à ce malheur par ma faute.

» Les deux amis furent plus longtemps à revenir que la première fois. Saad en avait parlé souvent à Saadi, mais Saadi avait toujours différé. « Plus nous différerons, disait-il, plus Hassan se sera enrichi, et plus la satisfaction que j'en aurai sera grande. » Saad n'avait pas la même opinion de l'effet de la libéralité de son ami. « Vous croyez donc, reprenait-il, que votre présent aura été mieux employé par Hassan cette fois que la première? Je ne vous conseille pas de vous en trop flatter, de crainte que votre mortification n'en fût plus sensible, si vous trouviez que le contraire fût arrivé. » Un jour enfin que Saad était chez Saadi, après une longue contestation ensemble : « C'en est trop, je veux, dit Saadi, être éclairci dès aujourd'hui de ce qui en est. Allons savoir lequel de nous deux a perdu la gageure. » Les deux amis partirent, et je les vis de loin. Attaché à mon travail, je fis semblant de ne les avoir pas aperçus, et je ne levai les yeux, pour les regarder, que quand ils furent près de moi, et que, m'ayant donné le salut de paix, je ne pus honnêtement m'en dispenser. Je les baisai aussitôt, et, en leur contant ma dernière disgrâce, je leur fis connaître pourquoi ils me trouvaient aussi pauvre que la première fois qu'ils m'avaient vu.

« Hassan, me dit Saadi, quand je voudrais me persuader que tout ce que vous venez de dire est aussi vrai que vous prétendez nous le faire croire, et que ce ne serait pas pour cacher vos débauches, comme cela pourrait être, je me garderai bien néanmoins de passer outre et de m'opiniâtrer à faire une expérience capable de me ruiner. Je ne regrette pas les quatre cents pièces d'or dont je me suis privé pour vous tirer de la pauvreté; je l'ai fait par rapport à dieu, sans attendre d'autre récompense de votre part que le plaisir de vous avoir fait du bien. Si quelque chose était capable de m'en faire repentir, ce serait de m'être adressé à vous plutôt qu'à un autre, qui peut-être en aurait mieux profité. » En se tournant du côté de son ami : « Saad, continua-t-il, vous pouvez connaître par ce que je viens de dire que je ne vous donne pas entièrement gain de cause. Il vous est pourtant libre de faire l'expérience de ce que vous prétendez contre moi depuis si longtemps. Faites-moi voir qu'il y ait d'autres moyens que l'argent capables de faire la fortune d'un homme pauvre, de la manière que je l'entends, et que vous l'entendez, et ne cherchez pas un autre sujet que Hassan. Quoi que vous puissiez lui donner, je ne puis me persuader qu'il devienne plus riche qu'il n'a pu le faire avec quatre cents pièces d'or. » Saad tenait un morceau de plomb dans la main, qu'il montrait à Saadi. « Vous m'avez vu, reprit-il, ramasser à mes pieds ce morceau de plomb; je vais le donner à Hassan : vous verrez ce qu'il lui vaudra. » Saadi fit un éclat de rire en se moquant de Saad. « Un morceau de plomb! s'écria-t-il, eh! que peut-il valoir à Hassan? qu'une obole; et que fera-t-il avec une obole? » Saad, en présentant le morceau de plomb, me dit : « Laissez rire Saadi, et ne laissez pas de le prendre. Vous nous direz un jour des nouvelles du bonheur qu'il vous aura porté. » Je crus que Saad ne parlait pas sérieusement, et que ce qu'il en faisait n'était que pour se divertir. Je ne laissai pas de recevoir le morceau de plomb, en le remerciant. Les deux amis me quittèrent pour achever leur promenade, et je continuai mon travail.

» Le soir, comme je me déshabillais pour me coucher et que j'eus ôté ma ceinture, le morceau de plomb que Saad m'avait donné, auquel je n'avais pas songé depuis, tomba par terre; je le ramassai et le mis dans le premier endroit que je trouvai. La même nuit il arriva qu'un pêcheur de mes voisins, en accommodant ses filets, trouva qu'il y manquait un morceau de plomb; il n'en avait pas d'autres pour le remplacer, et il n'était pas heure d'en envoyer acheter. Il fallait cependant, s'il voulait avoir pour vivre le lendemain, lui et sa famille, qu'il allât à la pêche deux heures avant le jour. Il témoigne son chagrin à sa femme, et il l'envoie en demander dans le voisinage pour y suppléer. La femme obéit à son mari et vint frapper à ma porte. Il y avait déjà quelque temps que je dormais; je me réveillai en demandant ce qu'on voulait. « Hassan Alhabbal, dit la femme en haussant la voix, mon mari a besoin d'un peu de plomb pour accommoder ses filets; si, par hasard, vous en avez, il vous prie de lui en donner. » La mémoire du morceau de plomb que Saad m'avait donné m'était si récente que je répondis à la voisine que j'en avais, que ma femme allait lui en donner un morceau. Ma femme, qui s'était éveillée aussi au bruit, se lève, trouve à tâtons le plomb où je lui avais enseigné qu'il était, entr'ouvre la porte et le donne à la voisine. La femme du pêcheur, ravie de n'être pas venue en vain : « Voisine, dit-elle à ma femme, le plaisir que vous nous faites, à mon mari et à moi, est si grand que je vous promets tout le poisson que mon mari amènera du premier jet de ses filets, et je vous assure qu'il ne me dédira pas. »

» Le pêcheur, ravi d'avoir trouvé, contre son attente, le plomb qui lui manquait, approuva la promesse que sa femme nous avait faite.

« Je vous sais bon gré, dit-il, d'avoir suivi en cela mon intention. »

« Il acheva d'accommoder ses filets, et il alla à la pêche deux heures avant le jour, selon sa coutume. Il n'amena qu'un seul poisson du premier jet de ses filets, mais long de plus d'une coudée, et gros à proportion. Il en fit ensuite plusieurs autres qui furent tous heureux; mais il s'en fallut beaucoup que, de tout le poisson qu'il amena, il y en eût un seul qui approchât du premier.

« Quand le pêcheur eut achevé sa pêche et qu'il fut revenu chez lui, le premier soin qu'il eut fut de songer à moi, et je fus extrêmement surpris, comme je travaillais, de le voir se présenter devant moi chargé de ce poisson.

« Voisin, me dit-il, ma femme vous a promis cette nuit le poisson que j'amènerais du premier jet de mes filets, en reconnaissance du plaisir que vous nous avez fait, et j'ai approuvé sa promesse. Dieu ne m'a envoyé pour vous que celui-ci; je vous prie de l'agréer. »

» Je portai le poisson à ma femme. « Prenez, lui dis-je, ce poisson que le pêcheur notre voisin vient de m'apporter, en reconnaissance du morceau de plomb qu'il nous envoya demander la nuit dernière; c'est, je crois, tout ce que nous pouvons espérer de ce présent que Saad me fit hier en me promettant qu'il me porterait bonheur. »

» En accommodant le poisson, ma femme tira avec les entrailles un gros diamant qu'elle prit pour du verre quand elle l'eut nettoyé. Elle le donna au plus petit de nos enfants pour en faire un jouet avec ses frères et ses sœurs, qui voulaient le voir et le manier tour à tour. Le soir, quand la lampe fut allumée, nos enfants, qui continuèrent leur jeu en se cédant le diamant pour le considérer l'un après l'autre, s'aperçurent qu'il rendait la lumière à mesure que ma femme leur cachait la clarté de la lampe en se donnant du mouvement pour achever de préparer le souper, et cela engageait les enfants à se l'arracher pour en faire l'expérience. Alors je voulus savoir quelle était la cause de leur dispute. J'appelai l'aîné, et je lui demandai quel sujet ils avaient de faire un si grand bruit. Il me dit : « Mon père, c'est un morceau de verre qui fait de la lumière quand nous le regardons le dos tourné à la lampe. » Je me le fis apporter, et j'en fis l'expérience. Cela me parut extraordinaire, et me fit demander à ma femme ce que c'était que ce morceau de verre. « Je ne sais, dit-elle; c'est un morceau de verre que j'ai tiré du ventre du poisson en le préparant. » Je ne m'imaginai pas, non plus qu'elle, que ce fût autre chose que du verre. Je poussai néanmoins l'expérience plus loin. Je dis à ma femme de cacher la lampe dans la cheminée; elle le fit, et je vis que le prétendu morceau de verre faisait une lumière si grande que nous pouvions nous passer de la lampe pour nous coucher. Je la fis éteindre, et je mis moi-même le morceau de verre sur le bord de la cheminée pour nous éclairer. Quand mes enfants virent que j'avais fait éteindre la lampe et que le morceau de verre y suppléait, sur cette merveille ils poussèrent des cris d'admiration si haut et avec tant d'éclat qu'ils retentirent bien loin dans le voisinage. Je ferai remarquer à votre majesté qu'entre ma maison et celle de mon voisin, il n'y avait qu'une cloison de maçonnerie fort légère. Cette maison appartenait à un juif fort riche, joaillier de profession, et la chambre où lui et sa femme couchaient joignait à la cloison. Ils étaient déjà couchés et endormis, quand mes enfants avaient fait le plus grand bruit. Cela les avait éveillés, et ils avaient été longtemps à se rendormir.

» Le lendemain, la femme du juif vint porter ses plaintes à la mienne de l'interruption de leur sommeil. « Ma bonne Rachel, lui dit ma femme, je suis bien fâchée de ce qui est arrivé et je vous en fais mes excuses. Vous savez ce que c'est que les enfants : un rien les fait rire, de même que peu de chose les fait pleurer. Entrez, et je vous montrerai le sujet qui fait celui de vos plaintes. » La juive entra, et ma femme prit le diamant, puisque c'en était un, et en le lui présentant : « Voyez, dit-elle, c'est ce morceau de verre qui est cause de tout le bruit que vous avez entendu hier au soir. » Pendant que la juive, qui avait connaissance de toutes sortes de pierreries, examinait ce diamant avec admiration, elle lui raconta comment elle l'avait trouvé dans le ventre du poisson. La juive sortit, et, avant de quitter ma femme, elle la pria, en parlant bas, si elle avait dessein de vendre le morceau de verre, de ne le faire voir à personne qu'auparavant elle ne lui en eût donné son avis.

» La juive alla trouver son mari, et elle lui annonça la découverte qu'elle venait de faire; elle lui rendit compte de la grosseur, de la beauté, de la belle eau et de l'éclat du diamant. Le juif renvoya sa femme avec ordre d'en traiter avec la mienne, de lui en offrir d'abord peu de chose, et d'augmenter à proportion de la difficulté qu'elle trouverait, et enfin de conclure le marché à quelque prix que ce fût.

» La juive, selon l'ordre de son mari, parla à ma femme en particulier, et elle lui demanda si elle voulait vingt pièces d'or du diamant; ma femme trouva la somme considérable, mais elle ne voulut répondre ni oui ni non, et dit seulement à la juive qu'elle ne pouvait l'écouter qu'elle ne m'eût parlé auparavant, et je rentrai chez moi pour dîner, comme elles se parlaient à la porte. Ma femme m'arrête et me demande si je consentais à vendre le morceau de verre pour vingt pièces d'or que la juive en offrait. Je ne répondis pas sur-le-champ, et la juive crut que c'était parce que je méprisais la somme qu'elle m'avait offerte. « Voisin, me dit-elle, je vous en donnerai cinquante : en êtes-vous content? » Comme je vis que de vingt pièces d'or la juive augmentait si promptement jusqu'à cinquante, je tins ferme et je lui dis qu'elle était bien éloignée du prix auquel je prétendais le vendre. « Voisin, reprit-elle, prenez-en cent pièces d'or; c'est beaucoup. Je ne sais même si mon mari m'avouera. » A cette nouvelle augmentation, je lui dis que je voulais en avoir cent mille pièces d'or, que je voyais bien que le diamant valait davantage, mais que, pour lui faire plaisir, je me bornais à cette somme. « Je ne puis, dit-elle, en offrir davantage sans le consentement de mon mari; la grâce que je vous demande, c'est d'attendre qu'il vous ait parlé et qu'il ait vu le diamant. » Ce que je lui promis. Quand le juif apprit de sa femme qu'elle n'avait rien avancé avec la mienne ni avec moi, il observa le temps que je quittai mon ouvrage et que je voulais rentrer chez moi : « Voisin Hassan, me dit-il en m'abordant, je vous prie de me montrer votre diamant. » Je le fis entrer et le lui montrai. Comme il faisait fort sombre, il connut d'abord, par la lumière que le diamant rendait, que sa femme lui avait fait un rapport fidèle. Il le prit, et après l'avoir examiné longtemps et en ne cessant de l'admirer : « Eh bien ! voisin, dit-il, je vous offre cinquante mille pièces d'or, afin que vous soyez content. — Voisin, repris-je, votre femme a pu vous dire que je l'ai mis à cent mille : ou vous me les donnerez, ou le diamant me demeurera. » Il marchanda longtemps, mais il ne put rien obtenir, et la crainte qu'il eut que je ne le fisse voir à d'autres joailliers fit qu'il ne me quitta pas sans conclure le marché au prix que je demandais. Le lendemain, je ne sais si le juif emprunta de ses amis ou s'il fit société avec d'autres joailliers : quoi qu'il en soit, il me fit la somme de cent mille pièces d'or, qu'il m'apporta dans le temps qu'il m'en avait donné parole, et je lui mis le diamant entre les mains.

» La vente du diamant ainsi terminée, et riche infiniment au-dessus de mes espérances, je songeai au bon usage que je devais faire d'une somme aussi considérable. Le jour suivant, j'employai la journée à aller chez une bonne partie des gens de mon métier, et, en leur donnant de l'argent d'avance, je les engageai à travailler pour moi à différentes sortes d'ouvrages de corderie. Je louai des magasins en différents endroits, et dans chacun j'établis un commis, tant pour les recevoir que pour la vente en gros et en détail; et bientôt, par cette économie, je me fis un gain et un revenu considérables. Ensuite, pour réunir en seul endroit tant de magasins dispersés, j'achetai une grande maison qui tombait en ruines. Je la fis mettre à bas, et, à la place, je fis bâtir celle que votre majesté vit hier. Mais quelque apparence qu'elle ait, elle n'est composée que de magasins qui me sont nécessaires et de logements qu'autant que j'en ai besoin pour moi et pour ma famille.

» Il y avait déjà quelque temps que j'avais abandonné mon ancienne et petite maison quand Saadi et Saad, qui n'avaient plus pensé à moi jusqu'alors, s'en souvinrent. Ils convinrent d'un jour de promenade, et, en passant par la rue où ils m'avaient vu, ils furent dans un grand étonnement de ne m'y pas voir occupé à mon petit train de corderie, comme ils m'y avaient vu. Ils demandèrent ce que j'étais devenu. Leur étonnement augmenta quand ils eurent appris que j'étais devenu un gros marchand, et qu'on ne m'appelait plus simplement Hassan, mais Khojad Hassan Alhabbal, c'est-à-dire le marchand Hassan, le cordier, et que je m'étais fais bâtir, dans une rue qu'on leur nomma, une maison qui avait l'apparence d'un palais.

» Les deux amis me furent annoncés, et je les reconnus. Dès que je les vis paraître, je me levai de ma place; je courus à eux, et voulus leur prendre le bord de la robe pour la baiser. Ils m'en empêchèrent. Je les invitai à monter sur un grand sofa, et je leur racontai la chose de point en point, comme votre majesté l'a entendue, sans oublier la moindre circonstance. Mes protestations ne firent pas assez d'impression sur l'esprit de Saadi pour le guérir de sa prévention. Quand j'eus cessé de parler : « Khodjah Hassan, reprit-il, l'aventure du poisson et du diamant trouvé dans son ventre, à point nommé, me paraît aussi peu croyable que l'enlèvement de votre turban par un milan, et que l'échange du vase contre de la terre à décrasser. Quoi qu'il en soit, je suis convaincu que vous n'êtes plus pauvre, et je m'en réjouis très-sincèrement. »

» Comme il était tard, il se leva pour prendre congé, et Saad en même temps que lui. Je me levai de même, et, en les arrêtant : « Seigneurs, leur dis-je, trouvez bon que je vous demande une grâce; c'est de souffrir que j'aie l'honneur de vous donner un souper frugal, et ensuite, à chacun, un lit, pour vous mener demain par eau à une petite maison de campagne que j'ai achetée, d'où je vous ramènerai par terre le même jour, chacun sur un cheval de mon écurie. »

« Si Saad n'a pas d'affaire qui l'appelle ailleurs, j'y consens, dit Saadi. — Je n'en ai point, reprit Saad, dès qu'il s'agit de jouir de votre compagnie. Il faut donc envoyer chez vous et chez moi avertir qu'on ne nous attende pas. » Je leur fis venir un esclave, et pendant qu'ils le chargèrent de cette commission, je pris le temps de donner ordre pour le souper.

» Le lendemain, comme j'avais fait convenir Saadi et Saad de partir de grand matin, afin de jouir de la fraîcheur, nous nous rendîmes sur le bord de la rivière avant que le soleil fût levé. Nous nous embarquâmes sur un bateau garni de tapis, et, à la faveur de six bons rameurs, environ en une heure et demie de navigation, nous abordâmes à une maison de campagne. En mettant pied à terre, je les menai dans les appartements; je leur en fis remarquer les accompagnements, les dépendances et les commodités. Nous entrâmes ensuite dans le jardin, où, ce qui leur plut davantage, fut une forêt d'orangers et de citronniers chargés de fruits et de fleurs dont l'air était embaumé. L'ombrage, la fraîcheur dans la plus grande ardeur du soleil, le doux murmure de l'eau, le ramage harmonieux d'une infinité d'oiseaux, les frappèrent de manière qu'ils s'arrêtaient à chaque pas pour me témoigner l'obligation de les avoir amenés dans un lieu si délicieux. Je les menai jusqu'au bout de cette forêt, qui est fort longue et fort large, où je leur fis remarquer un bois de grands arbres qui termine mon jardin. Nous arrivâmes jusqu'à un cabinet ouvert de tous côtés, mais ombragé par un bouquet de palmiers qui n'empêchaient pas qu'on n'y eût la vue libre, et je les invitai à y entrer et à s'y reposer sur un sofa garni de tapis et de coussins. Deux de mes fils que nous avions trouvés dans la maison, et que j'y avais envoyés depuis quelque temps avec leur précepteur pour y prendre l'air, nous avaient quittés pour entrer dans le bois, et, comme ils cherchaient des nids d'oiseaux, ils en aperçurent un entre les branches d'un grand arbre; ils le montrèrent à un esclave que je leur avais donné, qui ne les abandonnait pas, et ils lui dirent de leur dénicher les oiseaux. L'esclave monta sur l'arbre, et, quand il fut arrivé jusqu'au nid, il fut fort étonné de voir qu'il était pratiqué dans un turban. Il enleva le nid tel qu'il était, et il le donna à l'aîné pour me l'apporter. Je les vis venir de loin avec la joie ordinaire aux enfants qui ont trouvé un nid; et en me le présentant : « Mon père, me dit l'aîné, voyez-vous ce nid dans un turban? »

» Saadi et Saad ne furent pas moins surpris que moi de la nouveauté; mais je le fus bien plus qu'eux encore en reconnaissant que le turban était celui que le milan m'avait enlevé. Après l'avoir examiné et tourné de tous les côtés, je demandai aux deux amis : « Seigneurs, avez-vous la mémoire assez bonne pour vous souvenir que c'est là le turban que je portais le jour que vous me fîtes l'honneur de m'aborder la première fois? — Je ne pense pas, répondit Saad, que Saadi y ait fait attention non plus que moi; mais nous ne pourrons en douter si les cent quatre-vingt-dix pièces d'or s'y trouvent. J'ôtai la toile qui environnait le bonnet qui faisait partie du turban, et j'en tirai la bourse, que Saadi reconnut pour la même qu'il m'avait donnée. Je la vidai sur le tapis devant eux, et je leur dis : « Seigneurs, voilà les pièces d'or; voyez si le compte n'y est pas. » Saad les arrangea par dixaines, jusqu'au nombre de cent quatre-vingt-dix, et Saadi, qui ne pouvait nier cette vérité, prit la parole : « Khodjah Hassan, dit-il, je conviens que ces cent quatre-vingt-dix pièces d'or n'ont pu servir à vous enrichir; mais les cent quatre-vingt-dix autres, que vous avez cachées dans un vase de son, comme vous voulez bien me le faire accroire, ont pu y contribuer. — Seigneur, repris-je, je vous ai dit la vérité aussi bien à l'égard de cette dernière somme qu'à l'égard de la première. Vous ne voudriez pas que je me rétractasse pour vous dire un mensonge. » Après le dîner, je laissai à mes hôtes la liberté de passer le temps de la grande chaleur à se tranquilliser pendant que j'allai donner mes ordres à mon concierge et à mon jardinier. Je les rejoignis, et nous nous entretînmes de choses indifférentes jusqu'au coucher du soleil. Alors les deux amis et moi nous montâmes à cheval, et nous arrivâmes à Bagdad environ à deux heures de nuit, avec un beau clair de lune. Je ne sais par quelle négligence de mes gens il était arrivé qu'il manquait d'orge chez moi pour les chevaux. Les magasins étaient trop éloignés pour en aller faire provision si tard. En cherchant dans le voisinage, un de mes esclave trouva un vase de son dans une boutique; il acheta le son, et l'apporta avec le vase, à la charge de rapporter le vase le lendemain; l'esclave vida le son dans l'auge, et en l'étendant, afin que les chevaux en eussent chacun leur part, il sentit sous sa main un linge lié qui était pesant. Il m'apporta le linge sans y toucher et dans l'état où il l'avait trouvé, et il me le présenta en me disant que c'était peut-être le linge dont il m'avait entendu parler souvent en racontant mon histoire à mes amis. Plein de joie, je dis à mes bienfaiteurs : « Dieu ne veut pas que vous vous sépariez d'avec moi que vous ne soyez pleinement convaincus de la vérité... Voici, continuai-je en m'adressant à Saadi, les cent quatre-vingt-dix pièces que j'ai reçues de votre main : je le connais au linge que vous voyez. » Je déliai le linge, et je comptai la somme devant eux. Saadi se rendit de bonne foi, et, revenu de son incrédulité, il dit à Saad : « Je vous cède, et je reconnais avec vous que l'argent n'est pas toujours un moyen sûr pour en amasser d'autre. » Quand Saadi eut achevé : « Seigneur, lui dis-je, je n'oserais vous proposer de reprendre les trois cent quatre-vingts pièces d'or qu'il a plu à dieu de faire reparaître aujourd'hui pour vous détromper de l'opinion de ma mauvaise foi. Je suis persuadé que vous ne m'en avez pas fait présent dans l'intention que je vous les rende ; mais j'espère que vous approuverez que je les distribue aux pauvres, afin que dieu nous en donne la récompense, à vous et à moi. »

« Les deux amis couchèrent encore chez moi cette nuit-là, et le lendemain ils retournèrent chacun chez eux, contents de la réception que je leurs avais faite. Depuis ce temps-là, je tiens à grand honneur la permission qu'ils m'ont donnée de cultiver leur amitié et de continuer de les voir.

» Le calife Haroun Al Raschid donnait à Khodjah Hassan une attention si grande qu'il ne s'aperçut de la fin de son histoire que par son silence. Il lui dit : « Khodjah Hassan, il y avait longtemps que je n'avais rien entendu qui m'ait fait un si grand plaisir que les voies toutes merveilleuses par lesquelles il a plu à dieu de te rendre heureux. C'est à toi de continuer à lui rendre grâce par le bon usage que tu fais de ses bienfaits. Je suis bien aise que tu saches que le diamant qui t'a fait ta fortune est dans mon trésor, et, de mon côté, je suis ravi d'apprendre par quel moyen il y est entré. Mais parce qu'il se peut faire qu'il reste encore quelque doute dans l'esprit de Saadi sur la singularité de ce diamant, je veux que tu l'amènes avec Saad, afin que le garde de mon trésor le leur montre. » En achevant ces paroles, le calife témoigna par une inclination de tête, à Khodjah Hassan, à Sidi Nouman et à Baba Abdallah, qu'il était content d'eux ; ils prirent congé en se prosternant devant son trône et se retirèrent. »

La sultane Scheherazade voulut commencer un autre conte; mais le sultan des Indes, qui s'aperçut que l'aurore commençait à paraître, remit à lui donner audience le jour suivant.

HISTOIRE D'ALI BABA ET DE QUARANTE VOLEURS EXTERMINÉS PAR UNE ESCLAVE.

La sultane Scheherazade, éveillée par la vigilance de Dinarzade, sa sœur, raconta au sultan des Indes, son époux, l'histoire suivante :

« Puissant sultan, dit-elle, dans une ville de Perse aux confins des états de votre majesté, il y avait deux frères, dont l'un se nommait Cassim, et l'autre Ali Baba. Comme leur père ne leur avait laissé à sa mort que peu de biens et qu'il les avait partagés également, il semble que leur fortune devait être égale : le hasard néanmoins en disposa autrement. Cassim épousa une femme qui, peu de temps après leur mariage, devint héritière d'une boutique bien garnie, d'un magasin rempli de bonnes marchandises, et de biens en fonds de terre, qui le mirent tout à coup à son aise et le rendirent un des plus riches marchands de la ville. Ali Baba, au contraire, qui avait épousé une femme aussi pauvre que lui, était logé fort pauvrement, et il n'avait d'autre industrie pour gagner sa vie, et de quoi s'entretenir lui et ses enfants, que d'aller couper du bois dans une forêt voisine, et de venir le vendre à la ville, chargé sur trois ânes, qui faisaient toute sa possession. Ali Baba était un jour dans la forêt, et il achevait d'avoir coupé assez de bois pour faire la charge de ses ânes, lorsqu'il aperçut une grosse poussière qui s'élevait en l'air et qui avançait droit du côté où il était. Il regarde attentivement, et il distingue une troupe nombreuse de gens à cheval qui venaient d'un bon train. Quoiqu'on ne parlât pas de voleurs dans le pays, Ali Baba néanmoins eut la pensée que ces cavaliers pouvaient en être. Sans considérer ce que deviendraient ses ânes, il songea à sauver sa personne. Il monta sur un gros arbre, dont les branches, à peu de hauteur, se séparaient en rond, si près les unes des autres, qu'elles n'étaient séparées que par un très-petit espace. Il se posta au milieu avec d'autant plus d'assurance qu'il pouvait voir sans être vu. Les cavaliers, tous bien montés et bien armés, arrivèrent près de là et mirent pied à terre; et Ali Baba, qui en compta quarante, à leur mine et à leur équipement, ne douta pas qu'ils ne fussent des voleurs. Il ne se trompait pas : en effet, c'étaient des voleurs qui, sans faire aucun tort aux environs, allaient exercer leurs brigandages bien loin, et avaient là leur rendez-vous, et ce qu'il les vit faire le confirma dans cette opinion. Chaque cavalier débrida son cheval, l'attacha, lui passa au cou un sac plein d'orge qu'il avait apporté, et ils se chargèrent chacun de leur valise, et la plupart des valises parurent si pesantes à Ali Baba qu'il jugea qu'elles étaient pleines d'or et d'argent monnayé. Le plus apparent, chargé de sa valise comme les autres, qu'Ali Baba prit pour le capitaine, s'approcha d'un rocher, fort près du gros arbre où il était réfugié, et, après qu'il eut écarté quelques arbrisseaux, il prononça ces paroles si distinctement : *Sésame, ouvre-toi*, qu'Ali Baba les entendit. Dès que le capitaine des voleurs les eut prononcées, une porte s'ouvrit; et après qu'il eut fait passer tous ses gens devant lui, il entra aussi, et la porte se referma. Les voleurs demeurèrent longtemps dans le rocher; et Ali Baba, qui craignait que quelqu'un d'eux ne sortît s'il quittait son poste pour se sauver, fut contraint de rester sur l'arbre et d'attendre avec patience. Il fut tenté néanmoins de descendre pour se servir de deux chevaux, en monter un, et mener l'autre par la bride, et de regagner la ville en chassant ses trois ânes devant lui; mais l'incertitude de l'événement fit qu'il prit le parti le plus sûr.

» La porte se rouvrit enfin; les quarante voleurs sortirent; et, au lieu que le capitaine était entré le dernier, il sortit le premier et après les avoir vus défiler devant lui. Ali Baba entendit qu'il fit refermer la porte en prononçant ces paroles : *Sésame, referme-toi.* Chacun retourna à son cheval, le rebrida, rattacha sa valise, et remonta dessus. Quand le capitaine vit enfin qu'ils étaient tous prêts à partir, il se mit à la tête et il reprit avec eux le chemin par où ils étaient venus. Ali Baba les conduisit de l'œil jusqu'à ce qu'il les eût perdus de vue, et il ne descendit de l'arbre que longtemps après, pour plus grande sûreté. Comme il avait retenu les paroles par lesquelles le capitaine des voleurs avait fait ouvrir et refermer la porte, il eut la curiosité d'éprouver si, en les prononçant, elles feraient le même effet. Il passa aux travers des arbrisseaux, et il aperçut la porte qu'ils cachaient. Il se présenta devant et dit : *Sésame, ouvre-toi*; et dans l'instant la porte s'ouvrit toute grande.

» Ali Baba s'était attendu à voir un lieu de ténèbres et d'obscurité; mais il fut surpris d'en voir un bien éclairé, vaste et spacieux, creusé de main d'homme, en voûte fort élevée, qui recevait la lumière, du haut du rocher, par une ouverture pratiquée de même. Il vit de grandes provisions de bouche, des ballots de riches marchandises, et surtout de l'or et de l'argent monnayé par tas et dans de grandes bourses de cuir, les unes sur les autres; et à voir toutes ces choses, il lui parut qu'il y avait des siècles que cette grotte servait de retraite à des voleurs qui avaient succédé les uns aux autres. Ali Baba ne balança pas sur le parti qu'il devait prendre : il entra dans la grotte, et, dès qu'il y fut entré, la porte se referma; mais cela ne l'inquiéta pas; il savait le secret de la faire ouvrir. Il ne s'attacha pas à l'argent, mais à l'or monnayé, et particulièrement à celui qui était dans des sacs. Il en enleva, à plusieurs fois, en quantité suffisante pour faire la charge de ses trois ânes, et quand il les eut fait approcher du rocher, il les chargea des sacs. Quand il eut achevé, il se présenta devant la porte, et il n'eut pas plus tôt prononcé ces paroles : « *Sésame, refermetoi*, qu'elle se referma. Cela fait, Ali Baba reprit le chemin de la ville, et en arrivant chez lui il fit entrer ses ânes dans une petite cour, et il porta dans sa maison les sacs, qu'il posa et arrangea devant sa femme, qui était assise sur un sofa.

» Sa femme mania les sacs, et comme elle s'aperçut qu'ils étaient pleins d'argent, elle soupçonna son mari de les avoir volés; elle ne put s'empêcher de lui dire : « Ali Baba, seriez-vous assez malheureux pour... » Ali Baba l'interrompit. « Paix ! ma femme, dit-il, ne vous alarmez pas; je ne suis pas voleur, à moins que ce ne soit l'être que de prendre sur les voleurs. Vous cesserez d'avoir cette mauvaise opinion de moi quand je vous aurai raconté ma bonne fortune. » Il vida les sacs, qui firent un gros tas d'or dont sa femme fut éblouie; et quand il eut fait, il lui fit le récit de son aventure, et, en achevant, il lui recommanda, sur toutes choses, de garder le secret. La femme, guérie de son épouvante, se réjouit avec son mari. « Il est bon, dit-elle, que nous sachions la quantité qu'il y en a. Je vais chercher une petite mesure dans le voisinage, et je le mesurerai pendant que vous creuserez une fosse. — Ma femme, repartit Ali Baba, ce que vous voulez faire n'est bon à rien; faites néanmoins ce qu'il vous plaira; mais souvenez-vous de garder le secret. »

» Pour se satisfaire, la femme d'Ali Baba sort; elle va chez Cassim, son beau-frère, qui ne demeurait pas loin. Cassim n'était pas chez lui, et elle s'adresse à sa femme, qu'elle prie de lui prêter une mesure pour quelques moments. « Très-volontiers, dit la belle-sœur; attendez un moment, je vais vous l'apporter. » La belle-sœur va chercher la mesure; mais, curieuse de savoir quelle sorte de grain sa belle-sœur voulait mesurer, elle s'avisa d'appliquer du suif au-dessous de sa mesure. Elle revint, et, en la présentant à la femme d'Ali Baba, elle s'excusa de l'avoir fait attendre. La femme d'Ali Baba revint chez elle; elle posa la mesure sur le tas d'or, l'emplit et la vida un peu plus loin sur le sofa, jusqu'à ce qu'elle eût achevé, et elle fut contente du bon nombre de mesures qu'elle en trouva, dont elle fit part à son mari. Pendant qu'Ali Baba enfouit l'or, sa femme, pour marquer son exactitude à sa belle-sœur, lui reporte sa mesure, mais sans prendre garde qu'une pièce d'or s'était attachée au-dessous. La femme de Cassim regarda la mesure par le dessous, et elle fut dans un étonnement inexprimable d'y voir une pièce d'or attachée. L'envie s'empara de son cœur dans le moment. « Quoi, dit-elle, Ali Baba a de l'or par mesure ! et où le misérable a-t-il pris cet or? » Cassim, son mari, n'était pas à la maison, comme nous l'avons dit, il était à sa boutique, d'où il ne devait revenir que le soir. Tout le temps qu'il se fit attendre fut un siècle pour elle.

» A son arrivée : « Cassim, lui dit-elle, vous croyez être riche; vous vous trompez : Ali Baba l'est infiniment plus que vous; il ne compte pas son or, il le mesure. » Cassim demanda l'explication de cette énigme, et elle lui en donna l'éclaircissement en lui apprenant de quelle adresse elle s'était servie pour faire cette découverte, et lui montra la pièce de monnaie qu'elle avait trouvée attachée au-dessous de la mesure.

» Loin d'être sensible au bonheur qui pouvait être arrivé à son frère pour se tirer de la misère, Cassim en conçut une jalousie mortelle. Le lendemain, il alla chez lui que le soleil n'était pas levé. « Ali Baba, dit-il en l'abordant, vous êtes bien réservé dans vos affaires; vous faites le pauvre et vous mesurez l'or ! — Mon frère, reprit Ali Baba, je ne sais de quoi vous voulez me parler; expliquez-vous. — Ne faites pas l'ignorant, repartit Cassim en lui montrant la pièce d'or que sa femme lui avait remise. Combien avez-vous de pièces semblables à celle-ci, que ma femme a trouvée attachée au-dessous de la mesure que la vôtre vint lui emprunter hier ? » A ce discours, Ali Baba connut que Cassim et la femme de Cassim (par un entêtement de sa propre femme) savaient déjà ce qu'il avait un si grand intérêt de tenir caché : mais la faute était faite; elle ne pouvait se réparer. Sans donner à son frère la moindre marque d'étonnement ni de chagrin, il lui avoua la chose, et il lui offrit, s'il voulait garder le secret, de lui faire part du trésor. « Je le prétends bien ainsi, repartit Cassim d'un air fier; mais, ajouta-t-il, je veux savoir où est ce trésor, et comment je pourrais y entrer moi-même s'il m'en prenait envie; autrement, je vais vous dénoncer à la justice. » Ali Baba, plutôt par son bon naturel qu'intimidé par les menaces d'un frère barbare, l'instruisit de ce qu'il souhaitait, et même des paroles dont il fallait qu'il se servît pour entrer dans la grotte et pour en sortir. Cassim n'en demanda pas davantage à Ali Baba. Il le quitta, résolu de le prévenir, de s'emparer du trésor lui seul; il part le lendemain, de grand matin, avec des mulets chargés de grands coffres qu'il se propose de remplir; il prend le chemin qu'Ali Baba lui avait enseigné, il arrive près du rocher, et il reconnaît les enseignes et l'arbre sur lequel Ali Baba s'était caché. Il cherche la porte et il la trouve, et pour la faire ouvrir il prononce les paroles: *Sésame, ouvre-toi*. La porte s'ouvre, il entre, et aussitôt elle se referme. En examinant la grotte, il est dans une grande admiration de voir beaucoup plus de richesses qu'il ne l'avait compris par le récit d'Ali Baba. Avare comme il était, il eût passé la journée à se repaître la vue de tant d'or s'il n'eût songé qu'il était venu pour l'enlever. Il en prend un nombre de sacs, autant qu'il en peut porter; et en venant à la porte pour la faire ouvrir, l'esprit rempli de toute autre idée que de ce qui lui importait davantage, il oublie le mot nécessaire, et au lieu de *Sésame*, il dit: *Orge, ouvre-toi*, et il est bien étonné de voir que la porte demeure fermée. Il nomme plusieurs autres noms de grains autres que celui qu'il fallait, et la porte ne s'ouvre pas. Cassim ne s'attendait pas à cet événement. Dans le grand danger où il se voit, la frayeur embrouille sa mémoire, et bientôt le mot est pour lui absolument comme si jamais il n'en avait entendu parler. Il jette par terre les sacs dont il était chargé; il se promène à grands pas dans la grotte, et toutes les richesses dont il se voit environné ne le touchent plus. Laissons Cassim déplorant son sort; il ne mérite pas de compassion. Les voleurs revinrent à leur grotte vers le midi, et quand ils eurent vu les mulets de Cassim autour du rocher, chargés de coffres, inquiets de cette nouveauté, ils s'avancèrent à toute bride, et firent prendre la fuite aux dix mulets que Cassim avait négligé d'attacher, et qui paissaient librement.

» Les voleurs ne se donnèrent pas la peine de courir après les mulets; il leur importait davantage de trouver celui à qui ils appartenaient. Pendant que quelques-uns tournent autour du rocher pour le chercher, le capitaine, avec les autres, met pied à terre, et va droit à la porte, le sabre à la main, prononce les paroles, et la porte s'ouvre. Cassim, qui entendit le bruit des chevaux, ne douta pas de l'arrivée des voleurs, non plus que de sa perte prochaine. Résolu au moins à faire un effort pour se sauver, il s'était tenu prêt à se jeter dehors dès que la porte s'ouvrirait. Il ne la vit pas plus tôt ouverte qu'il s'élança en sortant si brusquement qu'il renversa le capitaine par terre. Mais il n'échappa point aux autres voleurs, qui avaient aussi le sabre à la main, et qui lui ôtèrent la vie sur-le-champ.

» Le premier soin des voleurs, après cette exécution, fut d'entrer dans la grotte: ils trouvèrent près de la porte les sacs que Cassim avait commencé d'enlever pour les emporter, et ils les remirent à leur place, sans s'apercevoir de ceux qu'Ali Baba avait emportés. En délibérant ensemble sur cet événement, ils comprirent bien comment Cassim avait pu sortir de la grotte; mais qu'il y eût pu entrer, c'est ce qu'ils ne pouvaient s'imaginer. » De quelque manière que la chose fût arrivée, il s'agissait que leurs richesses communes fussent en sûreté; ils convinrent de faire quatre quartiers du cadavre de Cassim, et de le mettre près de la porte en dedans de la grotte, deux d'un côté, deux de l'autre, pour épouvanter quiconque aurait la hardiesse de faire une pareille entreprise, sauf à ne revenir dans la grotte que dans quelque temps. Cette résolution prise, ils l'exécutèrent; et quand ils n'eurent plus rien qui les arrêtât, ils laissèrent le lieu de leur retraite bien fermé, remontèrent à cheval et allèrent exercer leurs brigandages accoutumés.

» La femme de Cassim cependant fut dans une grande inquiétude quand elle vit qu'il était nuit close et que son mari n'était pas revenu. Elle alla chez Ali Baba tout alarmée, et elle dit: « Beau-frère, vous n'ignorez pas que Cassim, votre frère, est allé à la forêt et pour quel sujet. Il n'est pas encore revenu, et voilà la nuit avancée ; je crains que quelque malheur ne soit arrivé. » Ali Baba n'attendit pas que sa belle-sœur le priât d'aller voir ce que Cassim était devenu. Il partit sur-le-champ avec ses trois ânes, après lui avoir recommandé de modérer son affliction, et il alla à la forêt. En approchant du rocher, après n'avoir vu dans le chemin ni son frère ni les dix mulets, il fut étonné du sang répandu qu'il aperçut près de la porte, et il en prit un mauvais augure. Il se présenta devant la porte ; il prononça les paroles ; elle s'ouvrit ; et il fut frappé du triste spectacle du corps de son frère, mis en quatre quartiers. Il n'hésita pas sur le parti qu'il devait prendre pour rendre les derniers devoirs à son frère, en oubliant le peu d'amitié fraternelle qu'il avait eue pour lui. Il trouva dans la grotte de quoi faire deux paquets des quatre quartiers, dont il fit la charge d'un de ses ânes, avec du bois pour les cacher. Il chargea les deux autres de sacs pleins d'or et de bois par dessus, et, dès qu'il eut achevé et commandé à la porte de se refermer, il prit le chemin de la ville. En arrivant, il ne fit entrer chez lui que les deux ânes chargés d'or, et, après avoir laissé à sa femme le soin de les décharger et lui avoir fait part de ce qui était arrivé à Cassim, il conduisit l'autre âne chez sa belle-sœur. Ali Baba frappa à la porte, qui lui fut ouverte par Morgiane : cette Morgiane était une esclave adroite, entendue et féconde en inventions pour faire réussir les choses les plus difficiles.

» Ali Baba raconta à sa belle-sœur tout le succès de son voyage, jusqu'à son arrivée avec le corps de Cassim. « Belle-sœur, ajouta-t-il, voilà un sujet d'affliction bien grand pour vous. Quoique le mal soit sans remède, si quelque chose néanmoins est capable de vous consoler, je vous offre de joindre le peu de bien que dieu m'a envoyé au vôtre, en vous épousant et vous assurant que ma femme n'en sera pas jalouse, et que vous vivrez bien ensemble. Si la proposition vous agrée, il faut songer à faire en sorte qu'il paraisse que mon frère est mort de sa mort naturelle, et c'est un soin dont il me semble que vous pouvez vous reposer sur Morgiane. »

» Quel meilleur parti pouvait prendre la veuve de Cassim que celui qu'Ali Baba lui proposait, elle qui, avec les biens qui lui demeuraient par la mort de son premier mari, en trouvait un autre plus riche qu'elle! Elle ne refusa pas le parti ; elle le regarda, au contraire, comme un motif raisonnable de consolation.

» Le lendemain, la même Morgiane courut chez un apothicaire, et demanda, les larmes aux yeux, d'une essence dont on avait coutume de ne faire prendre aux malades qu'à la dernière extrémité, et on n'espérait rien de leur vie si cette essence ne les faisait revivre. « Hélas! dit-elle avec une grande affliction, je crains fort que ce remède ne fasse pas plus d'effet que les tablettes! Ah! que je perds un bon maître! » D'un autre côté, comme on vit toute la journée Ali Baba et sa femme, d'un air triste, faire plusieurs allées et venues chez Cassim, on ne fut pas étonné, sur le soir, d'entendre des cris lamentables de la femme de Cassim, et surtout de Morgiane, qui annonçait que Cassim était mort. Le jour suivant, de grand matin, Morgiane, qui savait qu'il y avait sur la place un savetier fort vieux, qui ouvrait tous les jours sa boutique le premier, sort et va le trouver. En l'abordant et en lui donnant le bonjour, elle lui mit une pièce d'or dans la main. Baba Mustafa, qui était naturellement gai et qui avait toujours le mot pour rire, en voyant que c'était de l'or : « Bonne étrenne! dit-il, de quoi s'agit-il? — Baba Mustafa, lui dit Morgiane, prenez ce qui vous est nécessaire pour coudre, et venez avec moi promptement mais à condition que je vous banderai les yeux quand nous serons dans un tel endroit. A ces paroles, Baba Mustafa fit le difficile. « Dieu me garde, reprit Morgiane en lui mettant une autre pièce d'or dans la main, que j'exige rien de vous que vous ne puissiez faire en tout honneur! » Baba Mustafa se laissa mener; et Morgiane, après lui avoir bandé les yeux à l'endroit qu'elle lui avait marqué, le mena chez son maître, et elle ne lui ôta le mouchoir que dans la chambre où elle avait mis le corps. Quand elle le lui eut ôté : « Baba Mustafa, dit-elle, c'est pour vous faire coudre les pièces que voilà que je vous ai amené. Ne perdez pas de temps; et quand vous aurez fait, je vous donnerai une autre pièce d'

Quand Baba Mustafa eut achevé, Morgiane lui rebanda les yeux, et, après lui avoir donné la troisième pièce d'or et lui avoir recommandé le secret, elle le ramena jusqu'à l'endroit où elle lui avait bandé les yeux en l'amenant; et là, après lui avoir ôté le mouchoir, elle le laissa retourner chez lui, en le conduisant de vue jusqu'à ce qu'elle ne le vît plus. Morgiane avait fait chauffer de l'eau pour laver le corps de Cassim. Ainsi Ali Baba le lava, le parfuma d'encens, et l'ensevelit avec les cérémonies accoutumées. Le menuisier apporta aussi la bière qu'Ali Baba avait pris le soin de commander.

» Morgiane aida Ali Baba à mettre le corps dedans; et quand Ali Baba eut bien cloué les planches par dessus, elle alla à la mosquée avertir que tout était prêt pour l'enterrement.

» Morgiane, de retour, ne faisait que de rentrer quand l'iman et les autres ministres arrivèrent. Quatre voisins chargèrent la bière sur leurs épaules, et en suivant l'iman, qui récitait des prières, ils la portèrent au cimetière.

» De la sorte, la mort funeste de Cassim fut cachée et dissimulée entre Ali Baba, sa femme, la veuve de Cassim et Morgiane.

» Trois ou quatre jours après l'enterrement de Cassim, Ali transporta le peu de meubles qu'il avait avec l'argent des voleurs, qu'il ne porta que la nuit dans la maison de la veuve de son frère, pour s'y établir, ce qui fit connaître son nouveau mariage avec sa belle-sœur; et comme ces sortes de mariage ne sont pas extraordinaires dans notre religion, personne n'en fut surpris.

» Laissons Ali Baba jouir des commencements de sa bonne fortune, et parlons des quarante voleurs. Ils revinrent à leur retraite de la forêt dans le temps dont ils étaient convenus; mais ils furent dans un grand étonnement de ne pas trouver le corps de Cassim, et il augmenta quand ils se furent aperçus de la diminution de leurs sacs d'or. « Nous sommes découverts et perdus, dit le capitaine, si nous ne cherchons promptement à y apporter remède. Tout ce que nous pouvons juger du dommage qu'on nous a fait, c'est que le voleur que nous avons surpris a eu le secret de faire ouvrir la porte, et que nous sommes arrivés à point nommé dans le temps qu'il allait en sortir. Mais il n'était pas seul, un autre doit l'avoir accompagné. Son corps emporté et notre trésor diminué en sont des marques incontestables; et comme il n'y a pas d'apparence que plus de deux personnes aient eu ce secret, après avoir fait périr l'un, il faut que nous fassions périr l'autre. Qu'en dites-vous, braves gens? n'êtes-vous pas du même avis que moi? » La proposition du capitaine fut approuvée par sa compagnie, et ils tombèrent d'accord qu'il fallait abandonner tout autre entreprise, pour ne s'attacher uniquement qu'à celle-ci.

« Je n'en attendais pas moins de votre courage, reprit le capitaine; mais, avant toute chose, il faut que quelqu'un de vous, hardi, adroit et entreprenant, aille à la ville sans armes, et en habit de voyageur, et qu'il emploie tout son savoir-faire pour découvrir si on n'y parle pas de la mort étrange de celui que nous avons massacré, qui il était et en quelle maison il demeurait. Mais afin d'animer celui de vous qui se chargera de cette commission et l'empêcher de se tromper en venant nous faire un rapport faux qui serait capable de causer notre ruine, ne jugez-vous pas à propos qu'en ce cas-là il se soumette à la peine de mort? » Sans attendre que les autres donnassent leurs suffrages : « Je m'y soumets, dit l'un des voleurs, et je fais gloire d'exposer ma vie en me chargeant de la commission. »

» Ce voleur, après avoir reçu de grandes louanges du capitaine et de ses camarades, se déguisa de manière que personne ne pouvait le prendre pour ce qu'il était. Il partit la nuit, et il prit si bien ses mesures qu'il entra dans la ville dans le temps que le jour ne faisait que commencer à paraître. Il avança jusqu'à la place, où il ne vit qu'une seule boutique ouverte, et c'était celle de Baba Mustafa.

» Baba Mustafa était assis, prêt à travailler. Le voleur alla l'aborder en lui souhaitant le bonjour; et comme il se fut aperçu de son grand âge : « Bon homme, dit-il, vous commencez à travailler de grand matin; je doute que vous ayez d'assez bons yeux pour coudre? — Qui que vous soyez, reprit Baba Mustafa, il faut que vous ne me connaissiez pas. Si vieux que vous me voyez, je ne laisse pas d'avoir les yeux excellents, et vous n'en douterez pas quand vous saurez qu'il n'y a pas longtemps que j'ai cousu un mort dans un lieu où il ne faisait guère plus clair qu'il fait présentement. » Le voleur eut une grande joie de s'être adressé en arrivant à un homme qui d'abord lui donnait de lui-même des nouvelles de ce qui l'avait amené. « Un mort! reprit-il avec étonnement : pourquoi coudre un mort? vous voulez dire que vous avez cousu le linceul dans lequel il a été enseveli? — Non, non, reprit Baba Mustafa : je sais ce que je veux dire. Vous voudriez me faire parler, mais vous n'en saurez pas davantage. » Le voleur n'avait pas besoin d'un éclaircissement plus ample pour être persuadé qu'il avait découvert ce qu'il était venu chercher. Il tira une pièce d'or, et, en la mettant dans la main de Baba Mustafa, il lui dit : « Je n'ai garde de vouloir entrer dans votre secret, quoique je puisse vous assurer que je ne le divulguerais pas si vous me l'aviez confié. La seule chose dont je vous prie, c'est de me faire la grâce de m'enseigner ou de venir me montrer la maison où vous avez cousu ce mort. — Quand j'aurais la volonté de vous accorder ce que vous demandez, reprit Baba Mustafa en tenant la pièce d'or prêt à la rendre, je vous assure que je ne pourrais pas le faire : vous devez me croire sur ma parole. En voici la raison : c'est qu'on m'a mené jusqu'à un certain endroit où l'on m'a bandé les yeux, et de là je me suis laissé conduire jusque dans la maison, d'où, après avoir fait ce que je devais faire, on m'a ramené de la même manière jusqu'au même endroit. Vous voyez l'impossibilité qu'il y a que je puisse vous rendre service. »

« Au moins, repartit le voleur, vous devez vous souvenir à peu près du chemin qu'on vous a fait faire les yeux bandés. Venez, je vous prie, avec moi ; je vous banderai les yeux en cet endroit-là, et nous marcherons ensemble par le même chemin et par les mêmes détours que vous pourrez vous remettre dans la mémoire d'avoir marché; et, comme toute peine mérite récompense, voici une autre pièce d'or. Venez; faites-moi le plaisir que je vous demande. » Et, en disant ces paroles, il lui mit une autre pièce dans la main.

» Les deux pièces d'or tentèrent Baba Mustafa; il les regarda quelque temps dans sa main sans dire mot et en se consultant pour savoir ce qu'il devait faire. Il tira enfin sa bourse de son sein, et les mettant dedans : « Je ne puis vous assurer, dit-il au voleur, que je me souvienne précisément du chemin qu'on me fit faire; mais, puisque vous le voulez ainsi, allons, je ferai ce que je pourrai pour m'en souvenir. »

» Baba Mustafa se leva, à la grande satisfaction du voleur, et sans fermer sa boutique, où il n'y avait rien de précieux à perdre, il mena le voleur avec lui jusqu'à l'endroit où Morgiane lui avait bandé les yeux. Quand ils furent arrivés : « C'est ici, dit Baba Mustafa, qu'on m'a bandé, et j'étais tourné comme vous me voyez. » Le voleur, qui avait son mouchoir prêt, les lui banda, et il marcha à côté de lui.

» Il me semble, dit Baba Mustafa en s'arrêtant, que je n'ai pas été plus loin. » Et il se trouva véritablement devant la maison de Cassim, où Ali Baba demeurait alors. Avant de lui ôter le mouchoir de devant les yeux, le voleur fit promptement une marque à la porte avec de la craie qu'il tenait prête, et quand il le lui eut ôté, il lui demanda s'il savait à qui appartenait la maison. Baba Mustafa lui répondit qu'il n'était pas du quartier, et ainsi qu'il ne pouvait lui en rien dire. Comme le voleur vit qu'il ne pouvait apprendre rien davantage de Baba Mustafa, il le remercia de la peine qu'il lui avait fait prendre; et, après qu'il l'eu quitté et laissé retourner à sa boutique, il reprit le chemin de la forêt, persuadé qu'il serait bien reçu. Peu de temps après que le voleur et Baba Mustafa se furent séparés, Morgiane sortit de la maison d'Ali Baba pour quelque affaire, et,en revenant, elle remarqua la marque que le voleur y avait faite. « Que signifie cette marque? dit-elle en elle-même; quelqu'un voudrait-il du mal à mon maître, où l'a-t-on faite pour se divertir?... A quelque intention qu'on l'ait pu faire, ajouta-t-elle, il est bon de se précautionner contre tout événement. Elle prend aussitôt de la craie, et comme deux ou trois portes au-dessus et au-dessous étaient semblables, elle les marqua au même endroit et elle rentra dans la maison sans parler de ce qu'elle venait de faire, ni à son maître, ni à sa maîtresse. Le voleur, cependant, arriva à la forêt, et rejoignit sa troupe de bonne heure. En arrivant, il fit le rapport du succès de s voyage. Il fut écouté avec une grande satisfaction, et le capitaine, en prenant la parole, après l'avoir loué de sa diligence : « Camarades, dit-il en s'adressant à tous, nous n'avons pas de temps à perdre : partons bien armés, sans qu'il paraisse que nous le soyons, et quand nous serons entrés dans la ville séparément, les uns après les autres, pour ne pas donner de soupçon que le rendez-vous soit dans la grande place, pendant que j'irai reconnaître la maison avec notre camarade, qui vient de nous apporter une si bonne nouvelle, afin que là-dessus je juge du parti qui nous convient le mieux. » Le discours du capitaine des voleurs fut applaudi, et ils furent bientôt en état de partir. Ils défilèrent deux à deux, trois à trois, et en marchant à une distance raisonnable les uns des autres; ils entrèrent dans la ville sans donner aucun soupçon. Le capitaine et celui qui était venu le matin y entrèrent les derniers. Celui-ci mena le capitaine dans la rue où il avait marqué la maison d'Ali Baba, et quand il fut devant une des portes qui avaient été marquées par Morgiane, il la lui fit remarquer en lui disant que c'était celle-là. Mais en continuant leur chemin sans s'arrêter, afin de ne pas se rendre suspects, comme le capitaine eut observé que la porte qui suivait était marquée de la même marque et au même endroit, il le lit remarquer à son conducteur, et lui demanda si c'était celle-ci ou la première. Le conducteur demeura confus, et il ne sut que répondre, encore moins quand il eut vu avec le capitaine que les quatre ou cinq portes qui suivaient avaient aussi la même marque. Il assura au capitaine, avec serment, qu'il n'en avait marqué qu'une. « Je ne sais, ajouta-t-il, qui peut avoir marqué les autres avec tant de ressemblance; mais, dans cette confusion, j'avoue que je ne peux distinguer quelle est celle que j'ai marquée. » Le capitaine, qui vit son dessein avorté, se rendit à la grande place, où il fit dire à ses gens qu'ils n'avaient d'autre parti à prendre que de reprendre le chemin de leur retraite. Il en donna l'exemple, et ils le suivirent tous dans le même ordre qu'ils étaient venus.

» Quand la troupe se fut rassemblée dans la forêt, le capitaine leur expliqua la raison pourquoi il les avait fait revenir. Aussitôt le conducteur fut déclaré digne de mort tout d'une voix, et le capitaine lui fit couper la tête.

» Comme il s'agissait à la troupe de ne pas laisser sans vengeance le tort qui leur avait été fait, un autre voleur, qui se promit de mieux réussir que celui qui venait d'être châtié, se présenta et demanda en grâce d'être préféré. Il est écouté. Il marche, il corrompt Baba Mustafa comme le premier l'avait corrompu, et Baba Mustafa lui fit connaître la maison d'Ali Baba les yeux bandés. Il la marque de rouge dans un endroit moins apparent, en comptant que c'était un moyen sûr pour la distinguer de celles qui étaient marquées de blanc.

» Mais, peu de temps après, Morgiane sortit de la maison comme le jour précédent, et quand elle revint la marque rouge n'échappa pas à ses yeux clairvoyants. Elle fit le même raisonnement qu'elle avait fait, et elle ne manqua pas de faire la même marque de crayon rouge aux autres portes voisines et aux mêmes endroits. Le voleur, à son retour vers sa troupe, ne manqua pas de faire valoir la précaution qu'il avait prise comme infaillible, disait-il, pour ne pas confondre la maison d'Ali Baba avec les autres. Le capitaine et ses gens croient avec lui que la chose doit réussir; ils se rendent à la ville dans le même ordre et avec les mêmes soins qu'auparavant; mais ils trouvent la même difficulté que la première fois. Le capitaine en est indigné, et le voleur dans une confusion aussi grande que celui qui l'avait précédé avec la même commission. Ainsi le capitaine fut contraint de se retirer encore ce jour-là avec ses gens, aussi peu satisfait que le jour d'auparavant. Le voleur, comme auteur de la méprise, subit pareillement le châtiment auquel il s'était soumis volontairement. Le capitaine, qui vit sa troupe diminuée de deux braves, craignit de la voir diminuer davantage s'il continuait de s'en rapporter à d'autres pour être informé de la maison d'Ali Baba. Il se chargea de la chose lui-même; il vint à la ville, et, avec l'aide de Baba Mustafa, qui lui rendit le même service qu'aux deux députés de sa troupe, il ne s'amusa pas à faire aucune marque pour connaître la maison d'Ali Baba, mais il l'examina si bien qu'il n'était pas possible qu'il s'y méprît. Le capitaine des voleurs, satisfait de son voyage, retourna à la forêt, et quand il fut arrivé dans la grotte où sa troupe l'attendait : « Camarades, dit-il, je connais la maison du coupable sur qui doit tomber ma vengeance, et voici ce que j'ai imaginé pour nous en défaire. Quand je vous l'aurai exposé, si quelqu'un sait un expédient meilleur, il pourra le communiquer. »

» Alors il leur expliqua de quelle manière il prétendait s'y comporter; et comme ils lui eurent tous donné leur approbation, il les chargea d'acheter des mulets jusqu'au nombre de dix-neuf, et trente-huit grands vases de cuir à transporter de l'huile, l'un plein et les autres vides.

» En deux ou trois jours de temps, les voleurs eurent fait tous ces amas. Comme les vases vides étaient un peu étroits par la bouche pour l'exécution de son dessein, le capitaine les fit un peu élargir, et après avoir fait entrer un de ses gens dans chacun avec les armes qu'il avait jugées nécessaires, en laissant ouvert ce qu'il avait fait découdre, afin de leur laisser la respiration libre, il les ferma de manière qu'ils parussent pleins d'huile, et, pour les mieux déguiser, il les frotta par le dehors d'huile, qu'il prit du vase qui en était plein. Les choses ainsi disposées, quand les mulets furent chargés de trente-sept voleurs, sans y comprendre le capitaine, chacun caché dans un des vases, et du vase qui était plein d'huile, leur capitaine, comme conducteur, prit le chemin de la ville, et y arriva une heure après le coucher du soleil, comme il se l'était proposé. Il alla droit à la maison d'Ali Baba, dans le dessein de frapper à la porte et de demander à y passer la nuit avec ses mulets. Il n'eut pas la peine de frapper : il trouva Ali Baba à la porte, qui prenait le frais après le souper. Il fit arrêter ses mulets, et en s'adressant à Ali Baba : « Seigneur, dit-il, j'amène l'huile que vous voyez de bien loin pour la vendre demain au marché, et à l'heure qu'il est je ne sais où aller loger. Si cela ne vous incommode pas, faites-moi le plaisir de me recevoir chez vous pour y passer la nuit : je vous en aurai obligation. — Vous êtes le bienvenu, lui dit Ali Baba, entrez. » En même temps, il appela un esclave et lui commanda, quand les mulets seraient déchargés, de les mettre à couvert et de leur donner du foin et de l'orge. Il ordonna ensuite à Morgiane d'apprêter promptement à souper pour l'hôte qui venait d'arriver et de lui préparer un lit dans une chambre.

» Ali Baba, après avoir recommandé à Morgiane de prendre soin de son hôte, ajouta : « Demain, je vais au bain avant le jour; faismoi un bon bouillon, pour le prendre à mon retour. » Après lui avoir donné ces ordres, il se retira pour se coucher. Le capitaine des voleurs, cependant, alla donner à ses gens l'ordre de ce qu'ils devaient faire. En commençant depuis le premier vase jusqu'au dernier, il dit à chacun :

« Quand je jetterai des petites pierres de la chambre où l'on me loge, ne manquez pas de vous faire ouverture en fendant le vase depuis le haut jusqu'en bas avec le couteau dont vous êtes muni et d'en sortir : aussitôt je serai à vous. » Cela fait, il revint; et comme il se fut présenté à la porte de la cuisine, Morgiane le conduisit à la chambre qu'elle lui avait préparée. Pour ne pas donner de soupçon, il éteignit la lumière, et il se coucha tout habillé, prêt à se lever dès qu'il aurait fait son premier somme. Morgiane n'oublie pas les ordres d'Ali Baba, elle met le pot-au-feu pour le bouillon, et pendant qu'elle écume le pot la lampe s'éteint. Il n'y avait plus d'huile dans la maison, et la chandelle y manquait aussi. Que faire? Elle a besoin cependant de voir clair pour écumer son pot, et imagine d'aller prendre de l'huile dans un des vases du marchand. Elle prend la cruche à l'huile et elle va dans la cour. Comme elle approche du premier vase qu'elle rencontre, le voleur qui était caché dedans demande en parlant bas : « Est-il temps? » Quoique le voleur eût parlé bas, Morgiane néanmoins fut frappée de la voix, d'autant plus facilement que le capitaine des voleurs, dès qu'il eut déchargé ses mulets, avait ouvert non-seulement ce vase, mais même tous les autres, pour donner de l'air à ses gens.

« Tout autre esclave que Morgiane, en trouvant un homme dans un vase au lieu d'y trouver de l'huile qu'elle cherchait, eût fait un vacarme capable de causer de grands malheurs. Mais Morgiane comprit en un instant l'importance de garder ce secret, le danger pressant où se trouvait Ali-Baba et sa famille, et la nécessité d'y apporter promptement le remède sans faire d'éclat. En prenant la place du capitaine des voleurs, elle répondit à la demande et elle dit : « Pas encore, mais bientôt. » Elle s'approcha du vase qui suivait, et la même demande lui fut faite, et ainsi de suite, jusqu'à ce qu'elle arrivât au dernier, qui était plein d'huile; et à la même demande, elle donna la même réponse. Morgiane connut par là que son maître, qui avait cru ne donner à loger qu'à un marchand d'huile, y avait donné entrée à trente-huit voleurs. Elle remplit en diligence sa cruche d'huile, qu'elle prit du dernier vase; elle revint dans sa cuisine, où, après avoir mis de l'huile dans la lampe et l'avoir rallumée, elle prend une grande chaudière; elle retourne à la cour, où elle l'emplit de l'huile du vase. Elle la rapporte, la met sur le feu, et met dessous force bois, parce que plus tôt l'huile bouillira, plus tôt elle aura exécuté son dessein. L'huile bout enfin; elle prend la chaudière, et elle va verser dans chaque vase assez d'huile toute bouillante, depuis le premier jusqu'au dernier, pour les étouffer et leur ôter la vie, comme elle la leur ôta.

» Cette action, digne du courage de Morgiane, exécutée sans bruit, comme elle l'avait projetée, elle revient dans la cuisine avec la chaudière vide et ferme la porte; ensuite elle souffle la lampe, et va observer ce qui arriverait par une fenêtre de la cuisine qui donnait sur la cour.

» Il n'y avait pas encore un quart d'heure que Morgiane attendait quand le capitaine des voleurs s'éveille. Il se lève, il regarde par la fenêtre, qu'il ouvre, et, comme il n'aperçoit aucune lumière et qu'il voit régner un profond silence dans la maison, il donne le signal en jetant de petites pierres, dont plusieurs tombèrent sur les vases. Il prête l'oreille et n'entend et n'aperçoit rien qui lui fasse reconnaître que ses gens se mettent en mouvement. Il en est inquiet, et descend précipitamment dans la cour tout alarmé, avec le moins de bruit qu'il lui est possible; il approche du premier vase, et quand il demande au voleur s'il dort, il sent une odeur d'huile chaude et de brûlé qui s'exhale du vase, par où il connaît que son entreprise contre Ali Baba, pour lui ôter la vie et piller sa maison, était échouée. Il passe au vase suivant et à tous les autres l'un après l'autre, et il trouve que ses gens avaient péri par le même sort. Au désespoir d'avoir manqué son coup, il enfila la porte du jardin qui donnait dans la cour, et, de jardin en jardin, en passant par dessus les murs, il se sauva.

» Quand Morgiane n'entendit plus de bruit et qu'elle ne vit pas revenir le capitaine des voleurs, elle ne douta pas du parti qu'il avait pris. Satisfaite d'avoir si bien réussi à mettre toute la maison en sûreté, elle se coucha enfin et elle s'endormit.

» Ali Baba, cependant, sortit avant le jour et alla au bain.

» Lorsqu'Ali Baba revint du bain, il fut si surpris de voir encore les vases d'huile dans leur place, et que le marchand ne se fût pas rendu au marché, qu'il en demanda la raison à Morgiane, qui lui était venu ouvrir. « Mon bon maître, dit Morgiane, vous apprendrez mieux ce que vous désirez savoir quand vous aurez vu ce que j'ai à vous faire voir: prenez la peine de venir avec moi. » Ali Baba suivit Morgiane. Quand elle eut fermé la porte, elle le mena au premier vase. « Regardez dans le vase, lui dit-elle, et voyez s'il y a de l'huile. » Ali Baba regarda, et, comme il eut vu un homme dans le vase, il se retira en arrière en s'écriant : « Que veut dire ce que tu viens de me faire voir? Explique-le-moi. » Et elle raconta à Ali Baba tout ce qu'elle avait fait pendant la nuit. En achevant, Morgiane ajouta : « Voilà quelle est l'histoire que vous m'avez demandée, et je suis convaincue que c'est la suite d'une observation que j'avais faite depuis deux ou trois jours : une fois, en revenant de la ville de bon matin, j'aperçus que la porte de la rue était marquée de blanc, et le jour d'après de rouge; après la marque blanche, chaque fois, sans savoir à quel dessein cela pouvait avoir été fait, j'avais marqué de même, et au même endroit, deux ou trois portes de nos voisins au-dessus et au-dessous. Si vous joignez cela avec ce qui vient d'arriver, vous trouverez que le tout a été machiné par les voleurs de la forêt, dont je ne sais pourquoi la troupe est diminuée de deux. Quoi qu'il en soit, la voilà réduite à trois au plus. Cela fait voir qu'il est bon que vous vous teniez sur vos gardes. Quant à moi, je n'oublierai rien pour veiller à votre conservation comme j'y suis obligée. » Quand Morgiane eut achevé, Ali Baba, pénétré de la grande obligation qu'il lui avait, lui dit : « Je ne mourrai pas que je ne t'aie recompensée comme tu le mérites. Je te dois la vie ; et pour commencer à t'en donner une marque de reconnaissance, je te donne la liberté dès à présent. en attendant que j'y mette le comble de la manière que je me propose. Je suis persuadé avec toi que les quarante voleurs m'ont dressé ces embûches. Dieu m'a délivré par ton moyen. J'espère qu'il continuera de me préserver de leur méchanceté. Ce que nous avons à faire, c'est d'enterrer les corps de cette peste du genre humain avec le plus grand secret. »

» Ali Baba et son esclave creusèrent au bout du jardin une fosse longue et large. Ils tirèrent les corps hors des vases, et ils mirent à part les armes dont les voleurs s'étaient munis, et ils les arrangèrent dans la fosse, et, après les avoir couverts de la terre qu'ils en avaient tirée, ils dispersèrent ce qui en restait aux environs, de manière que le terrain parut être comme auparavant. Ali Baba fit cacher soigneusement les vases à l'huile et les armes ; et quant aux mulets, il les envoya au marché à différentes fois, où il les fit vendre par son esclave.

» Pendant qu'Ali Baba prenait toutes ces mesures pour ôter à la connaissance du public par quel moyen il était devenu riche en peu de temps, le capitaine des quarante voleurs était retourné à la forêt, et, dans l'agitation où il était, il rentra dans la grotte sans avoir pu s'arrêter à aucune résolution. Le lendemain, il prit un habit fort propre, et vint à la ville, où il prit un logement dans un khan. Il se pourvut d'un cheval, dont il se servit pour transporter à son logement plusieurs riches étoffes et toiles fines, en faisant plusieurs voyages à la forêt avec les précautions nécessaires pour cacher le lieu où il allait les prendre. Pour débiter ces marchandises, quand il en eut amassé ce qu'il avait jugé à propos, il chercha une boutique. Il en trouva une, et, après l'avoir garnie, il s'y établit. La boutique, qui se trouva vis-à-vis de la sienne, était celle qui avait appartenu à Cassim, et qui était occupée par le fils d'Ali Baba il n'y avait pas longtemps.

» Le capitaine des voleurs, qui avait pris le nom de Khodjah Houssain, ne manqua pas de faire civilités aux marchands ses voisins. Mais comme le fils d'Ali Baba était jeune, qu'il ne manquait pas d'esprit et qu'il avait occasion plus souvent de s'entretenir avec lui qu'avec les autres, il s'attacha à le cultiver plus assidument, surtout quand il eut reconnu Ali Baba, qui vint voir son fils, et qu'il eut appris du fils, après qu'Ali Baba l'eut quitté, que c'était son père. Il augmenta ses empressements auprès de lui, il le caressa, il lui fit de petits présents, il le régala même. Le fils d'Ali Baba voulut lui rendre la pareille. Il parla de son dessein à Ali Baba, son père, qui voulut se charger du régal. « Mon fils, dit-il, faites demain avec Khodjah Houssain une partie de promenade, et, en revenant, invitez-le à passer par chez moi. Il sera mieux que la chose se fasse de la sorte. Je vais ordonner à Morgiane de faire le souper et de le tenir prêt. »

» Ali Baba reçut Khodjah Houssain avec le bon accueil qu'il pouvait souhaiter ; il le remercia des bontés qu'il avait pour son fils, et, après un entretien de peu de durée sur des sujets différents, Khodjah Houssain voulut prendre congé. « Seigneur, dit Ali Baba, où voulez-vous aller ? Je vous prie de me faire l'honneur de souper avec moi. Le repas que je veux vous donner est beaucoup au-dessous de ce que vous méritez, mais, tel qu'il est, j'espère que vous l'agréerez d'aussi bon cœur que j'ai intention de vous le donner. — Seigneur Ali Baba, reprit Khodjah Houssain, je suis très-persuadé de votre bon cœur, et si je vous demande en grâce de ne pas trouver mauvais que je me retire sans accepter l'offre que vous me faites, c'est que je ne mange ni viande ni ragoût où il y ait du sel ; jugez vous-même de la contenance que je ferais si j'étais à votre table. — Si vous n'avez que cette raison, insista Ali Baba, elle ne doit pas me priver de l'honneur de vous posséder à souper. Premièrement, il n'y a pas de sel dans le pain que l'on mange chez moi ; et, quant à la viande et aux ragoûts, je vous promets qu'il n'y en aura pas dans ce qui sera servi devant vous ; je vais y donner ordre. Ainsi faites-moi la grâce de demeurer ; je reviens à vous dans un moment. » Ali Baba alla à la cuisine, et il ordonna à Morgiane de ne pas mettre de sel sur la viande qu'elle avait à servir, et de préparer promptement deux ou trois ragoûts outre ceux qu'il lui avait commandés, où il n'y eût pas de sel. Morgiane qui était prête à servir, ne put s'empêcher de témoigner son mécontentement sur ce nouvel ordre et de s'en expliquer à Ali Baba. « Qui est donc, dit-elle, cet homme si difficile qui ne mange pas de sel? Votre souper ne sera plus bon à manger si je le sers trop tard. — Ne te fâche pas, Morgiane, reprit Ali Baba ; c'est un honnête homme : fais ce que je te dis. » Morgiane obéit, mais à contre cœur. Elle voulut connaître cet homme qui ne mangeait pas de sel. Quand elle eut achevé et qu'Abdalla, l'esclave d'Ali Baba, eut préparé la table, elle l'aida à porter les plats. En regardant Khodjah Houssain, elle le reconnut d'abord pour le capitaine des quarante voleurs, malgré son déguisement, et, en l'examinant avec attention, elle aperçut qu'il y avait un poignard caché sous son habit. « Je ne m'étonne plus, dit-elle en elle-même, que le scélérat ne veuille pas manger de sel avec mon maître : c'est son plus fier ennemi, il veut l'assassiner, mais je l'en empêcherai. »

» Quand Morgiane eut achevé de servir, elle fit les préparatifs nécessaires pour l'exécution d'un coup des plus hardis; elle venait d'achever, lorsque Abdalla vint l'avertir qu'il était temps de servir le fruit. Elle le porta, ensuite elle posa près d'Ali Baba une petite table sur laquelle elle mit le vin avec trois tasses, et en sortant elle emmena Abdalla avec elle, comme pour aller souper ensemble, et donner à Ali Baba, selon la coutume, la liberté de s'entretenir et de se réjouir avec son hôte et de le faire bien boire.

» Alors le faux Khodjah Houssain, croyant l'occasion favorable pour ôter la vie à Ali Baba, dit en lui-même : « Je vais faire enivrer le père et le fils; et le fils, à qui je veux bien donner la vie, ne m'empêchera pas d'enfoncer le poignard dans le cœur du père ; et je me sauverai par le jardin, comme je l'ai déjà fait, pendant que la cuisinière et l'esclave n'auront pas encore achevé de souper. » Au lieu de souper, Morgiane, qui avait pénétré l'intention du faux Khodjah Houssain, ne lui donna pas le temps d'en venir à l'exécution. Elle s'habilla d'un habit de danseuse fort propre, prit une coiffure convenable, et se ceignit d'une ceinture d'argent doré, où elle attacha un poignard dont la gaine et le manche étaient de même métal, et avec cela elle appliqua un fort beau masque sur son visage. Quand elle se fut déguisée de la sorte, elle dit à Abdalla : « Prends ton tambour de basque, et allons donner à l'hôte de notre maître le divertissement que nous lui donnons quelquefois. » Abdalla prend le tambour de basque, et, marchant devant Morgiane, il entre dans la salle. Morgiane fait une profonde révérence d'un air délibéré, en demandant la permission de faire voir ce qu'elle savait faire. « Entre, Morgiane, entre, dit Ali Baba : Khodjah Houssain jugera de quoi tu es capable. » Morgiane, qui ne le cédait à aucune danseuse de profession, dansa d'une manière à se faire admirer, même de toute autre compagnie que celle à laquelle elle donnait ce spectacle. Après avoir dansé plusieurs danses avec le même agrément, elle tira enfin le poignard, et, en le tenant à la main, elle en dansa une dans laquelle elle se surpassa par les figures différentes, par les mouvements légers, par les sauts surprenants, et par les efforts merveilleux dont elle les accompagna, tantôt en présentant le poignard en avant, comme pour frapper, tantôt en faisant semblant de s'en frapper elle-même. Comme hors d'haleine enfin, elle arracha le tambour de basque des mains d'Abdalla de la main gauche, et, en tenant le poignard de la droite, elle alla présenter le tambour de basque par le creux à Ali Baba, à l'imitation des danseurs et danseuses de profession. Ali Baba jeta une pièce d'or dans le tambour de basque de Morgiane. Morgiane s'adressa ensuite au fils d'Ali Baba, qui suivit l'exemple de son père. Khodjah Houssain avait déjà tiré la bourse de son sein pour lui faire son présent, et il y mettait la main, quand Morgiane, avec un courage digne de la fermeté et de la résolution qu'elle avait montrées jusqu'alors, lui enfonça le poignard au milieu du cœur, si avant qu'elle ne le retira qu'après lui avoir ôté la vie.

» Ali Baba et son fils, épouvantés de cette action, poussèrent un grand cri : « Ah! malheureuse! s'écria Ali Baba, qu'as-tu fait? est-ce pour nous perdre, moi et ma famille? — Ce n'est pas pour vous perdre, répondit Morgiane, je l'ai fait pour votre conservation. » Alors, en ouvrant la robe de Khodjah Houssain et en montrant à Ali Baba le poignard dont il était armé : « Voyez, dit-elle, à quel ennemi vous aviez affaire, et regardez-le bien; vous reconnaîtrez le faux marchand d'huile et le capitaine des quarante voleurs. Ne considérez-vous pas aussi qu'il n'a pas voulu manger de sel avec vous? En voulez-vous davantage pour vous persuader de son dessein? Avant que je l'eusse vu, le soupçon m'en était venu du moment que vous avez fait connaître que vous aviez un tel convive. » Ali Baba, qui connut la nouvelle obligation qu'il avait à Morgiane de lui avoir conservé la vie une seconde fois, l'embrassa.

« Morgiane, dit-il, je t'ai donné la liberté, et alors je t'ai promis que ma reconnaissance n'en demeurerait pas là et que bientôt j'y mettrais le comble. Ce temps est venu, et je te fais ma belle-fille. » Et en s'adressant à son fils : « Mon fils, ajouta-t-il, je vous crois assez bon fils pour ne pas trouver étrange que je vous donne Morgiane pour femme; vous ne lui avez pas moins d'obligation que moi. Vous voyez que Khodjah Houssain n'avait recherché votre amitié que dans le dessein de mieux réussir à m'arracher la vie. S'il y eût réussi, vous ne devez pas douter qu'il ne vous eût sacrifié aussi à sa vengeance. » Le fils consentit à ce mariage, non-seulement parce qu'il ne voulait pas désobéir à son père, mais même parce qu'il y était porté par sa propre inclination. On songea ensuite à enterrer le corps du capitaine auprès de ceux des autres voleurs, et cela se fit si secrètement qu'on en eut aucune connaissance.

» Ali Baba, qui s'était abstenu de retourner à la grotte depuis qu'il en avait apporté le corps de son frère, s'en abstint encore après la mort des trente-huit voleurs, en y comprenant le capitaine, parce qu'il supposa que les deux autres, dont le destin ne lui était pas connu, étaient encore vivants. Mais, au bout d'un an, comme il vit qu'il ne s'était fait aucune entreprise pour l'inquiéter, la curiosité le prit d'y faire un voyage, en prenant les précautions nécessaires pour sa sûreté. Il monta à cheval, et, quand il fut arrivé près de la grotte, il prit un bon augure de ce qu'il n'aperçut aucun vestige ni d'hommes ni de chevaux. Il mit pied à terre, il attacha son cheval, et, en se présentant devant la porte, il prononca ces paroles : *Sésame, ouvre-toi*, qu'il n'avait pas oubliées. La porte s'ouvrit; il entra, et l'état où il trouva toutes choses dans la grotte lui fit juger que personne n'y était entré depuis la mort du faux Khodjah Houssain. Il ne douta plus qu'il ne fût le seul au monde qui eût le secret de faire ouvrir la grotte, et que le trésor qu'elle renfermait était à sa disposition. Depuis ce temps-là, Ali Baba, son fils, qu'il mena à la grotte, et après eux leur postérité, à laquelle ils firent passer le secret, vécurent dans une grande splendeur et honorés des premières dignités de la ville. »

Après avoir achevé de raconter cette histoire au sultan Schahriar, Scheherazade, qui vit qu'il était jour, remit au lendemain le récit de celle que nous allons voir.

HISTOIRE DU CHEVAL ENCHANTÉ.

« Sire, dit Scheherazade, comme votre majesté ne l'ignore pas, le Névroux, c'est-à-dire le nouveau jour, qui est le premier de l'année et du printemps, ainsi nommé par excellence, est une fête si solennelle et si ancienne dans toute l'étendue de la Perse, dès les premiers temps même de l'idolâtrie, que la religion de notre prophète, toute pure qu'elle est, et que nous tenons pour la véritable, en s'y introduisant, n'a pu jusqu'à nos jours venir à bout de l'abolir, quoique l'on puisse dire qu'elle est toute païenne et que les cérémonies qu'on y observe sont superstitieuses. Sans parler des grandes villes, il n'y en a ni petite, ni bourg, ni village, ni hameau, où elle ne soit célébrée avec de grandes réjouissances.

» Mais les réjouissances qui se font à la cour les surpassent toutes infiniment par la variété des spectacles surprenants et nouveaux, et les étrangers des états voisins, et même des plus éloignés, attirés par les récompenses et par la libéralité des rois envers ceux qui excellent par leurs inventions et par leur industrie, de manière qu'on ne voit rien dans les autres parties du monde qui approche de cette magnificence.

» Dans une de ces fêtes, après que les plus habiles et les plus ingénieux du pays, avec des étrangers qui s'étaient rendus à Schiraz, où la cour était alors, eurent donné au roi et à toute la cour le divertissement de leurs spectacles, et que le roi leur eut fait ses largesses, un Indien parut au pied de son trône en faisant avancer son cheval sellé, bridé, richement harnaché, représenté avec tant d'art, qu'à le voir on l'eût pris d'abord pour un véritable cheval.

» L'Indien se prosterna devant le trône, et quand il se fut relevé, en montrant le cheval au roi :

« Sire, dit-il, quoique je me présente le dernier devant votre majesté pour entrer en lice, je puis l'assurer néanmoins que, dans ce jour de fête, elle n'a rien vu d'aussi merveilleux et d'aussi surprenant que le cheval sur lequel je la supplie de jeter les yeux. »

« Je ne vois dans ce cheval, lui dit le roi, autre chose que l'art et l'industrie de l'ouvrier à lui donner la ressemblance du naturel qui lui a été possible. Mais un autre ouvrier pourrait en faire un semblable qui le surpasserait même en perfection. »

« Sire, reprit l'Indien, ce n'est pas aussi par sa construction, ni par ce qu'il paraît à l'extérieur, que j'ai dessein de faire regarder mon cheval par votre majesté comme une merveille, c'est par l'usage que j'en sais faire, et que tout homme comme moi peut en faire par le secret que je puis lui communiquer. Quand je le monte en quelque endroit de la terre si éloigné qu'il puisse être, que je veuille me transporter par la région de l'air, je puis l'exécuter en très-peu de temps. En peu de mots, sire, voilà en quoi consiste la merveille de mon cheval, merveille dont personne n'a jamais entendu parler, et dont je m'offre de faire voir l'expérience à votre majesté si elle me le commande. »

» Le roi de Perse, qui était curieux de tout ce qui tenait du merveilleux, et qui, après tant de choses de cette nature qu'il avait vues et qu'il avait cherché et désiré de voir, n'avait rien vu qui en approchât, ni entendu dire qu'on eût vu rien de semblable, dit à l'Indien qu'il n'y avait que l'expérience qu'il venait de lui proposer qui pouvait le convaincre de la prééminence de son cheval et qu'il était prêt à en voir la vérité.

» L'Indien mit aussitôt le pied dans l'étrier, se jeta sur le cheval avec une grande légèreté, et quand il eut mis le pied dans l'autre étrier et qu'il se fut bien assuré sur sa selle, il demanda au roi de Perse où il lui plaisait de l'envoyer.

» Environ à trois lieues de Schiraz, il y avait une haute montagne qu'on découvrait à plein de la grande place où le roi de Perse était devant son palais, remplie de tout le peuple qui s'y était rendu. « Vois-tu cette montagne? dit le roi en la montrant à l'Indien, c'est où je souhaite que tu ailles : la distance n'est pas longue, mais elle suffit pour faire juger de la diligence que tu feras pour aller et pour revenir; et parce qu'il n'est pas possible de te conduire des yeux jusque-là, pour marque certaine que tu y seras allé, j'entends que tu m'apportes une palme d'un palmier qui est au pied de la montagne. »

» A peine le roi de Perse eut achevé de dire sa volonté par ces paroles que l'Indien ne fit que tourner une cheville qui s'élevait un peu au-dessous de cou du cheval en approchant du pommeau de la selle. Dans l'instant le cheval s'éleva de terre et enleva le cavalier en l'air comme un éclair, si haut qu'en peu de moments ceux qui avaient les yeux les plus perçants le perdirent de vue, et cela se fit avec une grande admiration du roi et de ses courtisans et de grands cris d'étonnement de la part de tous les spectateurs assemblés.

» Il n'y avait presque pas un quart d'heure que l'Indien était parti quand on l'aperçut au haut de l'air qui revenait la palme à la main. On le vit enfin arriver au-dessus de la place, où il fit plusieurs caracoles, aux acclamations de joie du peuple qui lui applaudissait, jusqu'à ce qu'il vînt se poser devant le trône du roi à la même place d'où il était parti, sans aucune secousse du cheval qui pût l'incommoder. Il mit pied à terre, et, en s'approchant du trône, il se prosterna et il posa la palme au pied du roi.

» Le roi de Perse, qui fut témoin, avec non moins d'admiration que d'étonnement, du spectacle inouï que l'Indien venait de lui donner, conçut en même temps une forte envie de posséder le cheval. Et comme il se persuadait qu'il ne trouverait pas de difficulté à en traiter avec l'Indien, résolu, quelque somme qu'il lui en demandât, à le lui accorder, il le regardait déjà comme la pièce la plus précieuse de son trésor, qu'il comptait en enrichir.

« A juger de ton cheval par son apparence extérieure, dit-il à l'Indien, je ne comprenais pas qu'il dût être considéré autant que tu viens de me faire voir qu'il le mérite. Je t'ai l'obligation de m'avoir désabusé, et, pour te marquer combien j'en fais d'estime, je suis prêt à l'acheter s'il est à vendre. »

« Votre majesté aura pour agréable, répondit l'Indien, que je lui marque que je n'ai pas acheté ce cheval : je ne l'ai obtenu de l'inventeur et du fabricateur qu'en lui donnant en mariage une fille unique qu'il me demanda, et en même temps il exigea de moi que je ne le vendrais pas, et que, si j'avais à lui donner un autre possesseur, ce serait pour un échange tel que je le jugerais à propos. »

» L'Indien voulait poursuivre, mais au mot d'échange le roi de Perse l'interrompit.

« Je suis prêt, repartit-il, à t'accorder tel échange que tu me demanderas. Tu sais que mon royaume est grand, qu'il est rempli de grandes villes puissantes, riches et peuplées. Je laisse à ton choix celle qu'il te plaira de choisir en pleine puissance et souveraineté pour le reste de tes jours. — Sire, je suis infiniment obligé à votre majesté de l'offre qu'elle me fait, et je ne puis assez la remercier de sa générosité. Je la supplie néanmoins de ne pas s'offenser si je prends la hardiesse de lui témoigner que je ne puis mettre mon cheval en sa possession qu'en recevant de sa main la princesse sa fille pour épouse. Je suis résolu de n'en perdre la propriété qu'à ce prix. »

» Les courtisans qui environnaient le roi de Perse ne purent s'empêcher de faire un grand éclat de rire à la demande extravagante de l'Indien ; mais le prince Firouz Schah, fils aîné du roi et héritier présomptif du royaume, ne l'entendit qu'avec indignation. Le roi pensa tout autrement, et il crut qu'il pouvait sacrifier la princesse de Perse à l'Indien pour satisfaire sa curiosité. Il balança néanmoins avant de se déterminer à prendre ce parti.

» Le prince Firouz Schah, qui vit que le roi hésitait sur la réponse qu'il devait faire à l'Indien, craignit qu'il ne lui accordât ce qu'il demandait. Il prit donc la parole, et en le prévenant :

« Sire, dit-il, que votre majesté me pardonne si j'ose lui demander s'il est possible qu'elle balance un moment sur le refus qu'elle doit faire à la demande insolente d'un bateleur infâme. »

« Mon fils, reprit le roi de Perse, je vous sais bon gré du zèle que vous témoignez pour conserver l'éclat de votre naissance dans le même état que vous l'avez reçu ; mais vous ne considérez pas l'excellence de ce cheval, ni que l'Indien qui me propose cette voie pour l'acquérir peut, si je le rebute, aller faire la même proposition ailleurs. Peut-être n'est-il pas bien d'accord avec lui-même sur l'exorbitance de sa prétention, et la princesse ma fille à part, je ferai telle autre convention qu'il voudra. Mais, avant de conclure le marché, je suis bien aise que vous examiniez le cheval et que vous en fassiez l'essai vous-même, afin que vous m'en disiez votre sentiment. Je ne doute pas qu'il ne veuille bien le permettre. »

» L'Indien, qui crut entrevoir dans le discours qu'il venait d'entendre que le roi de Perse n'était pas éloigné de le recevoir dans son alliance en acceptant le cheval à ce prix, et que le prince, au lieu de lui être contraire, comme il venait de lui faire paraître, pourrait lui devenir favorable, loin de s'opposer au désir du roi, en témoigna de la joie, et, pour marquer qu'il consentait avec plaisir, il prévint le prince en s'approchant du cheval, prêt à l'aider à le monter, et l'avertit ensuite de ce qu'il fallait qu'il fît pour le bien gouverner. Le prince Firouz Schah, avec une adresse merveilleuse, monta à cheval sans le secours de l'Indien, et il n'eut pas plus tôt le pied assuré dans l'un et l'autre étrier que, sans entendre aucun avis de l'Indien, il tourna la cheville qu'il lui avait vu tourner peu de temps auparavant lorsqu'il l'avait monté. Du moment qu'il l'eut tournée le cheval l'enleva avec la vitesse d'une flèche et de la sorte, en peu de moments, le roi et toute la cour le perdirent de vue. Le cheval ni le prince Firouz Schah ne paraissaient plus dans l'air, et le roi de Perse faisait des efforts inutiles pour l'apercevoir, quand l'Indien alarmé de ce qui venait d'arriver, se prosterna devant le trône et obligea le roi de faire attention au discours qu'il lui tint en ces termes : « Sire, dit-il, votre majesté elle-même a vu que le prince ne m'a pas permis par sa promptitude de lui donner l'instruction nécessaire pour gouverner mon cheval. Sur ce qu'il m'a vu faire, il a voulu marquer qu'il n'avait pas besoin de mon avis pour partir et s'élever en l'air ; mais il ignore l'avis que j'a avis à lui donner pour faire détourner le cheval en arrière et pour le faire revenir au lieu d'où il est parti. Ainsi, sire, la grâce que j'ai à demander à votre majesté, c'est de ne pas me rendre garant de ce qui pourra arriver de sa personne. Elle est trop équitable pour m'imputer le malheur qui peut en arriver. » Le discours de l'Indien affligea fort le roi de Perse, qui comprit que le danger où était le prince son fils était inévitable. — Quoi qu'il en soit, répliqua le roi de Perse, ta tête me répondra de la vie de mon fils, si dans trois mois je ne le vois revenir sain et sauf, ou que je n'apprenne qu'il soit vivant. »

» Il commanda qu'on s'assurât de sa personne, qu'on le resserrât dans une prison étroite ; après quoi, il se retira dans son palais, extrêmement fatigué de ce que la fête de Nevroux s'était terminée d'une manière si triste pour lui et pour sa cour.

» Le prince Firouz Schah cependant fut enlevé dans l'air avec tant de rapidité, et en moins d'une heure il se vit si haut, qu'il ne distingua plus rien sur la terre, où les montagnes et les vallées lui paraissaient confondues avec les plaines. Ce fut alors qu'il songea à revenir au lieu d'où il était parti. Pour réussir, il s'imagina qu'en tournant la même cheville en sens contraire et en tournant la bride en même temps, il réussirait ; mais son étonnement fut extrême quand il vit que le cheval l'enlevait toujours avec la même rapidité. Il la tourna et retourna plusieurs fois, mais inutilement. Ce fut alors qu'il reconnut la grande faute qu'il avait commise de ne pas prendre de l'Indien tous les renseignements nécessaires pour bien gouverner le cheval avant d'entreprendre de le monter. Il comprit dans le moment la grandeur du péril où il était, mais cette connaissance ne lui fit pas perdre le jugement : il se recueillit en lui-même, et en examinant le cou et la tête du cheval avec attention, il aperçut une autre cheville, plus petite, à côté de l'oreille droite du cheval. Il tourna la cheville, et dans le moment il remarqua qu'il descendait vers la terre par une ligne semblable à celle par laquelle il avait monté, mais moins rapide. Il y avait une demi-heure que les ténèbres de la nuit couvraient la terre à l'endroit où le prince Firouz Schah se trouvait quand il tourna la cheville.

» Le cheval enfin s'arrêta et se posa. Il était plus de minuit, et le prince Firouz Schah mit pied à terre, mais avec une grande faiblesse, qui venait de ce qu'il n'avait rien pris depuis le matin du jour qui venait de finir. La première chose qu'il fit dans l'obscurité fut de reconnaître le lieu où il était, et il se trouva sur le toit en terrasse d'un palais magnifique, couronné d'une balustrade de marbre à hauteur d'appui. En examinant la terrasse, il rencontra l'escalier par où on y montait du palais, dont la porte n'était pas fermée.

» Il l'ouvrit davantage sans faire de bruit, et il descendit de même avec précaution, et, dans un entrepôt de l'escalier, il trouva la porte ouverte d'une grande salle où il y avait de la lumière. Le prince Firouz Schah s'arrêta à cette porte, et, en prêtant l'oreille, il n'entendit d'autre bruit que des gens qui dormaient profondément et qui ronflaient en différentes manières. Il avança un peu dans la salle, et, à la faveur d'une lanterne, il vit que ceux qui dormaient étaient des eunuques noirs, chacun avec le sabre nu près de soi, et cela lui fit connaître que c'était la garde de l'appartement d'une princesse.

» La chambre où couchait la princesse suivait après cette salle, et la porte, qui était ouverte, le faisait connaître à la grande lumière dont elle était éclairée, qui se laissait voir au travers d'une portière d'une étoffe de soie fort légère. Le prince Firouz Schah s'avança jusqu'à la portière, le pied en l'air, sans éveiller les eunuques, il l'ouvrit, et quand il fut entré, sans s'arrêter à considérer la magnificence de la chambre, qui était toute royale, il vit plusieurs lits, un seul sur le sofa, et les autres au bas. Des femmes de la princesse étaient couchées dans ceux-ci pour lui tenir compagnie et l'assister dans ses besoins, et la princesse dans le premier.

» Le prince Firouz Schah s'approcha de la princesse sans l'éveiller ni pas une des femmes. Quand il fut assez près, il vit une beauté si extraordinaire qu'il en fut enflammé d'amour dès la première vue.

» Ciel ! se dit-il en lui-même, ma destinée m'a-t-elle amenée en ce lieu pour me faire perdre ma liberté, que j'ai conservée entière jusqu'à présent ? Ne dois-je pas m'attendre à un esclavage certain dès qu'elle aura ouvert les yeux, si ses yeux, comme je dois m'y attendre, achèvent de donner le lustre et la perfection à un assemblage d'attraits et de charmes si merveilleux? Il faut bien m'y résoudre, puisque je ne puis reculer sans me rendre homicide de moi-même, et que la nécessité l'ordonne ainsi... »

» En achevant ces réflexions, le prince Firouz Schah se mit à genoux, et, en prenant l'extrémité de la manche pendante de la chemise de la princesse, d'où sortait un bras blanc comme la neige et fait au tour, il la tira fort légèrement.

» La princesse ouvrit les yeux, et, dans la surprise où elle fut de voir devant elle un homme bien fait, bien mis et de bonne mine, elle demeura interdite, sans donner néanmoins signe de frayeur ou d'épouvante. Le prince profita de ce moment favorable, il baissa la tête jusque sur le tapis de pied, et, en la relevant : « Respectable princesse, dit-il, par une aventure la plus extraordinaire et la plus merveilleuse qu'on puisse imaginer, vous voyez à vos pieds un prince suppliant, fils du roi de Perse, qui se trouvait hier au matin près du roi son père, au milieu des réjouissances d'une fète solennelle, et qui se trouve à l'heure qu'il est dans un pays inconnu où il est en danger de périr si vous n'avez la bonté et la générosité de l'assister de votre secours et de votre protection. Je l'implore, cette protection, adorable princesse, avec la confiance que vous ne me la refuserez pas. J'ose me le persuader avec d'autant plus de fondement qu'il n'est pas possible que l'inhumanité se rencontre avec tant de beauté, tant de charmes et tant de majesté. »

» La princesse à qui le prince Firouz Schah s'était adressé si heureusement était la princesse de Bengale, fille aînée du roi du royaume de ce nom, qui lui avait fait bâtir ce palais, peu éloigné de la capitale, où elle venait souvent prendre le divertissement de la campagne. Après qu'elle l'eut écouté avec toute la bonté qu'il pouvait désirer, elle lui répondit avec la même bonté : « Prince, rassurez-vous, vous n'êtes pas dans un pays barbare : l'hospitalité, l'humanité et la politesse ne règnent pas moins dans le royaume du Bengale que dans le royaume de Perse. Ce n'est pas moi qui vous accorde la protection que vous me demandez, vous l'avez trouvée tout acquise non-seulement dans mon palais, mais même dans tout le royaume. Quelque forte envie que j'aie d'apprendre de vous par quelle merveille vous avez mis si peu de temps à venir de la capitale de Perse et par quel enchantement vous avez pu pénétrer jusqu'à vous présenter devant moi si secrètement que vous avez trompé la vigilance de ma garde, comme néanmoins il n'est pas possible que vous n'ayez besoin de nourriture, j'aime mieux remettre ma curiosité à demain matin, et donner ordre à mes femmes de vous loger dans une de mes chambres, de vous y bien régaler, et vous y laisser reposer et délasser, jusqu'à ce que vous soyez en état de satisfaire ma curiosité, et moi de vous entendre. »

» Le lendemain, la première chose que fit la princesse dès qu'elle fut levée fut de se mettre à sa toilette. Jusqu'alors elle n'avait pas encore pris autant de peine qu'elle en prit ce jour-là pour se coiffer et s'ajuster en consultant son miroir. Après qu'elle eut encore consulté son miroir plusieurs fois et qu'elle eut demandé à ses femmes s'il manquait quelque chose à son ajustement, elle envoya savoir si le prince de Perse était éveillé, et en cas qu'il le fût, et habillé, comme elle ne doutait pas qu'il ne demandât de venir se présenter devant elle, de lui marquer qu'elle allait venir elle-même et qu'elle avait ses raisons pour en user de la sorte. Le prince de Perse, qui s'était remis parfaitement de son voyage pénible, venait d'achever de s'habiller quand il reçut le bonjour de la princesse de Bengale par une de ses femmes.

» Le prince, sans donner à la femme de la princesse le temps de lui faire part de ce qu'elle avait à lui dire, lui demanda si la princesse était en état qu'il pût lui rendre son devoir et ses respects. Mais quand la femme se fut acquittée auprès de lui de l'ordre qu'elle avait : « La princesse, dit-il, est la maîtresse, et je ne suis chez elle que pour exécuter ses commandements. » La princesse de Bengale n'eut pas plus tôt appris que le prince de Perse l'attendait qu'elle vint le trouver. Après les compliments réciproques, la princesse s'assit sur le sofa, et le prince fit la même chose, en se plaçant à quelque distance par respect.

» Alors la princesse, en prenant la parole : « Prince, dit-elle, j'eusse pu vous recevoir dans la chambre où vous m'avez trouvée couchée cette nuit, mais comme le chef de mes eunuques a la liberté d'y entrer et que jamais il ne pénètre ici sans ma permission, dans l'impatience où je suis d'apprendre de vous l'aventure surprenante qui me procure le bonheur de vous voir, j'ai mieux aimé venir vous en sommer ici, comme dans un lieu où ni vous ni moi ne serons pas interrompus. Obligez-moi donc, je vous en conjure, de me donner cette satisfaction que je vous demande. »

» Pour satisfaire la princesse de Bengale, le prince Firouz Schah commença son discours par la fête solennelle et annuelle de Nevroux dans tout le royaume de Perse. Il vint ensuite au cheval enchanté, dont il fit la description. Le récit des émotions qu'il avait éprouvées lorsque, pour obéir à son père, il s'était élancé dans les airs sur ce cheval merveilleux remplit le cœur de la princesse d'une tendre compassion et la convainquit qu'on ne pouvait rien imaginer au monde de plus surprenant en ce genre. « Il n'est pas besoin, princesse, ajouta le prince, de vous dire le reste; vous le savez. Il ne me reste qu'à vous remercier de votre bonté et de votre générosité, et vous supplier de me marquer par quel endroit je puis vous témoigner ma reconnaissance d'un si grand bienfait, tel que vous en soyez satisfaite. Comme, selon le droit des gens, je suis déjà votre esclave et que je ne puis plus vous offrir ma personne, il ne me reste plus que mon cœur. Que dis-je, princesse? il n'est plus à moi ce cœur, vous me l'avez ravi par vos charmes, et, loin de vous le redemander, je vous l'abandonne. Ainsi, permettez-moi de vous déclarer que je ne vous connais pas moins pour maîtresse de mon cœur que de mes volontés. »

» Ces dernières paroles du prince Firouz Schah furent prononcées d'un ton qui ne laissa pas douter la princesse de Bengale de l'effet qu'elle avait attendu de ses attraits. Elle ne fut pas scandalisée de la déclaration du prince de Perse, comme trop précipitée. Le rouge qui lui en monta au visage ne servit qu'à la rendre plus belle et plus aimable aux yeux du prince. Quand le prince Firouz Schah eut achevé de parler :

« Prince, reprit la princesse, si vous m'avez fait un plaisir des plus sensibles en me racontant les choses surprenantes et merveilleuses que je viens d'entendre, d'un autre côté je n'ai pu vous regarder sans frayeur dans la plus haute région de l'air, et, quoique j'eusse le bien de vous voir devant moi sain et sauf, je n'ai cessé néanmoins de craindre dans le moment où vous m'avez appris que le cheval de l'Indien était venu se poser si heureusement sur la terrasse de mon palais. Je suis ravie de ce que le hasard m'a donné l'occasion de vous faire connaître que le même hasard pouvait vous adresser ailleurs, mais non pas où vous puissiez être reçu plus agréablement et avec plus de plaisir. Ainsi, prince, je me tiendrais offensée très-sensiblement si je pouvais croire que la pensée que vous m'avez témoignée d'être mon esclave fût sérieuse et que je ne l'attribuasse pas à votre honnêteté plutôt qu'à un sentiment sincère, et la réception que je vous fis hier soir doit vous faire connaître suffisamment que vous n'êtes pas moins libre qu'au milieu de la cour de Perse. Quant à votre cœur, comme je suis bien persuadée que vous n'avez pas attendu jusqu'à présent pour en disposer et que vous ne devez avoir fait choix que d'une princesse qui le mérite, je serais fort fâchée de vous donner lieu de lui faire une infidélité. »

» Le prince Firouz Schah voulut protester à la princesse de Bengale qu'il était venu de Perse maître de son cœur; mais, dans le moment qu'il allait prendre la parole, une des femmes de la princesse, qui en avait l'ordre, vint avertir que le dîner était servi. Cette interruption délivra le prince et la princesse d'une explication qui les eût embarrassés. La princesse de Bengale demeura pleinement convaincue de la sincérité du prince de Perse, et, quant au prince, quoique la princesse ne se fût pas expliquée, il jugea néanmoins, par ses paroles et à la manière favorable dont il avait été écouté, qu'il avait lieu d'être content de son bonheur. Comme la femme de la princesse tenait la portière ouverte, la princesse de Bengale, en se levant, dit au prince de Perse, qui fit la même chose, qu'elle n'avait pas coutume de dîner de si bonne heure; mais que, comme elle ne doutait pas qu'on ne lui eût fait faire un méchant souper, elle avait donné ordre qu'on servît le dîner plus tôt qu'à l'ordinaire; et, en disant ces paroles, elle le conduisit dans un salon magnifique où la table était préparée et chargée d'une grande abondance d'excellents mets. Ils se mirent à table, et dès qu'ils eurent pris place, des femmes esclaves de la princesse, en grand nombre, belles et richement habillées, commencèrent un concert agréable d'instruments et de voix qui dura pendant tout le repas. Comme le concert était des plus doux et ménagé de manière qu'il n'empêchait pas le prince et la princesse de s'entretenir, ils passèrent une grande partie du repas, la princesse à servir le prince et à l'inviter à manger, et le prince, de son côté, à servir la princesse de ce qui lui paraissait le meilleur, afin de la prévenir avec des manières et des paroles qui lui attiraient de nouvelles honnêtetés et de nouveaux compliments de la part de la princesse; et, dans ce commerce réciproque de civilités et d'attentions, l'amour fit plus de progrès, de part et d'autre, que dans un tête-à-tête qui eût été prémédité. Le prince et la princesse se levèrent enfin de table. La princesse mena le prince de Perse dans un cabinet grand et magnifique par sa structure et par l'or et l'azur qui l'embellissaient avec symétrie. Ils s'assirent sur le sofa, qui avait une vue très-agréable sur le jardin du palais, qui fut admiré par le prince Firouz Schah par la variété des fleurs, des arbustes et des arbres, tous différents de ceux de Perse, auxquels ils ne cédaient pas en beauté. En prenant occasion de lier la conversation avec la princesse par cet endroit :

« Princesse, dit le prince, j'avais cru qu'il n'y avait au monde que la Perse où il y eût des palais superbes et des jardins admirables dignes de la majesté des rois; mais je vois que, partout où il y a de grands rois, les rois savent se faire bâtir des demeures convenables à leur grandeur et à leur puissance. »

« Prince, reprit la princesse de Bengale, comme je n'ai aucune idée des palais de Perse, je ne puis porter mon jugement sur la comparaison que vous en faites avec le mien, mais j'ai de la peine à me persuader qu'elle soit juste; vous voudrez bien que je croie que la complaisance y a beaucoup de part. Je ne veux pourtant pas mépriser mon palais devant vous : je vous assure que je le trouve très-médiocre en comparaison de celui du roi mon père. Vous m'en direz vous-même ce que vous en penserez quand vous l'aurez vu. Puisque le hasard vous a amené jusqu'à la capitale de ce royaume, je ne doute pas que vous ne vouliez bien le voir et y saluer le roi mon père, afin qu'il vous rende les honneurs dus à un prince de votre rang et de votre mérite. »

» En faisant naître au prince de Perse la curiosité de voir le palais de Bengale et d'y saluer le roi son père, la princesse se flattait que, si elle pouvait y réussir, son père, en voyant un prince si bien fait, si sage, si accompli en toutes sortes de belles qualités, pourrait peut-être bien se résoudre à lui proposer une alliance en offrant de la lui donner pour épouse, et par là, comme elle était bien persuadée qu'elle ne lui était pas indifférente, elle espérait parvenir à l'accomplissement de ses souhaits en gardant la bienséance convenable à une princesse qui voulait paraître soumise aux volontés du roi son père. Mais le prince de Perse ne lui répondit pas sur cet article conformément à ce qu'elle en avait pensé.

« Princesse, reprit le prince, je ne doute nullement, d'après votre témoignage, que le palais du roi de Bengale ne mérite la préférence que vous lui donnez sur le vôtre. Quant à la proposition que vous me faites de rendre mes respects au roi votre père, je me ferai non-seulement un plaisir, mais même un grand honneur de m'en acquitter. Mais, princesse, ajouta-t-il, je vous fais juge vous-même : me conseillerez-vous de me présenter devant la majesté d'un si grand monarque comme un aventurier, sans suite et sans un train convenable à mon rang? — Prince, repartit la princesse, que cela ne vous fasse pas de peine; vous n'avez qu'à vouloir : l'argent ne vous manquera pas pour vous faire tel train qu'il vous plaira; je vous en fournirai. Nous avons ici des négociants de votre nation en grand nombre; vous pouvez en choisir autant que vous en jugerez à propos pour vous faire une maison qui vous fera honneur. »

» Le prince Firouz Schah pénétra l'intention de la princesse du Bengale, et la marque sensible qu'elle lui donnait de son amour par cet endroit augmenta la passion qu'il avait conçue pour elle; mais, quelque forte qu'elle fût, elle ne lui fit pas oublier son devoir. Il lui répliqua sans hésiter :

« Princesse, j'accepterais de bon cœur l'offre

obligeant que vous me faites si l'inquiétude dont le roi mon père doit être de mon éloignement ne m'en empêchait absolument. Je serais indigne des bontés et de la tendresse qu'il a toujours eues pour moi si je ne retournais au plus tôt auprès de lui pour les faire cesser. Je le connais, et pendant que j'ai le bonheur de jouir de l'entretien d'une princesse si aimable, je suis persuadé qu'il est plongé dans des douleurs mortelles et qu'il a perdu l'espérance de me revoir. Vous comprendrez que je ne puis sans ingratitude me dispenser d'aller lui rendre la vie, dont un retour différé plus longtemps pourrait lui causer la perte. Après cela, princesse, si vous me jugiez digne d'aspirer au bonheur de devenir votre époux, comme le roi mon père m'a toujours témoigné qu'il ne voulait pas me contraindre dans le choix d'une épouse, je n'aurais pas de peine à obtenir de lui de revenir, non pas en inconnu, mais en prince, demander de sa part au roi de Bengale de contracter alliance avec lui par notre mariage. Je suis persuadé qu'il s'y portera lui-même dès que je l'aurai informé de la générosité avec laquelle vous m'avez accueilli dans ma disgrâce. »

» D'après la manière dont le prince de Perse venait de s'expliquer, la princesse de Bengale était trop raisonnable pour insister, mais elle fut alarmée du prompt départ qu'il méditait, à ce qu'il lui parut, et elle craignit, s'il prenait congé d'elle si tôt, que, bien loin de lui tenir la promesse qu'il lui faisait, il ne l'oubliât dès qu'il aurait cessé de la voir. Pour l'en détourner, elle lui dit : « Prince, en vous faisant la proposition de contribuer à vous mettre en état de voir le roi mon père, mon intention n'a pas été de m'opposer à l'excuse que vous m'apportez, mais je ne puis approuver que vous songiez à partir aussi promptement que vous semblez vous le proposer ; accordez au moins à mes prières la grâce que je vous demande de vous donner le temps de vous reconnaître ; et puisque mon bonheur a voulu que vous soyez arrivé dans le royaume de Bengale plutôt qu'au milieu d'un désert, ou que sur le sommet d'une montagne si escarpée qu'il vous eût été impossible d'en descendre, je vous engage à y faire un séjour suffisant pour en porter des nouvelles un peu détaillées à la cour de Perse. »

» Ce discours de la princesse de Bengale avait pour but que le prince Firouz Schah, en faisant avec elle un séjour de quelque durée, devînt insensiblement plus passionné pour ses charmes. Le prince de Perse ne put honnêtement lui refuser la grâce qu'elle lui demandait après la réception et l'accueil favorable qu'il en avait reçus. Il eut la complaisance d'y condescendre, et la princesse ne songea plus qu'à lui rendre son séjour agréable par tous les divertissements qu'elle put imaginer.

» Pendant plusieurs jours, ce ne furent que fêtes, que bals, que concerts, que festins ou collations magnifiques, que promenades dans le jardin, et que chasses dans le parc du palais, où il y avait toutes sortes de bêtes fauves. A la fin de ces chasses, le prince et la princesse se rejoignaient dans quelque bel endroit du parc, où on leur étendait un grand tapis avec des coussins, afin qu'ils fussent assis plus commodément. Là, en se remettant de l'exercice violent qu'ils venaient de se donner, ils s'entretenaient sur divers sujets. Sur toutes choses, la princesse de Bengale prenait soin de faire tomber la conversation sur la grandeur, la puissance, les richesses et le gouvernement de la Perse, afin que, du discours du prince Firouz Schah, elle dût à son tour prendre occasion de lui parler du royaume de Bengale et de ses avantages, et par là gagner sur son esprit de le résoudre à s'y arrêter : mais il arriva le contraire de ce qu'elle s'était promis. En effet, le prince de Perse, sans rien exagérer, lui fit un détail si avantageux de la grandeur du royaume de Perse, de la magnificence et de l'opulence qui y régnaient, de ses forces militaires, de son commerce par terre et par mer jusqu'aux pays les plus éloignés, de la multitude de ses grandes villes, presque aussi peuplées que celle qu'il avait choisie pour sa résidence, où il avait même des palais tout meublés prêts à le recevoir, selon les différentes saisons, de manière qu'il était à son choix de jouir d'un printemps perpétuel, qu'avant qu'il eût achevé la princesse regarda le royaume de Bengale comme de beaucoup inférieur à celui de Perse pour plusieurs endroits. Il arriva même que, quand il eut fini son discours et qu'il l'eut priée de l'entretenir à son tour des avantages du royaume de

Bengale, elle ne put s'y résoudre qu'après plusieurs instances de la part du prince.

» La princesse de Bengale donna donc cette satisfaction au prince Firouz Schah, mais en diminuant plusieurs avantages par où il était constant que le royaume de Bengale surpassait le royaume de Perse. Elle lui fit si bien connaître la disposition où elle était de l'y accompagner qu'il jugea qu'elle pourrait y consentir à la première proposition qu'il lui en ferait; mais il crut qu'il ne serait à propos de la lui faire que quand il serait demeuré avec elle assez de temps pour la mettre dans son tort, au cas qu'elle voulût le retenir un peu plus longtemps, et l'empêcher de satisfaire au devoir indispensable de se rendre auprès du roi son père.

» Pendant deux mois entiers, le prince Firouz Schah s'abandonna entièrement aux volontés de la princesse de Bengale. Mais, dès que ce terme fut écoulé, il lui déclara sérieusement qu'il n'y avait que trop longtemps qu'il manquait à son devoir, et il la pria de lui accorder enfin la liberté de s'en acquitter, en lui répétant la promesse qu'il lui avait déjà faite de revenir incessamment, et dans un équipage digne d'elle et digne de lui, la demander en mariage au roi de Bengale.

« Princesse, ajouta le prince, mes paroles peut-être vous seront suspectes, et peut-être aussi, sur la permission que je vous demande, vous m'avez déjà mis au rang de ces amants qui vous mettent l'objet de leur amour en oubli dès qu'ils sont éloignés; mais, pour marque de la passion que j'éprouve pour une princesse aussi aimable que vous l'êtes, et qui m'aime, comme je ne peux pas en douter, j'oserais vous demander la grâce de vous emmener avec moi, si je ne craignais que vous ne prissiez ma demande pour une offense.» Comme le prince se fut aperçu que la princesse avait rougi à ces dernières paroles, et que, sans aucune marque de colère, elle hésitait sur le parti qu'elle devait prendre: « Princesse, continua-t-il, pour ce qui est du consentement du roi mon père et de l'accueil avec lequel il vous recevra dans son alliance, je puis vous en assurer. Quant à ce qui regarde le roi de Bengale, après les marques de tendresse qu'il a toujours eues pour vous, il faudrait qu'il fût tout autre que vous ne me l'avez dépeint s'il ne recevait avec bienveillance l'ambassade que le roi mon père lui enverrait pour obtenir de lui l'approbation de notre mariage. »

» La princesse de Bengale ne répondit rien à ce discours du prince de Perse; mais son silence et les yeux baissés lui firent connaître mieux qu'aucune autre déclaration qu'elle n'avait pas de répugnance à l'accompagner en Perse et qu'elle y consentait. La seule difficulté qu'elle parut y trouver fut que le prince de Perse ne fût pas assez expérimenté pour gouverner le cheval, et qu'elle craignait de se trouver avec lui dans le même embarras que quand il en avait fait l'essai. Mais le prince Firouz Schah la délivra si bien de cette crainte en lui persuadant qu'elle pouvait s'en fier à lui, et qu'après ce qui lui était arrivé il pouvait défier l'Indien même de le gouverner avec plus d'adresse que lui, qu'elle ne songea plus qu'à prendre avec lui des mesures pour partir si secrètement que telle personne de son palais ne pût avoir le moindre soupçon de leur dessein. Elle réussit, et, dès le lendemain matin, un peu avant la pointe du jour, que tout son palais était enseveli dans un profond sommeil, comme elle se fut rendue sur la terrasse avec le prince, celui-ci tourna le cheval du côté de la Perse, et aussitôt que la princesse se fut assise derrière lui à sa commodité, qu'elle l'eut embrassé de la main pour une plus grande sûreté et qu'elle lui eut marqué qu'il pouvait partir, il tourna la même cheville qu'il avait tournée dans la capitale de la Perse, et le cheval les enleva en l'air.

» Le cheval fit sa diligence ordinaire, et le prince Firouz Schah le gouverna de manière qu'environ en deux heures et demie il découvrit la capitale de la Perse. Il n'alla pas descendre dans la grande place d'où il était parti ni dans le palais du sultan, mais dans un palais de plaisance peu éloigné de la ville. Il mena la princesse dans le plus bel appartement, où il lui dit que, pour lui faire rendre les honneurs qui lui étaient dus, il allait avertir le sultan son père de leur arrivée, et qu'elle le reverrait incessamment; que, cependant, il donnait ordre au concierge du palais, qui était présent, de ne la laisser manquer de rien de toutes les choses dont elle pourrait avoir besoin. Après avoir laissé la princesse dans l'appartement, le prince Firouz Schah commanda au concierge de lui faire seller un cheval. Le cheval lui fut amené, il le monta, et après avoir envoyé le concierge auprès de la princesse, avec ordre de la faire déjeuner avec ce qui pourrait lui être servi plus promptement, il repartit, et, dans le chemin et dans les rues de la ville par où il passa pour se rendre au palais, il fut reçu aux acclamations du peuple, qui changea sa tristesse en joie après avoir désespéré de le revoir jamais depuis qu'il avait disparu. Le sultan son père donnait audience quand il se présenta devant lui au milieu de son conseil, qui était tout en habit de deuil, comme le sultan, depuis le jour que le cheval l'avait emporté. Il le reçut en l'embrassant avec des larmes de joie et de tendresse; il lui demanda avec empressement ce que le cheval de l'Indien était devenu. Cette demande donna lieu au prince de prendre l'occasion de raconter au sultan son père l'embarras et le danger où il s'était trouvé après que le cheval l'eut enlevé dans l'air; de quelle manière il s'en était tiré, et comment il était arrivé ensuite au palais de la princesse de Bengale; la bonne réception qu'elle lui avait faite; le motif qui l'avait obligé de faire un plus long séjour qu'il ne devait, et la complaisance qu'elle avait eue de ne pas le désobliger, jusqu'à obtenir d'elle enfin de venir en Perse avec lui après lui avoir promis de l'épouser. « Et, sire, ajouta le prince en achevant, après lui avoir promis en même temps que vous ne me refuseriez pas votre consentement, je viens de l'emmener avec moi sur le cheval de l'Indien. Elle attend dans un palais de plaisance votre majesté, où je l'ai laissée, que j'aille lui annoncer que je ne lui en ai pas fait la promesse en vain. »

» A ces paroles, le prince se prosterna devant le sultan son père pour le fléchir; mais le sultan l'en empêcha, le retint en l'embrassant une seconde fois : « Mon fils, dit-il, non-seulement je consens à votre mariage avec la princesse de Bengale, je veux même aller au-devant d'elle en personne, la remercier de l'obligation que je lui en ai en mon particulier, l'amener dans mon palais et célébrer ses noces dès aujourd'hui. » Ainsi le sultan, après avoir donné les ordres pour l'entrée qu'il voulait faire à la princesse de Bengale, ordonna que l'on quittât l'habit de deuil et que les réjouissances commençassent. Il commanda qu'on allât faire sortir l'Indien de prison et qu'on le lui amenât. L'Indien lui fut amené, et quand on le lui eut présenté : « Je m'étais assuré de ta personne, lui dit le sultan, afin que ta vie, qui cependant n'eût pas été suffisante ni à ma colère, ni à ma douleur, me répondît de celle de mon fils. Rends grâces à dieu de ce que je l'ai retrouvé. Va, reprends ton cheval, et ne reparais plus devant moi. »

Quand l'Indien fut hors de la présence du sultan de Perse, comme il avait appris de ceux qui étaient venus le délivrer de prison que le prince Firouz Schah était de retour avec la princesse qu'il avait amenée avec lui sur le cheval enchanté, le lieu où il avait mis pied à terre et où il l'avait laissée, et que le sultan se disposait à aller la prendre et l'amener à son palais, il n'hésita pas à le devancer, lui et le prince de Perse, et, sans perdre de temps, il se rendit en diligence au palais de plaisance, et, en s'adressant au concierge, il dit qu'il venait de la part du sultan et du prince de Perse pour prendre la princesse de Bengale en croupe sur le cheval, et la mener en l'air au sultan, qui l'attendait, disait-il, dans la place de son palais pour la recevoir et donner ce spectacle à la cour et à la ville de Schiraz. L'Indien était connu du concierge, qui savait que le sultan l'avait fait arrêter, et le concierge fit d'autant moins de difficulté d'ajouter foi à sa parole qu'il le voyait en liberté. Il se présenta à la princesse de Bengale, et la princesse n'eut pas plus tôt appris qu'il venait particulièrement de la part du prince de Perse qu'elle consentit à ce que le prince souhaitait, comme elle se le persuadait. L'Indien, ravi en lui-même de la facilité qu'il trouvait à faire réussir sa méchanceté, monta le cheval, prit la princesse en croupe avec l'aide du concierge, il tourna la cheville, et aussitôt le cheval les enleva, lui et la princesse, au plus haut de l'air.

» Dans le même moment, le sultan de Perse, suivi de sa cour, sortait de son palais pour se rendre au palais de plaisance, et le prince de Perse venait de prendre le devant pour préparer la princesse de Bengale à le recevoir, comme l'Indien affectait de passer au-dessus de la ville avec sa proie, pour braver le sultan et le prince, et pour se venger du traitement injuste qui lui avait été fait, comme il le prétendait. Quand le sultan de Perse eut aperçu le ravisseur, qu'il ne méconnut pas, il s'arrêta avec un étonnement d'autant plus sensible et plus affligeant qu'il n'était pas possible de le faire repentir de l'affront insigne qu'il lui faisait avec un si grand éclat. Il le chargea de mille imprécations avec ses courtisans et avec tous ceux qui furent témoins d'une telle insolence et de cette méchanceté sans égale. L'Indien, peu touché de ces malédictions, dont le bruit arriva jusqu'à lui, continua sa route pendant que le sultan de Perse rentra dans le palais, extrêmement mortifié de recevoir une injure aussi atroce et de se voir dans l'impuissance d'en punir l'auteur.

» Mais quelle fut la douleur du prince Firouz Schah quand il vit qu'à ses propres yeux, sans pouvoir y apporter empêchement, l'Indien lui enlevait la princesse de Bengale, qu'il aimait si passionnément qu'il ne pouvait plus vivre sans elle. A cet objet, auquel il ne s'était pas attendu, il demeura comme immobile, et avant qu'il eût délibéré sur ce qui lui restait à faire, le cheval, qui emportait l'un et l'autre avec une rapidité incroyable, les avait dérobés à sa vue. Quel parti prendre? Retournera-t-il au palais du sultan son père se renfermer dans son appartement, pour se plonger dans l'affliction, sans se donner aucun mouvement à la poursuite du ravisseur, pour délivrer sa princesse de ses mains et le punir comme il le méritait? Sa générosité, son amour, son courage ne le permettent pas. Il continue son chemin jusqu'au palais de plaisance. A son arrivée, le concierge, qui s'était aperçu de sa crédulité et qu'il s'était laissé tromper par l'Indien, se présente devant le prince, les larmes aux yeux, se jette à ses pieds, s'accuse lui-même du crime qu'il croit avoir commis, et se condamne à la mort qu'il attend de sa main.

» Lève-toi, lui dit le prince; ce n'est pas à toi que j'impute l'enlèvement de ma princesse; je ne l'impute qu'à moi-même et qu'à ma simplicité. Sans perdre de temps, va me chercher un habillement de derviche, et prends garde de dire que c'est pour moi. » Peu loin du palais de plaisance il y avait un couvent de derviches dont le scheik, ou supérieur, était ami du concierge. Le concierge alla le trouver, et en lui faisant une fausse confidence de la disgrâce d'un officier de considération de la cour auquel il avait de grandes obligations, et qu'il était bien aise de favoriser pour lui donner lieu de se soustraire à la colère du sultan, il n'eut pas de peine à obtenir ce qu'il demandait : il apporta l'habillement complet de derviche au prince Firouz Schah; le prince s'en revêtit. Déguisé de la sorte, et, pour la dépense et le besoin du voyage qu'il allait entreprendre, muni d'une boîte de perles et de diamants qu'il avait apportée pour en faire présent à la princesse de Bengale, il sortit du palais de plaisance à l'entrée de la nuit, incertain de la route qu'il devait prendre, mais résolu à ne pas revenir qu'il n'eût retrouvé sa princesse et qu'il ne la ramenât, il se mit en chemin.

» Revenons à l'Indien. Il gouverna le cheval enchanté de manière que le même jour il arriva de bonne heure dans un bois près de la capitale du royaume de Cachemire. Comme il avait besoin de manger et qu'il jugea que la princesse de Bengale pouvait être dans le même besoin, il mit pied à terre dans ce bois en un endroit où il laissa la princesse sur le gazon, près d'un ruisseau d'une eau très-fraîche et très-claire. Pendant l'absence de l'Indien, la princesse de Bengale, qui se voyait sous la puissance d'un indigne ravisseur dont elle redoutait la violence, avait songé à se dérober et à chercher un lieu d'asile; mais comme elle avait mangé fort légèrement le matin à son arrivée au palais de plaisance, elle se trouva dans une faiblesse si grande quand elle eut exécuté son dessein qu'elle fut contrainte de l'abandonner et de demeurer sans autre ressource que dans son courage, avec une ferme résolution de souffrir plutôt la mort que de manquer de fidélité au prince de Perse. Ainsi, elle n'attendit pas que l'Indien l'invitât une seconde fois à manger, elle mangea et elle reprit assez de force pour répondre courageusement aux discours insolents qu'il commença de lui tenir à la fin du repas. Après plusieurs menaces, comme elle vit que l'Indien se préparait à lui faire violence, elle se leva pour lui résister, en poussant de grands cris. Ces cris attirèrent un moment une troupe de cavaliers qui les environnèrent, elle et l'Indien. C'était le sultan du royaume de Cachemire, lequel, en revenant de la chasse avec sa suite, passait par cet endroit-là, heureusement pour la princesse de Bengale;

et qui était accouru au bruit qu'il avait entendu: il s'adressa à l'Indien, et lui demanda qui il était et ce qu'il prétendait de la dame qu'il voyait. L'Indien répondit avec impudence que c'était sa femme, qu'il n'appartenait à personne d'entrer en connaissance du démêlé qu'il avait avec elle. La princesse, qui ne connaissait ni la qualité ni la dignité de celui qui se présentait si à propos pour la délivrer, démentit l'Indien. « Seigneur, qui que vous soyez, reprit-elle, que le ciel envoie à mon secours, ayez compassion d'une princesse et n'ajoutez pas foi à un imposteur. Dieu me garde d'être la femme d'un Indien aussi vil et aussi méprisable! C'est un magicien abominable qui m'a enlevée aujourd'hui au prince de Perse, auquel j'étais destinée pour épouse, et qui m'a amenée ici sur le cheval enchanté que vous voyez. » La princesse de Bengale n'eut pas besoin d'un plus long discours pour persuader au sultan de Cachemire qu'elle disait la vérité. Sa beauté, son air de princesse et ses larmes parlaient pour elle; elle voulut poursuivre; mais, au lieu de l'écouter, le sultan de Cachemire, justement indigné de l'insolence de l'Indien, le fit environner sur-le-champ et commanda qu'on lui coupât la tête. Cet ordre fut exécuté avec d'autant plus de facilité que l'Indien, qui avait commis ce rapt à sa sortie de prison, n'avait aucune arme pour se défendre. La princesse de Bengale, délivrée de la persécution de l'Indien, tomba dans une autre qui ne lui fut pas moins douloureuse. Le sultan, après lui avoir fait donner un cheval, l'emmena dans son palais, où il la logea dans l'appartement le plus magnifique, près du sien, et il lui donna un grand nombre de femmes esclaves pour être auprès d'elle et pour la servir, avec des eunuques pour sa garde. Il la mena lui-même jusque dans cet appartement, où, sans lui donner le temps de le remercier de la plus grande obligation qu'elle lui avait: « Princesse, lui dit-il, je ne doute pas que vous n'ayez besoin de repos; je vous laisse en liberté de le prendre. Demain vous serez plus en état de m'entretenir des circonstances de l'étrange aventure qui vous est arrivée. » En achevant ces paroles, il se retira.

» La princesse de Bengale était dans une joie inexprimable de se voir en si peu de temps délivrée de la persécution d'un homme qu'elle ne pouvait regarder qu'avec horreur, et elle se flatta que le sultan de Cachemire voudrait bien mettre le comble à sa générosité en la renvoyant au prince de Perse quand elle lui aurait appris de quelle manière elle était à lui et qu'elle l'aurait supplié de lui faire cette grâce; mais elle était bien éloignée de voir l'accomplissement de l'espérance qu'elle avait conçue. En effet, le roi de Cachemire avait résolu de l'épouser le lendemain, et il avait fait annoncer les réjouissances dès la pointe du jour par le son des timbales, des tambours, des trompettes. La princesse de Bengale fut éveillée par le bruit de ces concerts tumultueux, et elle en attribua la cause à tout autre motif que celui pour lequel il se faisait entendre. Mais quand le sultan de Cachemire, qui avait donné l'ordre qu'on avertît lorsqu'elle serait en état de recevoir visite, fut venu la lui rendre, et qu'après s'être informé de sa santé il lui eut fait connaître que les fanfares qu'elle entendait étaient pour rendre leurs noces plus solennelles, et l'eut priée en même temps d'y prendre part, elle en fut dans une consternation si grande qu'elle tomba évanouie. Les femmes de la princesse, qui étaient présentes, accoururent à son secours, et le sultan lui-même s'employa pour la faire revenir, mais elle demeura longtemps dans cet état avant qu'elle reprît ses esprits. Elle les reprit enfin, et alors, plutôt que de manquer à la foi qu'elle avait promise au prince Firouz Schah, elle prit le parti de feindre que l'esprit venait de lui tourner dans l'évanouissement. Dès lors elle commença à dire des extravagances en présence du sultan; elle se leva même pour se jeter sur lui, de manière que le sultan fut fort surpris et fort affligé de ce contre-temps fâcheux. Comme il vit qu'elle ne revenait pas en son bon sens, il la laissa avec ses femmes, auxquelles il recommanda de ne la pas abandonner.

» La princesse de Bengale continua le lendemain ses discours extravagants; elle fit de même les jours suivants, jusqu'à ce que le sultan de Cachemire fut contraint d'assembler les médecins de sa cour et de leur demander s'ils ne savaient pas de remèdes pour la guérir. Les médecins répondirent qu'il y avait plusieurs degrés de cette maladie, et qu'ils ne pouvaient juger de quelle nature était celle de la princesse de Bengale qu'ils ne la vissent. Le sultan ordonna aux eunuques de les introduire dans la chambre de la princesse, l'un après l'autre.

» La princesse, qui avait prévu ce qui arrivait et qui craignait que les médecins ne vinssent à connaître que sa maladie n'était qu'une feinte, à mesure qu'il en paraissait, elle entrait dans des transports d'aversion si grands s'ils approchaient que pas un n'eut la hardiesse de s'y exposer.

» Quand le sultan de Cachemire vit que les médecins de sa cour n'avaient rien opéré pour la guérison de la princesse, il dépêcha dans les états des princes voisins des exprès avec des consultations en forme pour être distribuées aux médecins les plus fameux, avec promesse de bien payer le voyage de ceux qui viendraient à Cachemire, et d'une récompense magnifique à celui qui guérirait la malade.

» Plusieurs de ces médecins entreprirent le voyage, mais pas un ne put se vanter d'avoir été plus heureux que ceux de sa cour et de son royaume, pas un ne put lui remettre l'esprit dans son assiette : chose qui ne dépendait ni d'eux ni de leur art, mais de la volonté de la princesse elle-même. Dans cet intervalle, le prince Firouz Schah, attentif aux nouvelles qu'on débitait dans chaque lieu où il passait, arriva enfin dans une ville des Indes où l'on s'entretenait fort d'une princesse de Bengale à qui l'esprit avait tourné le même jour que le sultan de Cachemire avait destiné pour la célébration de ses noces avec elle. Au nom de la princesse de Bengale et sur la foi du bruit commun qui s'en était répandu, il prit la route de Cachemire. A son arrivée dans cette capitale, il se logea dans un khan où il apprit l'histoire de la princesse de Bengale et la malheureuse fin de l'Indien qui l'avait amenée sur le cheval enchanté, circonstance qui lui fit connaître que la princesse était celle qu'il venait chercher.

» Le prince de Perse, bien informé de ces particularités, ne différa pas d'aller au palais du sultan, où il demanda à parler à un officier. On l'adressa au chef des huissiers, auquel il marqua qu'en qualité de médecin il venait se présenter pour tenter la guérison de la princesse par la vertu de quelques remèdes spécifiques qui lui étaient connus et dont il avait l'expérience. Le chef des huissiers lui dit que le sultan le verrait avec plaisir, et s'il réussissait à lui donner la satisfaction de voir la princesse dans sa première santé, qu'il pouvait s'attendre à une grande récompense. « Attendez-moi, ajouta-t-il, je serai à vous dans un moment. » Il y avait du temps qu'aucun médecin ne s'était présenté, et le sultan de Cachemire avait comme perdu l'espérance de revoir la princesse de Bengale dans l'état de santé où il l'avait vue. Cela fit qu'il commanda au chef des huissiers de lui amener le médecin qu'il venait de lui annoncer. Le prince de Perse fut présenté au sultan de Cachemire; et le sultan, après lui avoir marqué que la princesse de Bengale ne pouvait supporter la vue d'un médecin sans entrer dans des transports qui ne faisaient qu'augmenter son mal, le fit monter dans un cabinet d'où il pouvait la voir par une jalousie sans être vu. Le prince Firouz Schah aperçut la princesse assise, les larmes aux yeux; elle déplorait sa malheureuse destinée, qui la privait pour toujours de l'objet qu'elle aimait si tendrement. Le prince, attendri de la triste situation où il la vit, descendit du cabinet, et, après avoir rapporté au sultan de quelle nature était la maladie de la princesse, il lui dit qu'il était nécessaire qu'il lui parlât en particulier, et, quant aux emportements où elle entrait à la vue des médecins, il espérait qu'elle le recevrait favorablement. »

» Le sultan fit introduire le prince Firouz Schah près de la princesse; comme elle le prenait pour un médecin dont il avait l'habit, elle se leva en le menaçant et en le chargeant d'injures. Cela ne l'empêcha pas d'approcher, et, comme il ne voulait être entendu que d'elle seule, il lui dit d'un ton bas et d'un air respectueux : « Princesse, je ne suis pas un médecin; reconnaissez, je vous supplie, le prince de Perse, qui vient vous mettre en liberté. » Au son de voix et aux traits du visage qu'elle reconnut en même temps, la princesse de Bengale se calma, et en un instant fit paraître sur son visage la joie la plus vive. La surprise agréable où elle se trouva lui ôta la parole pour un temps, et donna lieu au prince Firouz Schah de lui peindre le désespoir dans lequel il s'était trouvé plongé dans le moment qu'il avait vu l'Indien la ravir et l'enlever à ses yeux. Quand il eut achevé, il pria la princesse de l'informer de ce qu'était devenu le cheval enchanté.

« J'ignore, répondit-elle, quel ordre le sultan peut avoir donné là-dessus. » Comme le prince Firouz Schah ne douta pas que le sultan de Cachemire n'eût fait garder le cheval, il communiqua à la princesse le dessein qu'il avait de s'en servir pour la ramener en Perse. Après être convenu avec elle des moyens qu'ils devaient prendre pour y réussir, et après lui avoir recommandé de recevoir le sultan avec civilité quand il le lui amènerait, le prince de Perse se retira. Le sultan de Cachemire fut dans une grande joie quand le prince de Perse lui eut appris ce qu'il avait fait dès la première visite pour l'avancement de la guérison de la princesse de Bengale; il le regarda comme le premier médecin du monde quand la princesse l'eut reçu d'une manière qui lui persuada que sa guérison était bien avancée.

» Le prince de Perse, qui avait accompagné le sultan de Cachemire, lui demanda par quelle aventure une princesse de Bengale se trouvait seule dans le royaume de Cachemire, si fort éloigné de son pays. Le sultan de Cachemire ne lui en fit pas de mystère; et, quant au cheval enchanté, qu'il l'avait fait porter dans son trésor, comme une grande rareté, quoiqu'il ignorât comment on pouvait s'en servir. « Sire, reprit le feint médecin, la connaissance que votre majesté vient de me donner me fournit le moyen d'achever la guérison de la princesse. Comme elle a été portée sur ce cheval enchanté, elle a contracté quelque chose de l'enchantement, qui ne peut être dissipé que par de certains parfums qui me sont connus. Si votre majesté veut donner un spectacle des plus surprenants à sa cour et au peuple, que demain elle fasse apporter le cheval au milieu de la place, et qu'elle s'en remette sur moi pour le reste : il est à propos que la princesse soit habillée le plus magnifiquement qu'il sera possible, avec les joyaux les plus précieux que votre majesté peut avoir.

» Le sultan de Cachemire fit ce que le prince de Perse lui proposait. Le lendemain, le cheval enchanté fut posé de grand matin dans la place du palais; les gardes du sultan y furent disposés pour empêcher le désordre et pour laisser un grand vide autour du cheval. Le sultan de Cachemire prit place sur un échafaud, environné des principaux officiers de sa cour; la princesse de Bengale, accompagnée des femmes que le sultan lui avait assignées, s'approcha du cheval enchanté. Quand elle fut sur la selle, le feint médecin fit poser autour du cheval plusieurs cassolettes pleines de feu, et, en tournant à l'entour, il jeta dans chacune un parfum composé des odeurs les plus exquises. Ensuite il tourna trois fois autour du cheval, en faisant semblant de prononcer certaines paroles, et dans le moment que les cassolettes exhalaient une fumée épaisse d'une odeur très-suave, que la princesse en était environnée de manière qu'on avait de la peine à la voir, ainsi que le cheval, il prit son temps, il se jeta légèrement en croupe derrière la princesse, porta la main à la cheville du départ, qu'il tourna, et dans le moment que le cheval les enlevait en l'air il prononça ces paroles à haute voix : « *Sultan* » *de Cachemire, quand tu voudras épouser des* » *princesses qui implorent ta protection, ap-* » *prends auparavant à avoir leur consentement.* » Ce fut de la sorte que le prince de Perse délivra la princesse du Bengale, et la ramena le même jour à la capitale de Perse, où il alla mettre pied à terre au milieu du palais, devant l'appartement du roi son père, et le roi de Perse ne différa pas la solennité de son mariage avec la princesse de Bengale qu'autant de temps qu'il en fallut afin d'en rendre la cérémonie pompeuse. »

» Le premier soin que le roi de Perse se donna fut de nommer et d'envoyer une embassade au roi du Bengale pour lui rendre compte de ce qui s'était passé, et pour lui demander l'approbation de l'alliance qu'il venait de contracter avec lui par ce mariage, ratification que le roi de Bengale, bien informé de toutes choses, se fit un bonheur et un plaisir d'accorder. »

Le sultan des Indes ne pouvait s'empêcher d'admirer la mémoire prodigieuse de la sultane son épouse, qui lui fournissait toutes les nuits de nouveaux divertissements par tant d'histoires différentes. Mille et une nuits s'étaient écoulées dans ces innocents amusements ; ils avaient même beaucoup aidé à diminuer les préventions du sultan contre la fidélité des femmes ; son esprit était adouci ; il était convaincu du mérite et de la grande sagesse de Scheherazade ; il se souvenait du courage avec lequel elle s'était exposée volontairement à devenir son épouse, sans appréhender la mort à laquelle elle savait qu'elle était destinée le lendemain comme les autres femmes qui l'avaient précédée.

Ces considérations et les autres belles qualités qu'il connaissait en elle le portèrent enfin à lui rendre grâce : « Je vois bien, lui dit-il, aimable Scheherazade, que vous êtes inépuisable dans vos contes : il y a assez longtemps que vous m'en divertissez ; vous avez apaisé ma colère, et je renonce volontiers, en votre faveur, à la loi cruelle que je m'étais imposée ; je vous remets entièrement dans mes bonnes grâces, et je veux que vous soyez regardée comme la libératrice de toutes les filles qui devaient être immolées à mon juste ressentiment. »

La princesse se jeta à ses pieds, les embrassa respectueusement, en lui donnant toutes les marques de la reconnaissance la plus vive et la plus parfaite.

Le grand-visir apprit le premier cette heureuse nouvelle de la bouche même du sultan ; elle se répandit bientôt dans la ville et dans les provinces, attira au sultan et à l'aimable Scheherazade, son épouse, mille louanges et mille bénédictions de tous les peuples de l'empire des Indes.

FIN.

TABLE DES MATIÈRES.

Imprimerie et Lithographie de Maistrasse et Wiart, rue Notre-Dame-des-Victoires, 16.

Paris. — Imprimerie de Lacour et Cie, rue St-Hyacinthe-St-Michel, 33.

www.ingramcontent.com/pod-product-compliance
Lightning Source LLC
LaVergne TN
LVHW010540100826
845148LV00001B/245

* 9 7 8 2 0 1 2 5 7 7 7 6 3 *